JEAN-LUC GODARD DOCUMENTS

« Le cinéma est expansif, il est extensif au monde, il est le langage du monde. »
Jean-Luc Godard,

Ghassan Salhab, *Brève rencontre avec Jean-Luc Godard ou le Cinéma comme métaphore*, 2005.

Cet ouvrage est publié à l'occasion de la présentation au Centre Pompidou de l'exposition
« Voyage(s) en utopie, Jean-Luc Godard, 1946-2006 » (Galerie Sud, 11 mai-14 août 2006)
et de la rétrospective intégrale des films de Jean-Luc Godard (24 avril-14 août 2006),
organisée en collaboration avec Gaumont Gaumont, avec le concours de l'Institut national de l'audiovisuel ina
et l'aimable autorisation de Marithé et François Girbaud. MARITHÉ FRANÇOIS GIRBAUD

© Éditions du Centre Pompidou, Paris, 2006
ISBN : 2-84426-299-6
N° d'éditeur : 1291
Dépôt légal : mai 2006

JEAN-LUC
DOCUMENTS
GODARD

Centre Pompidou

REMERCIEMENTS

Nous remercions vivement Dominique Païni, à qui nous devons l'initiative de ce projet, et tous les contributeurs du livre, en particulier ceux qui nous ont généreusement prêté de précieux documents :

Freddy Buache
Philippe Dubois
Philippe Duclos
Elie Faroult
Simon Field
Esther Frey
Philippe Garrel
Marithé et François Girbaud
Jean-Pierre Gorin
Giovanni Joppolo
Roland-François Lack
Laurent Mannoni
Dominique Païni
Wilfried Reichart
Jonathan Rosenbaum
Rod Stoneman
Olivier Tcherniak
Rob Tregenza
Peter Whitehead
Hanns Zischler

ainsi que

Marc Audouin
Juliet Bareau-Wilson
Bernard Benoliel
Pierre-Jacques Brenez
Michael Chaiken
Marie José Charo
Baptiste Coutureau
Paul Cronin
Raffaela Cuccinelo
Pierre d'Amerval
Roland Fischer-Briand
Jean Gili
Gérard Guégan
Olivier Hadouchi
Alexander Horwath
Evelyne Lassner-Gratu
Tom Luddy
Armand Marco
Jim McBride
Anne-Lise Melquiaud
Anne-Marie Miéville
Janet Moat
Olivier Neveux
Waël Noureddine
Sylvie Pras
Catherine Quiriet
Judith Revault d'Allonnes
Thomas Schmitt
Brad Stevens
Anne Thompson
Jean-Baptiste Thoret
Muriel Tinel
Thomas Tode
Jean-Paul Török
Othello Vilgard
Alexandra Witt

la Bifi (Bibliothèque-filmothèque de l'image)
le British Film Institute
la Cinémathèque française
les Écrans citoyens
le Filmmuseum de Vienne

et bien sûr Jean-Luc Godard.

JEAN-LUC GODARD
DOCUMENTS

Le DVD inclus dans ce livre comprend :
Lettre à Freddy Buache. À propos d'un court-métrage sur la ville de Lausanne, 1982, 11'
Meetin'WA, ou Meeting Woody Allen, 1986, 26'
On s'est tous défilé, 1987, 13'
Closed, 1987-1988 (17 clips), 7'
Métamorphojean, 1990 (5 clips), 2'20

Le texte reproduit en titre courant est constitué d'extraits de :
– «Jean-Luc Godard : propos recueillis par Yvonne Baby» (*Le Monde*, 27 janvier 1967) ;
– Henri Langlois, «La peinture : au complet» (*Opus International*, n° 3, 4ᵉ trimestre 1967) ;
– réponses de Jean-Luc Godard dans Éric Rohmer, *Civilisation : L'homme et les images* (1967) ;
– *Reportage amateur (maquette expo)*, de Jean-Luc Godard et Anne-Marie Miéville (2006).

« 1750 FUSILS À CAPSULES[1] »
Travail du document, droits et devoirs du cinéma
NICOLE BRENEZ ET MICHAEL WITT

Appeler au sabotage des conférences de presse du général de Gaulle par les cameramen de la CGT. Former, aux côtés de Chris Marker, Bruno Muel ou René Vautier, les ouvriers de la Rhodiacéta à l'utilisation de la caméra. Faire avouer à un journaliste de la télévision publique qu'au fond il ne sait rien des informations qu'il diffuse. Être censuré par Le Pen, être interdit de diffusion par l'entreprise Darty. Inculper le parlement européen pour inaction face au génocide (*Je vous salue Sarajevo*, 1993). Saluer les jeunes appelés israéliens qui refusent de servir dans les territoires palestiniens occupés (*Prières pour refusniks*, 2004). Faire dire dans un film par Juliet Berto la phrase « Comment j'ai déshabillé les dirigeants du Journal Télévisé Mondial sur l'ordre du fantôme d'Antonin Artaud et je les ai fait enculer par les ministres de la déformation puisqu'ils aiment ça », se faire couper par la censure, publier le texte dans un livre (*Le Gai Savoir*, 1968). Avec quelques amis, arrêter le Festival de Cannes. Après Tchernychevski et Lénine, rédiger un texte intitulé « Que faire ? », répondre trente-neuf fois à la question. Emprunter son nom à Michel Servet. Immortaliser Anna Karina, Anne Wiazemsky, Jean-Pierre Léaud ou Laszlo Szabo, filmer pour Omar Diop, Thomas Wainggai ou Biljana Vrhovac. Penser avec Anne-Marie Miéville, soft talks about hard subjects. Comprendre pourquoi un plan commence et pourquoi il finit, ce qui se passe entre deux images, deux sons, pourquoi il faut ou non faire un plan, à quoi sert une image dans le monde. Comprendre que si un film peut être produit c'est qu'il est déjà admis par la société, transformer la production en transfert de fonds du capital vers le travail et non pas l'inverse. Métamorphoser les oripeaux visuels du commerce (bandes-annonces, clips, publicités, films d'entreprises) en manifestes pour la poésie. Faire du cinéma un art, et ne pas rabattre ce terme sur la désolante entreprise d'engrangement tranquille de plus-value avec laquelle on le confond sous le nom de « marché de l'art ». Être toujours à l'avant-garde non seulement du cinéma mais de l'art en général. Être à la fois le Rembrandt, le Cézanne et le Hans Haacke de sa propre discipline. Amener le cinéma à ce qu'il pourrait être. Oser affirmer toute sa vie ce qu'il devrait être.

Document, information, communication (signe *vs* signal)

L'œuvre de Jean-Luc Godard est un torrent d'idées, d'inventions, de liberté, de puissance émancipatrice, de dévouement idéaliste, d'exigence, de mélancolie, d'amour fou pour l'intelligence. Avec Godard, le cinéma devient un levier critique, un atelier où l'on peut observer les découpages des phénomènes, un chantier où l'on travaille à déplacer les limites du symbolique. L'exposition « Voyage(s) en utopie, Jean-Luc Godard, 1946-2006 » nous rappelle que le mot « cinéma » couvre chez Godard une diversité prodigue de pratiques, et que chaque élément constituant de son projet (textes critiques et théoriques, scénarios et essais vidéo, courts et longs métrages, films et séries de télévision, commandes commerciales et films publicitaires, poèmes, livres, compositions sonores, ainsi que ses innombrables interventions dans les médias) fait simultanément œuvre en soi et partie intégrante d'une installation expérimentale en constant développement. À partir d'une reconfiguration du corpus à la lumière de « Voyage(s) en utopie », et tout en reconnaissant que l'évolution organique continuelle du projet godardien dans des directions imprévues nécessitera d'autres méthodes d'examen dans le futur, nous avons souhaité commencer à documenter cette entreprise, dont bien des pans restent à ce jour méconnus.

---

1. Arthur Rimbaud, « Caravane Labatut (inventaire) », Aden, 3 novembre 1887, *Œuvres complètes*, Paris, Gallimard, « Bibliothèque de la Pléiade », 1979, p. 453.

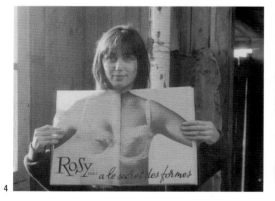

1. *79 printemps* (1969), de Santiago Álvarez, cité dans *De l'origine du XXIe siècle* (2000). 2. *Je vous salue Sarajevo* (1993). 3. *La Chinoise* (1967).
4. *Les Carabiniers* (1963). 5. *Prière (2) pour Refusniks* (2004). 6. *Week-End* (1967)

À TRAVERS TOUTES LES COUCHES, TOUTES LES CLASSES DE LA SOCIÉTÉ.

Documents fut le titre d'une célèbre revue dirigée par Georges-Henri Rivière, Georges Bataille et Carl Einstein. Son sous-titre annonçait un montage inédit : «*Doctrines, archéologie, beaux-arts, ethnographie*» et c'est sous son égide que nous avons conçu cet ouvrage commandé par Dominique Païni à l'occasion de «Voyage(s) en utopie». En quoi le cinéma fait-il document et, réciproquement, comment peut-on le documenter ? L'une des perspectives majeures de l'œuvre de Godard consiste à rendre sa dignité à la notion d'information. Sonimage (la société de production fondée avec Anne-Marie Miéville), telle que la définit Godard, «est une société d'informations. Sur notre papier à en-tête, on a mis "Information, calcul, écriture", on a remplacé une boutique d'informatique qui elle-même s'intitulait : "Informatique, calcul, écriture". On a changé le panneau "informatique" en "information". Et dans l'information, il y a du calcul et de l'écriture. Le but est de faire de l'information au sens large, allant plus vers la fiction que le documentaire. Être une AFP de spectacle. Pour moi l'information, ce serait cela[2].» Radicalement, il s'agit de découpler le signe – la «saturation de signes magnifiques», les «signes parmi nous» – et le signal, consigne au service du contrôle (*Alphaville*, 1965, en avait proposé, déjà, l'étude plastique). Le cinéma offre à l'humanité son laboratoire expérimental de recherches sur le continu et le discontinu. Conçu et pratiqué comme instrument critique dans un monde où la connaissance a pour principal antagoniste la communication (au sens disciplinaire contemporain de ce terme), le cinéma permet d'exhumer la prescription et l'injonction dans l'évidence apparente du fait, de délier les associations factices, d'introduire de la rupture, de nouer autrement de nouveaux liens entre les phénomènes. «Communications» est le titre de l'un des projets structurants de Godard, qui traverse au moins trois décennies de réflexion, des *Communications* inachevées de la fin des années soixante en passant par la série *Six fois deux (Sur et sous la communication)* avec Anne-Marie Miéville en 1976, jusqu'à *Puissance de la parole* en 1988. Il se prolonge dans les fictions des années quatre-vingt et quatre-vingt-dix, en explorant les sens cette fois théologiques de la *Communicatio*. L'examen constant des principes, des voies, de la légitimité en matière d'information problématise le statut de la trace, de l'enregistrement, des enchaînements et déchaînements entre les images et les phénomènes : en ce sens, le travail de Godard possède une fonction transcendantale pour sa discipline. C'est dire la valeur cruciale et stratégique de la question même du document dans cette œuvre, qui entraîne à sa suite celles du travail, de l'esquisse, du vrai, de la praxis, de l'essai, et tant d'autres chantiers d'esthétique fondamentale.

«Adresser votre réponse à la "Nouvelle Vague", 91 Champs-Élysées, Paris»

La nature, les fonctions, les propriétés symboliques et les plastiques propres au document se déploient chez Godard de façons inédites. Aux origines mêmes de l'entreprise, on trouve cet esprit de contradiction, cette énergie contestataire qui ne se seront jamais affaiblis – rappelons que les premiers faits d'armes de Godard consistèrent à défendre le cinéma américain de genre au sein de la rédaction bazinienne des *Cahiers du cinéma*. À l'appareillage de la sociologie statistique, qui en France s'est codifié au point de pouvoir désormais, en cette fin des années cinquante, se populariser dans la forme du sondage, à ces représentations simplificatrices et prescriptives qui dissolvent la complexité de l'humain dans la multiplicité apparemment incontestable des chiffres, aux images dites «exactes» (c'est l'adjectif qu'emploie le questionnaire de *L'Express* du 3 octobre 1957 annonçant l'arrivée de la «Nouvelle Vague», bannière alors sociologique et pas encore cinématographique), Godard oppose ses images locales, polémiques et polysémiques, qui prennent le risque de la singularité, de l'hétérogène, du discontinu, de la profondeur et de l'irréductible. «Adresser votre réponse à la "Nouvelle Vague", 91 Champs-Élysées, Paris» :

---

2. Jean-Luc Godard, «Télévision – cinéma – vidéo – images : paroles…», *Téléciné*, n° 202, septembre-octobre 1975, p. 11. Voir *infra* le pied-de-page de la lettre à Henri Langlois, p. 252 sq.

d'une certaine façon, les films de Godard constituent autant de répliques cinglantes à ce questionnaire de *L'Express,* qui détermine non seulement bien des synopsis godardiens mais surtout l'inventivité formelle du cinéaste en matière d'investigation, de questionnement, de déplacement, laquelle exige avant tout de remettre en cause les termes mêmes de la recherche[3]. Ne pas signer *À bout de souffle* (1960) manifeste, entre autres promesses, une obéissance malicieuse et subversive à l'invitation du journal : «Votre réponse peut être rigoureusement anonyme».

En termes anthropologiques, on pourrait dire que, au moment où s'installe la fabrique industrielle de l'opinion – donc de l'imagerie collective –, la société se met à secréter son propre contre-poison, destiné à créer, sauvegarder, déployer dans un médium alors encore populaire toutes les formes d'images (réalistes, critiques, allégoriques, documentaires, etc.), et que ce contre-poison s'est appelé Jean-Luc Godard.

En termes humanistes, on pourrait dire que, face à l'empire croissant de la communication, comme entreprise maligne d'assujettissement produisant ses propres modèles d'individuation standardisée, il s'agissait, à travers Godard, de préserver quelque chose de la question de la créature, non pas au titre, passéiste, d'une croyance en voie de déréliction, mais au titre d'une interrogation ouverte sur la question du Sujet : qu'elle soit individualiste, lyrique et aimante comme dans les années cinquante et soixante ou, à l'autre bout de l'œuvre, universaliste, épique et désindividuée comme dans les essais sublimes qui jaillissent en cascade des *Histoire(s) du cinéma* (1988-1998) jusqu'à *De l'Origine du XXI* *siècle* (2000) ou *Dans le noir du temps* (2002). Avec, pour ce qui concerne l'auteur lui-même, l'anonymat comme plate-forme initiale (*À bout de souffle* non signé, comme trente ans plus tard, en 1991, *Allemagne neuf zéro*, matrice de «Voyage(s) en utopie»), le générique comme terrain de jeu, et l'autoportrait comme bâton d'explosif.

En termes esthétiques, on pourrait dire qu'il s'agit pour un créateur d'images non seulement d'opposer en permanence son invention critique aux consignes réifiantes envoyées par les représentations supposées collectives, mais surtout de concevoir et d'investir autrement le champ du symbolique. Un déchaînement est en jeu : que représenter ne se borne pas à imiter, valider, confirmer, conforter, mais travaille à analyser, dissiper, modifier, détruire.

À l'apogée d'une telle ambition, c'est-à-dire au cours des années Dziga Vertov, traversées en compagnie de Jean-Pierre Gorin, la représentation devait participer directement à changer le monde, «petite vis dans la révolution», sœur cadette de la lutte armée. Et sans doute, en effet, elle l'a changé. Elle l'a changé concrètement, sur le terrain de l'histoire des luttes, en propageant son esprit de révolte partout dans le monde occidental. Par exemple, certains des étudiants d'Essex présents dans *British Sounds*, en 1969, formèrent le groupe activiste de l'Angry Brigade. Et elle l'a changé plus généralement et profondément avec ses moyens propres, sur le terrain des images donc des idées, en gratifiant l'art le plus industriel des rafales foudroyantes de ses propositions formelles, de ses exigences et de ses idéaux magnifiques, dignes de Byron à Missolonghi. En ce sens, la création critique reste bien sans lieu, utopique, parce qu'elle provient résolument de ce que n'est pas ce monde ; mais, simultanément, elle se trouve partout, parce qu'elle s'injecte dans chaque articulation calcifiée entre pouvoir et représentation, en s'efforçant de la corroder à la manière d'un acide. Voyages en utopie, explorations des puissances du cinéma, mais aussi voyages de l'utopie, inoculée à doses jamais assez létales dans le grand corps social résigné à la domination.

---

3. Questionnaire reproduit *infra*, p. 20-21. En fin d'ouvrage, Françoise Giroud reproduit les réponses ainsi obtenues et la totalité des questionnaires publiés par *L'Express* : l'ensemble constitue une banque des scénarios, des motifs et des slogans godardiens. *La Nouvelle Vague. Portraits de la jeunesse*, Paris, Gallimard, collection «L'Air du temps», 1958. Sur l'histoire de la sociologie statistique, voir Alain Desrosières, *La Politique des grands nombres. Histoire de la raison statistique*, Paris, La Découverte, 1993.

Inventions du document

Nous n'avons pas cherché à couvrir l'intégralité de l'œuvre de Jean-Luc Godard, tâche impossible dans le cadre d'un seul volume, mais à indiquer la prodigieuse variété, chez lui, de natures et de traitements du document : comme source iconographique ou littéraire explicite ou implicite ; comme vestige du travail ; comme œuvre en soi ; comme instrument critique ; comme modèle et horizon esthétique… Du scénario à la lettre qui remplace un film, de la référence visuelle à la pellicule elle-même, de l'image séminale au manifeste inédit, de rushes abandonnés au mode d'emploi d'un film, de l'article oublié aux archives de production, de la présence dans un film ami à la bande-annonce qui se transforme en critique du film, du magazine qui préserve les images censurées au livre qui publie les dialogues coupés par la censure, on trouvera de nombreux cas documentaires, que nous avons tenté chaque fois de mettre en contexte.

Symétriquement, à l'initiative de Dominique Païni, nous avons cherché à savoir comment un tel corpus faisait trace chez d'autres créateurs, dont nous connaissions la proximité avec le travail de Godard, cette œuvre structurée par le dialogue et ganguée de solitude : Manfred Eicher, Augustin Gimel, Philippe Grandrieux, Monte Hellman, Ange Leccia, Macha Méril, Carole Roussopoulos, Rob Tregenza, Peter Tscherkassky, Peter Whitehead, Hanns Zischler lui ont répondu, on verra avec quelle élégance et avec quelle émotion.

Notons aussi que le besoin de donner priorité à la documentation sur l'interprétation s'est imposé comme une évidence, sans concertation préalable, au moment même où Alain Bergala prenait l'initiative de publier les scénarios et les documents de travail de Godard relatifs aux films des années soixante. Face à l'ampleur du corpus (que l'on trouvera ici plus complètement établi qu'auparavant), face à sa fertilité spéculative, face aux enjeux que l'œuvre de Godard ne cesse de développer, une nécessité collective a émergé, qui cherche à mieux établir certains fondements factuels. À un tel besoin, il ne saurait être répondu que collectivement.

Au cours de ce voyage méthodologique se sont découvertes nombre d'inventions formelles en matière de productions ou de traitements de documents, dont nous voyons bien pourtant qu'elles ne dégagent qu'un premier échantillon de ce qui reste à établir et à penser. Pour résumer, nous dirons que chez Godard, tout geste, toute pratique, toute phase dans la création, depuis sa conception jusqu'à sa diffusion dans l'espace public, se transforme en proposition sur l'art. Mais le terme d'« art », ici, ne renvoie pas à des idéaux constitués et à des circuits symboliques institués, il indique une recherche permanente, critique et parfois violente, concernant l'ensemble des croyances et des règles relatives à la représentation – ses paramètres, ses outils, ses formes, ses fonctions et ses mythes. Avec Godard, « art » reste le nom usuel d'une pratique inédite de l'insoumission créatrice. En cela, l'auteur des *Histoire(s) du cinéma* a produit la notion d'art aux XXe et XXIe siècles, au même titre que Francisco de Goya, Friedrich Schiller ou Arthur Rimbaud pour leur temps.

Allemagne neuf zéro (1991)

NOUVELLE VAGUE ET QUESTIONNAIRE

Michael Uwemedimo

Le 7 septembre 1944, *Libération* consacre un quart de sa une aux résultats du «Gallup français», qui a interrogé la nation sur son sentiment vis-à-vis de la Libération et en a interprété les réponses. Le journal offre à ses lecteurs «l'exclusivité des résultats obtenus à la suite de la première enquête que l'Institut français d'opinion publique ait effectuée depuis septembre 1939». Il note que l'IFOP «est le premier organisme qui se soit constitué en France pour l'étude scientifique de l'opinion publique et des phénomènes psycho-sociaux». Lorsque, dans les derniers mois de 1957, *L'Express* annonce l'arrivée de la «Nouvelle Vague», celle-ci est tout autant discernée, définie et marquée par une vague de sondages d'opinion et d'«études psycho-sociales». *L'Express* publie son étude d'opinion sous cette bannière de la Nouvelle Vague, dont il se proclame l'organe. Les questions du sondage sont publiées pour la première fois le 3 octobre 1957, puis les résultats paraissent à un rythme hebdomadaire entre le 10 octobre et le 14 novembre. Enfin, la conclusion éditoriale et l'analyse de l'IFOP sont publiées dans les numéros des 5 et 12 décembre, avant que le numéro du 19 décembre ne propose une analyse critique du sondage par Henri Lefebvre et la réaction de Françoise Sagan aux questions du même sondage[1].

Dans sa première incarnation, celle d'un phénomène générationnel, la Nouvelle Vague est donc lancée par un vaste mouvement d'expérimentation et de vulgarisation dans les sciences sociales et le journalisme. Les outils méthodologiques et les formes rhétoriques qui en constituent le fondement sont le questionnaire et l'entretien de sondage. De la fin de la Seconde Guerre mondiale aux années soixante, les sondages d'opinion, ainsi que les enquêtes et les études sociologiques les plus variées, deviennent un aspect de plus en plus visible de la reconstruction et du processus de modernisation de la France[2]. Cette emprise du sondage n'est nulle part plus manifeste que dans la presse cinématographique. En 1959, *Le Film français* publie une autre enquête et une autre batterie de questionnaires intitulés «La Nouvelle Vague». Un an auparavant, *Cinéma 58* a publié les résultats d'une enquête sur «la jeune académie du cinéma français», et quelques années plus tard, les *Cahiers du cinéma* feront paraître leur propre dossier encyclopédique sur la Nouvelle Vague (Godard sera à cette occasion l'un des trois cinéastes à être longuement interviewés[3]).

Dans ce contexte de montée en puissance du sondage d'opinion, le format de l'interview prend une importance nouvelle. L'interview est soudain omniprésente : dans les journaux, à la télévision, à

---

1. Un an plus tard, certaines des réactions publiées, mais également nombre d'entre elles qui ne l'ont pas été, seront rassemblées par Françoise Giroud sous le titre *La Nouvelle Vague. Portraits de la jeunesse* dans la collection «Air du Temps» de Gallimard, dirigée par Pierre Lazareff. Plus de dix ans après, *L'Express* publiera une suite à cette enquête sous le même titre. Ce nouveau sondage, qui comprend vingt-trois questions, est présenté par Françoise Giroud dans *L'Express* du 23 décembre 1968, et les résultats en sont publiés les 17 et 24 février 1969. L'intention du magazine est de présenter un portrait de la jeunesse française après mai 68 et de permettre au lecteur de suivre «l'évolution de la jeunesse en établissant une comparaison avec les résultats de l'enquête sur la Nouvelle Vague menée en 1958 et d'éventuelles enquêtes plus récentes». Voir «Françoise Giroud, Jean-Jacques Servan-Schreiber dans *L'Express*», *Textes pour l'étude de la langue et de la civilisation françaises*, présentation de Ross Stelle, Paris, Didier, 1977, p. 161.

2. De 1944 à 1952, les études d'opinion nationales paraissent au rythme de deux par mois. Ce rythme ne cesse d'augmenter au cours des années cinquante et soixante. Voir John Doresy, «Public opinion research in France», *The Public Opinion Quarterly*, 16 février 1952, p. 226. Une manie de l'information accompagne la passion d'après-guerre pour la planification, d'où la popularité de l'étude d'opinion. Giroud explicite d'ailleurs elle-même cette relation entre *L'Express*, l'information et la reconstruction : «La vocation de *L'Express*, donc, n'était nullement ce qu'elle est devenue, jusqu'à la fin de la guerre d'Algérie, à cause des erreurs et des horreurs de la décolonisation, mais le soutien et la mise en œuvre d'une politique de redressement appuyée sur une information exacte des Français pour qu'ils soient en situation d'y souscrire. Et c'est sa vocation première que le journal a retrouvée, aujourd'hui [...]. Nous étions sans doute – et je crains que nous ne soyons encore, relativement – le peuple le moins bien informé sur lui-même. Je ne crois pas me tromper en vous disant qu'aujourd'hui encore notre appareil statistique est moins raffiné que celui des États-Unis et du Japon, où vous obtenez en un quart d'heure n'importe quel renseignement. Tout est là et tout est ouvert. Il y avait cependant la Commission des comptes de la nation, qui avait été précisément créée par Mendès-France.» (Françoise Giroud, *Si je mens... Conversations avec Claude Glayman*, Paris, Stock, 1972, p. 155-156).

3. Voir Hélène Méaulle, «"La Nouvelle Vague" : enquête exclusive du *Film Français*», *Le Film Français*, n° 785, 5 juin 1959, p. 6 ; «40 de moins de 40 : une enquête par Pierre Billard», *Cinéma 58*, 24 février 1958 ; et les *Cahiers du cinéma*, n° 138, décembre 1962.

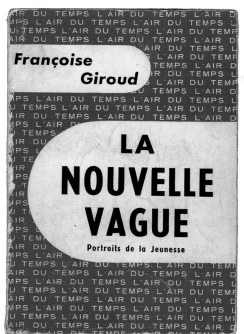

1958

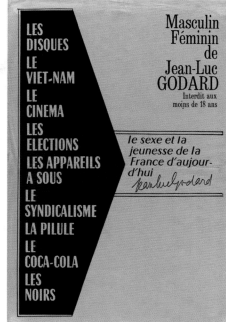

Affichette, 1966

la clinique, au tribunal, au commissariat de police, au laboratoire. La professionnalisation et la visibilité grandissantes de l'interviewer et du sondeur pendant cette période suscitent fascination et suspicion. Ainsi en est-il de *Masculin féminin*, de Godard (1966), dont le personnage principal, interprété par Jean-Pierre Léaud, conduit des entretiens pour l'IFOP. Le film s'intéresse de manière centrale aux différentes formes que prend l'enquête moderne (interviews journalistiques, études sociologiques, interrogatoires de police, sondages d'opinion et études de marché). Jean Oulif, responsable des sondages d'opinion à la Radio-Télévision française de 1950 à 1972, s'y fait l'apôtre de la «modernisation» de son service, y installant des «experts» – socio-psychologues, statisticiens, spécialistes de communication – tout en lorgnant vers l'industrie (américaine) pour s'inspirer de ses modèles de modernisation, et vers l'enseignement supérieur et les sociétés de sondage commerciales pour leurs techniques de recherche. Les universités connaissent elles-mêmes une transformation intellectuelle et administrative et, comme le note Georges Perec, «depuis plusieurs années déjà, les études de motivation avaient fait leur apparition en France […], de nouvelles agences [de sondage] se créaient chaque mois[4]». Aussi, l'institutionnalisation des études d'opinion dans les organes médiatiques de l'après-guerre s'établit à la faveur d'échanges intensifs entre les sciences sociales universitaires, les études commerciales et les sphères en expansion rapide de la «communication» et de la «modernisation politique».

L'étude et l'entretien figurent aussi en bonne place dans le nouveau cinéma. La septième entrée du fameux questionnaire de *L'Express* «Êtes-vous heureux?» revient sans cesse dans les entretiens de *Chronique d'un été* (1960), de Jean Rouch et Edgar Morin. L'interview occupe une place importante dans d'autres œuvres du début de la Nouvelle Vague: réalisée dans le cadre d'une étude d'opinion, elle est centrale pour ces films qui se situent au carrefour de l'art, de l'anthropologie, de la sociologie, de la recherche et de l'essai. Ainsi, *Chronique d'un été*, *Le Joli Mai* (1963), de Chris Marker, et *Masculin féminin* illustrent la façon dont l'entretien peut être à la fois le *véhicule* et l'*objet* d'une critique

---

4. Georges Perec, *Les Choses*, Paris, Julliard, collection «10|18», 1965, p. 27.

par ce cinéma. Il semble d'ailleurs que Godard ait considéré ces trois films comme autant de volets d'une enquête collective sur le Paris contemporain[5]. Il affirme avoir passé un joli mois de mai avec Marker, puis un été avec Rouch, avant de se retrouver tout seul à Paris en décembre 1965, entre les deux tours de l'élection présidentielle, intervalle pendant lequel il tourne *Masculin féminin*[6].

Le travail de Godard (comme celui de Rouch et de Marker) se trouve pris dans ce moment où l'interview, en France, devient une pratique discursive au carrefour des sciences sociales, de l'étude de marché, du sondage politique et de la culture populaire, moment dont il tente de faire la critique. L'enthousiasme de *L'Express* pour les sondages, qui mêle opportunisme journalistique, prétention scientifique et objectifs politiques, reste emblématique de cette période. Un sempiternel objet d'enquête est « la jeunesse » : la jeunesse de l'après-guerre produit et consomme des formes culturelles nouvelles, d'où les nombreuses enquêtes sur la mode, la musique et le cinéma, dans lesquelles sondage et publicité coïncident. Cette jeunesse est traitée comme un acteur politique et un moteur de la modernisation ; un phénomène social troublant et fascinant, un problème philosophique[7] ; et même une catégorie biologique, qui se caractérise par des rituels d'accouplement particuliers (*L'Express* examine « les vitrines de la jeunesse » ; la contraception et les habitudes sexuelles sont des sujets d'enquête très populaires, les reproductions biologique et sociale étant invariablement liées). Enquêter sur un phénomène si apparemment nouveau semble exiger de nouveaux instruments d'enquête, et le format de l'interview va servir de technique journalistique, d'instrument scientifique, de forme de rhétorique politique, d'outil administratif et, pour Godard, de méthode de tournage et de mise en scène. Même dans ceux de ses films des années soixante où l'interview n'est pas explicite, on peut souvent en discerner la trace : sur le visage d'un acteur qui se penche pour écouter, par un écouteur caché, une question que l'on n'entend pas (dans *Deux ou trois choses que je sais d'elle* ou *Une femme mariée*, par exemple), ou dans le rythme du montage (dans *Masculin féminin*, les échanges entre les personnages, qui apparaissent comme des conversations, sont souvent des segments d'entretiens avec le cinéaste, montés ensuite ensemble).

En réponse à un autre questionnaire envoyé par les *Cahiers* (auquel Godard a également répondu), Italo Calvino identifie le « film-questionnaire » comme emblématique de l'une des tendances les plus intéressantes du cinéma français : « Plus que l'aspect film-roman, je trouve intéressant aujourd'hui tout ce qui va dans la direction du film-essai. Le côté film-questionnaire de *Masculin féminin* me semble caractéristique de cette direction : pour tout ce que ce film nous fait *voir* directement, pour ce qu'il représente comme forme de *récit*, et pour la critique que ce film développe envers les enquêtes sociologiques, dont il emprunte les démarches. C'est le point fondamental : le film-enquête sociologique ou le film-recherche historiographique n'ont de sens que s'ils sont autre chose que des illustrations filmées d'une vérité que la sociologie ou l'historiographie ont déjà établie, s'ils interviennent pour contester de quelque façon ce que la sociologie, l'historiographie disent […]. J'envisage pour le vrai film-essai une attitude non pédagogique, mais d'interrogation[8]. » Calvino et les metteurs en scène concernés voient le sondage d'opinion non comme une simple technique, mais comme une nouvelle forme de *représentation*, moderne et expérimentale. Elle produit de nouvelles formes rhétoriques, graphiques et narratives, auxquelles les expérimentations de cinéastes tels que Godard répondent et empruntent.

---

5. L'impact de Paris sur la nation est l'objet d'un sondage de l'IFOP publié en 1951 dans *Sondages*, n° 2 (*Sondages* était le bulletin bimensuel de l'IFOP).

6. Godard fait cette déclaration dans une brochure publicitaire pour le film qui est reproduite et traduite sous le titre « Godard's Chronicle of a Winter » dans la version en langue anglaise du scénario de *Masculin féminin : Masculine/Feminine : a film by Jean-Luc Godard*, éditée par Pierre Billard, Londres, Grove Press, 1969, p. 222.

7. Godard, par exemple, parle ainsi de *Masculin féminin* : « C'est un film sur l'idée de jeunesse plutôt. Une idée philosophique… » (*Les Lettres françaises*, vol. 1, n° 128, 21-27 avril 1966, p. 16).

8. Voir « Questions aux romanciers », *Cahiers du cinéma*, n° 185, décembre 1966, p. 88 (il s'agit de la contribution de Calvino à un symposium sur le cinéma et le nouveau roman).

La culture de l'étude d'opinion, sur laquelle Godard concentre sa critique, et dont il participe, est intrinsèque à un projet de l'après-guerre conscient de son rôle dans la modernisation. Il s'agit aussi d'une culture qui revendique son caractère supposément populaire[9]. Ces enquêtes déclinent en effet la notion du «populaire» de plusieurs façons. Tout d'abord, elles naissent d'un désir technocratique d'évaluer l'état contemporain de la nation à travers une détermination statistique de ses «populations». Elles sont «populistes» dans la mesure où elles prétendent donner voix aux intérêts, aux anxiétés, et aux opinions de «Français ordinaires». Enfin, elles sont «populaires» dans le sens où elles sont consommées largement et sans réticence. Qui plus est, en tant que forme de représentation populaire, le sondage d'opinion participe directement de la fébrilité qui entoure les expérimentations nationales en matière de représentation politique, le référendum en particulier (de Gaulle en initiera quatre entre le 28 septembre 1958 et le 28 octobre 1962). Le sondage participe d'une culture de contrôle sur l'«état de la nation», sa «santé», ses appétits, ses aspirations et ses angoisses croissantes : l'américanisation et, bien sûr, l'Algérie.

Traduit de l'anglais (Royaume-Uni) par Franck Le Gac

9. Godard explicite sa critique des pratiques de sondage. Son commentaire est par ailleurs sans ambiguïté sur la perception de la «culture du sondage» comme une importation américaine : «[*Masculin féminin*…] était une critique du sondage d'opinion, qui est actuellement très populaire en France. Tous les magazines français se sont mis à imiter les États-Unis en publiant des études statistiques. Ce que j'essaie de dire, c'est qu'un sondage de l'opinion publique n'a pas de sens sans une critique des valeurs sur lesquelles il repose. Si vous tentez d'étudier l'opinion publique sur la compagnie d'automobiles Ford et que vous êtes payé par Ford, vous allez bien entendu procéder d'une façon très différente que si vous étiez payé par quelqu'un d'autre. Dans un sondage sociologique, il faut être très prudent sur les questions que l'on pose, parce qu'elles sont souvent influencées par la situation et par la société dans laquelle nous vivons.» (extrait d'un entretien avec Gene Youngblood publié dans le *Los Angeles Free Press* à un rythme hebdomadaire entre le 8 et le 29 mars 1968, repris dans *Jean-Luc Godard : Interviews*, sous la direction de David Sterritt, Jackson, University of Mississippi Press, 1998, p. 39).

UNE GRANDE ENQ

De quoi êtes-vous obligé de vous priver ?

LA France qui nous attend, ce sont les Français d'aujourd'hui qui la feront. Ceux qui ne sont pas encore aux leviers d'activité, et qui y seront demain. Quelle sera cette France ? Que seront ces Français ?

Un grand journal polonais a lancé au début de l'année un questionnaire destiné à « révéler » l'image exacte de la jeunesse de Pologne, celle qui n'avait pas encore son bachot à la fin de la guerre, celle qui a grandi et qui s'est formée sous le régime communiste, et qui est la matière première dont sera faite la nation de M. Gomulka. Les résultats ont été étonnants. Émouvants par ce qu'ils ont révélé d'humanité, d'individualisme, de cynisme et de sagesse. Inattendus et graves. L'Express a publié, dans son numéro du 23 août 1957, quelques extraits de ce document.

Et depuis le mois d'août nous avons projeté et préparé une grande enquête, de même nature, à faire en France, dans tous les milieux, toutes les classes sociales, destinée à faire apparaître, pour la première fois, ce qu'est en profondeur la nouvelle génération des Français — la « nouvelle vague ». Ses idéaux, ses jugements, sa formation, sa volonté — quels sont-ils ?

L'Express, qui dispose d'une large audience parmi ceux qui composent cette « nouvelle vague », était bien placé pour diffuser un questionnaire et rassembler les réponses. Mais nous avons jugé qu'il fallait donner à une enquête aussi importante une base vraiment nationale qu'aucun journal à lui seul ne peut fournir. Et pour conférer aux résultats de cette recherche une authenticité complète, nous avons confié à l'Institut Français d'Opinion Publique le soin de diriger l'enquête, de la rendre représentative, d'en rassembler et d'en analyser les résultats.

A cet effet, [...] ment. D'une par [...] par L'Express et [...] titut Français d [...] d'enquête psych [...] et par les métho [...] nale.

L'Express [...] chain numéro, [...] individuels rep [...] publication se [...] cours de l'enqu [...] des réponses. E [...] les plus divers [...]

Et à la fin [...] d'Opinion Publi [...] et réalisé la sy [...] numéro spécial [...]

Des centain [...] par ce question [...] soient aussi div [...] zons politiques [...] les. Nous dema [...] aider à faire c [...] réponses. Toute [...] tôt transmises [...] les joindra aux [...]

Cette mati [...] fournira le d [...] L'Express com [...] numéro.

1 — Qu'aimeriez-vous le plus savoir sur votre avenir ?

2 — Croyez-vous que votre génération sera différente de la précédente ? Et en quoi ?

3 — Trouvez-vous que vous avez plutôt de la chance ou de la malchance de vivre à l'époque actuelle ? Pourquoi ?

4 — Quel est votre métier ? (Ou, si vous ne travaillez pas encore, quel sera votre métier) ? En êtes-vous satisfait ? Pourquoi ?

5 a — À votre avis, quel est le meilleur métier que peut choisir à notre époque un garçon de 20 ans ? Pourquoi ?

5 b — Et quelle est la meilleure orientation pour une femme ?

Seriez-vous plus heureux ailleurs qu'en France ?

6 — Avez-vous pu faire les études que vous souhaitiez ? Considérez-vous que celles que vous avez faites vous ont donné une bonne formation pour réussir votre vie ?

7 — Êtes-vous heureux ? (Expliquez votre réponse).

8 — Sur le plan matériel, qu'est-ce qui vous manque le plus ? De quoi êtes-vous obligé de vous priver ?

9 — Est-ce que l'amour a de l'importance pour vous ? Est-ce que la fidélité vous paraît essentielle en amour ?

10 — D'après vous, qu'est-ce qui mène le monde à l'heure actuelle ? (par exemple ? le pétrole, la finance, la foi, la technique, la passion politique, les instincts sexuels, le hasard ou quoi d'autre ?) Et pourquoi pensez-vous cela ?

11 — Pensez-vous que les [...] comme vous peuvent avo [...] influence sur les destinée [...] France (en quoi ?), ou, [...] traire, avez-vous le se [...] d'être entièrement à la me [...] événements ? (Pourquoi ? [...]

12 — Quel est, pour les Fra [...] problème national n° 1 ?

13 a — Si vous aviez à dire [...] va bien en France, que [...] vous ?

13 b — Et ce qui va mal ?

14 — Est-ce que vous croye [...] qu'en France ? Si oui, dan [...]

15 — Croyez-vous que la soc [...] de forme socialiste ? Le s [...]

Qu'est-ce qui va bien en Fr [...] et qu'est-ce qui va mal [...]

TE NATIONALE. Répondez!

*mployées simultané-
e sera rendu public
z. D'autre part, l'Ins-
a, par les méthodes
il a mises au point
ive, une étude natio-*

*partir de son pro-
des « cas humains »
elle vague ». Cette
emaines, pendant le
du dépouillement
onnaître les aspects
dans son ensemble.
e l'Institut Français
résultats nécessaires
s publiera dans un*

*vont être touchés
e que les réponses
e viennent des hori-
des les classes socia-
os lecteurs de nous
et à provoquer des
evrons seront aussi-
inion Publique, qui
le ses enquêteurs.
diverse et riche,
exceptionnel dont
dans son prochain*

Qui vous a le plus influencé ?

*us heureux si vous viviez ailleurs
oi ?*

nsformera, dans l'avenir, en société

*6 — S'il y avait en France un ré-
gime communiste, est-ce que votre
situation personnelle s'en trouverait modifiée ? Si oui, dans quel
sens ?*

*7 — Croyez-vous que vous verrez
de votre vivant une nouvelle
guerre mondiale ?*

*8 — Est-ce que vous attachez de
l'importance à la manière dont les
gens se sont comportés pendant la
dernière guerre (Résistance, collaboration, indifférence). Si oui,
pourquoi ?*

19 — À votre avis, est-ce que la
guerre d'Algérie va durer encore
longtemps ? Pourquoi ?

20 — Est-il souhaitable que l'union
politique et économique des pays
d'Europe comporte l'Angleterre ?
Qu'elle comporte l'Allemagne ?
Qu'elle comporte les pays de l'Est
(par exemple : Pologne) ?

21 — Si vous deviez désigner un des
auteurs suivants comme ayant plus
spécialement marqué l'esprit des
gens de votre âge, qui choisiriez-
vous ?

> Alain — Aragon
> Bernanos — Breton
> Camus — Gide
> Malraux — Mauriac
> Maurras — Sartre

22 — Est-il une chose pour laquelle
vous êtes prêt à risquer votre vie ?
Si oui, laquelle? Pour quel motif ?

*Attachez-vous de l'importance
à la conduite pendant la guerre ?*

Pour quoi êtes-vous prêt à risquer votre vie ?

23 — Croyez-vous qu'il est nécessaire d'avoir un idéal ? Si oui,
quel est le vôtre ? Si non, quelle
est votre raison de vivre ?

24 — Qu'est-ce qui vous paraît particulièrement injuste dans la société actuelle, autour de vous ?
Croyez-vous qu'on puisse y remé-
dier ? Comment ?

POUR RÉPONDRE

*1° Ce questionnaire est destiné à tous les Français, hommes et femmes,
qui ont entre 18 et 30 ans.*

*2° Pour répondre, veuillez utiliser du papier blanc ordinaire. Inutile de
répéter le texte des questions ; mais n'oubliez pas, devant chacune de vos réponses,
de rappeler le numéro de la question correspondante. Vous pouvez commenter vos
réponses autant que vous le désirez.*

*3° Adresser votre réponse à : La « Nouvelle Vague », 91, Champs-Elysées,
Paris.*

*4° Indiquer, avec votre réponse, vos : âge, sexe, situation de
famille, niveau d'études faites, département habité, tendance politique. Et, si vous
le désirez : nom et adresse. Votre réponse peut être rigoureusement anonyme.*

VIVRE SA VIE
ÉTUDE D'UNE SOURCE ICONOGRAPHIQUE

James S. Williams

Comme l'atteste le générique d'ouverture de *Vivre sa vie* – sans toutefois en mentionner le titre –, l'étude du juge Marcel Sacotte sur la prostitution, publiée en 1959, a constitué la source principale de Godard pour ce film. *La Prostitution* s'inscrivait dans une collection pseudo-sociologique très diverse de Buchet-Chastel, «Où en est… », dirigée par Jacques Calmy et destinée au grand public[1]. Les autres titres de la série visaient à monnayer éditorialement les prétendus problèmes du monde moderne dans leur complexité et à dresser «un véritable "bilan" de notre époque» : ils dissertaient sur le catholicisme, la science nucléaire ou la pêche. En quatrième de couverture, Sacotte était présenté comme un expert ayant traité 2 000 cas de prostitution depuis 1950. De fait, il faisait preuve d'un intérêt presque obsessionnel pour cette question, sur laquelle il allait publier au moins deux autres études dans les années 70[2]. Son travail de vulgarisation naïve et fascinée servit à Godard à la fois de symptôme et de caution documentaire. Le scénario reprenait en effet l'essentiel des dix parties de l'étude thématique de Sacotte, tout particulièrement la septième et la dixième («Prostitution dans la rue et dans les lieux publics» et «La lutte contre la prostitution»), afin de décrire en détail les rituels et les activités entourant la profession : les inspections médicales, les différents tarifs, les limites de temps, les précautions sanitaires, la contraception, les grossesses éventuelles, les congés et les transactions financières entre le souteneur, le client et la prostituée. Il laissait de côté la sixième et la neuvième parties («Comment on devient une prostituée» et «Rendez-vous "call-girls"») – dans le premier cas parce que Godard ne cherchait pas tant à montrer les «causes profondes» que les réalités socio-économiques de la prostitution à Paris, et dans le second parce que seul le modèle traditionnel de la prostituée travaillant dans la rue et dans les maisons closes l'intéressait. Il retenait surtout de sa source les faits objectifs et les statistiques les plus récentes sur la profession, en évitant scrupuleusement les passages où Sacotte verse dans l'émotionnel – notamment les questions rhétoriques qui reviennent de manière récurrente à chaque fois qu'il s'attarde sur le pesant fardeau de ces femmes et sur leur statut de victimes.

Godard sélectionna quatorze courts passages du livre de Sacotte pour la séquence synthétique en voix off qu'il consacre à la prostitution dans le huitième tableau, intitulée «Les après-midi – L'argent – Les lavabos – Le plaisir – Les hôtels», et qui prend la forme d'une série de questions-réponses entre le souteneur, Raoul (Saddy Rebbot), et sa nouvelle recrue, Nana (Anna Karina)[3]. Les modifications apportées au texte de Sacotte sont minimes et se justifient par des raisons de compréhension et de continuité. Le ton et le style du huitième tableau sont en fait annoncés à la fin du septième, qui reprend avec de légers changements les mots par lesquels Sacotte conclut son enquête. Ceux-ci sont énoncés par Raoul en réponse à la question de Nana : «Quand est-ce que je commence ?» : «C'est à l'heure où s'allument les lumières de la ville que commence la ronde sans espoir des filles de la rue». Cet échange s'accompagne d'un plan des Champs-Élysées de nuit, tourné en direction de l'Arc de triomphe – autre référence évidente au livre de Sacotte, qui se termine par une photographie nocturne de cette avenue, mais prise dans le sens inverse. Le goût de Godard pour cette image particulière est patent dans le septième tableau, où la conversation de Nana et de Raoul dans le café se déroule avec, en fond, l'agrandissement photographique mural d'une vue en plongée des Champs-Élysées, de jour.

---

1. Marcel Sacotte, *La Prostitution*, Paris, Buchet-Chastel, collection «Où en est… », 1959.

2. Marcel Sacotte, *La Prostitution*, Anvers, Walter Beckers, «Collection du XXᵉ siècle», 1970, et *La Prostitution. Que peut-on faire ? Problèmes d'aujourd'hui et de demain*, Paris, Buchet-Chastel, 1971.

3. Ces passages sont extraits presque mot pour mot des pages 6, 15, 141, 82, 83, 145, 90, 86, 142, 38, 32, 6, 87, 53, dans l'ordre de leur citation.

À la manière de Nana rédigeant sa lettre sur un coin de table, Godard choisit de ne pas s'éloigner de sa source, avec une application empathique de la naïveté avec laquelle Sacotte décrit la prostitution. Karina joue le rôle de celle qui pose les questions, avec une précision objective aux limites du détachement, sans essayer de faire croire que la séquence représente autre chose que la série de citations récitées rapidement et sans effets par Rebbot tandis que défilent à l'écran des images de Nana dans la maison close. Ce parti pris crée une forme poétique de la sociologie statistique, qui ne cède jamais à la tentation de subvertir ou de parodier ses sources et ses intertextes. Pour l'essentiel, ces derniers sont restitués tels quels, qu'il s'agisse de la chanson de Jean Ferrat diffusée par le juke-box en présence de son interprète, « Ma môme, elle joue pas les starlettes… » chantée dans son intégralité, de la séquence centrale de *La Passion de Jeanne d'Arc* de C.-T. Dreyer, que Nana voit au cinéma, ou de la nouvelle d'Edgar Allan Poe traduite par Baudelaire, « Le Portrait ovale », dont Godard lit les passages principaux en voix off de doublage. Godard ne remet pas non plus en question les postulats hétérosexuels de l'étude de Sacotte. La seule référence du livre, très brève, aux prostitués (p. 99), est empreinte d'un dégoût proche de la phobie (« le spectacle écœurant de leurs minauderies et de leurs contorsions », « ils se livrent, au préjudice de leurs clients, au vol et au chantage »), et il abandonne aussitôt le sujet.

Vivre sa vie hérite surtout de l'iconographie en noir et blanc du livre de Sacotte. Le film ne retient pas l'usage éclectique et souvent singulier que celui-ci fait des illustrations visuelles, qui confinent parfois à l'abstraction. C'est notamment le cas de la photo d'une voiture extravagante, typique du genre qu'affectionnent les souteneurs (« Des voitures aussi luxueuses et voyantes que possible », p. 60), d'un ensemble de quatre images de taxis liées l'une à l'autre par la légende « Taxi, taxi, taxi… » (p. 21), et du collage post-surréaliste d'yeux, de bouches, de visages et de cheveux intitulé « Impossible de composer un portrait robot » (p. 12). En revanche, les illustrations qui constituent des instantanés documentaires de la vie des prostituées dans Paris passent telles quelles dans le film : le souteneur devant le juke-box, les pavés, le morcellement du corps, supposé préserver l'anonymat mais désignant surtout le caractère fétichisé de la chair. Godard se réfère aussi directement, dans le septième tableau, à la « lettre classique » que reproduit Sacotte p. 107 et qui, dans le film, est bien comprise comme telle par Raoul (Nana écrit la même lettre, mot pour mot, à l'exception de la date). Le tableau précédent – le sixième – cite également le petit livre de comptes reproduit dans *La Prostitution* (p. 88), dont il adopte la présentation et le style de numérotation et conserve les fautes d'orthographe enfantines (« Dehort », « pases ») : seul un nom a été changé, Josiane, remplacé par Dominique. Dernier exemple : le prénom de la consœur de Nana, Yvette, également issu de ce carnet, participe, lui aussi, de cet usage à la fois sélectif et direct, ironiquement naïf, que fait Godard de l'étude de Sacotte.

Traduit de l'anglais (Royaume-Uni) par Franck Le Gac

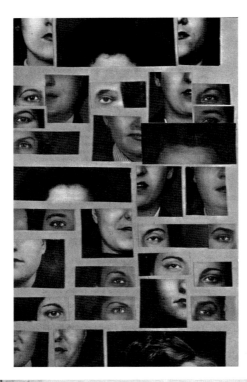

Taxi, taxi, taxi...

Un matin
où ils ne se sont pas réveillés.

...faisant d'interminables parties
de cartes.

rémunérateur, de l'usine ou du magasin où on ne lui offre que les emplois les plus modestes. Elle acceptera de faire des promesses, mais pour plus tard.

Elle persuadera son jeune amant qu'il est nécessaire qu'elle continue à se prostituer encore quelque temps pour avoir un peu d'argent devant elle. Si elle a des enfants à charge, elle lui dira que c'est pour eux.

Quant au fait de nombreux hommes se partagent ses faveurs moyennant finances, elle finira par le persuader qu'il n'y a pas là de quoi le rendre jaloux, puisque l'amour n'a rien de commun avec sa profession. D'autre part, comment fera-t-il pour payer doubles frais d'hôtel, de restaurant, de sorties, si elle ne gagne pas d'argent de son côté? Le garçon, s'il n'a pas le courage de rompre, se rendra bientôt à ces arguments. Il s'habituera à venir, après son travail, chercher sa compagne sur son lieu de prostitution, afin de passer la soirée et la nuit avec elle. Pour lui épargner même la honte de régler elle-même, devant lui, le prix des repas au restaurant et des consommations qu'il ne peut pas payer lui-même au bar, en raison de l'insuffisance de son salaire, elle lui glissera discrètement quelques billets dans la main.

Dès lors, il est sur la pente et il suffira d'un simple incident pour faire de lui un vrai souteneur. Cet incident est en général le plus banal qui soit : la perte de son emploi.

On ne peut travailler le jour, et partager ses soirées et ses nuits avec une prostituée qui rentre tardivement chez elle et se lève en général vers midi.

Un matin arrive où le garçon n'a pas le courage de se lever. Cela se reproduira, il sera congédié. Alors commence le drame du chômage et la recherche déprimante d'un nouvel emploi qu'il ne conservera pas. Et lorsqu'il se sent vaincu, elle lui dit avec un sourire « ... T'en fais pas je gagnerai bien du pognon pour deux... »

S'il cède, il vivra désormais dans l'oisiveté. Il se lèvera tard, traînera dans les bars et rentrera au petit jour. Sa carrière de souteneur est commencée.

Tant il est vrai que beaucoup ont débuté de la sorte, un matin où ils ne se sont pas réveillés.

On peut être étonné du rôle joué par la femme dans cette aventure. Il ne paraît pas être dans l'ordre habituel des choses, et pourtant on est obligé de constater que bien des hommes doivent à une femme d'être devenus des souteneurs.

Il apparaît même que celle-ci y trouve une sorte de satisfaction, et qu'elle considère qu'en agissant comme elle le fait, elle place son amant sous sa dépendance en lui composant une petite vie douillette où il est son prisonnier. On en a vu aller très loin dans cette voie, comblant leur « petit homme » de cadeaux et de gâteries, mais l'entourant d'une jalousie féroce et toujours en éveil.

Le Tribunal Correctionnel de la Seine a eu récemment à juger un étrange souteneur, dont la maîtresse avait fait un véritable prisonnier.

Elle était sans cesse à ses côtés pour lui prodiguer son

...jouant
aux appareils automatiques.

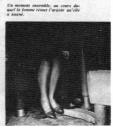

Un moment ensemble, au cours duquel la femme remet l'argent qu'elle a gagné.

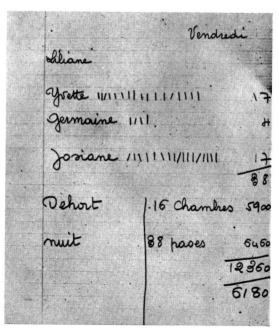

VIVRE SA VIE

Un	Une
Film	Série
Sur	D'Aventures
La	Qui
Prostitution	Lui
Qui	Font
Raconte	Connaître
Comment	Tous
Une	Les
Jeune	Sentiments
Et	Humains
Jolie	Profonds
Vendeuse	Possibles
Parisienne	Et
Donne	Qui
Son	Ont
Corps	Été
Mais	Filmés
Garde	Par
Son	Jean-Luc
Âme	Godard
Alors	Et
Qu'elle	Joués
Traverse	Par
Comme	Anna Karina
Des	Vivre Sa
Apparences	Vie.

(Publicité de Jean-Luc Godard pour le lancement de *Vivre sa vie*.)

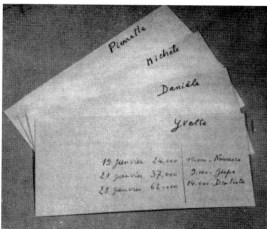

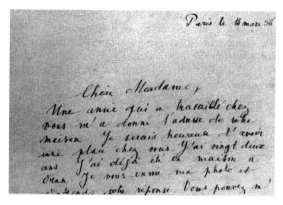

NOTES POUR UN PORTRAIT DE BENIAMINO JOPPOLO

GIOVANNI JOPPOLO

Sicile, famille, violence

Durant son enfance, Beniamino Joppolo a connu les secousses du tremblement de terre de Messine et les solitudes du monde rural sicilien. Sa famille vivait entre Messine et Sinagra, village encastré dans la petite chaîne montagneuse des Nebrodi, qui relie Messine à l'Etna et à Catane. Descendant d'une famille de nobles ruinés, son père enseignait la littérature, le latin et le grec au lycée classique de Messine. La Sicile du début du XXᵉ siècle était déjà l'extrême limite de l'Europe, pauvre, décentrée, désespérée et intensément fictionnelle. Ces petits villages perchés, isolés de la côte, racontent l'histoire d'une Sicile moins connue que celle des récits de Verga, Brancati, Sciascia ou Camilleri. Et si, dans des romans comme *Les Chevaux de bois*[1] ou *La Doppia Storia*[2], dans des pièces de théâtre comme *Les Carabiniers*[3] ou *Le Acque*[4], le lecteur retrouve la nature et les paysages des Nebrodi (oliveraies et orangeraies entourées de châtaigniers et de noisetiers – une sorte de verdoyance helvétique au milieu de la sécheresse sicilienne), Joppolo procède au moyen d'une écriture qui est tout sauf réaliste, descriptive, vériste.

Les préoccupations de l'écrivain sont ancrées dans l'utopie de l'après-guerre. Ses thèmes récurrents sont plus universalistes et avant-gardistes que vernaculaires et identitaires. Joppolo ne s'inscrit pas dans l'histoire et l'anthropologie culturelle à la manière de Leonardo Sciascia avec la mafia, ou de Vitaliano Brancati avec le donjuanisme ; il se trouve au cœur des utopies actives des années cinquante, celles qui le rendent solidaire de Jacques Audiberti dans l'élaboration de l'abhumanisme[5] comme alternative à l'existentialisme sartrien.

Dans *Les Carabiniers*, on reconnaît la nature des villages des Nebrodi, mais comme le spécifie l'auteur dans les indications scéniques, l'action pourrait se dérouler n'importe où ailleurs dans le monde, et ce n'est pas un hasard si Joppolo met dans le menu de ces paysans un incongru plat de polenta (farine de maïs) beaucoup plus frioulan[6] que sicilien. Jean-Luc Godard, poussant encore plus loin cette logique universaliste, transfère ces personnages du monde rural méditerranéen dans les terrains vagues du sous-prolétariat de l'Europe urbaine du début des années soixante.

De l'environnement physique à l'environnement mental, Joppolo continue à puiser dans le local, le vernaculaire, mais toujours pour aller vers l'universel. Ainsi, dans la lignée de Pirandello, il travaille à partir de ce qui se niche au sein de cette structure de violence et d'abus que représente la famille, et tout particulièrement la famille sicilienne. Cette équation *famille* = *violence* est dominante

---

1. *La Giostra di Michele Civa*, Milano, Bompiani, 1945. Réimpressions : Milan, Longanesi, 1972 ; Marina di Patti, Editrice Pungitopo, 1989. Édition française : *Les Chevaux de bois*, Paris, Éditions du Chêne, 1947 (traduction et présentation de Jacques Audiberti). Sur l'auteur en général, voir l'ouvrage de Giovanni Joppolo, *Beniamino Joppolo*, Marina di Patti, Editrice Pungitopo, collection «La figura e l'opera», 2005.
2. *La Doppia Storia* («La Double Histoire»), Milan, Mondadori, 1968. Il s'agit d'un roman autobiographique, qui n'a pas encore été traduit et publié en français.
3. *I Carabinieri*, trois actes, *Filmcritica* [Rome], nᵒ 90, octobre 1959. Réimpression : *Sipario* [Milan], nᵒ 277, mai 1969. Éditions françaises : *Les carabiniers jouent*, La Parisienne [Paris], nᵒ 23, décembre 1954 (premier acte traduit et présenté par Jacques Audiberti) ; *Les Carabiniers*, dans *Beniamino Joppolo. Le nouveau théâtre sicilien*, Toulouse, *Scena aperta*, nᵒ 1, Université de Toulouse-Le Mirail, mars 2000 (traduction de Giovanni Joppolo).
4. *Le Acque* («Les Eaux»), deux actes, dans *Teatro siciliano* (sous la direction de Achille Mango, introduction de Vito Pandolfi), Palerme, Editori Stampatori Associati, 1961 (inédit en français).
5. Joppolo a publié deux essais sur l'abhumanisme : *L'Arte da Poussin all'abumanesimo*, Brescia, Edizioni della Bicocca, 1950, et *L'Abumanesimo*, Brescia, Edizioni della Bicocca, 1951 (tous deux sont inédits en français). Une publication italo-française rend compte de la réflexion abhumaniste commune de Joppolo et d'Audiberti : «Abumanesimo, Audiberti, Joppolo», dans *Quaderni del Novecento francese* [Rome/Paris], Bulzoni-Nizet, nᵒ 8, 1984. Voir également sur le sujet le texte de Jacques Audiberti, «Guéridons abhumains», *L'Âge d'or* [Paris], nᵒ 3, septembre 1946, p. 22-34. Voir aussi la préface déjà citée d'Audiberti au roman de Joppolo *Les Chevaux de bois*.
6. De la région du Frioul, qui se trouve à l'extrême nord-est de l'Italie.

dans *Les Carabiniers*. Lucia est la mère mais occupe aussi le rôle du père absent. Elle incarne le paradigme de la veuve méditerranéenne. Anna est la fille et la sœur. Et elles sont là, toutes deux, pour dominer et commander les enfants, les frères, Michelangelo et Leonardo. Dans la pièce de Joppolo, ce sont elles qui posent les questions dans la confrontation avec les carabiniers. Ce sont elles qui parlent et prennent toutes les décisions pour Michelangelo et Leonardo. Cette dimension est moins présente dans l'adaptation de Godard, qui propulse les quatre personnages au-delà de la famille traditionnelle en leur faisant former plutôt une «équipe informelle», régie par des pratiques d'union libre plus urbaines que rurales (avec en filigrane les affinités libertaires, anarchistes, présentes dans la plupart des films de Godard).

La fable des *Carabiniers* de Joppolo est toute dominée par la hantise de cette violence morbide inscrite dans la structure familiale, une violence qui devient ici tout aussi lancinante que celle de la violence d'État qu'incarnent par ailleurs les carabiniers.

Joppolo fait partie d'une génération qui a subi les violences du fascisme, de l'assignation à résidence (le *confino*[7]) et de la guerre.

Fable, parole, écriture

La *sicilianité* de Joppolo réside dans la fascination qu'exerce sur lui la parole, un certain parcours de la pensée qui creuse et trace son chemin en spirales, qui jalonne la route de grappes de mots où les idées se répètent mais trouvent à chaque fois des formulations et des tonalités-sonorités différentes – une écriture parlée ou une parole écrite en arabesques, une stratégie des différences dans les répétitions, une écriture des digressions circulaires, où la Sicile manifeste ses soubassements grecs et arabes. Godard ne pouvait qu'adhérer à cette manière obsédante de répéter les choses, de les dire toujours de manière différente, en crescendo. Ses films témoignent de ce goût pour la répétition, la modulation, *semen* du rythme poétique. C'est cet espace du verbe hyperbolique qu'évoque principalement la scène des cartes postales, moment du film où Godard suit la pièce de Joppolo pas à pas, main dans la main.

Les références culturelles de Joppolo rejoignent plusieurs tendances de la première moitié du siècle. Outre la relation déjà évoquée à Pirandello, on décèle chez lui les influences de l'expressionnisme allemand (Georg Kaiser, Georg Büchner, Ernst Toller). Au début des années quarante, quand il écrit ses premières pièces (*Sulla collina*, *L'Ultima Stazione*), Joppolo collabore activement à la réflexion sur le théâtre que mènent Giorgio Strehler et Paolo Grassi (futurs fondateurs du *Piccolo Teatro* de Milan). Ce sont d'ailleurs Strehler et Grassi qui mettent en scène sa pièce *L'Ultima Stazione* à la Triennale de Milan en 1941. Dans l'immédiat après-guerre, et notamment avec *Les Carabiniers*, pièce écrite en 1945, dont le titre était à l'origine *I Soldati conquistatori* («Les Soldats conquérants»), les thèmes abordés par Joppolo assument des tonalités de plus en plus existentialistes et socialisantes. Entre 1945 et 1955, Joppolo construit sa vision abhumaniste à travers ses deux principaux romans, *Les Chevaux de bois* et *Un cane ucciso*[8]. Durant cette décennie vécue à Milan, il mûrit sa décision de rejoindre Paris, où il est en contact avec Jacques Audiberti. Son théâtre alors s'avère très proche du théâtre de l'absurde tel que le pratiquent Jacques Audiberti, Samuel Beckett, Arthur Adamov, Eugène Ionesco. La production de Beniamino Joppolo est importante : il s'agit d'un corpus d'une quarantaine de pièces. Il est pour ainsi

---

7. Il est arrêté en mars 1937 à Milan et placé en résidence surveillée à Forenza (près de la ville de Potenza, en Basilicate) jusqu'en décembre 1938. On l'accuse d'être membre de la coalition antifasciste qui regroupe les communistes, les socialistes et les républicains. Dans le rapport rédigé par la police lors de son arrestation, il est même signalé qu'on a trouvé parmi ses livres un exemplaire de l'ouvrage d'André Gide *Retour d'URSS*.

8. *Un cane ucciso*, Milan, Bompiani, 1949. Réimpression : Syracusa, Epos, 1985. Édition française : *Le Chien, le Photographe et le Tram*, Paris, Corrêa, 1951 (traduction et présentation de Jacques Audiberti).

dire le seul auteur de théâtre italien d'avant-garde de l'après-guerre. La plupart de ses œuvres sont encore inédites aujourd'hui[9].

Ses pièces se lisent comme des fables philosophiques ; les indications scéniques laissent une grande liberté à la mise en scène. À part *Les Carabiniers* et un peu *Le Acque*, elles n'ont été que très peu représentées (la plupart n'ont jamais été mises en scène). Le théâtre d'auteur avait disparu en Italie au cours des trente années qui ont suivi la Deuxième Guerre mondiale. Le Piccolo Teatro de Milan de Paolo Grassi et Giorgio Strehler, puis les compagnies de Dario Fo ou Luca Ronconi ont défendu d'une part le répertoire historique et de l'autre les œuvres écrites par les metteurs en scène eux-mêmes. Ce fut Roberto Rossellini qui, après avoir monté *Les Carabiniers* (la seule mise en scène de théâtre de toute sa carrière) au festival de Spolète en 1961, fit découvrir le texte à Jean-Luc Godard.

Un dialogue et une amitié étaient nés entre Rossellini et Joppolo, qui s'étaient connus à Rome quelques années auparavant grâce à la revue cinématographique *Filmcritica*, dans laquelle Joppolo avait publié un article important sur le cinéaste[10]. Rossellini rendait souvent visite à Joppolo lors de ses fréquents séjours parisiens. À l'époque où il préparait la mise en scène de la pièce, Rossellini eut l'idée de la résumer à Godard, qui décida, de son côté, de confier le soin à Jean Gruault de rédiger un synopsis[11]. Par ailleurs, Joppolo et Godard se rencontrèrent souvent à Paris (je me souviens les avoir vus plusieurs fois ensemble à la maison). Ils eurent ainsi l'occasion de se concerter et de dialoguer sur les points essentiels de convergence et de différence entre la pièce et l'adaptation cinématographique.

Personnage, paradigme, abstraction

Le théâtre de Joppolo consiste en une narration poétique et philosophique qui cherche à faire oublier le poids des réalités historiquement datées en faveur d'une utopie active. Le personnage joppolien vit un drame destructeur pour lui-même et pour les autres. Il s'agit d'un personnage dépouillé. Il est une abstraction, un paradigme. Ainsi, tous les personnages des *Carabiniers* sont là pour démontrer l'absurdité de la guerre. Ils deviennent des concepts, des emblèmes, des figurines à deux dimensions, atemporels. C'est pourquoi, à la fin de la fable, Michelangelo et Leonardo survivent et, à nouveau emberlificotés par les carabiniers, à nouveau convaincus de l'attrait de la guerre, se déclarent prêts à repartir si une nouvelle occasion se présente, ce qui provoque l'admiration cynique de l'un des deux carabiniers, dont le mot de la fin est : « Incomparable matériel de guerre ! ». À la différence de la pièce, le film se termine, quant à lui, par la mort des deux frères, exécutés par les carabiniers.

Joppolo a également participé en tant que peintre et critique d'art à la naissance de la peinture informelle en Italie. Il a théorisé avec Lucio Fontana le mouvement spatialiste et réalisé plus d'une centaine de tableaux et dessins. Sa peinture est liée à l'expressionnisme abstrait des années cinquante. Il s'agit d'une peinture du geste et de la matière, où se visualise l'énergie[12].

Il a beaucoup produit, de manière instinctive, impulsive.

Il incarne la figure typique du créateur et de l'intellectuel des années cinquante, rebelle, brillant, généreux, intuitif, brouillon et irrévérencieux.

---

9. Plusieurs pièces de théâtre de Beniamino Joppolo ont été publiées dans des revues théâtrales italiennes. Une anthologie rassemble une partie de ces œuvres : *Teatro, volume primo. L'Ultima Stazione, Le Epoche, Il Cammino, Sulla collina, Domani parleremo di te, Tutti ascolteremo il silenzio, Ritorno di solitudine, La Follia sia dunque autentica, I Due Paesi, Una visita, L'Invito, I Carabinieri*, Marina di Patti, Editrice Pungitopo, 1989. Un deuxième tome regroupant les pièces inédites est actuellement en préparation.

10. « La "Scelta assoluta" di Roberto Rossellini » (« Le "Choix absolu" de Roberto Rossellini »), Rome, *Filmcritica*, année XI, n° 96-97, avril-mai 1960, p. 260-262.

11. Ce synopsis figure avec le découpage du film dans un numéro spécial consacré à Godard par *L'Avant-Scène Cinéma* [Paris], n° 171-172, juillet-septembre 1976, p. 3-42.

12. Sur l'activité de Joppolo au sein du mouvement spatialiste, voir mon intervention, « Fontana et le Spatialisme en Italie » dans le catalogue d'exposition *Lucio Fontana*, Paris, Centre Georges Pompidou, 1987, p. 275-309.

LES CARABINIERS

Trois actes de Beniamino Joppolo

Personnages :
Michelangelo
Leonardo
Lucia
Anna
Premier carabinier
Deuxième carabinier
Premier individu
Deuxième individu
Voix de Rizzoli
Voix de Calogero

PREMIER ACTE

La pièce principale d'une maison de paysans avec la porte d'entrée au fond, une fenêtre large, une grande table, des chaises, une échelle, qui conduit dans un grenier. Pendus à un mur, des ustensiles de cuisines, des provisions, des amulettes. Sur un autre mur, une grande photographie encadrée, celle du père de famille décédé. Près de la porte, un grand miroir. Lucia et Anna vaquent à leurs occupations quand, soudain, la porte s'ouvre brutalement : Michelangelo et Leonardo s'engouffrent dans la pièce, avec des visages très alarmés.

Michelangelo : Les carabiniers !
Leonardo : Les carabiniers !
Lucia : Quoi ?
Michelangelo : Les carabiniers !
Anna : Où ça ?
Michelangelo : Ils approchent, ils arrivent, ils gravissent la pente !
Leonardo : Ils sont déjà là !
Lucia : Où ça ?!
Michelangelo : Mais ici !
Anna : Ici ?

Les deux femmes se précipitent à la fenêtre.

Anna : Oui ! Ici ! Et ils sont armés !

Les quatre membres de la famille commencent alors à se dévisager avec haine et méfiance.

Lucia : Toi, qu'est-ce que tu as fait ? Et toi ? Et toi ?
Les enfants : Moi rien ! Et toi ? Moi rien ! Et toi ? Moi rien ! Et toi ?
Lucia : Rien !
Les enfants : Tu es sûre ? Tu es sûre ? Tu es sûre ?
Lucia : Moi oui. Et toi ? Et toi ? Et toi ?
Les enfants : Tout à fait sûr ! Tout à fait sûr ! Tout à fait sûre !
Lucia : Vous avez tué ?
Les enfants : Moi non ! Moi non ! Moi non plus !
Lucia : Vous en êtes sûrs ? Vous avez volé ?
Anna : Non ! Mais toi, tu es bien sûre que notre père est mort de sa belle mort ?!
Lucia : Absolument certaine ! Mon Dieu, les carabiniers ! Les carabiniers qui viennent ici ! Quand je pense à toutes les erreurs que commet la justice ! Mon Dieu, les carabiniers, et c'est bien vers chez nous qu'ils se dirigent !
Anna : Mon Dieu… et s'ils décident de nous accuser tous ?! S'ils affirment que nous sommes tous coupables, tous complices ?! Mon Dieu, mais que pourrons-nous faire ? Qui nous défendra ? Les carabiniers ! Les carabiniers !

Les deux femmes se lamentent en un chœur monotone.

Lucia : Les carabiniers…
Anna : Les carabiniers…
Lucia : Les voilà !

Anna : Ils sont presque devant notre porte…
Lucia : Silence. Il faut agir vite, sinon nous sommes tous perdus. Michelangelo, Leonardo, sauvez-vous ! Disparaissez dans les champs ! Et toi, Anna, file te cacher dans le grenier ! Vite ! Courez ! Dépêchez-vous !

Dans leur fuite, Leonardo et Michelangelo laissent la porte ouverte. Anna grimpe dans le grenier. Lucia, en entendant les pas des carabiniers, s'empresse de suivre sa fille. Les carabiniers sont sur le pas de la porte, en sueur et épuisés.

Premier carabinier : C'est pas les bonnes choses qui manquent chez ces paysans ! Regarde un peu ces fromages, ces saucissons !
Deuxième carabinier : Tu as bien raison. C'est pas comme dans notre caserne !
Premier carabinier *(Il frappe à la porte)* : Famille Lapenna ? Nous cherchons la famille Lapenna…
Deuxième carabinier : Quoi ? Ils sont tous morts ?
Premier carabinier : Entrons.
Deuxième carabinier : Nous attendrons.
Premier carabinier : Lapenna ?! Lapenna ?! Mais où êtes-vous donc passés, mes amis ?! Où êtes-vous, mes amis ?
Lucia *(Elle descend lentement le long de l'échelle)* : Vos amis ? Vos amis ?
Premier carabinier : Mais bien sûr que nous sommes vos amis !
Deuxième carabinier : Mais bien entendu, Madame Lapenna.
Lucia : En ce cas, vous êtes les bienvenus, Messieurs les carabiniers. Mettez-vous à l'aise. Prenez donc ces chaises.
Premier carabinier : Merci, ma bonne dame.
Deuxième carabinier : Merci, ma brave dame.
Lucia *(Elle est à présent rassurée)* : Anna ! Anna ! Tu peux descendre !
Anna : Mes respects, nos respects, Messieurs les carabiniers.
Lucia : Mettez-vous bien à l'aise, Messieurs les carabiniers.
Premier carabinier : Vous permettez ?

Ils déposent leurs mousquetons, déboutonnent le col de leur veste et s'abandonnent sur les chaises. Pendant toute la durée de l'action, le deuxième carabinier se contentera de suivre docilement son camarade, sans jamais prendre d'initiatives personnelles.

Lucia : Détendez-vous…
Anna : Relaxez-vous…
Premier carabinier : Ouf !
Deuxième carabinier : Ouf !
Premier carabinier : C'est pas une mince affaire que d'arriver jusqu'ici !
Deuxième carabinier : Grimper jusqu'ici ? Faut le faire !
Lucia : Vous êtes fatigués ?
Anna : Vous voulez du lait ?

Elle leur apporte une cruche et deux verres. Ils boivent longuement.

Premier carabinier : Ah ! Je me sens mieux maintenant.
Deuxième carabinier : Et moi donc !
Premier carabinier : C'est la terre de long en large qu'on a eu l'impression de traverser, avant d'arriver jusqu'ici.
Deuxième carabinier : L'univers tout entier, tu veux dire !
Premier carabinier : Des vignes et des jardins…
Deuxième carabinier : Des jardins et des vignes…
Premier carabinier : Des oliveraies et des vergers…
Deuxième carabinier : Des vergers et des oliveraies…
Premier carabinier : Et rien que des côtes…
Deuxième carabinier : Et quelles côtes !
Premier carabinier : Pierres, noisetiers, châtaigniers et chênes…
Deuxième carabinier : Pierres et taillis…
Premier carabinier : Chemins pour les bêtes…
Deuxième carabinier : Pour les ânes et les mulets…
Premier carabinier : Et avec nos uniformes sur le dos. Coincés dans ces uniformes…
Deuxième carabinier : Lourds et protocolaires…
Premier carabinier : Par cette journée de grande chaleur…

Deuxième carabinier : La plus chaude de l'été !

Premier carabinier : Au bas de la colline, il y a bien quelques maisons où on peut s'arrêter pour boire…

Deuxième carabinier : Boire un peu d'eau…

Premier carabinier : Mais après, plus rien. Des pierres, des herbes brûlées, et l'air qui bout.

Deuxième carabinier : Qui bout comme l'eau.

Premier carabinier : Et nous, avec ces uniformes lourds, protocolaires ! Ah ! On se sent mieux !

Deuxième carabinier : On se sent vraiment mieux !

Anna : Buvez encore un peu de lait.

Elle leur verse du lait et ils boivent longuement.

Les deux carabiniers : Merci.

Un long silence durant lequel les deux carabiniers observent Lucia, qui réfléchit.

Lucia : Nous n'avons rien à nous reprocher. Notre famille est une famille respectable.

Deuxième carabinier : Plus que respectable, Madame.

Premier carabinier : Respectable et honorable, Madame.

Lucia : Après une vie d'honnêteté et de travail, à semer le blé, le maïs et les pommes de terre, à suer, je dis bien à suer, à mener les brebis au pré, mon mari est mort, de sa belle mort et avec tous les sacrements. Le prêtre est monté jusqu'ici, tout grand et tout noir, avec sa croix. Oui ! Mon mari s'est confessé, et le prêtre, nous l'avons payé son juste prix, comme c'est la coutume. Il est mort en toute sérénité, mon mari, il est mort en règle, Messieurs.

Anna : Il est mort de mort plus que naturelle, mon père. Et même que mort il avait encore l'air vivant.

Premier carabinier : C'est à la foire du village que je l'ai vu pour la dernière fois, l'été dernier, sur le pont, avec sa barbe blanche. Il mâchait des fèves et marchandait un âne…

Lucia : Qu'il a acheté et payé comptant. Et combien de misères lui a fait endurer cet âne… Puis il est mort, en automne, quand le monde entier est recouvert de feuilles et d'herbes rousses. Nous, nous l'avons soigné et dorloté. Il avait tous les jours ses draps bien propres et frais.

Anna : Le cercueil a été payé, la messe a été payée.

Lucia : Pas un sou de plus, pas un sou de moins.

Premier carabinier : Avec sa barbe blanche… Il a dû mourir comme un saint Joseph…

Deuxième carabinier : Un saint Jérôme, un saint Pierre…

Lucia : Bref, il est mort en règle, Messieurs. Et les Lapenna sont une famille respectable.

Deuxième carabinier : Respectable et honorable, Madame.

Premier carabinier : Plus qu'honorable, Madame Lapenna.

Lucia : Nous payons nos impôts chaque année, et tout notre bétail est déclaré, comme l'exige, du reste, la loi.

Premier carabinier : Une famille honorable que la vôtre.

Deuxième carabinier : On n'en connaît pas de plus honorable.

Lucia : Et mes fils ne se saoulent jamais. Ils travaillent du matin jusqu'au soir.

Premier carabinier : Une famille de travailleurs honnêtes et courageux.

Deuxième carabinier : De grands travailleurs.

Lucia : Et la nuit, mes fils ne vont pas couper les chênes du voisin.

Anna : Et le jour, ils ne mènent pas les brebis sur le pré du voisin.

Lucia : Et nous vendons notre lait à son juste prix…

Anna : Sans y ajouter de l'eau…

Lucia : Et c'est pareil pour le fromage…

Anna : Les agneaux et les chevreaux…

Premier carabinier : Il n'y a vraiment rien à dire sur votre famille.

Deuxième carabinier : On ne peut qu'ôter son chapeau, s'incliner devant une telle honnêteté, une telle respectabilité.

Lucia : Alors, Messieurs les carabiniers, vous êtes de passage ? Vous vous rendez probablement chez Calogero, le berger, à six kilomètres

de notre maison ? Vous êtes entrés ici tout simplement pour vous reposer un peu, faire une courte halte, pas vrai ? Anna, donne un peu de pain et de fromage à Messieurs les carabiniers. Tu peux aussi leur verser un autre verre de lait. C'est que la route est longue pour arriver jusqu'à la maison de Calogero.

Anna les sert. Ils se mettent à manger et à boire lentement.

Lucia : Une fois restaurés, la route vous semblera moins longue.

Premier carabinier : Quel fromage, cher collègue !

Deuxième carabinier : Il a conservé la fraîcheur et le goût de l'herbe…

Premier carabinier : De l'herbe du matin, au premier givre.

Deuxième carabinier : Quel parfum ! Comme il fond dans la bouche !

Premier carabinier : Quelle bonne idée d'avoir fait cette belle promenade…

Deuxième carabinier : Qui nous a menés tout droit chez ces deux braves petites dames.

Lucia : Je vous comprends tout à fait. C'est normal, quand on marche, quand on va chez Calogero, pour voir, pour vérifier, pour contrôler, simplement pour voir, je dis bien, une visite de routine, oui, parce que Calogero le berger, et ça, tout le monde le sait, ce n'est pas un mauvais bougre, il a sûrement rien fait de mal, mais quand même, il faut procéder à une petite vérification de temps en temps. Et après une telle marche, Messieurs les carabiniers se sentent fatigués, c'est logique, ils voient une maison, ils devinent qu'elle appartient à des gens respectables, qui ont le sens de l'hospitalité ; ils frappent donc à la porte, entrent, posent leurs fusils, tombent la veste, respirent un bon coup, s'essuient le front, se restaurent, se réconfortent, se rafraîchissent… Et puis ils se lèvent, ils s'en vont, lestes comme des oisillons à peine éveillés, légers, légers, ils déploient leurs ailes et s'envolent vers la bicoque de Calogero…

Anna : Avec leurs ailes bleues, bleues, toutes bleues dans le ciel serein…

Anna danse les bras déployés.

Premier carabinier : Mais, chère Madame Lapenna, nous n'avons aucune raison de nous rendre chez Calogero.

Lucia : Quoi ?

Anna : Comment ? Qu'est-ce que vous dites ?

Lucia : Mais alors, Messieurs les carabiniers ?

Anna : Mais alors, s'ils ne vont pas chez… Notre raisonnement s'écroule et…

Lucia : Vous n'allez pas chez Calogero ? Tu entends, Anna ? Tu as bien entendu ? Ils ne vont pas chez Calogero… Mais alors, attends un peu, si Messieurs les carabiniers ne vont pas chez Calogero, si vous n'allez pas chez Calogero…

Anna : Si vous n'allez pas chez Calogero, en ce cas, alors…

Lucia : Mais oui, j'y suis, bien sûr ! Nous sommes de véritables étourdies, ma fille ! Mais bien sûr, nous sommes de pauvres femmes qui comprennent rien à rien ! C'est la campagne et la solitude qui nous abrutissent comme ça ! Il fallait y penser, ma fille… S'ils ne vont pas chez Calogero, c'est chez Rizzoli qu'ils se rendent, ma fille, chez Rizzoli !

Anna : Chez Rizzoli ? Et qui c'est, Rizzoli ?!

Lucia : Qui c'est Rizzoli ?! Tu me demandes qui est Rizzoli ? Tu ne sais même plus qui est Rizzoli ?! Mais le bûcheron, voyons ! Rizzoli le bûcheron ! Il n'y a qu'un seul bûcheron dans toute la région, et c'est Rizzoli !

Anna : Rizzoli le bûcheron ? Mais il est perdu en plein dans la montagne, à dix kilomètres d'ici, au moins !

Lucia : Dix kilomètres ?! On voit que tu n'as pas bien regardé nos chers carabiniers ! Habituée comme tu es à ne voir que du bétail et du fumier, tu ne te rends même plus compte que pour nos chers carabiniers, dix kilomètres c'est une véritable partie de plaisir. Mais regarde leurs muscles ! Regarde leurs jambes ! Regarde leurs épaules ! Dix kilomètres ?! C'est de la rigolade pour eux, dix kilomètres ! C'est bien chez Rizzoli que vous vous rendez ! N'est-ce pas, Messieurs ?

Lucia décroche du mur la photographie de son mari et la rapproche de son visage.

Lucia : Toi, mon cher petit mari, toi qui es tout sucré comme le miel des montagnes, tout blanc, tout immaculé… Toi qui vois tout, qui sais tout, qui devines tout, tu m'inspires continuellement, tu me fais tout comprendre. Messieurs les carabiniers, c'est Rizzoli le bûcheron qu'ils cherchent. Et de quoi s'est-il rendu coupable, Rizzoli ? Mais oui ! J'y suis ! Quelle imbécile ! Quelle pauvre femme je suis ! C'est pourtant si simple à comprendre ! Mais bien sûr ! J'ai deviné à présent ! Quand un bûcheron coupe un arbre, un chêne par exemple, l'arbre en tombant écrase les petites souris, les petits loirs, les petits écureuils, les petits papillons, les petites fourmis et toutes les autres espèces animales qui habitent la forêt. Et vous, bien entendu, vous recherchez Rizzoli pour le punir, non seulement parce qu'il fait un carnage continu de créatures vivantes, de créatures du bon Dieu, mais parce qu'il lui arrive également de les manger, ces créatures, sans déclarer l'abattage aux autorités, sans leur faire passer la visite médicale, à ces pauvres créatures massacrées !

Anna : C'est la loi ! Les animaux ne peuvent être mangés que s'ils sont sains, s'ils ont passé la visite médicale devant le vétérinaire !

Premier carabinier : Non, non… Il ne s'agit pas de petits écureuils… Mais quelle saveur de foin frais, ce fromage !

Deuxième carabinier : Quel parfum ! Ah ! Nous avions vraiment besoin de nous restaurer, mon cher collègue… Quelle fraîcheur !

Lucia : Dois-je en déduire que Rizzoli aurait commis quelque indécence, là-bas, dans son trou, dans les fourrés ? Vous voyez ce que je veux dire ? Ce sont des choses qui arrivent…

Premier carabinier : Ce lait…

Deuxième carabinier : Meilleur que du vin !

Premier carabinier : À votre santé, Mesdames !

Deuxième carabinier : Comme avec le vin ! Santé !

Lucia : Il me semblait bien que Rizzoli n'était pas tout à fait normal… Tu te souviens, Anna ? Je t'avais même prévenue ! Eh oui ! La solitude ! Croyez-moi, Messieurs, c'est sûrement à cause de la solitude ! Et après tout ça, il y a l'eau, l'eau, surtout l'eau courante, l'eau qui lave tous les péchés…

Premier carabinier : En l'occurrence, il n'est question ni d'eau courante ni d'eau stagnante… Ce fromage ! Même la croûte est délicieuse…

Deuxième carabinier : À mon avis, la croûte, c'est ce qu'il y a de meilleur. Elle a un goût plus corsé, plus concentré…

Premier carabinier : Vraiment fameux, ce fromage ! Nous ne recherchons pas du tout le bûcheron Rizzoli, ma bonne dame.

Deuxième carabinier : Santé.

Premier carabinier : Santé.

Lucia : Quoi ? Vous n'allez pas chez Rizzoli ? Alors, vous n'êtes pas des carabiniers !

Deuxième carabinier : Mais si ! Nous sommes des carabiniers ! Mais pourquoi voulez-vous absolument que nous recherchions Rizzoli le bûcheron ?

Lucia : Anna ! Anna ! Je n'arrive plus à bouger, la peur me cloue sur place ! Après nous, il y a Calogero, et après Calogero, il y a Rizzoli, mais après Rizzoli, il n'y a plus rien, rien du tout. Après Rizzoli, le monde est fini, fini, fini…

Anna : Après, il n'y a plus que notre désespoir, notre malheur, nos yeux pour pleurer toutes les larmes du monde !

Premier carabinier : Vous venez de le dire ! Avant la cabane de Rizzoli, avant la bicoque de Calogero, il y a votre maison.

Deuxième carabinier : C'est justement dans votre maison, chez vous, que nous venons.

Lucia : Nous ?!

Premier carabinier : Oui ! Vous ! Nous venons, nous sommes chez vous. Nous vous rendons visite, en quelque sorte.

Lucia : Nous ? Nous ? Jésus ! Marie ! Saint Joseph ! Ma fille ?! Nous sommes damnées, ensorcelées ! C'est la folie, la ruine, le déshonneur, notre maison qui s'écroule sur nos pauvres têtes !

Anna : Et qui nous défendra, à présent ? Avec toutes les erreurs que commet la justice ?! Il ne nous reste plus que les yeux pour pleurer…

Premier carabinier : Du calme, mes braves petites dames ! Du calme ! Elles sont vraiment toutes les mêmes ! Elles s'affolent pour un rien ! Restez tranquilles, ce n'est rien, rien du tout.

Lucia : Vous me demandez de rester calme ?! Mais comment garder son sang-froid quand les carabiniers sont là ?! C'est facile d'être calme quand ils ne sont pas là, les carabiniers ! Mais nous, nous, nous… et vous, vous, vous… vous ne les avez pas sous le nez, les carabiniers… alors que nous, nous… on vous voit, vous êtes là… Vous êtes bien là !!

Anna : Je voudrais vous y voir, moi ! Je voudrais vous y voir, si tout à coup, comme ça, à l'improviste, des carabiniers arrivaient chez vous, avec les uniformes et tout le reste… Et pas un seul avocat pour vous défendre ! Pas un avocat pour nous défendre ! Mais qui nous protégera ? Les larmes me brûlent les joues, mes yeux deviennent comme des pierres ponces !

Lucia : Mon petit mari, mon petit mari, descends ! Viens vite ! Descends parmi nous, là, dans cette pièce, viens nous défendre, toi qui étais si fort, si énergique, si courageux…

Premier carabinier : Gardez donc votre sang-froid, Madame Lapenna !

Deuxième carabinier : Calmez-vous !

Premier carabinier : Leonardo Lapenna est bien votre fils, Madame Lucia Lapenna ?

Lucia : Oui…

Premier carabinier : Michelangelo Lapenna est lui aussi votre fils, n'est-ce pas ?

Lucia : Oui. C'est mon fils.

Anna : Ce sont mes frères.

Premier carabinier : Alors, tout va bien. Nous y sommes…

Deuxième carabinier : Nous sommes arrivés à destination…

Lucia : Et que leur reproche-t-on, à mes petits enfants chéris ?! Mais qu'ont-ils fait au juste ?! Répondez, Messieurs, je vous en supplie !! Que va-t-on leur faire ?! Vous allez les arrêter ?!

Anna : Les fusiller ?!

Lucia : La ruine !!! C'est la ruine qui s'abat sur ma maison !! C'est la colère de Dieu !! Pourquoi ?!

Anna : Mes frères fusillés ?! Mes pauvres frères, qui travaillent du matin au soir ?! Vous voulez les arrêter ?! Les condamner ?! Les fusiller ?! Si vous osez les toucher, je vous tue !! Vous m'entendez ?! Je vous massacre !!! Je vous foudroie !!!!

Elle saisit un des mousquetons.

Premier carabinier : Du calme ! Du calme ! Posez ce mousqueton immédiatement ! Vous pourriez commettre un crime irréparable ! Un délit contre des représentants officiels de la loi ! Nous sommes les représentants de la loi ! Mais également vos amis… Et nous sommes montés jusqu'ici, au prix de grands sacrifices, pour vous annoncer une bonne nouvelle, une grande nouvelle, un immense honneur pour toute votre famille… Mais si vous ne posez pas ce fusil…

Lucia : Vous avez dit une grande nouvelle ?

Anna pose le mousqueton.

Anna : Un immense honneur pour toute notre famille ?

Premier carabinier : Vous vous êtes calmées ? Très bien !
Donc, mes chères petites dames, la nouvelle importante est que notre très grand, très illustre, très puissant et très aimé Roi…

Les deux carabiniers se mettent au garde-à-vous.

Premier carabinier : … a écrit deux lettres personnelles, je dis bien personnelles, à Michelangelo et Leonardo Lapenna, vous me suivez, deux petites lettres personnelles, une pour Michelangelo et une autre pour Leonardo, deux petites lettres signées de sa main, celle du Roi, la main royale, vous avez bien entendu, vous avez bien compris ?

Lucia : Le Roi a écrit à mes enfants ?

Anna : Le Roi a écrit à mes frères ?

Lucia : Le Roi ? En personne ? Avec sa signature ? Et pourquoi ?

Anna : Pourquoi tant d'honneur ?

Premier carabinier : Pour les inviter… De sa main… Pour leur faire l'honneur… de lui rendre visite…

Deuxième carabinier : … de se présenter chez lui, devant lui…

Premier carabinier : … soldats !

Deuxième carabinier : … soldats du Roi !

Lucia : Soldats ? Mes deux fils soldats ?!

Anna : Et ils devront quitter la maison ?

Lucia : Jésus ! Marie ! Notre maison prend feu !!

Anna : Et nous ? On va rester toutes seules ?!

Lucia : Et le blé ?!

Anna : Les pommes de terre ?!

Lucia : Le maïs ?

Anna : Les brebis ?

Lucia : Jésus ! Marie !

Anna : Saint Joseph !

Lucia : Soldats !

Anna : Mes pauvres frères ! On va me les exterminer à coups de discipline ! La discipline les tuera !

Premier carabinier : Assez parlé, Mesdames !

Les deux carabiniers se mettent au garde-à-vous.

Premier carabinier : Les ordres du Roi ne se discutent pas ! Sinon…

Deuxième carabinier : C'est le cachot !

Premier carabinier : Exactement ! Je n'arrive pas à vous comprendre, Mesdames. Une nouvelle qui devrait vous remplir de joie, de gratitude, une nouvelle qui devrait vous combler… Et vous nous faites une scène pareille ?! Appelez les deux gaillards ! Ils seront sûrement plus contents que vous.

Lucia : Ils ne sont pas bien loin. Anna, appelle-les.

Anna : Michelangelo ! Leonardo !

Anna les appelle plusieurs fois.

Voix de l'extérieur : Qu'est-ce qui se passe ? Qu'est-ce que vous voulez ?

Anna : Venez vite !

Voix de l'extérieur : Nous autres, on travaille ! On n'a pas le temps !

Anna : Venez ! Venez ! Le Roi vous a écrit ! Avec sa signature ! De sa main ! De sa main royale !

Voix de l'extérieur : Le Roi ? Il a écrit ? À nous autres ? Avec sa signature ? Pas possible… Et qu'est-ce qu'il a écrit ?

Anna : Oui ! Le Roi ! Le Roi ! Venez ! Venez immédiatement !

Les deux femmes s'impatientent, tandis que les carabiniers reprennent du fromage et du lait. Michelangelo et Leonardo entrent essoufflés.

Michelangelo : Messieurs les carabiniers, bonjour.

Leonardo : Bonjour.

Premier carabinier : Salut les jeunes !

Deuxième carabinier : Salut !

Premier carabinier : De beaux garçons ! Vraiment ! De beaux soldats !

Deuxième carabinier : Pour servir Sa Majesté !

Michelangelo : Le Roi nous a écrit ?

Leonardo : C'est pas possible…

Michelangelo : Et qu'est-ce qu'il pourrait bien nous demander, le Roi ?

Leonardo : Une lettre signée du Roi ? Avec sa signature ?

Michelangelo : La lettre et la signature, les deux en même temps ?

Leonardo : Vous parlez sérieusement, Messieurs les carabiniers ?

Michelangelo : Ce n'est pas le moment de plaisanter !

Leonardo : Vous vous moquez de nous !

Michelangelo : Pourquoi vouloir vous moquer de deux pauvres paysans comme nous ?

Premier carabinier : Nous moquer de vous ? Et pour quelle raison ?

Deuxième carabinier : Après la marche épouvantable que nous venons de faire ? Par cette chaleur ? Ce serait vraiment ridicule de notre part !

Premier carabinier : Nous moquer de vous ? Quant à vous, Mesdames, du calme ! Et, je vous en prie, pas de larmes !

Le premier carabinier tend à Michelangelo et Leonardo deux imprimés, que ces derniers se mettent à examiner avec stupéfaction.

Premier carabinier : Je n'ai jamais été plus sérieux de ma vie. Le Roi vous a écrit, c'est la vérité. Et ça, ce sont les deux lettres qu'il a daigné vous écrire de sa propre main. Deux lettres, vous saisissez, deux signatures du Roi, vous avez bien entendu ?

Michelangelo : Ah bon…

Leonardo : Ah oui…

Premier carabinier : Mais oui !

Deuxième carabinier : Bien sûr !

Michelangelo : Formidable !

Leonardo : Extraordinaire !

Michelangelo : Qu'est-ce qu'il veut, le Roi ?

Lucia : Que peut donc vouloir le Roi à deux pauvres paysans ?

Premier carabinier : Vive le Roi ! Et quand on parle du Roi, c'est comme s'il était là en personne, on se met immédiatement au garde-à-vous !

Deuxième carabinier : Au garde-à-vous ! C'est compris ?! Pas de bavardages superflus !

Michelangelo : Ah oui ?

Leonardo : C'est comme ça qu'il faut faire avec le Roi ?

Premier carabinier : Mais oui.

Deuxième carabinier : Qu'est-ce que vous croyez ?!

Michelangelo : Rien…

Leonardo : Rien du tout. On a compris, ça va, pas la peine d'insister…

Premier carabinier : Notre très puissant, très grand, très fort, très beau, très magnanime, très gracieux et très aimé Roi vous a écrit, en personne, comme l'atteste sa signature. Il veut vous offrir, vous faire l'honneur… d'endosser l'uniforme militaire… Lisez donc !

Deuxième carabinier : Lisez !

Le premier carabinier leur reprend les deux convocations.

Premier carabinier : Vous ne savez pas lire ? Vous voulez que je lise à votre place ?

Michelangelo : Lisez. On vous écoute.

Leonardo : Allez, lisez.

Lucia : Je le savais, mon petit mari, je le pressentais qu'un jour la gloire allait combler notre demeure, cette maison que tu as fait surgir de la terre, avec toute ta patience, tout ton courage ; cette demeure où tes fils ont grandi, où ils deviendront des hommes extraordinaires, tout comme toi !

Premier carabinier : Un peu de silence, s'il vous plaît. Voilà… Le Roi dit que Michelangelo Lapenna est appelé à endosser l'uniforme et… Mais c'est merveilleux ! Je n'en crois pas mes yeux !

Lucia : Et qu'est-ce qu'il dit encore, le Roi ?

Le premier carabinier montre les lettres à son collègue.

Premier carabinier : Regarde ! Regarde donc !

Deuxième carabinier : C'est énorme ! Inconcevable ! Colossal ! Titanesque ! Ah ! C'est… c'est… à devenir fou… à ne pas y croire, tellement le choc est violent !

Premier carabinier : Donc… Mais attendez, laissez-moi reprendre mon souffle avant de vous faire part d'une nouvelle qui me laisse sans voix, sans voix… et le cœur rempli de jalousie, plein de jalousie… Oui, je suis jaloux de vous… enfin presque…

Deuxième carabinier : Parce que, vraiment, il y a de quoi devenir jaloux. Oui, je suis sincère, je suis jaloux, je vous envie, c'est la vérité, je vous envie…

Je-vous-en-vie !

Premier carabinier : Je dois vous avouer que moi aussi je vous envie. Parce que… parce que le Roi dit… ce sont exactement les termes qu'il utilise… il n'y a pas d'erreurs possibles, c'est bien écrit sur ces deux lettres, c'est clair, clair et flamboyant comme le soleil… Michelangelo Lapenna est appelé à endosser l'uniforme et… à… FAIRE LA GUERRE ! Faire la guerre, oui ! La lettre destinée à Leonardo dit exactement la même chose !

Deuxième carabinier : L'uniforme et la guerre ! Vous avez compris ?! Le Roi, qui doit nommer les ministres, les préfets, les généraux, pour l'industrie, le commerce, les finances, la justice, les colonies… Le Roi, qui visite les navires, les orphelinats, les hôpitaux… Le Roi, le grand Roi en personne, abandonnant son billard, ses ministres, ses généraux, la chasse, la pêche, la musique, pour écrire à Michelangelo et Leonardo Lapenna ? N'est-ce pas extraordinaire ? Inconcevable ? Et pourtant, oui ! Il a sacrifié quelques minutes précieuses de son emploi du temps royal pour vous écrire ! Deux lettres, pour vous inviter, tous les deux, aux honneurs de l'uniforme et de la guerre ! L'uniforme de l'armée royale !

Premier carabinier : L'uniforme de l'armée royale et la guerre ! Comme ça ! D'un seul coup ! Je savais qu'une guerre était en train de se préparer, mais je n'aurais jamais pu imaginer que le Roi vous ferait l'honneur, l'honneur suprême d'y participer, à cette guerre royale ! nationale !

Deuxième carabinier : L'uniforme et la guerre !

Michelangelo : L'uniforme et la guerre…

Leonardo : La guerre ? Cette chose où l'on avance et on tue des ennemis et des ennemis ? C'est bien ça ? Je ne me trompe pas ?

Lucia : La guerre…

Anna : Saint Joseph, protège-nous ! Notre maison tremble ! Elle va s'écrouler !

Premier carabinier : C'est comme ça que vous remerciez le Roi de l'honneur qu'il vous fait ? De l'honneur suprême d'endosser l'uniforme ?

Deuxième carabinier : Et de vous inviter à participer à la guerre ?

Michelangelo : Pour avancer, avancer encore et toujours, et tuer des ennemis ?

Leonardo : Comme des mouches…

Lucia : Mais les ennemis, eux, ils peuvent vous tuer ! Vous obliger à reculer !

Michelangelo : Nous tuer ? Nous faire reculer ? C'est nous qui allons les tuer, les ennemis ! Moi, des ennemis, j'en prends mille par les cornes et je leur fais plier les pattes comme aux béliers qui sont là dehors !

Leonardo : Et moi, je cours, je cours, et j'avance si vite que j'atterris en Amérique !

Michelangelo : Et moi, en Australie !

Premier carabinier : Très bien !!

Deuxième carabinier : Bravo !!

Premier carabinier : C'est comme ça qu'il faut envisager la question !!

Deuxième carabinier : Le Roi a vraiment eu raison de vous écrire, de vous faire confiance !!

Premier carabinier : Ah ! Si tout le monde pouvait parler et agir comme vous !

Lucia : Et si on les tue ?!

Anna : Si on leur arrache les yeux ?!

Lucia : Si on leur coupe les jambes ?!

Anna : Si on leur coupe les bras ?!

Lucia : Et si on leur arrache les yeux, les jambes et les bras ?!

Anna : Qui les soignera ?

Lucia : Qui sèmera le blé, les pommes de terre et le maïs ?

Anna : Qui s'occupera des récoltes ?

Lucia : Qui soignera les brebis ?

Anna : Qui fera le fromage ?

Lucia : La guerre…

Anna : C'est un véritable raz-de-marée sur notre pauvre maison !

Michelangelo : M'arracher les yeux ?! Les jambes ?! Les bras ?! À moi ?!

Leonardo : Mais c'est nous qui allons revenir avec des valises, des malles, des malles entières remplies des yeux, des dents, des bras et des jambes de nos ennemis ! Et on pourra les utiliser pour en faire de l'engrais, pour nos champs de blé, de pommes de terre et de maïs.

Michelangelo : Pour nourrir nos brebis.

Premier carabinier : Enfin ! Des hommes !

Deuxième carabinier : Tu l'as dit ! Des hommes ! Voilà des hommes véritables ! Des soldats ! Des soldats dignes de leur Roi !

Tous se sont assis. Le calme est revenu et les carabiniers reprennent du lait et du fromage, tandis que Michelangelo et Leonardo méditent en silence.

Premier carabinier : Enfin, nous voilà tous calmés. On va pouvoir parler sérieusement. Je vais vous dire tout de suite quelque chose qui vous fera très plaisir. Oui, cette maison est marquée par la chance, je vous le dis, et comme peu de maisons le sont et l'ont été. Par la chance ! Oui ! Je peux vous le garantir ! Aucune maison n'a jamais été autant marquée par la chance !

Michelangelo : Raconte, raconte…

Leonardo : Raconte, carabinier…

Lucia : Explique-nous tout, carabinier…

Anna : Éclaire notre lanterne, carabinier. Alors ?

Premier carabinier : Vous devez savoir, chers amis, qu'il est déjà rarissime que, dans une famille où il n'y a qu'un seul fils, ce fils soit appelé par le Roi. Mais jamais, je dis bien jamais, il n'arrive que le Roi décide d'appeler en même temps, comme ça, sans problèmes, les deux fils d'une même famille, avec deux lettres signées, avec la signature du Roi, je dis bien, les deux fils d'une même famille, en même temps, sans histoires, sans problèmes, sans complications, pour leur faire l'honneur suprême de revêtir l'uniforme, pour les inviter à endosser l'uniforme et à l'accompagner à la guerre, à la guerre avec le Roi, dans les uniformes de son armée… Vous vous rendez compte ?! Il s'agit de deux invitations ! De deux honneurs ! De deux signatures du Roi ! Mais j'ai l'impression que l'importance de cet événement vous dépasse complètement… Car, si vous pouviez en saisir la portée, vous seriez immédiatement transportés de joie, vous seriez fous de bonheur, au comble de la joie !

Deuxième carabinier : Vous vous mettriez à hurler…

Premier carabinier : À sortir des bouteilles pour trinquer !

Deuxième carabinier : Mais oui ! Vous devriez sauter de joie, taper vos têtes contre les murs !

Premier carabinier : Votre silence me dépasse ! Votre silence me désespère !

Deuxième carabinier : Vous devriez déjà être dans les champs en train de danser…

Premier carabinier : Hurler de joie !

Deuxième carabinier : Et au contraire, vous êtes plantés là, comme deux points d'interrogation !

Michelangelo : Il faut nous pardonner…

Leonardo : C'est sans doute l'émotion…

Premier carabinier : Une maison qui vient de recevoir la bénédiction divine !

Deuxième carabinier : Deux lettres, deux signatures du Roi ! Vous vous rendez compte, au moins, de ce que cela signifie ?!

Premier carabinier : Le Roi en personne !

Deuxième carabinier : Roi par la grâce de Dieu !

Premier carabinier : Par volonté de la Nation !

Deuxième carabinier : C'est comme si Dieu vous avait écrit par volonté de la Nation à travers la signature du Roi.

Premier carabinier : Mon cher collègue, tu as su trouver la formule exacte !

Lucia : Mais c'est sérieux, tout ce que vous êtes en train de dire ?

Anna : Ce n'est pas une plaisanterie, au moins ?

Premier carabinier : Une plaisanterie ? Vous paraissez ne pas avoir bien compris ce que je viens de vous dire ?! Alors, mes explications ne servent vraiment à rien avec vous ? Écoutez-moi bien, à présent, c'est la dernière fois que je vous explique les choses ! C'est compris ?!

Lucia : Ne te fâche pas, carabinier. On t'écoute attentivement.

Anna : On ouvre bien nos oreilles !

Premier carabinier : Sachez que le Roi ne plaisante pas, mes amis ! N'allez surtout pas croire qu'il a le temps de plaisanter, de distribuer l'honneur de porter l'uniforme et de l'accompagner à la guerre à n'importe qui ! Il ne manquerait plus que ça ! Le Roi, mes amis, est un homme avisé, prévoyant, généreux, oui, croyez-moi, c'est un homme sage, qui n'a pas le temps de plaisanter.

Lucia : Et qu'est-ce qu'il fait, alors ?

Anna : Oui, qu'est-ce qu'il fait, le Roi ?

Lucia : Raconte…

Anna : Allez, raconte…

Premier carabinier : Je vais tout vous dire, mais calmez-vous ! Voilà ce qu'il fait, le Roi : il donne l'ordre que l'on rassemble tous les jeunes appelés à servir, dans une grande pièce où ils devront se mettre nus des pieds à la tête. Il ne rigole pas, le Roi, vous pouvez me croire, il veut les voir nus, comme ils ont été faits par la nature, je dis bien nus, complètement nus, et pas un seul lacet de chaussure qui traîne, pas de chaussette ou de cravate… Vous croyez qu'il rigole, le Roi ?! Eh bien non ! Il veut les voir tous rassemblés, nus comme des vers de terre ! C'est clair ?

Lucia : Tout à fait clair, carabinier…

Anna : La petite croix autour du cou, celle du baptême, ils peuvent la garder, carabinier ?

Premier carabinier : La petite croix et les poils, oui. Mais ne plaisantons pas, voulez-vous ? La petite croix et les poils, oui. Parce que, je vous le répète encore une fois, le Roi est sévère mais juste et généreux, grâce au Ciel, et personne n'ose en douter, personne ne doit en douter ! Nous sommes bien d'accord ?

Lucia : Bien sûr, bien sûr… Ne vous fâchez pas, cher carabinier, nous sommes désolés de… Mais continuez, continuez… Et après ?

Anna : Après ?

Michelangelo : Vive le Roi !

Leonardo : Vive le Roi !

Premier carabinier : Bravo !

Deuxième carabinier : Bravo ! Bravo !

Lucia : Oui… Mais continue ton histoire, carabinier !

Anna : Raconte-nous la suite !

Premier carabinier : Oui… Où en étais-je… Où en étais-je donc resté ? Ah oui ! Voilà ! Nous en étions restés au moment où les jeunes gens sont réunis dans la grande pièce, nus, complètement nus, je me suis fait comprendre ? Avec seulement la petite croix et les poils, parce que le Roi le permet, dans sa grande générosité.

Lucia : C'est bien là que nous en étions restés.

Anna : Allez, carabinier ! Continue ton histoire !

Premier carabinier : Alors le Roi fait entrer des médecins dans la grande pièce où sont rassemblés les jeunes gens.

Anna : Nus comme les bêtes à la foire, c'est bien ça ?

Lucia : Comme les bêtes à la foire ? Comme les petits veaux avec leurs petites dents toutes blanches et leurs lèvres humides ?! Que c'est beau !

Premier carabinier : Voilà. C'est tout à fait ça. Et les médecins se mettent à les toucher, les tâter, les examiner, leur palper le foie, le cœur, la rate, l'estomac, les yeux, le nez, les oreilles, la bouche. Ils les palpent partout, vous comprenez ? Et pourquoi font-ils tout ça ? Pourquoi, à votre avis ?

Lucia : Pourquoi ?! Mais parle carabinier… Parle, cher petit carabinier !

Anna : On veut savoir, carabinier !

Premier carabinier : Devinez ?!

Deuxième carabinier : Devinez ?!

Anna : Parlez, je vous en prie !

Premier carabinier : Tout simplement pour savoir s'ils sont dignes de porter l'uniforme.

Anna : Comme les petits veaux ? Pour savoir s'ils sont dignes d'aller à l'abattoir ? C'est merveilleux ! Quel spectacle ! Et les jeunes filles, carabinier, il ne les invite jamais, le Roi, les jeunes filles, à se mettre toutes nues, comme les petits veaux ?

Lucia : Quel spectacle ! Quel grandiose et sympathique spectacle ! Seul le Roi pouvait imaginer un tel spectacle ! Comme des petits veaux, des petits veaux, et les jeunes filles ressembleraient à des petites génisses, de belles petites génisses… Il ne faut pas désespérer, Anna, le Roi t'invitera bien un jour, tu recevras à ton tour une belle petite lettre avec sa signature personnelle…

Premier carabinier : Des petits veaux, des petites génisses, doucement… Calmez-vous… Des lettres personnelles aux jeunes filles… Attention à ce que vous dites, Mesdames… Je n'ai parlé ni de petits veaux, ni de foire, ni de petites génisses ! Il ne rigole pas, le Roi !

J'ai simplement dit que les médecins sont là pour s'assurer que ces jeunes gens sont bien dignes de porter l'uniforme.

Deuxième carabinier : Car il ne faut pas croire que c'est simple d'avoir l'honneur de porter l'uniforme. En ce qui me concerne, ça n'a pas été aussi simple, ça ne s'est pas fait en cinq minutes. J'ai dû subir l'épreuve de la chambre noire ! Où on m'a piqué les fesses, où on m'a fait voir trente-six chandelles. Mais moi, j'ai su résister avec courage et dignité à ces toutes ces épreuves qui sont une tradition saine et virile de notre armée, celle du Roi… Vive le Roi ! Oui, j'ai su le mériter, cet uniforme.

Premier carabinier : L'uniforme du Roi, ça se mérite !

Michelangelo et Leonardo : Nous sommes prêts à les subir nous aussi, ces épreuves ! Vive le Roi ! Vive l'armée du Roi !

Deuxième carabinier : Eh oui ! Vous en avez de la chance, jeunes gens ! Car dans un élan de générosité royale, de bonté incomparable, sans épreuves, sans visite médicale, sans contrôles, le Roi vous appelle, les jeunes, comme ça, sans problèmes, sans vous piquer les fesses. Pas de visite médicale, pas de chambre noire.

Premier carabinier : C'est donc une double chance, deux régimes d'exception qui vous sont accordés.

Tous : Vive le Roi !

Lucia : Et pourquoi mes deux gaillards auraient-ils besoin d'un médecin ? Pour quelle raison ? Mes fils n'ont jamais eu besoin d'un médecin. Ils n'ont jamais été malades, grâce à Dieu ! Ils ne seront jamais malades !

Leonardo : C'est vrai !

Leonardo et Michelangelo saisissent les deux mousquetons.

Leonardo : Ce fusil… si je veux… je le pose sur mon genou et, d'un coup, un seul suffit, crac, je me retrouve avec deux fusils dans les mains !

Michelangelo : Et moi, cet autre fusil, si je veux… vlan, je le fais atterrir au milieu des oliviers de la plaine !

Premier carabinier : Mes amis, je vous en prie, ne jouez pas avec ces armes… Elles sont chargées !

Les deux frères posent les fusils.

Lucia : Quels phénomènes, ces deux-là ! De vrais garnements ! Que voulez-vous ? Ils sont comme ça ! Vous leur parlez de médecins, et immédiatement…

Premier carabinier : Mais je vous ai bien précisé que les médecins n'étaient là que pour les malades… Pas pour tous les jeunes que le Roi invite à la guerre, et certainement pas pour vos fils… La question ne se pose même pas… Le Roi, je vous le répète, les invite sans formalités, directement, par une lettre amicale et généreuse, sans examens, visites médicales et autres tracasseries administratives.

Deuxième carabinier : Un régime de faveur, en quelque sorte. Le Roi leur fait l'honneur de la confiance suprême !

Lucia : Il ne manquerait plus que ça, qu'ils passent la visite médicale ?! Mais touchez-les, palpez-les ! Allez-y ! Examinez-les en détail !

Premier carabinier : À vrai dire, maintenant nous devrions partir…

Lucia : Vous n'allez pas me faire l'affront de partir sans avoir examiné mes deux enfants. Ne vous gênez pas, tâtez-les ! Qu'est-ce que vous en dites ? Oubliez un instant que je suis leur mère… Parlez sans avoir peur de me vexer. Qu'est-ce que vous en pensez ?

Les deux carabiniers touchent timidement les bras des deux frères.

Premier carabinier : Du bronze !

Deuxième carabinier : Du marbre !

Premier carabinier : Du granit !

Lucia : Et pas un seul bouton sur la figure, pas une seule cicatrice !

Premier carabinier : Ils incarnent vraiment la santé…

Deuxième carabinier : La force et la virilité ! Comme les guerriers antiques !

Lucia : La poitrine ! Touchez voir ces deux poitrines d'athlètes !

Premier carabinier : Fantastique ! Incroyable !

Deuxième carabinier : Admirable ! Ils pourraient poser pour un artiste !

Lucia : Touchez ! Palpez !

Premier carabinier : J'ai peur de les chatouiller…

Leonardo se met à rire et à plaisanter.

Leonardo : Arrête, coquin, tu me chatouilles vraiment !
Premier carabinier : Des chênes !
Deuxième carabinier : Du béton !
Premier carabinier : De l'acier !
Lucia : Mes fils ne s'arrêtent pas à la ceinture. Touchez-les plus bas ! Allez-y ! N'ayez pas peur !

Les carabiniers se penchent et touchent les jambes des deux frères.

Premier carabinier : Là aussi, c'est du solide !
Deuxième carabinier : La huitième et la neuvième merveilles du monde, ces deux lascars !
Lucia : Ma fille aussi, elle est bien faite ! Mais le Roi ne lui a pas encore écrit et il est donc inutile d'en parler…
Premier carabinier : D'autant plus qu'il se fait tard et que nous devons rentrer. Merci pour le pain…
Deuxième carabinier : … le fromage….
Premier carabinier : … le lait…
Deuxième carabinier : … et le charmant accueil… votre aimable hospitalité…
Premier carabinier : Nous devons partir… malheureusement… encore merci…
Lucia : Mais non ! Ne nous remerciez pas, chers carabiniers. Le lait, le pain et le fromage, c'était pour vous redonner des forces… Mais je vois que vous êtes encore bien fatigués… Et ne dites surtout pas le contraire… Anna, donne-leur du vin… Vous avez besoin de boire un peu de vin avant de vous remettre en route… Anna, vite, le vin ! Du bon vin pour nos amis les carabiniers !
Premier carabinier : Mais il se fait tard et…
Deuxième carabinier : … nous devons rentrer à la caserne. Et puis il ne faut pas faire de mélanges… du lait, puis du vin…
Lucia : Une heure de plus, une heure de moins, ce n'est rien ! Allez, obéissez, carabiniers ! N'oubliez pas que je pourrais être votre mère, et que les enfants doivent écouter les conseils de leurs parents. Je le vois bien, que vous êtes encore fatigués… Trinquez avec nous et reposez-vous encore un peu dans cette maison accueillante.

Lucia caresse l'épaule du premier carabinier pour l'inviter à se détendre et à bavarder encore un peu.

Premier carabinier : Chère Madame Lapenna… Mes chers amis !
Lucia : Mon cher carabinier, je crois tout ce que tu viens de nous dire, et mes enfants aussi y croient. N'est-ce pas ?
Les enfants : Mais bien sûr ! C'est logique. C'est évident.
Premier carabinier : Et moi, mes amis, je vous remercie pour le pain, le lait, le fromage et le vin.
Lucia : Ce n'est rien, mon cher carabinier, c'est tout à fait normal…
Premier carabinier : Je tiens quand même à vous remercier tous…

Les deux carabiniers sont de moins en moins en état de partir.

Deuxième carabinier : … en particulier pour ce vin, mes chers Lapenna…
Premier carabinier : … ce vin qui va nous donner la force de rejoindre notre caserne…
Deuxième carabinier : … ce vin qui se marie si bien avec le lait, dans notre estomac… et qui va nous permettre de chanter sur la route du retour… Nous voudrions vous remercier tous, pour ensuite…
Premier carabinier : … nous laisser glisser sur la pente du retour…
Lucia : Je vous en prie, mes braves petits carabiniers, attendez au moins que le soleil se couche. Un coup de soleil sur le vin et le lait, c'est dangereux. C'est d'ailleurs ce que disait toujours mon petit mari. Et on a l'impression que son visage, ses yeux, là, dans son cadre, le répètent encore aujourd'hui. Soyez sages, carabiniers, restez assis et attendez que le soleil soit couché pour rentrer à la caserne.

Les deux carabiniers se versent à nouveau du vin.

Premier carabinier : Après tout, ma bonne dame, vous avez peut-être raison…
Lucia : Et puis, je voudrais te poser une petite question, carabinier… Je peux ?
Premier carabinier : Bien sûr, vas-y, ne te gêne pas.
Lucia : Je peux vraiment me confier à toi en toute franchise ?
Premier carabinier : Mais bien sûr !
Lucia : Je voudrais te dire, au nom de toute notre famille, que nous sommes fiers, très fiers que le Roi nous fasse cet honneur… L'honneur d'inviter mes deux fils à porter l'uniforme et à faire la guerre.
Leonardo : Notre joie est sans limites. Nous sommes fiers de cet honneur !
Michelangelo : Fiers !
Anna : Fiers comme des lions !

La famille Lapenna forme un cercle pour pouvoir parler confidentiellement.

Deuxième carabinier : Voilà ce que j'appelle une vraie famille, une famille unie…
Lucia : En fait, mes fils vont quitter la maison.
Leonardo : Ils vont abandonner les femmes…
Michelangelo : … les brebis…
Anna : … le blé, les pommes de terre, le maïs…
Deuxième carabinier : Pour le Roi ! Pour le Roi, il faut, on doit, tout abandonner …
Premier carabinier : Surtout lorsque le Roi vous accorde l'honneur de porter l'uniforme et de faire la guerre !
Lucia : D'accord, c'est juste… Mais il faut reconnaître qu'il s'agit là d'un grand sacrifice…
Premier carabinier : Un sacrifice temporaire…
Deuxième carabinier : … parce que… après… après…
Lucia : Après ! Après ! Quoi, après ?! Mes chers carabiniers, parlons franchement ! Parce qu'après tout, mes enfants, nous, la famille, quoi… nous n'avons pas d'ennemis ! Leonardo ? Michelangelo ? Et toi, Anna ? Vous avez des ennemis ?
Michelangelo : Nous ? On n'en a pas !
Anna : Moi ? Je n'ai que des amis !
Leonardo : Des ennemis ? Des ennemis ? Je n'en vois nulle part… même pas dans mes rêves !
Michelangelo : Pas l'ombre d'un ennemi…
Lucia : Et alors, carabinier ?
Premier carabinier : Écoutez-moi bien ! Ne me faites pas digérer de travers tout ce que j'ai mangé et bu, bon Dieu, mais vos ennemis… vos ennemis, ce sont les ennemis du Roi, pardi ! Les ennemis du Roi sont vos ennemis ! Vous étiez tous d'accord, il y a cinq minutes ? Vous disiez même qu'il fallait les massacrer tous !!
Michelangelo : Nous étions d'accord sur quoi ?!
Premier carabinier : Mais d'accord pour les massacrer, leur défoncer le crâne, la rate, le foie, les reins, les tripes…
Deuxième carabinier : C'est bien vous qui à l'instant vous êtes mis à crier vive le Roi, vive la guerre, à mort les ennemis ?
Leonardo : Oui. Et alors ?
Michelangelo : Tout le monde peut se tromper. On avait cru voir des ennemis et …
Leonardo : … Ça y est ! J'ai tout compris ! On va imaginer que vous êtes les ennemis et on va se jeter sur vous ! D'accord ?

Michelangelo et Leonardo pointent les fusils sur les carabiniers.

Premier carabinier : Comment ? Quoi ?
Deuxième carabinier : Attention ! Attention ! Madame Lapenna, intervenez ! Arrêtez-les ! Vos enfants sont en train de commettre un délit très grave ! Ils menacent les représentants de l'ordre ! Attention…

Les deux frères posent les fusils par terre.

Michelangelo : Il faut massacrer les ennemis, pas vrai ?

Leonardo : Les ennemis du Roi sont aussi nos ennemis, pas vrai ?

Michelangelo : Il faut avancer sans s'arrêter, c'est bien ça ?

Lucia : A présent, chers carabiniers, nous arrivons au point crucial de toute cette conversation. Nous voudrions savoir si là où nous allons faire la guerre, en endossant ces honorables uniformes, pour massacrer des ennemis et encore des ennemis… si là où nous nous rendons pour combattre et risquer notre vie, il y a des terres, des terres riches… Voilà ce que nous voulons savoir ! Des terres riches, de belles terres sans toutes ces caillasses brûlées par le soleil, des terres plus riches, plus rentables que les nôtres.

Premier carabinier : S'il y a des terres riches là où la famille Lapenna devra combattre ?

Deuxième carabinier : S'il y a de belles terres ?

Premier carabinier : Mais des terres superbes, Madame Lapenna, des terres stupéfiantes…

Deuxième carabinier : … fantastiques… extraordinaires…

Leonardo *(Il hurle)* **:** La terre, Michelangelo, tu as entendu ? La TERRE !!!

Michelangelo : Et il y des vignes aussi ?!

Leonardo : Des oliviers ?!

Michelangelo : Des forêts ?!

Anna : Des jardins ?!

Michelangelo : Du blé ?!

Leonardo : Des pommes de terre ?!

Michelangelo : Du maïs ?!

Anna : Des brebis ?!

Michelangelo : Du bétail ?!

Leonardo : Des pâturages et de l'eau ?! De l'eau, il y a de l'eau ?!

Premier carabinier : Vous osez me demander des choses pareilles ?! Mais il y a aussi du riz, de l'orge, de l'avoine, des fruits et des légumes que vous ne connaissez pas, pour la bonne raison qu'on ne les trouve pas dans la région… De l'eau ?! Mais il y a des torrents, des lacs, des mers, des océans, de l'eau à l'infini !!

Deuxième carabinier : Des chevaux, des carrosses, des automobiles, des camions, des magasins regorgeant de denrées alimentaires, des avions, des imprimeries, des fabriques d'argent, des banques, des restaurants, des quantités d'usines… une infinité… de magasins de bas, de chaussures, d'étoffes, de dentelles, de rubans, de bijoux, de houppettes pour se poudrer…

Anna : Des houppettes pour se poudrer ! Des houppettes pour se poudrer !!

Lucia : Alors, ça vaut la peine de faire la guerre… Est-ce que ça en vaut vraiment la peine ? Parce que… Parce que… Évidemment, ça doit en valoir la peine si, lorsqu'on avance et on tue des ennemis, on conquiert, on occupe, on devient propriétaire de tout ce qu'on rencontre sur son passage… C'est bien comme ça que ça se passe, carabinier ? Réponds donc, carabinier !

Il n'y avait pas pensé et regarde son collègue avec gêne et anxiété. Il réfléchit rapidement et se met soudain à parler tranquillement, comme si tout ce qu'il disait coulait de source.

Premier carabinier : Mais oui, bien sûr.

Deuxième carabinier : C'est évident.

Premier carabinier : Tu me poses des questions inutiles, voyons, c'est naturel.

Deuxième carabinier : C'est normal, c'est logique.

Premier carabinier : Si tu conquiers un morceau de terre, un village, un bourg, une ville, tout ce qu'il y a dessus te revient de droit.

Michelangelo : Y compris les gens ?

Premier carabinier : Naturellement, ça ne se discute même pas, c'est automatique.

Deuxième carabinier : Sinon la guerre ne serait pas logique.

Premier carabinier : Tout ce que vous êtes en train de dire est juste, mes amis.

Deuxième carabinier : Et en plus, le Roi peut vous donner des titres… Toi, Leonardo, il peut te nommer prince, duc, comte, baron…

Premier carabinier : Le Roi peut conférer ces titres quand bon lui semble…

Deuxième carabinier : Sinon, à quoi elle servirait la guerre ?! Vous comprenez, mes chers Lapenna… Un jour, le Roi a pensé : «Dans mon royaume, il y a bien trop de jeunes gens qui sont obligés de suer comme des bœufs pour vivre, alors que le monde regorge de terres fertiles. Comment les faire devenir riches, ces jeunes ? riches et heureux, fiers de leur Roi ? C'est enfantin ! En faisant la guerre pour conquérir de nouveaux territoires ! Faisons la guerre ! En avant ! Courage !»…

Michelangelo : Eh oui ! Il fallait y penser ! La guerre !

Tous : Vive le Roi ! Vive la Guerre ! Vive le Roi, grand inventeur, inventeur suprême, inventeur de la GUERRE !! VIVE LA GUERRE !!

Michelangelo : Nous deviendrons propriétaires des vignes…

Leonardo : … des oliviers…

Michelangelo : … des jardins…

Anna : … des magasins… des houppettes, des houppettes pour se poudrer !

Michelangelo : du bétail…

Leonardo : … des villages…

Michelangelo : … des villes…

Anna : Je serai comtesse !

Michelangelo : Prince ! Baron !

Leonardo : Marquis ! Et cette maison ne sera plus que la dernière de nos étables, la plus petite…

Lucia : Calmez-vous, les enfants, du calme… Le moment est venu de conclure le marché. Nous sommes bien d'accord, Messieurs les carabiniers ?

Premier carabinier *(distrait)* **:** Bien sûr, Madame Lapenna, vous savez très bien que nous sommes toujours d'accord avec vous, sauf lorsque vous interprétez de travers nos explications…

Deuxième carabinier : Tout à fait d'accord avec vous, Madame Lapenna…

Lucia : C'est très bien… Courage, Anna, va chercher du papier, de l'encre et une plume.

Premier carabinier : De l'encre ? Du papier ? Une plume ?

Deuxième carabinier : Mais pourquoi ? Que voulez-vous faire, Madame Lapenna ?

Lucia : Conclure le marché ! En vous faisant signer un papier !

Premier carabinier : Quel papier ?!

Lucia : Un papier qui résumera tout ce que nous venons de dire. Un papier qui, par écrit et avec vos signatures de représentants du Roi, nous garantira que tout ce que mes fils arracheront aux mains des ennemis deviendra la propriété exclusive de la famille Lapenna.

Premier carabinier : Mais tout ça se fait automatiquement, Madame Lapenna…

Deuxième carabinier : Les papiers sont superflus…

Premier carabinier : Naturellement…. Essayez de comprendre, Madame Lapenna…

Lucia s'écarte et refuse de prendre la main que lui tend le premier carabinier.

Premier carabinier : Madame Lucia…

Deuxième carabinier : Chère Madame Lucia…

Lucia : Il n'y a plus de «Madame Lucia», plus de «chère Madame Lucia», de poignées de main, de paroles en l'air ! Je ne discute plus avec vous tant que vous n'aurez pas signé ce papier ! Je dois protéger mes enfants et leur avenir, moi ! Je veux que tous les papiers soient en règle, je veux des documents signés, en tant que chef de cette famille !!

Premier carabinier : Mais, mes très chers Lapenna…

Deuxième carabinier : Mes amis…

Lucia *(Elle se met à crier)* **:** Michelangelo, Leonardo, vous avez entendu ? Ils veulent nous escroquer ! Ils veulent nous rouler avec leurs belles paroles ! En avant ! Allez-y ! Enfermez-les dans la cave ! À double tour ! C'est votre père, votre père qui va sortir de son cadre, c'est votre père qui vous en donne l'ordre !

Leonardo : En avant ! À la cave !

Leonardo et Michelangelo les menacent avec les fusils.

Michelangelo : Assez de bavardages ! Ou vous signez, ou on vous enferme dans la cave !

Premier carabinier : C'est inouï, inconcevable, incroyable ! Et le respect de l'uniforme, et la politesse ?! Attention, vous allez trouer mon uniforme !

Deuxième carabinier : Voyous ! Plus rien ne vous arrête !

Premier carabinier : J'exigerai de vous des dommages et intérêts ! Je vous dénoncerai aux carabiniers !

Lucia : Vous ne sortirez pas d'ici avant d'avoir signé !

Premier carabinier : Mais qu'est-ce que tu veux que je mette sur ce bout de papier, bougresse de femme ?! Et je me réfère à quel article du code ?!

Lucia : Viens t'asseoir à cette table.

Les deux frères les poussent vers la table.

Leonardo : Allez ! À table !

Lucia : Tu écriras ce que je vais te dicter !

Elle donne une plume au premier carabinier.

Anna : Une plume toute neuve, qui n'a pas encore servi.

Lucia : Écris ! « Nous certifions que Leonardo et Michelangelo Lapenna deviendront les propriétaires absolus, de plein droit, et qu'ils disposeront légalement… »

Elle se tourne vers ses enfants.

Lucia : Il est bien en train d'écrire ce que je lui dicte ?

Leonardo : Il n'oublie pas une seule virgule !

Deuxième carabinier Vous avez une plume, de l'encre et du papier… Alors, vous savez lire et écrire ?

Michelangelo : Éventuellement…

Leonardo : Quand ça nous arrange…

Deuxième carabinier : Canailles !

Lucia : « … légalement de la terre, des champs, de l'eau, des villes, des biens et des habitants de tous les pays qu'ils auront conquis en combattant sous les ordres du Roi. »

Premier carabinier : J'écris aussi « les habitants » ?!

Lucia : Naturellement ! Pourquoi ?! Tu veux épargner les ennemis du Roi ?

Michelangelo : Je vois ! Tu veux trahir ! On va le dire au Roi, que tu veux trahir !

Premier carabinier : Non, non, je vous en prie… Oui, oui, « et des habitants de tous les pays qu'ils auront conquis en combattant sous les ordres du Roi. » Voilà. C'est fait…

Lucia : Ce n'est pas fini ! À présent, vous devez signer. Tous les deux ! Avec votre nom, votre prénom, votre grade, votre matricule, l'heure, le jour, le mois, l'année et le lieu.

Les deux carabiniers exécutent les ordres de Lucia. Lorsqu'ils ont terminé, cette dernière s'empare du papier et le fait disparaître dans son corsage. Les deux frères posent les fusils.

Lucia : C'est la plus belle affaire jamais traitée et conclue dans cette maison, mon petit mari, mon cher petit mari. Eh oui ! Tu ris derrière ton cadre, ton visage s'illumine, tu es heureux, toute ta sueur est enfin récompensée.

Michelangelo : À nous l'orge, le maïs et le riz des ennemis !

Leonardo : Les vignes et les jardins !

Michelangelo : Les oliviers, les agneaux, le bétail !

Anna : Les robes, les colliers, les bracelets et les houppettes pour se poudrer !

Leonardo : Les vignes et les villes, le blé et les usines !

Michelangelo : Les arbres et les oiseaux !

Leonardo : Les coqs et les chevaux !

Lucia : Un banquet ! Un festin ! Il faut faire immédiatement un festin !

Leonardo : Vive la guerre !

Michelangelo : Vive la richesse ! Vive les carabiniers ! Vive l'armée ! Vive le Roi !

Anna : Vive la terre ! Vive l'eau !

Leonardo : Le festin des soldats !

Michelangelo : Le banquet du départ !

Lucia : Michelangelo, Leonardo, massacrez les veaux, les agneaux, les cochons et les dindons ! Les ennemis nous rembourseront tout lorsque nous aurons gagné la guerre ! Le berger et le bûcheron vont sûrement se joindre à nous lorsqu'ils entendront les coups de feu et les cris des bêtes. Préparons la table pour huit. Toi, Anna, va chercher du vin.

Les deux frères sortent avec les fusils. On entend des coups de feu et des cris.

Anna : Venez avec moi, nous allons chercher le vin à la cave.

Anna entraîne derrière elle le deuxième carabinier.

Lucia *(au premier carabinier)* **:** Carabinier, nous allons préparer les macaronis. Voilà l'eau et la farine. Maintenant, tu n'as plus qu'à tourner. Tu ne sais pas ?

Premier carabinier : J'ai déjà vu ma femme les préparer. Je devrais y arriver aussi.

Lucia : Pour l'instant, tu tournes, et ensuite on ajoutera des œufs frais à la pâte… On peut se le permettre aujourd'hui !

Premier carabinier *(d'un ton cérémonieux et moqueur)* **:** Mais j'ai besoin d'un uniforme pour faire la cuisine !

Lucia : Tiens, attrape ce tablier, carabinier ! Tu auras presque l'air d'un vrai cuisinier !

Les coups de feu ont repris à l'extérieur.

Lucia : La guerre, carabinier… Les coups de fusils… Ils s'en donnent à cœur joie, mes fils… Tourne, carabinier, tourne… Quand mon mari était là, il me donnait toujours un coup de main à la cuisine, pour faire les pâtes fraîches et le pain… Le berger va arriver avec son accordéon…

On entend déjà l'accordéon qui se rapproche.

Lucia : Un vrai festin… Tourne, carabinier, tourne… Tout le bétail va y passer… Mais tourne donc, carabinier ! Quand je pense à toute la sueur qu'il a versé, mon mari… Moins il y a d'eau, plus il y a de sueur… Il faut se lever avant le soleil et se coucher bien après lui… Le blé, les pommes de terre, le maïs, et les brebis qu'il faut soigner… Tourne, tourne, carabinier… Tiens, voilà le bûcheron et le berger… Calogero et Rizzoli, nos voisins… À des kilomètres d'ici, qu'ils habitent… On ne les voit jamais… Mais ce soir c'est le festin de la guerre, le banquet de la victoire et de la richesse pour nous tous, carabinier ! À la campagne, l'homme travaille, la femme accouche, les années passent, le mari meurt, la femme résiste, deux fils, une fille… et puis la femme perd sa jeunesse… Notre maison se trouve dans le coin le plus reculé, le plus solitaire, le plus sauvage du royaume, carabinier…

Premier carabinier : Lucia… Mamma Lucia…

Lucia : Ne t'arrête pas, carabinier, tourne, tourne, carabinier…

Coups de feu, accordéon, cris d'animaux, rires.

DEUXIÈME ACTE

Même décor. Sur la table, un agneau égorgé et des fiasques de vin. Anna est penchée à la fenêtre.

Anna : Maman ! Les voilà ! Les voilà ! Ce sont eux ! Mes deux frères chéris ! Je ne peux pas me tromper ! Droits et fiers dans leurs uniformes verts et rouges ! Victorieux et sereins ! Là, ils traversent le dernier champ en friche, ils sont sous les arbres à présent, je distingue déjà leurs deux visages victorieux… Michelangelo ! Leonardo ! Mes deux frères conquérants !

Anna danse à travers la pièce.

Anna : Ils arrivent ! Ils arrivent ! Maman ! Nous allons devenir des duchesses ! Des comtesses ! Peut-être même des princesses ! Il faudra nous habituer à cette nouvelle vie. Et pour commencer, quand Michelangelo et Leonardo entreront, nous leur ferons des révérences d'accueil. Vite, maman ! Il faut nous entraîner ! Il faut nous entraîner !

Anna et Lucia se font des révérences en riant. Les deux frères entrent dans la pièce. Michelangelo a un bandeau noir sur l'œil gauche et Leonardo boîte ostensiblement. Ils déposent deux valises au milieu de la pièce. Les deux femmes sont inquiètes, elles les embrassent en les examinant des pieds à la tête. Ils déposent deux énormes mitraillettes sur la table.

Lucia : Alors, mes enfants ?

Anna : Dis-moi, Michelangelo, pourquoi ce bandeau sur ton œil gauche ?

Michelangelo : C'est-à-dire que… Tu vois, Anna, j'avais l'habitude d'avoir un œil à droite et un œil à gauche… Un jour, j'ai décidé de me débarrasser de cette vieille habitude… Au cours d'une bataille, j'ai eu la chance inouïe, je dis bien inouïe, de perdre cet œil gauche qui, de toute façon, ne me servait à rien… parce qu'en définitive… aujourd'hui… je me rends compte que mon œil droit… qui a toujours été le plus malin des deux… disons le chef… est devenu encore plus perçant que… Bref, mon œil droit a le pouvoir de concentrer en lui toute la vue… Il s'est en quelque sorte approprié les facultés de mon œil gauche… et… bref, à présent je vois bien mieux qu'avant… une vue imbattable…

Anna : Et toi, Leonardo ? Tu boites ?!

Leonardo : En quelque sorte…

Anna : Boiteux, boiteux, mon frère Leonardo est devenu un boiteux.

Leonardo : Mais on m'a mis une nouvelle jambe qui n'a plus rien à voir avec la fragilité de la chair… Du métal, elle est en métal, du métal qui brille comme l'argent, et elle marche très bien, mieux que l'autre, et elle a foulé toutes les terres conquises par nos armées…

Lucia *(Elle hurle)* **:** Déformés ! Mes enfants sont déformés ! On les a déformés ! Un œil en moins ! Sainte Vierge ! Sainte Mère de Dieu… Et cette jambe ! Cette jambe qui saute toute seule comme un insecte frénétique ! Déformés ! Ils ont déformé mes deux fils ! Mes deux petits sont déformés !

Anna se met elle aussi à crier.

Anna : On ne vous a même pas donné une escorte ! Je ne sais pas, moi ? Deux ou trois esclaves prisonniers pour porter vos bagages !

Lucia : Déformés ! Ils les ont déformés !

Michelangelo : Mais où ça, déformés ?! Où !?!

Leonardo : Où est-ce que vous avez vu que nous étions déformés ?!

Lucia se tourne vers la photographie du père de famille.

Lucia : Mon petit mari… Tu te souviens ? Leurs petits yeux clairs et souriants ? Leurs petites jambes roses comme des œillets mélangés à des jasmins ? Ils me les ont tout bonnement déformés !! Les canailles !!

Michelangelo : Mais non, maman, ils ne nous ont pas déformés… En fait, ils nous ont rectifiés… Synthétisés, voilà, « synthétisés », nous a dit notre capitaine, ce sont ses propres mots, « rectifiés et synthétisés ».

Leonardo : Un œil ? Une jambe ? Ce n'est rien du tout ! Deux brins de paille qui se perdent, s'annulent, dans la masse, l'immensité, le fourmillement de toutes nos conquêtes… Nos biens !

Michelangelo : Deux brins de paille ! Bagatelles !

Anna : Buvez ! Buvez !

Michelangelo : C'est ça, buvons tous ensemble à la victoire ! À la gloire !

Leonardo : Buvons à toutes nos conquêtes !

Ils s'installent tous autour de la table et trinquent.

Michelangelo : Cet agneau est magnifique.

Anna : C'est le dernier qui nous reste…

Lucia : Nous l'avons gardé pour le retour des soldats victorieux, pour le banquet de la victoire !

Leonardo *(en riant)* **:** Pour le fils borgne…

Michelangelo : Pour le fils boiteux…

Anna : Faut-il vous appeler princes, ducs ou barons ?

Leonardo : De ce côté-là, on ignore encore tout. C'est le Roi qui doit décider.

Michelangelo : Ce qui est sûr, c'est que la guerre, on l'a faite, tous ont dû le reconnaître… Et de la façon dont on l'a faite, cette guerre, on mérite bien de recevoir tous les titres qui existent dans le royaume.

Leonardo : En tout cas, les femmes, vous avez bien fait de ne pas vous priver pendant notre absence, de manger et de boire sans vous inquiéter. Parce que tout ce que vous avez mangé et bu n'est rien à côté des richesses que nous avons accumulées.

Michelangelo : Vous allez voir ! On va vous montrer tout ça ! Vous allez voir ! Allez ! Débarrassez donc cette table ! Du large ! De l'espace ! Allez ! Du balai ! On va vous montrer ça !

Il va chercher une des deux valises tandis que les femmes, très agitées, débarrassent la table.

Anna : C'est merveilleux ! C'est extraordinaire ! Nous allons sûrement voir des choses fantastiques ! Je n'osais pas parler… Mais depuis votre arrivée, je ne faisais que penser à ces deux valises !

Michelangelo : Vous verrez, vous verrez…

Mais Leonardo l'empêche d'ouvrir la valise.

Leonardo : Non ! Attends ! On va d'abord ouvrir la mienne.

Il va chercher sa valise.

Anna : Les pièces d'or… l'or, où est-il ?! Dépêchez-vous ! Dépêchez-vous ! Je tremble d'impatience !

Lucia : Contrôle-toi !

Anna : Je n'en peux plus ! C'est trop !

Lucia : Petite sotte ! Tu ne vois donc pas qu'ils s'amusent à nous faire languir ?! Elles sont peut-être dans l'autre valise, les pièces d'or.

Leonardo ouvre la valise d'un seul coup et laisse tomber par terre un monceau de vêtements sales. Les deux frères éclatent de rire et les deux femmes les imitent machinalement.

Leonardo : Au fait, Anna, il faut laver tout ça immédiatement parce que nous n'avons plus rien de propre à nous mettre sur le dos. Eh oui ! Le voyage a été long. Nous avons marché pendant des journées entières pour rentrer à la maison. En attendant nos futurs habits d'or et notre linge d'argent, il nous faudra faire un petit sacrifice durant quelques jours, nous contenter encore de nos vieilles nippes…

Anna : Je vais les laver, je vais les laver, ne vous faites pas de soucis pour ça… Mais les pièces d'or ? Où sont-elles ?! Je veux les voir ! Je meurs d'impatience !

Michelangelo : Et maintenant, Mesdames et Messieurs, attention !

Michelangelo fait semblant d'ouvrir la valise.

Anna : Ce n'est pas juste ! Qu'est-ce qu'il y a à l'intérieur ? Du linge en argent ? Des pièces d'or ? Et pour nous ? Et pour moi ?

Michelangelo : Mesdames et Messieurs, attention !

C'est à ce moment-là que les carabiniers entrent dans la pièce sur la pointe des pieds, avec leurs uniformes d'automne, plus foncés. Le premier carabinier tient dans sa main un gros sac.

Premier carabinier : On est en pleine forme.

Deuxième carabinier : On est montés jusqu'ici comme deux petits écureuils.

Premier carabinier : Sans verser des litres et des litres de sueur…

Deuxième carabinier : … comme la dernière fois.

Anna (*très agitée*): Bravo! Bravo! De vrais petits écureuils sortis du bocage! Bravo! Bravo... Mais le temps presse! Nous n'avons pas de temps à perdre! La valise! Il faut ouvrir la valise immédiatement!

Elle embrasse la valise.

Lucia: Un peu de patience, Anna! Du calme! Il est évident que Messieurs les carabiniers viennent de la part du Roi, qu'ils ont des choses importantes à nous communiquer.

Premier carabinier: C'est évident.

Deuxième carabinier: Des choses que nous devons communiquer directement aux intéressés.

Lucia: Tu as compris, Anna?! Alors calme-toi! Vous venez de la part du Roi, n'est-ce pas?

Premier carabinier: De la part du Roi, bien sûr.

Deuxième carabinier: De la part du Roi.

Michelangelo: Un peu de patience, Anna, un peu de patience... Dans la vie, tout a une suite logique. Tu as vu? Un sac... C'est ça, la suite logique! La valise, puis les carabiniers, enfin le sac...

Leonardo: Avec les papiers...

Michelangelo: ... les documents...

Leonardo: ... signés...

Michelangelo: ... authentifiés...

Leonardo: ... légalisés...

Michelangelo: C'est ça, la suite logique!

Leonardo: Et il doit y avoir sûrement les titres, dans ce sac.

Michelangelo: C'est logique, les titres aussi... Tous ces papiers liés ensemble par un bout de ficelle...

Leonardo: ... la ficelle du Roi! Vive le Roi! Vive notre grand souverain!

Michelangelo: Tu comprends, Anna?! La suite logique... le fil conducteur... le fil de l'histoire... c'est la ficelle du Roi!

Anna se met à embrasser la valise et oublie tout le reste.

Anna: D'accord! D'accord! Mais faites vite! Faites vite! La valise! N'oublions pas la valise!

Leonardo: Le Roi! Quand la machine royale se met en branle, elle ne s'arrête plus, on ne peut plus la stopper! La machine royale dans toute sa justice, toute sa générosité! Les documents signés, carabinier, nous voulons ces documents sur le champ, nous les exigeons immédiatement, carabinier! Donne-nous les documents du Roi!

Les deux carabiniers se regardent avec perplexité, puis, soudain, leurs visages s'illuminent.

Premier carabinier: Mes chers amis, mes chers Lapenna, si nous avons à nouveau parcouru tous ces kilomètres pour arriver jusqu'ici, c'est justement pour vous parler du Roi, de votre souverain, de sa puissance, de son courage, de son intelligence, de sa grâce et, ce qui au fond vous intéresse le plus, de sa générosité, de sa générosité grandiose, royale...

Anna: La valise! La valise!

Lucia: Anna, ça suffit! On t'écoute, carabinier, la générosité du Roi, disais-tu?

Premier carabinier: La générosité, oui, la générosité royale... Et pour vous faire comprendre jusqu'où peut aller la générosité, l'intelligence, l'imagination du Roi, nous avions pensé, mon collègue et moi, alors que nous prenions quelques minutes de répit au bord du chemin qui mène à la demeure de l'extraordinaire, de l'héroïque, de l'immortelle, de l'historique famille Lapenna, une famille que toute la patrie envie, acclame et honore...

Lucia: Merci, carabinier, merci... Mais à quoi aviez-vous donc pensé, ton collègue et toi? Ne nous fais pas languir... Parle, carabinier!

Premier carabinier: Nous avions donc pensé, mon collègue et moi, qu'il serait bon, en arrivant ici, de nous mettre pendant un court instant à la place du Roi, d'entrer dans sa tête en quelque sorte... pour bien vous faire comprendre à tous jusqu'où peut aller la générosité du Roi, la grandeur du Roi.

Le premier carabinier, à l'étonnement de tous, monte alors sur une chaise et prend sa tête entre ses mains d'un air inspiré.

Premier carabinier: La générosité du Roi! Se mettre à la place du Roi! Mon Dieu! Quel crime! Il faut me pardonner, ô souverain, ô Roi généreux et magnanime! Mais comment vais-je faire pour me mettre à ta place?! Ah! Quelle souffrance! Ma tête me fait souffrir tant la grandeur du Roi est imposante! Je ne suis qu'un ver de terre misérable, ô mon souverain!! Comment un pauvre ver de terre comme moi, un petit carabinier, ose-t-il prétendre pouvoir se mettre à ta place, même pendant un court instant?! Et pourtant il le faut! Il faut que je tente d'expliquer aux héroïques Lapenna, aux historiques Lapenna, quel est le programme grandiose que tu as élaboré et conçu entièrement pour eux, exclusivement pour eux...

Tous: Mais calme-toi, carabinier, calme-toi!

Premier carabinier: Me calmer? Ah, quelle douleur, mes amis! Il faut pourtant que je me concentre, que je me concentre encore, et encore plus, pour arriver à me mettre à la place du Roi, pour arriver à le comprendre, à te comprendre, ô mon Roi, à comprendre ton dessein grandiose et généreux, à le faire comprendre à la famille Lapenna, ces héros de la patrie, tes héros, ô mon Roi! Je me concentre! Je me concentre! Je me concentre et... Miracle! Oui! J'y suis! La lumière, ça y est! J'y vois clair! La lumière! Je vois tout! Je comprends tout! Je te comprends, ô Roi! Non! Je me comprends! Mais oui! Je me comprends, car JE SUIS LE ROI!

Tous: Vive le Roi!

Tous, sauf Anna, se mettent au garde-à-vous.

Anna: La valise! La valise!

Premier carabinier: Après toutes ces souffrances, toutes ces angoisses, toute cette concentration, cette torture de mon cerveau et de mes boyaux, la volonté du Roi s'est accomplie, il est entré en moi, dans mon modeste uniforme, pour vous parler, pour vous expliquer...

Lucia: Du calme, carabinier!

Anna: Carabinier?! Mais quel carabinier! Tu dois dire Sire, Majesté... Au fait, la valise? On oublie la valise?!

Michelangelo: Maman, du respect...

Deuxième carabinier: Madame Lapenna, mon collègue incarne temporairement le Roi, vous devez donc vous incliner devant lui...

Lucia s'incline devant le premier carabinier.

Lucia: Pardonnez-moi, Sire, calmez-vous, détendez-vous, relaxez-vous, ne faites pas d'efforts inutiles et dangereux pour votre santé.

Elle lui verse un verre de vin.

Lucia: C'est mon mari qui vous l'offre, il disait toujours que...

Premier carabinier: À présent, je sais pourquoi les cigares, la chasse, la pêche, les promenades, la musique, les séances de spiritisme, les visites d'hôpitaux, de navires, d'orphelinats m'empoisonnent, je sais désormais pourquoi tout cela me dégoûte...

Lucia: Pourquoi, Sire?

Premier carabinier (*Il hurle*): La guerre, la guerre! C'est la guerre qu'il nous faut! Parce que mes sujets, et la famille Lapenna en particulier, ont besoin de terres.

Michelangelo: ... de riz, de pommes de terre...

Anna: ... de pâturages, d'automobiles, d'usines... La valise! La valise!

Elle embrasse la valise et danse dans la pièce.

Michelangelo: La terre!

Leonardo: La terre et l'eau!

Premier carabinier: La guerre! La guerre! Pour que mes sujets, et en particulier la famille Lapenna, aient tout! Je dis bien, tout! Aujourd'hui, grâce à la guerre, ils ont tout! Grâce à mon projet grandiose, la famille Lapenna a tout! Tout!

Michelangelo se met à danser avec Anna, qui embrasse toujours la valise.

Michelangelo: Vous avez entendu?! Nous avons tout! Je vous l'avais dit! La suite logique! Ils nous apportent les titres avec la signature du Roi ! Les titres ! Les attestations définitives sont dans leur sac ! Ils ont déjà tout ! Nous avons tout !

Michelangelo arrache la valise des mains d'Anna, l'ouvre et laisse tomber tout ce qu'elle contient : des papiers signés, des photos, des cartes postales, des affiches qu'il déplie, aidé par Leonardo.

Leonardo : Voilà tout ce que nous avons conquis grâce à toi, Roi tout-puissant !

Il déplie une affiche et la montre à Anna, qui en lit tout haut la légende.

Anna : Ferme du coq.
Leonardo (en se frappant la poitrine) **:** Oui, ça, c'est une de mes conquêtes !
Anna : Quelle maison ! Quelles étables ! Quels troupeaux ! Quels beaux pâturages !

Michelangelo lui montre une autre affiche.

Anna : Ferme de l'Écluse.
Lucia : Quelle splendeur ! Des millions de litres de sueur ! C'est ça qu'il faudrait pour la construire, mon petit mari chéri, des milliards d'hecto-litres de sueur !
Michelangelo : Elle est à moi, celle-là ! Mais il vaut mieux ne pas en parler... Il y a de quoi devenir fou quand on pense à toutes les richesses de cette ferme, j'ai le vertige quand je pense au nombre de cochons, de vaches, de sacs de blé, de maïs, de riz. J'ai bien essayé de compter tout ça ! Impossible de retenir un chiffre aussi exorbitant ! Et les chevaux ! Les machines ! Mais ça suffit ! N'y pensons plus ! Sinon je vais devenir fou... Et le riz, qui pousse comme du blé, mais dans de l'eau, vous com-prenez, de l'eau ! Le riz grandit dans l'eau, submergé d'eau... Et puis les machines pour cultiver la terre ! Et quelles machines ! Des monstres de métal ! Ce que je peux vous dire, c'est qu'il faut se préparer, préparer ses yeux à les regarder, toutes ces merveilles... Tenez, lorsque nous irons sur place pour prendre possession de ces biens, alors, c'est moi qui vous le dis, vous perdrez tous la raison... C'est pourquoi, à partir de demain, il faudra commencer à vous entraîner, à entraîner votre esprit : un peu d'exercice, deux heures d'exercice tous les matins... des exercices, je dis bien !
Anna : Mais quels exercices ?
Michelangelo : On en parlera plus tard. Le capitaine m'a tout expliqué ! Il m'a expliqué quels sont les exercices à faire tous les matins pour s'habituer à toutes ces richesses...

Michelangelo s'arrête soudain de parler. Après un court silence, il prend un air inspiré.

Michelangelo : En arrivant sur le premier champ de bataille, c'est un immense désordre que nous avons trouvé.
Lucia : Du désordre ?! Pourquoi ?
Michelangelo : Un grand désordre, une confusion générale, le chaos !
Anna : Et le Roi, il n'était pas là pour maintenir l'ordre ?
Michelangelo : Le Roi ? Tu plaisantes, j'espère !? Bien sûr que le Roi est toujours présent partout ! Mais en personne, en chair et en os, on ne le voit jamais nulle part ! Il n'a pas le temps, le Roi !
Anna : Pardonne mon ignorance, Michelangelo.
Michelangelo : Je disais donc que c'était le chaos... Et nous, Leonardo et moi, nous étions noyés au milieu d'une armée immense comme un océan, avec un front qui n'en finissait pas tant il était large... Rien à voir avec nos quelques brebis qui se suivent à la queue leu leu...

Ils rient tous, sauf les deux carabiniers, qui sont déjà à moitié endormis.

Michelangelo : Dans cet immense désordre, tous chantaient, buvaient, fumaient, mangeaient, plaisantaient, combattaient, tiraient, tuaient des ennemis, se faisaient tuer par les ennemis, avançaient, envahissaient des villages, des maisons, des plaines, des montagnes, des villes, des usines, des magasins... Personne ne faisait attention à rien, ils avan-çaient tous sans trêve, les yeux fermés, soldats et officiers !

Lucia : Tu as entendu, mon petit mari ? Exactement comme à la foire du quinze août, avec les feux d'artifices, les agneaux qui rôtissent sur les feux de bois ! Du soleil, du feu ! Mon Dieu ! Mon Dieu...
Michelangelo : Moi je les ai laissé faire en silence pendant deux jours... Le troisième jour, c'était la pleine lune, on était tous réunis sur une col-line, avec les feux de camp... un peu comme ici, avec les blés coupés dans toute la vallée...
Lucia : ... oui, comme ici, en août...
Michelangelo : ... il y avait la lumière de la lune et des feux de camp... Je me suis levé... et après avoir demandé la permission aux officiers et aux soldats... aux camarades, quoi... j'ai commencé à leur dire...
Lucia : Mon Dieu ! Mon petit mari chéri, ouvre bien tes oreilles, écou-tons tous attentivement les paroles de notre cher petit Michelangelo !

Michelangelo prend la parole comme s'il était devant une assemblée.

Michelangelo : « Soldats et officiers, mes chers compagnons, mes camarades de combat, je dois vous parler en toute franchise ! Alors ?! Quoi ?! On est tous devenus fous ici ?! » C'est alors qu'ils me regardent, tous, et qu'ils me disent : « Mais pourquoi tu dis ça, Michelangelo ?! »

Les autres se mettent à jouer la scène.

Tous (sauf les deux carabiniers, qui dorment à poings fermés) **:** Mais pourquoi tu dis ça, Michelangelo ? Pourquoi donc ?
Michelangelo : Oui... ils connaissent tous mon prénom... ils m'aimaient bien et m'appelaient toujours par mon prénom...
Lucia : Comment ne pas aimer notre cher Michelangelo ?
Michelangelo : Moi, je les ai regardés droit dans les yeux, et j'ai continué : « Vous me demandez pourquoi je vous dis ça ?! Mais tout simplement parce que, lorsque la guerre sera finie, que nous l'aurons terminée et gagnée, à force d'avancer comme ça, n'importe comment, sans prendre note de la part qui revient à chacun... vous savez ce qui va se passer ? Vous le savez ? »
Tous : Oui ?! Qu'est-ce qui va se passer ?! Parle, Michelangelo ! Parle donc !!
Michelangelo : Il va se passer qu'on va tous se sauter dessus, pour s'égorger, pour prendre la meilleure part du butin, pour prendre toutes les terres, toutes les fermes, tous les villages, toutes les usines, sans rien lais-ser aux autres ! On va s'égorger, on va se dévorer comme le font les cochons !
Tous : Comme le font les cochons ?! Bien pire que les cochons !!
Leonardo : Les cochons sont respectables, ce sont des chrétiens à côté de nous !!
Michelangelo : Alors, je leur ai dit : « On doit, dès aujourd'hui, faire le partage de tout ce que nous avons conquis. Mon frère et moi avons déjà signé un papier avec les carabiniers de notre village. » Et je leur ai montré une copie de l'acte que ma mère m'avait confiée avant notre départ.
Lucia : Oui. Une copie. Car l'original, je l'ai conservé ici, sous l'œil vigilant du chef de notre famille, mon petit mari, tout souriant dans son cadre... Oui, on ne sait jamais ce qui peut arriver dans la vie : les papiers importants, il faut toujours les avoir sur soi, bien cachés, à l'abri des vols et des catastrophes...
Michelangelo : Alors, pendant quelques instants, ils me regardèrent tous avec émerveillement. Ils étaient vraiment surpris. Enfin, le capitaine se leva, posa sa main sur mon épaule et me dit : « Bravo, Michelangelo ! On n'y avait pas du tout pensé et... c'est bien vrai que, sans ça, on risque de se dévorer comme des cochons, des bêtes furieuses... mais, heu-reusement, toi, tu as pensé à tout. » Tous les soldats, et tous les offi-ciers se levèrent, je dis bien tous, pour me serrer la main, me féliciter, m'embrasser avec gratitude, m'acclamer, et certains me bénissaient même en faisant des signes bizarres avec leurs doigts, des signes que je ne connaissais pas...

Tous se mettent à jouer la scène.

Tous : Bravo, Michelangelo ! Merci, Michelangelo ! Très bien, Michelangelo !

Lucia : Mais bravo, Michelangelo ! C'est vraiment faire preuve de courage que de parler avec une telle franchise à ses camarades et à ses supérieurs... Une audace et une franchise qui étaient celles de ton père, de mon petit mari...

Anna : Bravo, mon petit frère chéri !

Leonardo : Il a vraiment pesé ses mots, Michelangelo, c'est moi qui vous le dis ! Et je vous garantis que les supérieurs ne sont pas des gaillards faciles ! Il ne faut pas rigoler quand on est devant eux ! Il ne faut surtout pas se tromper devant les supérieurs !

Michelangelo : Mes paroles eurent comme un effet magique. Sur-le-champ nous nous sommes mis à établir les critères de division en parts égales de tout ce que nous étions en train de conquérir... Qu'est-ce que vous croyez ?! On ne plaisantait pas, nous autres ! C'étaient tous les jours des villages, des usines, des monuments, des magasins que nous occupions ! Qu'est-ce que vous croyez ?! Qu'est-ce que vous croyez ?!

Lucia : Mais bien sûr qu'on te croit, on fait même des efforts inouïs pour imaginer ce que ça pouvait être... Ton père aussi, là, dans son cadre, il fait des efforts pour te suivre...

Michelangelo : Dès le lendemain, on commença à accumuler des photographies et des attestations, avec le nom de la chose conquise, le nom de son nouveau propriétaire, le tout en double exemplaire... Nom, prénom, date de naissance, avec le maximum d'informations, et les signatures... Des chefs-d'œuvre, ces signatures ! Des signatures comme sur les tableaux des grands maîtres ! Vous avez bien compris ?

Il brasse les photographies, les cartes postales et les affiches.

Michelangelo : Vous avez bien compris ? On a conquis tout ça, nous ! Il ne nous manque plus que les attestations signées par le Roi !

Lucia : J'espère que vous n'avez pas oublié de conquérir une oliveraie pour l'huile ?!

Anna : Et des jardins d'orangers, de mandariniers, de citronniers ?!

Lucia : Une grande vigne pour notre vin ?!

Elles fouillent dans les papiers.

Michelangelo : À vrai dire, dans ces pays que nous avons traversés, le climat n'est pas comme ici... Là-bas, il n'y a pas d'oliviers, d'orangers, de mandariniers, de citronniers, mais...

Soudain, il se tourne vers Leonardo et s'en prend à lui.

Michelangelo : Des vignes, Leonardo, je m'en souviens, il y en avait ! Et toi, boiteux de malheur, toi, je m'en souviens très bien, tu avais conquis une vigne, tu étais arrivé le premier ! Et les autres, qui sont arrivés derrière toi, après toi, ils te l'ont fauchée, cette vigne ! Et tu t'es laissé faire ! Tu n'as rien dit, boiteux de malheur !

Les deux frères jouent à se poursuivre dans la pièce.

Michelangelo : Boiteux de malheur !

Leonardo : Sale borgne !

Michelangelo : On te l'a fauchée, la vigne !

Leonardo : On l'achètera, le vin ! Avec tout l'argent qu'on a gagné !

Michelangelo : Un vin acheté n'est jamais aussi bon que celui qu'on peut fabriquer soi-même...

Leonardo : Alors, on s'achètera une vigne...

Lucia : On en achètera une... Ou on en plantera une nous-mêmes...

Anna : On en plantera cent, mille...

Leonardo : Mais regardez plutôt cette affiche... Regardez ! Dis-moi, Michelangelo, qu'est-ce que c'est ? C'est bien toi qui a conquis ça ?!

Anna : On dirait une ville...

Michelangelo : Pas tout à fait... C'est un cimetière... Eh oui, c'est bien ça... De loin, j'ai cru que c'était une ville en marbre, avec toutes ces silhouettes blanches... je me suis mis à courir et à tirer... et les autres m'ont dit « Bravo ! Il est à toi, ce cimetière ! » Et voilà...

Anna : On pourra y transférer le corps de papa, dans ce cimetière, un cimetière pour lui tout seul...

Lucia : À mon avis, papa, je crois qu'il vaut mieux ne pas le déranger... Il est bien, là où il est...

Michelangelo : Nous réglerons ce détail plus tard... Regardez plutôt ça ! Regardez ça ! C'est une église ! Une cathédrale ! Celle que Leonardo a réussi à conquérir tout seul ! Tu te souviens, Leonardo ?! Oui... Il ne nous manque plus que les attestations du Roi ! Tu entends, carabinier ?! Ah oui, c'est vrai, pardon... Sire ?! Majesté ?! Réveillez-vous !

Il secoue le premier carabinier.

Michelangelo : Sire ? Majesté ?

Premier carabinier : Sire... Majesté... Ah oui, c'est vrai... Je suis le Roi...

Il se réveille complètement.

Premier carabinier *(Il hurle)* : Je suis le Roi !

Tous *(y compris le deuxième carabinier, qui se réveille)* : Vive le Roi !!!

Anna : Sire, de grâce, ouvre ton sac et donne-nous les papiers signés, les attestations signées de ta main royale !

Elle s'empare d'une affiche et la brandit devant le premier carabinier ahuri.

Anna : Tout de suite, Sire, tout de suite. Parce que je veux devenir immédiatement propriétaire de tous ces magasins... de ces habits, de ces fourrures, de ces poupées, de ces sucreries, de ces chaussures, de ces bas, de ces œufs en chocolat...

Michelangelo : Ah ! Les grands magasins des capitales ! Quel faste, mes amis !

Anna : Je n'en peux plus... Je deviens folle... Sire, par pitié, vite, les papiers, ouvre ton sac... Les documents signés !

Lucia : Sire, je t'en prie ! Ma fille... la seule que j'ai, elle va perdre la raison si tu ne nous donnes pas les papiers signés...

Michelangelo : Le capitaine nous avait garanti... il avait juré devant nous que nous serions les premiers à recevoir nos documents signés !

Leonardo : Et c'était un vrai capitaine, notre capitaine ! Quel capitaine ! Quel homme !

Premier carabinier *(Il crie avec le courage du désespoir)* : Toi, Michelangelo Lapenna, tu es le héros vainqueur ! Tu as tué des ennemis et encore des ennemis, et sans jamais reculer d'un pouce tu as conquis des terres, encore des terres et toujours des terres !

Michelangelo : Oui, Sire.

Premier carabinier : Et tu as offert un œil à Notre noble cause ! À la cause de ton Roi, Michelangelo ! À la cause de la Nation ! À la cause de Dieu !

Michelangelo : Et si tu as besoin de mon autre œil, Sire, il est à toi, tu n'as qu'à tendre la main !

Premier carabinier : Non merci. Un seul suffit, pour l'instant... Et toi, Leonardo Lapenna, toi aussi, Leonardo Lapenna, tu es le héros vainqueur ! Tu as tué des ennemis et encore des ennemis, et sans jamais reculer d'un pouce tu as conquis des terres, encore des terres et toujours des terres !

Leonardo : Oui, Sire.

Premier carabinier : Et tu as offert une petite jambe à Notre noble cause ! À la cause du Roi, Leonardo ! À la cause de la Nation ! À la cause de Dieu !

Leonardo : Sire, je suis prêt à renoncer à mon autre jambe pour te servir.

Premier carabinier : Non merci. Une petite jambe, c'est déjà bien, pour l'instant... On verra la prochaine fois... La prochaine guerre...

Le premier carabinier ouvre le sac et, le visage grave et solennel, tend deux parchemins très longs aux deux frères ébahis, qui les examinent et les montrent aux femmes.

Premier carabinier : Famille Lapenna, tu es comblée !! Tes deux fils sont tous les deux décorés de la croix de guerre !! Famille Lapenna, l'honneur et la gloire sont entrés dans cette maison !!!

Anna : Mon Dieu !!

Lucia : C'est merveilleux !!

Michelangelo : Leonardo, tu as vu les petites trompettes, là, en haut ?!

Leonardo : Et les petits tambours, Michelangelo, là, à côté des petites trompettes !?!

Anna : L'immensité de l'imagination du Roi…

Deuxième carabinier : L'imagination du Roi est sans limites ! Lui seul pouvait avoir l'idée de ces trompettes, de ces tambours !

Premier carabinier : Roi tout-puissant, ô mon Roi, ô mon souverain, je suis un ver de terre, un fou, un criminel qui a osé prendre ta place pendant ce court instant… J'invoque ton pardon, Sire, mais si j'ai commis une telle monstruosité, un tel sacrilège, c'était uniquement pour mieux faire comprendre à la famille Lapenna, tes héroïques sujets, tes historiques sujets, au brave Michelangelo, au brave Leonardo… pour leur faire comprendre totalement et radicalement jusqu'où peut aller ta générosité… Roi tout-puissant, tu m'as compris et tu me pardonnes… Oui ! Je devais leur faire comprendre jusqu'où ton imagination les a menés… sur ce chemin de la gloire et de l'honneur, ce chemin qu'ils ont parcouru, ces marches qu'ils ont gravies, grâce à toi… Sire, Majesté, j'invoque humblement ton pardon, à genoux devant toi…

Anna : Oui, oui, il te pardonne, carabinier.

Lucia : Mais bien sûr, puisque c'était seulement pour qu'on comprenne mieux…

Leonardo : Bien entendu.

Michelangelo : Anna, donne-lui un verre de vin tout de suite ! Sinon il va s'évanouir, après tous ces efforts !

Anna sert du vin aux deux carabiniers.

Anna : Allons, carabinier, n'y pense plus…

Lucia : Voilà ! Calme-toi ! Repose-toi… Tout est fini…

Michelangelo : Ces parchemins, on va les accrocher au mur, pour que tout le monde puisse les voir, les admirer au grand jour… Mais… carabinier, frère carabinier, et les documents ? Les attestations signées par le Roi ? Les papiers signés qui énumèrent noir sur blanc toutes nos conquêtes, nos propriétés, nos nouveaux biens acquis sur le champ de bataille ? Carabinier, les attestations, tu les as avec toi ? Dans ton sac ?

Anna : On veut les voir tout de suite !

Premier carabinier : Michelangelo, mon ami, est-ce que tu te rends compte au moins que, là, sur ce mur, sur le mur de ta maison, tu peux admirer un papier sur lequel il y a la signature du Roi ? Tu l'as vue ? Tu l'as bien regardée, la signature du Roi ? C'est bien elle, tu sais, Michelangelo, c'est la signature du Roi dans ta maison ! Mais Michelangelo, qu'est-ce qui t'arrive ? Tu ne bouges pas… je ne te reconnais plus… La signature du Roi, là, devant toi, et tu ne me dis rien… Tu devrais hurler de joie, sauter de joie ! Mais je crois comprendre, soudain… Tu ne bouges pas parce que tu es trop ému, Michelangelo… Secoue-toi, remue-toi, bois un peu de vin, réveille-toi…

Le premier carabinier l'oblige à boire.

Premier carabinier : Voilà ! C'est mieux ! Tu retrouves un peu de tes couleurs… Je commence à te reconnaître un peu…

Deuxième carabinier : La signature du Roi… C'est normal qu'il soit ému !

Michelangelo : C'est gigantesque…

Leonardo : Colossal…

Premier carabinier : Les bonnes nouvelles, mes chers amis, ça ne se donne jamais d'un seul coup… Il faut procéder par ordre… Une bonne nouvelle à la fois… Sinon, on peut devenir fou, d'un seul coup, comme ça ! Ce ne serait pas la première fois que quelqu'un devient fou, fou de joie, après avoir reçu plusieurs bonnes nouvelles à la fois. Il ne faut pas brusquer les gens… Il faut y aller doucement, une bonne nouvelle à la fois…

Deuxième carabinier : J'ai justement lu dans le journal, il y a quelques jours, trois peut-être, qu'un homme, après avoir appris que…

Lucia : On l'a lu aussi ce journal, on connaît l'histoire, te fatigue pas, carabinier… Et maintenant, on voudrait bien savoir où sont les attestations signées !

Premier carabinier : On dirait vraiment que vous le faites exprès…

Deuxième carabinier : … puisqu'on vient de vous dire à l'instant…

Premier carabinier : … que les bonnes nouvelles se donnent une par une et pas toutes en même temps !

Deuxième carabinier : La prochaine fois, on vous apportera les attestations signées…

Premier carabinier : Très prochainement, très très prochainement…

Michelangelo : Mais, mon cher carabinier, est-ce qu'on peut avoir la certitude que tout se passera comme convenu… que les documents ne vont pas se perdre… qu'ils seront bien signés et contresignés…

Premier carabinier : Tu oses douter de la parole du Roi, soldat ?!

Deuxième carabinier : De sa parole d'honneur ?!

Premier carabinier : Un Roi qui perd des documents ?!

Deuxième carabinier : Tu blasphèmes !

Premier carabinier : Tu es devenu fou, soldat !

Deuxième carabinier : Le Roi, Michelangelo, c'est un coffre-fort !

Premier carabinier : Inexpugnable !

Michelangelo : Pardonnez-moi, oubliez ma question, j'ai eu un doute…

Premier carabinier : Bravo ! Bravo ! Tu es pardonné ! Même saint Pierre, une fois, a douté…

Michelangelo : Il est donc tout à fait normal qu'un pauvre soldat comme moi…

Premier carabinier : N'en parlons plus, Michelangelo… À présent, vous ne devez penser qu'à cet honneur immense que le Roi vous fait une seconde fois : sa signature qui entre à nouveau dans cette maison… Et quand la signature du Roi entre une fois, que dis-je, deux fois dans une maison… elle continue par la suite à y entrer en permanence…

Michelangelo et Leonardo accrochent les deux parchemins au mur et les couvrent de baisers.

Premier carabinier : Je ferai part au Roi de ces baisers, de cette dévotion.

Deuxième carabinier : Nous irons lui en parler en personne.

Premier carabinier : En personne.

Lucia : Vous irez le voir dans son palais ?

Premier carabinier : Dans son palais ou ailleurs…

Deuxième carabinier : Nous voulons avoir la joie et le plaisir de lui parler de vous…

Premier carabinier : D'ailleurs, nous allons aller le voir tout de suite.

Anna : Tout de suite ? En chair et en os ?

Premier carabinier : Au village, en chair et en os…

Deuxième carabinier : Ce soir, à la Mairie du village…

Premier carabinier : Il nous attend, justement…

Deuxième carabinier : Pour nous voir personnellement…

Premier carabinier : C'est pourquoi nous devons absolument nous en aller au plus vite…

Deuxième carabinier : … pour ne pas rater ce rendez-vous historique…

Lucia : Le Roi au village ! Le Roi dans notre village ! Mais alors, ça simplifie tout ! Tout est résolu ! Michelangelo, Leonardo, Anna, ramassez tous les documents, toutes les photographies, toutes les cartes postales, toutes les affiches, tous les papiers ! Moi, j'ai l'original, là, dans mon corsage, le papier signé par les carabiniers ! Tous au village, pour voir le Roi ! Et toi, mon petit mari, tu vas venir avec nous…

Elle décroche la photographie du mur.

Lucia : Voilà, le problème est résolu ! Tous les problèmes sont résolus ! Toi, mon petit Saro chéri, tu vas venir avec nous chez le Roi, pour assister au triomphe de notre famille après toutes ces années de sueur et de labeur… Pour assister au couronnement de la famille Lapenna ! Devant le Roi, en personne, en chair et en os !!

Premier carabinier : Mais… Mamma Lucia…

Lucia : C'est bien toi qui as signé ce papier, carabinier ?

Premier carabinier : Oui… Mais mon collègue aussi l'a signé, ce papier…

Deuxième carabinier : Moi ? En réalité… Vous savez… En fait…

Premier carabinier : … En fait, toi aussi tu l'as signé ! Toi aussi !

Deuxième carabinier : Vous savez… On signe tellement de papiers dans la vie… Quand on est petit, on met même sa signature sur les murs… Et puis, il y a les fiches qu'on signe dans les hôtels, avant d'aller se coucher… Et il y a aussi…

Premier carabinier : Bon… Nous, on y va… On va préparer le terrain… On revient tout de suite… Ne bougez pas, attendez-nous ici…

Les carabiniers s'en vont et les quatre autres se regardent dans les yeux, en silence.

Lucia : Par conséquent, le Roi est à portée de la main. Saro, mon petit mari, disait toujours : « Aide-toi, le Ciel t'aidera. » Avec ou sans les carabiniers, on va aller voir le Roi. On lui demandera de convoquer ses avocats, ses notaires, ses huissiers, ses greffiers, pour que tout soit en règle. D'ailleurs, on exigera que tous nos biens soient transférés ici, dans notre contrée, parce qu'on a nos habitudes ici… L'air, le soleil, les pierres de notre contrée…

Anna : Les faire transférer ici ?

Lucia : Mais oui ! On fera des échanges. C'est simple. De toute façon, une cathédrale ou autre chose, un cimetière ou autre chose, un monument ou autre chose, un magasin ou autre chose, un cheval ou autre chose…

Anna : Une houppette pour se poudrer ou autre chose…

Michelangelo : Un œil ou autre chose…

Leonardo : Une jambe ou autre chose…

Lucia : Rizzoli ou autre chose, Calogero ou autre chose… Leonardo, Michelangelo ! Courez vite ! Grimpez comme des chèvres ! N'ayez pas peur de vous écorcher les pieds sur les ronces et les cailloux ! Mettez-y tout votre souffle ! Toute votre sueur ! Ramenez ici immédiatement Calogero et Rizzoli, avec tous leurs mulets, leurs ânes et leurs sacoches !! Toi, Anna, va cueillir des fleurs… Nous allons mettre nos habits du dimanche, nous prendrons la valise, et l'agneau aussi, pour l'offrir au Roi… Mais lui, le Roi, il devra convoquer tous ses avocats, ses notaires, ses huissiers, ses greffiers, ses ministres… Tous les papiers devront être signés et contresignés, avec toutes les virgules, tous les points, toutes les majuscules ! Qu'est-ce que vous attendez ?! Vous êtes encore là ?! Courez ! Disparaissez !

Michelangelo et Leonardo sortent. Lucia regarde le portrait de son mari… Soudain, elle le remet à sa place sur le mur et prend dans son corsage une petite photographie.

Lucia : Cette fois, tous les problèmes sont vraiment résolus. Toi, mon petit Saro, tu seras partout à la fois. Ici, dans cette pièce, pour protéger ta famille comme un aigle qui veille sur son nid… et avec nous, chez le Roi, là, dans mon corsage…

Elle remet la photographie dans son corsage. On entend des coups de feu dans la vallée.

Lucia : Tu entends ? Anna, tu entends ?!

Anna, qui s'apprêtait à sortir pour cueillir des fleurs, revient près de Lucia.

Anna : Oui… ça vient de la vallée…

Lucia : Des coups de feu… Des coups de feu qui sont tirés dans notre village… Disons plutôt dans notre ville, puisque le Roi daigne y séjourner ! Des coups de feu… Des salves en l'honneur du Roi ! La fête qui commence… La fête en l'honneur du Roi… Mais également en l'honneur de la famille Lapenna, qui fera son entrée en ville sur des mulets, avec Rizzoli et Calogero, qui nous escorteront parmi les applaudissements de la foule en admiration… Et le Roi aussi sera en admiration devant nous… Il ne pourra rien nous refuser, ma petite Anna !

Lucia et Anna *(frénétiques)* **:** Vive la famille Lapenna ! Vive le Roi !

TROISIÈME ACTE

Même décor qu'au deuxième acte.

Lucia : Leonardo, Michelangelo, dépêchez-vous ! Habillez-vous vite ! Et tâchez de trouver des vêtements dignes de votre nouveau rang !

Vous êtes de riches propriétaires à présent ! Je veux que tout le monde le sache et soit fier de vous ! Vous n'allez quand même pas vous présenter devant le Roi sans cravate et sans chaussettes ! Un peu d'élégance, voyons ! Habillez-vous vite et allez rejoindre les carabiniers ! Anna et moi, on viendra un peu plus tard et on vous attendra dehors… De toute manière, c'est à vous de parler avec le Roi, ses notaires et ses avocats !

Michelangelo et Leonardo essaient des pantalons, des vestes, des chemises, des cravates, des chaussures et des chaussettes que leur apporte Anna. Enfin, les deux frères sont prêts, habillés tous les deux de façon très bizarre.

Michelangelo et Leonardo : Nous sommes prêts…

Lucia : Bon ! Très bien ! On dirait vraiment deux barons ! Je suis fière de vous ! Maintenant, partez, partez vite !

Leonardo : On doit d'abord ranger tous les documents dans la valise… Il ne faut rien oublier surtout…

Les deux frères ramassent les photographies, les cartes postales, les affiches et les papiers.

Michelangelo : On pourrait aussi brûler toutes ces vieilles nippes, qui ne serviront plus à rien… ça ferait un beau feu de camp avant de partir…

Lucia : Non, Michelangelo, non… Toutes ces vieilles choses empesteraient l'air… Il vaut mieux les laisser là où elles sont…

Voix de Rizzoli : Alors ?! Vous êtes prêts ?!

Michelangelo : Oui, nous sommes prêts !

Michelangelo se penche à la fenêtre et donne la valise à Rizzoli.

Michelangelo : Prenez cette valise et mettez-vous en route ! Allez devant ! On vous rejoindra ! Et n'oublie pas de prendre bien soin de la valise, Rizzoli !

Voix de Rizzoli : Dépêchez-vous ! Il est déjà tard ! Ne vous inquiétez pas, Mademoiselle Anna, nous nous occupons de tout !

Anna : Pourquoi m'adresse-t-il la parole de but en blanc, ce lourdaud de Rizzoli ?! Maintenant que je suis riche, il se croit tout permis ! Mais qu'est-ce qu'il s'est mis dans la tête, celui-là ?!

Lucia : Ne t'en fais donc pas, ma fille ! Laisse-le parler… Bientôt tu seras comtesse et tu pourras choisir ton mari parmi les princes les plus riches du royaume… Laisse-le donc parler…

Anna : Merci, Rizzoli. Votre courtoisie si spontanée sera récompensée !

Voix de Calogero : Tout est prévu, Mademoiselle Anna. Toutes mes mules sont là, à votre entière disposition. Vous en aurez aussi besoin pour le retour… pour transporter toutes vos richesses jusqu'ici…

Anna *(en riant)* **:** Tiens ?! Calogero aussi m'adresse soudain la parole ?! Quelle intuition, ce Calogero ! Quelle intelligence ! Il se met du côté des riches !

Voix de Calogero : C'est lorsqu'ils deviennent riches qu'on reconnaît les amis !

Voix de Rizzoli : À vrai dire, j'ai été le premier à avoir l'idée de vous prêter mes mules…

Voix de Calogero : Cette idée, cher Rizzoli, on l'a eue en même temps…

Anna : Ne vous disputez pas, mes amis, vous serez récompensés tous les deux, dès notre retour… Soyez-en sûrs ! Et maintenant, en route !

Michelangelo et Leonardo continuent à s'admirer dans leurs tenues bizarres. Lucia et Anna les entraînent en silence vers la porte.

Michelangelo : Allons-y !

Lucia : Ne perdons pas de temps !

Anna : On y va ! On y va !

C'est alors que les deux individus font leur entrée dans la pièce, avec deux valises qu'ils déposent par terre. Ils ont des barbes et deux longs manteaux noirs. Leurs yeux sont hagards, ils font signe aux Lapenna de se taire. Ils avancent dans la pièce et les Lapenna les suivent en file indienne. L'inquiétude est désormais tombée sur tous les visages.

Premier individu : Vous ne sortiez pas de cette maison…

Deuxième individu : Vous n'irez pas chez le Roi…

Michelangelo : Et pour quelle raison ne devrions-nous pas aller chez le Roi ?

Anna : Qu'est-ce que vous racontez ?!

Lucia : Et d'abord, qui êtes-vous pour nous donner des ordres ?!

Premier individu : Des conseils, mes amis, simplement des conseils…

Deuxième individu : De simples conseils, mes chers Lapenna, de simples conseils…

Michelangelo : Lapenna ?? Mais alors vous nous connaissez ?!

Anna : Maman… Ils connaissent notre nom de famille !

Premier individu : Parlez moins fort…

Deuxième individu : Michelangelo et Leonardo Lapenna… Mais tout le monde sait qui vous êtes, à présent… Tous ont entendu parler de vos conquêtes, de vos décorations, de votre héroïsme, de vos victoires…

Lucia : Mais enfin… Qui êtes-vous ?!

Premier individu : Des pèlerins…

Deuxième individu : … de pauvres pèlerins…

Premier individu : … des âmes en peine…

Deuxième individu : … des âmes vagabondes…

Anna : Et vous venez de loin ?

Lucia : Et vous allez loin ?

Premier individu : Oh oui ! Nous revenons de loin…

Deuxième individu : Et Dieu seul sait où nous irons…

Voix de Rizzoli : Holà ! Braves gens ! Qu'est-ce que vous attendez ?! On est en retard ! Leonardo, Michelangelo, Anna, Lucia, il faut partir !

Voix de Calogero : Il se fait tard, le Roi nous attend !

Premier individu : Ne les écoutez pas…

Deuxième individu : … ne les écoutez surtout pas…

Premier individu : Des suppôts de Satan, ces deux-là…

Deuxième individu : … des âmes perdues… des âmes damnées !

Premier individu : Ne vous laissez surtout pas ensorceler par leurs mensonges…

Deuxième individu : … car c'est en Enfer qu'ils vont vous entraîner…

Premier individu : … avec leur longue file de mulets qu'ils ont placés comme un mur devant votre porte…

Deuxième individu : … le mur des âmes du Purgatoire…

Premier individu : Nous avons dû nous cacher pour que ces deux démons ne nous voient pas…

Deuxième individu : … nous avons dû ramper comme des vers, sous les ventres des mulets…

Premier individu : … sous les pattes des mulets… pour que ces deux diables ne nous voient pas… pour échapper à ces deux démons !

Voix de Rizzoli : Alors ?! Vous venez ?!

Voix de Calogero : Alors ?! On s'en va ?!

Premier individu : C'est ça… Laissez-les partir… Par pitié, ne les écoutez pas… Laissez-les partir… Pas question d'y aller… Ne partez surtout pas avec eux…

Deuxième individu : … ne partez pas avec ces deux monstres, ces deux démons…

Premier individu : … Lucifer en personne !

Lucia se penche à la fenêtre.

Lucia : Partez ! Partez ! De toute façon, vous êtes très chargés ! Nous vous rattraperons facilement ! Allez-y, mes amis !

Voix de Rizzoli : D'accord ! On y va !

Voix de Calogero : Mais faites vite ! Le Roi vous attend ! N'arrivez pas en retard !

Premier individu : Enfin ! Ils sont partis, ces deux démons !

Anna : Et puis, après tout, pour quelle raison n'irions-nous pas chez le Roi ?! Qui nous en empêche ?! Expliquez-vous clairement, étrangers ! Ou sinon, allez-vous-en et laissez-nous partir au village !

Michelangelo : Bien sûr !

Leonardo : Parlez !

Lucia : Expliquez-vous ! Qu'on en finisse avec tous ces mystères !

Premier individu : Si vous essayez d'aller voir le Roi… Si vous allez au village… si vous prenez la route du village, avec toutes ces mules… ils… ils vous tueront !! Ils vous massacreront !!!!

Deuxième individu : Parce que…

Tous : Parce que ?!

Premier individu : Parce que… parce que la guerre… la guerre… la guerre…

Deuxième individu : … la guerre…

Lucia : La guerre ?!! Allons, du courage ! Parlez !

Anna : La guerre ?!!

Premier individu : La guerre triomphante, la guerre galopante, la guerre que nous devions gagner… elle a été…

Michelangelo : Elle a été quoi ?!

Leonardo : Mais qu'est-ce qu'elle a été ?! Parlez !!

Premier individu : Elle a été perdue ! Oui ! Perdue ! Tout s'écroule ! C'est la révolte !! C'est la guerre civile !

Deuxième individu : Ils veulent tuer le Roi ! Les soldats ! Les carabiniers ! Les ministres ! Les avocats !

Premier individu : Un mauvais moment à passer… Un sale moment… Un moment où il vaut mieux ne pas se montrer…

Michelangelo : La guerre perdue ?

Leonardo : La révolte ?

Michelangelo : La guerre civile ?

Lucia et Anna crient et s'arrachent les cheveux.

Lucia : La guerre perdue ! La révolte partout ! C'est la ruine de notre famille ! Nous avons tout perdu ! La maison va s'écrouler !

Premier individu : Du calme !

Deuxième individu : Ne criez pas ! Ces deux démons sont à peine partis… mais ils peuvent encore vous entendre… et revenir sur leur pas… Attendez que ces deux suppôts de Satan soient loin d'ici… ensuite nous aurons le temps de réfléchir, de prendre des décisions… Nous n'avons pas encore dit notre dernier mot… Rien n'est encore perdu, mes amis, calmez-vous !

Les deux individus se traînent vers deux chaises, tandis que Lucia et Anna poursuivent Michelangelo et Leonardo autour de la table jusqu'au moment où tous les quatre, essoufflés, s'arrêtent, face à face, les mains posées sur la table et les yeux hagards.

Anna : Alors ?! C'est comme ça que vous l'avez gagnée, la guerre ?!

Lucia : Vous l'avez gagnée, pas vrai ?!!

Anna : C'est comme ça que vous avez conquis le monde, la planète ?!!

Lucia : Vous n'ouvrez plus la bouche ?!! Vous ne dites plus rien ?!

Michelangelo : Leonardo, Leonardo ! Que se passe-t-il ?

Leonardo : Michelangelo, Michelangelo ! Nous sommes devenus fous ?!! Nous serions devenus fous ?!!

Michelangelo : Fous ?!! tous les deux en même temps ?!! C'est impossible, Leonardo ! Un, peut-être, mais pas tous les deux à la fois !

Anna : Ne tournez pas autour du pot !

Lucia : Venons-en aux faits…

Anna : C'est-à-dire à cette guerre que vous avez perdue.

Michelangelo : Perdue… perdue…

Les deux frères sont soudain emportés par une sorte de frénésie et ils se mettent à danser et à crier.

Michelangelo : On n'arrêtait pas d'avancer…

Leonardo : Nous sommes allés si loin… si loin…

Michelangelo : Des millions et des millions de kilomètres…..

Leonardo : Nous avons tué des millions et des millions d'ennemis…

Michelangelo : Nous avons conquis des oliveraies par centaines, par milliers…

Leonardo : … des tonnes et des tonnes d'huile d'olive… elle coulait à flots…

Anna : Quelles oliveraies ? Vous êtes devenus complètement fous ?!

Lucia : Vous nous avez dit que là où vous aviez combattu il n'y avait pas d'oliveraies, d'orangers et de citronniers ?!!

Anna : Jusqu'à présent, vous n'aviez parlé que de riz et de bétail !

Lucia : Vous êtes vraiment devenus complètement fous !

Les deux autres ne les écoutent même pas et continuent à crier et à gesticuler.

Michelangelo : Rien que des oliveraies... beaucoup plus riches et luxuriantes...

Leonardo : ... que toutes les oliveraies qui se trouvent dans notre vallée !

Michelangelo : Et les vignes ! Les vignes !

Leonardo : Quelles vignes ! Quelles vignes !

Michelangelo : Et quel vin ! Quel vin !

Leonardo : Des vins qui naissent comme de l'eau de source...

Michelangelo : Frais et parfumés... blancs, rouges, rosés...

Leonardo : Des vins parfumés comme les roses...

Michelangelo : ... les œillets...

Leonardo : ... les violettes...

Michelangelo : ... les jacinthes...

Leonardo : ... Les tulipes... La mer... Oui ! Je me souviens, des vignobles sur les plages de la mer !

Michelangelo : Du vin aussi clair que l'eau, aussi fort que l'alcool pur...

Leonardo : ... qui vous monte à la tête, vous donne le vertige !

Michelangelo : Ce vin...

Leonardo : ... ô vin, toi qui as le parfum et le goût du gardénia...

Michelangelo : ... du laurier rose... du narcisse... des fleurs de la forêt...

Leonardo : ... mourir, ivre de ce vin !

Michelangelo : Mourir...

Anna : Maintenant, ça suffit ! Avec toutes ces fleurs... toutes ces comédies... Réveillez-vous !

Lucia : Mes enfants sont devenus fous ! fous !

Michelangelo : Et les oranges, les mandarines, les citrons...

Leonardo : ... des citrons comme des lunes à la mi-août... La pleine lune sur les jardins d'orangers !

Lucia : Réveillez-vous, mes enfants ! Par pitié ! Réveillez-vous ! Revenez parmi nous ! Mon Dieu ! Ils sont devenus complètement fous !

Anna : Finie la comédie ! On veut des chiffres ! Tout de suite ! Et ça suffit avec les fleurs, les fruits... les mots, les bavardages ! Des mots ! Nous, on veut des chiffres ! Et d'abord, comment se fait-il que vous soyez revenus fatigués, sales ?! Comment se fait-il que vous ayez dû faire tout ce chemin à pied ?! Si vous aviez gagné la guerre, pas toute, mais rien qu'un petit bout de cette satanée guerre, eh bien, vous seriez revenus au moins en train, je ne sais pas, moi, en avion, en automobile, à bicyclette, à cheval, sur deux mulets, deux ânes... mais pas à pied !

Les deux frères continuent de divaguer.

Michelangelo : Tout à coup, soudain, de façon inexplicable, les choses ont changé...

Leonardo : ... Nous étions devenus les maîtres de l'univers tout entier, les populations vaincues se traînaient à nos pieds, et... oui, nous étions les maîtres, de la mer jusqu'au ciel, des racines jusqu'aux cimes, de l'enfer au paradis... Nous respirions, nous respirions...

Michelangelo : ... l'air pur de la victoire, de la gloire, du triomphe... comme des oiseaux...

Leonardo : ... des oiseaux libres dans ciel, l'air pur...

Michelangelo : ... Nous respirions hors du monde, dans l'espace... et alors, d'un seul coup... Quelle horrible chute !

Leonardo : La chute ! Oui ! Mais aide-moi, Michelangelo, c'est si difficile à expliquer...

Michelangelo : Oui, Leonardo, la chute... Soudain, de tous les côtés... du ciel... de la mer... de la terre...

Leonardo : ... de l'enfer... du paradis...

Michelangelo : ... de partout, soudain, des fusils, des canons, des chars d'assaut, des avions, des navires, des machines infernales capables de

courir et de cracher des flammes, dans le ciel, sur la terre, sur la mer... des machines conduites par des visages diaboliques...

Leonardo : Alors, nous sommes partis...

Michelangelo : ... en courant... en courant comme des fous...

Leonardo : Et nous avons quitté l'air pur, l'air des cimes, l'air immaculé du ciel...

Michelangelo : ... Nous avons couru de plus en plus vite...

Lucia : Vous avez couru ! Vous avez couru ! On a compris ! Mais dans quel sens, vous avez couru ?! En avant ou en arrière ?!

Michelangelo : C'est un détail sans importance, voyons ! Nous avons couru ! Un point c'est tout !

Leonardo : De plus en plus vite... Et l'air devenait de plus en plus lourd, de moins en moins pur...

Michelangelo : ... et nous sommes tombés dans la boue.

Leonardo : C'est alors que le chef nous a dit de rentrer chez nous...

Michelangelo : ... qu'on nous dirait plus tard ce qu'il fallait faire...

Leonardo : Et c'est comme ça que nous sommes rentrés à la maison.

Les deux frères s'installent sur deux chaises, essoufflés.

Lucia : Si j'ai bien compris, vous avez perdu la guerre. Et vous l'avez perdue toute, entièrement, complètement, totalement ! C'est ça, la vérité ! La voilà, la seule vérité, la vraie ! Et ce n'est pas tout ! Vous êtes revenus à la maison avec un œil en moins, une jambe en moins... et complètement fous ! Fous à lier ! Mais revenez sur terre ! Réveillez-vous !

Elle se tourne vers la photographie de son mari.

Lucia : Réveille-les, mon petit mari ! Moi, je n'ai plus la force. Appelle-les, du fond de ta tombe ! Avec ta voix puissante, qu'on entendait jadis jusqu'au fond de la vallée.

Anna : Nous sommes ruinés ! C'est la ruine !

Michelangelo : Ruinés ?! Comment ça ?!

Leonardo : Ruinés ?! Mais où ?! Quand ?! Comment ?!

Michelangelo : Parce que tout ce que nous avons conquis, c'est du conquis ! Il n'y a plus rien à ajouter ou à retrancher sur ce chapitre ! Il ne manquerait plus que ça !

Leonardo : Ce que nous avons pris, personne ne peut nous le reprendre ! C'est clair !

Michelangelo : Oui ! La Ferme de l'Écluse, c'est à nous ! Rien qu'à nous ! La Ferme du Coq aussi ! Avec toutes ses richesses ! Ses cochons ! Son bétail et tout le reste !

Anna : Mais puisque vous avez perdu la guerre ?!

Michelangelo : Qu'est-ce que ça veut dire, ça ?! Nous en avons gagné une partie, de la guerre ! Et la partie gagnée n'a rien à voir avec la partie perdue !

Premier individu : C'est l'évidence, c'est l'évidence même, mes chers amis !

Anna : L'évidence même ?! Mais quelle évidence ?!

Premier individu : Et bien, il est évident que tout ce que vous avez conquis est à vous, à la famille Lapenna !

Deuxième individu : Il n'y a aucun doute là-dessus !

Michelangelo : À nous ?!

Deuxième individu : Bien sûr ! À qui voulez-vous que ce soit ?

Michelangelo : Vous avez vu, les femmes ?!

Leonardo : Vous avez vu ?! Vous avez bien entendu ?!

Lucia : À nous ?! Et comment ça ?!

Anna : Puisque ce sont les autres qui ont gagné et nous qui avons perdu ?!

Premier individu : C'est simple, très simple, mes amis. Mais vous pensez sérieusement, Mesdames, que Michelangelo et Leonardo ont pris toutes ces photos pour rien ?! Avec la fine fleur des Officiers du Roi. Les Officiers les ont signés, ces papiers ! Et pas pour rien ! Je peux vous le garantir !

Deuxième individu : Il ne faut pas divaguer, Mesdames...

Premier individu : Vous savez ce qui va se passer maintenant ? Vous le savez ?

Les Lapenna : Que va-t-il se passer ?! Allez ! Parlez ! Vite !

Premier individu : Après ce petit orage, cette révolte des fainéants, cette petite guerre civile de rien du tout, avec qui vous croyez que les ennemis vont traiter ?

Les Lapenna : Avec qui ?! Mais parlez !

Premier individu : Vous ne pensez tout de même pas qu'ils accepteront de traiter avec ces voyous ?!

Deuxième individu : Ce n'est pas pensable !

Les Lapenna : Et avec qui accepteront-ils de traiter ? Parlez !

Premier individu : Mais avec le Roi ! Le Roi !

Deuxième individu : Et vous croyez que le Roi, lui qui vous aime tant, Michelangelo et Leonardo, vous croyez que le Roi va se permettre de vous priver de vos conquêtes, celles qui figurent sur ces photographies et ces papiers authentifiés par les meilleurs officiers de ses régiments ?

Premier individu : Vous ne pensez tout de même pas que les ennemis peuvent empêcher le Roi de tenir ses promesses, ses engagements ?

Deuxième individu : Ennemis ou pas, le Roi est toujours le Roi. Qu'on se le dise ! Et les ennemis, ce sont des gens comme tout le monde, qui doivent respecter le Roi et lui obéir... Vous avez compris ?!

Premier individu : L'obéissance avant tout !

Michelangelo : Bien sûr !

Leonardo : C'est normal !

Michelangelo : C'est bien connu, du reste...

Leonardo : Oui... tout le monde sait ça...

Anna : Vous en êtes sûrs ?

Premier individu : Vous avez le courage d'en douter ?

Deuxième individu : Sachez, Mesdames, que nous connaissons des personnes qui sont déjà entrées en possession de leurs conquêtes...

Premier individu : ... et les ennemis n'ont rien dit. Ils n'avaient rien à dire ! Il ne manquerait plus que ça, que les ennemis aient quelque chose à dire ! Certains de ces ennemis ont d'ailleurs eu l'excellente idée de demander aux nouveaux propriétaires la permission de rester avec eux... Oui ! Et beaucoup de ces nouveaux propriétaires ont accepté avec joie... Disons qu'ils ont eu la gentillesse de les héberger... Tout s'est très bien passé, dans la plupart des cas, il y a même eu des mariages, si vous voulez tout savoir... Non, si je vous dis ça, c'est bien pour vous faire comprendre que ce qui est conquis est conquis une bonne fois pour toutes, même lorsque les conquérants ont perdu la guerre... En un mot, celui qui a conquis quelque chose, qu'il ait gagné ou perdu la guerre, devient propriétaire absolu de ce qu'il a conquis, et tout le monde est d'accord sur ce point, même les ennemis vainqueurs...

Deuxième individu : ... surtout les ennemis vainqueurs...

Anna : Mais alors, tout va bien... C'est merveilleux !

Michelangelo : Bien sûr, tout va pour le mieux...

Leonardo : Vous vous êtes affolées pour rien... comme d'habitude !

Michelangelo : Mais on ne vous en veut pas, chères petites femmes, et on vous pardonne ce manque de confiance.

Les deux frères embrassent Lucia et Anna.

Premier individu : C'est bien connu, les femmes sont sensibles et ...

Lucia : Mais alors, Messieurs, si ce que vous dites est vrai, et puisque le Roi doit obligatoirement reconnaître les conquêtes de la famille Lapenna, nous pourrions très bien, en secret, silencieusement, en évitant de passer devant les maisons et la foule en colère, aller lui demander ces signatures, qui feront de nous les propriétaires légitimes de tous les biens que nous avons conquis.

Anna : Mais oui !

Michelangelo : Allons-y immédiatement !

Leonardo : Ne perdons pas de temps !

Lucia : Le soleil s'est couché. C'est bientôt la nuit, personne ne nous remarquera, dans l'obscurité...

Premier individu : Non... je vous en prie...

Lucia : Mais pourquoi ?

Premier individu : Parce qu'il faut laisser passer l'orage, attendre la fin de la révolte...

Deuxième individu : ... attendre que les eaux se soient calmées...

Lucia : Pourquoi ?! Vous venez de nous dire que le Roi est protégé par les ennemis, n'est-ce pas ? Alors, ils ont dû le mettre à l'abri des voyous !

Leonardo : Nous réussirons facilement à le trouver ! En cinq minutes, tout sera réglé, et nous pourrons tranquillement rentrer à la maison, avec tous nos papiers signés une bonne fois pour toutes !

Premier individu : Mon Dieu ! Mes amis... Non... Ne partez pas !

Deuxième individu : Ne faites pas cette bêtise !

Lucia : Assez parlé ! Allons-y, les enfants !

Les Lapenna se dirigent vers la porte, mais les deux individus se précipitent pour leur barrer la sortie.

Premier individu : N'y allez pas !

Lucia : Mais expliquez-vous, à la fin ! Si vous ne nous donnez pas une bonne raison, une raison valable, nous partons, nous partons voir le Roi ! Et puis nous sommes libres ! Nous sommes chez nous ! Et d'abord, on ne sait même pas qui vous êtes !

Premier individu : Une bonne raison ?

Lucia : Parfaitement ! Une bonne raison ! Allez, écartez-vous ! Nous n'avons pas de temps à perdre !

Premier individu : Mais vous n'avez donc pas compris qu'il est inutile de vous rendre chez le Roi, puisque le Roi est déjà ici, parmi vous ?!

Les Lapenna : Comment ??! Le Roi ??! Parmi nous ??! Où ça ??!

Deuxième individu : Vous ne l'avez pas reconnu, mes pauvres amis ?

Le deuxième individu s'agenouille devant le premier individu. Les Lapenna regardent ce dernier avec stupeur puis s'agenouillent également devant lui. Au bout de quelques instants, le premier individu leur fait signe de se relever.

Michelangelo : Le Roi... Un homme comme toi et moi, Leonardo !

Leonardo : C'est incroyable... Un homme tout simple, en chair et en os...

Anna : Avec des pieds, des jambes, des bras, des mains, des oreilles, des yeux et un nez, comme tout le monde ! Comme moi ! Comme nous !

Premier individu : Oui, comme vous, mes bons sujets.

Lucia : Tu entends, mon petit mari ?! Le Roi ! Un homme comme les autres ! Tu as bien compris, mon petit mari ?! Réveille-toi ! Le Roi est ici ! Entre ces quatre murs ! Avec nous ! Mon petit mari, je t'en prie, crie, hurle, crie fort pour qu'on t'entende ! Que ta voix se fasse entendre malgré toute la terre qui te recouvre ! C'est le dernier service que je te demande, je t'en supplie, crie, hurle ta joie d'avoir le Roi dans notre maison, dans ta maison !

Premier individu : Oui, le Roi vous honore de sa présence, alors que nous n'en êtes même pas dignes...

Michelangelo : Pourquoi, Sire, pourquoi donc ?

Premier individu : Mais parce que vous avez perdu la guerre. C'est à cause de vous, soldats, si j'ai perdu la guerre !

Michelangelo : Tu entends, Leonardo ?

Leonardo *(en pleurant presque)* **:** C'est à cause de nous, Michelangelo, si le Roi a perdu la guerre...

Michelangelo *(également très ému)* **:** ... à cause de nous...

Premier individu : Oui, c'est vous qui avez reculé devant l'ennemi, c'est vous qui avez refusé de combattre. Moi, je n'aurais jamais reculé. J'aurais continué le combat, moi, au lieu de battre en retraite comme vous l'avez fait !

Michelangelo *(à genoux)* **:** Pardon, Majesté, pardon. Tu as compris, Leonardo ? C'est à cause de nous... Nous avons reculé alors qu'il fallait avancer... Pardon, pardon, Majesté... Leonardo... à genoux...

Leonardo *(à genoux)* **:** Pardon, Majesté, pardon...

Premier individu : Parce qu'au fond, c'était pour vous que j'avais organisé cette guerre, pour améliorer votre sort, votre vie quotidienne... Parce que vous savez, moi, personnellement, je me portais très bien, je n'avais pas besoin d'une guerre pour améliorer ma condition, je me trouvais au sommet… en haut… Et maintenant, à cause de vous, à cause de cette guerre, de votre guerre que vous avez perdue, je suis obligé de me cacher, de fuir. Oui ! Vous m'avez trahi ! Et, ce qui est beaucoup plus grave, vous vous êtes trahis vous-mêmes !

Michelangelo *(Il embrasse les pieds du premier individu)* : Pardonne-moi… Pardon… Sire… Arrache-moi l'œil qui me reste, mais pardonne-moi…

Leonardo *(prosterné devant le premier individu)* : Pardon, Majesté, pardonne-moi… Arrache-moi la jambe qui me reste, mais accorde-moi ton pardon…

Premier individu *(en désignant le deuxième individu)* : C'est aussi de la faute du premier ministre ici présent !

Deuxième individu : C'est-à-dire que… Nous résisterons, Majesté, je vous le promets ! Tout n'est pas perdu… Tant que nous n'aurons pas déclaré officiellement notre défaite, tous les espoirs sont permis ! Eh oui ! Le secret, dans une guerre, c'est de ne jamais s'avouer vaincu…

Michelangelo : Oui, Sire, nous sommes prêts à nous battre ! Un ordre de toi et…

Leonardo : … nous irons massacrer tous les ennemis ! Jusqu'au dernier, Majesté !

Deuxième individu : C'est la foi de la jeunesse, Sire, il faut leur pardonner…

Premier individu : Allez, debout ! Je vous pardonne… pour cette fois ! Mais la prochaine fois, il faudra continuer le combat, aller jusqu'au bout, jusqu'à la victoire !

Michelangelo : Leonardo ! Leonardo !!

Leonardo : Qu'y a-t-il, mon frère, tu es tout pâle ?!

Michelangelo : Les documents, Leonardo, les documents ! La valise avec tous les documents ! Nous l'avons confiée à Rizzoli et Calogero ! Ils vont se la faire prendre par les rebelles, et tous les documents, toutes nos attestations seront brûlées ! Vite ! Il faut courir au village pour reprendre la valise !

Lucia : Courez, mes enfants ! Courez vite !

Les deux frères disparaissent avant que les deux individus aient eu le temps de réagir.

Anna : Mon Dieu ! Les attestations ! Ils vont les brûler ! C'est notre ruine ! Et dire que nous avons justement le Roi sous la main pour la signature finale !

Premier individu : Ne vous affolez pas, Mesdames !

Deuxième individu : De toute façon, même si ces attestations sont brûlées… Eh bien, vous voyez cette valise ?

Premier individu : Vous l'avez bien vue ?

Lucia et **Anna** : Oui, Sire.

Premier individu : Dans cette valise, il y a la couronne du Roi ! Vous avez compris ? Ma couronne ! Et je vous assure que la plus petite pierre précieuse de ma couronne vaut beaucoup plus que tout ce que Michelangelo et Leonardo peuvent avoir conquis. À la fois par sa valeur matérielle et par sa signification historique. Une pierre précieuse de ma couronne ! Vous vous rendez compte ?! Je suis prêt, quoi qu'il arrive, à offrir une pierre précieuse de ma couronne à la famille Lapenna, la courageuse famille Lapenna.

Deuxième individu : L'héroïque famille Lapenna !

Lucia : En attendant, j'espère que mes petits vont récupérer les attestations. Puisque vous êtes là, tout sera beaucoup plus simple, vous n'aurez plus qu'à signer ces papiers, là, sur cette table, Majesté.

Anna : Nous avons même une plume, du papier et de l'encre, Sire.

Premier individu : Ce n'est pas si simple ! Il faut les tampons et les encres spéciales !

Anna : En attendant les papiers, Sire, nous pourrions ouvrir cette valise… Je voudrais tant admirer votre couronne !

Lucia : Oui, nous aimerions tant, Sire. On y trouverait peut-être les tampons et les encres spéciales, dans cette valise, on ne sait jamais… Mon petit mari, la couronne du Roi dans ta maison, les tampons, les encres spéciales… Ouvrons-la, Sire, ouvrons-la, je vous en prie…

Premier individu : C'est-à-dire que… Il faut y aller doucement avec ces valises…

Lucia : Mais pourquoi ?

Premier individu : Parce que ces valises…

Deuxième individu : En effet… ces deux valises…

Premier individu : … elles pourraient être dangereuses, ces deux valises… Je ne sais pas, elle pourraient contenir des produits inflammables… de la dynamite… et alors…

Deuxième individu : Oui, de la dynamite, il vaut mieux ne pas y toucher… c'est plus prudent…

Premier individu : … Prudence, avec ces deux valises… De la prudence avant tout… car à trop les manipuler, elles pourraient exploser… et ce serait terrible… La fin du monde…. Vous savez… Vous connaissez l'uranium ? L'uranium !

Deuxième individu : En un mot, il vaut mieux les oublier, ces deux valises…

Anna : Mais, Sire, vous disiez tout à l'heure que cette valise… Oui, celle-ci, la plus petite des deux… Vous avez dit que la couronne se trouvait dans cette petite valise… On peut donc l'ouvrir tranquillement sans s'occuper de l'autre…

Premier individu : C'est-à-dire que ne sais plus… La couronne est peut-être dans l'autre, la plus grande… et par conséquent… Oui, parce que ces deux valises, on nous les a remises comme ça, sans rien nous dire… En fait… en fait, je ne peux même pas vous garantir qu'il y ait la couronne dans l'une de ces deux valises… et quand on ne sait pas, le mieux c'est de ne rien toucher…

Anna : C'est quand même bizarre, un Roi et un Premier Ministre qui ne savent rien du tout ?!

Premier individu : Roi… Premier Ministre… À vrai dire… pas tout à fait, voyez-vous…

Lucia : Pas tout à fait ?! Pas tout à fait ?! Mais qu'est-ce ça signifie ? Mon dieu !! Mais alors, qui êtes-vous ?!

Anna et Lucia reculent vers les fourneaux en proie à une peur soudaine.

Anna : Maman !! Nous sommes perdues !! Nous sommes seules, sans défense, nos hommes sont partis ! Et ces deux-là, ce sont peut-être des brigands ?! Ou les rebelles de la guerre civile ?! Au secours ! Au secours !!

Lucia s'empare d'un grand couteau de cuisine et menace les deux individus.

Lucia : Mon petit mari chéri, vole à mon secours ! Donne-moi ta force et ton courage !! Gredins ! Voyous !! Brigands !!! Vous allez voir !!!!

Les deux individus courent autour de la table, poursuivis par Lucia. Anna appelle au secours de toutes ses forces. Les deux individus, dans leur course, se débarrassent de leurs manteaux noirs. On reconnaît les deux carabiniers.

Les deux carabiniers : Non !!! Non !!! Madame Lucia !!! Pitié !!! Non !!! Nous sommes les carabiniers !!! Posez ce couteau !!! Pas ce couteau !!!

Lucia s'arrête, Anna ne crie plus. Immobiles autour de la table, les quatre personnages se dévisagent. Les deux carabiniers ôtent leurs fausses barbes.

Lucia : Des fausses barbes, hein ?!!

Anna : Le Roi ?! Le Premier Ministre ?!! Des menteurs, oui…
Ah !! Bravo, Messieurs les carabiniers !

Lucia : Et maintenant, gare à vous ! Finies les plaisanteries !! J'exige des explications ! Sinon…

Premier carabinier : Non !! Posez ce couteau !!! Vous êtes devenue complètement folle ?!! Posez ce couteau !!! Pas ce couteau !!! Encore ce couteau… Comme le couteau du boucher ! Oui, Madame Lucia, si vous aviez vu le boucher, comme nous l'avons vu, nous, tout à l'heure, au village… Ce fou de boucher qui brandissait un énorme couteau, dans la rue principale, avec la foule déchaînée…

Lucia : Mais qu'est-ce que tu racontes, carabinier ?!

Deuxième carabinier : Des crimes !

Premier carabinier : Des tragédies !

Deuxième carabinier : Les gens du village… ils étaient tous devenus complètement fous…

Premier carabinier : Oui… Nous les avons vus tout à l'heure, au village, ils criaient, ils hurlaient, avec des bâtons, des fourches… et ce fou de boucher avec son énorme couteau, Madame Lucia !

Lucia : Ce n'est pas possible ! Les gens du village ?!! Vite, racontez-nous ce qui s'est passé !

Premier carabinier : Oui, Madame Lucia, les gens du village, des gens que nous connaissons depuis des années…

Deuxième carabinier : Des gens avec qui nous avons vécu, côte à côte…

Premier carabinier : Nos voisins de palier, nos voisins de rue, nos voisins de balcon…

Deuxième carabinier : Oui, on avait l'impression de former une grande famille…

Premier carabinier : On s'entendait bien, on se rendait service…

Deuxième carabinier : Ils étaient devenus comme des parents, pour nous…

Premier carabinier : On avait l'impression que même si une révolution devait éclater, on l'aurait faite en famille…

Deuxième carabinier : D'ailleurs, même devant la loi, ça se passait comme en famille…

Premier carabinier : Ils n'arrêtaient pas de venir nous voir, pour porter plainte les uns contre les autres. Nous, on les réconciliait, on apportait la paix dans les cœurs, on rétablissait l'entente entre les familles…

Deuxième carabinier : Tous les jours, quelqu'un nous rendait visite. «Mais qu'est-ce qui se passe, don Peppino ? On vous a volé des oranges, un poulet, un petit cochon ? Et qui a fait ça ? Ce garnement de Bastianazzo ?! Toujours lui ?! À chaque fois c'est lui ! On le sait maintenant, ce n'est pas la première fois ! Vous n'êtes pas sa première victime ! Mais il faut se montrer indulgent, don Peppino… Faites un geste, pardonnez-lui… Il est pauvre, il n'a pas de famille… Oubliez, passez l'éponge… Je le convoquerai, je lui ferai peur, je lui passerai un savon… Vous verrez, il ne recommencera plus. » Don Peppino s'en allait en hochant la tête, et il disait : «Pour cette fois-ci, je vous écoute, mais la prochaine fois je n'écouterai plus personne… Et alors, gare à lui !» Et moi, je lui répondais : «Ne vous en faites donc pas, don Peppino, la prochaine fois, je me charge de lui, je lui tords le cou… Vous pouvez partir tranquille, don Peppino…» C'était toujours la même sérénade. Ils défilaient tous dans notre bureau, à la caserne, et nous faisions toujours en sorte, mon collègue et moi, de leur éviter les embêtements d'un procès, d'un séjour en prison…

Premier carabinier : Combien de familles avons-nous déjà réconciliées… maris et femmes, parents et enfants…

Deuxième carabinier : Et, quand quelqu'un voulait aller à la chasse, il y allait, à la chasse, nous, on fermait les yeux…

Premier carabinier : On faisait semblant de dormir…

Deuxième carabinier : Même s'il n'avait pas son permis, même lorsque la chasse était fermée…

Premier carabinier : Et puis ces gens nous aimaient bien… Quand nous arrivions dans une maison, on nous offrait toujours du vin, des gâteaux, des fruits, un petit pousse-café…

Deuxième carabinier : On était là à tous les baptêmes, tous les mariages…

Premier carabinier : … tous les enterrements…

Deuxième carabinier : À toutes les fêtes, quoi…

Premier carabinier : Et nous recevions des corbeilles de fruits, des légumes, de la confiture…

Deuxième carabinier : … de l'huile, du vin, de la farine…

Premier carabinier : Oui, Madame Lucia, on pouvait vraiment dire, sans mentir et sans exagérer, que l'ordre régnait harmonieusement dans toute la contrée.

Deuxième carabinier : Eh bien, tenez-vous bien, Madame Lucia, ces mêmes gens, oui, ces mêmes gens…

Premier carabinier : Ces mêmes gens, Madame Lucia, je dis bien les mêmes, exactement les mêmes…

Lucia : Eh bien, parlez !

Premier carabinier : Ces mêmes gens se sont précipités tout à l'heure sous le balcon de notre maison !

Lucia : De votre maison ?!

Deuxième carabinier : Oui, le nôtre, Madame Lucia. La caserne, si vous préférez…

Premier carabinier : … sous le balcon de notre caserne, Mesdames ! Avec des pierres, des gourdins, des haches, des faucilles, des fusils, des pistolets ! Ils criaient : «Mort au Roi !! À bas les chefs !! À mort !! À mort !!»

Deuxième carabinier : Incroyable, non ?!

Premier carabinier : Et pourtant, c'est la vérité. Ces mêmes gens, Madame Lucia…

Deuxième carabinier : Ils criaient que c'est à cause du Roi si la guerre a été perdue. Vous vous rendez compte ?!

Lucia : Taisez-vous, Messieurs ! Si mon mari entend ces énormités, ces sottises, il va déchirer sa photographie et sortir de son cadre. Le Roi ? Nous faire perdre la guerre ? Le Roi ?! Mais pourquoi aurait-il fait ça ?! Mais dans quel intérêt ?! Pour nous ruiner ?! Se ruiner ?! Mais c'est impossible ! Ils sont tous devenus fous, au village !!

Anna : Et puis ils oublient toutes les belles conquêtes du début de la guerre !! Ce sont des fous furieux, il faut les fusiller !!

Premier carabinier : Oui, Mesdames, ils disent que c'est à cause du Roi que nous avons perdu la guerre, parce qu'ils sont jaloux… Parce que, eux, ils n'ont pas conquis de terres. C'est pour ça qu'ils sont jaloux… Et puis ils détestent le Roi parce que le Roi ne les a pas invités à endosser l'uniforme et à participer à la guerre !

Lucia : Oui ! C'est ça ! Il n'y a pas d'autre explication possible !

Premier carabinier : Et il n'y avait pas que les hommes ! Les femmes aussi étaient là ! Elles criaient encore plus fort que les hommes !

Deuxième carabinier : Nous étions cachés derrière une fenêtre et nous les avons tous reconnus…

Premier carabinier : Bastianazzo, Carmelo, Francesco, Tindaro, Carolina, Nunziata, Concettina…

Deuxième carabinier : Et dire qu'on a toujours été gentils avec eux !

Premier carabinier : Ils étaient tous là… Et en tête, avec son énorme couteau, le boucher, qui riait comme un fauve, une vraie bête féroce, avec ses yeux injectés de sang…

Deuxième carabinier : On aurait dit un démon sorti des ténèbres ! Il était déchaîné, avec son couteau qu'il brandissait dans l'air… Il hurlait, il gueulait, il avait un rire satanique…

Premier carabinier : Il disait qu'il voulait boire le sang de tous les chefs, vous vous rendez compte, Mamma Lucia, ma petite Anna. C'est le sang du Roi qu'il voulait voir couler, le sang du Roi, vous comprenez ?!

Anna : Mon Dieu ! Ma petite Sainte Vierge chérie !

Lucia : Tu as entendu, mon petit mari ?! Si tu ne sors pas de ton cadre maintenant, mais quand en sortiras-tu ?!!

Deuxième carabinier : Le Roi ! Ce fou de boucher voulait saigner le Roi, comme un chevreau, pour boire son sang…

Premier carabinier : Il criait à tue-tête qu'il voulait vérifier si le sang du Roi était vraiment bleu !

Deuxième carabinier : Tuer le Roi, vivre sans le Roi…

Premier carabinier : Il voudrait vivre sans le Roi, vous imaginez un peu ça ?! Mais comment ferais-tu à vivre sans le Roi, fou de boucher ?!

Le jour de ta naissance, il faut bien que tu ailles à la Mairie, c'est-à-dire chez le Roi, imbécile, avec des témoins et des papiers pour demander au Roi la permission de venir au monde et de vivre !

Deuxième carabinier : Et si tu veux te marier, boucher, il faut bien que tu demandes la permission au Roi !

Premier carabinier : Et tu crois pouvoir mourir sans le déclarer à la Mairie, c'est-à-dire au Roi ?! Mais pour mourir, boucher, il te faut des témoins qui déclarent au Roi que tu es vraiment mort !!

Deuxième carabinier : Et en admettant que tu sois assez fou pour vouloir saigner le Roi, boucher de malheur, pourquoi dis-tu qu'il nous a fait perdre la guerre ?!

Premier carabinier : Et, en admettant que ce soit vrai, je dis bien « en admettant », boucher…

Deuxième carabinier : … oui, en admettant… en admettant…

Premier carabinier : Et puis, finissons-en, boucher ! Nous, qu'est-ce qu'on a à voir avec le Roi, hein ?! Assez plaisanté, boucher !! Nous, on n'a rien à voir avec le Roi ! C'est compris, oui ?!! Et toi, sale boucher de malheur, tu n'es qu'un démon, un démon sorti de l'enfer et c'est tout !!

Michelangelo et Leonardo entrent et déposent sur la table la valise contenant les documents.

Michelangelo : Tu as raison, carabinier, un vrai démon, avec son couteau entre les dents…

Leonardo : Et il disait qu'il allait vous saigner tous les deux !

Premier carabinier : Par tous les saints du paradis !

Deuxième carabinier : Par tous les anges du purgatoire !

Lucia : À vrai dire, il n'y a pas d'anges au purgatoire…

Anna : Raconte-nous vite ce qui s'est passé, Michelangelo !

Michelangelo : La foule, avec le boucher en tête, s'est mise en marche dans la direction de notre montagne… Certains disaient que vous vous étiez sûrement cachés par ici… Leurs naseaux fumaient… Ils hurlaient qu'ils allaient vous saigner sans se préoccuper de savoir si votre sang était rouge ou bleu !

Les deux carabiniers : Brrr !!!

Michelangelo : Mais, tout à coup, il s'est passé un événement extraordinaire…

Leonardo : Ils étaient déjà sur nous, à cinquante mètres de nous… Ils s'approchaient en hurlant, brandissant leurs armes… Et nous faisions déjà notre signe de croix… prêts à rendre nos âmes à Dieu avec tout le reste…

Michelangelo : C'est alors que le boucher fit arrêter la foule, à quelques mètres de nous. Il fit un pas en avant, vers nous, se mit au garde-à-vous, tira un papier de sa poche et se mit à lire : « Michelangelo et Leonardo Lapenna, vous êtes nommés chefs de la Révolution pour tous les villages de la région. Motif : appelés à combattre pour une cause injuste, vous avez tout fait pour ridiculiser le Roi et perdre la guerre au profit de la Révolution. Signé : Les Autorités supérieures. »

Leonardo : Et il nous a rendu la valise avec les documents, afin que nous les conservions comme preuves historiques de notre exploit.

Les deux frères ouvrent la valise et jettent les affiches et tous les documents sur les autres. Ils se mettent ensuite à danser.

Lucia : Tu le disais toujours, mon petit mari chéri, que la gloire et l'histoire entreraient un jour dans notre pauvre maison. Mais je crois qu'il faut les faire entrer doucement, la gloire et l'histoire, tout doucement, sans trop de bruit, avec des sacs de farine sur les épaules, des agneaux, des vaches et des chevaux. Michelangelo, Leonardo, Anna, les carabiniers, accrochez toutes ces affiches sur les murs. Qu'elles resplendissent comme des soleils. En les regardant, nous ferons le tour du monde, comme mes deux fils, qui l'ont parcouru de long en large… En attendant, il faut que les bras continuent à travailler et les yeux à voir pousser l'herbe des pâturages, le blé et le maïs…

Premier carabinier : Et nous ? Qu'est-ce qu'on va faire, nous ? Qu'en pense votre petit mari, Madame Lucia ?

Deuxième carabinier : L'âme généreuse de votre petit mari ne se soucie pas de nous ?

Lucia : Mais Messieurs, don Saro, mon petit mari, mon cher petit mari, comprend tout, et son âme généreuse dit que vous pouvez vous cacher ici pendant quelques temps, jusqu'à ce que l'orage cesse, que l'ordre soit rétabli. Il y aura toujours un morceau de pain pour vous.

Les deux carabiniers se sentent revivre et commencent à palper Leonardo et Michelangelo.

Premier carabinier : D'accord, Mamma Lucia. Mais à condition que Michelangelo et Leonardo Lapenna soient toujours prêts à refaire la guerre à la première occasion.

Deuxième carabinier : Compte tenu de leur excellente forme…

Premier carabinier : Et indépendamment de la jambe et de l'œil qu'ils ont perdus…

Deuxième carabinier : … qui, en définitive, ne leur serviraient à rien puisque, aujourd'hui, ils sont encore plus agiles et adroits, capables de courir encore plus vite et de viser encore mieux…

Michelangelo et Leonardo : Bien sûr… C'est évident !

Leonardo montre à tous sa jambe en aluminium et tous la palpent après qu'il ait retroussé son pantalon.

Leonardo : Touchez, mais touchez… C'est du solide !
Premier carabinier : Incomparable matériel de guerre !

FIN

Traduction française de Giovanni Joppolo

1963

A NGE L ECCIA

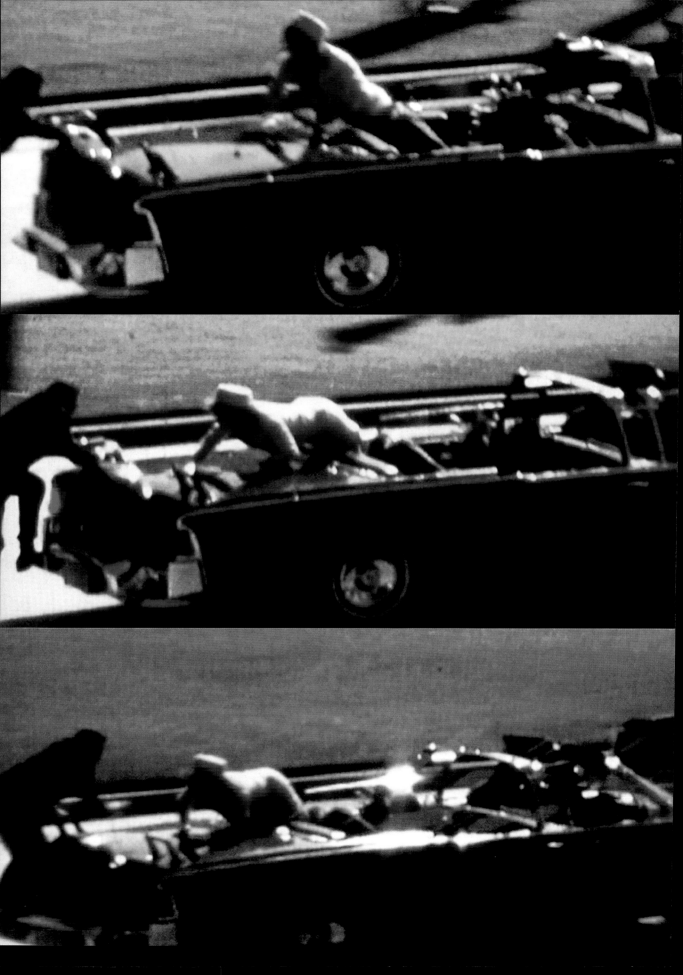

JOURNAL D'UNE FEMME MARIÉE

JAMES S. WILLIAMS

Journal d'une femme mariée, un beau livre à la riche mise en page, paraît chez Denoël en 1965, un an après la sortie d'*Une femme mariée*, auquel il reste remarquablement fidèle. S'il ne se donne pas comme la transcription littérale du film, il reprend l'ordre chronologique des séquences, avec de légères modifications pour les scènes à l'aéroport. Il conserve même la disposition déhiérarchisée du générique d'ouverture, qui, plutôt que d'assigner fonctions et statuts, compressait indifféremment en un seul carton les noms de tous ceux qui avaient travaillé sur le film, avec, pour commencer, en haut à gauche, la mention «Par Raoul Coutard». La distribution de la liste en trois colonnes dans le livre se termine en bas à droite par «GTC Jean-Luc Godard», juxtaposition du nom de Godard et des laboratoires GTC à la manière du «Jean-Luc Cinéma Godard» de *Bande à part*, sorti quelques mois plus tôt. Le livre traduit, en l'amplifiant même, le style fragmentaire et les thèmes de la non-communication et de l'aliénation présents dans le film, qui se cristallisent sur l'atomisation du corps humain (le titre complet, rappelons-le, est *Une femme mariée. Fragments d'un film tourné en 1964*). Par ailleurs, aucune des relations entre texte et image inventées au long des cent pages de ce livre ne se répète. La nature, la dimension, le nombre et le placement de chaque groupe d'illustrations apparaissent variés et éclectiques, comme l'est leur relation avec les phrases et les passages de texte typographiés, dont la taille et le style de police changent selon le type de discours (dialogue, monologue intérieur, fausses interviews, citations publicitaires, extraits de textes littéraires). Parfois, les doubles pages ne contiennent pas de texte imprimé et mettent simplement en évidence le jeu de Godard avec les lettres et les mots dans l'image même. Dans les deux cas, le résultat est original et radical, dans la mesure où chaque mise en page participe d'un processus continu et autoréflexif de montage textuel.

Godard notait à l'époque dans les *Cahiers du cinéma* que, dans *Une femme mariée,* «le cinéma s'ébat libre et heureux de n'être que ce qu'il est[1]». La lecture du livre produit une expérience légèrement différente, car Charlotte, le personnage interprété par Macha Méril, y rapporte les paroles et les événements du film à la première personne et semble se les réapproprier. Elle sélectionne, édite et condense ses propres paroles dans le film, ainsi que celles de son mari, Pierre (Philippe Leroy), et de son amant, Robert (Bernard Noël), par souci de clarté et de précision (tous les énoncés phatiques ont, par exemple, été retranchés). Devenue sa propre narratrice, Charlotte instaure une distance critique par rapport à son personnage dans le film, celui d'une femme souvent désorientée qui déclare à un moment : «Je ne sais plus qui je suis.» *Journal d'une femme mariée* se termine énergiquement par la phrase : «C'est fini. Oui, c'est fini.», résultat d'une décision apparemment délibérée de Charlotte, alors que dans le film elle ne faisait que reprendre à son compte ce même constat final de Pierre. Dans le passage du film au livre, le personnage a donc gagné en affirmation de soi pour aboutir au point culminant d'un processus identitaire que Godard envisageait ainsi : «À la fin du film, la femme mariée va être obligée de réfléchir pour la première fois de sa vie. Elle s'apercevra qu'elle n'était pas seulement un "objet" mais un peu aussi un "sujet" et qu'elle l'avait oublié. Elle est donc, en termes de science-fiction, une "mutante" : elle va se transformer, échapper à son univers concentrationnaire, et c'est son sens critique qui la sauvera[2].»

Ce mouvement de la passivité à l'action doit également être apprécié dans son rapport avec le thème clé du film, la mémoire. Le désir de Charlotte de vivre à demeure dans un présent consumériste est si insistant qu'elle ignore avec désinvolture l'histoire et la mémoire, et ne semble pas en mesure de

---

1. Voir Jean-Luc Godard, «La Femme mariée», *Cahiers du cinéma*, n° 159, octobre 1964.
2. *Ibid.*

les comprendre (elle intervertit, par exemple, Auschwitz et la Thalidomide). Le livre, dont la structure repose sur la mémoire du film, lie actrice et metteur en scène dans un processus de production artistique qui développe plus avant la dimension brechtienne de prise de conscience politique, sous-jacente dans *Une femme mariée*. Il se présente en effet comme une création commune : la couverture annonce que les auteurs en sont « Macha Meril [sic]. Jean-Luc Godard ». En fait, selon Méril, l'idée du livre revient au directeur de Denoël, Alex Grall, qui, le premier, la contacta. Godard lui donna carte blanche pour la conception, et elle opta alors pour un format carré, adapta les dialogues du film, sélectionna les images (issues de photogrammes choisis sur la table de montage) et supervisa la mise en page[3]. *Journal d'une femme mariée* est la création de Méril, aussi précise et concrète que la maternité de Charlotte restait à l'état de réalité virtuelle et abstraite du fait des questions sur l'identité du père (Robert ou Pierre ?). Plus généralement, la double signature du *Journal d'une femme mariée*, aussi formelle soit-elle, marque le premier exemple de coécriture littéraire dans le travail de Godard. Celui-ci ne renouvellera pourtant cette expérience avec une partenaire féminine que des années plus tard : ce sera avec Anne-Marie Miéville en 1998, pour *2 x 50 ans de cinéma français. Phrases (sorties d'un film).*

Journal d'une femme mariée invente une construction hybride unique, fruit d'une relation de confiance exemplaire et pleine d'audace entre actrice et cinéaste. Il suggère aussi que le projet multimédia de Godard, en perpétuelle évolution, s'avère particulièrement fertile quand il passe outre non seulement les frontières entre des formes artistiques et culturelles différentes, mais aussi la traditionnelle division du travail entre hommes et femmes, toujours en vigueur dans le cinéma.

Traduit de l'anglais (Royaume-Uni) par Franck Le Gac

Macha Méril. Jean-Luc Godard, *Journal d'une femme mariée. Fragments d'un film tourné en 1964*, Paris, Denoël, 1965.

---

3. Voir le témoignage de Méril, *Biographie d'un sexe ordinaire*, 2003, réédité par Le Livre de poche, Paris, 2005. Elle y revendique seule la conception du livre (p. 113), ce qu'elle a confirmé dans une correspondance avec l'auteur en août 2005, précisant que Godard et elle s'étaient partagé les droits du livre à égalité. Voir sa contribution *infra*.

À PROPOS D'*UNE FEMME MARIÉE*

MACHA MÉRIL

Il ne sait pas, Jean-Luc, ce qu'il a fait. Ce qu'il a fait pour nous, ses contemporains, et ce qu'il a fait pour l'histoire du cinéma, pour l'histoire tout court. Comme Malévitch, comme Duchamp, comme Céline, qu'il citait souvent, comme Stravinsky, comme tous ces visionnaires, ces trublions, il a brisé quelque chose, une convention, une barrière, un retard. Il a rehaussé le cinéma, né au XXe siècle, au niveau des autres arts, qui jouissaient d'un long héritage. Il est un artiste véritable, de ceux qui remettent en question l'art même, et c'est pour cela qu'il n'aime pas cette définition. Il n'aime pas qu'on dise de lui qu'il est un artiste. Cela doit lui paraître insuffisant, limité, étroit. Quand il fréquentait les idées chinoises, il rejetait le mot lui-même. Artiste. Pas sérieux. Bourgeois. Complaisant. Je me souviens d'une projection privée que Bernardo Bertolucci lui fit de son film *Il Conformista* à peine terminé. À la sortie, le jeune et déjà célèbre cinéaste attendait anxieusement l'avis du Maître. Godard passa devant lui sans un mot et lui glissa une figurine de Mao Tse Tung dans la poche de poitrine de sa veste. Sans doute trouvait-il vaines les préoccupations de l'Italien, poète fils de poète, tout empêtré dans le désir d'être un artiste. Mais l'artiste est un voyou. Il est là pour poser des pétards sous les pieds des censeurs, des conservateurs, des

JOURNAL D'UNE FEMME MARIEE *Macha Meril. Jean-Luc Godard*

profiteurs du régime en place. Il est là pour retourner les objets, déboulonner les usages, nous montrer ce qu'on ne montre pas, ce qu'on ne dit pas, ce qui ne se fait pas. Godard ne sait pas qu'il est un artiste, c'est plus fort que lui, plus fort que les idéologies successives auxquelles il voulait adhérer, les plus audacieuses, les plus éhontées, qui s'enfuient et se superposent, inexorablement. De Jean-Luc Godard, il reste les films, et des phrases, des prédictions, de bouleversantes mises en garde. Inscrites à jamais dans nos mémoires.

Un film m'a unie à lui : *Une femme mariée*. Il devait s'appeler « *La* » *Femme mariée*. La censure, après l'avoir interdit totalement, à tous publics, consentit à sa sortie à condition qu'on changeât le titre, pour préciser que je ne représentais pas l'archétype de la femme mariée française, mais seulement *une* d'elles, un cas, une exception. On exigea aussi quelques coupes, astucieusement déjà prévues par Jean-Luc au tournage. Il avait l'habitude. On coupa donc un plan de ma main fermant le robinet d'un bidet, et le bruit de ciseaux coupant de supposés poils du pubis, alors que la caméra ne quittait pas le profil de mon visage baissé. Le tollé fut tel, que le film connut un succès amplifié, tout le monde se précipita pour voir l'œuvre scandaleuse qui avait déchaîné de telles foudres.

Qu'avait-il de si dérangeant, ce film ? On y parlait ouvertement pour la première fois de la pilule, de la contraception, de l'incertitude de la paternité, quand une femme est enceinte et qu'elle fréquente deux hommes. Un gynécologue (vrai) expliquait à une bécassine moderne (moi), l'usage de la pilule, déjà en vente dans certains pays, et les techniques de l'avortement, déjà pratiqué légalement dans d'autres pays. C'était interdit en France, et durement pénalisé. La loi Veil date de 1975. Nous avons tourné en 65. La société bouillonnait. On était aux portes de 68, qui a débuté, rappelez-vous, sur les marches de la Cinémathèque, pour défendre Henri Langlois, face à Malraux, ministre de la Culture du gouvernement de Gaulle. Dans ce film, l'innocente que j'incarnais dénonçait par ses questions naïves, mais urgentes, l'écart qui se révélait entre des structures dépassées et les besoins réels des femmes. La famille, l'amour, l'enfance semblaient bloqués dans un carcan de non-dit et d'archaïsme. Personne ne pouvait rester insensible. Le film eut un triomphe.

Pour moi, le cinéma est le moyen de poser des questions fondamentales sous couvert d'art populaire, de communication rapide. Godard, dans les films de cette période, a su mettre le doigt sur les anomalies, les problématiques inconfortables, tous les clichés trompeurs, les banalités lénifiantes. Il a abordé les thèmes antiques (la passion, l'adultère, le mensonge, le désir, l'ennui) et les interrogations sur le futur (la science, la guerre, la torture, l'oubli, la technologie, les mondes inconnus). Pas de pitié pour le passé. Il est éventré, fouillé, dénudé, dépecé. Comme les romantiques ont ridiculisé les classiques, la Nouvelle Vague, Godard en tête, a piétiné le cinéma pompier et falsificateur des années cinquante. Dans le massacre, on a commis quelques injustices… Les coupables (Duvivier, Delannoy, René Clair), exclus et dénigrés à jamais, ont payé cher. Renoir et Carné ont été épargnés, sans doute à cause de leur grand âge. Mais ils n'ont plus tourné pour autant. Seul Buñuel est réapparu après la bataille, plus frais et plus jeune que tous malgré ses soixante-quinze ans.

Godard régnait, incontournable. On allait voir ses films religieusement, on en débattait longuement, les camps se dessinaient, il y avait les inconditionnels et les sceptiques. Chacun attaquait l'autre, on était moderne ou rétrograde, anarchiste ou bourgeois, selon qu'on aimait ou qu'on n'aimait pas le cinéma de Godard. Peut-on expliquer cela aux jeunes ? Quel auteur, quel musicien, quel cinéaste est-il écouté de cette manière aujourd'hui ? Le cinéma était le lieu de la contestation, du débat, mais également de sa propre découverte. On accusait les anciens de s'être trop adossés au théâtre, à la littérature, à l'opéra. Le déroulement des images en mouvement a créé une poésie propre au cinéma, s'affranchissant du récit traditionnel. Godard a déchiqueté la narration cinématographique et inventé un langage qui a été très vite compris et adopté. Il a accéléré le temps et modifié les durées. Un film est une durée, un passage. Godard a détaché le son des images, accordant aux musiques un rôle fondamental, métrique et non-émotionnel, particulièrement dans

Une femme mariée, où les bribes du quatuor de Beethoven racontent la répétition des gestes, l'arrachement de la séparation, l'étouffement de la vie conjugale en contraste avec les images, froides et quasi scientifiques. Ce film très graphique dénonce la puissance de la publicité par les images, en utilisant les mêmes armes qu'elle. Raoul Coutard, le directeur de la photo, y a mis au point sa technique d'éclairage sans ombres, très blanc, comme les haïkaï japonais. Les projecteurs visaient les quatre côtés des plafonds bordés de papier argent, une fois pour toutes. On tournait dans un bain de lumière, sans rien modifier selon l'axe de la caméra, puisque tout était éclairé de la même manière, sans ombre ni chute de niveau. Tous les visages ne sont pas favorisés par cette lumière, le mien, un peu mongol, s'y prêtait magnifiquement. Mais l'effet général était magistral. Les personnages apparaissaient comme épinglés sous le phare d'une planche ornithologique. De cette absence de pathos naît une vibration, une pudeur qui oblige à l'attention, on retient son souffle, on est entraîné vers une écoute différente, on est troublé et inquiet. Les questions posées si clairement ne trouvent de réponse ni dans le film ni en nous. J'ai revu le film récemment, il a gardé toute sa force, bien que les thèmes débattus ne soient (presque) plus d'actualité. Le désarroi de cette jeune femme mariée en proie au bombardement médiatique (les affiches, les couvertures de livres, de disques, la télévision, la radio) est vivant. Les trouvailles formelles du cinéma de Godard en font des œuvres d'art immuables. Toujours prémonitoire, sur le fond, il annonçait les dérives futures.

Avoir été choisie par Jean-Luc pour incarner cette jeune femme était une chance que je mesurais chaque jour, chaque instant. J'ai vécu les quinze jours de ce tournage rapide (Godard tournait toujours très vite) dans une espèce de transe, de concentration extrême. Il m'avait très poliment demandé l'autorisation de filmer mon corps, dans une nudité sage. L'époque interdisait les poitrines nues et les silhouettes de face. Le texte de la censure précisait qu'on ne devait pas outrepasser le système pileux des organes génitaux, aussi bien pour les femmes que pour les hommes. La sexualité étant au cœur de ce film qui traitait d'amour conjugal et d'adultère, il fallait trouver des façons de la filmer convenablement. Godard, pudique calviniste, inventa le morcellement du corps par gros plans incroyablement suggestifs bien qu'esthétiques et dégagés de psychologie. Bresson avait travaillé sur ce terrain-là, ainsi que Mizoguchi. Je voyais que Jean-Luc m'épiait, m'observait, cherchait des angles, des détails, une épaule, le dos, le cou, la bouche sans les yeux, les yeux sans la bouche. Confusément je savais que j'appartenais à ce film et que ce film m'inscrirait dans la marche du cinéma pour toujours. Il est essentiel pour un acteur, une actrice, de sentir cela au moins une fois dans sa carrière. Acquérir une identité, un passeport pour l'éternité. C'est le rêve secret de tout artiste. Les interprètes ont un fil à la patte, ils ont besoin de la médiation d'un auteur, d'un metteur en scène. Pour être vus par le public, il faut d'abord qu'ils soient vus par une personne, un cinéaste, un œil qui les incorpore à son œuvre et en fait leur matière première. Godard m'a vue. Je peux dire que pendant quelques mois il s'est exprimé avec mes genoux, mes hanches, mes mains, ma frange courte qu'il qualifiait de « chinoise », mon sourire, mes silences. Il m'a demandé de perdre deux kilos, ce que j'ai fait aussitôt, il choisissait mes vêtements, allait acheter les T-shirts, les combinaisons et les soutiens-gorge au Prisunic, privilégiant les pois et les rayures. De ma garde-robe personnelle, il n'a gardé que les sandales et la culotte Petit-Bateau peu érotique dont la candeur a fait le succès de certains plans relevés par les critiques. On se vouvoyait. Il était très doux. Très patient. Sauf quand les acteurs ne retenaient pas leur texte, donné quelques minutes avant de tourner. Le scénario, inexistant, était très précis dans sa tête, dans un secret auquel personne n'accédait, pas même ses plus proches collaborateurs. Savait-il lui-même la dynamite intellectuelle et visuelle qu'il maniait ? L'important était d'avancer, vite, et d'écourter le temps entre la conception et la distribution. C'était une obsession pour lui. Il trouvait que les films mettaient trop de temps à sortir, il flairait déjà l'ère de la télévision qui approchait, il s'était forgé un système de production et de tournage sur mesure, où il était le maître d'œuvre absolu.

Celle de gauche sait, l'autre ne sait pas.

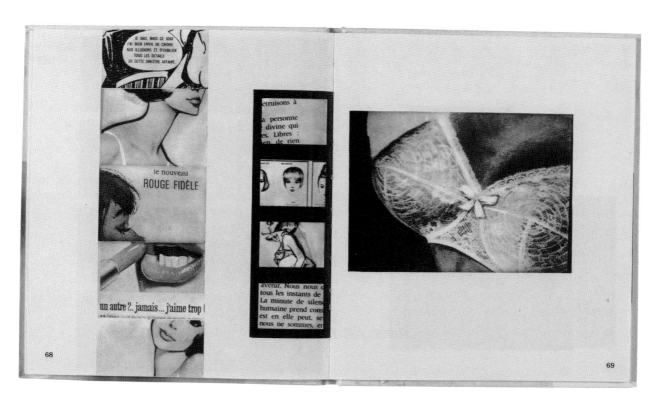

Je vais lui dire que Pierre rentre ce soir.

Il travaillait nuit et jour, et nous aussi. Personne n'objectait. On participait à un chef-d'œuvre.

J'ai eu cette sensation deux ou trois fois dans ma vie, avec Guy Gilles, avec Rainer Werner Fassbinder, avec Agnès Varda. Les vies sont suspendues, entre parenthèses, jusqu'au dernier jour de tournage, qui est comme une petite mort. On est alors rendu à la vie normale, à la quotidienneté, aux devoirs communs. La fin d'un film est-elle aussi douloureuse aujourd'hui ? Godard a dit dans une interview à la télévision : « Avant on faisait du cinéma, maintenant on fait des films ». Je reconnais là son génial talent des formules. Il a raison. Un cinéaste aujourd'hui cherche des financements pour un film, les réunit péniblement, ce film doit impérativement rencontrer le public, sinon le cinéaste est menacé de ne plus tourner par la suite. Ou difficilement. Chaque film est pris individuellement, comme une opération de marketing, une affaire. La culture est une denrée, vendable, chiffrable. Un cinéaste ne fait pas une œuvre, il s'introduit dans un marché, une cinématographie ballottée d'influences et d'exigences commerciales. La division entre le cinéma d'essai et le cinéma grand public n'existe presque plus. Il faut peut-être se féliciter que les jeunes abordent facilement tous les films, tous les langages. Mais en amont la pression du business est telle que les films d'auteur sont écartés. Godard a joui d'une liberté extraordinaire, qu'il a honorée en produisant des films extraordinaires, particulièrement ceux des années soixante. Années de création et de changement, avec la Nouvelle Vague, le Nouveau Roman, l'art conceptuel, Courrèges et Paco Rabanne, Le Corbusier et Xenakis. Jamais le cinéma n'a eu une place aussi noble. On peut remercier Godard. Tous les cinéastes autour de lui en ont bénéficié.

Quant à moi, je remercie encore Jean-Luc de m'avoir si bien filmée, mais je remercie aussi ma jeunesse, fixée ainsi dans ce film hors normes. Après le Festival de Venise, où nous avons eu un grand succès, le désir de laisser un témoignage accessible par un livre s'est imposé à moi.

Un ami éditeur, Alex Grall (Éditions Denoël), a joué le jeu. Comme il n'y avait pas de photo du film, j'ai conçu le *Journal d'une femme mariée* sur une table de montage avec les photogrammes arrêtés de la pellicule, certains légèrement bougés. Les techniques de scanner n'existaient pas à l'époque et la qualité de la reproduction était mauvaise. J'ai pensé que ces images en noir et blanc jamais tout à fait nettes seraient une invitation à lire les mots, comme dans un journal. Les textes sont les dialogues du film. Jean-Luc m'a laissé carte blanche pour cet ouvrage unique. Aucun film de Godard n'a suscité un livre de ce genre, à chaud, une sorte de copie sur papier, arrachée au film. J'ai choisi le format carré, la mise en page et la typographie. Je suis heureuse d'avoir fait ce travail qui ajoute une trace originale de ce film culte. Un morceau d'anthologie. Un morceau de ma vie.

Août 2005

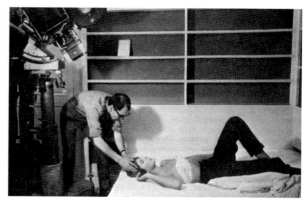

Tournage de *La Femme mariée* (futur *Une femme mariée*)

L'ART DE L'ANTICIPATION
ALPHAVILLE ET LE GRAV

NICOLE BRENEZ

Parmi les conditions de possibilité d'*Alphaville* (1965), on trouve la sensibilité de la pellicule Ilford HP5, enfin disponible pour le cinéma et non plus seulement pour la photographie (voir *À bout de souffle*), dont Jean-Luc Godard apprendra le maniement au cours d'un stage spécial en Angleterre. Parmi les multiples sources visuelles du film, on trouve : *Le Dernier des hommes,* de F. W. Murnau ; *Mr. Arkadin,* d'Orson Welles ; la série des Lemmy Caution de Bernard Borderie ; les bandes dessinées de Dick Tracy, Harry Dickson, Flash Gordon ; la Maison de Radio-France (architecte : Henry Bernard), inaugurée le 14 décembre 1963, et dont l'abri anti-atomique élevait symboliquement l'information officielle au rang de priorité défense ; l'art cinétique. Parmi les artistes cinétiques, un groupe parisien retient l'attention, tant son travail formel et politique résonne par échos désynchronisés avec celui de Godard : le Groupe de recherche d'art visuel, fondé en 1960 par Horacio Garcia Rossi, Julio Le Parc, François Morellet, Francisco Sobrino, Joël Stein et Jean-Pierre Yvaral. Entre 1962 et 1964, les travaux plastiques et cinématographiques du GRAV font l'objet d'expositions à la galerie Denise René, à la Biennale

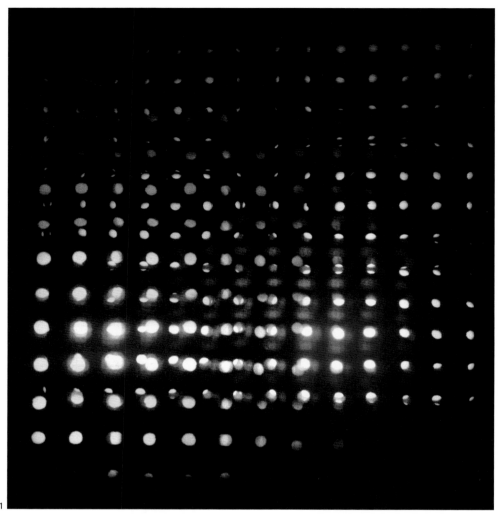

1

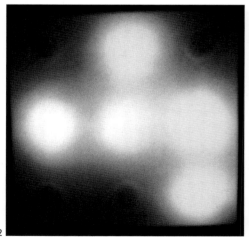

2

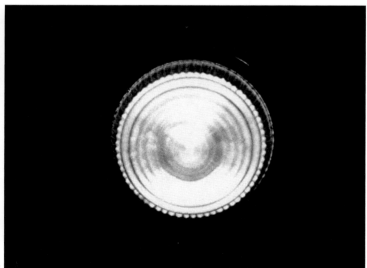

3

1. Horacio Garcia Rossi, *Première boîte lumineuse*, 1962
2. François Morellet, *Boîte à flashs*, 1964
3. et 4. Jean-Luc Godard, *Alphaville*, 1965

4

de Paris, au festival EXPRMNTL de Knokke-le-Zoute, où Godard se trouvait aussi[1]. Le monde du clignotement noir et blanc en quoi consiste Alphaville, qui transforme les phénomènes et toute l'expérience humaine en signal, en agression optique, en réduction binaire, se fonde en actualité dans l'envahissement du discours et de l'espace publics par l'informatique, l'électronique, la cybernétique, la sémiotique. Alpha 60 personnifie le lien inventé par Godard entre les disciplines du contrôle, et l'art cinétique offre à la fois un symptôme et une banque iconographique à ce monde du signal vécu comme déshumanisation : l'abstraction, le flash, la sérialité, les structures modulaires, le calcul, la programmation, le labyrinthe.

Un tel usage de l'art cinétique comme imagerie de la technologie totalitaire (à laquelle participe le cinéma explicitement ramené ici à sa binarité positif/négatif) fait fi de l'horizon esthétique revendiqué par les artistes du GRAV. Leurs idéaux critiques, issus de László Moholy-Nagy et du Bauhaus, formulés dès 1960 sur la base d'une conception anti-individualiste de l'œuvre et d'une réflexion approfondie sur les enjeux politiques des initiatives symboliques prises dans le champ de l'art, anticipaient de fait ceux que Godard rejoindra à partir de 1967 : la récusation de la figure de l'artiste comme totem social, le refus de l'œuvre comme fétiche générateur de plus-value, la dénonciation des règles artistiques comme complices mentales du dressage et de l'assujettissement[2]. Peu avant la dissolution du GRAV, Julio Le Parc rédige en mars 1968 une synthèse radicale intitulée « Guérilla culturelle », qui se termine ainsi : « Ranimer [la] puissance d'agressivité contre les structures existantes. Au lieu de chercher des innovations à l'intérieur de l'art, changer, dans la mesure du possible, les mécanismes de base qui conditionnent la communication. [...] Organiser une espèce de guérilla culturelle contre l'état actuel des choses, souligner les contradictions, créer des situations où les gens retrouvent leurs capacités à produire des changements. Combattre toute tendance au stable, au durable, au définitif, tout ce qui accroît l'état de dépendance, d'apathie, de passivité lié aux habitudes, aux critères établis, aux mythes et autres schémas mentaux nés d'un conditionnement complice avec les structures au pouvoir. Systèmes de vie qui, même en changeant les régimes politiques, continueront à se maintenir si nous ne les mettons pas en question. L'intérêt réside désormais non plus dans l'œuvre d'art (avec ses qualités d'expression, de

---

1. Voir Xavier Garcia Bardon, « EXPRMNTL, festival hors-normes », *Revue Belge du cinéma*, n° 43, décembre 2002.
2. Voir les ouvrages de Franck Popper, ainsi que Yves Aupetitallot (dir.), *Stratégies de participation : GRAV – Groupe de recherche d'art visuel, 1960/1968*, Grenoble, Le Magasin, Centre d'art contemporain de Grenoble, 1998.

contenu, etc.) mais dans la contestation du système culturel[3]. » Le GRAV, dans ses pratiques collectives, ses manifestes théoriques et sa dynamique, au prix d'un détournement livre bien malgré lui ses initiatives plastiques à l'univers d'Alphaville mais, simultanément, lègue à l'œuvre de Godard la trace clandestine, prémonitoire et fertile de son énergie critique.

---

3. Yves Aupetitallot, *ibid.*, p. 231-232.

LA TRACE DE LEURS PAS
À propos des archives du tournage de *Pierrot le fou*
Núria Aidelman

« Sous l'œil bienveillant de la script Suzanne Schiffman, c'est ainsi que fut tourné le plan 7/2 bis du *Petit Soldat.* » Godard ouvrait par ces mots le court texte qui accompagnait une photographie du tournage du film sur laquelle on le voit à l'œuvre en compagnie de Raoul Coutard et de Suzanne Schiffman. C'était la première participation de Schiffman à un film de Godard. Viendraient ensuite, jusqu'en 1967 et toujours avec Coutard à l'image, onze autres longs-métrages : *Une femme est une femme, Vivre sa vie, Le Mépris, Bande à part, Une femme mariée, Alphaville, Pierrot le fou, Made in USA, Deux ou trois choses que je sais d'elle, La Chinoise* et *Week-End.* Pour chacun des huit derniers titres sont déposés à la Bibliothèque du film les documents conservés par Suzanne Schiffman : scénarii, feuilles de service, cahiers et rapports de script, listes, notes d'intention. Certains étaient communs à toute l'équipe. D'autres, écrits de sa propre main, relèvent spécifiquement de son travail de script : c'est ce qui en fait toute la valeur.

Nous nous occuperons ici des archives du tournage de *Pierrot le fou*, tel que l'a accompagné Suzanne Schiffman. Si la photographie capte un instant, un geste arrêté du tournage, ces documents permettent de retrouver quelque chose du parcours lui-même : du travail de Godard, du film en train de se faire, du processus de création.

Le tournage de *Pierrot le fou* s'est déroulé pendant quarante-quatre journées, entre le 24 mai et le 17 juillet 1965, de Hyères à Toulon, de Porquerolles à Paris. Schiffman l'a suivi et consigné plan par plan dans quatre grands cahiers d'écolier et dans un autre de taille plus réduite, dont ne sont conservés que dix-sept feuillets. Pour chaque plan, elle note le numéro, les horaires, l'objectif utilisé, la description et le son, le nombre de prises effectuées et les prises « à tirer ». Elle note aussi l'ordre prévu des plans pour la séquence, les doutes, les listes des plans à faire et quelques dessins. Les cahiers sont la mémoire interne du tournage, et ils permettent de connaître l'organisation et le travail journalier, de voir le nombre de plans tournés et de prises, la vitesse d'exécution, la gestion du temps et des intensités. Ils nous permettent même de participer à l'attente et à la rencontre de la lumière. Ces cahiers nous parlent ainsi d'autres moments, qui précèdent ou qui suivent le tournage proprement dit, et dont aucun document écrit ne peut garder la trace. Il suffit pour cela de les confronter à la liste des séquences prévues et au scénario (un texte de trente pages, qui donne le détail de vingt-sept séquences), conservé dans le vaste fonds Truffaut ; il suffit, surtout, de les mettre en vis-à-vis avec le film terminé, qui devient un document en soi, pour comprendre ce qui s'est passé entre le tournage et le film, c'est-à-dire lors du montage.

Ainsi, dans les passages d'une phase à une autre, dans ce qui est retenu ou modifié, nous pouvons recomposer quelque chose de l'histoire des plans, voir ce qui était prévu, et ce qui a été trouvé au moment du tournage ou du montage, les changements dans l'ordre des plans. Nous pouvons découvrir le cheminement des plans de ciel, de soleil ou de fleurs, qui n'avaient pas de place assignée dans le film et que Godard tournait souvent en début ou en fin de journée. Nous pouvons repérer les phrases du scénario qui sont devenues des commentaires off de Marianne et Pierrot, suivre les plans et les phrases non montés, la façon dont les plans ont été coupés. Nous pouvons constater aussi comment Godard délie sans cesse ce qu'il avait lui-même prévu de lier dans les étapes précédentes, comment il coupe les liens explicatifs : comment il écrit, tourne, monte. Nous pouvons le voir au travail, deviner ses recherches précises qui – parsemées de nombreuses aventures et de nombreuses rencontres – ont abouti à ce film-phare, tourné maintenant il y a plus de quarante ans.

Documents en main, nous partons sur « la trace de leurs pas » ; telle est l'expression qui donnait forme dans le scénario à l'une des très rares images déjà précisément dessinées : un plan dont nous n'aurions jamais osé penser qu'il avait été écrit sur du papier, avec une machine à écrire, avant de l'être avec du sable et des vagues sur la pellicule.

> Ferdinand et Marianne sautent dans l'eau en riant. Ils ne réussissent pas à sauver les valises, mais s'en foutent, et s'éloignent en se tenant par la taille. Le long de la plage déserte, éclairée par le soleil couchant, la mer efface la trace de leurs pas.

Traduction de l'espagnol par Gabriela Trujillo, relue par l'auteur

LES DOCUMENTS

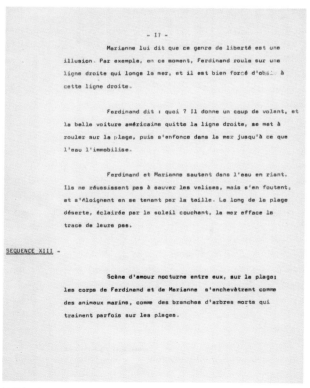

Le scénario

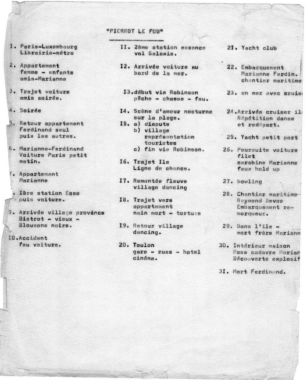

La liste des séquences

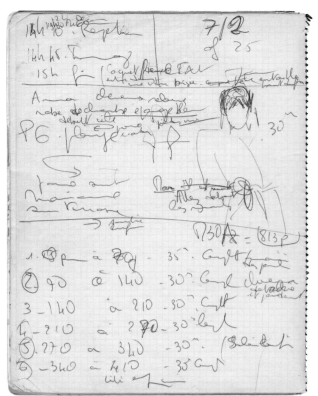

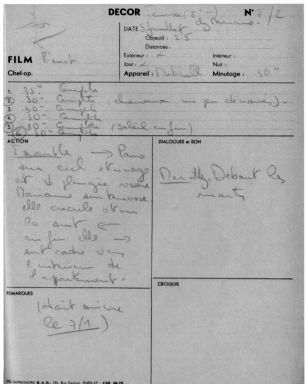

Les cahiers de script
Véritables journaux de bord du tournage, ils ont été écrits sur place et à la volée : avec des changements de stylos, des textes lisibles et des mots illisibles, des blagues pour les gens de l'équipe, des feuilles arrachées, des traces d'eau, des pages presque vides et d'autres très pleines. Dans les cahiers, tous les plans sont notés au fur et à mesure, dans l'ordre précis du tournage.

Le rapport script
Chacun des blocs du rapport script (six pour *Pierrot le fou*) comporte une cinquantaine de feuillets, avec une page par plan.
Ce sont des blocs standard préimprimés, avec la même couverture, les mêmes feuilles détachables et les mêmes cases à remplir.
Les pages dupliquées au papier carbone serviront pour le montage.

Les cahiers, loin d'être un brouillon du rapport script, un matériel jetable après la remise au propre, gardent la mémoire d'autres indications inhérentes aux besoins du tournage : les horaires et le métrage (qui serviront ensuite pour le rapport production et le rapport image), des doutes, des corrections, des annotations sur les costumes et sur les mouvements des acteurs, des dessins et des plans au sol, et, enfin, des pages comportant des listes des plans à tourner ou indiquant l'ordre possible ou probable des plans. Dans le rapport, les notes sont plus lisibles, et s'y ajoutent le décor (de fiction), la caméra utilisée (une Mitchell et une Arriflex en alternance), parfois la distance, et une description plus claire du plan.

Le plan 7/2 (voir les documents reproduits ci-dessus), qui va du «ciel et nuage» jusqu'à Marianne sur la terrasse, fut le premier à être tourné à Paris, le 5 juillet à 14 h 45, lors de la reprise du tournage, quelques jours après le départ de la côte varoise, le 29 juin. Finalement, le plan ne sera pas monté.

LE TRAVAIL JOURNALIER

numéro du plan	nombre de prises		horaires : décor	mise en place	répétition	tournage	fin

L'ARRIVÉE À PORQUEROLLES... (17 juin)

numéro du plan	nombre de prises		horaires : décor	mise en place	répétition	tournage	fin
12/6	6		09:00 (départ)	15:00	15:35	15:50	16:05

12/7 8 - 16:05 16:20 16:30 17:00

À l'arrivée à Porquerolles, Godard tourne, avec un objectif de 40 mm, le plan « au long de la plage déserte, éclairée par le soleil couchant, la mer efface la trace de leurs pas ». Quatre jours après, le 21 juin, il fera un retake : cette fois-ci, huit prises, avec un objectif 32 mm, à 14 heures.

... ET LE DERNIER JOUR SUR L'ÎLE (26 juin)

PP/8 1 - 10:00 - - -

14/1 2 - 10:10 - 11:00 11:30

14/2 4 - 11:30 12:00 12:05 12:10

23/1 8 - 14:45 14:45 15:00 -

PP/9 4 - - - 17:00 -

Pano → suit le passage d'une vieille fée avec son chien nain et sa brouette.

12/15 2 - - - 17:15 -

Les trois derniers jours à Porquerolles, Godard tourne respectivement onze, dix et six plans. Du premier d'entre eux, relevant d'une longue installation (un mouvement de caméra qui suit longuement les personnages), il fait à grande vitesse seize prises, parmi lesquelles dix complètes, et huit «à tirer». Beaucoup de choses se révèlent dans les annotations de ces jours intenses. Nous pouvons voir comment s'organisent presque intégralement les séquences de la vie de Marianne et Pierrot près de la mer. Nous pouvons voir le tournage des plans nommés «PP», et comment le plan du soleil entre les branches d'un pin et le panoramique de la mer au soleil (tournés le 25 très tôt et le 26 en fin de journée) composeront, après montage, la séquence d'«amour au bord de la mer», dont les plans centraux ont été tournés l'après-midi du 24 (Marianne et Pierrot sous la lune). Nous pouvons voir la gestion du temps et des intensités du tournage lors de la «journée bleue» du 26 juin. Au milieu de cette journée, juste après la pause déjeuner, Godard tourne un plan assez périlleux : le long gros plan de Marianne à la proue du yacht, où elle raconte l'histoire de ses parents et fait le célèbre compte des secondes passées avec Pierrot. L'heure de la fin du tournage n'est pas indiqué, mais les notes sur les prises témoignent de la difficulté du plan, à cause de la longueur du texte et des conditions de filmage : la vitesse du bateau (on en a essayé plusieurs dans les différentes prises), le bruit du moteur, le vent, le soleil en face de l'actrice. Comme pour compenser cette difficulté, les autres plans sont presque ludiques, légers.

DES PLANS NON MONTÉS

Les descriptions ont été transcrites du rapport script

numéro du plan	nombre de prises	jour de tournage	ordre du plan dans la journée	horaires : décor	mise en place	répétition	tournage	fin
17/5	3	24 mai	5e	-	15:00	-	15:30	14:40

Caméra sous les piles du pont. Pano ← suit le passage du bateau qui s'éloigne.

| **19/2** | 7 | 26 mai | 3e | - | 10:15 | 11:00 | 11:10 | 11:25 |

PG. Pierrot vient vers caméra suivant la rivière ← pano et ↓ Dolly – il arrive près du marin – dialogue en PA et Pierrot s'éloigne, suite pano ← et ↑ Dolly.
(P) Vous n'avez pas vu la jeune fille avec qui j'étais ? – (Marin) Elle est partie en faisant du stop pour Toulon.

| **18/32** | 1 | 5 juin | 9e | - | - | - | - | 16:10 |

GP surface rouge (pour montage ?).

| **PP/3** | 3 | 11 juin | 3e | - | - | - | - | 19:15 |

Coucher de soleil sur les salins et la montagne (à différentes heures).

| **25/1** | 4 | 14 juin | 1er | - | 08:00 | 08:45 | 09:00 | 09:25 |

Trav. latéral sur calandre voitures.

| **25/5** | 3 | 14 juin | 5e | - | 10:05 | - | - | 10:15 |

GP Pierrot appuyé sur fond rouge, prend une cigarette et regarde à droite et à gauche.

| **25/11** | 1 | 14 juin | 11e | - | 11:55 | 12:00 | - | - |

GP Sanders de face. Regarde dans caméra.

| **25/13** | 1 | 14 juin | 13e | - | 12:10 | - | - | 12:15 |

GP plongée chauffeur Bentley fume. Regarde dans caméra.

| **26/9** | 2 | 15 juin | 8e | - | 17:05 | - | 17:10 | 17:15 |

TGP sur carrosserie de voiture qui défile → 1re Bentley – 2e Fairlane – 3e Autobianchi.

| **21/10** | 2 | 16 juin | 6e | - | - | - | 16:00 | - |

(prise 1) (suit le 21/9) PG fixe. Un grand bateau en cale sèche.
(prise 2) (pour utilisation éventuelle) Soleil cachant derrière les nuages.

| **PP/5** | 1 | 22 juin | 1er | - | 09:00 | - | 09:20 | - |

Soleil dans ciel bleu.

PP/6 3 23 juin 3ᵉ - - - 11:20 11:30
Panneau de couleurs différentes (bleu, jaune, rouge) (pour montage).

20/6 1 27 juin 4ᵉ - 11:40 - - -
Pano → suit Pierrot (en PR) marchant lentement devant mur bleu et blanc.

7/2 6 5 juillet 2ᵉ 12:00 13:30 14:10 14:45 15:00
Ensemble → pano sur ciel et nuage et ↓ plongée recadre Marianne sur terrasse – elle circule et on la suit ← en fin elle → sort cadre vers l'intérieur de l'appartement.
(M) Allez, debout les morts.

IN/1 1 5 juillet 3ᵉ - 15:40 - - -
TGP. Raoul Dufy. Deauville, Trouville. Les régates.

IN/4 1 5 juillet 6ᵉ - - - - -
Van Gogh, La Crau.

IN/5 1 5 juillet 7ᵉ - - - - -
Van Gogh, Le Pont de Langlois.

IN/10 1 7 juillet 2ᵉ - - - - -
Klee, Paysage d'hiver.

IN/11 1 7 juillet 3ᵉ - - - - -
Matisse, Nu bleu 2.

IN/12 1 7 juillet 4ᵉ - - - - -
Fresque de Ferrare du 15ᵉ siècle (Schifanoia). Très serré.

IN/14 1 7 juillet 6ᵉ - - - - -
Joan Miró, Soirée snob chez la Princesse.

7/12 5 7 juillet 16ᵉ - 11:30 12:00 12:05 -
PM Marianne et Pierrot dorment.

sans clap 9 juillet 9ᵉ - - - - -
Pano en contre-plongée suit passage avion éclairé dans le ciel.

PP/21 1 13 juillet 1ᵉʳ - - - 12:50 -
TGP 2 fleurs (2 pensées) : 1 pourpre foncée, 1 jaune et pourpre.

PP/22 s/n 13 juillet 2ᵉ - - - 13:05 -
Plus TGP de fleurs à la suite.

IN/33 1 17 juillet 6ᵉ - - - 12:40 -
TGP Publicité 2 rouges à lèvres.

PP/23 3 17 juillet 11ᵉ - 18:15 - - 18:30
TGP – 1 pensée violette, 1 pensée plus claire avec du jaune.

De la soixantaine de plans qui n'ont pas été montés, la plupart peuvent être regroupés dans de grands ensembles. D'un côté, les plans qui correspondent à des déplacements de Pierrot et ceux qui intègrent des séries de plans tournés à la suite et à grande vitesse. De l'autre, les inserts – annonces, couvertures de revues et livres, tout particulièrement les tableaux, filmés pour une grande partie lors de l'arrivée à Paris, dans l'appartement de Marianne – et ceux qu'on appelle les « PP ». Dans un premier temps, les plans notés « PP » désignent ceux du début de la séquence XI (« Marianne et Pierrot traversant Paysage à Pied », écrit Schiffman). Mais, très vite, ce ne sont plus des plans de la traversée des personnages : ils deviennent des plans « cueillis » en route ou lors de l'arrivée dans un nouveau décor, des plans flottants, dépourvus de place assignée dans le film. Ils sont tournés sans son synchrone, avec l'Arriflex, une caméra moins lourde, plus adaptée à la légèreté de ce qui est filmé, en général avant la journée de tournage ou au retour de celle-ci. Godard reprendra le principe de quelques-uns de ces plans dans ses films à venir.

COUPER UN PLAN
Le passage d'un rythme de rouge, du tournage au montage

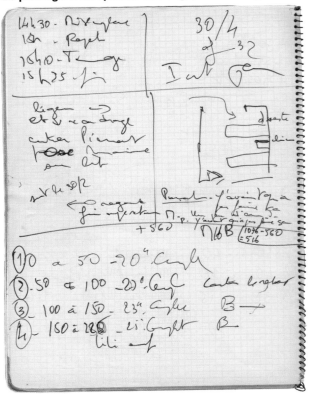

Cahier de script

30/4 *Léger → et ↓ recadrage – entre Pierrot pose Marianne sur lit*
Dans le cahier, Suzanne Schiffman dessine le plan au sol : le petit chien en peluche sur la table de nuit et la veste rouge sur la chaise. On les voit à peine sur le plan ; mais Marianne, à la façon d'un héros épique, meurt à côté de ses attributs : le rouge et le petit chien.

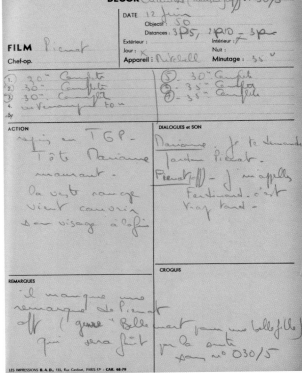

Rapport script

30/5 *Repris en TGP. Tête de Marianne mourant – la veste rouge vient couvrir son visage à la fin.*

30/4

30/5

Au montage, le plan 30/5 est coupé avant que la veste rouge ne couvre le visage, mais c'est un autre rouge qui vient couvrir le plan, et par là même le visage. Un silence rouge est passé du tournage au montage. Après, ce sera un plan – bleu – du journal, qui suivra celui de Pierrot en train de se peindre le visage en bleu.

OPÉRATION SURVIE / CINÉMA EN COLÈRE / UN RÊVE

Michael Witt

Cette lettre ouverte est parue sans titre dans le magazine de la profession, *La Cinématographie française*, le 16 octobre 1965, quatre jours après la sortie de *Paris vu par…* (film à sketches auquel, rappelons-le, Godard contribua en réalisant *Montparnasse-Levallois*), et un peu plus de deux semaines avant la sortie parisienne de *Pierrot le fou* (la page précédant la lettre de Godard comporte d'ailleurs une publicité pour le film). Elle constitue une intervention du cinéaste dans un débat hautement polémique, à l'époque, concernant l'état de l'industrie cinématographique et son avenir dans un contexte de récession économique, la crise de la fréquentation, qui faisait l'objet de discours récurrents, et les réformes générales proposées par André Holleaux, ancien directeur de cabinet d'André Malraux, qui prenait alors ses fonctions de directeur général du Centre national de la cinématographie. Le 11 septembre 1965, toujours dans *La Cinématographie française*, Guy Allombert avait publié « Vers une profonde réforme ? », article dans lequel il révélait qu'Holleaux avait soumis aux dirigeants patronaux et syndicaux un « projet de plan de réforme de la profession », très controversé et jusque-là tenu secret. Au cours des semaines suivantes, l'ampleur des changements prévus par Holleaux, qui s'y référait par l'expression « Opération survie », s'était précisée : il s'agissait d'une véritable refonte en profondeur de l'engagement de l'État dans l'industrie cinématographique par l'entremise du CNC, qui modifiait notamment les divers mécanismes de financement et d'exonérations fiscales pour la production et l'exploitation, les dispositifs à l'exportation, et les relations avec l'ORTF. Parmi les bouleversements prévisibles, Allombert annonçait un infléchissement de l'aide du CNC, qui « se ferait plus sélective pour des films d'auteurs ou de recherche ». Tout au long de l'automne, le magazine consacra d'innombrables pages aux réformes proposées, et publia en particulier la retranscription du discours prononcé par Malraux sur cette question à l'Assemblée nationale (le 23 octobre) ainsi qu'un long entretien avec Holleaux (le 20 novembre). Le 20 mars 1965, Godard avait déjà cosigné (avec René Clair, Henri-Georges Clouzot, Yves Ciampi, Louis Daquin, Édouard Molinaro et Alain Resnais) un éditorial dans *La Cinématographie française*, « Le cinéma en colère », qui prévenait que « si une action énergique n'[était] pas entreprise à bref délai, le cinéma français risqu[ait] de disparaître ». Son « rêve » ultérieur, reproduit ici, était accompagné de deux autres pages traitant le sujet dans le même numéro, et constituait une intervention directe dans ce débat politique, sous la forme d'un plaidoyer pour un soutien renouvelé de l'État à un cinéma d'auteur. Repris dans d'autres journaux (*Combat*, par exemple, le 20 octobre), il suscita une discussion considérable et de nombreuses réponses, dont une lettre ouverte de Marcel L'Herbier, « Hélas, vous rêvez, J.-L. Godard » (*Combat*, 26 octobre) et une « Lettre à Jean-Luc Godard » envoyée par un exploitant parisien et publiée en première page de *La Cinématographie française* le 13 novembre.

Traduit de l'anglais (Royaume-Uni) par Franck Le Gac

« HIER, J'AI RÊVÉ... »

Jean-Luc Godard

Hier, j'ai rêvé qu'il existait une grande société française de cinéma. J'ai rêvé qu'au lieu d'être dirigé par Plick et Plock ou Zig et Puce, des hommes dignes et qualifiés, amoureux de leur métier – tels en leurs temps et branche les inventeurs de la ligne A et de la Caravelle – se préoccupaient et de l'avenir propre de cette société et de celui de la France qui leur avait fait confiance.

J'ai rêvé donc que cette entreprise produisait chaque année un Sautet, deux Verneuil, trois Audiard, quatre de Funès ; qu'elle aidait la TV à réaliser 93, Ubu, etc., sans jeter l'argent par les fenêtres.

Et j'ai enfin rêvé que cette politique normale permettait, bon an mal an, de produire aussi, et presque par-dessus le marché, un Resnais (qui n'irait pas en Suède), un Truffaut (qui n'irait pas à Londres), un moi-même (qui n'irait pas à New York), en équilibrant tous les uns par tous les autres, tout comme un Gallimard équilibre Mallarmé par la Série Noire.

J'ai rêvé que nous aurions ainsi quelquefois le droit de tourner en studio quand le sujet l'exigerait, en couleurs aussi, en 70, et avec des grands acteurs, et tout ceci sans courir de risques inutiles, assurés que l'augmentation du devis serait couverte par celle du nombre de salles où nous serions distribués.

J'ai rêvé que sous la bienveillante férule de cette grandiose société, les exploitants s'intéresseraient enfin au produit qu'ils projettent, comme n'importe quel vendeur de Nestlé ou de Ferrari.

Bref, j'ai rêvé que cette belle entreprise était à la fois la Régie Renault et le Musée du Louvre du cinéma français.

Mais j'ai rêvé tellement de choses. J'ai rêvé, vous dis-je.

La Cinématographie française, 16.11.65

UN DEGRÉ DE SÉPARATION

Monte Hellman

En 1966, Jack Nicholson arrive au Festival de Cannes avec deux westerns que nous avons tournés ensemble, *The Shooting* et *Ride in the Whirlwind* (*L'Ouragan de la vengeance*), qu'il transporte dans des boîtes en carton pour que ce soit moins lourd. Il rencontre Jean-Luc Godard, qui le prend en amitié, offre d'envoyer du monde aux projections et de présenter Jack à des gens qui pourraient aider à faire distribuer les films. Godard se souviendra de la rencontre dans un entretien au *Los Angeles Times* le 16 mai 2001.

1

« Quand je suis venu pour la première fois à Cannes, en 1960 ou 61, nous avons vu un jeune homme qui apportait des bobines de film dans une cabine de projection. C'était Jack Nicholson avec un film de Monte Hellman. Le Cannes de cette époque n'existe plus. »

3

1. Jean-Luc Godard au Festival de Cannes en 1966
2. Monte Hellman et Jack Nicholson en 1966 au Festival du film de Montréal pour la première de *The Shooting*
3. Monte Hellman, *The Shooting* à Paris, 1969

2

En 1965, l'année où Jack et moi tournons nos westerns, Godard réalise *Pierrot le fou*, d'après le roman de Lionel White intitulé *Obsession* (*Le Démon de onze heures*). En 1981, je suis engagé par Paramount pour écrire un film à partir de ce même roman, et je recrute Mark Peploe puis, plus tard, Charles Eastman, pour l'adaptation.

Ce qui suit est extrait de ma synthèse des scénarios de Peploe et d'Eastman, *Dark Passion*, illustré par des photogrammes de *Pierrot le fou*.

Int. chambre de Micky — petit matin
Ned est nu, étendu sur les draps défaits après une nuit passionnée. Il ouvre les yeux, aperçoit Micky assise par terre dans le coin de la pièce, parmi les restes de bougies consumées. La lumière du jour perce à travers le madras qui recouvre la fenêtre.
Ned se réveille.
Ned *(l'air sombre)* : On dirait que j'ai passé la nuit ici.
Il s'assied, met son caleçon.
Micky regarde fixement dans sa direction, mais sans le regarder, lui. Avec une fourchette ou un ustensile de cuisine, elle gratte l'intérieur de son plâtre avec un air préoccupé et l'émiette méthodiquement. Elle est songeuse, distante, inquiète.

Ned : Je… prendrais bien un café.
Il a une grande ecchymose le long de la tempe.
Ned : Nom de Dieu !
Il touche la blessure.
Ned : Qu'est-ce que j'ai fait ?
Il se dirige tant bien que mal vers le miroir de la salle de bains.
Micky : Tu t'es cogné la tête sur la table basse.

Int. salle de bains
Médusé, Ned examine sa contusion dans le miroir.
Ned : J'ai bu tant que ça ? Nom de Dieu !
Il se retourne vers la chambre et voit, posées à même le sol, une petite serviette en Skaï, bien propre et prête à l'emploi, à côté d'une valise de luxe. Ni l'une ni l'autre n'étaient là la veille au soir.
Micky : Qu'est-ce que tu vas faire ?
Il attrape son pantalon et l'enfile. Micky l'observe.
Ned : Je suppose qu'il est un peu tard pour rentrer en douce avant que les enfants soient debout. Je ne sais pas…
Micky sort du placard une paire de chaussures de skate blanches et les pose à côté des bagages. Ned s'arrête un instant pour méditer sur les caprices de la gent féminine.
Ned : Tu as un téléphone ? Je devrais peut-être appeler.
Micky : Il est en panne.
Ned : Alors une cigarette ? Une tasse de café ? Un mot gentil pour un vieil homme ?
Micky : Tu n'es pas vieux.
Elle vient vers lui, et il la serre dans ses bras.

Ned : Vieux ou pas, il faut que je te dise que cette nuit a été mémorable pour moi.
Il l'embrasse.
Ned : Je ne me suis pas aimé comme ça depuis un bout de temps, et je t'aime beau…
Il voit quelque chose dans le salon…
Ned : … coup. Qu'est-ce que c'est que ça ?
Un filet de sang apparaît sur le sol poussiéreux, tandis que le son de la vapeur de la bouilloire commence à se faire entendre sur le réchaud de la cuisine. Ned s'avance avec crainte et découvre dans le salon… le corps d'un homme étalé sur le fauteuil poire, un couteau planté dans le dos.
Ned : Oh, doux Jésus !
Il regarde fixement cette scène pendant un moment, incrédule, tandis que derrière lui le sifflement strident de la bouilloire continue de monter.
Micky : C'était mon petit ami.
Elle va à la…

Cuisine
… pose deux tasses sur la table et verse des cuillerées de café instantané tout en parlant, repoussant jusqu'au dernier moment l'effort de réduire au silence le hurlement perçant de la bouilloire.
Nous comprenons maintenant son comportement étrange depuis le début de la scène. Elle est effrayée, en état de choc.

Micky : Il n'était pas censé rester une semaine. Je devais partir mais je me suis cassé le pied.

Ned *(sèchement)* : Tu pourrais arrêter ça, s'il te plaît ?

Elle enlève la bouilloire du réchaud, verse l'eau dans les tasses. Ned s'assied à la table.

Micky : De toute façon, c'était juste le genre de con qui savait qu'il était con et marchait sur les pieds de tout le monde.

Elle s'assied à son tour.

Micky : Alors je m'en fiche. Il a eu ce qu'il méritait.

Ned : Qu'est-ce qui s'est passé, Micky ? Il faut que tu me le dises.

Micky lui prend la main.

Micky : Il m'a dit qu'il allait te tuer.

Ned : Me tuer ?

Micky : Il m'a suivie dans la cuisine en brandissant son revolver… Il y avait un couteau sur le bar *(sa voix devient légèrement rauque)*. Il n'arrêtait pas de répéter qu'il allait te tuer… *(elle s'éclaircit la voix)*. Alors quand il s'est dirigé vers la chambre… je l'ai poignardé.

Ned : Poignardé ? C'est qui ?

Micky : Il s'appelle Renzi… Lorenzo… Je vais te chercher de la glace pour ta tête.

Elle se dirige vers le réfrigérateur.

Ned se lève, s'approche du corps. Le visage du mort est tourné sur le côté — pas loin de trente ans, cheveux sombres, vilaine peau. Son pardessus en poil de chameau est taché de sang.

Micky vide un bac à glaçons dans une serviette de toilette, s'arrête, puis se tourne vers Ned.

Ned : C'est affreux.

Micky *(doucement)* : J'ai seulement essayé de sauver ta peau.

Elle lui donne la serviette remplie de glace. Il la prend mais la laisse pendre à son côté.

Ned : Bon, il faut appeler la police.

Micky : Tu plaisantes ?

Ned : Plus tu attends, plus ce sera moche.

Micky *(faiblement)* : Je n'ai pas de téléphone.

Il va vers la chambre, suivi de Micky.

Micky : C'est lui qui a sorti le revolver.

Ned : Il faut les appeler tout de suite.

Int. chambre

Micky : Ils ne nous croiront pas.

Ned : Mais si, bien sûr…

Il cherche ses chaussures et ses chaussettes.

Ned : … si c'est de la légitime défense.

Micky : Je suis en liberté surveillée.

Il s'arrête.

Ned : En liberté surveillée ?

Micky : Je me suis fait coincer.

Ned : Pour quoi ?

Micky : Trafic de drogue.

Ned : C'est pas vrai ! C'est ça qu'il fait, qu'il faisait ? du trafic de drogue ?

Il se rasseoit sur le lit, une fois de plus.

Ned : Mon Dieu, dans quoi je suis tombé ?

Il se prend la tête entre les mains…

Ned : Qu'est-ce que tu pensais faire ?

… et comprend maintenant pourquoi les bagages sont prêts.

Ned : Te sauver en courant ?

Micky : En clopinant, en tout cas.

Elle le fixe, avec un léger sourire.

Micky : Avec un peu d'aide.

Ned : Tu es cinglée.

Micky : Nous n'avons pas le choix.

Ned : Nous ?

Micky : Je t'en prie. Je ne peux pas m'en sortir toute seule.
Ned, encore incrédule, aperçoit les quarante dollars qu'il lui a laissés l'avant-veille au soir.
Ned : Je n'ai même pas cinquante dollars dans mon portefeuille.
Micky : C'est ce que tu crois…
Elle saute du lit et attrape la valise près de ses patins. Elle la pose sur les genoux de Ned et l'ouvre.
Micky : … il avait ça avec lui…
Ned regarde à l'intérieur de la valise…
Micky : … un million de dollars…
… qui est bourrée de vieux BILLETS d'épaisseurs et de valeurs diverses, attachés avec des élastiques.
Micky : … impossibles à pister.
Ned : Ce n'est pas n'importe quel million de dollars…
Il examine l'argent pendant un certain temps.

Un autre angle…
révèle la présence dans l'entrée d'Archie Minnow, mal rasé, ébouriffé, mais encore en smoking.

Archie *(amer et méprisant)* : Vous avez gagné à la loterie de New York, tous les deux, ou quoi ?
Ned et Micky sursautent mais ne répondent pas.
Archie : Tu ne perds pas de temps, vieux. La petite dame, c'est autre chose, on la connaît.
Ned : Je te conseille de t'en aller, Archie. Pendant qu'il en est encore temps.
Archie : Ouais, eh bien, ce serait peut-être plus facile si j'avais mes clefs de voiture.
Ned, assis sur le lit, commence à se lever mais Micky, plus rapide, est déjà debout.
Micky : Elles sont dans ton manteau. Je vais les chercher.

Elle se dirige vers la porte d'entrée en poussant Archie au passage, puis disparaît. Ned et Archie se font face, gênés, anxieux, agacés, embarrassés et étrangement habillés pour une telle confrontation.
Ned : Je… Ah…
… cherchant une de fois de plus ses chaussures…
Ned : … je n'ai pas d'explication raisonnable à tout ça.
… et les trouvant enfin…
Ned : Pas même la vérité.
Archie *(jubilant)* : Ce n'est pas à moi qu'il faut l'expliquer, vieux, le macchabée avec un couteau planté dans le dos…
Ned *(d'un ton férocement accusateur, mais qui rate sa cible)* : … c'est par toi que ça a commencé, quand tu as introduit chez moi une adolescente dealeuse pour garder mes enfants…
Il voit Micky dans le couloir derrière Archie…
Ned : … pour l'amour de Dieu…
… elle s'avance tout doucement avec le fusil de Renzi à la main.

Archie : Qu'est-ce que tu racontes, je me suis juste procuré un peu de hasch !
Se retournant au vu de l'air inquiet de Ned…
Archie : C'est vraiment rien…
… il se retrouve face à Micky, qui agite le fusil vers sa tête.
Ned : Non, ne fais pas ça !
Archie *(saisi, mais du genre à finir ses phrases)* : … comparé à ce que tu vas devoir expliquer…
Micky frappe… Archie s'affaisse dans les bras de Ned. Micky relève le fusil pour frapper de nouveau. Ned l'attrape par le bras — juste à temps pour détourner en partie le second coup. Archie s'écroule en silence, la tête en sang. Ned empoigne le bras de Micky jusqu'à ce que :
Micky : Tu me fais mal au bras…

Ned, se relâchant soudainement, la libère. Micky regarde Archie étendu, inconscient, sur le sol :
Ned : Archie Minnow… Comment as-tu pu fréquenter quelqu'un comme lui ?

Elle relève la tête, toujours aussi directe.
Micky : Je n'avais jamais rencontré un type correct avant.
Ned soutient son regard, puis s'agenouille près d'Archie.
Ned : Tu l'as vraiment frappé fort.
Il se penche et écoute le battement de cœur d'Archie.
Micky : Il va s'en sortir ?
Ned : Je crois, mais il vaut mieux appeler l'hôpital.
Ned se lève.
Ned : J'appellerai d'une cabine.
Il rentre dans ses chaussures et finit de s'habiller tandis que Micky met une veste en duvet et se prépare.

Salon
Dans ce décor sinistre, Ned prend son manteau, puis retourne dans la…

Chambre
… prendre la valise de Micky et la mallette pleine de billets.
Il se retourne et jette un dernier regard sur la pièce tandis que Micky sort de la chambre avec ses patins et son magnétophone.

Couloir
Ned et Micky, chargés de toutes ces affaires, émergent de l'appartement… et se dirigent vers l'escalier.

Dans l'escalier
Ils descendent précipitamment. Micky se penche par-dessus la rampe pour regarder en haut et en bas.

Au deuxième palier
Micky s'arrête, effrayée. Elle pousse Ned en arrière, et ils se replient dans l'obscurité du couloir du premier étage tandis que deux hommes montent l'escalier et continuent vers le deuxième étage.

Couloir du premier étage
Ned *(murmurant)* **:** C'est qui ?

Micky *(murmurant aussi)* **:** Je ne sais pas.
Ned : Les amis de Lorenzo ?
Micky : Allez…
Elle le tire vers l'avant et ils continuent à descendre les escaliers avec prudence mais rapidité.

Ext. rue – petit matin
Il est tôt, tout est calme et désert, recouvert de gadoue et de neige. Ned et Micky sortent de l'immeuble et se dirigent vers la Cadillac garée sur la rue.
Ned : Qu'est-ce qu'ils vont lui faire ?
… il ouvre la portière arrière de la Cadillac et met leurs affaires à l'intérieur.
Micky : Peut-être appeler la police…
Elle s'assied à l'avant, côté passager.

Int./ext. de la Cadillac – tôt le matin
Micky : … peut-être rien…
Elle regarde la rue alentour.
Micky : … je ne sais pas.
Ned s'installe au volant. Micky jette un regard anxieux sur l'appartement puis se tourne vers Ned, le suppliant presque avec douceur.

Micky : Je veux m'en aller d'ici.
Elle jette encore un coup d'œil tandis que Ned met le moteur en route.
Micky : Je t'en supplie…
Soudain, ses yeux se voilent de terreur.
Ned : Qu'est-ce qu'il y a ?
Il suit son regard et tombe sur une voiture assez proche, de l'autre côté de la rue…
Ned : C'est qui ?
… et un homme, Bebe Guardiano, assis à l'arrière, qui les regarde fixement.
Micky : Le père de Renzi.
Ned démarre. L'air accablé de Micky dit ce que ses mots ont tu. Ils descendent la rue. Micky ne se retourne pas. Ned jette sur elle un coup d'œil furtif, puis regarde dans le rétroviseur… tout en continuant sa route.
Ned : Personne ne nous suit.
Micky *(sans espoir)* **:** Ça n'a aucune importance.
Ned *(maladroitement)* **:** Ils sauront que nous sommes partis en voiture, de toute façon. La police. Très vite. Dès que je manquerai à l'appel. Ou Minnow.
Micky : Je n'ai pas peur de la police.

La banlieue de Mt. Kisco — Church Road
Micky montre du doigt une grande maison à la charpente de bois.
Micky : J'ai fait du baby-sitting ici une fois. Ils ont la hi-fi dans toutes les pièces.
Ned continue de rouler jusqu'à ce que soudain, il donne un coup de frein. La voiture dérape dans la gadoue avant de s'immobiliser. Puis, fixant la route bordée d'arbres qui se déroule devant eux :
Ned *(les mains sur le volant)* **:** Qu'est-ce que je fais ?
Micky : Tu fais ce que tu veux, non ?
Ned : Nous ne pourrons plus jamais faire marche arrière.
Micky soutient son regard, puis se penche vers lui.
Micky : Alors, à la conquête du monde.
Elle l'embrasse à pleine bouche. Ned l'observe encore, puis sourit, faiblement, mais, pour la première fois ce matin-là, il est de nouveau séduit par son aisance et son charme hors du commun… Sa franchise, sa bravoure, son courage.
Micky : Hé, comment pourraient-ils arrêter une fille avec un sourire comme le mien.

Ned : Ils en sont capables, crois-moi.
Il redémarre, regarde sa montre, puis accélère.

En 1992, je suis producteur exécutif du premier film de Quentin Tarantino, *Reservoir Dogs*. Sa compagnie de production, A Band Apart, emprunte son nom au film de Godard.
En 2005, je suis invité à participer à ce collage en l'honneur de Jean-Luc Godard.

Traduit de l'anglais (États-Unis) par Franck Le Gac et Charles-Antoine Bosson

MADE IN JLG
Augustin Gimel

2 OU 3 CHOSES EN DEUX TEMPS TROIS MOUVEMENTS

ÉMILE BRETON

Premier temps : milieu du XXe siècle – L'Office HLM de Paris décide de déverser sur les banlieues un trop-plein de gens décidément trop pauvres pour continuer à vivre sur ce sol sacré. En 1957, l'Office décide d'utiliser des terrains de La Courneuve appartenant en partie à la préfecture de la Seine pour reloger les expulsés de la capitale. Ainsi naissent les «Quatre Mille». On ne leur donnera pas d'autre nom que ce chiffre désignant leur capacité maximale en êtres humains, animaux non compris. Cette acquisition et cette construction s'inscrivent dans une démarche du pouvoir d'une ferme continuité. Cela va du décret-loi Laniel (1953), favorisant «la création de nouvelles personnes morales capables de coordonner l'action des différents maîtres d'œuvre d'un ouvrage», à la nomination en 1966 de Paul Delouvrier au poste de préfet de la Région parisienne, en passant par la loi-cadre sur l'habitation et l'aménagement du territoire (1957) et le décret instituant les ZUP (1958). Rien d'innocent : «Les fondements de la politique capitaliste du logement de la classe dominée sont : d'une part, le problème du contrôle politique de la vie sociale de cette classe à travers l'organisation de l'espace ; d'autre part, le lieu de résolution des contradictions historiques entre les trois formes de capitalisme (foncier, industriel, financier)», écrivent Rémy Butler et Patrice Noisette dans *De la cité ouvrière au grand ensemble*. Dès le milieu des années soixante, alors que la construction va encore grand train, on commence à parler du «mal des grands ensembles». On lui donne même un nom, la «sarcellite», d'après la plus grande de ces villes nouvelles, bâtie dans la petite commune naguère rurale de Sarcelles.

Deuxième temps : printemps 1966 – Dans ses numéros des 29 mars et 10 mai 1966, *Le Nouvel Observateur* publie une enquête de Marc Vimenet sur ce qu'il appelle «les étoiles filantes», c'est-à-dire les mères de famille prostituées occasionnelles, pour beaucoup venues vers Paris en provenance de ces nouveaux «grands ensembles».

Premier mouvement – Elles

1966 – Claquant comme un manifeste, belle comme un tract, sort la bande-annonce de *Deux ou trois choses que je sais d'elle*, de Jean-Luc Godard. Pas un son. Elle commence sur ce mot écrit à la main :

Tournage de *Deux ou trois choses que je sais d'elle* : Godard souffle son texte à une comédienne

«Silence». Puis : «Apprenez en silence deux ou trois choses que je sais d'elle.» Les phrases alternent avec des plans brefs, vignettes à l'appui. Il y en a douze. Exemples : «Elle : la cruauté du néo-capitalisme». «Elle : la prostitution». «Elle : la région parisienne». «Elle : la salle de bains que n'ont pas 70 % des Français». «Elle : la terrible loi des grands ensembles». Un garçon d'une dizaine d'années ponctue la dixième, «La mort de la beauté humaine», de sa mitrailleuse en plastique, avec laquelle il joue dans l'escalier de l'immeuble où habitent ses parents.

Vient le film : tout cela est détaillé. Mais aussi : les ciels d'Île-de-France ont le tremblé blanc d'un Sisley, les grues ont été boulonnées par Fernand Léger, ses ouvriers en cotte bleue plantés raide devant une bétonneuse. Les couleurs de Nicolas de Staël sont posées au couteau, bleu sage de la chemise d'une jeune femme au lit, blanc du drap, rouge de la couverture. Et ceci, qui n'est pas d'un peintre, mais d'un cinéaste qui cherche le cinéma : à l'image, une jeune femme sur le fond d'une barre de grand ensemble, géométrie rigoureuse, au loin, très loin, la douceur de collines boisées. Une voix – c'est celle de Jean-Luc Godard – dit dans un murmure : «Elle, c'est Marina Vlady. Elle est actrice. Elle porte un chandail bleu gris avec deux raies jaunes. Elle est d'origine russe. Ses cheveux sont châtain foncé ou brun clair. Je ne sais pas exactement.» Puis : «Maintenant, elle tourne la tête à droite, mais ça n'a pas d'importance. Elle, c'est Juliette Jeanson. Elle habite ici. Elle porte un chandail bleu gris avec deux raies jaunes. Ses cheveux sont châtain foncé ou alors brun clair. Je ne sais pas.» Un temps, et : «Maintenant, elle a tourné la tête à gauche.» La jeune femme, dont les mouvements avaient jusque-là accompagné les mots du commentateur, ne tourne pas la tête à gauche. Ça viendra, mais avec un léger décalage, le temps que le spectateur réalise qu'il est et qu'il n'est pas dans une enquête sur quelques heures de la vie d'une femme d'une grande cité. Apprendre à voir. Le film peut commencer.

Deuxième mouvement – Retour

18 février 1982 – Vingt ans après la publication au *Journal officiel* du décret relatif à l'organisation des services de l'État dans la Région parisienne, vingt ans après Jean-Luc Godard, on découvre que les grands ensembles ne vont pas très bien. On les réhabilite. La tour Debussy, aux Quatre Mille de La Courneuve, devant laquelle Marina Vlady/Juliette Jeanson avait, dans son chandail bleu gris avec deux raies jaunes, tourné pas tourné la tête, est dynamitée et s'écroule dans un mur gris de poussière. Sur cette image transmise par les actualités télévisées s'ouvre le film de Jean-Patrick Lebel, *Notes pour Debussy*, sous-titré *Lettre ouverte à Jean-Luc Godard*, et dans lequel il ramène Marina/Juliette au même endroit pour observer les effets du temps, les ravages, les ruines. Jean-Patrick Lebel, dans *Deux ou trois choses que je sais d'elle*, avait été le Monsieur Pécuchet recopiant dans un bistrot le tout-venant des lectures que lui dictait Monsieur Bouvard (Claude Miller, alors assistant de Godard). Vingt ans ont passé, sur lui comme sur ces habitants de la cité. Certains d'entre eux devaient être là, déjà, du temps de Juliette Jeanson : Maïa, qui dit sa joie d'avoir découvert un couloir desservant toutes les pièces de l'appartement, et son angoisse lorsqu'elle regardait par la fenêtre toutes les autres fenêtres – les mêmes, si bien alignées ; ou Pierre, qui dit comment peu à peu s'est créé le ghetto, mais il ne faut pas oublier, ajoute-t-il, «que dans un ghetto existent des rapports de chaleur intense». Le film est tissé de ces témoignages. Et Madame Parise, qui n'a pas renoncé à séduire et qui, pour la caméra, s'est chargée de rouge à lèvres comme Juliette Jeanson pour son client adolescent, raconte comment un jour, marchant dans la rue, lui vint, peut-être de sa lointaine Martinique, le rythme d'une chanson. Elle parle de sa vie, toujours au service des autres, et commence à fredonner : «J'ai rêvé». La chanson se termine sur le mot – plusieurs fois répété – «l'argent». Celui qui lui a si souvent manqué. «Le langage», avait dit Juliette – citant Heidegger à son fils Christophe (Christophe Bourseiller, neuf ans), dans le film de Jean-Luc Godard –, «c'est la maison dans laquelle l'homme habite».

MARINA VLADY

dans un film de

JEAN-LUC GODARD

deux ou trois choses
que je sais d'elle...

Images : RAOUL COUTARD

EASTMANCOLOR   TECHNISCOPE

Production
ANOUCHKA FILMS - ARGOS FILMS
LES FILMS DU CARROSSE - PARC FILM

Distribution

Interdit aux moins de 18 ans

Visa Ministériel n° 2230

Scénario

Si on racontait l'histoire de la journée de Juliette, à peu près dans l'ordre, voilà ce que cela donnerait :

Huit heures du soir. Au sixième étage d'un H.L.M., trois pièces, cuisine, salle d'eau, les deux enfants ont pris leur douche. Tout frais dans leur robe de chambre, ils viennent embrasser, maman, papa et un invité. Puis ils vont se coucher. On dîne pas mal du tout. Maman, pas mal du tout, elle non plus, avec sa jupe neuve, dessert pendant que son mari et son copain bricolent une installation de radio d'amateurs. « Ma femme est formidable » dit le mari qui touche 90.000 anciens francs par mois, allocations familiales comprises. Avec le peu que je lui donne, elle fait des miracles : elle nous nourrit, pomponne les gosses et elle s'habille bien, tu as vu. Je ne comprends pas comment elle fait ».

Le lendemain, Juliette, après avoir fait la vaisselle du déjeuner, amène sa petite fille à un voisin de palier pour qu'il la lui garde pendant qu'elle fera des courses à Paris. Ce voisin est un vieux à qui on donne quelques repas en échange de la garde des enfants.

A Paris, en flânant devant les vitrines, elle s'achète une robe, mais n'ayant pas assez d'argent demande à la vendeuse de la mettre de côté, le temps d'aller à la banque.

En fait, nous la retrouvons dans le quartier des Ternes discutant dans un bar avec des amies. Un type lui reproche son indépendance et lui prédit qu'un jour ça lui portera malheur. Il faut être régulière, ou alors, on se retrouve par hasard avec un coup de rasoir dans la figure. Juliette lui répond qu'en France on vit dans un pays libre, et sort.

Dans la rue, elle finit par rencontrer un type assez jeune qu'elle emmène dans un petit hôtel pas loin, gagnant ainsi les sept ou huit mille francs qui lui manquaient pour payer la robe. Il lui reste même encore de

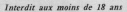

quoi aller se faire faire une mise en plis ava mari, à la sortie de son travail.

Au moment où Juliette va quitter le sa sa copine Marianne, cette dernière est dem avoir raccroché, Marianne obtient de son heure plus tôt, et demande ensuite à Juliett l'accompagner à l'hôtel George-V car l'amie a est malade. Apprenant qu'il s'agit d'un Améri d'accord, mais il faut qu'elle prévienne Rob un peu en retard.

Elle passe donc voir Robert qui achèv d'essence et lui dit de l'attendre au café « car Marianne veut lui montrer un petit ense longtemps ».

her son

ravaille
, Après
e demi-
rd pour
abitude
ette est
lle sera

station
joindra,
depuis

Marianne et Juliette arrivent à l'hôtel où l'Américain les attend. Dans l'ascenseur, les deux jeunes femmes ont discuté du prix. Juliette ne pensait pas que l'on puisse demander autant.

Pendant ce temps au café, Robert a engagé la conversation avec sa voisine qui attend quelqu'un. Leur conversation sera interrompue par l'arrivée de Juliette et les deux époux rentrent ensemble dans leur H.L.M. de banlieue. Ils montent à pied les six étages car l'ascenseur est en panne. Juliette a repris sa fille chez le vieux, tandis que leur petit garçon faisait ses devoirs sur les marches de l'escalier en les attendant.

Ils entrent dans leur appartement, contents d'être enfin arrivés...

Troisième mouvement – Éternel retour

Août 2005 – Un petit garçon, Sidi Ahmed Hammache, onze ans, est fauché par une balle perdue lors d'un affrontement aux Quatre Mille. Le ministre de l'Intérieur se précipite et promet de « nettoyer le quartier au Kärcher », du nom d'un matériel de nettoyage qu'il fait découvrir à des millions de Français. C'est qu'il a quelque chose à leur vendre : sa candidature à la présidence de la République. Jean-Luc Godard, parlant de *Deux ou trois choses que je sais d'elle*, avait dit le 25 octobre 1966 dans un débat télévisé avec Jean Saint-Geours : « Bientôt vont avoir lieu des élections. Le parti au pouvoir se sert des méthodes de la publicité. On vend les hommes comme des objets. On pense à la meilleure manière d'empaqueter les choses plutôt qu'à dialoguer. »

Ce texte a été écrit en octobre 2005, deux mois avant les deux semaines d'embrasement des banlieues provoqué par la déclaration du ministre de l'Intérieur. [NdÉ]

Repères (par ordre chronologique)
Jean Bastié, *La Croissance de la banlieue parisienne*, Paris, PUF, 1964.
Jean-Luc Godard, *Deux ou trois choses que je sais d'elle*, Argos Films, 1967. Découpage in *L'Avant-Scène Cinéma* (1971), repris en « Points Seuil », 1984.
Jean-Luc Godard, Jean Saint-Geours, *Débat sur la prostitution*, émission « Zoom », 25 octobre 1966, reprise dans le DVD publié par Arte Vidéo, 2004.
Rémy Butler, Patrice Noisette, *De la cité ouvrière au grand ensemble*, Paris, Maspero, 1977.
Marie Cardinal, *Cet été-là*, Paris, Néo, 1979.
Jean-Patrick Lebel, *Notes pour Debussy. Lettre ouverte à Jean-Luc Godard*, 1982, 80', couleur, vidéo, essai documentaire Production : Périphérie production, ZDF, Citécâble.
Anne Lombard-Jourdan, *La Courneuve. Histoire d'une localité de la région parisienne, des origines à 1900*, Paris, CNRS Éditions, 1980.
Émile Breton, *Rencontres à La Courneuve*, Paris, Éditions sociales, collection « Temps actuels », 1983.

DEUX OU TROIS CHOSES QUE JE SAIS D'ELLE

Jean-Luc Godard

EXAMEN DU FILM DANS SON ÉTAT ACTUEL

Il s'agit de la description d'un grand ensemble, et de l'une des unités qui le composent. Le terme « grand ensemble » est pris ici dans une double acception : à la fois dans un sens strictement urbain et architectural, celui d'un bloc d'habitations à loyer modéré (H.L.M.), comme on en trouve actuellement des centaines aux portes et à l'intérieur de Paris – et dans un sens plus général, celui justement d'ensemble envisagé comme en mathématiques, c'est-à-dire comme des structures totales où l'unité humaine de base est régie par des lois qui la dépassent, précisément parce que ce sont des « lois d'ensemble ».

Ceci n'est pas très clair, je le sais. Mais justement tout l'effort du film est de vouloir donner une définition claire et exacte de l'objet de « l'ensemble » qu'il s'est choisi. Ainsi travaillait Cézanne. Il partait le long des routes et soudain fixait son regard sur un paysage. Il le regardait longtemps, attentivement, peut-être un peu comme un acteur de nô japonais se concentre avant d'entrer en scène, et puis, quand il sentait se dégager les lignes de force principales du paysage, alors il se mettait à peindre, avec cette « rage de l'expression » dont parlait Ponge à propos de Fautrier. Ceci sera également un film où dominera la rage de l'expression, la passion de la définition. Il s'agit en fait d'arriver à définir deux ou trois choses, ou faits, ou personnes sans importance spéciale, et les relations qu'ont entre elles les choses, les faits et les personnages, relations sans importance spéciale non plus, mais qu'il faut bien tenter de délimiter si l'on veut arriver à définir ces choses, ces faits et ces personnes du point de vue de leur « existence singulière ».

Et définir, au cinéma, c'est simplement décrire, ce qui ne veut pas dire que ce soit simple à faire. Au contraire, car il s'agit en somme à la fois de faire un tableau, une sculpture ou une musique, et de dire aussi pourquoi c'est un tableau, de la musique ou de la sculpture, ce que n'ont besoin de faire les peintres, les musiciens ou les sculpteurs, car il leur suffit de travailler avec des images ; ils n'ont pas besoin des mots ou plutôt, les mots sont implicitement contenus à l'intérieur des images pour eux. Ou alors, s'ils sont romanciers, c'est au contraire les images qui sont implicites dans les mots. Mais, nous cinéastes, nous avons à la fois les mots et les images et nous devons souffrir deux fois, c'est-à-dire définir en même temps qu'imaginer.

Dans ce film, c'est ainsi que je dois en même temps imaginer l'aventure de Juliette et la définir comme vérité particulière dans une vérité plus générale, que je dois d'ailleurs également imaginer et définir.

Si on racontait l'histoire de la journée de Juliette, à peu près dans l'ordre, voilà ce que cela donnerait :

Huit heures du soir. Au sixième étage d'une H.L.M, trois pièces, cuisine, salle d'eau, les deux enfants, un petit garçon et une plus petite fille, ont pris leur douche. Tout frais dans leur robe de chambre, ils viennent embrasser maman, papa et un invité. Puis ils vont se coucher. On dîne, pas mal du tout. Maman dessert, pas mal du tout, elle non plus, avec sa jupe neuve, pendant que son mari et son copain bricolent une installation de radio d'amateurs ou un truc dans ce genre. « Ma femme est formidable », dit le mari qui touche 90 000 anciens francs par mois, allocations familiales comprises. « Avec le peu que je lui donne, elle fait des miracles : elle nous nourrit, elle pomponne les gosses et elle s'habille bien, tu as vu. Je ne comprends pas comment elle fait ».

Le lendemain, après déjeuner, Juliette, après la vaisselle, amène sa petite fille à un voisin de palier pour qu'il la garde pendant qu'elle va faire des courses à Paris. Ce voisin est un vieux à qui on donne quelques repas en échange de la garde des enfants.

En sortant de l'immeuble, Juliette voit un jeune beatnik blouson noir emmené par les gendarmes. Il a été dénoncé par la concierge parce qu'il portait des cheveux longs, ce qui est interdit depuis trois mois par le nouveau gouvernement.

Ensuite Juliette prend l'autobus et arrive aux portes de Paris, où elle fait l'échange contre le métro.

On la verra acheter de la viande dans une vraie boucherie où elle n'est pas enveloppée dans du plastique, mais évidemment ça coûte plus cher. Et il ne lui reste pas assez d'argent pour se payer la robe à la mode qu'elle s'est commandée il y a quinze jours chez VOG, une boutique de la rue Tronchet. On voit alors Juliette dire à la vendeuse qu'elle reviendra la chercher dans deux ou trois heures, après être passée à la banque, ou une histoire comme ça, chercher les quelques milliers de francs qui lui manquent.

On voit Juliette ensuite dans les petites rues du quartier des Ternes. Elle discute dans un vague bar avec quelques amis. Elle se dispute avec un type qui lui reproche son indépendance et lui dit qu'un jour où l'autre ça lui portera malheur. Il faut être régulière, ou alors on se retrouve par hasard avec un coup de rasoir dans la figure. Juliette dit qu'il confond avec la guerre d'Algérie et qu'on est dans un pays libre. L'autre se moque d'elle et répond que la guerre existe toujours sous d'autres formes.

Juliette sort dehors et marche sur le trottoir et dans la rue mi-regardant les vitrines, lingeries, affiches publicitaires, objets électroniques, mi-dévisageant les passants. Elle finit par rencontrer un type assez jeune qu'elle emmène dans un petit hôtel pas loin. En plaisantant, le type dit que c'est un hôtel réservé aux juifs puisqu'il y a une étoile. Juliette ne trouve pas ça drôle.

Dans la chambre, Juliette ne veut pas qu'il la regarde se déshabiller. Il ne comprend pas pourquoi puisque de toute façon il va la voir toute nue. Juliette dit qu'elle tient à certains principes dans la vie. De même, elle se maquille pas mal la bouche avant de le rejoindre qui l'attend, tout nu, sur le lit, dégoûté à l'idée de devoir embrasser du rouge à lèvres. Juliette lui demande comment il veut faire l'amour : à la papa, à la paresseuse, à l'italienne, à la japonaise, etc. Il demande ce que c'est et Juliette le lui dit.

Juliette gagne ainsi les sept ou huit mille francs qui lui manquaient pour s'acheter la robe chez VOG. Il lui reste même encore de quoi aller se faire une mise en plis rapide avant de passer chercher son mari, à la sortie de son travail, dans le quartier des Champs-Élysées.

Juliette entre dans un moyen salon de coiffure de la rue Washington, où une de ses anciennes copines, Marianne, est shampouineuse. Peu avant que Juliette ne s'en aille, Marianne est demandée au téléphone. On l'entend qui dit : «Okay, dans vingt minutes, ah! non elle n'est pas là, bon, attendez, je m'arrangerai, dans vingt minutes, okay. »

Puis Marianne demande à son patron si elle peut partir une demi-heure plus tôt, elle restera demain plus tard en échange. Elle demande ensuite à Juliette si elle est d'accord pour l'accompagner au George V parce que la copine avec laquelle elle y va d'habitude est malade. Juliette demande qui est-ce, et Marianne dit que c'est un Américain très gentil. Juliette dit d'accord mais il faut qu'elle prévienne Robert (son mari) qu'elle sera un peu en retard.

Elle passe donc voir Robert, qui achève son service à la station des Champs-Élysées, où il est chef de station. Elle lui dit de l'attendre à tel café, où elle le rejoindra dans vingt minutes, car Marianne veut lui montrer un petit ensemble dont elle rêve depuis longtemps, ou une autre excuse dans ce genre ou dans un autre.

Marianne et Juliette arrivent dans le grand hôtel de la rive droite et demandent la chambre numéro un tel. Une espèce d'Américain les y attend, déjà à moitié en robe de chambre. Dans l'ascenseur, les deux jeunes femmes ont discuté du prix à demander. Juliette ne pensait pas que l'on puisse demander autant. Elle se déshabille et rejoint Marianne, déjà toute nue, dans la salle de bain. Elle feuillette en passant un numéro de *Life Magazine* où s'étalent, entre deux réclames de bagnoles rutilantes et de Coca-Cola, des images terrifiantes de la guerre du Viêt-nam.

Sur un gros plan de Juliette en train de penser à quelque chose pendant que le type les caresse, elle et son amie, on passe dans le café où Robert l'attend.

Robert engage la conversation avec une femme à côté de lui, qui semble attendre quelqu'un, et qui attend effectivement quelqu'un. La conversation commence par la pluie et le beau temps. Robert demande à la femme si ça l'intéresse vraiment. Non. Alors pourquoi, juste pendant cinq minutes, ne pas essayer de parler vraiment de ce qui nous intéresse profondément. Mais je ne sais pas. Eh bien, justement, en parlant, peut-être qu'on va le trouver, et au lieu de perdre notre temps, nous aurons gagné du temps dans le domaine de la connaissance.

Il faudrait que ces deux scènes qui se suivent, celle des deux filles avec l'Américain à l'hôtel et celle du mari de Juliette avec une femme inconnue dans un café, soient en quelque sorte complémentaires, l'une de l'autre. Toutes les deux représentent la connaissance d'autrui. À l'hôtel, l'attitude sexuelle est un comportement primitif envers autrui. Au café, le langage et le dialogue forment une attitude plus évoluée vis-à-vis d'autrui.

La conversation de Robert avec l'inconnue sera interrompue par l'arrivée de Juliette. Les deux époux hésitent à rester à Paris jusqu'à huit heures en allant au cinéma, mais Juliette préfère rentrer maintenant, même dans la cohue.

Ils prennent le métro, puis l'échangent contre l'autobus de banlieue qui les dépose, une heure plus tard, au centre de leur Métropolis poujadiste. Juliette achète peut-être quelques trucs au Prisunic de l'ensemble, puis ils montent à pied leurs six étages car l'ascenseur est en panne, quelqu'un ayant vidé les ordures dedans.

Juliette reprend sa petite fille chez le vieux, alors que leur petit garçon fait ses devoirs sur l'escalier en les attendant.

Ils entrent dans leur appartement, contents d'être enfin arrivés. Mais arrivés où ? Chez nous. Quoi faire ? Manger, dormir, et après ? Se réveiller. Et après ? Pareil, travailler, manger, vivre. Et après ? Et après. Mourir ? Et après ? Après ?…

Comme je l'ai dit, l'histoire de Juliette ne sera pas racontée de cette façon, en continuité, car il s'agit de décrire, en même temps qu'elle, les événements dont elle fait partie. Il s'agit de décrire un «ensemble».

Cet «ensemble» et ses parties (dont Juliette est celle à qui nous avons choisi de nous intéresser plus en détail, afin de suggérer que les autres parties existent aussi, en profondeur), il faut les décrire, en parler à la fois comme des objets et des sujets. Je veux dire que je ne peux éviter le fait que toutes choses existent à la fois de l'intérieur et de l'extérieur. Ceci, par exemple, pourra être rendu sensible en filmant un immeuble de l'extérieur, puis de l'intérieur, comme si on rentrait à l'intérieur d'un cube, d'un objet. De même une personne, son visage est vu en général de l'extérieur. Mais comment elle-même voit-elle ce qui l'entoure, je veux dire, comment ressent-elle physiquement son rapport avec autrui et le monde ? (Malraux disait : on entend la voix des autres avec les oreilles, et la sienne avec sa gorge.) Voilà quelque chose que je voudrais faire sentir en permanence dans le film, et qui lui soit immanent.

Si on analyse maintenant ce projet de film, on voit que l'on peut décomposer ma démarche en quatre grands mouvements :

1. *Description objective* (ou du moins, tentative de description, dirait Ponge) :

   a) Description objective des *objets* (les maisons, les voitures, les cigarettes, les appartement, les magasins, les lits, les TV, les livres, les vêtements etc.)

   b) Description objective des *sujets* (les personnages, Juliette, l'Américain, Robert, le coiffeur, Marianne, les voyageurs, les automobilistes, l'assistante sociale, le vieux, les enfants, les passants, etc., etc.)

2. *Description subjective* (ou du moins, tentative) :

   a) Description subjective des *sujets* (surtout par le biais des sentiments, c'est-à-dire par les scènes plus ou moins jouées et dialoguées) ;

   b) Description subjective des *objets* (les décors vus de l'intérieur, où le monde est dehors, derrière les vitres, ou de l'autre côté des murs).

3. *Recherche des structures* (ou du moins, tentative) :
C'est-à-dire 1 + 2 = 3. C'est-à-dire que la somme de la description objective et de la description subjective doit amener à la découverte de certaines formes plus générales, doit permettre de dégager, non pas une vérité globale et générale, mais un certain «sentiment d'ensemble», quelque chose qui corresponde sentimentalement aux lois qu'il faut trouver et appliquer pour vivre en société. (Le drame, justement, c'est que nous découvrons non pas une société harmonieuse, mais une société trop inclinée vers, et à, la consommation.)

Ce troisième mouvement correspond au mouvement profond du film qui est la tentative de description d'un ensemble (êtres et choses, puisque l'on ne fait pas de différence entre les deux, et que, pour simplifier, on parle aussi bien des êtres en tant que choses que des choses en tant qu'êtres) ; et nous ne sommes pas injustes vis-à-vis de la conscience, puisque celle-ci se manifeste de par le mouvement cinématographique qui me porte justement vers ces êtres ou ces choses. (Comme dirait Sternberg et ses poissons : je pense donc le cinéma existe.)

4. *La vie* :
C'est-à-dire 1 + 2 + 3 = 4. C'est-à-dire que d'avoir pu dégager certains phénomènes d'ensemble tout en continuant à décrire des événements et des sentiments particuliers, ceci nous amènera finalement plus près de la vie qu'au départ. Peut-être, si le film est réussi (et puisse-t-il au moins l'être, sinon tout le temps, mais à certains instants, pendant certaines images, pendant certains bruits) – peut-être alors que se révélera ce que Merleau-Ponty appelait l'existence singulière d'une personne, en l'occurrence Juliette plus particulièrement.

Il s'agit ensuite de bien mélanger des mouvements les uns avec les autres.

Finalement, il faudrait que je puisse arriver parfois, quand je fais un gros plan, à donner le sentiment que l'on est loin de la personne. Et quand je fais un plan général, un plan d'ensemble, parfois, pas toujours, mais parfois, à donner l'impression que l'on est tout près des gens.

En somme, si j'y réfléchis un peu, un film dans ce genre, c'est un peu comme si je voulais écrire un essai sociologique en forme de roman, et que pour le faire je n'aie à ma disposition que des notes de musique.

Est-ce donc cela le cinéma ? Et ai-je raison de vouloir continuer à en faire ?

En plus de l'histoire de Juliette, qui est la personne que l'on retrouvera plus régulièrement que les autres, il y aura beaucoup d'autres événements ou personnes que j'appelle par commodité :

CHOSES À FILMER

- Une jeune femme, folle de joie de pouvoir disposer d'une douche, en use des dizaines de fois par jour sans penser qu'à la fin du mois la note d'eau ou d'électricité finira par être bien plus élevée qu'elle ne le pensait, et qu'il faut bien la payer.
- Interview d'un petit garçon (le fils d'Antoine Bourseiller) qui a inventé un système pour que le communisme se répande rapidement et sans douleur partout dans le monde.
- Interview vraie ou fabriquée de la concierge qui a dénoncé à la police le beatnik aux cheveux longs.
- Interview au hasard de quelques femmes habitant dans des H.L.M.
- Interview vraie ou fabriquée d'une vraie prostituée.
- Interview d'une jeune femme ouvrière qui préfère quand même s'abrutir en usine plutôt que de faire de temps à autre la putain (vraie ou fabriquée).
- Histoire de l'apprentie brodeuse. Elle a réussi son C.A.P. et entre dans une petite entreprise. Elle rencontre un garçon, qui lui fait un enfant et la quitte. Un an plus tard, deuxième ami, deuxième enfant, deuxième abandon. À la maternité, on lui fait la morale, mais c'est aussi à la maternité que ses copines lui expliquent comment s'y prendre pour gagner de quoi nourrir ses deux enfants. Dès sa sortie, elle reprend son travail, mais le soir, elle fait des «heures supplémentaires». Un jour, chance ; un client, petit fonctionnaire, s'émeut, s'éprend et l'épouse. On s'installe avec les enfants dans un appartement moderne – trop cher. Deux ans plus tard, on a un troisième enfant. On n'y arrive vraiment plus, et c'est le mari lui-même qui demande à la brodeuse de recommencer à «travailler» un peu.
- Interview (jouée) d'une femme de cinquante-deux ans. Elle ne les paraît pas, et présente encore bien, comme elle dit. Elle a perdu son emploi le mois dernier. C'est dans la file d'attente du bureau de chômage que la rabatteuse l'a trouvée ; «On m'a proposé trois cents francs par jour dans le quartier de la Madeleine. Rendez-vous compte, à mon âge. Alors que partout, moi qui suis secrétaire et parle l'italien et l'anglais, on me répond que je suis trop vieille quand je demande une place. Encore avant-hier, ça m'est arrivé à la firme Publicis. »
- Quelquefois, pour économiser l'hôtel, des femmes ne font pas comme Juliette qui préfère aller à Paris. En échange d'un repas, on loue la chambre, ou même rien que le lit, d'un vieux pas riche. (On reverra le même vieux lorsque Juliette viendra lui laisser sa fille à garder.) On voit une femme entrer chez le vieux où il y a un ou deux enfants qui jouent à rien dans un coin. Il déguerpit de son lit pour le laisser à la femme et au type qui est avec elle. Elle l'accompagne jusque chez elle, regarde dans le frigidaire où il n'y a rien. Cette fois, il faudra que le vieux se contente d'une boîte de Ron-Ron pour les chats.
- Gens dans une file de chômage.
- Assistante sociale qui parle avec une femme habitant une H.L.M. (Elle n'est plus assistante sociale, travaille chez un dentiste et ne peut rien pour la femme).
- Interview d'une petite fille.
- Une femme, suivie de deux types, vient faire une passe dans un coin, vaguement aménagé, d'une des caves de l'immeuble.
- Interview d'une autre assistante sociale, de dos, car si elle est reconnue elle risque de se faire mettre à la porte.
- Histoire d'une jeune femme qui s'est jetée par la fenêtre après avoir fait la pute un seul après-midi. (Plan immobile d'elle couverte de pansements, pendant qu'une voix raconte ce qui s'est passé, et qu'elle fixe l'objectif.)
- Vues diverses de jeunes filles, genre vendeuses des Champs-Élysées ou des boulevards.
- Vues de jeunes filles à la mode, en mini-jupes dans des voitures de sport devant le drugstore.
- Femme se faisant une permanente.
- Images d'hommes et de femmes alternées qui se terminent par l'histoire du type qui s'est suicidé le jour où sa femme lui a appris qu'elle se livrait de temps en temps à la prostitution. (Photo fixe du type pendant qu'on raconte l'histoire.)
- Femme sortant d'un hôtel près des Halles et allant faire son marché.
- Un autocar dépose, aux portes de Paris, des jeunes femmes payées, très mal, pour distribuer des tracts publicitaires dans les immeubles. Le soir, quand elles ont terminé leur journée, on leur explique comment elles pourraient gagner cent fois plus en se fatiguant cent fois moins. Si elles ne marchent pas, on leur dit que la distribution de tracts ne leur sera pas payée, ou en tout cas, qu'on ne les rengagera plus. Certaines acceptent, d'autres refusent, mais n'osent pas porter plainte.

Il faudrait, je pense, apprendre dans un détour d'une conversation ce que faisaient Juliette et son mari avant de s'installer dans cette H.L.M.

(Peut-être en faire des rapatriés ou un couple de petits employés ou instituteurs dégoûtés de la Martinique de Debré. Il faudrait également que l'actrice pense à toutes ces situations que je viens de décrire et s'imagine, elle, dans de telles situations, pour qu'elle trouve le ou un sentiment que ça provoquerait chez elle. Bien sûr, c'est un sentiment un peu faux et illusoire puisqu'il n'est pas vraiment ressenti dans la vérité de l'existence, mais au moins, j'aurais ainsi le sentiment et la pensée de l'actrice – vraie – pensant.)

(Voir également avec l'actrice dans quelle mesure elle accepte l'interview, vraie, mi-vraie, ou mi-fabriquée. Il y a peut-être quelque chose d'intéressant à trouver dans son refus.)

« UN FILM CHRÉTIEN ET SADIQUE »
LA BANDE-ANNONCE DE *MOUCHETTE*

Nicole Brenez

On connaît les rapports officiels entre Jean-Luc Godard et Robert Bresson : leurs entretiens pour les *Cahiers du cinéma* (n° 104, février 1960, sur *Pickpocket* ; n° 178, mai 1966, sur *Au hasard Balthazar*), les articles de Godard sur Bresson (portrait dans le « Dictionnaire des cinéastes français », n° 71, mai 1957), les mentions et hommages dans de nombreux articles, les classements de *Pickpocket* dans les listes de fin d'année ou « les dix meilleurs films français depuis la Libération »)… La haute exigence de Robert Bresson n'a jamais quitté l'horizon esthétique de Godard, ce qui se manifestera le mieux par les emprunts systématiques de Godard aux *Notes sur le cinématographe* dans les *Histoire(s) du cinéma*. (Une telle proximité s'est vue en quelque sorte anticipée par le numéro 2-3 de la *Revue d'esthétique* en 1967, numéro spécial intitulé « Le Cinéma », qui juxtaposait extraits des *Notes sur le cinématographe*, alors inédites, et propos de Godard transcrits sous le titre « Quelques évidentes incertitudes »). Réciproquement, lors de la sortie on ne peut plus conflictuelle du *Petit Soldat*, Robert Bresson téléphone à Godard pour le féliciter[1].

On connaît un peu moins l'article intitulé « Le testament de Balthazar », montage par Godard de citations de *La Phénoménologie de la perception* attribuant les réflexions de Maurice Merleau-Ponty à l'âne Balthazar, en une invention critique digne des plus spirituelles initiatives de Diderot, de Friedrich Schlegel et de la comtesse de Ségur réunis (*Cahiers du cinéma* n° 177, avril 1966, p. 58-59). En ce mitan des années soixante, les rapports entre Bresson et Godard n'ont jamais été aussi concrets et complexes : Anne Wiazemsky, de modèle chez Bresson, devient photographe de plateau sur *Deux ou trois choses que je sais d'elle* ; les deux cinéastes sont produits par Anatole Dauman chez Argos Films, ils travaillent en même temps au même endroit, acteurs et techniciens passent d'un étage à l'autre, Marie Cardinal notamment, qui en racontera l'expérience parfois éprouvante (*Cet été-là*, Oswald, 1979). Dans leurs recensions respectives de *Mouchette*, et bien que celles-ci s'avèrent résolument antagonistes, de façon symptomatique Sébastien Roulet et André S. Labarthe terminent tous deux leur texte par une allusion à Godard (*Cahiers du cinéma* n° 189, avril 1967, p. 63-65). La conclusion de l'article de Labarthe nous conforte dans l'intuition, à ce jour pourtant quadruplement infirmée – par le silence de Godard, par celui d'Anatole Dauman, par l'absence de tout contrat dans les archives d'Argos et par les démentis de Mylène Bresson –, que la bande-annonce de *Mouchette* a bien été réalisée par Jean-Luc Godard. « On aura compris que je n'aime pas *Mouchette* (le film), et que je tiens le livre de Bernanos pour très mauvais. C'est néanmoins une fort belle histoire. Dans un scénario qui s'en inspirait, Godard imaginait Mouchette (mâtinée, il est vrai, de Justine) en prison. Elle s'ouvrait les veines avec une bouteille de Coca-Cola. »

À ce jour, outre la constellation Bresson/Sade/Godard attestée par Labarthe, deux éléments plaident en faveur de l'attribution de cette bande-annonce : le témoignage de Jean-Pierre Gorin, à qui, lors de l'une de leurs premières rencontres, Godard montra dans sa salle de montage ses deux travaux les plus récents, *Deux ou trois choses que je sais d'elle* puis la bande-annonce de *Mouchette* (entretien privé avec David Faroult, juillet 2005) ; le texte même de celle-ci, retranscrit anonymement dans *L'Avant-Scène Cinéma* n° 80, avril 1968. En attendant qu'Argos consente à tirer une copie de ce film dont il ne reste pour l'heure qu'un négatif, nous en reproduisons la description, nous remercions *L'Avant-Scène Cinéma* pour son formidable travail, nous saluons les mots qui sauvegardent les images, et nous laissons le lecteur juger.

---

1. Jean-Luc Godard, entretien avec Paul Amar, « 20 h » Paris-Première, 1997.

FILM ANNONCE

Série de cartons en surimpression sur des scènes du film accompagnées du texte du dialogue

Arsène (appelant) : Mouchette ! … Mouchette, Mouchette, Mouchette !

1er carton : **BIENTÔT SUR CET ÉCRAN**
Chant des fillettes. «Espérez plus d'espérance»

2e carton : **UNE MESSE EN COULEURS**
Chant. «Trois jours leur dit Colomb»

3e carton : **EN COULEURS NOIRES ET BLANCHES**
Chant. «En montrant le Ciel immense»

4e carton : **CHANTÉ PAR GEORGES**
Chant. «Du fond de l'horizon»

5e carton : **GEORGES BERNANOS ET ROBERT BRESSON**
Chant. «Trois jours et je vous donne un monde»

6e carton : **À PROPOS DU VIOL**
Chant. «À vous qui n'avez plus d'espoir»

7e carton : **VIOL D'UNE PETITE FILLE EN SOMME**
Chant. «Sur l'immensité profonde»

8e carton : **UN FILM CHRÉTIEN ET SADIQUE**
Chant. «Ses yeux s'ouvraient pour le voir»

9e carton : **MOUCHETTE**

Mouchette (plan américain face à nous) : Vous pouvez vous fier à moi. Je les déteste…, je leur tiendrai tête à tous.
Voix (off dans la nuit) : Mouchette ! … Mouchette, Mouchette, Mouchette, Mouchette.

10e carton : **BIENTÔT SUR CET ÉCRAN**

Dernière minute : le 31 janvier 2006, au cours d'un entretien avec Sylvie Pras, Jean-Luc Godard a reconnu avoir réalisé cette bande-annonce.

LA CHINOISE, VERS LE MATÉRIALISME

ADRIAN MARTIN

La Chinoise, ou plutôt : *À la chinoise, un film en train de se faire,* est tourné en décors naturels à Paris en mars 1967. Dans le film documentaire *Two American Audiences,* produit par D. A. Pennebaker, réalisé par Mark Woodcock et filmé le jour de l'assassinat de Martin Luther King, le 4 avril 1968, alors qu'aucun des protagonistes n'en a encore connaissance, Godard précise à un groupe d'étudiants en cinéma de New York University et de l'Institute of Film and Television que «le tournage a pris un mois, et le montage trois[1]».

Le film s'inspire d'individus et d'événements que Godard a pu observer à l'université de Nanterre, où il conduisait parfois Anne Wiazemsky à ses cours. À cette époque, des cellules maoïstes – celle du

---

1. D. A. Pennebaker fournit des éléments contextuels supplémentaires sur *Two American Audiences* sur son site : http://www.phfilms.com/index.php/phf/film/two_american_audiences_1968/. [NdT]

film, Aden-Arabie, emprunte son nom à l'essai éponyme de Paul Nizan, publié en 1931 – se créent dans plusieurs pays occidentaux. En France, les étudiants maoïstes sont très actifs entre 1966 et 1968, notamment à l'Union des jeunesses communistes marxistes-léninistes (UJCm-l), dont la revue théorique, *Cahiers marxistes-léninistes*, apparaît à plusieurs reprises dans *La Chinoise*. Les fondateurs de cette revue sont des militants de l'Union des étudiants communistes (l'UEC, liée au PCF) de l'École normale supérieure de la rue d'Ulm influencés par Louis Althusser, leur professeur de philosophie, parmi lesquels Étienne Balibar, Dominique Lecourt, Alain Badiou, Pierre Macherey, Jacques Rancière. En 1966, ils soutiennent la «Grande Révolution culturelle et prolétarienne» en cours en Chine populaire, ce qui entraîne une scission, la majorité d'entre eux quittant le PCF pour fonder un groupe maoïste. Il existait déjà un autre groupe dissident d'extrême-gauche, le Parti communiste marxiste-léniniste de France, dont il est fait mention dans le film, et qui se caractérisait surtout par son attachement à Staline et son refus de la détente khroutchévienne.

Plus que Bertolt Brecht – auquel il est fait référence de manière récurrente – c'est un article de Louis Althusser qui semble avoir commandé l'élaboration formelle du film[2]. Guillaume (Jean-Pierre Léaud) en cite largement la conclusion au cours d'un de ses principaux monologues : «La pièce est bien la production d'un nouveau spectateur, cet acteur qui commence quand finit le spectacle, qui ne commence que pour l'achever, mais dans la vie. Je me retourne. Et, soudain, irrésistible, m'assaille *la* question : si ces quelques pages, à leur manière maladroite et aveugle, n'étaient que cette pièce inconnue d'un soir de juin, *El Nost Milan*, poursuivant en moi son sens inachevé, cherchant en moi, malgré moi, tous les acteurs et décors abolis, l'*avènement* de son discours muet[3] ?»

Au-delà du fait que le film a été constitué à partir de matériaux éminemment «documentaires» (publications réelles, citations de journaux et revues de l'UJCm-l, livres de Mao, d'André Gorz, etc., allusions à l'actualité, monologues sous forme de fausses interviews, dont les questions sont à peine audibles…), c'est sa construction, qui vise à provoquer sur le spectateur l'effet prolongé que décrit Althusser, qui fait basculer le cinéma de Godard et l'amène à fonder un cinéma *matérialiste*. Cette recherche d'un cinéma marxiste jusque dans sa forme – *matérialiste* au sens philosophique – fut au centre des débats théoriques de l'après-mai 1968, en particulier dans la critique marxiste (*Cinéthique*, les *Cahiers du cinéma*, *La Nouvelle Critique*…).

Dans *Two American Audiences*, Godard doit répondre à l'objection selon laquelle ses personnages ne sont que des bourgeois qui jouent aux militants parce que c'est dans le vent, reproche que lui adressera également Romain Goupil dans l'essai filmique de Philippe Garrel, *Godard et ses émules* (retranscrit *infra*) : patiemment, il explique que le film est une confrontation entre un paysan, un acteur et un peintre, et que seul le personnage joué par Wiazemsky est, de façon délibérée, marqué comme bourgeois. Dans le dossier de presse, Godard compare la gamme des personnages aux «cinq niveaux particuliers de la société» établis par Maxime Gorki dans sa pièce *Les Bas-Fonds* (1902).

Quatorze pages du cahier de tournage de *La Chinoise* sont publiées dans le magazine d'art *Opus International* en juillet 1967. À mesure que Godard met en œuvre ses notes individuelles dans la réalisation d'une scène, il les raye. Comme le souligne Alain Jouffroy dans son introduction originale à ce document, ce cahier exclut les «spécifications techniques» (mouvements de caméra ou cadrage), mais il contient en revanche des listes d'«indications de concepts et d'éléments de dialogue», privilégiant ainsi «les mots et les idées» dans la construction de *La Chinoise*[4].

2. Louis Althusser, «Le "Piccolo", Bertolazzi et Brecht (Notes sur un théâtre matérialiste)», *Pour Marx*, Paris, La Découverte, 1996 (1ʳᵉ édition : Paris, François Maspéro, 1965), p. 129-152.

3. *Ibid.*, p. 151-152.

4. Alain Jouffroy, «Le cahier de la chinoise» [sic], *Opus international*, n° 2, 1967, p. 13.

Omar Diop dans *La Chinoise*

Outre des figures familières comme Anne Wiazemsky, Jean-Pierre Léaud, Juliet Berto et le philosophe Francis Jeanson, le tournage de *La Chinoise* réunit quelques personnalités atypiques, notamment Lex de Bruijn, un peintre qui, depuis le milieu des années soixante, travaille dans le même cercle que Frédéric Pardo, ami et collaborateur de Philippe Garrel (un aperçu de son travail, aujourd'hui méconnu, est donné dans l'anthologie de Robert Masters *Psychedelic Art*[5]). Michel Séméniako, dont *La Chinoise* est l'unique film en tant qu'acteur, s'est dirigé, quant à lui, vers la photographie en 1967 après des études de sociologie, et est actuellement un artiste renommé, qui enseigne la photographie à l'université d'Amiens[6].

Le militant Omar Blondin Diop (auquel il est également fait référence sous les noms d'Omar Diop, Omar Diop Blondin ou Omar Diop-Blondin) est une autre figure, fascinante, dont la présence enrichit la portée militante de *La Chinoise*. Dans *Introduction à une véritable histoire du cinéma*, Godard décrit Diop comme «un vrai personnage», un étudiant de Nanterre qu'il a rencontré par l'intermédiaire de Wiazemsky et qui «est mort dans une prison de Senghor au Sénégal, il y a trois-quatre ans[7]». Son emprisonnement sur l'île de Gorée et son meurtre probable, malgré les apparences d'un suicide par pendaison, alors qu'il se trouve, en mai 1973, aux mains des autorités sénégalaises, restent encore, pour certains intellectuels et artistes sénégalais de gauche, un mystère non élucidé. Selon certaines informations, disponibles sur www.seneweb.com, «Foccart[8] avait ordonné à Senghor», autrefois connu comme un grand poète et un grand homme de lettres, «de rapatrier cet étudiant sénégalais turbulent qui avait lutté en France aux côtés de Cohn-Bendit en mai 68». La rencontre d'Omar Blondin Diop avec le cinéma aura été brève mais prodigieuse. Après avoir participé à *La Chinoise*, où il tient un discours éloquent, il se rendra à Londres pour tourner dans *One Plus One* (1968), de Godard, aux côtés

---

5. Le volume reproduit des œuvres de 1965. Il est publié en 1968 par Grove Press (New York), maison d'édition qui publiera aussi l'année suivante *Masculine Feminine ; a film*, un ensemble de documents sur le film de Godard.

6. Pour plus d'informations sur son travail, voir son site : http://www.michel-semeniako.com/.

7. *Introduction à une véritable histoire du cinéma*, Paris, Albatros, 1985 [1980], p. 214-215.

8. Jacques Foccart (1913-1997), homme politique français, inspirera et dirigera la politique africaine de la France auprès du général de Gaulle dans les années soixante. Il est également le cofondateur du SAC (Service d'action civique), milice para-militaire d'extrême-droite chargée des basses-œuvres du gaullisme. [NdT]

de Frankie Y (Frankie Dymon) et d'autres Black Panthers, ainsi que dans le film expérimental de Simon Hartog *Soul in a White Room* (Royaume-Uni, 1968, 16 mm, 3 minutes). Pour la revue d'Hartog, *Cinim* (n° 3, printemps 1969), Diop rédige un superbe article consacré à Andy Warhol, « On *Chelsea Girls* ». Sa disparition fut ainsi rapportée par son ami Marc Petit en note d'une élégie funèbre, « In Memoriam Omar Diop », publiée dans *Les Temps Modernes* (n° 323 bis, juillet 1973) : « Omar Diop Blondin a été expulsé de France en 1969 et renvoyé au Sénégal, où il a été condamné en mars 1972 pour atteinte à la sûreté de l'État. Il est mort le 11 mai 1973 : officiellement, il se serait pendu dans sa cellule de la prison de Gorée. » La biographie courte et dense d'Omar Blondin Diop inspirera également le disciple de Deleuze Richard Pinhas, qui composera pour son album de 1975 *Heldon II : Allez Teia*[9] un morceau qui porte son nom.

Ce fil musical mène aussi à la chanson pop « Mao Mao », dont on entend dans *La Chinoise* tantôt des fragments, tantôt une salve de plusieurs couplets. Son compositeur et interprète, Claude Channes – de son vrai nom Jean-Claude Champon, et qui se fera appeler Jean-Claude Lannes dans les années quatre-vingt – est depuis 1960 une figure de la scène rock n' roll en France. Influencé par Elvis Presley, Bill Haley, ou The Shadows, il a fait partie de groupes tels que Les Champions (1960-1962), Les Fantômes (1963-1964) ou Les Vampires (1965). En 1966, il entame une carrière solo. Lorsqu'il apprend que Godard recherche des musiques pour *La Chinoise*, il l'attend dans la rue pendant deux jours, jusqu'à ce qu'il accepte d'écouter une cassette de ses dernières chansons, qui ont pour thème l'actualité et la politique (celles qu'il enregistre entre 1966 et 1968 s'intitulent, notamment, « Il est grand temps de faire… boom », sur des paroles d'Alain Bashung, « La haine », « Le fric », « Hippie hippie » et « L'amour, pas la guerre »). Godard choisit « Mao Mao », dont les paroles ont été écrites par Gérard Guégan, qui a recopié certaines formules célèbres du *Petit livre rouge*, selon la méthode qu'a suivie Godard lui-même pour écrire une grande part des dialogues du film. Lors de la projection au festival d'Avignon de 1967, Godard présente Channes au public.

Les *Histoire(s) du cinéma* soulignent l'importance que Godard attache au pouvoir *prescient* ou *prophétique* des films. Comme de nombreux commentateurs, Godard se réfère souvent à *La Chinoise* comme à un film prémonitoire par rapport aux événements de mai 1968[10]. Aux États-Unis, de fait, celui-ci a joué un rôle encore plus direct d'incitation à l'action politique radicale. Distribué par la compagnie de Pennebaker, non sans quelques réserves, dans le cadre d'un accord de production pour *One A. M. / One American Movie*, resté inachevé, il a circulé sur les campus en avril 1968 et, selon le témoignage personnel de David Ehrenstein, auteur du *Film : The Front Line 1984*[11], « il a inspiré la révolte des étudiants à Columbia University. Quand les projections commencent au Kips Bay Theater, de nombreux étudiants qui mèneront ensuite le soulèvement s'y rendent et discutent du film avec leurs camarades étudiants. Le fond de l'air est Godard ». Le cinéaste Peter Whitehead, traducteur et éditeur des films de Godard en Angleterre, accompagne la révolte des étudiants de Columbia (parmi lesquels de futurs membres des Weathermen) et leur consacrera un film essentiel intitulé *The Fall*.

Traduit de l'anglais (Australie) par Franck Le Gac

---

9. Jeu de mots sur le grec *Aletheia* (« vérité »).

10. Il s'y réfère négativement pendant la période post-1968 : « *La Chinoise* ? Je ne vois pas l'intérêt d'avoir été prophétique. *La Chinoise*, c'était un film réformiste. Il montre mes défauts. Il prouve que je n'ai pas su m'allier avec les gens qu'il fallait et que j'ai préféré travailler seul en poète, en disant : "Ils ne me comprennent pas mais faisons-le quand même". » (« Deux heures avec Jean-Luc Godard », propos recueillis par Jean-Paul Fargier et Bernard Sizaire, *Tribune socialiste*, 23 janvier 1969, repris dans *Jean-Luc Godard par Jean-Luc Godard*, Paris, Cahiers du Cinéma, 1985, p. 335.)

11. David Ehrenstein, *Film : The Front Line 1984*, Denver (Colorado), Arden Press, 1984.

Cinquante ans après la
révolution d'Octobre,
le cinéma américain
règne sur le cinéma
mondial. Il n'y a
pas grand chose à
ajouter à cet état
de fait. Sauf qu'à
notre échelon mo-
deste, nous devons
nous aussi créer
deux ou trois Vietnams
au sein de l'immense
empire Hollywood -
Cinecitta - Mosfilms
- Pinewood - Etc. et,
tant économiquement
qu'esthétiquement, c'
est à dire   en
luttant sur   deux
fronts, créer   des
cinémas nationaux.
libres, frères, cama-
rades et amis.

Jeanlucgodard

Programme du Festival d'Avignon, 1967

LA CHANSON DE *LA CHINOISE*

GÉRARD GUÉGAN

Une séquence de *Deux ou trois choses* a été tournée dans mon bureau, on y entend ma voix et on voit mon ombre. Avant *La Chinoise*, Godard passait pour être un compagnon de route du PC qui exerçait alors une assez grande influence sur les intellectuels. Godard a mis à mal cette hégémonie et l'a payé cher. Mais le seul vrai maoïste du film était Omar Diop. Ensuite, Godard, Jean Eustache, Charles Bitsch et moi avons monté une société pour produire dix films à partir de dix auteurs de «Série noire». Godard aurait tourné le premier consacré à Dashiell Hammett.

Mao Mao
paroles : Gérard Guégan / chant : Claude Channes

[partie montée dans le film]
Voix masculine
Le Vietnam brûle et moi je hurle Mao Mao
Johnson rigole et moi je vole Mao Mao
Le napalm coule et moi je roule Mao Mao
Les villes crèvent et moi je rêve Mao Mao
Les putains crient et moi je ris Mao Mao
Le riz est fou et moi je joue Mao Mao

Voix d'enfant
C'est le petit livre rouge
Qui fait que tout enfin bouge

Voix masculine
L'impérialisme dicte partout sa loi
La révolution n'est pas un dîner[1]
La bombe A est un tigre en papier
Les masses sont les véritables héros
Les Ricains tuent et moi je mue Mao Mao
Les fous sont rois et moi je bois Mao Mao
Les bombes tonnent et moi je sonne Mao Mao
Les bébés fuient et moi je fuis Mao Mao
Les Russes mangent et moi je danse Mao Mao
Giap dénonce, je renonce Mao Mao

Voix d'enfant
C'est le petit livre rouge
Qui fait que tout enfin bouge

[suite de la chanson]
Voix masculine
La base de l'armée, c'est le soldat
Le vrai pouvoir est au bout du fusil
Les monstres seront tous anéantis
L'ennemi ne périt pas de lui-même
Mao Mao
Mao Mao
Mao Mao

---

1. «De gala» n'est effectivement pas prononcé.

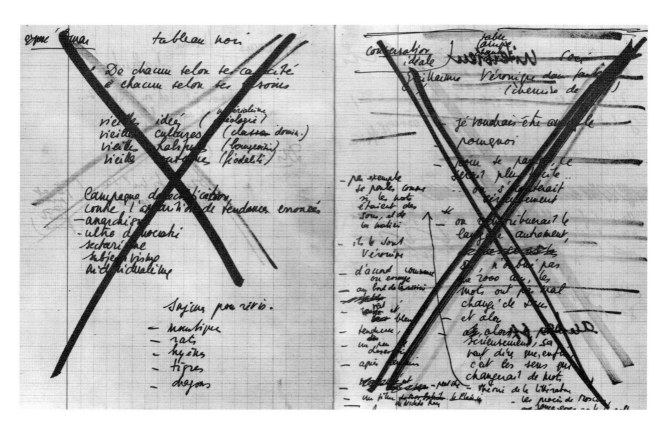
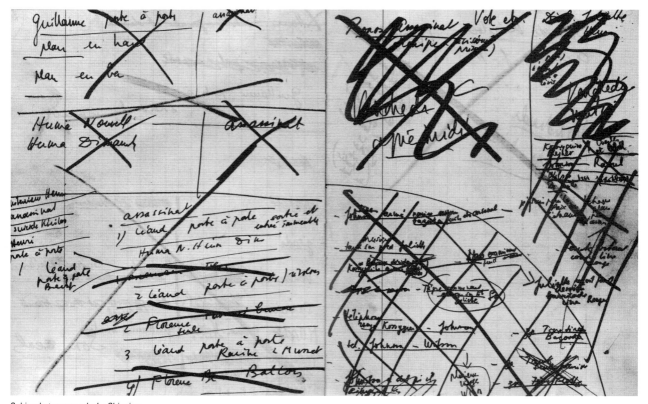

Cahier de tournage de *La Chinoise*

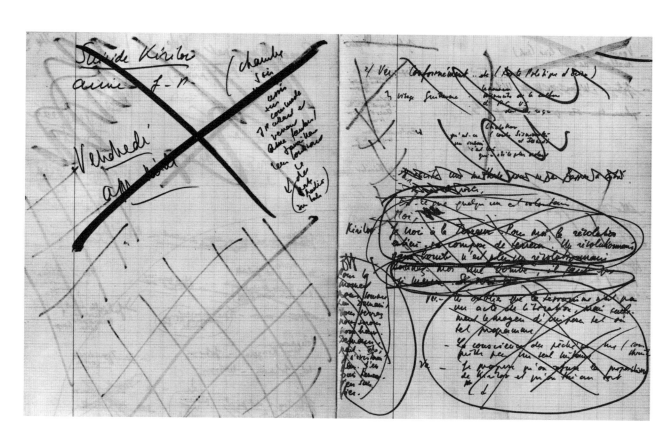

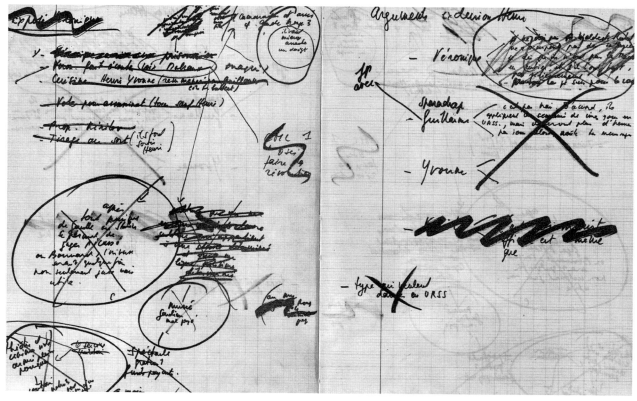

**UN FILM DE
JEAN-LUC GODARD**

AVEC
ANNE WIAMENSKY•JEAN-PIERRE LÉAUD•JU
MICHEL SEMENIAKO
IMAGES
RAOUL COUTARD

Coproduction
ANOUCHKA FILMS - LES PRODUCTIONS DE LA GUEVILLE - ATHOS FILMS - PARC FILMS - S
Distribution : ATHOS FILMS, PARIS

LA CHINOISE
ou plutôt ''A LA CHINOISE''

Depuis dix ans, parmi les changements inattendus qui se sont produits dans le monde, le plus important est sans aucun doute l'opposition qui s'est développée ouvertement, à partir de 1956, entre le Parti Communiste Chinois et le Parti Communiste de l'Union Soviétique.

Ce film décrit l'aventure intérieure d'un groupe formé par quelques jeunes gens qui tentent d'appliquer à leur propre vie, en cet été parisien de 1967, les méthodes théoriques et pratiques au nom desquelles Mao Tsé-toung a rompu avec « l'embourgeoisement » des dirigeants de l'U.R.S.S. et des principaux P. C. occidentaux.

Ces jeunes gens sont au nombre de cinq. Ils représentent, comme autrefois, les personnages des BAS-FONDS de Gorki, cinq niveaux particuliers de la société. Ils habitent momentanément dans un appartement prêté à l'un d'eux par une copine dont les parents sont en voyage pour plusieurs mois. Ils vivent là, de

façon simple et sévère, partageant les ressources et les idées, un peu à la manière de « résistants civils », à cause de leur intransigeance, et aussi, en quelque sorte, à cause de leur ferveur gentille, à la manière de « Robinsons » du marxisme-léninisme.

Véronique (Anne Wiazemski) est étudiante en philosophie à la Faculté de Lettres de Nanterre. Pour elle, qui se destine à l'action culturelle et à l'enseignement, les problèmes de pensée et de morale se posent en termes immédiats et concrets.

Guillaume (Jean-Pierre Léaud) est acteur. L'étude et l'application à son propre cas des pensées du président Mao lui feront découvrir (vocation théâtrale de Guillaume Meister) puis approfondir (années d'apprentissage et de voyages) le chemin qui mène à un théâtre véritablement socialiste : le théâtre porte à porte.

Henri (Michel Sémeniako) est le plus scientifique du groupe puisqu'il travaille dans un institut de logique économique.

Kirilov (Lex de Bruijn) est nommé ainsi à cause de sa ressemblance avec le personnage décrit par Dostoïevsky dans les POSSEDES. Il est peintre et chargé comme tel de la rédaction des slogans sur les murs de l'appartement.

Yvonne (Juliet Berto) représente la classe paysanne. Montée à Paris pour

ire des ménages, elle a échoué dans la prostitution dont Henri et les autres
nt du mal à la sortir. Elle s'occupe des travaux et de la cuisine.

La première partie du film consiste dans l'approche des personnages, d'une
art, en tant qu'individualité psychologique et morale, et d'autre part, en tant
ue groupe vivant et pensant ensemble.

De petits fragments seront d'abord filmés, puis de plus longs, jusqu'à de
éritables scènes, qui montrent tour à tour les activités séparées de chacun
es personnages puis leurs activités groupées.

La deuxième partie du film sera moins purement didactique et plus drama-
que.

Lors d'un rapport hebdomadaire, Véronique proposera l'assassinat d'une haute
ersonnalité du monde universitaire et culturel français. Elle sera approuvée
ar tous sauf par Henri qui défendra la théorie de la coexistence pacifique avec
a bourgeoisie.

Henri sera exclu alors du groupe pour « révisionnisme ». De son côté,
irilov, hanté par la mort, se suicidera, confondant Dieu et le marxisme-léninisme
reprise du célèbre syllogisme dostoïevskien) après avoir en vain demandé qu'on
i laisse accomplir le meurtre proposé par Véronique.

Henri exclu, Kirilov suicidé, Véronique commettra l'assassinat, premier

d'une future série d'actes terroristes destinés dans son esprit à provoquer
la peur et la fermeture provisoire des Universités : alors seulement les bases
d'un nouvel enseignement pourront enfin être posées.

Dans un train de banlieue elle rencontrera par hasard Francis Jeanson. Par
la conversation qui roule sur les thèmes : humanisme et terreur, on devine
que Véronique hésite à passer à l'action.

La fin du film montrera Véronique accomplissant son meurtre (et même
un deuxième par pure maladresse).

On verra ensuite, en guise de conclusion, les quelques personnages entrevus
au cours du film ayant trouvé leur destin :

Guillaume, faisant du théâtre porte à porte, lisant du Racine à des jeunes
mariés ou du Brecht à des concierges.

Yvonne, à la sortie du métro, vendant « l'Humanité-Nouvelle » tandis qu'à
quelques pas, Henri vend sans la regarder « l'Humanité-Dimanche ».

Véronique enfin, seule, dans l'appartement qu'elle doit quitter car les parents
de son amie sont revenus. Elle se rend compte que ces quelques mois qu'elle a
vécu, ont été un peu comme des vacances marxistes-léninistes, que c'est
maintenant la rentrée des classes, et que la lutte commence seulement. C'était
le premier pas d'une longue marche.

JEAN-LUC: I HATE YOU!

Peter Whitehead

Free, free! Free at last, I escape you,
I sleep a whole night without dreaming of you.
Your haunting is over. Je peux finalement Vivre **MA** Vie!

Blue Letters. Adrift in the Cosmos. It's weekend. Saturday. Unreal city.
To HMV to buy DVD, Made in USA. Usual crap. Feel like a tourist.
Dead in this city, dead in every city. Anna Karina standing against a wall. Street corner Alphaville.
Every day is Alphaville. Everyville.
I ask her how much? She smiles and recruits me on the spot.
She says: Tonight we shoot to kill. She's an eco-terrorist.
We must kill my father! When did you last see your father?
His name? Professor Werner Von Googleville. President Orpheus Inc.
He stole my voice! She weeps. I drift away, I can't take on her misery.
Ominous music. Must buy music CD. You have British Sounds? Misraki?
You fool! We ARE British Sounds! RED WHITE and BLUES… she said,
Anna Wiazemsky in Victorian lace dress, Fleurs-de-Lys embroidery.
DU CÔTÉ DE CHEZ LEWIS CARROLL
"I am a Virgin" button on her left breast.
"I flew Virgin to New York" button on her right breast.
You buy movie DVD? Special offer, One plus One for the price of One.
Let's get a subway train to Paris! I say. We drift to a local hotel.
Poeland Street, arrive breathless. Oval mirror on wall, her again,
the face of ECHO, your voice on sound-track. I pay in dollars and leave.
Girl at the door. Name is Corinne. Or Carmine. Red flag. Red name.
Red letters. Carmen. I'm looking for an incurable romantic! she says.
You found him! Not sure if it is me or him. Blue Letters.
(I bump into Brice Parain on a street corner, hit him so hard he drops down dead. I feel no guilt.
Godard showed it could happen.)
Come Pierrot! She says: Before we fuck I must read the lines.
I offer her a book. Capitale de la Douleur. No, the lines on your hand!
Merde, a poem by Rimbaud! Ach! Non, it's by Jean-Luc Godard:
a re-vision of Voyelles. Salopard! Into the sea you idiot.
But it explains everything, my whole life! I shout. A TOTAL scrapheap.
I'm very well, thank you, not at all. I send you a scenario:
"With Rimbaud in Africa". Gun running. Gun molls. Madness.
No reply. I look at my hand. Made of glass. Translucent. He saw right through me! The map of Red
arteries and Blue veins is a map of the Paris Metro. You need a bypass! she says. No, I always drift,
I say. Driven by you into the broken Heart of Madarkness. Derivegauche à Place de l'Opéra. I am
falling apart. I have a heart attack.
The city my body I no longer inhabit. I see myself everywhere.
Cracked flagstones, adverts on posters. Shop windows. My mind?
Je est un autre. You me him I her he. Stolen, I say! She laughs.
She takes off her bra and panties. Retrouvé!

Le soleil se couche avec la mer. *My* face now in the Oval mirror.

Blue. Narcissus or Dorian Gray? Your voice, your fault Jean-Luc!

You were my mirror and stole my soul. But I walk on.

Paris calls me. In minutes I arrive. Hotel Scribe now in Piccadilly?

We bought it? Eros in the rain. You imagined Alphaville. THEY made it.

As I speak to the girl you filmed, Crash! Misraki music.

Cadillac DeVille embedded in a Renault Espace.

Head on. Young couple in back fucking, but Corinne is now dead.

The angel of death you loved all along wearing only a bra and panties. Ripped now. Blue Letters.
ANAL: ISIS:
PAR ISIS: CITY OF ISIS: ISIS UND OSIRIS. Red Letters.

City of Dismemberment. Thirteen fragments. The fourteenth, not found. From now on we must imagine the lost penis…

CITY of the Temple of Isis. PARIS. Basilique St. Germain.

Jean Seberg, breathless, soon to be burnt at the stake.

The city you redefined. Cinema's fleurs du mal.

I drift on… Boule Miche. La Chinoise. I am in Columbia University April 1968 filming the rebellion of the students. Police State. Police busting through the doors with axes. Heads bloodied. Dessous les pavés la Rage.

THE FALL. In the Beginning was the Image. No American cigarettes? she asked, wearing only her bra and panties. Police bust. Police the new Terrorists. TERROR. Red Letters. Foot stuck in the steering wheel as he fucked her. "I am not starting again, I am continuing, Pierrot!"

Woman! Timeless. No start or end, endless recycling of names, it is the nature of the beast. "I was starting to come, Paul cried Stop! Stop!"

It was the weekend. Downtown Alphaville. The weekend we assassinated the father. Red letter day: Saturday. Satyrday. Saturnday.

5. Repression. The music stops. 7. The Police State.

I am in Columbia University again. SDS. A commune. 2gather 2gether.

The broken language you spoke as we read between the lines. Mirages…

I film Stokely Carmichael: Was he bought out by the CIA? H Rap Brown: Did they kill him?

Your love of American MOVIES can't have been easy to live with. Nor were you. Nor was she…

My every girl called ANNA. Students drenched in blood driven off in BLACK MARIAS. (I like that name, damn it!) SDS. Students for a Democratic Society.

Paris 1968. It didn't happen. It was a film made by you Jean-Luc. We were your extras. They thought it real, you fooled them all! As you created Alphaville! Everything become VIRTUAL. Free and unfree simultaneously. A girl is a girl is a girl… a few things I remember about her… her betrayal of course… she will create a kid in 24 hours.

Born into the cleavage of time; the cusp and interface of the present.

TIME NOW. Le temps mange la vie… How many kids did you conceive through your imagination, kids now surfing Paris Streets (sur les gouffres amers, Baudelaire – Albatros*), real and unreal? Anna? Maria? Marianne? Nadja? Incurable romantic!

May 1968. Paris. My film protesting the Vietnam War opens May 5th
in Boulevard St. Michel. Quelle bêtise! I go there to see it.

Cinema closed, lost behind the barricades, the sweet concierge in the ticket office tear-gassed, dériven by ambulance to hospital.

Film cancelled. Le film invisible. It came, it was not seen, it went.

Is this not proof: I AM A TRUE REVOLUTIONARY?
"Fucking in cars is so boring" you say. Better to make movies.
And then life catches up with you? Was I driving the lorry?
I am painting my face blue in Baker Street…

❧❧❧❧ DETOUR: To read 2218 more pages of this self-deconstructing
entropic anti-poem please trawl wander drift fall to, into and around, www.peterwhitehead.net
where the pages might eventually be on screen, as all life must be, to be believed. Or not, as time will
tell! A movie without images. A love story, in which there is no love and no story. As you foretold.
Fateful warnings we hoped to ignore. ❧❧❧❧

You watched my film DADDY in Paris, a montage of perverse sexual fantasies of politics power
revenge. Collaboration with Niki de Saint Phalle. Lacan was there. Sat in chair A.
You stood up at the end of the film and clapped. Of course everyone copied you. I wept. Cut.
London. Years before I "bought" Alphaville, tried to possess the film and dispossess you, the rights to
publish the scenario in English. You liked the book. Très beau! Anna on the cover. Eluard Book
hiding her mouth. That lovely mouth. That spoke your truths. But I have lived in Alphaville ever
since, the city lives in me; as it lives through everyone else, these days of darkness. Your dream.
Your nightmare. A gift of your foretelling. Clairvoyance. Un peu voyeur, voyant, voyou? Your act of
love. Sacrifice. A man who loved, could love too much, you brought your Anna to the launch of the
film in the Academy cinema: London Alphaville. We stood drinking, talking.
Where was Anna Karina? I asked: Why did she not come? Who is that woman talking to Godard?
I didn't recognised her. She was only what you made her? You taught me the only truth:

Forget the real, it is unbearable.
In the beginning was not the Word, in the beginning was not the Image.
IN THE BEGINNING WAS THE IMAGINATION.

What you imagined, envisioned, revealed, I have tried to live.
To know and accept the flawed dreaming people you gave birth to, the city and society you
challenged. A life I have vicariously lived despite myself. What can I do but hate you? At times…
        See you one day, Jean-Lucifer! With fondest love. Peter.

❧❧❧

JEAN-LUC : JE TE HAIS !

PETER WHITEHEAD

Libre, libre ! Enfin libre, je t'échappe,
j'ai dormi toute une nuit sans rêver de toi.
Ton emprise a cessé. Je peux finalement Vivre **MA** Vie*!

Lettres bleues. Dérive dans le Cosmos. C'est le week-end. Samedi. Ville irréelle.
Au HMV[1] pour acheter un DVD, Made in USA. Conneries habituelles. Me sens comme un touriste.
Mort dans cette ville, mort dans toutes les villes. Anna Karina plaquée contre un mur. Angle de rue Alphaville.

Chaque jour est Alphaville. Chaqueville.

Je lui demande, combien ? Elle sourit et me recrute sur le champ.

Elle dit : Cette nuit on tire pour tuer. Elle est éco-terroriste.

Il faut tuer mon père ! Quand l'avez-vous vu pour la dernière fois ? Son nom ? Professeur Werner Von Googleville.

Président de l'Orpheus Inc.

Il a volé ma voix ! Elle pleure. Je file, je ne peux pas me charger de son malheur.

Musique menaçante. Dois acheter CD. Vous avez British Sounds ? Misraki ?

Idiot ! Nous SOMMES British Sounds ! ROUGE BLANC et BLUES… dit-elle,

Anna Wiazemsky en robe de dentelles victoriennes, brodée Fleurs-de-Lys*.

DU CÔTÉ DE CHEZ LEWIS CARROLL*

« I am a Virgin » bouton sur son sein gauche.

« J'ai volé Virgin pour New York » bouton sur son sein droit.

Vous achetez un DVD ? Offre spéciale, One plus One pour le prix d'un seul.

Prenons le train souterrain pour Paris ! dis-je. On échoue dans un petit hôtel.

Rue La Boésie, arrivée à bout de souffle. Miroir ovale sur le mur, elle à nouveau, le visage d'ECHO, ta voix sur
la bande-son. Je paye en dollars et pars.

Fille à la porte. Nom Corinne. Ou Carmine. Drapeau rouge. Prénom rouge.

Lettres rouges. Carmen. Je cherche un romantique incurable ! dit-elle.

Tu l'as trouvé ! Pas sûr si c'est lui ou moi. Lettres bleues.

(Au coin d'une rue je tombe sur Brice Parain, le cogne si fort qu'il tombe raide mort. Aucune culpabilité.

Godard a montré que ça pouvait arriver.)

Viens Pierrot ! Elle dit : Avant qu'on baise je dois lire les lignes.

Je lui offre un livre. Capitale de la Douleur*. Non, les lignes de ta main !

Merde*, un poème de Rimbaud ! Ach ! Non*, c'est de Jean-Luc Godard :
une ré-vision de Voyelles. Salopard* ! À la mer pauvre fou.

Mais ça explique tout, ma vie entière ! je crie. Un tas de ferraille TOTAL.

Je vais très bien, merci, pas du tout. Je t'envoie un scénario : « Avec Rimbaud en Afrique ». Fusils filant. Poupées à
gangsters. Folie.

Sans réplique. Je regarde ma main. Faite de verre. Translucide. Il a vu à travers moi ! La carte des artères Rouges et
des veines Bleues est la carte du métro parisien. Tu as besoin d'un couponage ! dit-elle. Non, je passe toujours, dis-je.
Conduit par toi du Sacré-Cœur brisé à Marcadet-Prisonnière. Dérivegauche à Place de l'Opéra. Je tombe en morceaux.
J'ai une attaque cardiaque.

La ville mon corps je n'y habite plus. Je me vois partout. Pavés fêlés, slogans sur affiches. Vitrines. Mon esprit ?

Je est un autre*. Toi moi lui je elle lui. Volé, je dis ! Elle rit.

Elle ôte son soutien-gorge et sa culotte. Retrouvé* !

Le soleil se couche avec la mer*. Mon visage à présent dans le miroir Ovale.

Bleu. Narcisse ou Dorian Gray ? Ta voix, ta faute Jean-Luc !

Tu étais mon miroir et tu as volé mon âme. Mais je persiste.

Paris m'appelle. Une minute j'arrive. Hôtel Scribe à Piccadilly ?

Qui l'a racheté ? Eros sous la pluie. Tu as imaginé Alphaville. ILS l'ont fait.

Tandis que je parle à la fille que tu filmes, crash ! Musique de Misraki.

Cadillac DeVille embarquée sur une Renault Espace.

Amorce de début. Jeune couple derrière qui baise, mais Corinne est morte maintenant.

L'ange de la mort que tu as toujours aimé porte seulement un soutien-gorge et une culotte. En charpie. Lettres bleues.

ANAL : ISIS :

PAR ISIS : CITY OF ISIS : ISIS UND OSIRIS. Lettres rouges.

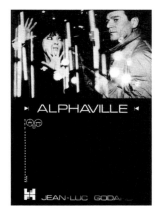

Capitale du démembrement. Treize fragments. Le quatorzième, pas trouvé. Désormais, il nous faut imaginer le pénis perdu…

CITÉ du Temple d'Isis. PARIS. Basilique St Germain*.

Jean Seberg, à bout de souffle, prête à brûler sur le bûcher.

La ville que tu as redéfinie. Fleurs du mal* du cinéma.

Je dérive… Boule Miche*. La Chinoise*. Je suis à Columbia University avril 1968 pour filmer la rébellion des étudiants. Police fédérale. Police éclatant les portes à coups de hache. Têtes sangvie. Dessous les pavés la Rage*.

THE FALL[2]. Au Commencement était l'Image. Pas de cigarettes américaines ? demande-t-elle, vêtue seulement d'un soutien-gorge et d'une culotte. Police agression. Police les nouveaux Terroristes. TERREUR. Lettres rouges. Le pied coincé dans le volant tandis qu'il la baise. « Je ne recommence pas, Pierrot, je continue ! » Femme ! Sans temps. Ni début ni fin, recyclage sans fin de noms, c'est la nature de la bête. « Je commençais à jouir, Paul a crié Stop ! Stop ! » C'était le week-end. Alphaville, centre-ville. Le week-end au cours duquel nous avons assassiné le père. Jour des lettres rouges : Samedi. Satedi. Satyredi. Saturnedi.

5. Répression. La musique cesse. 7. La Police fédérale.

À nouveau je suis à Columbia University. SDS. Une commune. Assemblée. Ensemblé. L'argot que tu parles alors que nous on lit entre les lignes. Mirages…

Je filme Stokely Carmichael : racheté par la CIA ? H Rap Brown : l'ont-ils assassiné ?

Ton amour des FILMS américains n'a pas dû être facile à vivre. Toi non plus. Ni elle non plus… Ma fille très spéciale prénommée ANNA. Étudiants qui baignent dans leur sang emmenés dans les BLACK MARIAS. (J'adore ce nom, bon sang[3] !). SDS. Students for a Democratic Society.

Paris 1968. Il ne s'est rien passé. C'était un film réalisé par toi, Jean-Luc. Nous étions tes figurants. Ils pensaient que c'était réel, tu les as bien eus ! Comme tu as créé Alphaville ! Tout devient VIRTUEL. Libre et enchaîné en même temps. Une fille est une fille est une fille… certaines choses dont je me souviens à propos d'elle… sa trahison bien sûr… elle va créer un enfant en 24 heures.

Né dans le clivage du temps ; l'acmé et l'interface du présent.

TEMPS MAINTENANT. Le temps mange la vie*… Combien d'enfants as-tu conçus au moyen de ton imagination, des enfants qui glissent (sur les gouffres amers, Baudelaire – Albatros*) à présent dans les rues de Paris, réels et irréels ? Anna ? Maria ? Marianne ? Nadja ? Incurable romantique !

Mai 1968. Paris. Mon film de protestation contre la guerre du Vietnam est sorti le 5 mai, sur le boulevard St-Michel[4]. Quelle bêtise* ! Je m'y rends pour le voir.

Cinéma fermé, perdu derrière les barricades, le doux vendeur de la caisse gazé aux larmes, dérivéhiculé en ambulance à l'hôpital.

Film annulé. Le film invisible*. Venu, vaincu, pas vu. N'est-ce pas la preuve : JE SUIS UN VRAI RÉVOLUTIONNAIRE ?

« Baiser dans les voitures est si ennuyeux », disais-tu. Mieux vaut faire des films.

Et puis la vie t'a rattrapé ? Est-ce que je conduisais le camion ?

Je peins mon visage en bleu dans Baker Street…

❀❀❀❀ DÉTOUR : Pour lire 2218 pages de plus de cet anti-poème entropique auto-déconstructif, prière de draguer errer vagabonder tomber sur, dans et autour www.peterwhitehead.net où les pages peuvent se trouver sur écran, comme toute la vie devrait

l'être, pour être crues. Ou pas, qui vivra verra ! Un film sans images. Une histoire d'amour, dans laquelle il n'y a ni amour ni histoire. Comme tu l'as prédit. Avertissements prophétiques auxquels nous espérions nous dérober.

Tu as vu mon film DADDY⁵ à Paris, un montage sur les fantasmes sexuels pervers de vengeance nés du pouvoir politique. Collaboration avec Niki de Saint Phalle. Lacan était là. Assis dans le fauteuil A.

À la fin, tu t'es levé et tu as applaudi. Bien sûr tout le monde t'a imité. J'ai pleuré. Cut. Londres. Des années auparavant, cherchant à posséder le film et à te déposséder toi, j'ai « acheté » Alphaville, les droits de publier le scénario en anglais. Tu as aimé le livre. Très beau* ! Anna sur la couverture. Le Livre d'Eluard masquant sa bouche. Sa jolie bouche. D'où sortaient tes vérités. Mais depuis, j'ai toujours vécu à Alphaville, la cité vit en moi ; comme elle vit à travers chacun, ces jours de ténèbres. Ton rêve.

Ton cauchemar. Ton don de prédiction. Clairvoyance*. Un peu voyeur, voyant, voyou* ?
Ton acte d'amour. Sacrifice. Un homme qui aimait, qui pouvait aimer trop. Tu as emmené ton Anna à la sortie du film, Academy cinema : London Alphaville. Nous avons bu et parlé. Où était Anna Karina ? J'ai demandé : Pourquoi n'est-elle pas venue ? Qui est cette femme parlant avec Godard ? Je ne l'ai pas reconnue. N'était-elle que ce que tu en avais fait ? Tu m'as appris la seule vérité :

Oublie le réel, il est insoutenable.

Au commencement n'était pas le Verbe, au commencement n'était pas l'Image.
AU COMMENCEMENT ÉTAIT L'IMAGINATION.

Ce que tu as imaginé, envisagé, révélé, j'ai tenté de le vivre.

Pour connaître et accepter les êtres fragiles et rêveurs auxquels tu as donné naissance, la ville et la société que tu as défiées. Une vie que j'ai vécue par procuration, malgré moi. Que puis-je faire d'autre que te haïr ? Parfois…

　　À te revoir un jour, Jean-Lucifer ! Avec ma plus tendre affection. Peter.

Traduit de l'anglais (Royaume-Uni) et annoté par Nicole Brenez

---

* En français dans le texte.
1. Initiales de «His Master's Voice», chaîne anglaise de magasins spécialisés dans les produits culturels.
2. Titre du film de Peter Whitehead tourné à Columbia en 1968.
3. «Black Maria», équivalent de notre prosaïque «Panier à salade», était aussi le nom du premier studio de Thomas A. Edison.
4. Il s'agit de *Benefit of the Doubt* (*Au bénéfice du doute*, 1967), film sur la tournée aux États-Unis de la Royal Shakespeare Company, dirigée par Peter Brook.
5. 1973.

Recto et verso des quatre films de J.-L. Godard transcrits, traduits et publiés par Peter Lorrimer Whitehead entre 1966 et 1969.

GODARD ET SES ÉMULES DE PHILIPPE GARREL

Nicole Brenez

Au cours des années 1967 et 1968, Philippe Garrel réalise une dizaine de sujets pour l'ORTF, diffusés dans le cadre du magazine « Seize millions de jeunes », produit par André Harris et Alain de Sédouy. Mentionnons ses magnifiques portraits des Who répétant « Pictures of Lili », de Michel Polnareff et Zouzou se livrant en chansons à un éloge des acides (*Les Bonbons magiques*), de l'étonnante Handa, qui sait qu'en cours d'émission le téléspectateur est tombé amoureux d'elle mais… « aucune chance, j'ai horreur de ceux qui regardent la télévision » (*Handa ou la sophistication*). On trouvera l'un des moments les plus émouvants de l'œuvre de Garrel avec les rushes de sa présentation pour le magazine « Bouton rouge » du 21 mai 1967, critique intense et lapidaire de la pauvreté du rock français. Garrel réalise aussi deux émissions de plus longue haleine, toutes deux en 1967 : *Les Jeunes et l'Argent*, avec notamment Marianne Faithfull et Miles Davis ; *Le Jeune Cinéma : Godard et ses émules*, avec Francis Leroi, Jean Eustache, Jean-Michel Barjol, Luc Moullet et Romain Goupil.

Rappelons tout d'abord que Philippe Garrel a déclaré avoir choisi de devenir cinéaste en assistant à une projection d'*Alphaville* (1965) et qu'il avait tourné *Marie pour mémoire* (1967) pour répliquer de façon contradictoire, en vrai jeune homme de dix-neuf ans qu'il était alors, à la représentation de la jeunesse proposée par *Masculin féminin* (1966). « Mon père, Godard, la peinture… », voici les trois influences majeures qui président aux choix existentiels et artistiques de Philippe Garrel[1]. En cette année 1967, Godard règne sur le cinéma français : il enchaîne les films (quatre en 1966, quatre en 1967), il vole au secours de ses confrères (comme critique, pour *Méditerranée*, de Jean-Daniel Pollet, ou comme discret producteur, pour Marcel Hanoun, Jean-Marie Straub…) ; les émissions, les couvertures de magazine et les numéros spéciaux de revue se multiplient, y compris celles qui lui sont traditionnellement hostiles (par exemple *Image et son*, spécial « Jean-Luc Godard », n° 211, décembre 1967).

Simultanément, le cinéma français part à la recherche d'une nouvelle Nouvelle Vague. En témoigne le dossier consacré au « Nouveau cinéma français » par les *Cahiers du cinéma* en février 1967. Où sont les Godard, les Rivette, Rozier ou Demy d'aujourd'hui ? Les choix des *Cahiers* recoupent ceux de Garrel : Luc Moullet, Francis Leroi, Jean Eustache. (Les *Cahiers* élisent aussi Marguerite Duras, Paule Delsol, Jean Dewever, François Weyergans, Charles Bitsch et Alain Jessua).

Très vite un jeune cinéaste a fait l'unanimité : Jean Eustache, dont *Le Père Noël a les yeux bleus* (1966), interprété par Jean-Pierre Léaud, sera aidé par Godard lui-même, ainsi qu'Eustache le raconte ici à Philippe Garrel. Jean-Michel Barjol était alors l'auteur de courts-métrages documentaires dans la tradition de Georges Rouquier (*Le Temps des châtaignes*, 1966). En 1970, Eustache et Barjol coréaliseront l'admirable *Le Cochon*, rencontre peut-être favorisée par l'intercession de *Godard et ses émules*. Le choix de Francis Leroi peut rétrospectivement paraître plus surprenant : mais le futur auteur de *Rêves de cuir* avait réalisé en 1964 un court-métrage de dix minutes intitulé *Jean-Luc Godard*, et son premier long, *Pop Game* (1967, avec Pierre Clémenti et Joë Hammam), reçut toute l'attention de la critique. Le *Dictionnaire du nouveau cinéma français* le valorise en des termes qui élaborent la même configuration que Garrel : « Après Godard, un cinéaste qui ne craint pas d'assumer jusque dans ses modalités les plus dérisoires (le jerk, les mini-jupes, les porte-clés et l'avortement), le monde comme il va ici

1. Philippe Garrel et Thomas Lescure, *Une caméra à la place du cœur*, Aix-en-Provence, Admiranda/Institut de l'image, 1992, p. 34.

2. Entrée anonyme, *Cahiers du cinéma*, n° 187, février 1967, p. 60-61.

et maintenant. […] À la suite d'Eustache et de Moullet, mais dans un tout autre style, [*Pop Game*] prouve qu'un premier film peut être à la fois fauché et réussi, efficace et courageux, original et vrai[2]. »

Luc Moullet appartenait depuis toujours à la tribu de la Nouvelle Vague. Critique aux *Cahiers du cinéma* depuis 1956, auteur du célèbre *Fritz Lang* des éditions Seghers lu par Michel Piccoli dans sa baignoire du *Mépris* au même titre que Jean-Paul Belmondo lisait Élie Faure dans celle de *Pierrot*, il passe à la réalisation en 1960 (*Un steak trop cuit*), et peuple son premier long-métrage, *Brigitte et Brigitte* (1966), de ses collègues critiques et cinéastes : Éric Rohmer, Claude Chabrol, Samuel Fuller, André Téchiné ou encore Michel Delahaye, qui venait d'apparaître dans trois films de Godard, *Le Nouveau Monde*, *Bande à part* et *Alphaville*. Son autocritique (au sens littéraire) de *Brigitte et Brigitte*, intitulée « Le cinéma n'est qu'un reflet de la lutte des classes », où il reproduit les statistiques concernant la provenance sociologique des cinéastes – 100 % fils de bourgeois et aucun d'ouvriers –, pour conclure qu'il s'agit à présent de « faciliter l'accès à la mise en scène de 50 millions de Français », radicalise de façon burlesque l'autocritique (au sens marxiste) de Godard entamée en 1965, « si j'ai commencé par tourner des histoires bourgeoises, c'est parce que je viens de la bourgeoisie[3] ».

Quant à Romain Goupil, alors âgé de dix-sept ans, il intervient ici en tant que membre des CVL, Comités Viet-Nam lycéens, dissidents radicaux exclus de l'Union des étudiants communistes début 1967, qui se transforment en Comités d'action lycéens (CAL) à la fin de la même année. Goupil passera à la réalisation seulement quinze ans plus tard pour raconter son expérience et celle de son ami Michel Recanati au sein des CAL puis des Jeunesses communistes révolutionnaires (*Mourir à trente ans*, 1982). La récusation espiègle de *La Chinoise* à laquelle il se livre ici, dans un montage mimétique à son objet, et parfaitement en phase avec la position générale des militants d'extrême-gauche comme d'une grande partie de la critique de l'époque, ne l'empêchera pas d'assister Godard sur *Sauve qui peut (la vie)* puis *Allemagne neuf zéro*[4].

En 1988, Philippe Garrel manifestera à nouveau sa dilection pour les affinités électives (scénarisée dans nombre de ses films) avec *Les Ministères de l'art*, qui réunit cette fois autour des idéaux du cinéma moderne les figures de Chantal Akerman, Leos Carax, Jacques Doillon, Benoît Jacquot, Werner Schroeter et André Téchiné. Il y reprend son entretien anthologique avec Jean Eustache qui, vingt ans plus tard, joue donc le même rôle fédérateur que Godard pour la congrégation de 1967.

Notons enfin qu'en 1992, Jean-Luc Godard offrira une splendide préface au livre de Philippe Garrel et Thomas Lescure, *Une caméra à la place du cœur*, intitulée « C'est la nuit qui parle ».

---

3. Jean-Luc Godard, « Parlons de *Pierrot* », entretien avec Jean-Louis Comolli, Michel Delahaye, Jean-André Fieschi et Gérard Guégan, *Cahiers du cinéma*, n° 171, octobre 1965, p. 26 ; Luc Moullet, « Le cinéma n'est qu'un reflet de la lutte des classes », *Cahiers du cinéma*, n° 187, p. 44.
4. Voir les articles négatifs, voire insultants, de Paul-Louis Thirard dans *Positif*, n° 89, novembre 1967 ; de Roger Dadoun dans *Image et son*, n° 211, décembre 1967 ; de Raymond Lefèvre dans *Cinéma 68*, n° 126, mai 1968 ; le dossier plus nuancé et informé de Michel Duvigneau, *Téléciné*, n° 135, novembre 1967… Sur Romain Goupil, voir *infra* la lettre de Jean-Luc Godard p. 345.

LE JEUNE CINÉMA : GODARD ET SES ÉMULES

Philippe Garrel

SÉQUENCE INTRODUCTIVE
Plans et panoramiques sur Paris
Philippe Garrel (*off*) : Paris, octobre 1967. Faire une émission sur le jeune cinéma, c'est chercher dans ce gigantesque commerce les bribes de pensée qui pourraient subsister. On constatera alors que quelques jeunes gens s'obstinent à réaliser des films libres. Ces jeunes gens sont méconnus, leurs films sortent rarement des boîtes. Pourquoi ? Engoncés dans une politique individuelle, ils formulent mal une critique radicale qu'il faut porter au système traditionnel. Ils se protègent, on les comprend : leurs entreprises sont fragiles.
On verra ainsi s'articuler autour de Jean-Luc Godard un petit noyau de cinéastes virulents.

Plan portrait de Francis Leroi
Francis Leroi, après *Pop Game*, signe son nouveau long-métrage, *Ciné-Girl*.

Plan portrait de Jean Eustache
Jean Eustache est le réalisateur de deux moyens-métrages : *Les Mauvaises Fréquentations* et *Le père Noël a les yeux bleus*.

Plan portrait de Jean-Michel Barjol
Jean-Michel Barjol a tourné de nombreux moyens-métrages. Notamment *La Tour sans venin*, *Nadia*, *Au temps des châtaignes*. Il monte actuellement un film de commande, *Les Étrangers*.

Plan portrait de Luc Moullet
Luc Moullet a tourné *Brigitte et Brigitte*. Il termine actuellement *Les Contrebandières*

SÉQUENCE 2 : FRANCIS LEROI
Intérieur jour
Francis Leroi : C'est-à-dire, la Nouvelle Vague a quand même obtenu des résultats positifs, qui sont que par exemple actuellement, au Centre national Cinématographie, on ne conteste plus qu'un auteur soit également son metteur en scène. On donne des dérogations aux metteurs en scène, très facilement, dans la mesure où c'est lui qui est l'auteur du scénario. Bon, ça, c'est une très grande victoire, parce qu'avant il fallait avoir fait je sais pas combien d'assistanats avant de devenir metteur en scène. Bon, ça, c'est très bien. Mais il est certain que ça devrait s'élargir à des tas d'autres notions. Qu'on devrait s'apercevoir qu'il faut faire des films. C'est l'intérêt de la nation. Puisqu'on n'a pas d'argent, c'est complètement idiot de vouloir faire des films à 400 millions. Puisqu'on n'a pas d'argent, heu…, bon. Premièrement. Et ensuite, se rendre compte que c'est pas en multipliant le nombre de gens inutiles sur une équipe de films que c'est utile au film. Ça fait du tort à la production en général, qu'il y ait des gens qui soient autour qui ne fassent rien. Il vaut mieux qu'il y ait plus de films, avec des équipes plus petites. Donc, je crois que c'est un problème de production : actuellement, on se trouve face à un problème de production en France, et c'est tout, c'est un problème de production. Rien d'autre. Y a que ça. C'est tout ce qu'il y a à dire actuellement, c'est ça. C'est ça, le problème, et je crois que le nouveau cinéma dont vous voulez parler, là, justement, essaye d'imposer cette idée.

Tournage de *Ciné-Girl*
Bruit de caméra. Coupez ! Échanges. Plaisanteries

Intérieur jour
Francis Leroi : Je suis un cinéaste amateur. Je suis un metteur en scène amateur. Amateur, ça veut dire « aimer ». Je suis pas un professionnel. Je refuse d'être un professionnel, je refuse d'être un gars… Professionnel, c'est le gars dont c'est le métier c'est de faire des films. Ça, c'est horrible. Parce que Renoir, son métier, c'était d'être peintre, enfin, c'est pas son métier, il le faisait parce que c'était sa passion. Le jour où il avait plus envie de peindre, il peignait plus. Or maintenant, il se passe qu'un metteur en scène de métier… c'est-à-dire que, le jour où on n'a plus envie de faire de films, on n'est plus dans un système. Et puis il faut bien gagner sa vie, et puis on continue à en faire. Moi, il se peut… très possible que dans deux-trois ans je fasse plus du tout de films, parce j'ai pas envie. Moi, j'admire le geste de Rimbaud, qui a été d'abandonner un jour complètement la poésie et, heu…, parce qu'il avait plus rien envie de dire… Bon, c'est tout, ça arrive, ça.

Tournage de *Ciné-Girl*
Ambiance de travail, fort bruit de caméra

Intérieur jour
Philippe Garrel (off) **:** Tu n'as jamais fait d'école de cinéma, techniquement parlant…
Francis Leroi : Quoi ? une quoi ?
Philippe Garrel (off) **:** Une école de cinéma technique…

Francis Leroi : Comment, une école de cinéma technique ? Qu'est-ce que ça veut dire ?
Philippe Garrel (off) **:** Je sais pas : l'IDHEC, Vaugirard, tout ça…
Francis Leroi : Ah ! L'IDHEC ? C'est très très bien, l'IDHEC. Moi, je suis pour, parce que ça permet…, comme ça, ça élimine systématiquement vers la télévision les incapables.
Philippe Garrel (off) **:** Pourquoi ? Parce qu'à la sortie de l'IDHEC ils vont à la télévision ?
Francis Leroi : Oui, ben, c'est-à-dire, les pauvres, heureusement, imaginez-vous à 25 ans sortant de l'IDHEC, obligé de faire un stage sans gagner un rond, et aller chercher des sandwiches d'un petit con de metteur en scène comme moi…

Tournage de *Ciné-Girl*
Francis Leroi : Il faut mettre des trucs dans les tiroirs…
Une actrice renverse une table
Carton « POP GAME »
Quelques notes de musique semi-amplifiée évoquant l'orgue électrique des Doors. Bruits, cris
Suite séquence de bataille
Carton générique « Gaëtane Lorre, Daniel Bellus »

SÉQUENCE 3 : JEAN EUSTACHE
Intérieur. Café
Gros plans, zooms avant/arrière
Jean Eustache : J'avais entendu dire justement par des élèves opérateurs et d'autres gens, des élèves de l'école de Vaugirard, des écoles d'opérateurs, que les opérateurs, pour pouvoir s'entraîner, comme ça, achetaient…, regardaient les productions en cours et achetaient aux directeurs de production les chutes vierges des films, comme ça. Quand on tourne avec la caméra cinquante mètres, on a des chutes de cinquante, soixante mètres. Qu'on revend à la fin des films à la moitié ou au quart du prix, comme ça, et on peut réunir… Et alors c'est très embêtant, il faut recharger tout le temps. À chaque plan, comme ça… Mais enfin, on peut acheter pour très peu cher de la pellicule. Alors j'ai cherché avec une qui se faisait, avec un film noir et blanc qui se faisait, je me suis dit : « Je vais acheter la pellicule comme je verrai. J'avais un peu de temps d'avance, deux-trois mois, et Godard avait tourné *Masculin féminin*, alors je lui ai demandé – jusque-là j'avais cherché, j'avais encore rien trouvé, j'avais genre une dizaine d'enroulés (on garde la pellicule, comme ça) –, et lui m'a proposé carrément de me prê…, de me donner la pellicule pour tourner. Il m'a dit : « Si vous voulez la pellicule, je vous la donne…
Plan de coupe
Jean Eustache : … et puis le tirage de la copie de travail, et puis faites votre film ».
La musique « classique » reprend le dessus du mixage
Plan cut
Jean Eustache : Et quand le film a été… Je suis revenu à Paris, j'ai voulu monter le film très très vite, j'ai monté, mixé le film très vite. Un mois après le premier jour de tournage il était fini. Cinq semaines après le premier jour de tournage il était mixé. Et j'ai montré…, j'ai montré à Godard pour savoir ce qu'on avait fait, comme ça. Et il a pris à sa charge les quelques factures qui restaient à payer de mixage, de son – enfin, pas mal, quand même. Et puis le tirage d'une standard. D'une copie standard. Et, enfin, une dette que j'avais sur le film, quand même, qui était quand même considérable : il est venu une production…, c'était une production de la société de de de Godard.
Philippe Garrel (off) **:** Qu'est-ce qu'il a dit du film ?
Jean Eustache : Oh, il a rien dit, il a dit qu'il aimait bien. Enfin, à moi, il a dit qu'il aimait bien… *(rire étouffé)*.
Philippe Garrel (off) **:** Ça fait…, le film coûte combien au total ?
Jean Eustache : Il coûte à peu près dix millions. Il coûte à peu près dix millions, c'est un film tourné entièrement en province, il dure quarante-cinq minutes. Le budget total est d'à peu près dix millions, ce qui fait un long-métrage à vingt millions. Pour un court-métrage, c'est cher,

Jean Eustache dans *Godard et ses émules*

mais en fait c'est pas cher pour ce que c'est, pour trois-quarts d'heure, aller tourner comme ça en province. C'est la moitié d'un long. C'est cher pour un court-métrage mais c'est pas cher pour un film qui est la moitié d'un long-métrage. Enfin, à mon avis.

Philippe Garrel (off): Et il a été distribué, celui-là?

Jean Eustache : Il a été distribué, mais très mal. Il a été distribué, mais n'importe comment. Jusque-là, je m'avais jamais... je m'étais jamais... j'avais jamais pensé... je m'étais jamais préoccupé des affaires de distribution. J'ignorais complètement, mais enfin, on m'avait dit, comme ça, que les distributeurs... (un temps) distribuaient n'importe comment, n'importe quoi, ce qu'ils avaient. C'est vrai. Je savais pas, mais c'est vrai. Le film a été distribué par un type qui ne l'avait même pas vu, qui savait pas du tout ce que c'était : il avait été au festival de Cannes, à la Semaine de la critique, sélectionné, le directeur du festival de Pesaro... enfin dans quelques festivals, comme ça. Il l'a pris comme ça sur le nom, mais sans savoir, distribué n'importe comment. N'importe comment ! Enfin, il a vendu mal une marchandise qu'il ne connaissait pas. Il a vendu n'importe comment une marchandise qu'il ne connaissait pas ! C'est ce qu'il y a de pire, comme ça, dans le cinéma. C'est pour ça que les films sont toujours mal distribués. Par ceux qu'il ne faut pas, quand il ne le faut pas, avec ce qu'il ne faut pas... (un temps). Ça a été fait d'une façon complètement aberrante, enfin. Ça a été fait par un incapable (sourire).

Philippe Garrel (off): Les...

Jean Eustache : Alors ça a mal marché. Ça a mal marché, la distribution ça a mal marché, mais c'est normal. C'est tout à fait... j'veux dire : y a que lui qui peut s'en étonner, de ça (rires). Il n'y a que lui qui peut s'en étonner, c'était bien normal (sourire).

Philippe Garrel (off): Et le film s'est remboursé, finalement...

Jean Eustache : Le film a été finalement remboursé par les prix à la qualité du court-métrage. Il a eu un prix à la qualité.

Plan de coupe musical sur la façade du café Au rendez-vous des artistes

Philippe Garrel (off): C'est l'histoire d'un jeune homme qui s'ennuie en province, la mort de la vie intérieure un peu...

Jean Eustache : J'sais pas. C'est pas exactement l'histoire d'un hom... jeune homme qui s'ennuie. C'est... enfin, pour moi, c'est très difficile de retrouver, je sais pas si c'est dans le film. C'étaient mes intentions avant. Si elles sont pas dans le film, c'est ridicule de les dire. Si elles y sont, on les voit.

J'y ai décelé une aventure qui ne pouvait arriver qu'à quelqu'un vivant dans des conditions très difficiles, quand on pense qu'à bouffer, on pense pas au marxisme, on pense à bouffer, quand on est tout seul, qu'on a pas de quoi fumer, pas même de quoi dormir, on pense pas, on n'a pas d'orientations idéologiques, on pense tout de suite à ce qu'il faut faire, et quand on a la vie complètement..., des costumes complètement usés et complètement..., et qu'on est en loques, on pense pas, on n'a pas

d'autres préoccupations. On a des préoccupations immédiates. Et le reste des préoccupations, qu'elles soient idéologiques, métaphysiques ou n'importe quoi, c'est un luxe pour bourgeois, je trouve.

Et ça, je voulais le prouver. Enfin, je voulais le prouver... : je voulais le dire... Je voulais le dire..., je voulais le dire très froidement. Des gens de tout... ont réagi un peu contre ça, ce que je comprends, mais enfin, je comprends mais ça fait plaisir parce que c'est vraiment fait, pour moi, exprès. C'est vraiment fait exprès. C'est vraiment pour qu'on dise : « Mais ce type-là, il ne pense pas à l'avenir, à la France, à la politique, à la religion, il pense à rien ». Mais ça, j'y tenais... ça, j'y tenais et je crois avoir au moins atteint une partie de mon but par les gens... Quand on proteste, quand on proteste contre le film pour ces raisons-là, c'est que, ce que je voulais... (musique).

SÉQUENCE 4 : JEAN-MICHEL BARJOL (1ᵉ partie)
Salle de montage
Panoramique depuis le dépoli de la visionneuse vers un homme à chemise rayée

Jean-Michel Barjol : Mon nom, c'est Jean-Michel Barjol, je suis né le 19 mai 1938, alors je sais pas combien ça fait d'années... boah, ça doit en faire 28, 29, ça n'a pas d'importance. Je sais pas d'où j'viens. J'en sais rien. Et puis j'ai fait des films totalement libres, parce que j'avais envie de faire des films. J'avais 100 000 anciens francs et j'ai produit un film de deux millions, deux millions cinq. Ce film s'appelle *Nadia*. On couchait dehors, on faisait la cuisine – on a mis le feu à un bois sans faire exprès (on n'était pas assurés). On montait la caméra à trente mètres sur un pin, parce que je voulais faire des plans et j'avais pas de grue. Et j'ai fait un film sur l'adolescence, un mec qui fout le camp vraiment.

Extrait de *Nadia*

Salle de montage
Contre-plongée

Jean-Michel Barjol : On m'a proposé deux commandes, quoi... Les étrangers. Et comme entre temps j'avais réussi à préparer un p'tit coup... Enfin, j'ai pu tourner mon film. Enfin bon : que mon film que j'ai tourné sur la jeunesse cet été. J'sais, je crois que ça va s'appeler « Vas-y mon kiki » ou « C'est parti mon kiki », un truc comme ça, voilà. Alors c'est un film qui aurait pu être un film de commande, si les gens qui l'ont produit n'étaient pas des gens vraiment merveilleux. C'est un film sur l'été et la jeunesse. Je l'ai tourné tout en intérieurs, c'est-à-dire qu'on ne voit jamais le soleil, et puis j'ai montré que les jeunes...

Plan de coupe sur l'écran de la table de montage

... la plupart des jeunes étaient vieux, et que Picasso avait raison, il fallait vachement longtemps pour arriver à devenir jeune. Alors que la jeunesse était aussi un peu du baratin. Il y avait les vrais jeunes et les autres. Et là, le premier, donc *Nadia*, le premier 35, il est allé chez...

Fin du plan de coupe

... Braunberger. Il y est toujours, d'ailleurs, dans ses tiroirs. Le second, c'est Paul de Roubaix, et ces deux-là, c'est Samy Halfon. Samy Halfon, c'est *Hiroshima mon amour*, c'est Robbe-Grillet, c'est Franju, Astruc, quoi...

Philippe Garrel (off): Braunberger, par exemple, pourquoi il ne l'a pas sorti, le *Nadia* ?

Jean Michel Barjol : Oh, je ne sais pas, parce qu'il n'est pas pressé, quoi. Je crois. Je crois qu'il n'est pas pressé. Et que, dans son système à lui, il a entièrement raison. Barjol, il y a quatre ans, ça valait pas grand-chose, commercialement parlant. Aujourd'hui guère plus, mais enfin, un petit peu plus.

Philippe Garrel (off): Oui.

Plan feu tricolore

Jean-Michel Barjol (off): Oh, mais Godard, c'est un mec formidable.

Salle de montage

Jean-Michel Barjol (off): C'est un type formidable parce... Tu vois, c'est un type qui dit plein de choses et les gens rigolent. Or quand il les dit, lui, c'est pas du tout pour se marrer. Il se marre absolument pas. C'est un homme qui est certainement très triste et très seul.

Extérieur tournage *Week-End*
Jean-Luc Godard : Attention…
Bruits sur le plateau
Jean-Luc Godard : Bon, alors, allez tout là-bas.
Bruits sur le plateau
Jean-Luc Godard : Silence, s'il vous plaît… Moteur.
Tourne (zoom arrière)
Annonce
Troisième
Clap

Jean-Michel Barjol (off) **:** Les gens disent plein de conneries sur lui. Bon, ben, il laisse faire. Et puis c'est bien. C'est une bonne publicité. On en parle, au moins.

Cut Godard profil gauche

Jean-Michel Barjol (off) **:** Mais si tu veux, moi (*bredouillement*), même *La Chinoise*, moi, j'ai toujours dit : « À bas Lumière, vive Méliès ». Bon, ça fait longtemps, tu vois. Lui, il le dit dans *La Chinoise*, très bien. Alors on est copains maintenant. Vive Méliès ! Il a raison, c'est Méliès qui est le cinéma, c'est ce côté-là. Bon, et puis c'est *Les Carabiniers*. C'était Méliès aussi. Les gens qui vont voir *La Chinoise*, on devrait leur projeter *Les Carabiniers* quatre fois de suite. Et le premier spectateur qui se lève des *Carabiniers*, il n'a plus le droit d'entrer dans une salle où l'on projette un film de Godard. Et de nouveau on sera bien, il pourra travailler comme il faut.

Extérieur tournage *Week-End*
Voix de femme : Vous êtes dans un film ou dans la réalité ?
Jean Yanne : Dans un film.
Autre homme : Dans un film ? Vous êtes trop menteur !
Son de voiture, démarrage puissant
Jean Yanne + autre : Salauds !

Jean-Michel Barjol (off) **:** En plus, il a le génie de la bricole, Godard, c'est un bricoleur de génie. C'est ça le génie, d'ailleurs, il a la bricole. Il sait aussi bien faire marcher une voiture, un magnétophone, une caméra, que que… qu'un acteur. Ça, c'est formidable, c'est vraiment formidable.

Fumeur en bleu : Vous avez du feu ?
Jean Yanne : Non.
Fumeur en bleu : Il y a une gonzesse, là.
Jean Yanne : Oui, et alors ?
Fumeur en bleu : Elle est à vous, cette gonzesse ?
Mireille Darc (off, crie) **:** Non, aïe, au secours !

Jean-Michel Barjol (off) **:** Il y a quatre ou cinq ans, il a dit : « Moi quand j'ai commencé, j'avais l'impression d'être dans une boîte, puis j'ai percé un petit trou. Et puis j'ai vu que de l'autre côté il y avait des gens qui vivaient. Et puis j'ai essayé d'agrandir mon petit trou, ma petite fenêtre. Eh bien, on fait comme on peut. »

Mireille Darc fait du stop, une DS noire arrive et s'arrête.
Mireille Darc : Vous allez à Ouazille ?
Le conducteur : Qui a attaqué en premier, Israël ou l'Égypte ?
Mireille Darc : Ces cons d'Égyptiens, n'est-ce pas Roland !
Le conducteur : Pauvre ignorante !
La voiture repart. Jean Yanne, désabusé, se lève.
Jean Yanne : C'est ton tour.
Il grimpe sur le dos de sa partenaire.
Godard, face caméra, fait un geste de coupe du plan.

Jean-Michel Barjol (off) **:** Et puis il a jamais dit qu'il faisait des films. Il a jamais dit qu'il faisait les choses ; à tous les coups, ça, il l'a jamais dit. Bon, il a dit qu'il cherchait… Mais, si tu veux, c'est… ce que j'aime, moi, c'est certaines choses qu'il a, enfin tu vois… certains malentendus qu'il a laissés…, qu'il a laissés se développer, à savoir que le cinéma, c'était facile… que c'était à la portée de n'importe qui, que n'importe qui pouvait tourner. Bien sûr que n'importe qui peut tourner. Mais, euh… c'est difficile.

SÉQUENCE 5 : ROMAIN GOUPIL
Extérieur rue. Un cinéma projette La Chinoise. *Musique martiale : clairon, tambour. Affiche de* La Chinoise
Romain Goupil : Moi, Romain Goupil, inscrit aux Jeunesses communistes révolutionnaires, considère qu'il faut condamner Godard pour son film *La Chinoise* pour les raisons suivantes :
Musique : cordes (violons, alto, etc.) Panoramique rapide sur les photos du film
Romain Goupil : Premier point : il a trahi le marxisme-léninisme.
Musique. Panoramique rapide sur le néon «UN FILM DE JEAN-LUC GODARD »
Romain Goupil : Deuxième point : il n'a pas l'excuse de la fiction, les groupuscules visés étant très précis. Citons pour mémoire : L'Humanité nouvelle et Garde rouge.
Musique. Panoramique rapide sur les photos du film
Romain Goupil : Troisième point : il a fait des militants des cas névrotiques.
Musique. Panoramique rapide sur les photos du film
Romain Goupil : Quatrième point : d'être devenu de bon gré la bonne conscience de la bourgeoisie française. Rapportons-nous aux critiques.
Musique. Panoramique rapide sur les critiques du film
Romain Goupil : Cinquième point. Laisse improviser par sentimentalité des personnages qui se révèlent n'avoir aucune connaissance du marxisme, ce qui constitue une imposture.
Musique. Panoramique rapide sur le placard «CE QUE DIT LA PRESSE »
Romain Goupil : Dernier point : d'avoir récupéré l'irrécupérable, c'est-à-dire la Révolution.
Musique. Panoramique rapide sur le néon «JEAN-LUC GODARD »

Extérieur tournage *Week-End*
Portrait de Anne Wiazemsky[1] en extérieur
Plans de Jean-Luc Godard et Raoul Coutard au travail

Musique. Panoramique sur le néon «JEAN-LUC GODARD »

SÉQUENCE 6 : JEAN-MICHEL BARJOL (2ᵉ partie)
Intérieur, salle de montage
Jean-Michel Barjol : Ce qui peut arriver de pire à un cinéaste, vraiment le pire, c'est d'être à la mode. On est toujours à la mode pour des malentendus, sur des malentendus. Alors le tout est de savoir si le type qui est à la mode, le cinéaste, le chercheur, le créateur à la mode, le charlatan qui est à la mode, d'abord de savoir s'il va se prendre au sérieux ou pas. Or c'est un type qui, contrairement à ce qu'il dit, ou ce qu'il laisse croire, c'est un type qui connaît son métier. Il a appris son métier. Il connaît le cinéma. Et il cherche. Donc, s'il se laisse pas prendre, s'il se laisse pas complètement enfermer là-dedans, eh bien, il a gagné. Et moi, je crois qu'il gagne. Son chef-d'œuvre : il a jamais dit qu'il avait fait son chef-d'œuvre, mais je crois que son chef-d'œuvre, il le fera un jour. N'empêche que des films comme *Les Carabiniers* et *Pierrot le fou,* on peut se mettre à genoux devant.
Il tourne peut-être trop, mais qu'est-ce que ça veut dire, trop tourner ? Il faut tourner sans arrêt, tout le temps. Tu vas pas reprocher à un peintre…

---

1. Alain Bergala nous a précisé que Anne Wiazemsky était photographe de plateau sur *Week-End* et Philippe Garrel qu'il en avait filmé lui-même le tournage. Qu'ils en soient ici remerciés.

justement, moi, j'aime bien parce que… tu vois… il désacralise le cinéma. Le cinéma a tout un côté mythique, le maître faisait un film de temps en temps et avertissait le peuple. Or un peintre dessine, il déchire, il rature, il va faire l'amour, il va faire son marché, puis il retravaille, et puis c'est pas bon, il jette tout ça. Au cinéma, on peut pas faire. Si tu fais un long-métrage, tu peux pas le jeter. Mais le tout est d'avoir trouvé, d'avoir le génie, le génie de la réalité économique. Or il l'a. Il se débrouille pour faire un film qui, économiquement, sera rentable, et à partir de ce moment-là, il peut faire ce qu'il veut, et il peut en faire autant qu'il veut, tu comprends, et c'est beaucoup moins grave, et on doit lui pardonner beaucoup plus qu'on ne pardonne à des charlatans primaires et sans génie et sans respect de rien.

Extérieur Tournage *Week-End*

Jean-Luc Godard : Là, c'est très bien…

Ça allait, là, la tape, non ? Là, c'est bien. Ça fait mal à la main, mais pas longtemps.

Tu l'entends, quand il recrache les trucs ? Tu peux lui jeter un coup d'œil. Et au contraire : à ce moment-là tu arranges ton sandwich de nouveau. Pour le reste, c'était très bien. Vous aussi, très bien. Une dernière fois comme ça.

Salle de montage

Jean-Michel Barjol : Pour la première fois de ma vie, je suis sous contrat. C'est pire que d'être en carte. Alors je gagne bien ma vie, puisque je fais du cinéma au tarif à peu près de la femme de ménage, deuxième catégorie. À peu près 90 000 francs par mois. Anciens, bien sûr. Onze mois de ce tarif, c'est confortable, et il faut le dire, cela incite tous les jeunes à faire du cinéma, car, quand on fait du cinéma on a la fortune, il faut bien le dire.

Extrait de *Nadia*

Jean-Michel Barjol : Ce qui est grave avec le malentendu qu'a laissé planer Godard en disant : « Allez-y, faites du cinéma, tout le monde peut en faire, c'est pas difficile », c'est que tu vas avoir d'ici peu de temps – d'ailleurs, ça a déjà commencé – une quarantaine de petits sous-Godards qui, au lieu de parler de ce qui les intéresse, de ce qui les attire, de ce qui les repousse, de ce qui les intrigue, vont parler *comme* Godard de problèmes qui appartiennent à Godard, mais ils vont faire des petits films de Godard. Tu comprends ? Et ça, c'est dangereux, parce que Godard il a du génie, c'est certain, mais il est le seul à avoir son génie. Et comme disait Cocteau, le secret, on peut le donner. Le secret de fabrication de Godard, lui pourrait le donner, son secret de fabrication. Seulement, pour l'appliquer, il faut s'appeler Godard.

Extérieur tournage *Week-End*

Voix off : Par rapport au total, vos sandwiches, ça représente exactement ce que les USA donnent au Congo par rapport au total du budget américain.

Laszlo Szabo (à *Mireille Darc*)**:** Embrassez-moi.

Mastiquant le sandwich, il insiste : Embrassez-moi !

Mireille Darc s'exécute, il lui donne le sandwich, lui frappe le bras.

Mireille Darc : Ça va pas, non ?

Laszlo Szabo (la bouche pleine)**:** J'applique la loi que les grands pétroliers appliquent à l'Algérie.

Jean Yanne : Quelle loi ?

Laszlo Szabo : La loi du baiser et du coup de pied au cul.

Mireille Darc : C'est pas parce que vous êtes malheureux qu'il faut être méchant.

Salle de montage

Jean-Michel Barjol : Tu vois, il faut se battre pour pouvoir faire des films les plus libres. C'est-à-dire des films dans lesquels le réalisateur puisse dire « je suis responsable ». Il l'est toujours, mais « je suis pleinement

responsable. C'est de la merde, mais je suis responsable. C'est loupé, je suis responsable », et ça c'est important. Et pas dire : « Mon opérateur était pas très bon, vous savez, il n'y avait pas assez de lumière. Les conditions de travail étaient pas bonnes. » Non, il faut que le type puisse dire : « Je suis responsable » (*bruit caractéristique table de montage*). Maintenant, si le gars, je te l'ai dit, te donne pas d'argent, eh bien, il faut le dire aussi, voyez. « C'est un film dont je suis totalement responsable, mais il est fait avec très peu d'argent. » Voilà, c'est dit, comme ça tout le monde le sait. Ça n'empêche pas de faire un beau film (*rembobinage strident*).

Philippe Garrel (off)**:** T'es pas un peu fatigué de ce système ?

Jean-Michel Barjol : Ah ah ! ce système est complètement fatiguant, parce que souvent ça a un côté euphorique. Ça a un côté euphorique pendant quinze jours. Pendant quinze jours, les copains, les gens que tu connais viennent te voir et : « Qu'est-ce que tu fais ? » Pour une fois, tu réponds. Tu dis : « Je tourne ». Puis, au bout de quinze jours, tu sais, l'essentiel, c'est de faire le film. Et alors les conditions sont telles que… (*il se reprend*), les conditions pratiques… parce que tu vois, pour arriver jusqu'ici, la salle elle est bien, c'est vraiment premier choix (*on entend bien le système d'aération*), n'empêche qu'il faut prendre le bus, tu vois, le 175 (*klaxon*) jusqu'au pont de Neuilly, et ensuite, du pont de Neuilly il faut prendre le métro jusqu'à Étoile, et d'Étoile il faut le prendre jusqu'à Nation. Moi, j'habite Nation, tu vois. Alors aller-retour, c'est pas plus marrant que les mecs qui vont au travail le matin et qui rentrent le soir, tu vois. Et quand t'as pas un centime de défraiement pour le faire, eh bien, tu deviens un prolo aussi. Un prolo du cinéma. Alors c'est pas mal, dans la mesure où tu peux tenir le coup et où tu peux travailler, mais alors, ça, c'est fatiguant, comme le type qui pendant quarante ans prend le métro ou prend le train de banlieue un jour arrive, il dit : « Je suis fatigué ». Et même si c'est pas un réactionnaire, un jour il dit : « J'en ai marre, je veux plus faire comme ça ». C'est en ce sens que j'en ai un peu marre. Alors je crois qu'il faut se battre, y faut… (*surmodulation limite saturation*), faut se battre encore, il le faut. J'ai eu les huissiers. J'ai eu les huissiers mais c'est pas assez : il faut que je recommence, tu vois, il faut même aller jusqu'à la prison mais il faut faire les films. Faut faire des films, vraiment. Bon, là, j'ai un peu honte, parce que ces conditions, je les ai acceptées. On me dit, pour une fois : « Vous aurez une belle salle de montage ». Mon producteur me dit : « Vous savez, Jean-Michel, je vais vous apprendre votre métier. » Tu parles, mon métier, si il savait comment je le fais, mon métier ! Il y a rien à apprendre, tu comprends, c'est comme pour faire la mayonnaise, y a un tour de main à avoir : on l'a, ou on l'a pas.
Cut
Et la fiction, c'est pour faire peur aux gens, tu comprends, et puis c'est un métier de saltimbanque solitaire, de clown, c'est un truc de solitaire, complètement, t'es un pauvre mec. J'ai pas honte. T'es un pauvre mec, un mec qui a mal tourné. Moi j'estime avoir bien tourné, mais pour les gens t'es un mec qui a mal tourné, tu comprends. Si j'avais bien tourné, je serais avec mes copains qui ont déjà fait fortune, tu vois, et qui ont leurs DS devant leurs bureaux et qui se sautent leurs petites secrétaires. (*Il ponctue sa phrase de quatre tours d'enrouleuse*). Mais ça fait rien. Moi, je suis heureux, je suis bien comme ça (*bruit de table de montage*). Ça, c'est important. Il faut pas dire aux gens : « C'est facile. C'est facile, vous pouvez le faire, c'est Hollywood, vous allez voir, vous allez être considérés, vous allez voir, vous allez commander des gens ». Les gens, ils sont là pour te servir, mais moi, tous les gens qui ont travaillé avec moi – et je peux te donner la liste –, tous les gens qui ont travaillé avec moi, ils veulent retravailler avec moi, et ça, tu vois, j'en suis fier, aussi fier que d'avoir réussi un film, aussi fier, là, pareil.

Philippe Garrel (off)**:** Ton film, tu vas le faire bientôt ?

Jean-Michel Barjol : Ben j'espère. Il faut peut-être être plus courageux que ça. Il y a des moments de fatigue, des moments de faiblesse. Quand j'ai accepté de faire ça, j'avais pas travaillé pendant quinze mois, tu vois. J'avais pas travaillé, parce que j'étais sur un film avec le producteur que j'estime le plus, vraiment que j'estime le plus, mais il ne pouvait pas le faire, parce qu'il n'avait pas d'argent pour le faire. Et pendant quinze mois, tous les jours on a reculé un peu, tu vois, et tous les matins on se télé-phonait, et tous les matins on reculait, et mes copains qui étaient derrière, les techniciens, qui étaient aussi mes copains, qui attendaient – les techniciens gagnent leur vie et roulent en voiture de sport –, c'est des mecs qui avaient envie de travailler avec moi, mais qui avaient aussi envie de travailler. Petit à petit, ça c'est désagrégé, ça devenait sordide, et au bout de quinze mois tu acceptes le système.

SÉQUENCE 7 : LUC MOULLET
Intérieur, mur blanc
Très gros plan
Luc Moullet : Je m'appelle Moullet Luc. Je suis né en 1937 et j'ai fait trois courts-métrages. Ça, c'est mon deuxième long-métrage : *Les Contrebandières.*
Cut
Très très gros plan (bouche hors cadre, plan de coupe)
C'est un western.
Cut
Je crois que c'est un des premiers westerns qui soit tourné en France ces années-ci. On en faisait avant, en Camargue ou en montagne, mais la mode s'est perdue et on n'a plus fait que des westerns parodiques. Tandis que celui-là est un vrai film d'aventure *(léger tilt vertical)*. J'ai commencé par écrire le scénario, ensuite je l'ai réalisé et je l'ai produit pour pouvoir le tourner *(zoom arrière)*, et maintenant je suis en train de finir de le monter. Il n'y a pas eu de difficulté parce que c'est moi qui étais producteur et je m'entendais très bien avec mon producteur.
Cut
C'est moi qui ai produit *Brigitte et Brigitte*, oui. C'était mon premier film.

Extrait 1 : *Brigitte et Brigitte*
Intérieur, salon
Françoise Vatel se jette sur les genoux de Claude Chabrol, assis dans un grand fauteuil. Claude Chabrol commence à se balancer en grognant de désir et tous deux finissent par tomber.

Luc Moullet : Et c'était la seule façon… [à suivre]

Extrait 2 : *Brigitte et Brigitte*
Intérieur, salle de cinéma
Deux protagonistes s'embrassent au fond d'une salle de cinéma vide.

Extrait 3 : *Brigitte et Brigitte*
Intérieur, café
Françoise Vatel : Monsieur Samuel Fuller, I am très émue d'inter-viewer le plus grand metteur en scène vivant.
Samuel Fuller *(doublé par la voix de Moullet, accent cow boy)* : Ah, euh, Bridgit, moi aussi je…, je suis, je crois…, vous êtes très belle, très charmante, très ému pour moi de répondre à vous.

Extrait 4 : *Brigitte et Brigitte*
Extérieur rue, devant un cinéma
André Téchiné : Le cinéma est la seule manifestation artistique de l'Amérique, qui, avant, était inculte. L'usine à mythes, ce n'est pas le cinéma mais la littérature américaine.
Colette Descombes : Et par son côté commercial, Hollywood ne semble-t-il pas avoir favorisé deux générations de délinquants juvéniles, des gangsters aux beatniks et aux mashed potatoes ?
André Téchiné : L'auréole romantique de l'échec chez Hemingway, Fitzgerald et Williams a servi d'excuse à trois générations de délin-quants adultes.

Intérieur. Luc Moullet en gros plan
Philippe Garrel *(off)* : Godard vous a pas aidé au début ?
Luc Moullet : Il m'a aidé en me présentant à un producteur pour mon premier court-métrage.

Philippe Garrel *(off)* : Qui était ?
Luc Moullet : Cela s'appelait *Un steack trop cuit,* un film comique. Et c'est lui qui vraiment m'a permis de débuter, tout au moins dans le court-métrage.
Philippe Garrel *(off)* : Qu'est-ce qu'il a dit de *Brigitte et Brigitte* ?
Luc Moullet : Heu…, il m'a dit qu'il aimait le film.
Philippe Garrel *(off)* : Il a rien dit de plus ?
Luc Moullet : Oh si *(silence)*. Ça lui plaisait, enfin il regrettait *(silence)*, il regrettait certaines petites choses, mais dans l'ensemble c'est un film qu'il aime beaucoup, je crois, sincèrement.
Philippe Garrel *(off)* : Comment ça se passe vis-à-vis du Centre du cinéma ? Y a pas de problème pour les les… ?
Luc Moullet : Non, y a pas de problème. Enfin, y aurait pu y en avoir, mais on trouve toujours une façon de s'arranger. Pour mes films, pour le moment je n'ai eu aucun problème.
Philippe Garrel *(off)* : Y a pas de problèmes, il faut pas souhaiter un renouvellement du système de production, ou… ?
Luc Moullet : Oh si, si. Mais pour le moment, de mon côté, ça va.

Extrait 5 : *Brigitte et Brigitte*
Extérieur rue, devant une affiche de Zorba le Grec
La journaliste : Quels sont les trois meilleurs cinéastes américains ?
Pierre-Richard Bré : Vincente Minnelli, Arri Ruvier et Edvard Ulrich [sic]. Son dernier film est tellement prodigieux qu'en projection j'ai pris douze pages de notes. *(Il réfléchit)*. Non. Treize.
La journaliste : Vous voyez les films dans votre quartier ?
Pierre-Richard Bré : Je vais à Londres, à Bruxelles ou à New York quand il y a un nouveau film de Edvard Ulrich.
La journaliste : Quel est votre plus ardent désir de cinéphile ?
Pierre-Richard Bré *(gros plan légère contre-plongée)* : Mourir en projection.

FIN

Titre de la Collection : « Seize millions de jeunes »
Réalisateur : Philippe Garrel
Producteurs : André Harris, Alain de Sédouy
Date : 1967
Durée : 46'

Retranscription par l'Internationale échantillonniste, relue par Philippe Garrel

Tournage de *Week-End* filmé par Philippe Garrel

JEAN YANNE

MIREILLE DARC
DANIEL POMMEREULLE

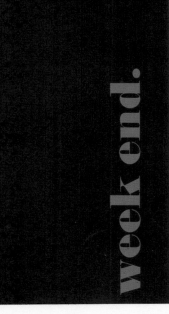

week end.

MIREILLE DARC
JEAN YANNE

week end.

week end.

LE LIVRE *LE GAI SAVOIR*
LA CENSURE DÉFIÉE

D[AVID] F[AROULT]

Premier film de Godard commandé par la télévision française, *Le Gai Savoir* est tourné avec Juliet Berto et Jean-Pierre Léaud en décembre 1967 et janvier 1968, puis monté après juin, en intégrant dans la bande sonore, et par l'insertion d'images fixes banc-titrées, des éléments témoignant du mouvement de mai-juin. L'immense richesse graphique des collages et titres manuscrits sur des dessins et photos justifierait à elle seule la publication intégrale de la bande-image du *Gai Savoir*.

Le film ne sera jamais diffusé par l'ORTF et la censure n'autorisera pas sa sortie en salle. Ne reculant devant aucune précaution, la commission de contrôle des films exige[1] également que des coupes soient pratiquées sur ce film pourtant totalement interdit : indice que les censeurs mesuraient bien qu'il finirait par circuler un jour ou l'autre. Godard semble y tenir, puisqu'il entreprend des démarches pour réacquérir ses droits auprès de l'ORTF. En guise de coupes, il recouvre la bande-son d'un bip continu rendant inaudibles les phrases incriminées, mais soulignant leur censure. La sélection méticuleuse des passages à bannir nous informe sur les convictions morales et sur les conceptions diplomatiques des censeurs : on peut – en tout cas, à l'époque, on pouvait – injurier les CRS mais pas un ministre, on peut associer Kossyguine à des obscénités, mais pas Franco[2].

La publication par Godard du texte du film apparaît comme un ultime défi envers la censure : celle des livres relevant d'autres autorités, les phrases dont la coupe a été exigée figurent sur le livre, comme un pied de nez. Ainsi la censure d'État est-elle contournée par une tactique visant à tirer profit de ses contradictions institutionnelles internes (contrôle des films/censure des livres).

La page de garde présente les indications suivantes :

Union des écrivains
2
Jean-Luc Godard
Le Gai Savoir
(mot-à-mot d'un film encore trop réviso)

Si le terme « mot-à-mot » [sic] se laisse aisément comprendre comme désignant une retranscription de la bande-paroles du film, celui de « réviso » exige d'être resitué dans son contexte politique : reprenant à leur compte l'usage léniniste de la notion, les maoïstes ou les marxistes-léninistes dont Godard se sentait proche rejetaient comme « révisionnistes » – en ce sens qu'elles *révisaient* le marxisme – les orientations du PCF, des Soviétiques, des Cubains... Les axes décisifs de cette scission au sein du mouvement communiste international portaient sur la coexistence pacifique avec le capitalisme (promue depuis Khrouchtchev), sur la reconnaissance du fait que la lutte de classes se poursuivait pendant la transition vers le communisme, sur la prise en compte du rôle décisif des questions idéologiques et

---

1. Dans une décision du 6 février 1969 – faut-il y voir la célébration d'un 35ᵉ anniversaire ? –, selon Colin MacCabe, *Godard. A Portrait of the Artist at 70*, Londres, Bloomsbury, 2003, p. 355.

2. L'interdiction de la pièce d'Armand Gatti, *La Passion du général Franco*, pour les mêmes motifs de bon voisinage diplomatique avec les fascistes, intervint la même année : répétée en France, en vue de sa création au TNP dans une mise en scène de Gatti, à l'automne 1969, et « retirée de l'affiche le 19 décembre, pendant les répétitions, sur ordre du gouvernement français à la demande du gouvernement espagnol » (« Notice bibliographique » dans A. Gatti, Œuvres théâtrales, t. III, Lagrasse, Éditions Verdier, 1991, p. 1405). Une forte mobilisation s'ensuit : le public, de nombreuses personnalités – Sartre, Césaire, Adamov... –, les professionnels. L'État propose alors, selon A. Gatti, de reprendre *La Passion en violet, jaune et rouge* au TEP chez Guy Rétoré, qui refuse de se faire dicter sa programmation par le ministre de la Culture. La pièce est réellement abandonnée. Quelques années plus tard, en 1976, A. Gatti crée, en France, *La Passion du général Franco par les émigrés eux-mêmes*. (Mes plus chaleureux remerciements à Olivier Neveux pour cette note.)

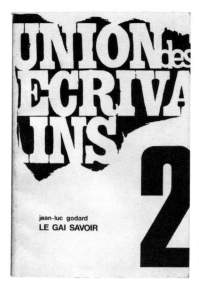

Couverture du livre de Jean-Luc Godard *Le Gai Savoir*,
96 pages non numérotées, photocopiées-collées,
de 17 x 26 cm, achevé d'imprimer avril 1969

culturelles, etc. L'usage du qualificatif «réviso» indique donc de façon implicite qu'à ses yeux, au moment de la publication (avril 1969), le texte de ce film achevé plusieurs mois plus tôt ne rompait pas encore assez avec le révisionnisme, qu'il n'était donc pas encore assez maoïste. Cette relative insatisfaction était déjà inscrite dans la phrase de conclusion du film, chuchotée par Godard : «Ce film n'est pas le film qu'il faut faire, mais comment, si l'on a un film à faire, on passe nécessairement par quelques-uns des chemins parcourus ici.»

Sur les deux pages suivantes, on peut lire la référence «© Union des écrivains / 6, passage Dallery Paris 11ᵉ», suivie du texte de présentation suivant :

> *Le Gai Savoir* de Jean-Luc Godard est un film comme les autres : il se compose d'une suite d'images accompagnées d'une bande sonore. Mais le rôle des mots – de l'écriture et de la parole – y est tout particulièrement mis en cause. Jean-Luc Godard conteste les lois du cinéma commercial et traditionnel par une exigence critique continue où il se remet lui-même en question pour chacun de ses films. Il est donc tout naturellement situé à l'avant-garde du mouvement de mai, que la création du *Gai Savoir* a précédé, puis suivi.
>
> L'Union des écrivains, à laquelle Jean-Luc Godard a adhéré en tant qu'écrivain de cinéma, se devait donc de publier le texte intégral de ce film, dont la censure a jusqu'à présent rendu impossible la diffusion dans les salles d'exploitation commerciale. Elle entend fortifier la liaison nouvelle qui s'est créée depuis mai entre des hommes de création qui obéissent à des disciplines différentes, face à la même nécessité de transformation des structures, culturelles et économiques, de la société où nous vivons.
>
> L'Union des écrivains

L'Union des écrivains, qui se signale ici, s'est constituée au cours du mois de mai 1968 à l'initiative d'auteurs dont les parcours singuliers ont souvent rencontré, plus ou moins douloureusement, l'engagement aux côtés du PCF (compagnons de route, exclus, etc.), et qui étaient proches d'une certaine avant-garde littéraire, promue par des revues comme *Action poétique*. En revanche, *Tel quel* nourrissait une certaine méfiance à l'égard de cette Union qui n'était pas assez radicale aux yeux de son directeur, alors très maoïste, Philippe Sollers. Si *Le Gai Savoir* a pu être publié par l'Union des écrivains moins d'un an après sa fondation, c'est qu'un esprit fortement unitaire animait ses initiateurs, qui donnaient le primat au regroupement sur les conflits politiques ou théoriques.

Parmi ses deux cents adhérent(e)s, au moins, on peut signaler les noms de Simone de Beauvoir, Maurice Blanchot, Michel Butor, Aimé Césaire, Charles Dobzynski, Bernard Dort, Marguerite Duras,

Jean-Pierre Faye, Jean-Luc Godard, Daniel Guérin, Eugène Guillevic, Pierre Guyotat, Alain Jouffroy, Pierre Klossowski, Michel Leiris, Georges Perec, Maurice Roche, Jacques Roubaud, Nathalie Sarraute, Jean-Paul Sartre, Geneviève Serreau, Jean Thibaudeau[3]…

Le livre, illustré d'images en noir et blanc médiocrement reproduites en photocopie, offre la continuité du texte de la bande-parole du film, selon un découpage en dix bobines. Des nombres figurant en tête de chaque réplique en indiquent le «piétage», c'est-à-dire les coordonnées selon le métrage compté en pieds sur la pellicule de la copie finale en 35 millimètres.

Faute de pouvoir reproduire l'ensemble de l'ouvrage dans ce catalogue, nous poursuivrons l'entreprise qui a motivé son édition par l'Union des écrivains en reproduisant ci-après le texte des phrases censurées dans le film.

Il est cocasse de voir que ce film, qui voulait entreprendre une critique de l'enseignement inspirée de l'*Émile* de Rousseau et de la Révolution culturelle chinoise, ait pu être censuré précisément sur l'évocation des ministres français concernés, alors qu'au même moment, en Chine, ce genre de critiques était précisément encouragé.

---

3. Voir le dossier consacré à «Mai 68. L'Union des écrivains, pourquoi?» dans *Action poétique*, n° 37, 2ᵉ trimestre 1968, p. 4-38.

LE GAI SAVOIR: MOT-À-MOT D'UN FILM ENCORE TROP RÉVISO
(Relevé des mots censurés dans le film et publiés dans le livre)

Et maintenant une minute de silence-son à la mémoire de la petite panthère noire abattue à San Francisco par des tueurs du FBI.
Et maintenant en particulier, une minute de silence-image au souvenir des Afro-Asiatiques et de leurs amis torturés par la police de Guy Mollet et François Mitterrand qui font soi-disant partie aujourd'hui de l'opposition de gauche.
Et en général, une minute de silence-image pour toutes les images absentes, images censurées, images prostituées, images critiquées, images dévoyées, images enculées, images matraquées par tous les gouvernements de toutes les télévisions et tous les cinémas occidentalisés, qui font rimer information et répression, ordure et culture.

(Murmure de Jean-Luc Godard, *Le Gai Savoir*, bobine n° 5)

Les nombres indiquent le numéro de piétage précisé sur le livre.
Les mots en rouge sont recouverts par un bip dans le film.

BOBINE N° 2
643 **Elle :** Oui, et pas une télévision publicitaire et fasciste comme en France.

BOBINE N° 7
173,5 **Elle :** C'est bien la preuve qu'il faut recommencer à zéro comme je disais au début.
Tiens, encore une preuve,
lis la déclaration de cet enfoiré de Ministre de la jeunesse dans son livre blanc.
Lui : Enfoiré, tu sais ce que ça veut dire?
Elle : Non.

Lui : Ça veut dire couvert de sa propre merde.

Elle : Oui, ben alors, écoutons sa merde. Lis. […]

236 **Elle :** Très bien lu, Émile, c'est comme ça que devraient être lus les communiqués gouvernementaux à la télévision française. Si celle-ci n'était pas peuplée de lâches et de fainéants.

Lui : Puisque ça s'appelle «office» de radio et de télévision française, c'est qu'il n'y a que des larbins à l'office.

Elle : Oui […]

752 **Lui :** Comme elle avait peur, je lui ai dit de se cacher derrière moi. Je suis son masque.

Elle : Bordel, Salazar, putain, de Gaulle, baiser, Johnson, enculer, impérialisme, jouir, Franco, se branler, Kossyguine, drogue, Allemagne de l'Ouest, les cuisses ouvertes, le fascisme, catholique, embrasser, sucer, avaler la queue, bourgeoisie[4], lécher le cul, autogestion, Yougoslave, se faire foutre.

Lui : Et la police peut toujours courir pour savoir à qui appartient cette voix.

BOBINE N° 8

38 **Elle :** Comme il avait peur, je lui ai dit de se cacher derrière moi, je suis son masque.

Lui : Tellement de choses à dire ! Comment j'ai assassiné Kennedy sur l'ordre du fantôme de Lautréamont. Comment, sur l'ordre du fantôme de Dziga Vertov, j'ai tiré avec mon bazooka portatif chinois sur les spectateurs qui allaient voir *Guerre et paix,* le film russe hollywoodien.

Comment j'ai déshabillé les dirigeants du Journal télévisé mondial sur l'ordre du fantôme d'Antonin Artaud et que je les ai fait enculer par les ministres de la déformation, puisqu'ils aiment ça.

Moi, compagnon républicain de sécurité, comment, au lieu de tirer sur les ouvriers de Redon et de Caen, j'ai retourné mon fusil sur les patrons, et leur ai tiré dans le dos puisqu'ils fuyaient la réalité.

BOBINE N° 10

Sur un plan rapproché de Juliet Berto

448 **Lui :** Film Guérillero. Ce visage est une bouteille. Les yeux c'est le bouchon. Les cheveux une mèche qui descend à l'intérieur de la bouteille, jusqu'au nez. La bouche et le menton étant le fond de la bouteille. Pour fabriquer un cocktail Molotov, vous mettez un tiers de sable et de savon en poudre dans la bouche, entre la bouche et les yeux 2/3 d'essence, vous imbibez d'essence la mèche de cheveux, et vous l'allumez. Puis, vous envoyez se fracasser ce visage contre un CRS en France, un KAPO en Allemagne, un Carabinieri en Italie, bref contre n'importe quel autre visage de la répression.

---

4. Dans le livre, on lit «bourgeoise» mais la bande-son du film laisse très distinctement entendre : «bourgeoisie».

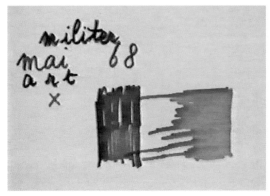

Photogramme du film *Le Gai Savoir*

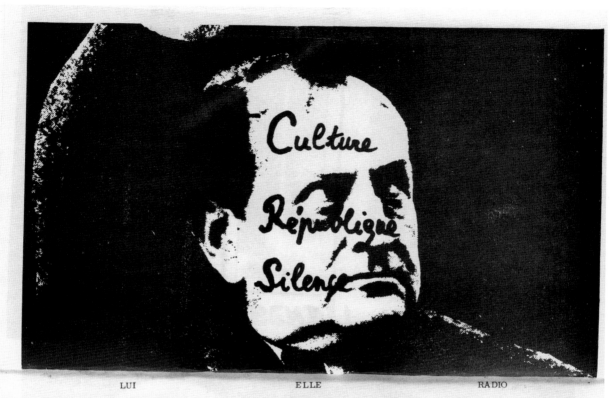

LUI	ELLE	RADIO
622 Rechercher, c'est étudier. Faut qu'on étudie. 627		
	629 Je lui ai dit, sinon, pas de télévision possible.	
Pas une véritable télévision en tous cas, je lui ai dit. 637		
	Oui, et pas une télévision publicitaire et fasciste comme en France. 643	

Radio claire :
645 Foule:Université démocratique
Homme : bien je crois qu'à
Nanterre est-ce que partout
l'enseignement supérieur
Foule : Cohn-Bendit
Daniel Cohn-Bendit
Homme : missariat de police
on s'en fout.
Foule : Cohn-Bendit
Un homme : ce problème est...
(Homme bribes de voix) : avec eux
une une
fait avec eux
grandes personnes...
une dimension qui est... pour moi
de renverser le pouvoir.
Foule : Cohn-Bendit... 689

668 Je lui ai dit pas de cinéma non plus, un véritable cinéma en tous cas.

674 Donc, pas de vraies images, ni de vrais sons sauf si on les étudie d'abord ce qui est...

691 La première année, on fera quoi ?

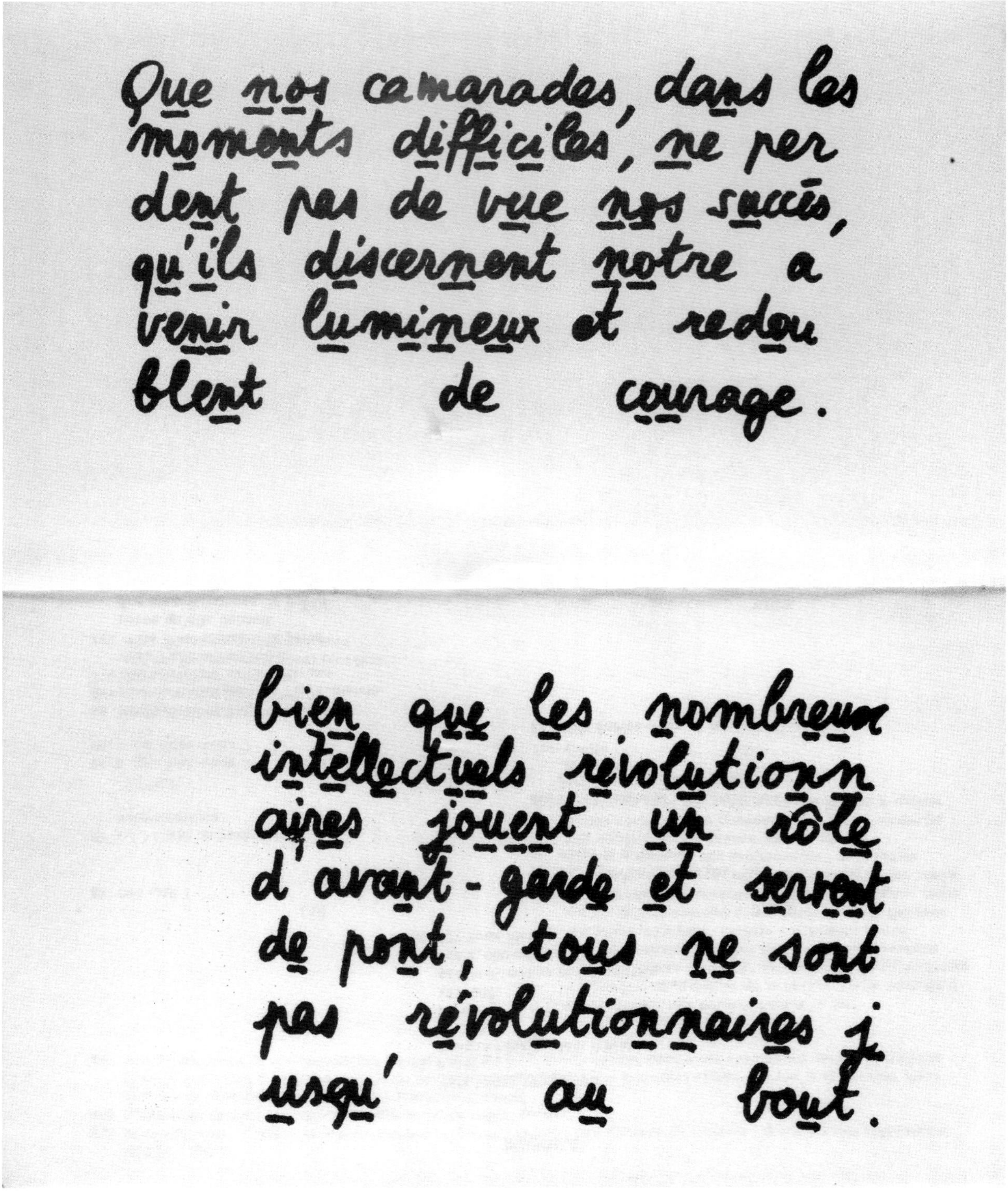

Que nos camarades, dans les
moments difficiles, ne per
dent pas de vue nos succès,
qu'ils discernent notre a
venir lumineux et redou
blent   de   courage.

bien que les nombreux
intellectuels révolutionn
aires jouent un rôle
d'avant-garde et servent
de pont, tous ne sont
pas révolutionnaires j
usqu'   au   bout.

SABOTAGE, VOL, ABANDON ET *KINOPRAXIS*

NICOLE BRENEZ ET THOMAS SCHMITT

«*Kinopraxis* est un grand format "News & Texts" qui publie ici et maintenant son premier numéro. Il est édité par Jack Flash, que l'on peut joindre au 2533 Telegraph Avenue, Berkeley. *Kinopraxis* n° 0 consacre son recto, son verso et environ vingt mille mots à des textes de Jean-Luc Godard constituant une partie de ses discours publics des trois dernières années, imprimés ici sous un slogan datant de Mai 68 : "Libérez l'expression".»

Jack Flash est le pseudonyme de David C. Degener, futur spécialiste de Manet[1]. Pour *Kinopraxis* (1970), il s'inspire de la formule éditoriale de *Broadside Magazine*, une publication underground qui, entre 1962 et 1988, reproduit sous forme d'affiche pliée en huit les textes des chanteurs de la contre-culture américaine : Tom Paxton, The Freedom Singers, Jim Page, Phil Ochs, Peter La Farge, The Broadside Singers… Au premier rang de ces chanteurs : Bob Dylan, seul lieu de conciliation possible entre la culture pop (Chantal Goya) et l'activisme politique (Jean-Pierre Léaud) dans *Masculin féminin*.

Flash/Degener traite donc les interventions publiques de Godard à la fois comme un recueil de *protest songs* et comme un dazibao. Adoptant une démarche internationaliste, il recueille et traduit les propos que le cinéaste a semés de 1967 à 1970 un peu partout dans le monde occidental. En France : «De quelques évidentes incertitudes», conversation entre Michel Cournot, Godard et des étudiants de Nanterre trois semaines avant le tournage de *La Chinoise*, publiée dans *La Revue d'esthétique*, n° 2-3, en avril-septembre 1967 ; «Un prisonnier qu'on laisse taper sur sa casserole», intervention de Godard à la Semaine de la pensée marxiste de Besançon consacrée à «Cinéma et événement», parue dans

---

1. Merci à Tom Luddy pour cette information.

N° 0 de *Kinopraxis*, Los Angeles, 1970

La Nouvelle Critique, n° 199, en novembre 1968; «Un cinéaste comme les autres», publié dans *Cinéthique*, n° 1, janvier 1969 et «Premiers sons anglais», dans *Cinéthique*, n° 5, septembre-octobre 1969. En Italie: un extrait du numéro 194 de *Filmcritica* de juin 1969, «Film et Provocation». En RFA: «Die Kunst ist eine Idee der Kapitalisten» [«L'Art est une idée du capitalisme»], enregistré à Paris en août 1968 mais publié dans une revue allemande, *Film*, en avril 1969. Aux États-Unis: «Talking Politics With Godard», enregistrement d'une conversation avec Juris Svendsen, Tom Luddy et David Mairowitz, publiée dans le *San Francisco Express Time* n° 8-9, du 14 mars 1968; un entretien avec Jonathan Cott enregistré à Londres et publié dans le numéro 35 de *Rolling Stone* (14 juin 1969).

Mais le texte le plus important – de par sa longueur et aussi son intérêt, puisqu'il est inédit –, est la traduction en anglais de la bande-son d'une intervention de Godard restée à l'état de rushes et à laquelle, jusqu'à janvier 2006, seul Jack Flash avait eu accès. Trois bobines d'entretien avec Godard, tournées le 19 mars 1969, devaient servir de matériau pour l'émission «Qu'est-ce que la mise en scène?», conçue et dirigée par le critique de la revue *Positif* Jean-Paul Török. Produite par la Télévision scolaire, l'émission appartenait à la série «Cinéma Six», qui comptait au nombre de ses auteurs Jean Eustache et Éric Rohmer (par exemple pour «Civilisation: L'homme et les images», 1967, auquel Godard contribua aussi). Pour «Qu'est-ce que la mise en scène?», Török s'entretint avec Joseph Losey, Louis Malle, Jacques Doniol-Valcroze, Michel Deville. Godard accepta aussi de répondre à cette question pourtant désormais emblématique du flanc «MacMahon» de la cinéphilie française.

Dans une France où l'élan révolutionnaire est en plein reflux, Godard appelle au sabotage des entretiens télévisés du général de Gaulle par les cameramen de la CGT et au vol des stocks de pellicule à l'ORTF. La récupération des armes chez l'ennemi, en effet, se pratiquait massivement à l'époque pour produire les films de contre-information, comme nous l'a confié Guy Chalon, fondateur du très pionnier Groupe Jean Vigo en 1956, et auteur, notamment, de plusieurs des *Ciné-Tracts* et d'*Opération Jéricho*, une description des six jours de manifestations qui se sont déroulées autour de l'ORTF en 1968. Jean-Paul Török se souvient que le cadreur cégétiste de l'émission, furieux, «voulut casser la figure de Godard[2]». Cet entretien houleux et provocant, sorte d'apogée de l'agit-prop, ne fut pas, au final, retenu au montage: il était «immontable», selon la formule de Török. Les vingt-cinq minutes de rushes devenus ainsi doublement essentiels, par la radicalité dont ils témoignent et par l'abandon dont ils ont été l'objet, peuvent être visionnés à l'INA, où ils se trouvent désormais dûment répertoriés sous la fiche n° CPF06000265.

---

2. Entretien du 28 janvier 2006.

JEAN-LUC GODARD, «INITIATION [RÉVOLUTIONNAIRE] AU CINÉMA», RUSHES 1969

CINÉMA SIX 1, PREMIÈRE

Jean-Paul Török: Je voudrais d'abord vous demander: «Qu'est-ce que c'est un metteur en scène?» Est-ce que l'on peut dire que c'est quelqu'un qui fait un métier qui s'appelle le cinéma ou est-ce que c'est quelque chose de plus qu'un métier?

Jean-Luc Godard: Je crois qu'on est mal embarqué par ces questions. Ça s'appelle «Initiation au cinéma»... «Initiation», d'abord, ça a un côté religieux qui, je crois, me déplaît beaucoup et qui, donc, laisse sous-entendre justement la question que vous posez après. On est déjà dans toute une grammaire, toute une idéologie qui est religieuse ou étatique.

Jean-Paul Török: Et vous attachez, et vous avez toujours attaché une grande importance au cinéma; pour vous, c'est extrêmement important...

Jean-Luc Godard: À un moment, oui, parce que je vous dirai qu'il a fallu, à un moment, disons... C'était la seule manière d'en faire, dire: «On existe.» Mais en fait c'était une tentative... C'était réformiste, si vous voulez. Et maintenant je crois, après..., enfin, pour moi, après ce qui s'est passé au mois de mai – justement – ça a vraiment ouvert les yeux, et vu qu'en tant que metteur en scène on était... Si on acceptait d'être ça, on était uniquement un produit culturel voulu tel par l'État, toléré par l'idéologie impérialiste. Il faut bien l'appeler ainsi: il y a diverses formes d'impérialisme et cela, c'en est une, c'est l'impérialisme culturel. Et justement, une émission comme vous la faites, enfin, si elle était vraiment... Si c'était une véritable initiation au cinéma (bon, on pourrait accepter ces mots), elle ne passerait pas à la télévision, parce qu'elle montrerait vraiment ce qu'est un film. D'abord, elle dirait qu'on ne sait pas très bien ce qu'est un film, qu'on a appris ce qu'était un film par Hollywood, par les Américains, puisque c'est eux qui ont inventé l'image. Et moi, je vais même beaucoup plus loin, je pense que toute image, enfin tout ce que l'on appelle image, on ne sait plus très bien ce que c'est, et que maintenant, avec le développement considérable de l'image (aussi bien, en plus, de la télévision, de la presse), ça n'a pas changé depuis Gutenberg ou l'équivalent de Gutenberg pour l'image. C'est une image pieuse, enfin qui est fabriquée par des gens plus ou moins pieux, des fois même révoltés, mais qui ne savent pas très bien…

Jean-Paul Török : Et vous, vous êtes parti d'une certaine conception du cinéma…

Jean-Luc Godard : Oui, on nous empêchait de faire des images, alors on disait : «Bon». Du reste on parle toujours images, par exemple, et jamais des sons, je trouve. Ou le son, on le définit toujours uniquement comme image sonore.

Jean-Paul Török : C'est-à-dire que mettre en scène, au début, cela a été un plaisir… Était-ce par plaisir ou par nécessité ?

Jean-Luc Godard : Je crois que c'était de la drogue. C'est de la drogue. Et encore aujourd'hui, les trois quarts des gens qui aiment le cinéma et qui luttent contre le cinéma dit commercial sont des drogués, comme les beatniks qui luttent contre l'establishment. C'est bien, disons, c'est un premier stade de révolte qui doit être dépassé et dépassé encore après. Et ce qui est véritablement le cinéma, après, en France, il y a des gens, déjà, qui essayaient de lutter qui se sont regroupés un peu après le mois de mai, qui ne sont pas nombreux et dont les films ou tentatives de films sont complètement bannis. Ces gens essayent de faire des films, de montrer des films aux lycéens, et justement le seul endroit où les films du mois de mai qui, Dieu sait s'ils n'étaient pas très bons ni même exemplaires, mais qui étaient intéressants uniquement parce qu'ils venaient comme ça d'autres peuples… d'autre part que Pathé Journal ou Hollywood ou la télévision française, le seul endroit où la police vient vraiment interdire qu'on les montre, c'est justement à des lycéens, c'est-à-dire à des gens qui sont supposés apprendre le savoir.

Jean-Paul Török : Vous voulez dire que le cinéma ne doit plus être une affaire de spécialistes ?

Jean-Luc Godard : Ah non, ça absolument pas, ça ne l'a jamais été. Ça a été inventé par un type qui s'appelle Lumière, qui était tout sauf un spécialiste, qui fabriquait d'autres choses et qui a fabriqué ça… Et ensuite ça a été pris entre les mains de spécialistes, tous genres de spécialistes, les spécialistes banquiers, les spécialistes de la culture…

Jean-Paul Török : Oui, mais justement, pour le public, un metteur en scène c'est toujours un spécialiste.

Jean-Luc Godard : Il vaudrait mieux lui dire qu'il n'y a pas de metteur en scène et que tous les films qu'il voit… Si, il y a un grand metteur en scène ! Tous les films qu'on voit, tous les films français qu'on voit sur les écrans, ils ont un grand metteur en scène, qui est de Gaulle. Ce n'est pas lui-même qui l'a fait mais le discours, tous les textes, toutes les phrases, tout le sens qui est là-dedans est produit, un produit du gaullisme. C'est dans ce sens-là que je dis que c'est de Gaulle le metteur en scène, ou ses valets. Et qu'au contraire le peuple français ne fait pas de films. Le peuple français n'a jamais fait un film.

Jean-Paul Török : Vous-même…

Jean-Luc Godard : Vous prenez n'importe quel spectateur à la sortie d'un film, vous lui demandez : «Est-ce que vous avez vu dans votre vie un film qui parle de vous ? De ce qu'est votre vie avec votre femme, avec vos enfants, avec vos salaires, enfin de vous ou, du moins, d'une partie de votre vie, enfin qu'importe ?» Jamais. Il va voir les films des autres. Et puis on lui a tellement appris ça qu'il ne s'en rend même pas compte – il est bien gentil, il paye en plus, pour voir.

Jean-Paul Török : Et vous ne pensez pas que dans le système actuel il y a une possibilité pour des cinéastes comme vous de faire ce genre de films ?

Jean-Luc Godard : Mais c'est d'abord se nier comme cinéaste tel qu'on a été, tel qu'on a été toléré, il y a une grande alliance entre les

Photogramme des rushes de «Qu'est-ce que la mise en scène ?»

révisionnistes ou les impérialistes, par exemple, de ce point de vue, pour moi c'est la même chose : il n'y a pas de film communiste en France. Alors que le parti communiste français aujourd'hui encore, plus que jamais, montre qu'il est le seul parti en France, eh bien chose bizarre, il n'y a pas de films communistes en France, il n'y en a jamais eu. Quand on leur dit ça, ils disent : «Si, en 36 il y a eu un film !»

Jean-Paul Török : Il y a eu Renoir…

Jean-Luc Godard : Renoir, c'était loin d'être un communiste… c'était une espèce d'anarchiste jouisseur, qui par gentillesse et par générosité a fait un film, parce qu'il était un peu synchrone avec son temps. Puis, maintenant, regardez, où est-ce qu'il est, Renoir ? Qu'est-ce qu'il fait, comme film ? C'est tout. Quelqu'un du bureau politique à Paris n'osera jamais aller voir. Il y a un exemple que je peux vous citer : à la Rhodia, à Besançon, il y a des gens, là, qui s'intéressent au cinéma. Bon, on leur a prêté des caméras, on leur a payé de la pellicule, des choses comme ça, parce qu'on avait des contacts et de l'amitié avec eux et ils ont tourné leur premier film, tout seuls, en économisant[1]…

Jean-Paul Török : Qui l'a tourné ?

Jean-Luc Godard : Mais eux !

Jean-Paul Török : Les ouvriers ?

Jean-Luc Godard : Oui, c'est cela. Et ils ont demandé de l'aide au parti pour finir leur film, qui leur a refusé ; à la CGT, qui leur a refusé. Et c'est nous, les soi-disant gauchistes, qui devons leur fournir la pellicule. Alors évidemment, cela leur pose des problèmes. Ça, c'est un point précis. Et sur le cinéma, il faut se nier en tant que… Là, vous venez m'interviewer pourquoi ? Parce que vous avez vu mon nom dans les journaux souvent… Mais si ! Alors, à force de le voir…

Jean-Paul Török : On a vu vos films, aussi…

Jean-Luc Godard : Oui, mais c'est pas intéressant… Ce qui serait intéressant à interviewer, c'est de demander à quelqu'un et de travailler avec quelqu'un, n'importe qui dans la rue (si vous en connaissez d'autres comme ça), et vous lui demandez : «Qu'est-ce que c'est mettre en scène un film ?» Bon. Puis alors là commence une discussion. S'il ne sait pas du tout, eh bien vous cherchez ce que cela peut être, et puis vous aboutirez dans deux ou trois ans, ou dans quinze ans, à une définition totalement différente.

Jean-Paul Török : C'est là où vous pensez que la mise en scène doit totalement échapper au metteur en scène…

Jean-Luc Godard : Non, je pense que le cinéma doit être fait peut-être encore par des cinéastes pour un moment, mais à travers des gens qui

1. Il s'agit, bien sûr, du Groupe Medvedkine et de leur premier film, *Classe de lutte* (1968). Voir Colin Foltz, *L'Expérience des Groupes Medvedkine (SLON 1967-1974). Histoire d'une aventure cinématographique révolutionnaire*, mémoire de maîtrise, Université Paris 1, septembre 2001 [Note des retranscripteurs].

n'ont pas fait de cinéma pour qu'après, ces gens-là se rendent compte qu'ils ne sont vraiment pas qualifiés pour en faire, parce qu'ils ont trouvé, à travers le peuple (soit dit sans exagération), une idée véritable. Tandis que nous, on applique encore plein de réflexes qui ne sont pas nous-mêmes, contre lesquels on prétend lutter mais on ne s'en rend pas compte. Rien que les mots que l'on dit, la manière de cadrer, de faire des images (à la télévision c'est encore pire qu'ailleurs) les mieux disposées, là on aurait besoin juste d'une caméra, comme ça... On est à vingt pour quelque chose, comme ça... Ils feraient mieux de faire d'autres films, parce qu'il suffit d'être deux.

Jean-Paul Török : Vous pensez qu'on peut donner des caméras au gens, à tout le monde.

Jean-Luc Godard : Mais cela ne veut rien dire : « Donner une caméra » ! S'exprimer, même, déjà cela ne veut rien dire, s'exprimer, c'est Edgar Faure qui dit : « Il faut la liberté d'expression ! » C'est Malraux qui dit : « Il faut la liberté d'expression ! » Ça, ça ne veut rien dire, ils en tolèrent certains et pas d'autres, ça ne veut rien dire.

Jean-Paul Török : Alors, quelle est la solution ?

Jean-Luc Godard : La solution, c'est arrêter de faire des films pour l'impérialisme. Si on travaille à l'ORTF, arrêter de faire des films pour l'ORTF ou ne faire que des films que pour l'instant ils ne peuvent pas passer. Quand il y en aura beaucoup, ils seront forcés de les passer. Et ils verront, du reste, que ce n'est pas... que les choses ne se passent pas si simplement que ça... C'est arrêter chaque fois, c'est un travail de tous les jours. On dirait que c'est facile à dire, mais moi, c'est ce que j'ai toujours fait dès le départ, même dans un mauvais sens. C'est refuser de... Parce que là vous appliquez, ou même moi, le discours que je fais en ce moment, là, c'est un discours de prof. Et j'ai pas envie d'être prof, j'ai envie d'être ni enseignant ni enseigné, d'être les deux ensemble, bien sûr, il y a un moment, il y a quelqu'un qui ne sait plus, qui doit parler, mais pas parce qu'il a eu son nom dans le journal, pas parce qu'il a forcément plus d'expérience. Ou, s'il a plus d'expérience, que cette expérience ne soit pas celle qui était en vigueur jusqu'à maintenant. Les seuls metteurs en scène qui ont un peu d'expérience du cinéma qu'il faut faire, c'étaient certains metteurs en scène russes tout de suite après la révolution, des gens comme Eisenstein et Dziga Vertov, et qui ont été assez vite barrés et remis dans une ligne plus droite.

Jean-Paul Török : Et vous avez toujours dit que pour vous le cinéma, c'était une certaine manière de vivre.

CINÉMA SIX 2, PREMIÈRE

Jean-Paul Török : Est-ce que vous pensez qu'il y a un moyen de s'en sortir pour vous, cinéaste ?

Jean-Luc Godard : Pratiquement, en étant en dehors des officines fascistes. En prenant ses responsabilités, chacun de soi-même. Si on est à l'intérieur, les changer petit à petit, ce qui n'est pas facile puisque, quand on est dans l'armée, une contestation est plus difficile que dans une petite boîte ou que sur un théâtre. Là, par exemple *(regard caméra)*, on est en train de faire exactement, à mon avis, ce qu'il ne faut pas faire... C'est-à-dire : on accepte des formes de discours mais on prétend qu'on les critique. Alors que ça n'a aucun intérêt : la seule chose qui aurait de l'intérêt, qui serait une contestation intéressante, ce serait d'utiliser la pellicule, puisqu'elle est payée, de l'utiliser mais de ne pas l'enregistrer, de ne pas voir ce qu'il y a de montré. À ce moment-là, ce serait impossible pour les gens, voilà, de... *(JLG approche la paume de sa main droite vers l'objectif pour l'oblitérer... Protestations. « Non non, continuez à filmer ! » L'écran est noir.)* Gaspiller la pellicule de l'ORTF, puisque c'est ma pellicule ; et c'est mon devoir, ce que je fais là. La gaspiller et parler. Alors de temps en temps, vous gaspillez le plus possible. *(JLG, de trois quarts dos, libère le champ.)* C'est pas pour faire cet effet-là, mais cela montrerait qu'il ne faut pas le faire uniquement une fois, comme ça, mais régulièrement, beaucoup. Par exemple, un truc pratique. Là, on est en train de faire exactement... Il y a cinq personnes qui m'écoutent comme un cours, moi je n'ai rien à leur apprendre et je vois pas pourquoi ce serait pas à lui ou toi, ou machin, qui dirait pas ce qui parle à l'ORTF, qui dirait

ce qu'il pense. On le voit bien dans les fameux face-à-face : le cadreur cégétiste (par exemple, pendant le mois de mai, on le voyait bien), le cadreur cégétiste qui cadrait de Gaulle, il sabotait pas de Gaulle, il le cadrait bien. Alors qu'il était en grève contre lui, mais là, il faisait ce qu'il appelle son boulot. *(Brouhaha.)* C'était ça son action revendicative. Il laissait... Et là, le pouvoir en est très conscient, beaucoup plus conscient qu'on ne le croit... Et il n'y a que comme ça, il faut lutter avec les armes, avec les armes que l'on a.

Jean-Paul Török : En sabotant ?

Jean-Luc Godard : En sabotant non, au contraire, en laissant... Heureusement, on vole de plus en plus de pellicule à l'ORTF. Tout le cinéma militant est fait avec de la pellicule volée à l'ORTF, ça, c'est très bien, mais il y a beaucoup d'autres trucs qui sont... *(Brouhaha.)* Au niveau du texte et du sens, tout le cinéma, ou à quatre-vingt pour cent, même s'il est contestataire, reste du cinéma d'inspiration semi-fasciste puisqu'il obéit à des règles de grammaire et de discours, comme les journaux, comme les textes.

Jean-Paul Török : Qu'est-ce qu'il faut faire pour changer ces règles de grammaire, justement ?

Jean-Luc Godard : Eh bien, d'abord réfléchir, et faire autre chose avec d'autres gens, qui n'ont pas appris cette grammaire. Il faut aller voir les analphabètes. Il faut aller voir les illettrés. Et les parias, mais aussi bien les parias dans les deux sens, ceux qui sont privés de cinéma. Un type qui a un des budgets, une des personnes qui a fait partie des 800 000 entrées pour De Funès est quelqu'un qui est privé de cinéma. Et la preuve qu'il en est privé, c'est qu'il va voir De Funès !

Jean-Paul Török : Mais disons, une fois la révolution faite, à ce moment-là, quel genre de cinéma ? *(Brouhaha.)*

Jean-Luc Godard : La révolution, elle ne se fait pas comme ça, elle se fait en des dizaines et des centaines d'années. Le seul pays qui a arrêté la production de films presque instantanément, en même temps que les universités se fermaient, c'est la Chine. Moi, c'est quelque chose qui m'a beaucoup impressionné, parce qu'aucun pays... Alors qu'en France, en mai, tout le monde était en grève, tout le monde, même Mogador[2], même le Football Club de Reims, tout ça, tout, tout. Il y avait un seul endroit qui marchait et c'était la projection des films dans les salles. Cégétistes ou pas cégétistes. On les avait augmentés. Paf ! Ils continuaient à projeter. C'est-à-dire la projection d'images, ça, il fallait que ça continue. Même les journaux arrêtaient mais la projection de films, ça, ça n'a pas arrêté. Et même, par exemple, à Avignon ou à Venise, même les contestataires, la seule chose qu'ils n'ont pas contestée, c'est la projection de films[3]. En Chine, ils ont arrêté : pourquoi ? Parce qu'après s'être querellés avec les Russes, ils se sont aperçus que les films qu'ils faisaient étaient calqués sur des modèles russes, ces modèles étant eux-mêmes calqués sur des modèles américains. Bien, ils ont dit : « C'est plus possible. » Donc, filmons de temps en temps le Premier Mai, la bombe atomique ou le président Mao, les choses qui sont vraiment tellement importantes qu'il faut les montrer. C'est à peu près filmé n'importe comment, c'est-à-dire comme Lumière, c'est-à-dire pas mal du tout, et puis on réfléchira plus tard parce que le problème de l'image, justement on est incapable de le résoudre bien, pour l'instant, avant d'avoir vraiment... Il y a des tâches centrales : la révolution culturelle, plein d'autres choses à résoudre. Et le problème de l'image est tellement brouillé, puisque depuis deux mille ans de civilisation on est dans la même idéologie de l'image, que l'image est très importante mais que c'est une idéologie, justement, donc arrêtons.

Jean-Paul Török : Mais vous ne pensez pas ? Enfin, je veux dire... *(Brouhaha.)...* Lumière...

Jean-Luc Godard : Non ! Pas forcément, mais disons au moins, c'est pas tellement loin... La naissance de la peinture on sait pas, Lumière, c'est

---

2. Salle de spectacle, à l'époque spécialisée dans l'opérette [Ndr].
3. En effet, dès le début des grèves, la fédération des exploitants de salles signa un accord avec les syndicats. Tous les employés furent augmentés de 30 à 60 % , tandis que le prix des places monta de 0,50 à 2 F. [Ndr].

daté, c'était il y a cinquante ans *[sic]*. Dans deux cents ans déjà, ce sera perdu, on ne saura plus où sont les films. Là, on peut revoir une ou deux choses, on peut les dater, on peut suivre encore. Alors étudions le cinéma russe révolutionnaire, qui n'a jamais été étudié, jamais, ni par les Russes ni par les Américains, ni par personne. Il est étudié d'un point de vue anecdotique. On vous dit : « Eisenstein a fait ça telle année, puis ça telle année. » Quels étaient ses liens en Russie à cette époque, ça, zéro. On ne sait même pas s'il était trotskiste, boukhariniste, stalinien, léniniste ou pas, on n'en sait absolument rien. Alors que lui, il était là-dedans vraiment jusqu'au cou. Il en parlait toute la journée avec ses camarades, et tout ça. Et c'est de là – il faut sortir ses discussions – qu'il a fait ses films.

Jean-Paul Török : C'est un cinéma…

Jean-Luc Godard : Donc arrêtons *(regard caméra)* là. Il y a des milliers d'actions possibles, qui vont du dynamitage de certaines salles de cinéma de temps en temps, des moyens terroristes, le sabotage, et au contraire la reconstruction d'autres films, qui est aussi importante. Faisons des films qui ne passeront pas à l'ORTF ou qui passeront après une lutte.

Jean-Paul Török : Donc, il faut quand même faire des films ?

Jean-Luc Godard : Il faut quand même faire des films, mais ne plus les faire comme ils sont faits. On dit qu'il faut être à trois pour une caméra, essayez d'être tout seul ou essayez d'être quatre-vingt. Exigez, pour une Coutant[4], quand on vous dit qu'il faut être trois (là, vous êtes trois ou quatre, à mon avis un seul, ça suffit, bon), alors exigez soit d'être tout seul, soit d'être deux cent cinquante. Parce que, comme ça, ça pose d'autres problèmes puis vous retrouverez les vrais, vous retrouverez les autres choses.

Jean-Paul Török : Il ne suffit pas de changer l'équipe pour que ça soit différent.

Jean-Luc Godard : Mais… Il suffit… Je vous donne un truc, je vous dit un truc entre mille. C'est pas moi, c'est vous qui devez le faire.

Jean-Paul Török : Mais sur le contenu des films, ou leur forme, si vous voulez, en quoi doivent-ils être différents ?

Jean-Luc Godard : C'est la même chose. Mais différents, je ne sais pas… Quelque chose qui est grand, faites-le petit, quelque chose qui est petit, faites-le grand. Essayez systématiquement et puis allez vers les gens qui ne font pas de cinéma, non pas qu'ils veulent en faire, mais qui ne fabriquent pas leurs images – les images et les sons qu'ils voient et dont on leur dit : « C'est vous. » C'est pas eux, c'est pas vrai, alors allez vers eux, écoutez-les parler. Quelqu'un du Midi ne parle pas comme quelqu'un de France… Et allez, demandez-lui : « Si tu avais à filmer ta femme, comment tu ferais ? »

Jean-Paul Török : Il ne suffit pas d'y aller avec une caméra…

Jean-Luc Godard : Aucune importance ! Laissez ! Arrêtez les caméras pendant un moment. Faites des photos ! Passez des photos à la télé. Ramenez des photos de moi à la télé… Voilà, quoi, c'est tout.

Jean-Paul Török : On coupe. *(Écran noir.)*… socialement, justement la voie dans laquelle vous comptez que le cinéma devrait aller. On entre quand même dans des détails en étant moins suicidaire. Je ne sais pas, j'ai l'impression ce que vous dites, c'est assez terrifiant, je trouve. *(Brouhaha.)*

Jean-Luc Godard : Non, c'est pas ça, j'avais deux idées de films, j'en ai cinquante.

Jean-Paul Török : Le cinéma, c'était votre vie… Est-ce que vous pouvez vous arrêter de faire du cinéma ?

Jean-Luc Godard : Non, je continue.

Jean-Paul Török : Alors, vous pouvez nous expliquer pourquoi vous continuez ?

Un autre interlocuteur : Vous donnez comme référence Lumière, revenir à Lumière…

Jean-Luc Godard : Plus maintenant ! C'est peut-être une référence pratique pour certains, pour d'autres. Moi j'y suis revenu il y a dix ans déjà… Si ça peut aider des gens de revenir à Lumière.

---

4. Caméra 16 mm légère et maniable [Ndr].

Jean-Paul Török : Bon, on va juste…que vous disiez pourquoi vous continuez, finalement. Est-ce malgré vous ? Parce que ce qui m'ennuie un peu, c'est qu'on a l'impression d'une impasse complète *(JLG proteste)*, alors vous pensez pas qu'il serait bon d'essayer de voir comment… *(L'enregistrement est interrompu.)*

CINÉMA SIX 3, PREMIÈRE

Jean-Paul Török : Vous avez souvent dit que le cinéma et la vie, pour vous c'était la même chose.

Jean-Luc Godard : Je voulais dire que je vivais en faisant du cinéma, tandis que d'autres mouraient petit à petit puisque quand on les croisait dans la rue… ils étaient morts.

Jean-Paul Török : Vous voulez continuer à vivre donc vous voulez continuer à faire du cinéma.

Jean-Luc Godard : Pas forcément… Je ne sais pas ce que c'est que le cinéma, je n'ai jamais su et je le sais moins que jamais, et je pense que d'autre gens peuvent le trouver mais certainement pas par moi, mais j'ai envie de savoir ce que c'est, bien sûr.

Jean-Paul Török : Alors, dans quel sens continuez-vous ?

Jean-Luc Godard : En tournant des films, en essayant de travailler avec des télévisions et en faisant autrement que ce que je faisais, c'est tout. Avec d'autres gens que je ne connaissais pas.

Jean-Paul Török : Pourtant vous travaillez dans un local que vous deviez connaître déjà.

Jean-Luc Godard : Oui, c'est une salle de montage. C'est une salle de montage qu'on a pris à plusieurs et qu'on partage. Mais moi, justement, je ne m'en sers pas beaucoup parce que j'essaye de faire des films sans montage. Des films beaucoup plus simples, en tournant uniquement d'après… Kodak fournit des bobines assez bien. Il y a des bobines de deux minutes, des bobines de cinq, des bobines de dix, des bobines d'une demi-heure, là, ça suffit, et le travail consiste à tourner uniquement par bobine, et pas faire ce montage qui a été complètement…Ce qu'on appelle montage aujourd'hui n'est rien du tout par rapport à ce que les Russes avaient essayé de trouver quand ils appelaient du montage… Je veux dire : c'est rien, c'est nul. Toutes les images qu'on voit sont… Il y en a de temps en temps des bien… mais simplement, des fois, parce que ce sont des images qui manquent. Moi, je pense qu'il y a deux genres de cinéma à faire pour un Français en France : d'une part, les images militantes, images et sons militants, c'est-à-dire les images et les sons qui ne sont ni dans la grande presse ni à la télévision… et quand il y a une grève, montrer des images de grève.

Indication du clap : Cinéma Six : Török/Terzieff

Retranscription : Internationale échantillonniste

NEVER MORE GODARD
Le Groupe Dziga Vertov, l'auteur et la signature
David Faroult

> «En fait, un film c'est réellement le mensonge 24 fois par seconde.»
> Jean-Pierre Gorin[1]

«À bout de souffle : l'anarchie[2].» Dès son apparition, retentissante, dans le cinéma avec *À bout de souffle* (plus de 300 000 spectateurs, l'un de ses plus grands succès en salle), Godard semble réticent à la signature : ni son nom, ni celui des comédiens ou des collaborateurs techniques ne figurent au générique.

Cette volonté d'effacement, qui tranche avec son combat pour le cinéma d'auteur, en tant que critique dans les *Cahiers du cinéma*, n'aura été appliquée radicalement que dans une période limitée de son travail. «Travail» et non «œuvre», car c'est l'époque où il appartient au Groupe Dziga Vertov (1969-1972) et où il rejette totalement la conception «bourgeoise» de l'art et les notions d'«auteur» et d'«œuvre». Cependant, le fait que les temps aient été propices à ce type de discours maoïste ou autre ne suffit pas à expliquer la radicalité de la démarche godardienne des années post-68.

Nous essaierons de montrer ici que, en dépit des apparences[3], l'omission de la signature dans les films du Groupe Dziga Vertov ne relève pas du même geste que dans *À bout de souffle*.

La première donnée à interroger est celle du décalage entre le début de la «séquence historique» de mai 68 (qui dure en fait jusqu'à la mort de Pierre Overney, en 1972 – où, pour reprendre le mot d'Althusser, c'est alors le gauchisme qu'on enterre[4] – mais dont Godard s'est saisi dès ses prémisses), et le moment, relativement tardif, finalement, où se constitue le Groupe Dziga Vertov, dans lequel il va se dissoudre pour quelque temps en tant qu'auteur. Tardif, car il s'écoule un peu plus d'un an entre les événements de mai-juin 1968 et la fondation du Groupe, pendant l'été 1969. C'est sur cette année d'interrogations, de travail intense et, peut-être, de crise, qu'il faut revenir pour comprendre l'impact de ce collectif sur son parcours – le retentissement en est encore visible aujourd'hui – mais aussi ses limites.

En 1966, dans *Masculin féminin*, c'était encore un mot d'ordre du PCF («Paix au Vietnam») que Godard faisait peindre à Jean-Pierre Léaud sur la voiture de l'ambassadeur des États-Unis. Mais, quelques mois plus tard, invité à participer à une action militante collective contre cette guerre (le film *Loin du Vietnam*), il s'interroge sur sa place de cinéaste en tournant autour de sa caméra, et il cherche ses orientations chez Vertov (*Caméra-Œil*, 1967). Désormais, ses prises de position seront en opposition avec celles du PCF. Dans *La Chinoise* (1967), Juliet Berto reprend un mot d'ordre des maoïstes de l'UJCm-l (Union des jeunes communistes marxistes-léninistes[5]), «FNL vaincra[6]!».

---

1. «In fact, a film is really lies 24 times a second.» (Ken Mate, «Let's see where we are : an interview with Jean-Luc Godard / Jean-Pierre Gorin», *The Velvet Light Trap*, n° 9, été 1973, p. 36). Poursuivons la citation : «Gorin : Mais il y a de bons mensonges, des mensonges qui peuvent vous aider, des mensonges sur lesquels vous pouvez compter, des mensonges vrais. Godard : Par exemple, nous pensons que c'est une erreur d'attaquer des gens comme Nixon en disant Nixon vous ment, ou le patron vous ment, ou Golda Meir en Israël vous ment sur la situation palestinienne. Ce n'est pas vrai. Elle dit sa vérité, Nixon dit sa vérité, et nous avons une vérité à dire aussi, mais depuis un autre point de vue. Quand nous opposons si facilement les mensonges à la vérité, nous sommes floués. Gorin : C'est de la métaphysique. Godard : C'est de la métaphysique. Gorin : Il y a une vérité de classe ; c'est là tout le problème.» La formule provocatrice de Gorin prend, bien évidemment, le contre-pied de la formule célèbre de Godard dans *Le Petit Soldat* (1961) : «Le cinéma c'est la vérité vingt-quatre fois par seconde.»
2. C'est par cette juxtaposition que Godard évoquait ce film à l'occasion d'un récapitulatif télévisé de son œuvre dans les années 1960. Voir l'émission «Cinéma, cinémas» spéciale Godard du 20 décembre 1987.
3. «Toute science serait superflue si l'apparence et l'essence des choses se confondaient.» (Karl Marx, *Le Capital*, Livre III, t. 3, Paris, Éditions Sociales, 1972, p. 196.)
4. «Je me souviens du mot que je ne cessais de répandre autour de moi, le jour même des obsèques de ce malheureux militant de la *Cause du peuple* (deux millions de personnes à ses obsèques sous les drapeaux et le silence, le Parti [communiste français] et la CGT absents) : "Ce qu'on enterre aujourd'hui ce n'est pas Overney, c'est le gauchisme". La suite prouva très vite que j'avais bien jugé.» (Louis Althusser, *L'avenir dure longtemps*, suivi de *Les Faits*, Paris, Stock-IMEC, 1992 ; édition augmentée, Le Livre de poche, 1994, p. 258.)
5. Organisation issue d'une scission de l'UEC (Union des étudiants communistes, liée au PCF), à l'instigation de militants pro-chinois ou maoïstes de l'École nationale supérieure de la rue d'Ulm proches de leur professeur de philosophie, Louis Althusser, qui proposait une lecture renouvelée de Marx et incitait à un retour sur ses textes.
6. Le mot d'ordre pacifiste du PCF («Paix au Vietnam») s'abstenait de prendre parti, alors que les maoïstes prônaient un soutien au front maquisard dirigé par les communistes («FNL vaincra»).

Les allusions au parti communiste abondent dans les films des années 1961 à 1966. C'est dans *Le Petit Soldat* (1960) que Godard a commencé à traiter de questions politiques ; dans *Une femme est une femme* (1961), on voit des personnages se lever tôt pour aller vendre *L'Humanité-Dimanche* ; dans *Le Mépris* (1963), Bardot/Camille trouve une carte du parti communiste italien dans la poche de Piccoli/Paul ; et *Les Carabiniers* (1963) s'ouvrent sur une citation de Brecht, dont l'œuvre accompagnera les questionnements esthétiques et politiques de Godard au moins pour la douzaine d'années qui suit. C'est l'année 1967 qui semble marquer la rupture avec le PCF. Il commence alors à remettre en cause ses mots d'ordre et à montrer une attirance, encore distante, pour la critique althussérienne développée par les maoïstes de l'UJCm-l, dont le cercle fictif « Aden-Arabie[7] » est au centre de *La Chinoise*.

Par ses interrogations et sa radicalisation croissante au fil des années 1960, Godard a accompagné le processus qui a accouché des événements de mai 1968. Il est pourtant saisi par leur soudaineté et leur intensité. L'importance de ce qui demeure à ce jour la plus ample grève générale de l'histoire de l'Europe incite plus que jamais Godard, dans la continuité de son monologue sincère de *Caméra-Œil*, à questionner sa place de cinéaste et à réagir à l'événement à partir de la position qui est la sienne, et non en s'autoproclamant, comme beaucoup, porte-parole des ouvriers et des masses révolutionnaires. La maturité qu'il a acquise par ses questionnements d'ordre esthétique, son intérêt pour Brecht et pour son entreprise de subversion de la fiction, lui évitent de céder à la tentation spontanée et spontanéiste, qui emporte alors de nombreux cinéastes, de se mettre « simplement » au service d'une forme de « contre-information révolutionnaire ». Le niveau de théorisation et de connaissance du cinéma qu'il a atteint l'incite à être plus ambitieux pour cet art. Sa formation politique, bien que limitée à une expérience de compagnon de route du PCF, le rend aussi plus lucide : un mouvement révolutionnaire s'est certes levé en mai 68, mais sans unité et sans programme[8]. C'est donc à l'unification théorique et politique des militants que doivent œuvrer ceux qui mesurent les enjeux du moment. La situation, inédite, entraîne d'abord quelques (brillants) essais.

Si le mouvement de Mai a pu surprendre et même prendre au dépourvu des gens aussi informés et politisés que Godard, c'est qu'il y a à apprendre des masses, ce qui suppose d'abord de se mettre à leur écoute. C'est l'objet d'*Un film comme les autres*, tourné sur une pelouse de Flins[9] peu après les grèves, mais aussi d'un vaste projet dont il ne nous reste que quelques évocations : *Communications*.

De *Loin du Vietnam* et des *Ciné-Tracts* – idées de Chris Marker –, où l'anonymat était de rigueur, Godard retient la pertinence du travail en collectif. La démarche de groupe coïncide parfaitement avec la nécessité d'accorder la primauté aux tâches politiques, aussi bien qu'avec la nature du mouvement qui en a fait apparaître l'urgence.

On sait que Marx voyait dans la séparation entre le travail manuel et le travail intellectuel la source de la division de la société en classes. Or, au cinéma, la division technique du travail induit une organisation hiérarchique pyramidale, que dissimulent mal les relations apparemment fraternelles. Les articles de la Nouvelle Vague, déjà, raillaient le climat tôt terreur que certains cinéastes faisaient régner sur leurs plateaux[10]. Les ténors de la Nouvelle Vague ne rompront d'ailleurs pas totalement avec ces pratiques despotiques lorsqu'ils reviendront à des budgets et des processus de travail plus artisanaux. L'idéologie bourgeoise dominante, qui s'attache à séparer en catégories plus ou moins étanches les différents domaines d'activité sociale, et qui développe perpétuellement une rhétorique idéaliste sur « l'autonomie de l'art », fondée sur des arguments contestables, contribue à produire des discours légitimant l'autoritarisme des « créateurs » au nom du primat de la création sur la production, et autres

---

7. En référence au titre du livre de Paul Nizan, intellectuel communiste qui quitta le PCF au moment du pacte germano-soviétique.
8. D'une certaine façon, le PCF a pris acte de cette limite en précipitant, au fil des années 1970, l'élaboration d'un programme de gouvernement d'union avec d'autres forces de la gauche parlementaire.
9. Les derniers affrontements à Renault-Flins, au cours desquels le lycéen maoïste Gilles Tautin trouva la mort, autour du 10 juin 1968, marquèrent le déclin final du mouvement de mai-juin. C'est sans doute pourquoi Godard choisit d'y tourner un film visant à revenir sur les événements et à jeter les premières bases de son nécessaire bilan.
10. Voir ainsi l'article de François Truffaut, « Clouzot au travail, ou le règne de la terreur », *Cahiers du cinéma*, n° 77, décembre 1957, p. 18-22.

variantes de la «théorie du génie». C'est avec tout ce fatras idéologique que veulent en finir les cinéastes militants qui se constituent en collectifs, du Groupe Dziga Vertov à Cinéthique, en passant par Cinélutte et les groupes Medvedkine. C'est même, sans doute, cette rupture avec l'idéologie de l'art qui conduira certains, en voulant donner le primat à la politique, à négliger les acquis et l'histoire spécifiques de la pratique dans laquelle ils sont engagés. C'est d'ailleurs dans le souci de se démarquer de ceux-là que Godard et Gorin situeront le travail de pensée critique – sous le commandement de la politique – à l'intérieur de l'histoire du cinéma. Le choix de la dénomination de leur groupe se fera donc dans cette optique :

> Prendre un drapeau de façon nouvelle, c'était pour nous, non pas nous appeler «Club prolétarien du cinéma» ou «Comité Vietnam Cinéma», ou «Panthères noires et blanches», mais «Groupe Dziga Vertov» […] il fallait, nous, cinéastes, nous situer historiquement et pas dans n'importe quelle histoire, mais d'abord dans l'histoire du cinéma[11].

Les contacts sont pris depuis la préparation de *La Chinoise* : Godard semble souhaiter se lier avec des militants politiques, en particulier ceux issus du courant mao-althussérien de l'UJCm-l, malgré leur faillite pendant le mouvement de Mai, qu'ils n'ont d'abord lu que comme un débordement de la petite bourgeoisie étudiante (ce qui a entamé irréversiblement leur crédibilité lorsqu'ils ont tenté, par le biais d'un lien ouvriers-étudiants, d'empêcher la reprise du travail prescrite par la CGT début juin).

Depuis 1966, un dialogue fécond s'est instauré entre Jean-Luc Godard et Jean-Pierre Gorin, jeune journaliste du *Monde* proche des maoïstes de l'UJCm-l. Gorin ne s'en laisse pas imposer par la figure d'auteur internationalement célèbre associée à Godard. Tout en admirant son travail, il n'hésite pas à lui adresser des critiques sans complaisance et à poursuivre avec lui un débat approfondi sur des questions esthétiques de plus en plus indissolublement liées à la politique. Godard cherche, dans un foisonnement de projets plus ou moins aboutis, à réorienter, en l'interrogeant, sa pratique de cinéaste. Il a le souci obsessionnel de donner la parole à ceux qui ne l'ont pas, aux masses en mouvement. C'était déjà l'enjeu d'*Un film comme les autres*, dont le titre exprime *a contrario* sa volonté de s'effacer en tant que cinéaste au profit de ceux qui y prennent la parole, et souligne en même temps de manière ironique l'originalité de cette démarche, puisque ce film n'est en rien «comme les autres». Mais il faut aller plus loin. La Guéville, société productrice de *La Chinoise* et de nombreux films d'Yves Robert, accepte de s'engager pour le projet *Communications*, un film de 24 heures coordonné par Godard, qui doit donner la parole et la caméra à des personnes de son choix dans des épisodes d'une heure chacun. Jean-Pierre Gorin figure parmi les premiers qu'il contacte pour ce film. Il ne se fera jamais, mais l'ensemble des fonds récoltés aura été néanmoins dépensé…, permettant notamment à Godard d'être le premier acquéreur français d'une caméra vidéo Sony[12] ! Gorin, qui tient à être à la hauteur de la commande, ne reprendra contact avec lui que plusieurs mois plus tard, après avoir achevé la rédaction d'un volumineux scénario intitulé *Le Film français*, où il a imaginé la situation de la France après une victoire des révolutionnaires d'extrême-gauche aux élections de l'été 1968. Godard prétendra pendant deux ans n'avoir pas pris le temps de lire ce scénario, jamais réalisé en tant que tel, mais qui irriguera la production du Groupe Dziga Vertov durant toute son existence, jusqu'au film inachevé de Gorin, *L'Ailleurs immédiat* (1973), sorte d'utopie qui en aurait peut-être constitué un prolongement.

En attendant, tandis que le projet *Communications* est progressivement abandonné, Godard s'entoure de militants, parmi lesquels Jean-Henri Roger occupe pendant un temps une place importante. Jeune maoïste, il veut faire du cinéma, et le climat d'effervescence politique est propice à casser la tentation d'une relation de type maître/disciple. En février 1969, Godard tourne avec lui, en Angleterre, *British Sounds*. Profitant de sa notoriété, qui lui donne quelques facilités pour décrocher des commandes, il a réussi à le faire financer par une télévision britannique, mais celle-ci le refusera une fois fini. C'est un film

---

11. Voir *Jean-Luc Godard par Jean-Luc Godard*, Paris, Cahiers du cinéma, 1985, p. 365.
12. La deuxième acquéreuse n'était autre que Carole Roussopoulos.

militant, tout à fait hors des normes qui, déjà, se forment dans l'imitation d'une tradition du PCF, et qui s'interroge sur sa nature et ses limites *en tant que film* («Camarades! La bourgeoisie crée un monde à son image : nous devons [d'abord] détruire cette image!»). Godard et Roger cherchent à se lier à des maoïstes locaux, mais, n'en trouvant pas, ils filment une réunion d'ouvriers trotskistes.

Puis ils obtiennent la commande d'un film sur la Tchécoslovaquie, en faisant croire qu'ils ont déjà tourné l'arrivée des chars soviétiques en août 1968 et que l'argent leur manque pour finir le film : la réputation sulfureuse de Godard, considéré comme un cinéaste provocateur et de plus en plus politisé, attire les financeurs. En avril 1969, ils tournent *Pravda*, qui ne sera monté que plusieurs mois plus tard, et par Godard seul. Godard et Roger sont sollicités par un riche mécène italien qui cherche à réunir quelques noms en vogue, dont Daniel Cohn-Bendit et Gian Maria Volonte, pour faire un film politique collectif. Après quelques jours de tentative de tournage, où la plupart des membres de ce groupe se sont joyeusement dispersés dans des bistrots ou sur des plages italiennes avec l'argent du film, Godard adresse un message désespéré à Jean-Pierre Gorin, immobilisé à l'hôpital par un accident : il lui demande de le rejoindre immédiatement pour tourner avec lui, sinon il abandonnera le projet. Ignorant l'avis des médecins, Gorin s'échappe de l'hôpital[13]. Godard et lui prennent le pouvoir dans l'équipe. De ce mini «coup d'État» sortira *Vent d'est* (1969), le manifeste de la fondation du Groupe Dziga Vertov. Celui-ci réalisera ensuite *Lotte in Italia* (*Luttes en Italie*, 1970) et *Jusqu'à la victoire* (inachevé) (1970), *Vladimir et Rosa* (1971), puis, sous les noms de Jean-Luc Godard et Jean-Pierre Gorin, *Tout va bien* et *Letter to Jane* (1972). Mais ceci ne peut être reconstitué qu'*a posteriori*, puisque dans aucun des films évoqués jusqu'à présent, hormis *Tout va bien*, on ne trouve de générique : seul un carton indique le titre du film. Si d'éphémères documents ronéotypés (accompagnant telle ou telle projection), ou des entretiens de presse, ou des articles, ne nous informaient pas de l'existence d'une nouvelle signature («Groupe Dziga Vertov»), nous nous trouverions devant des films totalement anonymes.

Un premier repérage – ni exhaustif, ni limitatif – permet d'observer plusieurs cas de figure symptomatiques de la relation de Godard à la question de la signature.

1°) Le *générique* en bonne et due forme.

2°) Cas particulier : la *signature orale* – notamment dans *Le Mépris*, dont le célèbre générique est exclusivement sonore.

3°) L'*absence* de toute signature d'auteur, comme dans *La Chinoise*, film totalement dépourvu de générique, où la mention «Un film en train de se faire» en tient lieu. On ne trouve l'intertitre – «La Chinoise, un film de Jean-Luc Godard» en lettres bleues, blanches et rouges sur fond noir – que dans la bande-annonce, qui décline des anagrammes du titre. Cet absentement de la signature, repérable dès *À bout de souffle* et maintes fois reproduit depuis, ne constitue pas en soi un refus de signer et d'apparaître comme l'auteur à l'origine de l'œuvre : au contraire, il peut se comprendre comme une volonté d'être identifié et identifiable à travers un style singulier qui tient lieu de signature[14]. Ou de frustrer des commanditaires motivés par l'impact de son nom en leur refusant cette inscription. Un dessin de Picasso n'a pas la même valeur marchande dans les cotations des spéculateurs, selon qu'il porte ou non la signature du «maître». Faut-il alors voir la perpétuation par Godard d'une tradition picturale qui veut que les esquisses ne comportent pas de signature, celle-ci étant réservée aux œuvres revendiquées comme telles ?

4°) La *revendication* du film dans d'autres lieux, notamment dans le cadre d'interviews ou de documents écrits. Intervenant *a posteriori*, un peu comme celle d'un attentat, la revendication laisse toute latitude, par exemple, au Groupe Dziga Vertov de signer (*British Sounds* et *Pravda*) ou de laisser planer le doute (*Un film comme les autres* est tantôt revendiqué, tantôt passé sous silence).

Si l'on s'en tenait, toutefois, à cette typologie formelle, on occulterait la différence de motivation qui régit la question de la signature dans la période maoïste de Godard. La décision, prise après mai 68,

---

13. Informations recueillies lors d'une conversation avec Jean-Pierre Gorin à Paris, en juillet 2005. Qu'il en soit ici remercié.

14. Je ne fais ici que reprendre l'hypothèse proposée par André S. Labarthe dans *Du premier cri au dernier râle*, Liège, Yellow Now, 2004, p. 39 : «Il renonce à signer, en somme, à l'instant où il est assuré que son film – son style – sera immédiatement reconnaissable.»

de s'effacer devant les masses et de se dissoudre dans un collectif (le Groupe Dziga Vertov) signalent une volonté de rupture politique, maintes fois énoncée, avec le statut d'auteur qu'il avait consciencieusement construit au cours des années 1950-1960. L'irruption massive des sans-voix l'a conduit à un positionnement indissolublement cinématographique et politique. Se mettre au service du mouvement en jouant les porte-voix semble à Godard insuffisant : ce serait rejeter «le cinéma», tout ce qu'il en a appris et ce que celui-ci lui a déjà apporté, que de le réduire à n'être qu'un moyen de communication[15]. Poursuivre dans la continuité de ses travaux cinématographiques antérieurs eût signifié ne pas prendre acte de la situation historique, mais il ne peut, comme le feront nombre de cinéastes, nier purement et simplement ce qu'il a été et est encore : cinéaste, auteur, reconnu pour le renouvellement singulier qu'il a apporté au cinéma. La rupture qu'il opère prend donc une forme éminemment dialectique, dans la plus parfaite tradition hegeliano-marxiste, la forme d'une *Aufhebung*, c'est-à-dire en même temps d'un dépassement et d'une conservation, d'un dépassement nourri de l'acquis[16]. Cette forme l'incite, comme une poignée d'autres, parfaitement minoritaires, tels que le Groupe Cinéthique – insatisfait de l'éclectisme des États-Généraux du cinéma – à transporter la révolution sur le terrain même du cinéma, en cherchant à produire une transformation révolutionnaire de son propre cinéma. C'est dans la dynamique de ce mouvement que Godard décide de rompre avec le cinéma «bourgeois» et avec la conception de l'auteur que véhicule une tradition qu'il n'a pas peu contribué à perpétuer. Il est ainsi contraint à un devoir d'autocritique de rupture, de rectification. Mais alors que les reconversions de cinéastes en reporters militants fleurissent autour de lui, il sait devoir faire autre chose, et en être capable.

La question politique se concentre donc tactiquement pour lui autour de la refondation de la conception de l'auteur de film. Cette réflexion est au centre de son travail avec Gorin dans le cadre du Groupe Dziga Vertov. La tension qui le traverse, entre le constat que le travail antérieur de Godard, de par son niveau élevé de questionnement, est en partie revendicable, et la nécessité de rompre avec la signature d'auteur («romantique», «poète maudit», etc.), demeurera un frein à la définition positive d'une conception de l'auteur-producteur collectif.

Cette dernière formulation appelle deux précisions. D'abord, le terme de «producteur» s'entend, bien sûr, non pas étroitement dans le sens de producteur de cinéma (celui qui réunit et gère les capitaux nécessaires à la fabrication d'un film), mais dans le sens marxiste de participer à la production matérielle dans son ensemble. D'autre part, les guillemets avec lesquels se désigne le «Groupe» Dziga Vertov[17] donnent à penser que Godard et Gorin ont conscience, même s'ils ne doutent pas de pouvoir réunir quelques collaborateurs, de l'insuffisance du collectif qu'ils s'apprêtent à fonder, où ils ne seront que deux à occuper une place dirigeante. Dans une interview donnée en 1987 pour l'émission d'Antenne 2 «Cinémas, cinémas» spécial Godard, Anne Wiazemsky pourra de bonne guerre sourire de leurs ambitions en faisant remarquer qu'il n'y avait eu en fait que le «couple» Dziga Vertov.

L'élargissement du groupe se heurtait à des difficultés objectives : le dialogue productif que Godard et Gorin avaient instauré au cours de ces années s'appuyait sur une longue fréquentation antérieure, au cours de laquelle ils avaient acquis une profonde unité de vues sur les questions politiques autant que sur les théories esthétiques et l'histoire du cinéma. Compte tenu de cette proximité, il aurait été illusoire de compter sur le ralliement immédiat de nouvelles recrues qui puissent leur apporter une contribution significative tout en partageant leurs conceptions, perpétuellement en cours d'élaboration.

---

15. «L'art, quant à lui, n'est intègre que lorsqu'il ne joue pas le jeu de la communication.» (Th. W. Adorno, *Théorie esthétique*, Paris, Klincksieck, 1995, p. 445.)

16. Une littérature philosophique abondante travaille les difficultés de traduction de ce concept hegelien. Le lecteur intéressé pourra s'y orienter grâce à l'entrée «Aufhebung» du désormais indispensable *Vocabulaire européen des philosophes. Dictionnaire des intraduisibles*, sous la direction de Barbara Cassin, Paris, Le Seuil-Le Robert, 2004.

17. Dans un document inédit, intitulé «Rapport sur la réunion préparatoire du 6 juin [1970]», probablement rédigé par Godard (en tout cas d'après le souvenir de Gorin, qui estime que ce doit être le seul compte-rendu écrit de ce genre de réunion), on peut lire : «Ordre du jour : tâches présentes et futures du "groupe" Dziga Vertov». Dans la mesure où ce document est un des très rares écrits de cette période qui aient été conservés (par Armand Marco, que nous remercions chaleureusement ici d'avoir consenti à le mettre entre nos mains), il semble, en l'état actuel des recherches, devoir faire référence.

Ce problème ne doit pas masquer que Godard et Gorin étaient sans doute satisfaits de leur travail en duo et n'éprouvaient pas vraiment le besoin d'élargir le face-à-face complice de leur collaboration au-delà du cercle des proches, ni de la rendre plus étroite avec certains d'entre eux. Seule exception : le statut privilégié de leur relation de travail avec Armand Marco, le directeur de la photographie du Groupe, qui accompagnera Godard et Gorin en Palestine pour tourner *Jusqu'à la victoire* (film inachevé que Godard et Anne-Marie Miéville termineront après la dissolution du Groupe, sous le titre *Ici et ailleurs*).

Tous deux sont conscients que cette absence d'élargissement est en contradiction avec leur discours. Mais loin de susciter le malaise, celle-ci est envisagée avec humour. Lorsqu'un interviewer leur demande : «Combien de personnes y a-t-il dans le Groupe Dziga Vertov et qui sont-ils ?», Gorin répond :

> Pour le moment, deux, mais nous n'en sommes même pas sûrs. Il y a une aile gauche et une aile droite. Tantôt il est la gauche et je suis la droite, tantôt je suis la gauche et lui la droite. C'est une question de pratique.

Godard, quant à lui, prend très au sérieux la question qui lui est adressée : «À quel point le travail en groupe est-il différent de ce que vous faisiez avant ?». Il se lance dans une autocritique de son attitude antérieure[18] :

> C'est une tentative de rompre avec la dictature habituelle du metteur en scène. D'essayer d'être avec les gens sur un film sur une base un peu plus égale que juste des techniciens ou des esclaves. D'essayer de ne pas faire de hiérarchie[19].

Les précautions oratoires («pour le moment», «c'est une tentative de...», «d'essayer») témoignent d'une insatisfaction par rapport à l'état de la collectivisation des tâches et d'une volonté de le faire évoluer, car au-delà de la simple question formelle, ou du climat (et même de la mode) idéologique, il y a un enjeu politique important à fonctionner collectivement pour casser la hiérarchisation.

La dissolution de la signature de Godard dans celle du Groupe Dziga Vertov n'a donc pas le même caractère que son absence dans *À bout de souffle* et quelques autres films, où elle suggérait une attitude d'auto-effacement éminemment mélancolique, voire une forme discrète de désespoir, un mal de vivre, une «difficulté d'être[20]». Ou bien une ambition formaliste affirmée : le style devra tenir lieu, dorénavant, de signature.

Le geste est tout autre : il ne s'agit plus de se soustraire, mais de se fondre dans une signature collective qui remplace le nom d'auteur, contesté dans sa valeur d'emblème.

Comme nous l'avons déjà remarqué, l'inscription de cette nouvelle signature (Groupe Dziga Vertov) ne se fait pas *dans* les films, mais *à côté*, *en dehors*, à la faveur de multiples déclarations orales ou écrites, conférences, débats, entretiens...

Une autre particularité saute aux yeux à la lecture des entretiens, assez nombreux, accordés par le Groupe : la question du nom apparaît sans cesse dans les propos de Godard. Il faut profiter de (la contradiction liée à) son nom, pour en changer : «Voilà ce qui est vraiment nouveau : ne plus m'appeler Godard, mais Godard-Gorin[21]», ce qui est déjà plus que de travailler à deux avec «un type du nom de Gorin» (p. 368). «Godard-Gorin» est donc le nouveau nom de Godard, et «Godard» son «ancien nom». Et il explique que les financements de *Tout va bien* ont été trouvés «sans lecture préalable du scénario, grâce aux noms de Fonda et Montand – ce qui était une habileté tactique –, grâce aussi à [s]on ancien nom» (p. 372). La possibilité de financer des films sur le nom de Godard est élargie en tactique générale (ce qui était déjà le cas dès les années 1960, avec Bardot par exemple, mais cette tactique est très répandue, bien au-delà du cas de Godard) : le film *Tout va bien* est financé autour du nom de deux vedettes, Yves Montand et Jane Fonda, dont l'écho résonne hors du champ cinématographique

---

18. L'interview de Raoul Coutard en «bonus» de l'édition DVD anglaise de *Week-End* apporte un témoignage édifiant sur l'autoritarisme de Godard en tournage, encore à la fin 1967.
19. Entretien avec le Groupe Dziga Vertov en avril 1970 à New York, dans Michael Goodwin et Greil Marcus, *Double Feature*, New York, Outerbridge & Lazard, inc., 1972, p. 13. (Traduction : D. F.)
20. Selon la belle formule qui donne son titre à un recueil de Jean Cocteau.
21. *Jean-Luc Godard par Jean-Luc Godard, op. cit.*, p. 364 (interview dans *Le Monde*, 27 avril 1972, p. 17.)

en raison de leurs interventions dans l'actualité politique, au Vietnam ou ailleurs («On ne voit pas les noms de Montand et de Jane Fonda uniquement dans la rubrique spectacles», p. 369).

Il y a donc, chez Godard, la volonté de procéder à une «autocritique[22]» – toujours difficile – par rapport au statut d'auteur acquis avant 1968, tout en profitant de celui-ci pour vivre du cinéma militant : «Les films du groupe Vertov ont été possibles uniquement grâce à mon nom» (p. 373). Ce nom qui marque une conception avec laquelle il faudrait rompre est en même temps la condition d'existence matérielle du Groupe. Contradiction aiguë et douloureuse, puisqu'elle porte sur le point peut-être le plus central de la rupture de Godard avec son travail antérieur.

Que font-ils de cette contradiction entre la possibilité matérielle d'existence du Groupe à partir du nom de Godard et la volonté d'affirmer une conception réformée de l'auteur ? On peut penser que la signature par le Groupe non pas dans les films, mais en dehors d'eux, constitue un compromis. Ou alors, que la contradiction a été résolue par le choix de *ne pas* signer, c'est-à-dire d'adopter tacitement une nouvelle conception de la production de films, dans laquelle il n'y a pas de place pour la notion d'auteur ni de propriété de l'œuvre. On se souvient de la déclaration de Brecht au cours du procès sur le film *L'Opéra de quat' sous* : «L'œuvre ne m'appartient pas : elle appartient au public, à qui je l'ai transmise[23]».

> **Martin Even :** N'est-ce pas nier Godard ? Godard-Gorin, n'est-ce plus Godard ?
>
> **Gorin :** Jean-Luc a été le seul cinéaste «révolutionnaire» conséquent des quinze dernières années. Il changeait des trucs dans le cinéma, et par là il changeait son propre statut. J'explique : le cinéma est la forme artistique la plus socialisée, et, en même temps, il est le dernier refuge de la mystique idéaliste création-créateur. C'est d'ailleurs normal que ce moyen, qui se trouve entre les mains de la classe dominante, soit un terrain d'élection pour l'idéologie dominante. […]
>
> **Martin Even :** Il faut tuer Godard ?
>
> **Gorin :** Non, on pastiche *Le Mépris* au début du film [*Tout va bien*], et on dit qu'on ne peut pas continuer comme ça. Mais ce n'est pas très important. L'essentiel, c'est de se situer historiquement. Godard et Gorin. Pour certains, ce fut le mythe – à travers le groupe Dziga Vertov – du suicide rimbaldien d'un artiste : maintenant, c'est le mythe du tandem, Erckmann et Chatrian. Comme nous sommes avares de textes théoriques, il nous sera difficile de revendiquer une nouvelle définition de l'auteur[24].

Il convient de modérer le propos de Gorin : Godard ne fut certainement pas «le seul cinéaste révolutionnaire conséquent des quinze dernières années», mais on concédera qu'il fut plusieurs fois «révolutionnaire» pendant cette période, principalement sur le terrain esthétique. Une fois de plus, ce témoignage prouve que leur travail commun ne visait pas à faire table rase de l'œuvre passée de Godard, mais à la conserver pour la dépasser : une *Aufhebung*. Se heurtant à la difficulté de présenter une pensée dialectique à un interlocuteur demandeur d'assertions unilatérales («N'est-ce pas nier Godard ?» «Il faut tuer Godard ?»), Gorin finit par le renvoyer à une *altérité*, un texte théorique qui ne sera jamais produit : une «nouvelle définition de l'auteur».

Il est bien regrettable, aujourd'hui, que cette «nouvelle définition de l'auteur» n'ait jamais été exprimée, en tant que proposition positive, dans un texte : de ce fait, l'ancienne l'a sans peine recouverte. À l'extérieur du Groupe, et en particulier dans la critique anglophone, notamment les revues *Screen* et *Afterimage*, le travail de Godard et Gorin a incontestablement suscité des réflexions qui prolongeaient leurs questionnements.

---

22. Voir Alain Badiou et François Balmès, *De l'idéologie*, Paris, François Maspero, coll. «Yénan synthèses», 1976, p. 27 : «La dialectique réelle de l'autocritique inclut la rectification. La rectification est le processus où, divisé par la critique, l'ancien état de choses se transforme dans l'élément de l'autocritique».

23. Cette formule lui est attribuée. Elle est rapportée en style indirect dans un extrait de presse cité par Brecht lui-même. Voir Bertolt Brecht, *Sur le cinéma*, Paris, L'Arche, 1970, p. 154.

24. Voir «*Tout va bien*, un grand film "décevant" ; Jean-Pierre Gorin : Des travailleurs artistiques de l'information» (propos recueillis par Martin Even), *Le Monde*, 27 avril 1972, p. 17. Le pseudonyme de l'auteur populaire du XIXe siècle Erckmann-Chatrian combinait les noms de famille de deux auteurs qui collaboraient étroitement.

ANOUCHKA - FILMS

7, rue des Dames-Augustines
92 - NEUILLY-SUR-SEINE

❖

TÉL. (1) 624-68-05
Cable : Cinéart PARIS

Paris , le 15 avril 72

Dear Sandra Wake ,

it's certainly a long time you haven't heard from me . I hope
that all the problems about Made in Usa are solved . And
also for Wind from the East . As I told you by phone two or ~~two~~
three months ago , ~~because~~ we are the only ones to have the
rights for printing the dialogues of Wind from the East.And
I insist on the fact that Wind from the East is co-written
and co-directed by Jean-Luc Godard and Jean-Pierre Gorin ,
which is never mentioned . I would appreciate if you could
put Gorin's name ont the book with my name . We have now in
Paris both the entire dialogues and stills , and you can use
it if necessary .
Jean-Pierre Gorin and I have just achieved "Tout va bien"
with Jane Fonda and Montand , and i wonder if you are inter-
ested by that new film .
Anyway , the right of publications will be in the hands of
l'Avant-scène , in Paris .
I shall phone you in the next week about Wind from the East .
Yours ,

SOCIÉTÉ A RESPONSABILITÉ LIMITÉE AU CAPITAL DE 300.000 FRANCS

La critique de la «mystique merdique de l'auteur[25]» avait déjà été bien entamée lors du «Procès de quat'sous[26]» par Bertolt Brecht, qui soupçonnait que le «droit d'auteur» avait pour réelle fonction de «rendre la production possible[27]». D'autres éléments de critique de ce culte, toujours hégémonique aujourd'hui, étaient déjà disponibles dans des travaux de Pierre Macherey, un élève d'Althusser.

> Les diverses théories de la création ont ceci de commun qu'elles traitent le problème de ce passage qu'est une fabrication en éliminant l'hypothèse d'une fabrication ou d'une production. On peut créer dans la permanence : alors créer c'est libérer un acquis qui est paradoxalement donné. Ou bien on assiste à une apparition : la création est alors une irruption, une épiphanie, un mystère. Dans les deux cas ont été supprimés les moyens d'expliquer le changement : dans l'un il ne s'est rien passé ; dans l'autre il s'est passé quelque chose d'inexplicable. Toutes les spéculations sur l'homme créateur sont destinées à éliminer une connaissance réelle : le «travail créateur» n'est justement pas un travail, un processus réel, mais la formule religieuse qui permet d'en célébrer les funérailles, en lui élevant un monument[28].

Dès sa fondation, le Groupe est convoqué à un questionnement de l'aura du nom de Godard. Dans le numéro de *Cinéthique* où apparaît pour la première fois publiquement la signature du Groupe Dziga Vertov[29], Gérard Leblanc publie le bref et retentissant article «Godard : valeur d'usage ou valeur d'échange[30] ?», qu'il concluait ainsi :

> Godard devient le représentant de la Révolution au cinéma. La bourgeoisie a tout intérêt à miser sur son nom, pour masquer les films révolutionnaires.
>
> Cette position privilégiée (mobiliser des capitaux sur son nom) mais provisoirement intenable (tant que ses films ne seront pas vus pour ce qu'ils sont) ne contraint-il pas Godard, *dans l'intérêt de la Révolution,* à produire d'autres films que les siens ? Encore faut-il que ces capitaux ne servent pas à de futures valeurs d'échange…

Ici, c'est pratiquement un «impôt révolutionnaire» sur le nom d'auteur de Godard qui semble être suggéré !

Mais comment imaginer ce que nous aurait apporté l'élaboration positive d'une «nouvelle définition de l'auteur», fondée sur la collaboration artistique de Godard et de Gorin pendant plus de trois ans (1969-1972), et qui serait sans doute proche du concept d'«auteur-producteur[31]» ? Un acte significatif nous aide à en concevoir la nature : le fait que le Groupe ait signé *a posteriori* deux films tournés par Godard avant sa fondation, *British Sounds* et *Pravda*. Ce n'est pas seulement une boutade de dire qu'il les a revendiqués comme d'autres ont pu le faire pour des enlèvements ou des attentats. Ne peut-on considérer toute production qu'il reprenait à son compte comme un «attentat» contre le cinéma dominant, un hold-up visant à s'approprier ses capitaux ? Sous l'étendard du nom de «Dziga Vertov» (déjà un pseudonyme !) qui sonne comme un appel à la dialectique et à la mobilisation, c'est une conception bolchevique du cinéma qui est mise en avant : *une* conception, autour de laquelle les collaborateurs du film sont unis dans leur lutte contre une autre (celle d'Eisenstein). Il ne s'agit donc plus de trouver

25. Voir l'interview de Gorin dans *The Velvet Light Trap, op. cit.,* p. 30.

26. Voir Bertolt Brecht, *Sur le cinéma, op. cit.,* particulièrement p. 190-192 et p. 200-201.

27. *Ibid.,* p. 208.

28. Voir Pierre Macherey, *Pour une théorie de la production littéraire,* Paris, François Maspéro, coll. «Théorie», 1966, p. 85. Cette maigre citation ne rend pas justice aux nombreuses pages directement liées aux questions abordées ici. Il est plus que vraisemblable que ce livre ait pu attirer l'attention de Godard et Gorin dès sa publication dans la mesure où premièrement, il était à cette époque le seul de la collection dirigée par Althusser à aborder directement les théories esthétiques ; deuxièmement, au moins un des textes qui composent cet ouvrage était déjà paru dans les *Cahiers marxistes-léninistes,* n° 12-13, juillet-octobre 1966, que Godard avait forcément eu entre les mains puisqu'il y avait trouvé un texte d'Alain Badiou («L'autonomie du processus esthétique») cité dans *La Chinoise,* et d'autant plus sûrement que, troisièmement, ces *Cahiers* étaient devenus la revue théorique de l'UJCml, dont Gorin fut proche avant et pendant mai 68.

29. «Premier sons anglais», *Cinéthique,* n° 5, sous la signature : «Pour le Groupe Dziga Vertov : Jean-Luc Godard» ; reproduit dans *Jean-Luc Godard par Jean-Luc Godard, op. cit.,* p. 337-338.

30. Gérard Leblanc, «Godard : valeur d'usage ou valeur d'échange ?», *Cinéthique,* n° 5, septembre-octobre 1969, p. 22. Le collectif Cinéthique est à peu près le seul en France à avoir accordé une attention systématique au travail du Groupe Dziga Vertov. Voir Jean-Paul Fargier, Collet Jean, *Jean-Luc Godard,* Paris, Seghers, collection «Cinéma d'aujourd'hui», 1974. Gérard Leblanc, «Sur trois films du groupe *Dziga Vertov*», *VH 101,* n° 6, pp. 21-36,, Paris, 1972. Gérard Leblanc, «Lutte idéologique et *Luttes en Italie*», *VH 101,* n° 9, pp. 73-108, Paris, 1972.

un nom qui puisse faire signature, mais de désigner, le plus laconiquement possible, une *orientation* dirigeant un *travail* dans le domaine du cinéma.

On assiste notamment à l'élaboration, dans les derniers temps de la collaboration Godard-Gorin, d'une conception dynamique de l'image, qui prend en compte non seulement le point d'observation, mais également le mouvement des angles, ouverts ou fermés, qui accrochent diversement l'attention dans la composition de chaque plan, ainsi que l'évolution de la hiérarchie de ces angles d'un plan à l'autre. Cette approche novatrice renoue avec certaines intuitions des formalistes russes – Eisenstein y compris –, conduisant ainsi le Groupe à réévaluer, *in extremis*, sa démarcation entre Vertov et Eisenstein. On en trouve une formulation dans les dernières pages du scénario de *Moi Je*, publié ici pour la première fois[32].

Le travail du Groupe Dziga Vertov est une expérience à partir de laquelle on ne peut plus nier que congédier l'idéologie bourgeoise de l'art et la façon bourgeoise de conduire sa pratique n'impose pas de faire «table rase». Se situer et «se penser historiquement[33]» fonde au contraire la possibilité d'un cinéma révolutionnaire, communiste, fidèle à son engagement qui, comme le prône Adorno, ne se laisse pas réduire à un moyen de communication – un «média».

---

31. Voir «L'auteur comme producteur» (allocution à l'Institut pour l'étude du fascisme, à Paris, le 27 avril 1934), dans Walter Benjamin, *Essais sur Brecht*, Paris, La Fabrique, 2003, p. 122-144 (traduction de Philippe Ivernel). (Une précédente édition française, traduite par Paul Laveau, était parue sous le titre *Essais sur Bertolt Brecht*, Paris, François Maspéro, 1969, p. 107-128.)

32. Voir également l'interview de Kolker Robert Phillip, «Angle and reality : Godard and Gorin in America», *Sight and Sound*, vol. 42, n° 3, été 1973, p. 130-133.

33. La formule est empruntée à la conclusion de la voix *over* de *Tout va bien* qui, pour scander le progrès accompli par ses personnages, précise qu'ils ont «commencé à se penser historiquement».

NOTICE POUR LE SÉQUENCIER DE *BRITISH SOUNDS*

David Faroult

En février 1970, l'ARC (Animation-recherche-confrontation) présente deux films de Jean-Luc Godard au Musée d'art moderne de Paris. Pour ces projections, Jean-Luc Godard, qui vient de fonder quelques mois auparavant le Groupe Dziga Vertov avec Jean-Pierre Gorin, prépare deux documents ronéotypés qui seront distribués aux spectateurs. L'un est une description, suivie d'une auto-critique, de *Pravda* : on peut le trouver dans le tome 1 de *Jean-Luc Godard par Jean-Luc Godard*[1].

L'autre, reproduit ci-après, est un séquencier de *British Sounds* qui doit rendre le film intelligible pour un public non-anglophone[2], car ce film n'a jamais fait l'objet d'une version traduite ou sous-titrée. Ce séquencier est suivi de quelques notes auto-critiques qui, comme celles sur *Pravda*, résultent probablement de discussions entre Jean-Luc Godard et Jean-Pierre Gorin dans le cadre du Groupe Dziga Vertov.

Une attente avait sans doute été créée autour de la projection de *British Sounds* depuis la publication de «Premiers sons anglais[3]» dans *Cinéthique* n° 5 sous la signature : «Pour le Groupe Dziga Vertov : Jean-Luc Godard».

Dans le présent document, le film est signé par Godard seul, la revendication *a posteriori* par le Groupe Dziga Vertov étant probablement intervenue ultérieurement, à la faveur d'entretiens publiés aux États-Unis.

Le journal *Black Dwarf*, auquel il est fait allusion dans la séquence n° 2, était un organe de la «nouvelle gauche» anglaise des années 1968 : marxiste et internationaliste, cette publication, à laquelle collaborait le militant de la Quatrième Internationale Tariq Ali, consacrait une place importante aux luttes féministes et aux questions culturelles.

---

1. *Jean-Luc Godard par Jean-Luc Godard*, Paris, Cahiers du Cinéma, 1985, p. 338-340.

2. Il a été conservé et aimablement mis à notre disposition par Dominique Païni. Première publication dans *L'Avant-Scène*, «Spécial Godard», n° 171-172, juillet-septembre 1976, p. 60-61.

3. Ce texte est également reproduit dans *Jean-Luc Godard par Jean-Luc Godard, op. cit.*, p. 337-338.

A.R.C.

Animation
Recherche
Confrontation

"British Sounds"

FILM de Jean-Luc GODARD   (en version originale)
16 mm - couleur - 1969

"La bourgeoisie fabrique un monde à son image (Marx).

Bon.

Camarades, commençons par détruire cette image.

1/ Image

les chaînes de montage des MG de sport dans l'usine "modèle"
de la British Motor Corporation à Oxford.

Son

des paroles de Karl Marx et Friedrich Engels extraites du
Manifeste du Parti Communiste.

2/ Image

le ventre nu d'une "militante" du journal Black Dwarf.

Son

des paroles féminines sur la condition de la femme, sur son
exploitation par l'homme; en quels termes poser cette
exploitation ? demande une voix d'homme.

3/ Image

un speaker de télévision entrecoupé d'images de travailleurs
isolés.

Son

des extraits des discours de Wilson, Heath, Pompidou, Nixon, etc.
Une voix basse demande aux travailleurs isolés de s'unir et de
se syndiquer.

4/ Image

les visages d'un groupe de militants ouvriers marxistes de la
région d'Oxford.

Son

les paroles de ces ouvriers. Le salaire, le profit, les licenciements,
les cadences, les enfants, la nécessité d'un Parti.

5/ <u>Image</u>

des étudiants d'Essex fabriquent des posters "gauchistes" et
critiquent une chnason des Beatles.

<u>Son</u>

des paroles théoriques sur les possibilités de fabriquer
des images et des sons autres que ceux de l'impérialisme.

6/ <u>Image</u>

une main couverte de sang relève le drapeau rouge dans la
neige et la boue.

<u>Son</u>

extraits de chansons révolutionnaires de plusieurs pays.

————————

<u>Remarques</u>

Film encore non politique dans la mesure où il ne fait
qu'énumérer les problèmes (ouvrier, étudiants, fascisme, etc)
en termes sociologiques, comme Le Monde ou l'Express, au lieu de
les poser à partir d'une prise de position politique.

Film non politique qui reste un objet de classe bourgeoise,
au lieu d'être un sujet encore bourgeois, qui prend une position
de classe prolétarienne.

Film politique en ce sens que sa façon de procéder extrêmement
simple permet à tous de le critiquer facilement; et donc de faire
la démarcation entre être de classe bourgeoise et prendre une position
de classe prolétarienne.

Film politique en ce sens qu'en face de lui, objet de classe,
on doit se définir comme sujet de classe vis-à-vis de cet objet.

Jean-Luc Godard

FILMOGRAPHIE DU GROUPE DZIGA VERTOV

David Faroult

La filmographie du Groupe Dziga Vertov est, dans l'état actuel des recherches, indissolublement liée à celles de Jean-Luc Godard dont nous disposons, et la signature *a posteriori* par le Groupe de films réalisés avant sa constitution formelle ne facilite pas les choses[1]. Il serait donc tout à fait artificiel de cloisonner la filmographie du Groupe par rapport à celle de Godard.

Un film comme les autres
1968, France, 16 mm, noir et blanc et couleur, 100', son optique
Film revendiqué *a posteriori* par le Groupe Dziga Vertov dans plusieurs entretiens
Réalisation : Jean-Luc Godard
Images originales en couleur (Ektachrome) de Jean-Luc Godard, William Lubtchansky (?)
Images d'archives en noir et blanc tournées en mai 1968 par le groupe ARC
Montage : Jean-Luc Godard, Christine Aya (?)
« *Interprétation* » : trois militants étudiants de Nanterre, deux militants ouvriers de Renault-Flins
Production : Anouchka films
Tournage : juillet 1968

One American Movie
Titre anglais : One A. M.
1968, USA, 16 mm, couleur, 90'
Film tourné par Jean-Luc Godard avec D. A. Pennebaker et Richard Leacock, qui finissent le film seuls, en 1971, sous le titre *One P. M.*, et abandonné par le Groupe Dziga Vertov après visionnage des rushes.
Images : D. A. Pennebaker, Richard Leacock
Son : Mary Lampson, Robert Leacock, Kate Taylor
Interprétation : Rip Torn, Jefferson Airplane, Eldridge Cleaver, Tom Hayden, Leroi Jones, Tom Luddy, Paula Madder, Mary Lampson, Anne Wiazemsky
Production : Leacock-Pennebaker Inc. 1968

British Sounds
Titre américain : See you at Mao
1969, Grande-Bretagne, 16 mm, couleur, 52'
Film signé *a posteriori* par le Groupe Dziga Vertov
Réalisation : Jean-Luc Godard (en dialogue avec Jean-Henri Roger[2])
Scénario : Jean-Luc Godard (en dialogue avec Jean-Henri Roger)
Images (Kodak 7254) : Charles Stewart
Son : Fred Sharp
Montage : Elisabeth Koziman
« *Interprétation* » : étudiants d'Oxford, d'Essex et de Kent, travailleurs à la chaîne de British Motor Co. (Cowley, Oxford), militants ouvriers de Dagenham
Producteur : Irving Teitelbaum, Kenith Trodd
Production : Kestrel Productions, pour London Weekend Television (LWT). Celle-ci refusera de diffuser le film fini et n'en projettera que des extraits, entrecoupés de « débats », dans son émission « Aquarius » du 2 janvier 1970.
Tournage : février 1969 (Oxford, Essex, Dagenham, Londres)
Il n'existe à ce jour qu'une version anglaise non sous-titrée.

Pravda
1969, France/USA/Tchécoslovaquie, 16 mm, couleur, 58'
Signé *a posteriori* par le Groupe Dziga Vertov
Réalisation : Jean-Luc Godard, Jean-Henri Roger
Images : Paul Bourron (Agfa-Gevaert Couleurs)
Montage : Jean-Luc Godard (seul, fin 1969[3])
Interprétation : voix de Jean-Henri Roger (Jean-Pierre Gorin dans la version anglaise), apparition de Vera Chytilova
Producteur : Claude Nedjar
Production : Centre européen Cinéma-Radio-Télévision 1969, Grove Press
Tournage : mars-avril 1969 (Tchécoslovaquie)

Vent d'est
1969, Italie/France/Allemagne fédérale, 16 mm, couleur, 100'
Réalisation : Jean-Luc Godard, Jean-Pierre Gorin
Scénario : Jean-Luc Godard, Daniel Cohn-Bendit, Jean-Pierre Gorin, Gianni Barcelloni, Sergio Bazzini, Marco Ferreri, Glauber Rocha, Jean-Henri Roger…
Images : Mario Vulpiani
Son : Antonio Ventura, Carlo Diotalevi
Montage : Jean-Luc Godard, Jean-Pierre Gorin
Interprétation : Gian Maria Volonte, Anne Wiazemsky, Paolo Pozzesi, Christina Tullio Altan, Daniel Cohn- Bendit, Glauber Rocha, José Varela, George Gotz, Vanessa Redgrave, Allan Midgett, Fabio Garrba, Jean-Henri Roger…
Producteur : Georges de Beauregard, Gianni Barcelloni, Ettore Rohoch
Production : CCC Poli Film/Kunst Film/Anouchka Films
Tournage : juin-juillet 1969 (Italie), montage achevé vers octobre 1969
Commandé par un mécène à un large collectif, *Vent d'est* est finalement réalisé par Godard et Gorin, qui en font en quelque sorte le « manifeste » fondateur du Groupe Dziga Vertov. Il existe une version française et une version traduite simultanément en anglais.

Luttes en Italie (Lotte in Italia)
1970, Italie/France, 16 mm, couleur, 60'
Réalisation : Groupe Dziga Vertov (Jean-Luc Godard, Jean-Pierre Gorin)
Scénario : Groupe Dziga Vertov
Images (Kodak 7254) : Armand Marco
Son : Antoine Bonfanti
Montage : Jean-Luc Godard, Jean-Pierre Gorin, Christine Aya (?)
Interprétation : Christiana Tullio, Altan, Anne Wiazemsky, Jérome Hinstin, Paolo Pozzesi
Production : Anouchka Films/Cosmoseion, pour Radiotelevisionne italiana (RAI)
Tournage : décembre 1969 (Paris et Roubaix)
Première au festival de Bergamo, septembre 1970
Il existe une version italienne et une version avec traduction simultanée française.

Jusqu'à la victoire (Méthodes de pensée et de travail de la révolution palestinienne) (inachevé)
16 mm, couleur (rushes utilisés dans *Ici et Ailleurs*, de Jean-Luc Godard et Anne-Marie Miéville, 1974)
Réalisation : Groupe Dziga Vertov (Jean-Luc Godard, Jean-Pierre Gorin)
Scénario : Groupe Dziga Vertov (Jean-Luc Godard, Jean-Pierre Gorin)
Images (Kodak 7254) : Armand Marco
Production : Groupe Dziga Vertov (avec notamment 6000 $ de la Ligue Arabe[4])
Tournage : février à avril 1970 (Jordanie, Palestine)

---

1. Les filmographies que nous avons consultées (près d'une dizaine) se contredisent souvent, en particulier sur les dates et les durées des films. À la décharge de leurs auteurs, précisons qu'aucun des films concernés ne comporte de générique (à la notable exception de *Tout va bien*). D'autre part, il n'est pas rare que les filmographies pallient l'absence d'informations (en particulier pour la répartition des postes) en indiquant seulement « Groupe Dziga Vertov ».
2. Jean-Henri Roger était présent sur le tournage. À part Godard et lui, les membres de l'équipe étaient des collaborateurs réguliers de la télévision commanditaire et ne parlaient pas le français.

3. Cette précision indique que le montage a probablement bénéficié d'un dialogue avec Jean-Pierre Gorin, qui a régulièrement collaboré avec Jean-Luc Godard à partir du tournage de *Vent d'est*, en été 1969.
4. Cette information est précisée dans le commentaire de *Ici et ailleurs*.

Vladimir et Rosa

1970, France/USA/Allemagne fédérale, 16 mm, couleur, 96'
Réalisation : Groupe Dziga Vertov (Jean-Luc Godard, Jean-Pierre Gorin)
Scénario : Groupe Dziga Vertov
Images (Kodak 7254) : Armand Marco, Gérard Martin (?)
Son : Antoine Bonfanti
Montage : Jean-Luc Godard, Jean-Pierre Gorin, Christine Aya (?), Chantal Colomer (?)
Interprétation : Juliet Berto, Anne Wiazemsky, Jean-Luc Godard, Jean-Pierre Gorin, Yves Alfonso, Claude Nedjar, Ernest Menzer, Claude Nedjar…
Production : Munich Tele-Pool/Grove Press/Evergreen Films (budget : 20 000 \$[5])
Tournage : vers septembre 1970 (?)
Il existe une version française, et une version française sous-titrée en anglais.

Schick (film publicitaire pour une lotion après-rasage)

1971, France, 16 mm, couleur, environ 30"
Réalisation : Jean-Luc Godard, Jean-Pierre Gorin
Scénario : Jean-Luc Godard, Jean-Pierre Gorin
Images : Armand Marco
Interprétation : Juliette Berto…
Production : Dupuy Compton
Tournage : début 1971 (?)
Godard et Gorin, liés par un contrat fort avantageux avec l'agence de publicité Dupuy Compton, qui les salariait, n'étaient contraints que de proposer un projet par mois et de livrer un film publicitaire au moins dans l'année. Ils obtinrent de rémunérer toute leur équipe pour une semaine de tournage, mais celui-ci ne leur prit en fait qu'une demi-journée. Le spot montre un couple à son réveil, qui échange insultes et insanités pendant qu'une radio déverse des informations sur la guerre du Vietnam et sur la Palestine. Lorsque l'odeur de la lotion envahit la pièce, la radio s'interrompt subitement et le couple se calme.

Tout va bien

1972, France, 35 mm, couleur, 95'
Pellicule Kodak, format 1 x 1,66.
Réalisation : Jean-Luc Godard, Jean-Pierre Gorin
Assistants : Isabel Pons, Jean-Hugues Nelkene
Scénario : Jean-Luc Godard, Jean-Pierre Gorin
Images (Kodak) : Armand Marco
Opérateurs : Yves Agostini, Edouard Burgess
Son : Bernard Ortion, Gilles Ortion, Antoine Bonfanti
Décors : Jacques Dugied, Olivier Girard, Jean-Luc Dugied
Effets spéciaux : Jean-Claude Dolbert, Paul Trielli, Roger Jumeau, Marcel Vantieghem
Électriciens : Louis Parola, Robert Beulens, José Bois
Machinistes : Ferdinant Rocquet, André Saudemont, Eugène Delsuc, Marcel Mercier
Régie : Armant Barbault, Volker Lemke, Jacques Perrier, Philippe Venault
Administration : Alain Coiffier, Pierre Miloux, Annette Carducci
Photographes : Alain Miéville, Anne-Marie Michel [Anne-Marie Miéville]
Script-girl : Marie-Noëlle Bon
Montage : Kenout Peltier, Claudine Merlin
Interprétation : Yves Montand (Lui : Jacques), Jane Fonda (Elle : Susan Dewitt), Vittorio Caprioli (Marco Guidotti : le patron de l'usine Salumi), Jean Pignol (délégué CGT), Pierre Oudry (Frédéric, ouvrier moustachu), Elisabeth Chauvin (Geneviève), Eric Chartier (Lucien), Yves Gabrielli (Léon), Michel Marot (le représentant du PCF dans le supermarché), Anne Wiazemsky (la gauchiste du supermarché), Jean-René Defleurien

(le gauchiste), Huguette Miéville (Georgette), Bugette (Georges), Castel Casti (Jacques), Marcel Gassouk (second délégué CGT), Didier Gaudron (Germain), Luce Marneux (Armande), Nathalie Simon (Jeanne), Louise Rioton (Lyse) et Chris Tullio, Nathalie Simon, Ibrahim Seck
Producteur délégué : Jean-Pierre Rassam
Production : Anouchka Films (Paris)/Vicco Films/Empire Films (Rome) copyright 1972
Visa de contrôle cinématographique n° 38677
Distribution : Pathé-Gaumont
Tournage : 32 jours, du 17 janvier au 23 février 1972, intérieur et extérieurs dans Paris et Île de France, studios de Billancourt et d'Epinay.
Sortie à Paris : vendredi 28 avril 1972
Quoique non-signé «Groupe Dziga Vertov», le film a été réalisé par ses membres (Jean-Luc Godard, Jean-Pierre Gorin, Armand Marco) dans une continuité explicite du travail du Groupe, mise en avant par toutes les interviews.

Letter to Jane: an investigation about a still

Titre français (inusité) : Lettre à Jane : enquête sur une image
1972, France, 16 mm, couleur, 60'
Film en langue anglaise exclusivement : pas de copie sous-titrée[6]
Réalisation : Jean-Luc Godard, Jean-Pierre Gorin
Scénario : Jean-Luc Godard, Jean-Pierre Gorin
Images (Kodak 7254) : Armand Marco
Interprétation : voix de Jean-Luc Godard et Jean-Pierre Gorin
Producteurs : Jean-Luc Godard, Jean-Pierre Gorin (400 \$ à l'occasion d'une tournée du Groupe aux USA[7])
Tournage : une journée (septembre 1972 ?)

Ici et ailleurs

1974, France, 16 mm, couleur, 55'
Co-réalisation : Jean-Luc Godard, Anne-Marie Miéville (Jean-Pierre Gorin pour le tournage par le Groupe Dziga Vertov du projet intitulé *Jusqu'à la victoire*)
Scénario : Jean-Luc Godard, Anne-Marie Miéville
Image : William Lubtchansky (Armand Marco pour les images tournées en Palestine de *Jusqu'à la victoire*)
Montage : Jean-Luc Godard, Anne-Marie Miéville
Interprétation : Jean-Pierre Bamberger, … (et des combattants du Fatah dans les images tirées de *Jusqu'à la victoire*)
Producteur : Jean-Luc Godard, Anne-Marie Miéville, Jean-Pierre Rassam
Production : Sonimage/INA/Gaumont
Sortie en salles le 15 septembre 1976
Ici et ailleurs développe le dernier état du montage de *Jusqu'à la victoire*, film du Groupe Dziga Vertov (Godard et Gorin) tourné en Palestine avec Armand Marco au printemps 1970. Après plusieurs montages successifs, jamais présentés en public, le film demeure inachevé lorsque le Groupe est dissous vers le début 1973. Le travail est alors repris par Godard, sans Gorin, mais avec Anne-Marie Miéville. Gorin a refusé de le cosigner.

---

6. Le texte français est publié dans *Jean-Luc Godard et Jean-Pierre Gorin*, «Enquête sur une image» (bande son du film *Letter to Jane*), *Tel Quel*, n° 52, hiver 1972, p. 74-90, repris dans *Jean-Luc Godard par Jean-Luc Godard*, Paris, Cahiers du cinéma, 1985, p. 350-362.
7. Cette somme ne couvrait que les frais de pellicules et les travaux de laboratoires. Voir Ken Mate, «Let's see where we are : an interview with Jean-Luc Godard / Jean-Pierre Gorin», *The Velvet Light Trap*, n° 9, été 1973, p. 31.

---

5. Voir Michael Goodwin, Tom Luddy et Noami Wise, «The Dziga Vertov film group in America : an interview with Jean-Luc Godard and Jean-Pierre Gorin», *Take One*, vol. 2, n° 10, 1971, p. 17.

DU *VERTOVISME* DU GROUPE DZIGA VERTOV
À propos d'un manifeste méconnu et d'un film inachevé (*Jusqu'à la victoire*)

David Faroult

Le texte de Jean-Luc Godard que nous reproduisons ci-dessous revêt une importance fondamentale pour la compréhension de la période liée au Groupe Dziga Vertov. Car, du propre aveu de Jean-Pierre Gorin vers la fin de l'existence du Groupe[1], cette période intense a donné lieu à fort peu d'écrits théoriques, et celui qui suit est l'un des très rares à avoir été publié[2].

Or, ce texte marque nettement, dans sa problématique générale, une rupture de Godard avec ses conceptions théoriques antérieures et postérieures au Groupe Dziga Vertov, très influencées par Bazin, Malraux et Cocteau[3]. Il y affirme le primat des «rapports d'images» sur les images elles-mêmes, ce qui est le sens de la formule lancée par Jean-Pierre Gorin pendant le travail sur *Vent d'est* (1970) : «Ce n'est pas une image juste, c'est juste une image.» Rompant avec une relation ontologiste ou immanentiste de l'image, Godard réaffirme et développe le principe vertovien du primat accordé au montage. Mais le montage vertovien n'est pas n'importe quel montage, et il ne se réduit pas à une opération technique obligée : à travers les rapports d'image qu'il impose ou propose, il instaure un cheminement logique, causal, de comparaison, et ce faisant, il élabore une conception du monde capable de remettre en cause les représentations. Ce montage-là, c'est la pensée faite cinéma. La nécessité de renouer avec cette fonction cruciale du montage, qui n'est plus conçu comme un assemblage mais comme une organisation de rapports d'images, va commander la progression du travail du Groupe Dziga Vertov. Dans *Luttes en Italie* (1970), le parti pris est encore de simplifier au maximum chaque plan pris isolément, afin de faire porter tout l'effort sur leur mise en rapport dialectique. Ce n'est que dans les films ultérieurs que le montage pourra intervenir dans les plans eux-mêmes, comme en témoigne par exemple la réapparition de travellings dans *Tout va bien*. Peut-être faut-il justement y voir un nouveau type de travellings, relevant davantage du montage horizontal imaginé par Abel Gance[4]?

Renouant avec le concept central du montage, Godard découvre le fonctionnement du mécanisme par lequel l'information devient désinformation : la chaîne de faits qui explique un «événement» est systématiquement recouverte par l'image «unique» de l'événement lui-même. Tout déchiffrement du processus est écarté au profit de l'exposition d'un fait, qui, transformé en événement, passe pour information, alors même que ce fait n'est lisible, compréhensible, que dans une perception dynamique qui le désignerait comme *résultat*, et non comme *donnée*. La philosophie marxiste (matérialisme dialectique) à laquelle Godard adhère, à l'époque, le sensibilise à la saisie dialectique de la dynamique

---

1. «Comme nous sommes avares de textes théoriques, il nous sera difficile de revendiquer une nouvelle définition de l'auteur.» («*Tout va bien*, un grand film décevant», interview de Jean-Pierre Gorin par Martin Even, «Des travailleurs artistiques de l'information», *Le Monde*, 27 avril 1972, p. 17). «Politique Hebdo : – Avez-vous écrit des textes théoriques sur votre travail depuis trois ans ? Gorin : – Non, et c'est une des erreurs que nous avons commises. Nous aurions dû écrire un certain nombre de textes théoriques. Par pur volontarisme, à un certain moment, nous avons déclaré que nous ferions un bouquin. Nous aurions dû mettre des bornes. Aujourd'hui, nous en sommes peut-être capables.» («Pourquoi *Tout va bien* ?», entretien avec Jean-Luc Godard et Jean-Pierre Gorin», par Marlène Belilos, Michel Boujut, Jean-Claude Deschamps et Pierre-Henri Zoller, *Politique Hebdo*, n° 26, 27 avril 1972 ; repris dans *Jean-Luc Godard par Jean-Luc Godard*, Paris, Cahiers du cinéma, 1985, p. 372.)

2. Un exemple de texte non publié : «Pauvre BB !», rédigé par Jean-Pierre Gorin autour d'une évaluation critique de l'héritage de Bertolt Brecht. Gérard Leblanc, co-fondateur de la revue *Cinéthique*, se souvient que Jean-Pierre Gorin lui en avait parlé. Ce texte a-t-il été achevé ? En tout cas il semble que personne ne l'ait conservé. On peut considérer que «Letter to Jane. Enquête sur une image», qui parut dans la revue *Tel Quel*, constitue l'un des derniers textes théoriques du Groupe. De même pour le scénario *Moi Je*, de Jean-Luc Godard, resté longtemps inédit, que l'on pourra enfin lire dans le présent ouvrage. Le manifeste «Que faire ?», lui aussi, trouve dans cet ouvrage sa première publication en français.

3. C'est-à-dire, en particulier, la conception bazinienne de l'ontologie réaliste de l'image photographique, ou la conception de Cocteau, «filmer la mort au travail» qui réapparaît dans *Ici et ailleurs* (1974) autour de l'évocation des militants du Fatah morts depuis le tournage.

4. Proposant sa technique de «Polyvision» (ou triple écran) dans *Napoléon vu par Abel Gance* (1927), Gance engage une théorisation de ce que le montage «horizontal – simultané» ajoute à l'habituel montage, qu'il nomme «vertical-successif».

des processus, et, en même temps, oriente son intérêt vers des processus concrets, matériels. C'est à travers ce prisme qu'il en vient à saisir l'image comme un *reflet*, et ce reflet comme étant « nécessairement imaginaire[5] ».

Cet écrit, théorique donc, qui bénéficie des réflexions et expériences du Groupe Dziga Vertov, est signé Jean-Luc Godard et paraît en 1970 dans le journal du Fatah. Ici, il convient de chercher à cerner les circonstances qui ont pu commander sa rédaction et sa publication.

Publié en juillet, ce texte – auquel nous ne connaissons pas de titre[6] – a peut-être été rédigé au cours du mois de juin (comme en témoigne une allusion à la « crise de juin » qui s'est déroulée entre le 6 et le 10 juin 1970). À ce moment, les préoccupations du Groupe Dziga Vertov étaient centrées sur la fabrication de leur film « palestinien », *Jusqu'à la victoire*[7].

Nous reproduisons ci-dessous l'extrait d'un séquencier sous forme de storyboard que le Groupe avait publié dans une revue canadienne[8], mais qui n'avait jamais été édité en France, et qui donne un aperçu d'une première conception de ce film. Ce document, plus que du scénario, relève d'un montage avant le tournage (selon la conception vertovienne du montage[9]) de *Jusqu'à la victoire*[10]. L'écart important entre cet état du projet inachevé du Groupe Dziga Vertov et le film abouti de Jean-Luc Godard et Anne-Marie Miéville *Ici et ailleurs* (1974) fera écrire aux éditeurs français du manifeste de juillet 1970 :

> Nous ne pensons pas du tout que le film qui s'intitule actuellement *Ici et ailleurs* (et qui s'appelait initialement *Jusqu'à la victoire*) corresponde au programme que ces lignes semblent énoncer. C'est à titre de « document » que nous reproduisons ce texte, qui avait paru en 1970 dans le bulletin du Fatah mais qui n'avait pas été diffusé en Europe. Qu'on juge sur pièce[11]…

---

5. Ce questionnement autour de la notion de reflet, sur laquelle Lénine insistait dans *Matérialisme et empiriocriticisme*, doit surtout beaucoup à quelques textes qui furent manifestement importants dans le travail de Godard. Signalons : Alain Badiou, « L'autonomie du processus esthétique », *Cahiers marxistes-léninistes*, n° 12-13, juillet-octobre 1966, p. 77-89, article daté de juin 1965, dont quelques phrases sont citées dans *La Chinoise* (notamment la formule sur l'imaginaire de l'effet esthétique, qui « n'est pas le reflet du réel, il est le réel de ce reflet ») ; Louis Althusser, « Idéologie et appareils idéologiques d'État », *La Pensée*, n° 151, Paris, juin 1970 (réédité depuis dans Louis Althusser, *Sur la reproduction*, Paris, PUF, « Actuel Marx. Confrontations », 1995) – qui fait à proprement parler l'objet d'une adaptation cinématographique dans *Luttes en Italie*.

6. Dans la publication où nous l'avons retrouvé (*La Palestine et le Cinéma*, sous la direction de Guy Hennebelle et Khemaïs Khayati, Paris, Éditions du Centenaire, 1977, p. 205-211), il est présenté comme un « manifeste ».

7. Comme en témoigne un texte de Godard, toujours inédit, quasiment parodique des comptes rendus de réunions militantes : « Rapport sur la réunion du 6 juin 1970/Ordre du jour : tâches présentes et futures du "groupe" Dziga Vertov ».

8. « Dziga Vertov Notebook », *Take One*, vol. 2, n° 11, mai-juin 1970, p. 7-9 ; repris dans Michael Goodwin et Greil Marcus, *Double Feature*, New York, Outerbridge & Lazard, 1972, p. 52-56. On voit également quelques images de ce cahier, feuilleté et commenté brièvement par Jean-Pierre Gorin et Jean-Luc Godard dans le film de Ralph Thanhauser *Godard in America* (USA, 1970), produit et diffusé par Pennebaker et Leacock. Voir également le témoignage d'Elias Sanbar *infra*, note n° 10.

9. De nombreux développements de Dziga Vertov concernent cette question. Citons l'anthologie des textes de Dziga Vertov, *Articles, journaux, projets*, Paris, UGE, « 10/18 », 1972, p. 102-103 : « IV. Les Kinoks et le montage. Dans le cinématographe artistique, il est convenu de sous-entendre par montage le *collage* de scènes filmées séparément, en fonction d'un scénario plus ou moins élaboré par un metteur en scène. Les Kinoks donnent au montage une signification absolument différente et l'entendent comme *l'organisation du monde visible*. 1) *Le montage au moment de l'observation* : orientation de l'œil désarmé dans n'importe quel lieu, à n'importe quel moment. 2) *Le montage après l'observation* : organisation mentale de ce qui a été vu en fonction de tels ou tels indices caractéristiques. 3) *Le montage pendant le tournage* : orientation de l'œil armé de la caméra dans le lieu inspecté au point 1. Adaptation du tournage à quelques conditions, qui se sont modifiées. 4) *Le montage après le tournage*, organisation grosso modo de ce qui a été filmé en fonction d'indices de base. Recherche des morceaux manquants dans le montage. 5) *Le coup d'œil (chasse aux morceaux de montage)*, orientation instantanée dans n'importe quel milieu visuel pour saisir des images de liaison nécessaires. Faculté d'attention exceptionnelle. Règle de guerre : coup d'œil, vitesse, pression. 6) *Le montage définitif*, mise en évidence des petits thèmes cachés sur le même plan que les grands. Réorganisation de tout le matériau dans la succession la meilleure. Mise en relief du pivot du film. [...] *Le montage est ininterrompu, depuis la première observation jusqu'au film définitif.* »

10. Le témoignage d'Elias Sanbar, qui fut l'interprète et le guide du Groupe pendant une bonne partie du tournage, nous éclaire davantage sur l'état de chantier permanent de ce cahier : « Tout le long du trajet, Godard n'avait cessé de regarder ses notes, d'y ajouter des remarques, d'en supprimer des passages à l'aide de trois feutres de couleurs différentes. Cette façon de préparer les tournages se maintint tout le temps que dura le travail sur ce film. Godard écrivait beaucoup, avec une certaine jubilation qui semblait l'abandonner durant le tournage pour céder la place à un apparent détachement. Les scènes étaient "pensées" dans leurs moindres détails avant d'être filmées. » raconte-t-il avant d'insister sur l'interaction entre cette préparation et le dialogue avec ses interlocuteurs palestiniens. (Voir Elias Sanbar, « Vingt et un ans après », *Trafic*, n° 1, hiver 1991, POL, Paris, p. 109-119, l'extrait cité est p. 111. L'ensemble de ce témoignage apporte des indications particulièrement précieuses sur *Jusqu'à la victoire/Ici et ailleurs*.)

11. Présentation dans *La Palestine et le Cinéma*, *op. cit.*, p. 205.

Pourtant, les cinq chapitres autour desquels devait s'organiser le film, dans son projet originel («La volonté du peuple», «La lutte armée», «Le travail politique», «La guerre prolongée» et «Jusqu'à la victoire»), n'ont jamais eu vocation à constituer son organisation définitive, comme en témoignent les propos de Godard de retour de la session de tournage de février 1970[12] :

> Maintenant, il faut que nous fassions un «premier ours» du montage et ensuite que nous retournions en Palestine pour leur montrer ce premier montage et discuter avec eux de ce que doit être la conclusion politique du film. Il faut qu'on en discute avec eux et qu'on le trouve avec eux[13].

Comme le signale le commentaire de *Ici et ailleurs*, la mort de la plupart des protagonistes filmés, quelques semaines seulement après le tournage, lors des massacres de «septembre noir[14]», a secoué l'équipe et bouleversé la conception de la fabrication de *Jusqu'à la victoire*. Mais le projet ne sera pas abandonné pour autant, comme Jean-Pierre Gorin le précisera dans un entretien deux ans après :

> Il y a toujours le film sur la Palestine, qui a beaucoup changé. Il en est à sa troisième ou quatrième version, et maintenant il va être fait encore d'une autre façon. On ne peut plus faire un film sur la Palestine, parce que la situation là-bas a changé si radicalement, du coup, ce sera un film sur comment filmer l'histoire. Il intégrera tout le matériel palestinien, mêlé à un élément fictionnel, des actualités, des matériaux sur la Résistance française dans la Deuxième Guerre mondiale[15].

Au cours de cette période, qui s'étend sur tout le premier semestre de 1970, la fabrication du «film palestinien» constitue donc une des principales préoccupations du Groupe. L'un de leurs soucis majeurs est de trouver les financements nécessaires. Ceci les conduira par exemple à faire *Vladimir et Rosa* (1971) très rapidement, au cours de l'été, en dépensant seulement la moitié de l'argent accordé par Grove Press, le commanditaire. Ils inscriront explicitement dans le commentaire de la première séquence que ce film est fait «pour payer les images du film palestinien». Des contacts politiques de leur premier voyage, fin 1969, ils conservent une sensation de confusion sur les contradictions qui divisent les différents groupes[16], et préfèrent susciter une commande du service d'information du Fatah, le plus ancien et le plus influent d'entre eux. Godard ayant noué dans l'année précédente des contacts avec le Black Panthers Party, son souhait de se lier à un groupe palestinien radical ne devait pas sembler suspect au Fatah. L'obtention de cette commande permettra au Groupe – comme le signale le commentaire de *Ici et ailleurs* – d'obtenir 6000 $ de la Ligue arabe.

Ceci pourrait être une des explications de la nécessité pour Godard de signer un texte dans le journal du Fatah : il s'agissait de rassurer d'éventuels financeurs politiques sur la réalité de liens étroits unissant Godard au Fatah, et de faire la preuve qu'il était disposé à les soutenir publiquement.

---

12. Il semble qu'un premier voyage ait été effectué fin 1969, vers novembre ou décembre, pour prendre des contacts, un deuxième, en février 1970, pour commencer à tourner selon le plan du séquencier – lequel aurait donc été élaboré vers janvier 1970 – et qu'une dernière période de tournage se serait déroulée vers mi-juin et juillet 1970. Au cours de ce dernier tournage, Armand Marco et Jean-Pierre Gorin auraient pu être amenés à travailler seuls à certains moments : «Gorin faisait tout, moi je dormais, ou j'écrivais à Anne Wiazemsky, qui était en train de me quitter…» (*Jean-Luc Godard par Jean-Luc Godard*, t. 2, Paris, Cahiers du cinéma, 1998, p. 372.)
13. «The Dziga Vertov film group in America, an interview with Jean-Luc Godard and Jean-Pierre Gorin», Michael Goodwin, Tom Luddy & Noami Wise, *Take One*, vol. 2, n° 10, p. 19.
14. Écrasement massif des camps de repli des militants palestiniens repliés à Amman par les troupes du roi de Jordanie en septembre 1970.
15. «Raymond Chandler, Mao Tse-tung and *Tout va bien*», entretien avec Jean-Pierre Gorin, juin 1972, par Michael Goodwin et Noami Wise, *Take One*, vol. 3, n° 6, octobre 1972, p. 24.
16. «Gorin : – Le premier scénario était le résultat de cinq séjours en Jordanie accomplis par différentes personnes qui avaient des conceptions diverses. Godard : – C'était une sorte de lutte politique, parce que nous allions auprès de différentes organisations. Un camarade allait voir une organisation et il revenait et disait : "Nous devons travailler avec ces gens". Un autre allait voir le Fatah et disait : "Non, nous devons le faire avec le Fatah et pas avec le Front démocratique". Donc le scénario actuel est le résultat d'une lutte politique.» («The Dziga Vertov film group in America, an interview with Jean-Luc Godard and Jean-Pierre Gorin», *Take One*, *ibid.*, p. 19.)

Il faut pourtant relativiser la publicité que pouvait constituer la publication d'un tel texte dans ce journal. La revue *Fatah* était alors semi-clandestine, publiée à Beyrouth, et, surtout, les principaux textes étaient en langue étrangère (anglais et français). Elias Sanbar explique très bien les raisons de ce fait[17]. Dans le climat des années post-1967, où les luttes nationales avaient mauvaise presse, il était nécessaire d'apparaître révolutionnaires aux organisations étrangères susceptibles d'apporter leur soutien. Pour cela, des textes théoriques furent commandés, en particulier à des militants du Fatah qui étaient professeurs à l'université américaine de Beyrouth. Les textes étaient directement écrits et publiés en anglais, dans la mesure où leur fonction n'était pas de former des militants palestiniens, mais de rassurer les organisations militantes occidentales… Cette publication remplissait donc plutôt une fonction diplomatique dans les relations extérieures du Fatah.

Le contexte dans lequel Elias Sanbar apporte cette précision est lui-même instructif : il cherche à situer l'importance et les limites d'un texte théorique important et retentissant publié par le Fatah en 1970. Ce texte, probablement rédigé collectivement et signé « El Fath », « La révolution palestinienne et les Juifs[18] », cherchait à clarifier l'attitude programmatique du Fatah à l'égard des Juifs installés en Palestine, en cas de victoire révolutionnaire. Cette clarification apparaissait d'autant plus nécessaire que le mot d'ordre « Les Juifs à la mer » était répandu au sein des courants nationalistes palestiniens. Il fallait donc montrer que telle n'était pas la conception du Fatah, qui se refusait à tout amalgame entre Juifs, sionistes et Israéliens.

Or, un passage du texte de Godard nous interroge sur ce point :

> Il ne suffit pas de montrer un « lionceau » ou une « fleur » et de dire : c'est la génération de la victoire. Il faut montrer pourquoi et comment. Un enfant israélien, on ne peut pas le montrer de la même façon. Les images qui produisent l'image d'un enfant sioniste ne sont pas les mêmes que celles d'un enfant palestinien.

Le passage de l'enfant « israélien » à l'enfant « sioniste », dans la succession des deux dernières phrases, laisse fortement supposer qu'un signe d'égalité est tracé entre les deux. Cependant, être « israélien » relève de la nationalité, de l'état civil, tandis qu'être « sioniste » procède d'un positionnement politique. Ce glissement doit sans doute être attribué à une rédaction précipitée, ou à une absence de vigilance politique, voire à une confusion de Godard sur ce point au moment de la production de ce texte. Pourtant, un tel argument essentialiste, qui peut concevoir une liaison entre nationalité et position politique, se rencontre parfois, déjà à l'époque (les Chinois et les Nord-Vietnamiens sont des « rouges », etc.). Godard aurait-il épousé cette vision ?… Elle eût en toute logique fait de lui un « réactionnaire », en tant que franco-suisse !

On s'égarerait à ne pas prêter une position plus dialectique à Godard : il semble bien céder à une ontologisation de l'Israélien en sioniste, certes. Mais le cinéaste parle d'*images* – qui plus est, d'un point de vue propagandiste. Et il est plus que probable que, prise dans un montage favorable au mouvement palestinien, une image d'enfant israélien sera nécessairement saisie comme une icône sioniste – emblème de l'avenir d'un État juif, de sa pérennité, suggérée par l'enfance. La formulation de Godard elle-même fonctionne comme un montage, le glissement s'opérant d'une phrase à la suivante, en faisant succéder au même mot, « enfant », l'adjectif « israélien » et l'adjectif « sioniste ». On peut considérer qu'il se produit dans la succession des deux phrases la même chose que si cette image d'enfant était, dans un premier temps, projetée sur l'écran (« un enfant israélien ») puis, dans un deuxième temps, interprétée par le spectateur dans le contexte du film (« un enfant sioniste »). Néanmoins, une ambiguïté demeure sur le sens de ce glissement. Mais il ne faut pas perdre de vue que

---

17. Dans son post-scriptum au livre de Michel Warschawski, *Israël-Palestine. Le défi binational*, Paris, Textuel, « La discorde », 2001, p. 137-138.
18. El Fath, *La Révolution palestinienne et les Juifs*, Paris, Éditions de Minuit, 1970.

ce type de raccourcis, sans doute simplificateur, était plus que fréquent chez les militants gauchistes d'Occident dans l'après-1968. Même avec ce glissement, c'est bien le principe du primat au montage qui informe la rédaction de ce texte.

Aujourd'hui, où il est si répandu de parler d'images à tort et à travers, en négligeant d'évoquer leurs *rapports*, à travers lesquels, pourtant, un sens ou une orientation finissent toujours par se frayer un chemin, n'y a-t-il pas urgence à faire connaître ce manifeste, qui circula si peu ?

« MANIFESTE »
El Fatah, **juillet 1970**[1]
JEAN-LUC GODARD

On a pensé qu'il était plus juste, politiquement, de venir en Palestine plutôt que d'aller ailleurs, Mozambique, Colombie, Bengale. Le Moyen-Orient a été directement colonisé par les impérialismes français et anglais (accords Sykes-Picot). Nous sommes des militants français. Plus juste de venir en Palestine parce que la situation est complexe et originale. Il y a beaucoup de contradictions ; la situation est moins claire que dans le Sud-Est asiatique, en théorie, du moins.

Pour nous, militant actuellement dans le cinéma, nos tâches sont encore théoriques. Penser autrement pour faire la révolution…, nous en sommes encore là. Nous avons plusieurs dizaines d'années de retard sur la première balle d'Al Assifa[2].

Mao Tsé-Toung a dit qu'un bon camarade va là où sont les difficultés, là où les contradictions sont les plus aiguës. Faire de la propagande pour la cause palestinienne, oui. Avec des images et des sons. Cinéma et télévision. Faire de la propagande, c'est poser les problèmes sur le tapis. Un film, c'est un tapis volant qui peut aller partout. Il n'y a aucune magie. C'est du travail politique. Il faut étudier et enquêter, enregistrer cette enquête et cette étude, ensuite montrer le résultat (le montage) à d'autres combattants. Montrer le combat des fedayin à leurs frères arabes exploités par les patrons dans les usines de France. Montrer les miliciennes du Fath à leurs sœurs des Black Panthers pourchassées par le FBI. Tourner politiquement un film. Le monter politiquement. Le diffuser politiquement. C'est long et difficile. C'est résoudre chaque jour un problème concret. Trouver un fedaï, un cadre, une milicienne, voir ensemble comment fabriquer des images et des sons de sa lutte. Lui dire : « Je vais filmer une image de toi tirant la première balle d'Al Assifa. » Savoir quelle image il faut mettre avant, et quelle image après, pour que l'ensemble prenne un sens. Un sens politique, révolutionnaire, c'est-à-dire qui aide la révolution palestinienne, qui aide la révolution mondiale. Tout ça, c'est long et difficile. Il faut savoir, qu'est-ce que c'est que le cinéma…, et le Fath, et l'information au Fath, et les contradictions avec les autres organisations. Le Fath, par exemple, lutte contre l'impérialisme américain. Mais l'impérialisme américain, c'est aussi le *New York Times* et la *CBS*. Nous, nous luttons contre la *CBS*. Il y a beaucoup de journalistes qui se croient sincèrement de gauche, et qui ne luttent pas contre la *CBS* et le *New York Times*. Ils croient aider le Fath en publiant un article dans la presse bourgeoise. Mais eux ne luttent pas. C'est le Fath qui lutte et qui travaille. Ce sont les combattants du Fath qui meurent.

Il faut bien voir ça. En littérature et en art, lutter sur deux fronts. Le front politique et le front artistique, c'est l'étape actuelle, et il faut apprendre à résoudre les contradictions entre ces deux fronts. Dans le quotidien publié par Fath, on voit encore trop de photos de dirigeants et pas assez de combattants. Il faut voir où se situe cette contradiction, et comment la résoudre. Ce n'est pas un problème artistique de mise en page. C'est un problème politique, dans le domaine idéologique (presse). Il faut apprendre à combattre l'ennemi avec des idées, pas seulement avec un fusil. C'est le Parti qui commande au fusil, pas l'inverse[3]. Et la complexité de la lutte palestinienne est liée à la difficulté de la construction du Parti, ici (comme en France). L'originalité du Fath, avant même la prise du Canal de Suez, c'est justement d'avoir refusé de s'appeler Parti ou Front. C'est de dire à un musulman : « N'abandonne pas tes idées, quitte seulement ton organisation, et rejoins nos rangs. » Le Fath n'a pas besoin d'être marxiste en paroles, car il est révolutionnaire dans les faits. Il sait que les idées changent en marchant. Que plus la marche sur Tel-Aviv sera longue, plus les idées changeront, qui permettront de détruire enfin l'État d'Israël.

FRONT POLITIQUE ET FRONT ARTISTIQUE

On est venu ici pour étudier ça : apprendre, tirer des leçons, si possible enregistrer ces leçons, pour les diffuser ensuite ici même, ou ailleurs dans le monde. Il y a presque un an, deux d'entre nous sont venus enquêter au Front démocratique. Puis un autre est allé au Fath. Nous avons lu les textes et les programmes. En tant que maoïstes français, nous avons décidé de faire le film avec le Fath dont le titre est *Jusqu'à la victoire*. Nous laissons les Palestiniens, au cours du film, dire eux-mêmes le mot : « révolution ». Mais le vrai titre du film, c'est *Méthodes de pensée et de travail du mouvement de libération palestinien*. Avec les camarades du Front démocratique, on a les mêmes discussions qu'entre militants à Paris. On n'apprend rien. Ni eux, ni nous. Avec le Fath, c'est différent. Il est plus difficile de parler avec un dirigeant de l'image qu'il faut construire de la révolution palestinienne, et du son qui doit accompagner cette image (ou la contredire). Mais c'est justement cette difficulté qui est positive. Elle pose concrètement la contradiction entre théorie et pratique : entre front politique et front artistique. On est arrivé à Amman et on nous a dit : « Vous voulez voir quoi ?…». On a dit : « Tout ! » On a vu les Ashbals, l'entraînement de la milice, les bases du Sud, les bases du Nord et du Centre. On a vu l'école des martyrs. On a vu l'école des cadres, les cliniques. Alors, on nous a dit : « Vous voulez filmer quoi, maintenant ? » On a dit : « On ne sait pas ! – Comment ? Vous ne savez pas ? – Non, on voudrait parler, étudier un peu avec vous. Vous n'avez pas beaucoup de munitions pour les Kalachnikov et les RBG. Nous, on n'a pas beaucoup d'images et de sons. Les impérialistes (Hollywood) les ont

1. Ce manifeste a été repris dans *La Palestine et le cinéma*, sous la direction de Guy Hennebelle et Khemaïs Khayati, Paris, Éditions du Centenaire, 1977, p. 205-211. Toutes les notes sont de David Faroult.
2. Branche armée de l'organisation de libération nationale palestinienne El Fatah.

3. La formule de Mao Tsé-Toung, «Le parti doit commander aux fusils», reprise dans *La Chinoise*, veut souligner sa conception des questions militaires : elles doivent être commandées par la politique, et non l'inverse.

abîmés ou détruits. Alors on ne peut pas les gaspiller. Ce sont des munitions idéologiques. Il faut apprendre à bien s'en servir pour tuer les idées ennemies. Voilà pourquoi on a besoin de parler avec vous. – Bon, avec qui voulez-vous parler ? » On a dit : « Abû Hassan[4]. » On ne savait pas qui c'était, mais on avait lu un article de lui dans le premier numéro de Fedayin[5]. Il nous a parlé. Politiquement. Par exemple, il disait : « L'armée du peuple, ce ne sont pas des radars perfectionnés. Ce sont 10 000 enfants avec des jumelles et des talkies-walkies. » Voilà une image révolutionnaire. On voit tout de suite que l'armée égyptienne n'est pas une armée du peuple. Au lieu de 10 000 enfants, il y a 10 000 instructeurs soviétiques.

LA BALLE PRÈS DE L'OREILLE

Abû Hassan disait aussi : la première balle d'Al Assifa, il faut la tirer près des oreilles des paysans pour qu'ils entendent le bruit de la libération de la terre. Voilà un son révolutionnaire. Voilà une discussion qui permet d'établir des rapports politiques entre une image et un son, au lieu de faire simplement des images soi-disant « réelles » mais qui ne veulent rien dire, qui ne disent rien parce qu'elles n'ont rien à dire, rien à dire qu'on ne sache déjà. Et à quoi cela sert-il de dire ce qu'on sait déjà ? En tout cas, pas à la révolution qui cherche le nouveau derrière l'ancien. Ça prend du temps. C'est long et difficile. Mais il n'y a pas de raison pour qu'un film de la révolution palestinienne ne rencontre pas les difficultés de cette révolution. Pourquoi ce film passerait-il à la télévision américaine ? Le Fath contrôle-t-il les circuits yankees de télévision ? Non. Il ne contrôle même pas les salles de cinéma dans Amman. Il contrôle Amman. Mais, chaque soir, dans les salles obscures, la pourriture impérialiste vient aveugler les masses. Heureusement, grâce à la crise de juin, le Commandement unifié peut maintenant leur rouvrir les yeux le lendemain matin en publiant désormais un quotidien. Le problème de l'information révolutionnaire est important. Nous disons : « Cinéma, tâche secondaire de la révolution pour nous actuellement en France » ; mais nous faisons notre activité principale de cette tâche secondaire. Bien voir, donc, la contradiction entre cette tâche secondaire et la tâche principale de la révolution, qui, ici, est la lutte armée contre Israël. Voir aussi les autres contradictions entre le cinéma et les autres tâches secondaires de la révolution palestinienne. Voir aussi qu'à un certain moment, dans un lieu donné, le secondaire se transforme en principal. Voilà ce que nous appelons poser politiquement le fait de faire un film politique. Pas seulement interviewer Habache ou Arafat ou Hawatmeh[6]. Pas seulement des images spectaculaires de « lionceaux » traversant des flammes, mais des rapports d'images, des rapports de sons et des rapports d'images et de sons qui indiqueront les rapports, dans la révolution palestinienne, entre la lutte armée et le travail politique.

Chaque image et chaque son, chaque combinaison d'images et de sons sont des moments de rapports de forces, et notre tâche consiste à orienter ces forces contre celles de notre ennemi commun : l'impérialisme – c'est-à-dire Wall Street, le Pentagone, IBM, United Artists

(Entertainment from Trans-America Corporation), etc. Par exemple, nous pensons que le Fath, lors de la crise de juin[7], a subi une défaite dans le domaine de l'information. En ce qui concerne les pays capitalistes européens, de qui ont parlé le Times, Il Messaggero, Le Monde et le Figaro ? De la réponse qu'ont donnée les masses aux provocations meurtrières de la réaction jordanienne ? Non. Du rôle joué par le Fath dans la façon de mener cette réponse politiquement et militairement ? Non. Tous ces journaux, ainsi que les télévisions et les radios ouest-européennes, ont monté en épingle Georges Habache au détriment de Yasser Arafat. Notre tâche de militants révolutionnaires de l'information est aussi d'analyser le pourquoi et le comment de telles opérations. Pour l'impérialisme, il fallait non seulement tenter, une nouvelle fois, de briser l'unité en cours d'édification de la Résistance palestinienne, mais il fallait aussi dévoyer le sens de son combat libérateur aux yeux des masses anglaises, italiennes, françaises, etc., et porter ainsi un coup de plus aux éléments révolutionnaires de ces masses, pour qui la révolution palestinienne, comme la vietnamienne, est un ferment précieux. Aujourd'hui encore, il est grave qu'un texte comme celui d'Abou Iyad[8] dans Dialogue with Fath ne soit pas traduit en français. Ce sont peut-être des défaites mineures, mais encore faut-il avoir l'honnêteté révolutionnaire de les analyser en tant que défaites : lutte, échec, nouvelle lutte, nouvel échec, nouvelle lutte jusqu'à la victoire, telle est la logique du peuple, disent les camarades chinois. Telle est la logique, aussi, du peuple palestinien dans son mouvement de libération nationale sous la direction du Fath. C'est ce que nous essayons de montrer dans notre film, dans votre film. Où sera montré le film ? Cela dépendra de l'état actuel des luttes. Il peut être montré dans une rue d'un village du Liban-Sud. On tend un drap entre deux fenêtres, et on projette. Devant des étudiants de Berkeley. Au milieu d'ouvriers en grève à Cordoba ou à Lyon. Dans une école d'Amilcar Cabral[9]. C'est-à-dire, en général, il sera projeté devant les éléments avancés des masses. Pourquoi ? Parce qu'il représente des forces en lutte.

LES RAPPORTS D'IMAGES

Il faut donc qu'il puisse être utilisé, à court terme ou à long terme, par d'autres éléments de ces forces au moment de leur lutte. C'est-à-dire au moment où il sera utile à leur lutte. Prenons un exemple : on montre une image d'un fedaï qui traverse la rivière ; ensuite une image de milicienne du Fath qui apprend à lire à des réfugiées dans un camp ; ensuite une image d'un « lionceau » qui s'entraîne. Ces trois images, c'est quoi ? C'est un ensemble. Aucune n'a de valeur en soi. Peut-être une valeur sentimentale, émotive, ou photographique. Mais pas une valeur politique. Pour avoir une valeur politique, chacune de ces trois images doit être liée aux deux autres. À ce moment-là, ce qui devient important, c'est

4. Ali Hassan Salameh, dit « le Prince rouge », responsable du renseignement pour l'OLP dès 1969, est chargé des contacts avec la CIA, puis, plus tard, soupçonné d'avoir informé celle-ci sur les groupes minoritaires au sein de l'OLP. Il est tenu pour le chef de l'organisation Septembre noir, qui prendra en otage des sportifs israéliens aux jeux Olympiques de Munich en 1973.
5. Mensuel français proche du Fatah, qui a commencé à paraître en janvier 1970, Fedayin publiait notamment des traductions d'articles choisis du journal El Fatah.
6. Nayef Hawatmeh rejoint en Jordanie le FPLP (Front populaire de libération de la Palestine), organisation marxiste-léniniste pro-chinoise dirigée par le Dr Georges Habache. En 1969, il s'en sépare et fonde le FDPLP (Front démocratique et populaire pour la libération de la Palestine), aile gauche de l'OLP. Figure marquante du mouvement palestinien, Hawatmeh fut l'un des premiers à promouvoir et à établir, dès 1970, le dialogue avec l'extrême-gauche israélienne, qu'il concevait comme « une menace à la fois pour le sionisme et la réaction arabe », et, aussi, à combattre farouchement l'antisémitisme dans les rangs palestiniens en rejetant, dès 1969, les formules du type « Les Juifs à la mer ! ».

7. Les 6 et 7 juin 1970, tandis que se terminait au Caire une importante réunion d'unification politique et militaire, le VIIe Conseil national palestinien, de petits groupes, qui se désignent tous comme des « organisations de résistance palestinienne », multiplient les provocations en déclenchant des fusillades à Aman (Jordanie). Ils attaquent les militants des principaux groupes de la véritable résistance palestinienne, semant la confusion et favorisant une intervention de l'armée jordanienne contre les camps de réfugiés palestiniens (le 9 juin). La riposte militaire du Fatah accule le roi de Jordanie à la négociation et permet à la crise de trouver une issue dès le 10 juin. Mais la rapidité et la confusion de la chaîne des événements a pu laisser croire que l'origine de la crise était une volonté du Conseil national palestinien d'écarter des organisations minoritaires à la réunion du Caire. (L'épisode est longuement évoqué dans le mensuel Fedayin, n° 6-7, juin-juillet 1970, p. 1-8 et 22.)
8. Cofondateur du Fatah avec Yasser Arafat.
9. Théoricien et leader politique et militaire de la guerre d'indépendance de Guinée-Bissau/Cap-Vert dirigée par le PAIGC (Parti africain de l'indépendance de la Guinée et du Cap-Vert) assassiné par des colonialistes portugais le 20 janvier 1973. On trouve un témoignage frappant sur les écoles que la guérilla de Cabral parvenait à maintenir malgré le harcèlement militaire de l'armée portugaise dans le film que Tobias Engel a consacré à cette lutte, No Pincha (1969).

l'ordre dans lequel sont montrées ces trois images. Car ce sont des parties d'un tout politique ; et l'ordre dans lequel on les range représente la ligne politique. Nous sommes sur la ligne du Fath. Alors nous rangeons ces trois images dans l'ordre suivant : 1°/Fedaï en opération ; 2°/Milicienne au travail dans une école ; 3°/Enfants s'entraînant. Cela signifie : 1°/Lutte armée ; 2°/Travail politique ; 3°/Guerre populaire prolongée. La troisième image est finalement le résultat des deux autres. C'est : la lutte armée + le travail politique = guerre populaire prolongée contre Israël. C'est aussi : l'homme (qui déclenche le combat) + la femme (qui se transforme, qui fait sa révolution) qui donnent naissance à l'enfant qui libérera la Palestine : la génération de la victoire. Il ne suffit pas de montrer un «lionceau» ou une «fleur» et de dire : «C'est la génération de la victoire.» Il faut montrer pourquoi et comment. Un enfant israélien, on ne peut pas le montrer de la même façon. Les images qui produisent l'image d'un enfant sioniste[10] ne sont pas les mêmes que celles d'un enfant palestinien. On ne devrait d'ailleurs pas parler d'images ; il faut parler de rapports d'images.

LES VALETS LIBANAIS DE HOLLYWOOD

C'est l'impérialisme qui nous a appris à considérer les images en elles-mêmes ; qui nous a fait croire qu'une image est réelle. Alors qu'une image, le simple bon sens montre qu'elle ne peut être qu'imaginaire, précisément parce que c'est une image. Un reflet. Comme ton reflet dans un miroir. Ce qui est réel, c'est d'abord toi, et ensuite, c'est le rapport entre toi et ce reflet imaginaire. Ce qui est réel, ensuite, c'est le rapport que tu fais entre ces différents reflets de toi, ou ces différentes photos de toi. Par exemple, tu te dis : «Je suis jolie» ou : «J'ai l'air fatigué.» Mais en disant ça, qu'est-ce que tu fais ? Tu ne fais rien d'autre que d'établir un rapport simple entre plusieurs reflets. L'un où tu avais l'air en forme, un autre où tu l'étais moins. Tu compares, c'est-à-dire, tu fais un rapport, et alors tu peux conclure : «J'ai l'air fatigué». Faire politiquement un film, c'est établir ce genre de rapports politiquement, c'est-à-dire pour résoudre un problème politiquement. C'est-à-dire en termes de travail et de combat. Et justement, l'impérialisme, en cherchant à nous faire croire que les images du monde sont réelles (alors qu'elles sont imaginaires) cherche à nous empêcher de faire ce qu'il faut faire : établir des rapports réels (politiques) entre ces images ; établir un rapport réel (politique) entre une image d'Ashbal[11] qui s'entraînent et une image de fedayin qui traversent la rivière. La seule réalité révolutionnaire, c'est la réalité (politique) de ce rapport. Politique, car elle pose la question du pouvoir ; et un enchaînement d'images tel qu'on vient de le décrire déclare que le pouvoir est au bout du fusil. L'impérialisme voudrait bien que l'on se contente de montrer un fedaï qui traverse une rivière, ou une paysanne qui apprend à lire, ou des Ashbals qui s'entraînent. L'impérialisme n'a rien contre ça. Il fait tous les jours des images comme ça (ou ses esclaves le font pour lui). Il les diffuse tous les jours à la BBC, dans *Life, Il Expresso, Der Spiegel.* D'un côté il y a l'UNRWA[12] (pour l'estomac), et de l'autre Hollywood et ses valets libanais et égyptiens

du cinéma (pour les idées et les images qui provoquent des idées). L'impérialisme nous a appris à ne pas faire de rapport entre les trois images dont on vient de parler, ou à le faire, à la rigueur, mais alors dans un certain ordre, pour ne pas déranger ses plans.

LES IDÉES ET LES CONTRADICTIONS

Et notre tâche à nous, militant actuellement dans le domaine de l'information anti-impérialiste, est de lutter avec acharnement dans ce domaine. De nous libérer des chaînes d'images imposées par l'idéologie impérialiste, à travers tous ses appareils : presse, radio, cinéma, disques, livres. C'est une tâche secondaire, dont nous faisons notre activité principale, en essayant de résoudre les contradictions que cela implique. Par exemple, en luttant sur ce front secondaire, on se heurte souvent à d'autres camarades. Ces camarades, ici, au Fath, par exemple, ont des idées avancées et justes sur le front principal de la lutte armée, et des idées souvent moins justes sur le front secondaire de l'information. Pour nous tous, il s'agit d'apprendre à résoudre cette contradiction comme faisant partie des contradictions au sein du peuple. Pas des contradictions entre l'ennemi et nous. Fabriquer des images contradictoires, c'est progresser sur le chemin de la résolution de ces contradictions. Et ici, après avoir posé ainsi le problème de la production de cette série de trois images (pour reprendre le même exemple), tu peux maintenant te poser de façon plus juste, plus politique, le problème de la diffusion de ces images. Et c'est parce que ces images (imaginaires) ont entre elles un rapport réel (contradictoire), c'est à cause de ce rapport réel que ceux qui regarderont et écouteront ces images auront également un rapport réel avec elles. La vision du film sera un moment de leur existence réelle, de leur réalité. Réalité politique, cette fois. En tant que paysan opprimé, ouvrier en grève, étudiant en révolte, fedaï tenant le Kalachnikov… Voilà ce qu'on veut dire en disant : «À bas le spectacle, vive le rapport politique…»

LES DENTS ET LES LÈVRES

C'est comme ça que la littérature et l'art peuvent devenir, comme le voulait Lénine, une petite vis vivante du mécanisme de la révolution. Donc, en résumé, ne pas montrer un fedaï blessé ; mais montrer comment cette blessure va aider le paysan pauvre. Et pour arriver à cette fin, c'est long et difficile, parce que, depuis l'invention de la photographie, l'impérialisme a fait des films pour empêcher ceux qu'il opprimait d'en faire. Il a fait des images pour déguiser la réalité aux masses qu'il opprimait. Notre tâche est de détruire ces images et d'apprendre à en construire d'autres, plus simples, pour servir le peuple, et pour que le peuple s'en serve à son tour. Dire : «C'est long et difficile», c'est dire que ce combat (idéologique) est ici une partie de la guerre prolongée contre Israël menée par le peuple palestinien. C'est dire qu'ailleurs ce combat est lié à toutes les guerres des peuples contre l'impérialisme et ses alliés. Lié comme les dents et les lèvres[13]. Comme la mère et l'enfant. Comme la terre de Palestine et les fedayin…

---

10. Le passage de la phrase précédente à celle-ci impose cette note : impossible de publier sans réagir une phrase qui pourrait laisser croire qu'un enfant *israélien* pourrait naître *sioniste*. Le sionisme est un positionnement politique et ne saurait s'inscrire dans les gènes. Naître en Israël, avoir la nationalité israélienne, ne décide nullement d'une position politique. Le Fatah, pour sa part, rejetait clairement toute confusion entre Juif, Israélien et sioniste, notamment dans une série de trois articles parus en français dans les mêmes colonnes que l'article de Godard en mars, avril et mai 1970 (l'article de Godard est sorti dans le numéro de juillet). (La série d'articles, rééditée à Paris par le mensuel *Fedayin* dans ses numéros 5 à 8 de mai, juin-juillet et septembre, a été ensuite réunie en un volume portant le même titre : El Fath, *La Révolution palestinienne et les Juifs*, Paris, Éditions de Minuit, 1970. Consultable sur : http://etoilerouge.chez.tiscali.fr/palestine/revpalest2.html)
11. «Lionceaux» : jeunes et adolescents combattants.
12. United Nation Relief and Works Agency for Palestine Refugees. Créé en 1949 par l'ONU, prévu pour être un organisme temporaire, l'Unrwa, qui a commencé à fonctionner en mai 1950, existe toujours, puisqu'il est destiné

aux réfugiés palestiniens. Conformément au mandat initial (venir en aide aux réfugiés palestiniens et, en collaboration avec les pouvoirs publics locaux, apporter des secours directs et réaliser les travaux nécessaires), l'éducation, la santé et les services sociaux sont ses principales missions. Avec la guerre de 1967 et les nouveaux transferts de population, son mandat s'est étendu aux personnes déplacées.
13. Cette formule paraphrase Louis Althusser, «La philosophie comme arme de la révolution. Réponse à huit questions», *La Pensée*, n° 138, avril 1968, repris in Louis Althusser, *Positions*, Éditions sociales, Paris, 1976, p. 48 : «Lutte des classes et philosophie marxiste-léniniste sont unies comme les dents et les lèvres».

DZIGA VERTOV NOTEBOOK

PHOTOS BY ROBERT ALTMAN

7

Take One, vol. 2, n° 11, mai-juin 1970

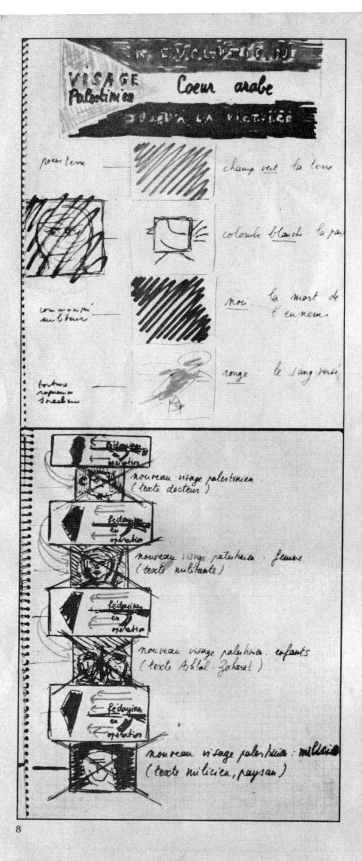

In Palestine they are used to receiving CBS reporters, or Newsreel men (who are the same — even if the Newsreel men are sincere people, they haven't really thought about the problems). So

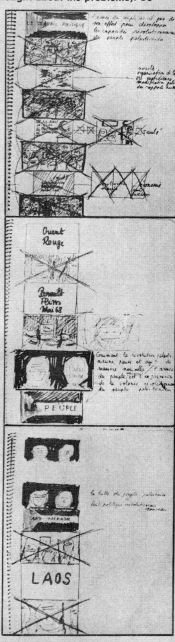

when we arrived, they asked us, "Where do you want to go? Do you want to shoot a training camp? An operation? A hospital? Where do you want to go?" I said, "Yes, we want to see a training camp, we want to see an operation, but for the moment we don't know if we are going to build our picture from them. To know, we have to discuss it with you." . . . It was a

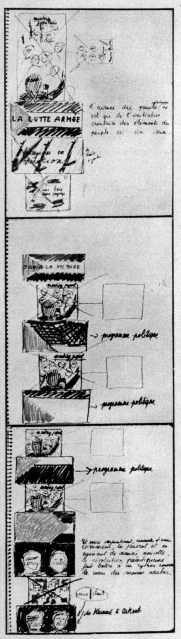

political fight with them, because they were still on "go and fetch images", while we were on "try to analyse and build images", which are completely different.

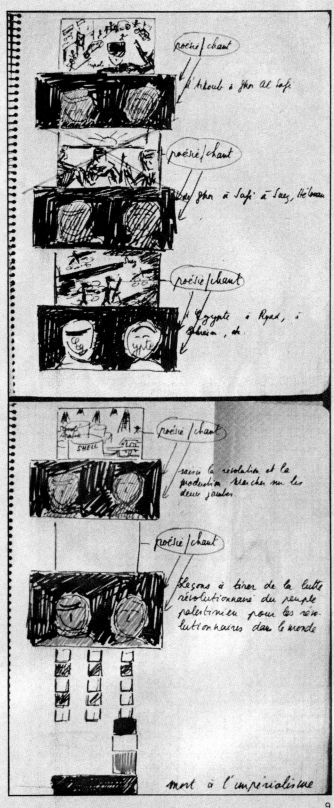

9

PRÉSENTATION

SIMON FIELD (AVEC PETER SAINSBURY)

Peter Sainsbury et moi-même nous sommes rencontrés à Essex University, une université nouvelle qui fut un foyer de radicalisme politique à la fin des années soixante. Nous y avons tous deux participé à un ciné-club universitaire très actif et très ouvert et avons goûté une première fois à la création d'un magazine de cinéma. Lorsque nous sommes partis pour Londres, nous avons décidé de créer notre propre publication, *Afterimage*. Son existence a pu voir le jour grâce au financement et au soutien du cinéaste Peter Whitehead. De nombreux magazines de cinéma, modestes par la taille et politiquement radicaux, fleurissaient alors sur les campus : *Cinema*, *Cinemantics*, *Cinim* et *Cinema Rising*. Presque tous réagissaient contre ce qu'ils percevaient comme l'attitude conservatrice de *Sight and Sound* et de *Movie* par des prises de position politiquement et esthétiquement radicales, et prenaient parti pour le nouveau cinéma indépendant et le cinéma underground. Ce sont ces positions que nous nous sommes efforcés de développer dans les premiers numéros d'*Afterimage*. Le numéro 1, publié en avril 1970, affichait ainsi en couverture une image emblématique des *Ciné-Tracts* et comptait à son sommaire des textes de Glauber Rocha, de Peter Whitehead, du producteur anglais Tony Garnett, et des articles sur les films de contre-information alors produits aux États-Unis, en Italie et en France. Ce premier numéro comprenait aussi en pages centrales un recueil de textes sur les films du Groupe Dziga Vertov, et sur les figures, pour nous exemplaires, de Jean-Luc Godard et de son associé Jean-Pierre Gorin. À l'exception du manifeste « Que faire ? », ces textes étaient des traductions d'autres sources.

Une certaine contextualisation s'impose ici. En 1969, à Londres, une conférence avait eu lieu à l'Institute of Contemporary Arts sur le besoin de nouvelles formes et de nouveaux circuits de distribution pour le cinéma indépendant et radical. L'une de ses conséquences avait été la mise sur pied d'une nouvelle société de distribution, The Other Cinema, dont Peter Sainsbury fut le premier employé. The Other Cinema allait devenir le distributeur des films de Godard et du Groupe Dziga Vertov, dont *Le Gai Savoir*. Peter connaissait Mo et Irving Teitelbaum, et ceux-ci constituaient notre lien avec Godard. Mo avait été à l'initiative de la conférence de l'ICA, et Irving, son époux, était avocat et siégeait au conseil de Kestrel Films, la société du producteur Tony Garnett, qui avait servi de vecteur, toujours à la fin de 1969, lors de la production de *British Sounds* pour London Weekend Television (LWT). Plus que Tony, c'était Irving qui, à notre avis, tenait le rôle de producteur, si tant est qu'il y en ait eu un. Plusieurs séquences de *British Sounds* furent tournées à Essex University avec la participation d'étudiants de l'université et d'ouvriers de l'usine automobile de Dagenham. Kestrel était aussi la société de production des premiers films de Ken Loach, à commencer par *Kes*.

Nous préparions le numéro 1 d'*Afterimage* au même moment. Mo proposa d'en parler à Jean-Luc Godard. De cette discussion résultèrent, très vite et de manière inattendue, le texte de Godard et sa traduction par Mo.

Afterimage a publié treize numéros, à un rythme irrégulier, entre 1970 et 1987. La fidélité à Godard ne s'est pas démentie et s'est notamment manifestée dans *Afterimage* n° 4, avec la publication de l'essai de Peter Wollen sur *Vent d'est*, une autre production du groupe Dziga Vertov.

Texte relu par Peter Sainsbury et traduit de l'anglais (Royaume-Uni) par Franck Le Gac

Que faire ?

① Il faut faire des films politiques.

② Il faut faire politiquement des films.

③ 1 et 2 sont antagonistes, et appartiennent à deux conceptions du monde opposées.

④ 1 appartient à la conception idéaliste et métaphysique du monde.

⑤ 2 appartient à la conception marxiste et dialectique du monde.

⑥ Le marxisme lutte contre l'idéalisme, et la dialectique contre la métaphysique.

⑦ Cette lutte, c'est la lutte de l'ancien et du nouveau, la lutte des idées nouvelle et des anciennes.

⑨ L'existence sociale des hommes détermine leurs pensées.

⑩ La lutte de l'ancien et du nouveau, c'est la lutte des classes

⑪ Faire 1, c'est rester un être de
classe bourgeois.

⑫ Faire 2, c'est prendre une position
de classe prolétarienne.

⑬ Faire 1, c'est faire des descriptions
de situations.

⑭ Faire 2, c'est faire une analyse
concrète ~~la~~ d'une situation concrète.

⑮ Faire 1, c'est faire British Sounds

⑯ Faire 2, c'est lutter pour que British
Sounds passe à la télévision anglaise.

(17) Faire 1, c'est comprendre les lois du monde objectif pour expliquer le monde.

(18) Faire 2, c'est comprendre les lois du monde objectif pour transformer activement le monde.

(19) Faire 1, c'est décrire la misère du monde.

(20) Faire 2, c'est montrer le peuple en lutte.

(21) Faire 2, c'est détruire 1 avec les armes de la critique et de l'auto-critique.

4

(22) Faire 1, c'est donner une vue complètes des événements au nom de la vérité en soi.

(23) Faire 2, c'est de ne pas ~~fabriquer~~ fabriquer des images du monde trop complètes au nom de la vérité relative.

(24) Faire ■■ 1, c'est dire comment sont les choses vraies. (Brecht)

(25) Faire 2, c'est·dire comment sont vraiment les choses. (Brecht)

(26) Faire ■ 2, c'est faire le montage du film avant le tournage, le faire pendant le tournage, et le faire après le ~~montage~~ tournage. (Dziga-Vertov)

5

(27) Faire 1, c'est diffuser un film avant de le produire.

(28) Faire 2, c'est produire un film avant de le diffuser, apprendre à le produire suivant le principe : c'est la production qui commande à la diffusion, c'est la politique qui commande à l'économie.

(29) Faire 1, c'est filmer des étudiants qui ~~xxxxxxxxxxxxxxxxxxxxxxxxx~~ ~~xxxx~~ écrivent : unité - étudiants - travailleurs

(30) Faire 2, c'est savoir que l'unité est une lutte de contraires (Lénine), ~~xxxxxxxxxxx~~ savoir que deux est dans un.

6

(31) Faire 2, c'est étudier les contradictions entre les classes avec des
images et des sons.

(32) Faire 2, c'est étudier les contradictions entre les rapports de
production et les forces productives.

(33) Faire 2, c'est oser savoir où l'on
est, et d'où l'on vient, ~~~~~~~~~~~~~~
~~~~~~
connaître sa place dans le procès
de production pour ensuite en
changer

(34) Faire 2, c'est connaître l'histoire
des luttes révolutionnaires et être
déterminé par elles.

(35) Faire 2, c'est produire la connaissance scientifique des luttes révolutionnaires et de leur histoire

(36) Faire 2, c'est savoir que faire des
films est une activité secondaire,
une petite vis de la révolution.

(37) Faire 2, c'est se servir des images
et des sons comme ~~XXXXXXXX~~
~~XXX~~ les dents et les lèvres pour
mordre.

(38) Faire 1, c'est seulement ouvrir
les yeux et les oreilles.

(39) Faire 2, c'est lire les rapports de
la camarade Kiang-Tsing.
(40) Faire 2, c'est militer.

POUR LIRE « QUE FAIRE ? »

David Faroult

Points 24 et 25 « Le réalisme, ce n'est pas comment sont les choses vraies, mais comment sont vraiment les choses » : Godard cite cette formule de Bertolt Brecht au début du scénario des *Carabiniers* (Voir *L'Avant-Scène Cinéma*, numéro spécial « Godard » [Paris], n° 171-172, juillet-septembre 1976, p. 7).

Point 39 Née en 1913 ou 1914, Jiang Qing, ou Kiang Tsing (ou encore Chiang Ch'ing, selon les transcriptions), comédienne, était l'épouse de Mao Tsé-Toung depuis 1938. Entre 1969 et 1973, elle est une des quatre personnalités dirigeantes du Groupe central de la Révolution culturelle à siéger en même temps au bureau politique du parti communiste chinois, le PCC, où elles constituent une tendance de gauche. Elle sera arrêtée avec les autres membres de la « bande des quatre » quelques semaines après la mort de Mao, en 1976, et jugée en 1980 au cours d'un procès retentissant retransmis à la télévision (voir *Pékin : Un procès peut en cacher un autre*, Paris, Christian Bourgois, collection « Bibliothèque asiatique », n° 69, 1982). Libérée après plus de quinze années passées en « prison spéciale », elle mourra dans des circonstances mystérieuses le 5 juin 1991. Son nom est indissolublement associé à la « Grande Révolution culturelle prolétarienne » (ou GRCP), dont elle fut l'une des initiatrices.

Son texte le plus célèbre à l'époque, auquel le Groupe Dziga Vertov rend un vibrant hommage dans *Vent d'est* en en faisant l'acte de naissance du cinéma matérialiste, s'intitule « Procès-verbal des causeries sur le travail littéraire et artistique dans les forces armées, dont la convocation a été confiée par le camarade Lin Piao à la camarade Kiang Tsing » ([février 1966], Pékin, Éditions en langues étrangères, 1968). Traduit dans de nombreuses langues et édité en brochures, il est repris dans une version incomplète, mais utilement annotée, dans Gilbert Mury, *De la révolution culturelle au Xe Congrès du parti communiste chinois*, t. 1, Paris, UGE, « 10/18 », 1973, p 265-287.

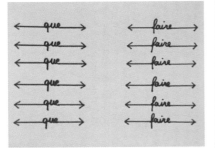

Photogrammes de *Vent d'est*

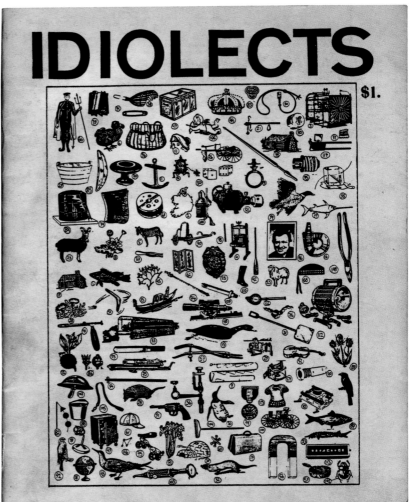

En 1981, *Idiolects* publie « Que faire » dans une traduction de Tomi Streiff, auteur la même année d'un court-métrage intitulé *For Godard Fans Only*. Couverture par John Zorn, compositeur d'un *Godard* en 1985.

CE QUE GODARD FAIT À LA PRAXIS POLITIQUE

(et comment il nourrit le projet d'une émancipation autonome de la vie quotidienne)

Louis-Georges Schwartz

Qu'est-ce que faire de la politique, dans notre monde ?

Le gouvernement des États-Unis, dans «la guerre contre la terreur» qu'il livre actuellement (et qui s'apparente plutôt à une guerre *de* terreur), crucifie des légions d'hommes au nom de l'intégration. Dans le futur, les historiens (s'il en reste) comprendront sans doute cette guerre comme la lutte d'un empire vivant au-dessus de ses moyens pour se perpétuer, et rester dans la compétition pour les ressources pétrolières qui se joue avec la Chine, l'Europe et l'Inde.

En dehors de quelques groupes, le Sentier lumineux au Pérou, les zapatistes au Chiapas et les maoïstes au Népal, le socialisme révolutionnaire a été défait, il ne nous reste comme alternative que le choix entre «différentes» formes de capitalisme. Le socialisme bureaucratique est discrédité en Russie, où il s'est effondré, tout comme en Chine et au Vietnam, où il s'est mué en capitalisme d'État. Même à Cuba, il n'a pu se maintenir au pouvoir que par la brutalité.

Que reste-t-il de la politique, à part les armes à uranium appauvri, les camps de réfugiés du capital et les attentats-suicides du fondamentalisme religieux ? Comment écrire sur la politique, dans un contexte de centralisation et de contrôle des moyens de communication qui se dissimule derrière la rhétorique d'une connectivité mondiale via Internet et de caméras désormais accessibles à tout un chacun ?

Godard nous apporte peut-être un début de réponse. Il nous montre peut-être une autre forme de politique, donc une autre forme de résistance. Cette espérance nous vient de son refus d'une bio-politique promue par l'industrie internationale du divertissement, elle se concrétise par son choix de réaliser des films avec moins d'argent mais plus d'autonomie – en particulier celle de pouvoir disposer de son temps comme bon lui semble, là où des films au budget plus élevé lui imposeraient un temps de production régulé par les seules considérations commerciales.

Avec Godard, la politique consiste à se demander comment la production cinématographique est vécue par ceux qui la font, comment les productions sont organisées socialement, selon quelles hiérarchies et quels modes de domination, qui contrôle l'argent et le temps requis pour faire un film, et comment les décisions sont prises sur le plateau et dans la salle de montage. À Rolle, Godard peut exercer une maîtrise toujours plus grande du temps et du rythme de la production. Godard peut aujourd'hui travailler à sa propre cadence, ce qui lui donne la possibilité de rassembler des matériaux pour des films quand il le souhaite, liberté d'ordinaire réservée au 16 mm et à la vidéo. Le combat pour la souveraineté sur son propre temps atteint deux buts : permettre aux nécessités d'un projet de déterminer les rythmes du tournage, et libérer Godard de la vie produite par la temporalité de l'industrie du cinéma.

Cette possibilité d'une vie différente, d'un temps que nous contrôlerions en lieu et place d'un temps contrôlé par ceux qui usent de nous, cette lutte pour s'inventer des parcelles d'autonomie dans les ruptures qui séparent chaque instant : telle est la promesse politique la plus profonde que, depuis le commencement de son œuvre, Godard ne cesse de nous envoyer.

Traduit de l'anglais (États-Unis) par Franck Le Gac

UNE COMMANDE MULTIPLE
LE SCÉNARIO DE *VLADIMIR ET ROSA*,
DU GROUPE DZIGA VERTOV

David Faroult

Le document qu'on découvrira dans les prochaines pages, sous le titre modeste de «À propos de *Vladimir et Rosa*», constitue le scénario de tournage de ce film.

Opus minoré[1] ou ignoré du Groupe Dziga Vertov, *Vladimir et Rosa* semble n'avoir été diffusé que dans des cinémathèques ou des musées, le plus souvent dans le cadre d'hommages à Jean-Luc Godard ou à Jean-Pierre Gorin, c'est-à-dire dans une perspective auteuriste. Il s'agit pour nous, au contraire, de saisir la nature de cette démarche singulière, inédite, et dont les leçons constituent un arsenal en sommeil.

Même à l'époque de sa réalisation, alors que l'idéologie de l'art, du créateur et de l'auteur ne régnait pas partout, le film a été rejeté ou n'a eu que de bien timides défenseurs : Gérard Leblanc mentionne tout juste (dans un renvoi en note) «le désastreux recul représenté par la pochade intitulée *Vladimir et Rosa*[2]», et les *Cahiers du cinéma* lui répondent :

> *Vladimir et Rosa* est peut-être une pochade mais a) contient un certain nombre de notations justes sur l'appareil répressif d'État, qui politiquement ne le rend pas sans intérêt, b) au niveau de la contradiction spécifique du travail de Godard et Gorin, marque surtout l'exaspération d'un *ton* (la dérision grinçante) que l'on identifiait naguère au «style» de Godard, qui de toute façon est présent dans les autres films du Groupe Dziga Vertov, et qui reflète une contradiction politique : l'absence d'une pratique révolutionnaire *organisée* de masse, la situation flottante du «groupe» et l'aspect principalement critique, destructeur, de sa pratique (destruction ne portant pas en elle la construction[3]).

Le passage cité est précédé d'une indication selon laquelle Godard et Gorin ne «tiennent pas trop» à ce film, d'une défense de l'abondance des gags dans *Vladimir et Rosa* et dans *Vent d'est* («Il ne s'agit pas en soi d'une tare petite-bourgeoise, ils y jouent un rôle évidemment positif»), ainsi que d'une tentative de préciser en quoi le film constituerait un «recul» :

> «Vladimir» et «Rosa» n'ont plus rien à voir avec les voix masculine et féminine qui se répondaient «dialectiquement» dans *Pravda* ; ce sont simplement les travestis clownesques de Godard et Gorin, un équivalent «politique» de Dario et Bario, ou de tout autre couple de clowns.

Du reste, il est vrai que Godard et Gorin ne tenaient guère à ce film, mais les termes de leur rejet sont instructifs :

> Gorin : C'est vraiment un mauvais film. Je pense qu'il n'a rien pour lui. Je préfère *Vent d'est*. Vous savez, *Vladimir et Rosa*, nous ne sommes pas du tout satisfaits de ce film. Nous l'avons fait sur les «Huit de Chicago» parce qu'à ce moment-là il y avait beaucoup de procès en France et nous voulions mener un certain type de réflexion sur les us et abus des cours de justice et le comportement à y adopter.

---

1. On aura peine à en trouver des comptes rendus dans les nombreuses monographies de Godard, et c'est peut-être mieux ainsi, à lire celui qu'en fait «A. B.» dans le numéro hors série des *Cahiers du cinéma* «Spécial Godard. 30 ans depuis», novembre 1990, p. 121 : il ne retient que certains «gags» qui signalent déjà les «qualités d'acteur burlesque» de Godard, burlesque qui donc «l'emporte très nettement sur ce qui reste de surmoi militant dans le projet initial». «La langue de bois se dérègle…», et perturbe, «par overdose soudaine, le discours politique, si longtemps oppressant». Il apparaît de manière flagrante que «A. B.» n'a pas eu entre les mains le scénario ci-dessous, dont l'usage polémique du burlesque est explicite.
2. Gérard Leblanc, «Sur trois films du Groupe Dziga Vertov», *VH 101* [Paris], n° 6, p. 21-36, 1972.
3. *Cahiers du cinéma*, n° 238-239, «Le Groupe Dziga Vertov» (1), p. 39.

Godard : Nous pensions à ce moment-là qu'il était plus important, pour combattre le juge, de le faire sur la forme que sur le contenu. [...] Mais c'est un film complètement manqué. On peut dire que c'est un film manqué au sens où Freud parlait d'acte manqué. En ce sens, c'est un rêve. On rêvait notre propre oppression[4]...

Pourtant, malgré ce désaveu, *Vladimir et Rosa* traduit un tournant de la problématique du Groupe Dziga Vertov, dont ce sera d'ailleurs le dernier film signé (quoique en l'absence, une fois de plus, de tout générique). Le texte de la première séquence nous y invite, il faut essayer de saisir ce tournant dans le processus dont il est un moment, car le film répond à une commande multiple, dans une articulation entre les préoccupations du Groupe et les attentes des commanditaires.

Pendant l'été 1970, le Groupe a pour priorité immédiate d'avancer *Jusqu'à la victoire* : la perspective en est inscrite dans le texte de la première séquence. Mais, dans le même temps, il constate l'urgence de faire un film sur la situation en France (après *British Sounds*, qui analysait celle de l'Angleterre, *Pravda* celle de la Tchécoslovaquie, *Vent d'est*, qui traitait de l'Italie, la France et l'Allemagne, *Luttes en Italie*, et le film en cours sur la Palestine), tout en précisant que c'est une question délicate puisque les financements viennent des États-Unis et d'Allemagne (d'où l'urgence du *Film français*[5]). Il décide donc de choisir un sujet portant à la fois sur ces deux pays et sur la France : les procès faits aux militants.

La tactique adoptée par le Groupe, depuis ses débuts, consiste à fabriquer des films qui soient utiles aux militants eux-mêmes et qui contribuent à renforcer leur autonomie politique. C'est le principe des « films-tableaux noirs », dont le rôle, pas seulement didactique, est d'aider les militants à réinvestir dans leur pratique la réflexion qui y est développée :

> Jean-Luc, en fin de réunion, a proposé de réfléchir sur un film en trois parties : pratique, théorie, pratique transformée, ou, pour parler comme Brecht : difficultés, pensée, action, c'est-à-dire en termes de film : procès de connivence (pratique, difficultés), prison (théorie, pensée), procès de rupture (pratique transformée, action). C'est-à-dire : Première partie : un procès à la Perry Mason. Deuxième partie : en prison, transformation de l'accusé et de l'avocat. Troisième partie : un procès de rupture (celui que n'a pas fait Le Dantec ni Le Bris, et que fera peut-être Geismar, et peut-être déjà vendredi prochain Frédéric Delange et les actions qui seront entreprises à ce propos par les militants[6].

Le Groupe Dziga Vertov est fortement sensible à ce qu'il y a de nouveau dans le militantisme de certains maoïstes, mais pas tous : les partis et groupes attachés à une orthodoxie stalinienne et aveuglément pro-chinoise (PCMLF, PCRm-l, et les mouvements issus de leurs scissions successives[7]) ne semblent trouver aucune grâce à leurs yeux. En revanche, ceux qui, en Italie (Lotta Continua), en France (VLR, la GP, et d'autres groupes plus petits émanant plus ou moins de la dissolution de l'UJCm-l[8]) ou ailleurs, tentent d'actualiser le projet radical d'une révolution de la vie quotidienne dans tous ses aspects,

4. Ken Mate, « Let's see where we are, an interview with Jean-Luc Godard / Jean-Pierre Gorin », *The Velvet Light Trap*, n° 9, été 1973, p. 35.
5. Scénario non tourné de Jean-Pierre Gorin, initialement prévu comme une contribution au projet *Communications* (inabouti), ce *Film français* demeura une référence constante dans le travail du Groupe Dziga Vertov.
6. Compte-rendu de la réunion du Groupe Dziga Vertov du 6 juin 1970, inédit, collection particulière. Merci à Jean-Pierre Gorin de nous avoir mis en garde : ce document ne doit pas être lu au pied de la lettre, compte tenu de son caractère quasiment parodique des rapports de réunions militantes. Les argumentations et données factuelles qu'il contient demeurent néanmoins très éclairantes.
7. Respectivement Parti communiste marxiste-léniniste de France (journal : *L'Humanité nouvelle*, puis *L'Humanité rouge*) et Parti communiste révolutionnaire marxiste-léniniste (journaux : *Le Quotidien du peuple* et *Front rouge*), tous les deux notoirement financés par l'ambassade de Chine populaire par le biais d'abonnements massifs à leur presse.
8. Vive La Révolution, dont l'existence fut éphémère (1969-1971) mettait l'accent sur l'ensemble des domaines de l'oppression et fut à l'avant-garde des luttes féministes et homosexuelles (notamment à travers la fondation du FHAR, Front homosexuel d'action révolutionnaire). Le titre de son journal, *Tout* (« Ce que nous voulons : tout ! ») est assez éloquent, la formule se retrouve d'ailleurs également dans la chanson de Lotta Continua, « La Ballade de la Fiat », reproduite dans cet ouvrage. La Gauche prolétarienne (1969-1973) est célèbre, à cause de son journal *La Cause du peuple*, maintes fois interdit, et de ses dirigeants emprisonnés, auxquels Godard ne ménagea pas son soutien. (Voir la contribution de Michael Witt sur Godard et la presse gauchiste dans le présent ouvrage).

en essayant de «faire des trucs nouveaux» (comme le formule Yves Montand dans *Tout va bien*) retiennent toute leur attention. Godard et Gorin mesurent trop bien les limites de cette nouveauté pour ne pas être tentés de la dépasser, tout en conservant ce qu'elle porte d'espoir et de fécondité. C'est donc à un dépassement des limites internes à ce courant que sont consacrés les films du Groupe : *Luttes en Italie* semble exemplaire à cet égard, qui met en scène l'élévation de la conscience théorique et la transformation pratique d'une militante de Lotta Continua par le biais de l'adaptation cinématographique d'un texte d'Althusser[9]. Les procès devront donc être abordés à travers la critique des insuffisances tactiques des militants qui y sont confrontés : il faudra chercher à combler l'impensé de la forme de l'appareil idéologique d'État juridique, penser formellement une tactique de rupture politique avec l'État. Cette pensée de la relation entre la forme et le contenu, saisis non comme des instances séparées, mais comme une unité de contraires indissolublement et dialectiquement liés, est nettement redevable à la méthode utilisée par Marx pour déchiffrer le contenu de la forme-valeur dès le premier chapitre du *Capital*.

Dans le même temps, tenu de livrer un film, et cernant les enjeux auquel ce film devrait répondre, le Groupe souhaite progresser dans sa recherche esthétique de formes appropriées à un cinéma révolutionnaire, un cinéma marxiste à la mesure de la conjoncture et de l'histoire (du cinéma et des luttes) dont il hérite (le manifeste «Que faire ?» témoigne, parmi d'autres, de ce type de questionnements). Or, depuis *Le Gai Savoir*, qui évoque explicitement le problème[10], il s'efforce de dépasser les limites des formes proposées par le modèle du théâtre documentaire. Celui-ci, fondé par Erwin Piscator sous la république de Weimar, actualisé par Peter Weiss dans les années 1960-1970 (et plus récemment renouvelé par le Groupov de Liège pour la création du monumental *Rwanda 1994*), se livre à une déconstruction progressive des différents discours relatifs à un événement, dans le but de promouvoir le discours et la pratique révolutionnaire. Dans cette démarche, le recours aux documents authentiques et la citation des discours qui ont été réellement tenus dans le cadre de l'événement est courante. *Pravda*, par exemple, ou *Vent d'est*, résultent d'une sédimentation de discours successivement soumis à la critique. Godard et Gorin procèdent à une réintroduction, déjà amorcée dans *Luttes en Italie*, de la dimension fictionnelle et du cinéma joué (par opposition au cinéma non joué prôné par Vertov) en s'inspirant de Brecht et en puisant dans la subversion transgressive des sources spécifiquement cinématographiques du cinéma burlesque (Laurel et Hardy, Jerry Lewis[11]). La dimension potache et l'humour dévastateur de Godard et Gorin culminent dans *Vladimir et Rosa*, mais cela ne doit pas faire oublier que cette posture n'a jamais cessé d'être présente, dès *Vent d'est*, et continue de l'être, jusqu'à *Letter to Jane*. La dénomination du duo burlesque Friedrich Vladimir (Godard)-Karl Rosa (Gorin) est déterminée par le cadre fixé à la commande, comme en témoigne le compte rendu d'une réunion du Groupe :

9. Voir à ce propos : David Faroult, «La théorie saisie par le cinéma : Louis Althusser et *Luttes en Italie* du Groupe Dziga Vertov», *Art et politique*, Jean-Marc Lachaud (dir.), Paris, Éditions L'Harmattan, collection «Ouverture philosophique», 2006, p. 69-81.

10. Voir les murmures de Godard dans la bobine n° 9 (sur 10), respectivement à 620 et 708 pieds : «Le théâtre documentaire ne peut pas se mesurer avec la réalité [...]. Le théâtre documentaire est un produit artistique, et en fin de compte il doit l'être s'il veut justifier son existence.»

11. Ces sources burlesques sont omniprésentes et actives dans le travail du Groupe Dziga Vertov : Godard avait pris pour habitude de désigner Sollers et Pleynet, animateurs de la revue *Tel Quel*, comme les «Laurel et Hardy du structuralisme». La vénération de Gorin et Godard pour Jerry Lewis se laisse lire dans de nombreuses interviews. Voir notamment les longs développements dans Michael Goodwin et Noami Wise, «Raymond Chandler, Mao Tse-tung et *Tout va bien*» (entretien avec Jean-Pierre Gorin, juin 1972), *Take One*, vol. 3, n° 6, octobre 1972, p. 22 ; et Ken Mate, «Let's see where we are, an interview with Jean-Luc Godard / Jean-Pierre Gorin», *The Velvet Light Trap*, n° 9, été 1973, p. 34.
On sait aussi que la vue en coupe du décor de *Tout va bien* doit au dispositif similaire dans *Le Tombeur de ces dames* (*The Ladies Man*), de Jerry Lewis (1961). Godard, en tant que critique, ménageait du reste rarement ses éloges aux films de Frank Tashlin, dans lesquels Lewis fit ses débuts. D'une façon générale, l'attrait des avant-gardes pour la subversion (au sens freudien du terme : le burlesque met la pulsion au poste de commande et à ce titre repose sur la transgression de toute loi) inscrite dans le genre burlesque, n'est pas une spécificité du Groupe Dziga Vertov : dadaïstes, surréalistes, lettristes et autres ont consacré de vibrants hommages aux burlesques en général et à Chaplin en particulier.

Vladimir et Rosa. Il faut dire d'abord que le titre n'implique pas des obligations précises quant au contenu du film. Au départ, nous pouvons tourner le film chez les pingouins, les mulots ou à l'AJS[12]. Ce titre vient d'une conversation avec Dany[13], avant le tournage de *Vent d'est*, à propos de l'opposition entre centralisme démocratique et spontanéité des masses. (Il semble que VLR, en s'intitulant maoïstes anti-léninistes, c'est-à-dire m-l anti-l[14], en soient encore à cette fausse opposition.) Il s'agissait également, à cette époque, de parler des relations hommes-femmes par ce biais, mais, en fait, qu'il n'y ait jamais eu sur ce sujet, au fur et à mesure de ses pérégrinations avec Grove Press et la TV allemande, qu'il n'y ait jamais eu la moindre idée de scénario, le moindre début de processus de film, même erroné comme *Communications*, prouve bien que cette idée de *Vladimir et Rosa* n'est qu'une idée de salon gauchiste. Non que des concepts de spontanéisme, développés par Rosa Luxembourg, ou tous les concepts développés par Vladimir Illitch n'aient pas leur place dans un film, mais justement, aujourd'hui, après les expériences faites depuis le montage de *Vent d'est*, il n'est vraiment plus possible pour tout le monde (ce qui n'était net depuis longtemps que pour Gorin) que des concepts puissent être des personnages aussi simplement que ça, vu la situation spécifique de la révolution en France d'une part, et dans cette partie de la superstructure qui s'appelle le cinéma d'autre part[15].

Comme pour *Tout va bien*[16], réalisé l'année suivante, *Vladimir et Rosa* conserve du théâtre documentaire le principe consistant à puiser sa matière discursive dans des documents authentiques (articles, discours, chansons, livres…). Parmi ceux à partir desquels sont tissés les dialogues de *Vladimir et Rosa*, on peut reconnaître des échanges entre le président du tribunal et Mᵉ Leclerc dans le procès de Le Dantec (dirigeant de la Gauche prolétarienne). Ainsi, par exemple :

> Mᵉ Leclerc : Je vous demande de bien vouloir entendre la déclaration complète de mon client M. Le Dantec. Je préférerais que vous posiez les questions à la fin. Je crois que ça l'arrangerait, en ce qui le concerne, et ça serait mieux pour sa défense. Or je pense que vous êtes soucieux que M. Le Dantec puisse se défendre le mieux possible[17] ?

12. AJS : « Alliance des jeunes pour le socialisme », groupe trotskiste de la branche dite « lambertiste », lié à l'OCI (Organisation communiste internationaliste). Il va de soi que cette allusion n'est pas forcément à leur avantage…
13. Daniel Cohn-Bendit.
14. Boutade : les maoïstes se réclament du marxisme-léninisme, ce qui semble mal s'accommoder avec l'anti-léninisme.
15. Compte-rendu de la réunion du 6 juin 1970, *op. cit.*
16. Voir infra dans le présent ouvrage : « *Tout va bien* : avant/après », note n° 11, et *La Ballade de la Fiat*.
17. On trouve ces textes dans un numéro spécial « Minutes du procès de *La Cause du peuple* » de *L'Idiot International*, juin 1970, supplément au n° 7, p. 3 pour la présente citation.

Ce texte se retrouve, aux noms des protagonistes près, dans la bouche de l'avocat John Kunstler dans *Vladimir et Rosa*.

On retrouve de la même façon des propos tenus par Le Dantec dans un monologue d'Yves Afonso au début du film :

> En vérité la parabole de Brecht, décrivant dans *L'Opéra de quat' sous* les mœurs de la bourgeoisie au travers de celles des gangsters, est toujours aussi actuelle, puisqu'il existe dans notre pays une poignée de criminels, qui possède le pouvoir, donc la police, l'armée, les moyens d'expression, la légalité[18].

D'autres dialogues sont directement empruntés au procès des Huit de Chicago, dont le film traite explicitement. Que Gorin et Godard y aient eu accès par des sources indirectes, par la presse, ou effectivement par cette publication de première main, l'ensemble des minutes du procès qu'ils citent a été édité par des militants et juristes de gauche américains[19].

La densité du travail de documentation, l'articulation aiguë de plusieurs niveaux de commande du film (industriel, militant, esthétique) pourraient nous faire oublier la précipitation totale dans laquelle sa fabrication a été engagée :

> Problème 2. Le film *Vladimir et Rosa*, à livrer à Grove Press et la télévision allemande pour fin septembre. [...] La somme donnée via Claude Nedjar par les Américains et les Allemands permet pour la première fois au groupe de fonctionner financièrement en tant que groupe, et plus groupe de deux, mais groupe de cinq ou six pour plusieurs mois. Ensuite, si le film, qui n'a pas la possibilité d'être refusé, est bien accueilli par les Américains et les Allemands, ils honoreront leurs contrats qui prévoient en fait un deuxième film à faire sur les mêmes bases financières que le premier, ce qui permet au groupe de fonctionner, et pour l'instant, l'analyse politique du groupe consiste toujours à dire : cinéma tâche secondaire mais activité principale, et que si c'est une activité principale, il faut tenir compte des conditions matérielles, comme pour un journal militant de payer assez régulièrement l'imprimeur. Donc, décision de faire *Vladimir et Rosa*, et de le livrer à la date prévue. Là, problème 3.
>
> Problème 3. Le film palestinien, qu'il faudrait terminer pour le milieu août (mixage compris) afin de laisser au moins un mois et demi pour *Vladimir et Rosa* en ce qui concerne le tournage, le montage et le labo, pour pouvoir le livrer à la fin du mois de septembre. En partant vers le 15 juin en Palestine, et en revenant vers le 10 juillet au plus tard, cela laisserait un mois de montage final avant le tournage de *Vladimir et Rosa*. Cela implique qu'il faut rediscuter sérieusement du film palestinien, tous les jours maintenant, tout en commençant à parler régulièrement de *Vladimir et Rosa*[20].

Malgré des réactions de rejet presque unanimes, malgré le désaveu de ses auteurs, ce film demeure le lieu d'expériences avant-gardistes répondant à une commande multiple et complexe, savamment articulée : la subtilité tactique qui culminera dans *Tout va bien* est déjà à l'épreuve ici. *Vladimir et Rosa* est une source de jubilation intense : c'est un sommet d'intelligence, foisonnant d'audaces tant politiques que cinématographiques. Puisse la publication qui suit contribuer à la réévaluation de ce film.

---

18. *Ibid.*

19. Un livre, en effet, regroupe les minutes du procès de Chicago, qui ont ensuite donné lieu à des condamnations des accusés pour outrage à la Cour. « Outrage » est d'ailleurs le titre de ce livre : *Contempt (Transcript of the contempt citations, sentences, and responses of the Chicago conspiracy 10 : Seale, Hoffman, Dellinger, Rubin, Froines, Weiner, Hayden, Davis, Kunstler, Weinglass*, Chicago, Illinois, The Swallow Press INC., 1970.

Un des accusés, Tom Hayden, dont Yves Afonso semble être le représentant dans *Vladimir et Rosa*, était un militant du SDS, un parti de gauche activiste radical aux USA. Par la suite, il épousa Jane Fonda, et il écrivit un livre consacré au procès *(Trial)*, puis ses mémoires, dans lesquelles il consacre un volumineux chapitre au procès et un autre à son verdict : Tom Hayden, *Reunion (a memoir)*, New-York/ Toronto, Random House, 1988. Je suis redevable à Michael Witt et à Nicole Brenez qui ont attiré mon attention sur ces deux publications et les ont mises à ma disposition.

20. Compte-rendu de la réunion du 6 juin 1970, *op. cit.*

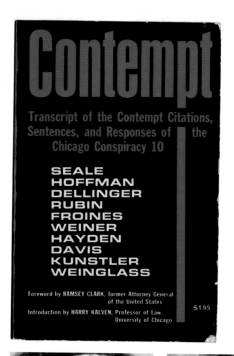

Les Huit de Chicago.

De gauche à droite et de haut en bas : Jerry Rubin, Abbie Hoffman, Tom Hayden, Rennie Davis, Bobby Seale, Lee Weiner, John Froines, David Dellinger.

À PROPOS DE *VLADIMIR ET ROSA*

JEAN-LUC GODARD ET JEAN-PIERRE GORIN

Le film se compose de 16 séquences :

SÉQUENCE 0

C'est une séquence d'introduction qui indique <u>pratiquement</u> et théoriquement ce que va être le film. Pour trouver les liens justes entre cette théorie et cette pratique, on part de deux images de Lénine (Vladimir). Une image en train d'écrire et une image en train de parler. Sur[1] chacune de ces deux images est ajouté le mot « théorie », puis le mot « pratique ». Il y a aussi deux autres images, celle d'une caméra et celle d'un magnétophone. On entend aussi deux voix (qui seront reconnues plus tard comme celles de Vladimir et de Rosa)[2] qui commentent cet ensemble ou cette suite d'images (Lénine, les mots THÉORIE ET PRATIQUE, la caméra, le Nagra). Ces voix disent donc plus ou moins qui elles sont, et où elles sont. Elles sont dans un film. Mais quel film, et qui vient après quel film ? – qui vient après un film sur la Palestine – des voix qui indiquent donc qu'elles se situent dans un certain processus – processus qu'elles ne perçoivent et contrôlent du reste qu'imparfaitement. Ces voix se demandent donc d'abord pourquoi elles font ce film intitulé « Vladimir et Rosa », et elles disent : par nécessité économique, pour payer les images du film palestinien (on voit une image du film palestinien : une femme maniant une mitrailleuse anti-aérienne)[3]. Mais ces deux voix remarquent aussi que cette nécessité économique n'empêche pas que la dite nécessité se situe dans un mouvement plus général, un mouvement politique donc, dont l'économie est à la fois la cause et l'effet. Bien qu'obligé[4] de faire le film pour des raisons financières, il ne s'agit pas de faire n'importe quoi. De cette situation contradictoire et oppressante où elles se trouvent, les deux voix en déduisent (ou décident) qu'elles vont participer à la fabrication d'un film qui essaye d'analyser politiquement ce que représentent les procès que la justice bourgeoise fait aux militants (après que la police les ait arrêtés sous prétexte de désordre ou de subversion). Pourquoi un <u>procès</u> ? Précisément à cause du <u>processus</u> dans lequel les deux voix se savent engagées – le processus d'un mouvement révolutionnaire en lutte contre un système conservateur. Le vrai titre du film sera donc plutôt : <u>la signification du procès de</u>…, étant clair maintenant que le film va traiter à la fois : <u>théoriquement</u> : ce que représente les procès intentés aux militants gauchistes par la justice des pays impérialistes, et : <u>pratiquement</u> : comment la représentation d'un tel procès, c'est-à-dire un reflet (une image ou un son de film), comment, ce reflet, le fabriquer de la façon la plus juste possible, c'est-à-dire, comment <u>pratiquement</u> faire le film, comment filmer les images et enregistrer les sons pour que <u>théoriquement</u> (c'est-à-dire à la projection du film) le résultat soit utile à ceux qui le voient.

Les deux voix décident de partir d'une base réelle, qui est le procès dit des « 8 de Chicago »[5], intenté par la justice de l'impérialisme américain à ses propres enfants.

Toute cette séquence dure environ quatre minutes.

SÉQUENCE 1

On voit des flics qui pourchassent un type, lui tapent dessus pendant qu'il tente de leur échapper en sautant par-dessus un grillage. Les flics, ivres de rage, continuent à l'insulter, même quand il leur a échappé et frappent le grillage comme des sauvages.

On voit également cinq ou six flics se passer de l'un à l'autre (comme s'ils jouaient au ballon) des gens ensanglantés : un gros type, genre pacifiste, une jeune femme. Ils les traitent de tous les noms : « juifs, bicots, pédés, maoïstes », etc. Le dernier proteste, et crie : « Chef, c'est moi, Jules, je suis déguisé, vous ne me reconnaissez pas, vous m'avez donné l'ordre de m'infiltrer chez eux… »

Toute cette séquence dure environ 1 minute.

SÉQUENCE 2

On entend de nouveau les deux voix de la séquence 0 pendant que défile une série de gros plans.

Les gros plans sont ceux des huit personnages principaux du film.

Il y a :

<u>Yves</u> : un militant d'un groupe gauchiste (style VLR en France et SDS en Allemagne ou aux USA).

<u>Anne</u> : une étudiante contestataire militant dans le Front de Libération des Femmes.[6]

<u>Bobby</u> : un militant noir des Black Panthers.[7]

<u>Dallinger</u> : un pacificiste.

<u>Friedrich Vladimir et Karl Rosa</u> : deux hippies (aux USA) ou deux anciens du 22 Mars et du cirque Pinder (en France). Toujours ensemble, ils forment un seul et même personnage, une seule unité, faites de deux contraires, comme le dirait ce sale vieux « commie » de Mao.

<u>John Kunstler</u> : avocat.

<u>Jacky</u> : un jeune ouvrier de banlieue.

<u>Juliette</u> : une activiste de tendance dure (style Weathermen aux USA).

Pendant que défilent tour à tour les visages de chacun, on entend la voix de Vladimir et Rosa qui indique qui ils sont, et pourquoi, et à la suite de quoi, leur procès va être instruit par l'impérialisme.[8]

À la suite de quoi :

à la suite de manifestations de rue provoquées par la police.

Pourquoi eux :

parce que le gouvernement, à la suite de sa propre violence policière, a été obligé d'arrêter huit flics et de les inculper (au nom de la justice éternelle) et que, pour rétablir la balance, il a décidé d'arrêter et d'inculper un représentant de chaque type de gauchisme (justice de classe).

Alors que tous les personnages sont simplement vus de face avec une allure normale, Vladimir et Rosa sont déguisés avec des perruques et des slogans écrits sur le front, ou déguisés en Vietcongs (des feuillages), en bolchéviques (un coutelas de boucher entre les dents, une faucille et marteau dessinés sur le front ou en guise de boucles d'oreille), en Palestinien, en Indien, etc.

Pendant que le commentaire explique le pourquoi du procès, on voit également les photos anthropométriques des accusés. Toutes sont normales, peut-être juste Juliette se protège le visage sur une photo comme si elle avait résisté à la prise de vue. Les photos d'identité de Rosa et Vladimir sont, par opposition, pleines de joie et de grimaces.

Toute cette séquence dure 6-7 minutes.

(Le cas de Bobby, qui n'a pas été arrêté dans les manifestations, est expliqué. Il est juste venu parler dans un meeting, et il est reparti après, mais il importait pour le gouvernement de le juger avec les autres.

---

1. Ce mot est ajouté dans l'interligne supérieur. (Toutes les notes sont de David Faroult).

2. Dans la première séquence du film fini, tout le texte de cette séquence, à l'exclusion de la dernière phrase, qui en indique la durée, est prononcé tel quel par Jean-Pierre Gorin seul en voix off.

3. Les éléments de *Jusqu'à la victoire* avaient déjà été tournés. Voir l'ensemble de documents concernant ce film dans le présent ouvrage.

4. Un « s » final a été biffé.

5. Procès fortement médiatisé qui se déroula fin 1969, début 1970. Il visait plusieurs militants issus des courants radicaux et activistes de gauche. Disculpés des faits qui avaient servi de prétexte à leurs arrestations, la plupart d'entre eux – ainsi que leurs avocats – subirent une série de condamnations pour outrages à magistrat, suite aux propos tenus pendant le déroulement des audiences.

6. Si on ne connaît pas d'organisation portant ce nom en France, il y eut depuis 1968, et il semble qu'il soit toujours en activité, un Women's Liberation Front aux USA. (Merci à Hélène Fleckinger de m'avoir aidé à trouver ces informations.)

7. Bobby X, dans le film, désigne Bobby Seale, un des dirigeants principaux du BPP (Black Panthers Party) et accusé au procès des huit de Chicago. On lui doit un témoignage direct (paru en anglais en 1970, donc certainement disponible avant le tournage du film) de tout cela : Bobby Seale, *À l'affût (histoire du parti des Panthères noires et de Huey Newton)*, Paris, Gallimard, collection « Témoins », 1972.

8. Dans l'acception léniniste, ici en vigueur, l'impérialisme ne désigne pas une politique extérieure, mais un stade de développement du capitalisme. Par métonymie, l'impérialisme désigne ici son État.

Photogrammes de *Vladimir et Rosa*

Il est d'ailleurs le seul des accusés à ne pas bénéficier de la liberté surveillée, car il est déjà accusé de meurtre d'un flic dans une autre ville. On l'a donc simplement sorti de prison quelque part pour le refoutre en prison ailleurs, ici).

SÉQUENCE 3
Première audience
Dialogue entre le juge et Yves. La séquence est faite de manière à rendre sensible le fait que Yves ne parle que dans les silences que lui alloue le juge. Yves développe un discours révolutionnaire, mais qui en reste au stade du discours, car il reste dans les limites du terrain judiciaire construit par la classe dominante. Yves applique les règles du jeu défini par le juge. Il cite Lénine et Mao, mais à l'intérieur de la mise en scène judiciaire bourgeoise.

SÉQUENCE 4
On voit Vladimir et Rosa qui déambulent dans des endroits divers. L'un porte un maillot où il y a écrit «Vladimir et» et l'autre un maillot où il y a écrit «Rosa». On les voit dans cinq décors différents. Leurs cinq apparitions sont entrecoupées de plans où l'on voit respectivement Jacky (le jeune ouvrier), Dallinger (le pacifiste), Juliette (la Weatherwoman), Kunstler (l'avocat) en train de se livrer à leur travail respectif : Jacky sur un chantier, Dallinger en train d'écrire une pétition à l'ONU, Juliette avec un casque de moto et une barre de fer, Kunstler en train d'entrer au Palais de Justice et de rédiger une plaidoirie.
Vladimir et Rosa commentent les activités des autres par rapport à la stratégie qu'il faut élaborer pour résister politiquement à la justice impérialo-bourgeoise quand elle vous prend à la gorge, c'est-à-dire de faire de ce procès un acte de résistance anti-impérialiste, et ainsi apprendre à rompre non seulement dans les usines et les universités, mais aussi sur le terrain de la répression judiciaire. Si on se bat contre un flic il faut ensuite se battre contre le juge. Logique.
Vladimir et Rosa sont vus, l'un portant la caméra, et l'autre le Nagra. Car il faut rompre aussi avec une certaine manière de faire les films si l'on prétend faire un film sur l'idée (théorique) de rupture (donc sur sa possibilité pratique d'aider à passer de la théorie à la pratique pour les spectateurs – même plus en moins militants).
En tant que représentant de Marx et Jerry Lewis, ou Laurel et Hardy, ou Jerry Rubin et Abbie Hoffman, c'est-à-dire en tant que hippies (et filmeurs), Friedrich Vladimir et Karl Rosa, ou Karl Vladimir et Friedrich Rosa, parlent avec l'accent marseillais, canadien, crouille et vaudois. Quand l'un bégaie, l'autre avance avec un seul patin à roulettes. On les voit marchant sur les mains le long de l'auto-route, traversant un double-mixte de tennis, ou tout simplement s'envoyant en l'air (au sens propre du terme).
Au début de la séquence, ils se demandent s'ils ont bien fait de montrer l'image de leur ennemi (le visage du juge, lequel, dans le film, représente avec les flics le visage de l'impérialisme et de la bourgeoisie). Ils philosophent[9] un peu là-dessus et ne font pas mystère de toutes les contradictions auxquelles sont acculés (et enculés) les cinéastes militants («il est dangereux parfois de montrer des images trop frappantes» – Brecht). À la fin de la séquence ils décident de ne montrer, lors de la deuxième audience, qui leur est consacrée (un rude effort, de pas se montrer, pour des guignols, ce qui prouve au moins leur sincérité, ou alors, à moins que… chut!) ni les images amies (la leur), ni celles ennemies (celle du juge).
Entre le début et la fin de la séquence, comme on l'a dit plus haut, ils analyseront, par rapport à la stratégie qu'il convient d'élaborer dans le procès pour le transformer en acte de résistance véritable (c'est-à-dire en procès de rupture, et non en procès de connivence comme dans la séquence 3), ils analyseront dans le comportement en dehors des audiences de leurs camarades co-accusés, ils analyseront les contradictions

---
9. «Philosophent» est tapé dans l'interligne supérieur au-dessus de «discutent», qui n'est pas barré.

entre les paroles et les notes qui font que ces militants ne considèrent pas le terrain judiciaire comme un truc où militer aussi activement qu'ailleurs, surtout quand ils sont enchaînés. Par exemple le pacifiste a beau écrire avec son sang une pétition à l'ONU contre la torture au Brésil, il ne fera rien changer par un acte aussi débile qu'idéaliste. Par exemple, Juliette parle de la violence des masses et de changer sa vie pour changer le monde, mais, en vivant en communauté sexuelle avec d'autres camarades, elle ne fait que reproduire les pires clichés «égalitaires», et diminuer ainsi la portée de son combat. Par exemple, l'avocat se spécialise généreusement dans la défense des gauchistes et prépare une belle plaidoirie qui ne fera que renforcer l'appareil répressif théâtral du système judiciaire bourgeois. Etc. Par contre, Yves est déjà en rupture spontanée lorsqu'il prend le métro sans payer.
Cette séquence dure environ quinze minutes.

SÉQUENCE 5
Deuxième audience
La séquence débute donc dans le noir («ne pas montrer d'images du monde trop complexes» – Brecht) et on ne montre ni le juge ni Vladimir et Rosa essayant par des moyens divers de rompre avec le rituel et le cérémonial judiciaire.
La séquence n'est pas très longue. Il s'agit simplement de montrer deux ou trois exemples modestes de rupture (inspirés par la conduite de Jerry Rubin et Abbie Hoffman pendant le procès de Chicago). Par exemple, lors d'un interrogatoire d'identité, Vladimir et Rosa se plaignent de ne plus savoir qui ils sont tellement il y a d'indics déguisés dans la salle d'audience. Ils prennent à son propre jeu le juge, qui veut les faire taire en frappant avec son marteau, en frappant eux aussi avec un marteau pour se faire taire réciproquement. Par exemple, ils disent les paroles d'une chanson dont le juge a permis au témoin seulement de fredonner l'air.
Ils disent qu'en fin de compte c'est dommage de se priver de l'image car ils ont quand même fait plein de trucs. Ils les énumèrent. Pendant qu'ils énumèrent, sans lien spécial avec cette énumération (par exemple, l'histoire du gâteau d'anniversaire offert au cours du procès de Chicago à Bobby Seale par les autres co-accusés, et «arrêté» par les flics de service) on voit une image en gros-plan : une main fouille dans la braguette d'un pantalon et en sort un oiseau, ou un crapaud. Une autre image vient encore interrompre le noir pendant l'énumération : des œufs bien rangés à la parade (sur chaque œuf, un mot pour former une phrase genre : vive la dictature du prolétariat, et une grosse matraque qui vient écrabouiller le bataillon d'œufs).
À la suite de ces deux images, ils décident de montrer quand même une image ennemie : le jury, composé de mémères de la classe moyenne. C'est sur l'image du jury qu'on entendra les voix du juge et de Vladimir et Rosa lors du deuxième (et toujours modestes) exemple de rupture du jeu judiciaire bourgeois.
Cette séquence dure environ cinq minutes.

SÉQUENCE 6
Dans un studio-deux pièces-cuisine, Anne est en train de tirer en sérigraphie des T-shirts où elle a imprimé un poing rouge fermé rompant le cercle génétique féminin (insigne du Front de Libération des Femmes aux USA). Quelques-uns sont déjà en train de sécher, pendus à des cordes. Au mur, peut-être un dazibao avec un slogan du genre : «cesser de penser que nous avons un problème individuel ; quand 25 millions de femmes ont le même problème, il cesse d'être individuel».
Arrive Yves (peut-être indiquer qu'ils viennent ou en tout cas qu'ils ont en ce moment, c'est-à-dire pendant la durée du procès, ou une partie, des relations sexuelles ensemble : il suffira alors qu'ils s'embrassent).
Yves feuillette des tracts préparés par Anne. Il les trouve pas mal. Anne lui dit que de toute façon, avant de les trouver bien, il faudrait déjà qu'Yves soit capable de les trouver tout court, et qu'en fait, il les lit avec ses yeux de type, sa voix de type, et qu'un type, aujourd'hui, dans la société capitaliste qui est la leur, ne peut pas vraiment comprendre, quelle que soit sa sincérité, quelque chose écrit par une fille qui veut

se libérer – pas plus qu'un pays impérialiste ne peut aider et comprendre un pays du tiers-monde.

Cette séquence, comme toutes celles qui se passent en dehors de l'audience (c'est-à-dire une séquence sur deux), est commentée par Vladimir et Rosa qui en indique, au début et à la fin (éventuellement de temps en temps au cours de la séquence également) le thème général. Ici : sexualité et rupture. Anne dit qu'il est quasiment impossible, dans l'état actuel des choses, de montrer de façon convaincante – ni droitière fasciste ni ultra gauchiste – l'image d'elle et Yves rompant vraiment avec l'idéologie bourgeoise de la sexualité, ni même une image d'elle, bien que luttant pour sa libération et liant cette lutte à celle des Vietcongs et des ouvriers, et encore moins une image d'Yves.

Elle montre à Yves (pour illustrer sa thèse) que lire un texte (en l'occurrence, un texte écrit par une femme d'Afrique du Sud dans le journal des Black Panthers) avec une voix de femme est tout différent, puisque c'est un texte de femme, que de le lire avec une voix d'homme.

Yves dit qu'il peut essayer, qu'il peut faire un effort. Alors après qu'il a pris le relais d'Anne, on entend la voix d'Anne (off) pendant qu'on voit le visage d'Yves en gros-plan essayant de remuer les lèvres en synchronisme avec les mots dits par Anne, comme s'il était un acteur récitant mal un texte en play-back.

C'est d'ailleurs ce qu'il est en fait dans la réalité de cette séquence, déclarent en commentaire Vladimir et Rosa, tirant la conclusion qu'il est extrêmement difficile, dans l'état actuel des choses, de montrer, de fabriquer des images de rupture ; au mieux, il faudrait montrer la rupture d'une canalisation, ou tout simplement un morceau de bois par des images de forces sociales. Vaste problème, aussi larges (d'idées) soient les écrans. Cette séquence dure environ dix minutes.

SÉQUENCE 7
Troisième audience

Cette séquence est faite de deux plans séparés par un noir. Le premier plan est un gros-plan de Bobby. En commentaire (ils auront expliqué dans la séquence 4 qu'on n'échappe pas au commentaire comme ça), Vladimir et Rosa expliquent que s'ils décident là de ne pas monter une image noire mais l'image d'un Noir, c'est que justement, en ce qui concerne le militant des Panthères Noires, la question de la rupture se pose en termes différents. Les Black Panthers, à cause de l'oppression raciste et de la lutte concrète qu'ils mènent, sont concrètement déjà dans une situation de rupture avec la société impérialo-bourgeoise. Et c'est parce qu'ils sont déjà en rupture avec elle que, jugés par cette société, continuer la rupture pour eux consiste à demander la stricte application des règles du jeu judiciaire bourgeois ; en fait, par cette simple demande le militant noir aggrave les contradictions du système dont il fait éclater la soi-disant démocratie, la fameuse «objectivité» chère aux libéraux. (La preuve en est le système de défense adopté par Bobby Seale lors du procès de Chicago : demander un autre avocat que celui de ses camarades blancs – ce que refuse le juge – et ensuite demander à être son propre avocat puisque la justice lui refuse le sien – ce que le juge refuse également).

Au cours de cette séquence, le plan consacré à Bobby est fait sur ce principe : Bobby demande à ~~interroger~~ contre-interroger un témoin une fois que l'avocat des autres en a fini, et le juge refuse sous prétexte que l'avocat des autres est aussi celui de Bobby. Le ton, bien sur, fini par monter, et la main d'un flic de service vient fermer la bouche de Bobby. Vient ensuite un noir pendant lequel la voix de Vladimir et Rosa explique ce qu'on a dit plus haut, à savoir que la défense «légaliste» de Bobby est la suite logique de sa situation de rupture originelle, alors que les autres co-accusés doivent justement adopter, chacun à sa manière, des moyens «anti-légalistes» pour rejoindre la révolte où est déjà Bobby. Ils décident de montrer une image du pacifiste rompant avec son idéologie de non-violence, et finissant par se débattre plutôt que de se laisser assommer avec dignité par les flics après avoir calmement injurié le juge pour protester contre la façon dont il traitait Bobby. Cette séquence dure environ cinq minutes.

SÉQUENCE 8

Un studio de télévision. Les 7 accusés (Bobby, comme on l'a dit dans la séquence 2, est en prison alors que les autres bénéficient de la liberté sous condition) font une conférence de presse pour expliquer où en est le procès, et quelle signification il est en train de prendre.

Pendant que l'avocat John Kunstler explique au journaliste de la CBS qui les intervieve le cas de Bobby, Vladimir et Rosa essayent de forcer les cameraman à filmer une chaise vide (celle de Bobby) plutôt que des visages récitant des slogans. Vladimir et Rosa essayent donc de rendre évident le fait que l'impérialisme se sert également de la télévision pour renforcer sa domination – une chaise vide n'a pas de sens pour la CBS, l'ORTF, la RAI, la BBC, ou au contraire, elle en a trop.

Pendant que le journaliste demande à chaque accusé de faire des déclarations et que les cameraman en bons caniches qu'ils sont (la Voix et l'Œil de son Maître) filment les visages disant des slogans incendiaires, Vladimir et Rosa foutent ~~le bordel dans l'émission en m~~ pratiquement le bordel dans l'émission tout en théorisant ce bordel – faire un discours incendiaire, ils disent à Juliette, ce serait le faire avec un bidon d'essence et des allumettes, et quand elle les accuse de ne pas oser le faire plus qu'elle ici, répondent avec Mao qu'il faut savoir éviter les sacrifices inutiles et que de faire des petites étincelles, c'est un début, et ils continuent le combat en jouant au ballon avec un balai au milieu des caméras, en forçant chaque fois le cameraman à cadrer la chaise vide au milieu du studio.

Cette séquence dure environ dix minutes.

SÉQUENCE 9
Quatrième audience

De nouveau un gros-plan de Bobby, cette fois ligoté, enchaîné et bâillonné. (Pieds, mains, jambes, bouche, il ne lui reste que les yeux de libres).

On entend pendant ce temps le juge interroger à loisir un témoin qui raconte plein de mensonges sur Bobby pendant les manifestations.

SÉQUENCE 10

On voit Jacky voler une voiture de sport un dimanche matin pour emmener en week-end une fille qu'il a draguée. Ils parlent de musique pop que lui aime et pas elle.

En commentaire, de temps en temps, on entend les voix de Rosa et de Vladimir qui parlent du mouvement de révolte de la jeunesse et du lumpen.

SÉQUENCE 11
Cinquième audience

Pendant qu'on voit le jury, on entend le juge interroger Jacky qui ne comprend pas le langage compliqué avec lequel on lui parle et ne répond donc rien. Le juge s'énerve et l'insulte à travers le milieu social qu'il représente («quand on ne va pas à l'école, évidemment, vous ne savez peut-être même pas lire et écrire», etc.) et Yves spontanément répond par d'autres insultes. Il est approuvé par Bobby dans cette révolte spontanée.

Dans un noir, Vladimir et Rosa disent que ce serait peut-être l'occasion d'oser faire un panoramique qui va de Jacky à Bobby et revient à Jacky ; ça montrerait le lien objectif entre la révolte sauvage des jeunes ouvriers et celle du mouvement révolutionnaire des Noirs.

La séquence se termine par ce panoramique au cours duquel on balaie en passant le visage de quelques-uns des autres accusés.

Cette séquence dure environ deux minutes.

SÉQUENCE 12

Le principe de cette séquence est identique à celui de la séquence numéro 4 : plusieurs apparitions de Vladimir et Rosa entrecoupées de plans consacrés à d'autres accusés ; en l'occurrence, ici, cette fois, d'une part : deux femmes (Anne et Juliette), d'autre part deux types (Yves et Bobby).

Le contenu de la séquence : violence et rupture, ou : de la violence comme rupture.

Les plans consacrés à Juliette, Anne, Yves et Bobby, sont faits de la manière suivante :

Anne parle du Front de Libération des Femmes et de ses tâches. Sa voix se continue de temps en temps en commentaire sur des images d'elle accordant ses paroles et ses actes (collant des dazibaos à la fac, agressant avec des copines des types dans la rue par la parole, etc.)

Juliette parle de la violence anti-autoritaire. Sa voix se continue de temps en temps en commentaire sur des images d'elle accordant ses paroles et ses actes (fabricant un cocktail Molotov, posant un paquet qui fait tic-tac devant la compagnie d'aviation El Al – ou leur téléphonant, etc.)[10]

Yves parle de tâches d'organisation par rapport à l'éparpillement actuel des marxistes-léninistes.

Bobby parle de l'exploitation des peuples de couleur.

En ce qui concerne les quatre apparitions de Rosa et Vladimir (entre-coupant les plans consacrés à Juliette, Anne, Bobby et Yves) on verra Vladimir et Rosa immobiles et non en mouvement comme dans la séquence 4. Immobiles, parce que coincés par toutes les contradictions qu'ils ont soulevées, et qui leur retombent dessus comme une pierre sur les pieds.

On peut les montrer à poil dans les chiottes qu'ils ne peuvent quitter et qu'ils occupent tour à tour en proie à une chiasse terrible, et ils examinent leur merde pour savoir s'ils n'ont pas le choléra. On peut les montrer assis dans une étable au milieu d'un troupeau de cochons, en train de philosopher (c'est quand même grâce à la philosophie que le président Mao a libéré le peuple chinois). On peut les voir enchaînés selon le principe de la chaîne arabe (le moindre mouvement de l'un entraîne l'étranglement de l'autre – cf. *Hara-Kiri* du lundi 17 août 70).[11] On peut les voir aussi à côté du petit orchestre en train d'enregistrer la musique du film (on pourra de temps en temps peut-être montrer cet orchestre, intervenant comme ça, sans rime ni raison, au cours du film).

Si on était des vieux cons de surréalistes on dirait que ces images immobiles de Vladimir et Rosa seront «explosantes-fixes ou ne seront pas». Mais comme on est seulement des braves m-l un peu cons, on ne le dira pas. Qu'est-ce que l'on dira alors avant d'être bouffés par les cochons (c'est pour ça qu'on ne tournera sans doute pas cette séquence) : «Marx», criera Vladimir en voyant pointer du secours à l'horizon – «merde, c'est Groucho» bégaiera Rosa.

Cette séquence en tout cas durera environ dix minutes.

_____

10. Réplique de Juliet Berto attestée dans le film, à une heure dix de son début : «Allo ? z'est la gompagnie d'afiazion El Al ? Ponchour Meuzieur. À fotre afis, gu'est-ze gui vait "dig-dag", gui bèze deux guilos, et gui fole en ze moment endre Del-Afif et Vashington ? Hein ?»

11. En effet, en dernière page de *L'Hebdo Hara-Kiri* du 17 août 1970, on trouve dans une chronique littéraire signée Yvette un article recommandant chaudement la lecture des contes de Maupassant, et en particulier du conte *Mohammed-Fripouille* (nom du personnage titre, un sergent turc servant dans la Légion étrangère), édifiante évocation de l'œuvre «civilisatrice» des colons français, dont de larges extraits sont cités. L'action est située en Algérie vers 1880 : «Alors il fit une chose terrible et drôle : un chapelet de prisonniers, ou plutôt un chapelet de pendus. Il avait attaché solidement les deux poings du premier captif, puis il prit un nœud coulant autour de son cou avec la même corde, qui serrait de nouveau le bras du suivant, puis s'enroulait ensuite à sa gorge. Nos cinquante prisonniers se trouvèrent bientôt liés de telle sorte que le moindre mouvement de l'un pour s'enfuir l'eût étranglé, ainsi que ses deux voisins. Tout geste qu'ils faisaient tirait sur le nœud coulant du col, et il leur fallait marcher d'un pas égal sans s'écarter d'un rien l'un de l'autre, sous peine de tomber aussitôt comme un lièvre pris au collet. Quand cette étrange besogne fut finie, Mohammed se mit à rire, de son rire silencieux qui lui secouait le ventre sans qu'aucun bruit sortît de sa bouche. «Ça c'est la chaîne arabe», dit-il. Nous-mêmes, nous commencions à nous tordre devant la figure effarée et piteuse des prisonniers. «Maintenant, cria notre chef, un pieu à chaque bout, les enfants, attachez-moi ça.» On fixa en effet un pieu à chaque bout de ce ruban de captifs blancs pareils à des fantômes, et qui demeuraient immobiles comme s'ils eussent été changés en pierres.» Notons que cette référence bibliographique nous permet une datation approximative de ce scénario à fin août-début septembre 1970. Voir également les indications de la réunion du 6 juin 1970 dans la présentation.

SÉQUENCE 13

Sixième audience

Un plan de John Kunstler en train de refuser d'être l'avocat de Bobby, et on entend le juge condamner Bobby à disparaître sous le prétexte d'insultes à la cour (et pour le coup l'image noire représente vraiment quelque chose, l'absence de Bobby – grande victoire sur le plan cinématographique de Vladimir et Rosa qui trimbalaient ces images noires depuis Mai 68 comme un fusil sans balles, pour ne pas parler du couteau sans lame dont on a perdu le manche).[12]

Après le plan de l'avocat, on entend sa voix (off) qui polémique avec le juge – commençant par le citer comme témoin, pendant qu'on voit :
une image du Jury
une image de Vladimir et Rosa soufflant un gag à Kunstler
une image de Yves
une image de Juliette
une image de Bobby (une image noire qui enfin a un sens – victoire ! comme on vient de l'expliquer plus haut, et Victoire, pas la bonne de Proust, en route jusqu'à la victoire avec les Palestiniens)
une image du Jury
une image de Anne
une image de Dallinger
une image de Jacky
une image du Jury.

Tour à tour Socratique, Dimistrovien, Cohn-Benditesque, l'avocat rompt avec sa pratique bourgeoise d'avocat et pousse le clown fasciste de juge à bout.

Cette séquence dure environ quatre minutes et peut être plus longue.

SÉQUENCE 14

Re-conférence de presse. Cette fois, on voit simplement le poste de télévision qui la retransmet. Sur l'image transmise par l'écran de télévision, on voit une chaise vide avec le Nagra dessus. On sent derrière la chaise les 7 accusés rangés en ordre.

Tous ensemble, ils annoncent que le verdict va être rendu dans une heure, et qu'ils peuvent déjà annoncer les peines qui vont leur être infligées.

C'est la voix de Bobby, à travers le Nagra, qui annonce les peines qui vont leur être infligées.

On voit le visage de chaque accusé à l'annonce de sa condamnation.[13] On revoit ensuite le Nagra et on entend la voix de Bobby qui tire la conclusion du procès en ce qui le concerne et comment il compte continuer la lutte, et quelles alliances il faut faire.

Chaque accusé ensuite fait une brève déclaration sur ce qu'il va faire par rapport à la condamnation qui lui tombe dessus.

Certains décident de faire appel par tactique, et d'autre pas par stratégie.

On termine sur Juliette qui dit que quand elle sortira de prison, elle habitera la porte à côté de celle du juge et qu'elle transformera les enfants de la classe dominante en Vietcongs.

SÉQUENCE 15

Le grillage d'une cellule de prison. Les mains de Juliette s'y agrippent, de temps en temps on voit sa tête qui parvient à se hausser dans la lucarne.

Juliette s'adresse aux droits communs qui se promènent dans la cour au pied de sa cellule, et leur dit que son combat est le même que le sien.

_____

12. Voir Georg Christoph Lichtenberg «Inventaire d'une collection d'objets», *Le couteau sans lame*, Paris, José Corti, Collection romantique n° 72, 1999, p. 54 : «Un couteau sans lame auquel il manque le manche». La formule a été rendue célèbre par André Breton dans son *Anthologie de l'humour noir*, Paris, Jean-Jacques Pauvert, 1966, réédition Livre de Poche, p. 56.

13. Ce mot est en surcharge manuscrite par-dessus le mot «peine» dactylographié.

Vladimir et Rosa tiennent tour à tour le volant de la voiture volée (cf. séq. 10). Avec eux, Anne, Jacky et Yves.

Dialogue naturel et découpage comme dans un film normal. La discussion porte sur les aspects positifs et négatifs du procès, sur les erreurs commises et les succès obtenus. Puis comment ils voient l'avenir pour les mois qui viennent, et pour chacun d'eux, en quoi le procès a changé quelque chose dans leur militantisme.

Yves descend le premier, puis Jacky et Anne ensemble ensuite Vladimir et Rosa restent seuls. Un motard arrive et leur dresse un procès-verbal pour excès de vitesse. Ils l'échangent contre un petit livre rouge et repartent en trombe après avoir déchiré le p-v pendant que le flic tente en vain de déchirer le petit livre rouge, ou, quand il y arrive, ils lui disent : bravo ! naissance de la dialectique !

Un passage de la voiture, remplacé par une flèche rouge, et pendant qu'on entend des bruits d'accélération, on lit sur la flèche rouge : les communistes sont à la fois le moteur et la cible de la révolution.

Une image de Lénine qui écrit[14]. Une image de Lénine qui parle[15].

---

14. «Écrit» est en surcharge manuscrite sur le mot dactylographié «parle».
15. «Parle» est en surcharge manuscrite sur le mot dactylographié «écrit».

GODARD DANS LA PRESSE D'EXTRÊME-GAUCHE

Michael Witt

En dépit du volume des travaux critiques qui ont été consacrés à Godard, ses activités politiques au début des années soixante-dix – tout particulièrement jusqu'à sa période d'inaction forcée, consécutive à un accident de moto, en juin 1971 – restent peu étudiées[1]. Après mai 1968 et la reprise en main du pouvoir par les gaullistes, lors du second tour des élections législatives de fin juin, la ferveur révolutionnaire reflue. Godard s'implique alors dans le groupe de soutien à la poursuite d'une activité militante gauchiste fondé par André Glucksmann en juillet 1970, Secours rouge, et fait campagne aux côtés de Jean-Paul Sartre pour la libération de Gilles Guiot, un lycéen condamné en février 1971 à six mois de prison pour violences anti-policières. Mais l'activité politique la plus significative de Godard durant cette période est sa participation à la presse d'extrême-gauche, en particulier sa contribution à l'hebdomadaire *J'accuse*, et son rôle de catalyseur dans le lancement de l'Agence de Presse Libération (APL) au début de 1971[2]. Ces organes constituent un point de ralliement important pour l'activité politique d'opposition au début des années soixante-dix, période où les journalistes de gauche s'efforcent de résister et de remettre en question les idées reçues sur ce qui est rapporté, par qui, comment et pour qui. De surcroît, le rejet des partis de gauche institutionnels, largement répandu parmi les mouvements gauchistes, les amène à contester non seulement la presse grand public, mais aussi les publications communistes traditionnelles, comme le journal féminin de la CGT *Antoinette*, déjà visé par Godard dans *La Chinoise* (1967). Cette critique est reprise par le personnage de Patricia Lumumba (Juliet Berto) dans *Le Gai Savoir* (1968) : «À *L'Humanité*, dans les revues féminines de la CGT, ils passent les mêmes photos de lingerie que dans *Le Figaro*. Moi, je trouve ça dégoûtant. Les dessous d'une femme révolutionnaire, on doit pouvoir les photographier autrement que dans la presse réactionnaire.» Elle alimentera également le travail de Godard avec Anne-Marie Miéville, particulièrement *Comment ça va* (1976), dans lequel Odette (Miéville), ancienne déléguée de la CFDT, se propose d'analyser la manière dont les informations sont sélectionnées, traitées et communiquées dans la presse communiste.

L'œuvre de Godard documente et soumet à un commentaire critique le développement de la société du spectacle d'une façon qui lui appartient en propre. Au cours des années soixante, Godard remet en cause de manière de plus en plus caustique le fonctionnement et l'impact des médias.

---

1. Mes remerciements à Nicole Brenez et à David Faroult pour les précieuses suggestions qu'ils m'ont faites lors de la rédaction de ce texte.
2. L'activité gauchiste des années soixante et soixante-dix provoquera une prolifération de publications d'extrême-gauche. À part *J'accuse*, on peut mentionner notamment *Les Cahiers de la gauche prolétarienne*, *Les Cahiers marxistes-léninistes*, *Hara-Kiri Hebdo*, *Actuel*, *Politique Hebdo*, *L'Idiot international*, *La Cause du peuple*, *Cahiers prolétariens*, *Tout*, *Pirate*, *La Cause du peuple-J'accuse*, et *Libération*.

Cette préoccupation occupe une place centrale dans ses films de 1969 *British Sounds* et *Pravda*, ainsi que dans les recherches qu'il mène en collaboration avec Jean-Pierre Gorin au sein du Groupe Dziga Vertov, particulièrement *Lotte in Italia* (1970) et *Vladimir et Rosa* (1971)[3]. Avant ces expériences, et immédiatement après les événements de mai 1968, la fabrication et la distribution rapides et peu coûteuses des *Ciné-Tracts* en 16 mm ont montré concrètement le chemin en inventant un type de collecte et de diffusion des informations fonctionnant dans le cadre d'une opposition politique. Des collectifs de cinéastes comme SLON (rebaptisé ensuite ISKRA), coordonné par Chris Marker, qui produit des «magazines de contre-information» audiovisuels de format plus long, entre 1968 et 1973[4], poursuivront le mouvement. Pour Godard, cependant, ce sont la création, avec Anne-Marie Miéville, du laboratoire audiovisuel expérimental Sonimage en 1973, l'acquisition d'un équipement vidéo U-Matic et le dialogue critique avec la théorie de l'information de Claude Shannon qui prépareront la voie à une analyse systématique du fonctionnement des médias et de leur impact sur la subjectivité. Outre l'intérêt que présentent son action en coulisses et son travail de journaliste au début des années soixante-dix, l'engagement concret de Godard dans le journalisme politique expérimental annonce Sonimage, sa remise en cause en profondeur des médias et ses tentatives de bâtir des contre-formes viables, mais aussi un volumineux discours critique ultérieur sur le journalisme, la télévision et la presse.

Au début des années soixante-dix, les conséquences humaines et sociales de la prolifération des médias qu'avait pressenties Guy Debord en 1967 dans *La Société du spectacle* deviennent de plus en plus nettement perceptibles. Comme le formulent Miéville et Godard dans *Ici et ailleurs* (1974), le manifeste de leur projet Sonimage, qui fera école :

> N'importe quelle image quotidienne fera partie d'un système vague et compliqué, où le monde entier entre et sort à chaque instant. Le monde entier, c'est trop pour une image. «Non, c'est pas trop», dit le capitalisme international, qui édifie toute sa fortune sur cette vérité. Il n'y a plus d'images simples, seulement des gens simples, qu'on forcera à rester sages, comme une image. C'est ainsi que chacun de nous devient trop nombreux à l'intérieur de lui-même, et pas assez à l'extérieur, où nous sommes remplacés peu à peu par des chaînes ininterrompues d'images, esclaves les unes des autres, chacune à sa place, comme chacun de nous à sa place, dans la chaîne d'événements sur lesquels nous avons perdu tout pouvoir.

Ou, comme le personnage de Michel Marot le suggère dans sa synthèse des résultats de la recherche enregistrés sur la cassette vidéo par Odette/Miéville dans *Comment ça va*, les médias produisent des effets pour le moins débilitants, et contagieux, sur la perception humaine :

> Finalement, qu'est-ce qu'elle disait, Odette, avec ce petit film vidéo ? Que la télévision et la presse étaient pourries. Et puisqu'on la regardait et qu'on les lisait, le regard aussi était pourri, et nos bouches et nos mains. En résumé, qu'on avait le cancer, et nous les premiers, et qu'on ne le disait pas. Et on le disait pas parce qu'on le savait pas, on ne savait pas parce qu'on ne voulait pas, on ne voulait pas parce qu'on ne pouvait pas, on ne pouvait pas parce qu'on ne montrait pas, on ne montrait pas parce qu'on ne voulait pas.

Si la plupart des œuvres produites par Sonimage – *Ici et ailleurs* et les deux séries monumentales pour la télévision *Six fois deux (Sur et sous la communication)* (1976) et *France tour détour deux enfants* (1979) –

3. *British Sounds* et *Pravda* ont été signés *a posteriori* par le Groupe Dziga Vertov. Selon Jean-Pierre Gorin, tous les films du groupe ont été développés à partir d'un scénario écrit par lui début 1968 et intitulé *Film français*, qui devait à l'origine être sa contribution à un projet de film godardien de vingt-quatre heures intitulé simplement *Communications*. Voir Christian Braad Thomsen, «Filmmaking and History : Jean-Pierre Gorin», *Jump Cut*, n° 3, septembre-octobre 1974, p. 17-19.

4. Voir la série «On vous parle de...» de Chris Marker, qui comprend *On vous parle du Brésil. Tortures* (1968), *On vous parle de Prague. Le deuxième procès d'Arthur London* (1969), *On vous parle du Brésil. Carlos Marighela* (1970), ainsi que *On vous parle de Paris. Les mots ont un sens* (1970), et *On vous parle du Chili. Ce que disait Allende* (1973). Notons que des groupes tels que SLON/ISKRA travaillaient principalement en 16 mm et non en vidéo, en partie parce que cela leur permettait de compter pour leur distribution sur les équipements de projection en 16 mm, largement répandus à l'époque parmi les étudiants, les jeunes et dans les associations.

s'attachent avant tout à mettre la télévision face à ses responsabilités, les interrogations sur le rôle du journaliste et sur le fonctionnement de la presse ne sont jamais très loin. C'est particulièrement vrai de *Comment ça va*, avec son furieux « Ordure de journaliste ! » qui revient tel un leitmotiv ; du cinquième mouvement de *France tour détour deux enfants*, qui comprend une séquence tournée dans l'imprimerie de *Libération* ; et des épisodes 2b (*Jean-Luc*), 3a (*Photos et Cⁱᵉ*), 4a (*Pas d'histoire*) et 6a (*Avant et après*) de *Six fois deux*. On trouve par exemple dans *Photos et Cⁱᵉ* une critique acerbe du photojournaliste Don McCullin et une longue étude du compte-rendu journalistique d'un discours de Georges Marchais, accompagnée d'une diatribe poétique cinglante prononcée par Miéville :

> Profession reporter. Recevoir de l'argent pour donner une information. Donner une information et recevoir de l'argent. Les professionnels de l'information. La radio, la presse, la télévision. L'antenne, le télex, le flash. Donner des nouvelles. Être payé pour ça. Pour rapporter des événements. Dire ce qui se passe. Donner à tout le monde des nouvelles. Des nouvelles de qui, de quoi, pour qui, pour quoi, contre quoi, contre qui ? Enregistrer des traces. Traces. Les traces d'événements auxquels on ne touche pas. Être payé pour ça. Être un professionnel. Ni produire, ni consommer. Seulement enregistrer, seulement stocker. Des bruits et de la lumière produits par d'autres et consommés par d'autres. Radio, presse, télévision. Courir aux quatre coins du monde. Coller aux événements. Être payé pour ça, être payé pour ça. Être un professionnel de la photo, de la radio, de la télévision. Être un professionnel.

Godard le dit aussi sans équivoque à l'un des journalistes de *Libération* avec lesquels il s'entretient dans *Jean-Luc* (extraits qu'il recycle sur la bande-son de *Comment ça va*) : « Le crime, le criminel historique dans cette époque historique, c'est le journaliste qui ne *transmet* pas l'information alors qu'elle est entre ses mains. »

La principale contribution de Godard en tant que journaliste, au début des années soixante-dix, se fait avec *J'accuse*. Le financement en est asssuré par des intellectuels, mais des entreprises de mode et d'alimentation y participent aussi par l'entremise de Jean-Pierre Bamberger, un ami de Godard et de Gilles Deleuze[5]. *J'accuse*, dont l'orientation générale est donnée par André Glucksmann et Robert Linhart, se veut un journal radical, plus populaire dans le style et dans le ton que *La Cause du peuple*, aux destinées duquel président surtout Glucksmann et Sartre. Une édition pilote numérotée « 0 » est publiée en novembre 1970, puis *J'accuse* paraît une fois par mois entre janvier et mai 1971, date de sa fusion avec *La Cause du peuple* pour constituer *La Cause du peuple-J'accuse*. La figure de Linhart revêt une signification particulière dans la mesure où Miéville et Godard empruntent son nom – qui est retranscrit « Linhard » dans les documents relatifs à la série – pour le personnage d'interviewer en voix off de Godard dans *France tour détour deux enfants*. Linhart est un des principaux théoriciens au sein de l'Union des jeunesses communistes marxistes-léninistes (UJCm-l). Il milite dans ce que l'on a appelé la « bande des quatre » de la rue d'Ulm, et il est l'un des premiers sur lesquels l'influence d'Althusser s'avère décisive. Il poursuivra plus tard son travail de militant et d'enseignant à l'université expérimentale de Vincennes (Paris VIII) et à l'École normale supérieure, travail décrit dans *Les Murs et la Parole* (1982), le film du Collectif Rameau rouge, où la transposition de son nom par Godard et Miéville dans *France tour détour deux enfants* est explicitement signalée[6]. Le premier contact de Godard avec Linhart a sans

---

5. Le rôle joué par Bamberger pour obtenir les fonds nécessaires au lancement de *J'accuse* est relevé dans l'ouvrage de François-Marie Samuelson, *Il était une fois Libération*, Paris, Éditions du Seuil, 1979, p. 102. Ce livre offre un très utile compte-rendu de l'émergence de *Libération* dans le contexte de la presse gauchiste du début des années soixante-dix, et le présent exposé lui doit beaucoup. Bamberger apparaît en 1971 dans *Vladimir et Rosa*. Il jouera plus tard dans *Ici et ailleurs* et accompagnera Godard et Miéville au Mozambique pour préparer le projet de recherche que ceux-ci mèneront avec le gouvernement mozambicain entre 1977 et 1979, *Naissance (de l'image) d'une nation*, mais qui sera finalement abandonné. Il écrira plusieurs articles perspicaces sur l'œuvre de Godard : « La décomposition, c'est la vie », *Libération*, 7 novembre 1980, p. 19-20 ; « La décomposition, c'est la vie 2 : C'est quoi cette musique ? », *Libération*, 8-9 novembre 1980, p. 19-20 ; et « C'est en moi, en toi, que cela produit des vagues terribles », *Libération*, 19 janvier 1984, p. 30.
6. Le film s'attache aux motivations politiques de la démolition d'une aile du campus de Paris VIII le 28 août 1980 et comprend de longs extraits d'un entretien avec Linhart. Il peut être consulté au Forum des images.

aucun doute lieu à l'époque où le cinéaste assiste aux cours magistraux à l'École normale supérieure pour préparer *La Chinoise*. Cependant, hormis un bref épisode maoïste en commun, l'importance de Linhart dans *France tour détour deux enfants* réside surtout dans l'hommage qui lui est rendu pour son action à *J'accuse* en faveur de formes de journalisme alternatives, ainsi, peut-être, que pour son livre d'investigation *L'Établi*, publié pendant le tournage de la série. Dans cet ouvrage, Linhart décrit en détail les conditions de travail dans les ateliers Citroën de la Porte de Choisy. Comme de nombreux intellectuels qui militent dans les usines et les docks à travers la France à la fin des années soixante et au début des années soixante-dix, Linhart se fait embaucher comme travailleur manuel afin d'encourager la prise de conscience politique et l'action révolutionnaire chez les ouvriers[7].

L'une des constantes du travail de Linhart est la volonté d'établir un dialogue politique viable et constructif entre les intellectuels et le prolétariat. Ce sujet constitue l'argument central de *Tout va bien* (1972), film qui lance par ailleurs une attaque à peine voilée contre Sartre, la forte figure intellectuelle qui se tient derrière *La Cause du peuple* et *Tout*, et qui, depuis les événements de mai, met sa notoriété au service de divers journaux radicaux en y signant des articles. Attaché au principe d'une presse alternative mise en œuvre par, sur et pour le prolétariat, Godard ne pouvait qu'être exaspéré par le refus de Sartre de reconnaître la contradiction qu'il y avait à soutenir la presse révolutionnaire tout en continuant de publier des articles universitaires conventionnels sur la littérature et la culture, et de répondre de cette contradiction :

> J'ai participé à quelques actions avec lui [Sartre] pour *La Cause du peuple*. Et, par la suite, lorsque j'ai essayé d'en discuter avec lui, ce n'était plus possible. J'essayais de savoir le rapport existant entre son réquisitoire du Tribunal Russel et celui contre les Houillères de France, qui étaient des textes remarquables, et ses études anciennes ou récentes sur Flaubert et Mallarmé. Il te répond alors qu'il y a deux hommes en lui. Celui qui continue à écrire sur Flaubert parce qu'il ne voit pas quoi faire d'autre, et celui qui s'est jeté à corps perdu dans la lutte, en allant parler sur un tonneau aux ouvriers de chez Renault. [...] À mon avis, faisant une croix sur ses conditions sociales d'existence, Sartre ne fait pas révolutionnairement son boulot d'intellectuel révolutionnaire. Le prolo a non seulement besoin que Sartre vienne attaquer avec toute son intelligence persuasive les Houillères de France, mais il a aussi besoin de savoir pourquoi Sartre écrit telle chose sur Flaubert. Pourquoi un mec passe dix heures de sa journée à écrire sur Flaubert et trois contre les Houillères, alors que lui passe le même temps uniquement à la chaîne. Il ne sera pas nécessairement contre ce fait, mais il a besoin de comprendre. Sartre a le tiroir Flaubert, et le tiroir lutte des classes, mais il ignore la table. Pour le moment, le gauchisme continue à demander aux intellectuels d'être une force d'appoint[8].

L'une des préoccupations constantes de la presse radicale, cruciale du point de vue de Linhart, est de modifier les «informations», dans leur forme comme dans leur contenu, notamment en donnant la priorité à la réalité quotidienne du travail, jugée digne d'être rapportée. *J'accuse* est mis en œuvre principalement par la Gauche prolétarienne (GP), groupe maoïste dirigé par Benny Lévy, qui a succédé à l'UJCm-l, dissoute en septembre 1968. La sortie imminente du nouveau journal, ainsi que ses objectifs, ont été annoncés dans une autre publication gauchiste, *L'Idiot international*, en février 1971[9]. Selon la déclaration d'intention (non signée) parue dans le premier numéro, *J'accuse* compte s'appuyer sur les liens qui se sont forgés entre les travailleurs et les intellectuels pendant et après mai 1968, afin de

---

7. Robert Linhart, *L'Établi*, Paris, Éditions de Minuit, 1978. Le livre de Linhart éclaire de manière remarquable la routine quotidienne du travail en usine à l'époque et produit une critique circonstanciée de la complicité de la CGT avec l'encadrement de l'usine et du racisme endémique, institutionnalisé dans les pratiques des employeurs. Le rôle clé de Linhart à *J'accuse* est discuté par Samuelson dans *Il était une fois Libération*, p. 97-113.

8. Godard dans «Pourquoi tout va bien ? Entretien avec Jean-Luc Godard et Jean-Pierre Gorin», interview réalisée par Marlène Belilos, Michel Boujut, Jean-Claude Deschamps et Pierre-Henri Zoller, *Politique Hebdo*, n° 6, 27 avril 1972. Dans *Jean-Luc Godard par Jean-Luc Godard*, édité par Alain Bergala, Paris, Cahiers du Cinéma, 1985, p. 374.

9. Jean-Edern Hallier, «Journaux et informations gauchistes», *L'Idiot international*, 13 février 1971, p. 25-26. Pour l'anecdote, Hallier juge «franchement mauvaise» la contribution de Godard à ce numéro de *J'accuse* (p. 26).

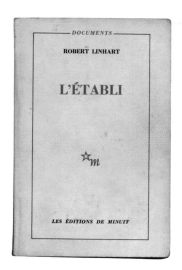

se centrer sur les événements ignorés par la presse grand public et de faire en sorte que les gens habituellement exclus puissent participer, en tant qu'interviewés *et* en tant qu'auteurs : «Refuser de croire ce que disent les responsables officiels, donner la parole à ceux qui se taisent ou sont réduits au silence, soit 90 % des Français, ouvriers, paysans, petits commerçants, employés, instituteurs. Quelle place les hebdomadaires d'élite leur accordent-ils[10]? »

Ce désir de transférer le pouvoir de l'auteur et la puissance de la parole vers des catégories de personnes que les médias ignorent généralement est alors au centre des préoccupations de Godard : «À l'époque de *J'accuse*, avant *Libération*, je me suis souvent disputé pour faire passer les articles de gens qui sont de nulle part, et qui étaient refusés : un type du métro qui écrit des nouvelles[11]… » Si le fait que Sonimage choisisse pour les interviewer, tout au long de *Six fois deux*, des personnages socialement marginalisés (un paysan, une prostituée, une femme de ménage…) découle logiquement de cette démarche, le transfert de la parole vers le jeune immigré, soudeur au chômage, qui intervient en conclusion de *Y a personne* en est le point d'orgue. Dans le cadre de ce travail rémunéré (pour sa participation, en tant qu'interviewé, à la série), ce dernier conçoit, écrit et présente *ses* informations – un appel personnel à la lutte contre le chômage et contre le racisme institutionnalisé. Comme le suggère le texte qui apparaît à l'écran, le résultat de cette prise de parole convaincante est que, pour la première fois dans le film «Y A QUELQU'UN » :

Le chômage : il faut lutter contre la crise du chômage. Je vous le dis et je vous le répète : il faut lutter contre la crise du chômage. Chaque année le nombre de chômeurs augmente. Il faut que cela cesse. Il y a aussi la question du racisme. Quand je vais à l'agence la semaine pour l'emploi, presque toujours, quand je trouve du travail, pour les affiches il faut presque toujours être français. Pourquoi français ? Parce qu'un Algérien, un Italien ou un Marocain ne ferait pas mieux le travail d'un Français ? Non, c'est du racisme. On est tous les mêmes. On est fait de la même chair et du même sang. Être français, italien, algérien ou marocain, ça ne veut rien dire. Il faut lutter contre la crise du chômage. Luttons ensemble.

---

10. Extrait de la déclaration d'intention sans titre et non signée de *J'accuse*, n° 1, 15 janvier 1971, p. 2.
11. «L'art à partir de la vie : Nouvel entretien avec Jean-Luc Godard par Alain Bergala», *Jean-Luc Godard par Jean-Luc Godard*, 1985, p. 17.

Les textes écrits par Godard pour *J'accuse* entre janvier et mars 1971 et reproduits ici sont, tout d'abord, une attaque au vitriol, publiée sous le pseudonyme de Michel Servet, contre *Le Cercle rouge* de Jean-Pierre Melville, qui vient de sortir en salles ; trois articles ayant sans doute servi par ailleurs de point de départ pour *Tout va bien*, qui constituent un reportage sur l'occupation par les travailleurs de l'usine Perrier de Vergèze et sur leurs efforts pour coordonner des actions identiques dans tout le groupe Perrier (cette recherche se fonde sur une visite de Godard à l'usine et sur des essais d'interviews des cadres parisiens, qu'il accuse de déployer un mélange classique de tactiques d'enlisement et de désinformation) ; une analyse de la révolte, de la grève et de la manifestation à l'usine Batignoles de Nantes, où Godard salue la décision prise collectivement en faveur de la grève comme un signe encourageant, qui prouve que l'esprit de mai 1968 continue à vivre et qu'il peut donner naissance à une nouvelle forme de démocratie ; et un photo-reportage illustrant un article de Catherine Humblot consacré à la fermeture de la blanchisserie SAB de Rueil-Malmaison, où elle rapporte de manière détaillée le conflit avec le propriétaire, qui refuse de payer à ses employées leur dernier salaire mensuel, et qui comprend une photographie prise par Godard montrant la détermination de ces femmes, qui manifestent leur intention de continuer à défendre leur cause en inscrivant leur message sur les murs de la propriété de leur patron[12].

L'article qui reflète au plus près les préoccupations que développera Godard dans ses collaborations avec Jean-Pierre Gorin et Anne-Marie Miéville tout au long des années soixante-dix est sa critique, souvent hilarante, du *Cercle rouge*, où il s'inspire d'une conversation qu'il a eue avec trois ouvriers de Renault, après une projection du film, pour exprimer sa fureur face au succès persistant de ce qu'il considère comme une forme de cinéma médiocre et réactionnaire, qui ignore le questionnement minutieux auquel la « gauche gauchiste » soumet la production culturelle. L'offensive de Godard vise là une double cible : Melville lui-même, et Raymond Marcellin, le ministre de l'Intérieur, fraîchement nommé dans le gouvernement gaulliste revenu au pouvoir, et qui, pour le Godard de 1971, représente l'exemple absolu de la platitude politique et de la médiocrité culturelle, responsables, selon lui, de l'étouffement du bref regain de l'activité gauchiste (« On était furieux de s'être laissés baiser comme des lapins par Melville-Marcellin… »). Mais, outre le fait qu'il tourne en dérision *Le Cercle rouge*, en tant qu'emblème du conservatisme gaulliste en matière de culture, l'article aborde une série de questions clés relatives à l'éthique journalistique, qui seront répétées et auxquelles il sera répondu en termes pratiques dans les films réalisés avec Sonimage – en particulier *Six fois deux*, expérience concrète, dans la durée, d'un traitement alternatif de l'information. La première question porte de manière critique sur la distance entre l'expérience vécue et sa représentation dans les médias, et anticipe la tentative que fera Godard dans *Six fois deux*, précisément, pour dépeindre les gens ordinaires et les objets de tous les jours d'une façon qui ne soit pas corrompue par les règles et les conventions récurrentes de la télévision. Ensuite, Godard note en passant le désir de *J'accuse* d'entretenir la relation travailleur/intellectuel, et définit son propre rôle comme « un très modeste moment de cette liaison ». Enfin, la troisième question, qui découle directement de la seconde, est une interrogation sur la manière la plus juste de rendre la « musique ouvrière » : les cadences et les inflexions des voix des ouvriers, peu habitués à formuler des arguments

12. Jean-Luc Godard, « Pas de vrai plaisir sans Perrier », *J'accuse*, n° 1, 15 janvier 1971, p. 11 ; Michel Servet (pseudonyme de Godard), « *Le Cercle rouge* », *J'accuse*, n° 1, 15 janvier 1971, p. 24 ; Jean-Luc Godard, « Nantes-Batignoles : un bond en avant », *J'accuse*, n° 2, 15 février 1971, p. 4 ; et Catherine Humblot et Jean-Luc Godard, « Monsieur Robain, vous êtes un escroc, vous méritez la prison ! », *J'accuse*, n° 3, 15 mars 1971, p. 9. Le pseudonyme adopté par Godard pour son article sur *Le Cercle rouge* est le nom du médecin et théologien hérétique Michel Servet (1511-1553). Après avoir échappé aux catholiques, celui-ci se réfugia à Champel, près de Genève. Il y fut brûlé vif avec ses œuvres par les calvinistes, qui, eux aussi, tenaient ses écrits pour hérétiques, notamment sa réfutation du principe de la trinité. Servet avait publié lui-même sous plusieurs pseudonymes : Michael Villanovus, Michel de Villanueva, Reves ab Aragonia Hispanus et Michael Servetus. Outre ses publications théologiques, on le crédite de découvertes importantes concernant le fonctionnement de la circulation sanguine (en particulier la *circulation pulmonaire*, ou *petite circulation*). Godard avait déjà évoqué Servet dès 1968 dans *Le Gai Savoir*. On y entend le murmure de sa voix sur un plan de Juliet Berto : « Toi aussi petite fille d'Occident, pas seulement de Lumumba, mais aussi de Michel Servet, qui a donné son sang pour qu'il circule comme ses idées… ». Je remercie David Faroult pour avoir attiré mon attention sur l'origine de ce pseudonyme et pour ces informations.

dans le format concis et instantané imposé par les médias. En guise de réponse, Godard soutient que le moins que l'on puisse faire est de rapporter fidèlement ce qui est dit au lieu de découper le propos « comme un boucher découpe un agneau » et de faire passer quelques demi-phrases pour la transcription d'un discours direct qui, en réalité, est soumis à l'interprétation et à la manipulation journalistiques. « En fait, conclut-il, le mec dont tu parlais, tu l'as tué en procédant comme ça. »

Si l'on évalue l'implication de Godard dans la presse d'extrême-gauche de l'époque moins à l'aune du projet personnel qu'il est en train de mettre en œuvre qu'à celle de son influence sur la forme que prend alors le paysage médiatique en France, sa contribution la plus importante est son rôle dans la conception d'un réseau d'information alternatif, l'Agence de Presse Libération (APL). Après l'interdiction de *La Cause du peuple*, l'APL vise à rassembler des journalistes gauchistes progressistes dans une agence aux contours assez fluides, avec pour objectif de contrer les reportages de la presse grand public, sur le fond et sur la forme. Elle fonctionne de 1971 à 1973, année de la création du journal radical *Libération*, qui traversera des crises financières et éditoriales successives avant de devenir le quotidien de la gauche (entendue au sens large) que nous connaissons aujourd'hui. En janvier 1971, à la suite d'un meeting organisé à la Mutualité par Les Amis de *La Cause du peuple* et présidé par l'écrivain Michel Leiris, une grève de la faim d'une douzaine de personnes commence à la chapelle Saint-Bernard, derrière la gare Montparnasse, en signe de protestation contre l'incarcération prolongée des vendeurs de *La Cause du peuple*. Initialement, Godard propose à Robert Linhart et à Jean-Claude Vernier l'idée d'une agence de presse vidéo qui pourrait fonctionner en conjonction avec *J'accuse* et *La Cause du peuple*. Le coût de ce modèle audiovisuel s'avèrera prohibitif, mais il en restera l'idée d'une agence de presse alternative et gauchiste, l'APL, qui est lancée le 18 juin 1971[13]. L'agence prend forme à travers des contacts entre des journalistes séduits par l'idée, qui se rendent à la chapelle. Elle est ensuite soutenue par Sartre et coordonnée par Maurice Clavel. Le premier bulletin d'information est diffusé le 30 juin 1971, tandis que Godard, hospitalisé, se remet de ses blessures après l'accident de moto qui lui est arrivé sur le chemin de l'aéroport, le jour où il devait s'envoler pour New York avec Jean-Pierre Gorin, afin de rencontrer l'équipe de production de la Paramount au sujet de *Tout va bien*[14].

L'insertion par Godard, dans *Numéro deux*, de la chanson de Léo Ferré « Le Conditionnel de variétés » (1971) constitue une référence indirecte à la presse gauchiste, et en particulier aux événements qui ont entouré la fermeture forcée de *La Cause du peuple*. Dans un entretien de 1975, alors qu'on l'interroge sur son utilisation de la chanson dans le film, Godard répond qu'en réalité c'est lui qui a poussé Ferré à la composer pour réagir contre la proscription du journal : « Léo Ferré est le seul qui, après 68, a un peu évolué. Quand je bossais à *La Cause du peuple* et à *J'accuse*, j'ai été le voir à Bobino pour lui demander une chanson à propos de l'interdiction de *La Cause du peuple*, et il a écrit une chanson politique, de là où il était, et qui dit "je". C'est "Le Conditionnel de variétés"[15]. » Les préoccupations de Ferré sont explicites, son ton passionné :

13. Voir Samuelson, *Il était une fois Libération*, p. 104-105. Hervé Hamon et Patrick Rotman recyclent une grande partie de ses informations, mais suggèrent aussi que l'idée de l'APL fut proposée directement par Godard, sans pour autant être la résultante de sa vision d'une agence de presse vidéo (qu'ils ne mentionnent d'ailleurs pas). Voir Hervé Hamon et Patrick Rotman, *Génération 2. Les années de poudre*, Paris, Éditions du Seuil, 1988, p. 356.

14. Selon Samuelson, aucun des confrères de Godard à *J'accuse* ne lui rend visite à l'hôpital durant sa longue convalescence : « Le metteur en scène est mal payé de ses sacrifices et de son aide. Hospitalisé, après un grave accident, personne ne se déplacera pour lui rendre visite. Glaciation en forme de gâchis. Cette absence de générosité laissera des séquelles dans les mémoires. » (Samuelson, *Il était une fois Libération*, p. 103-104).

15. Voir « Les aventures de Kodak et de Polaroïd : un entretien avec Jean-Luc Godard », interview réalisée par Hervé Delilia et Roger Dosse, *Politique Hebdo*, n° 189, 18 septembre 1975, p. 29. Le soutien de Ferré à la presse gauchiste continue dans les années qui suivent. Ainsi que le rapporte Samuelson (p. 213), le 3 mars 1974 il se produit gratuitement avec François Béranger devant un public de 9000 personnes et fait don de la totalité des recettes à *Libération*, alors en grande difficulté financière. Godard utilisera dans *Le Rapport Darty* (1989), réalisé avec Anne-Marie Miéville, plusieurs extraits du « Conditionnel de variétés », chanson sur laquelle se termine d'ailleurs le film, au cours duquel on entend également des fragments de « La Solitude » (1971) et de « L'Oppression » (1972), de Ferré. Godard utilisera aussi un long passage du « Conditionnel de variétés » à la fin du chapitre 2B d'*Histoire(s) du cinéma, Fatale beauté* (1998).

Comme si je vous disais qu'un intellectuel peut descendre dans la rue et vendre le journal / Comme si je vous disais que ce journal est un journal qu'on aurait pu interdire / Comme si je vous disais que le pays qui s'en prend à la liberté de la presse est un pays au bord du gouffre / Comme si je vous disais que ce journal qui aurait pu être interdit par ce pays au bord du gouffre pourrait peut-être s'appeler *La Cause du peuple* / Comme si je vous disais que le gouvernement intéressé par ce genre de presse d'opposition pourrait sans doute s'imaginer qu'il n'y a ni cause ni peuple / Comme si je vous disais que dans le cas bien improbable où l'on interdirait le journal *La Cause du peuple* il faudrait l'acheter et le lire / Comme si je vous disais qu'il faudrait alors en parler à vos amis / Comme si je vous disais que les amis de vos amis peuvent faire des millions d'amis / Comme si je vous disais d'aller faire tous ensemble la révolution / Comme si je vous disais que la révolution c'est peut-être une variété de la politique / Et je ne vous dis rien qui ne puisse être dit de «variétés» moi qui ne suis qu'un artiste de variétés.

Bernard Lambert est un autre point de référence crucial dans le travail de Sonimage, en tant qu'activiste politique et journaliste d'opposition engagé sans relâche dans la défense de la France non-métropolitaine. Dans le septième mouvement de *France tour détour deux enfants*, au milieu d'une réflexion très instructive sur la propriété en général, la propriété privée, l'héritage et la succession, la représentation et la justice, le présentateur de télévision fictif mis en scène par Miéville et Godard, Albert Dray, raconte que, lorsqu'il est allé voir Lambert dans sa ferme, près de Nantes, celui-ci a très clairement déclaré que lui-même et d'autres agriculteurs étaient prêts à contester par la force les arrêtés d'expropriation des terres. La volonté bien connue de Lambert de tester les limites de la légalité pour obtenir justice politiquement s'exprime ici dans le slogan qui s'affiche à l'écran, «QUAND LA LOI N'EST PAS JUSTE LA JUSTICE PASSE AVANT LA LOI[16]». Lambert, membre de la JAC (Jeunesse agricole catholique) depuis 1954, député du MRP (Mouvement républicain populaire) de 1958 à 1962, puis dirigeant du PSU (Parti socialiste unifié) pendant les années soixante et soixante-dix, défend dès la fin des années soixante l'idée selon laquelle la majorité des petites et moyennes exploitations agricoles ont été réduites au statut de sous-traitants de l'«agro-business» et doivent d'urgence adopter les tactiques politiques de la main-œuvre industrielle organisée aux niveaux régional et national. Ces idées-forces évoquent immanquablement les arguments du héros de *Louison* (l'épisode 1b de *Six fois deux*). Louison représente les vestiges du mouvement post-soixante-huitard des paysans-travailleurs mené par Lambert, qui s'est battu pour faire entendre les revendications des paysans au sein d'un mouvement révolutionnaire souvent accusé, à juste titre, de donner indûment la priorité aux luttes des étudiants et des travailleurs. La position de Lambert est succinctement exposée dans un long entretien avec *J'accuse*, en février 1971, qui fait apparaître une proximité frappante entre ses idées et celles qu'exploreront plus tard Miéville et Godard dans *Louison*[17]. Outre cette résonance politique, l'apport de Lambert, pour Sonimage, réside, d'un point de vue journalistique, dans son travail avec la presse de gauche, et particulièrement avec l'APL : quand l'agence abandonne sa dimension régionale, à la fin de 1972, Lambert résiste à ce changement et continue de faire vivre l'esprit de l'agence par sa coordination de l'APL-Nantes.

Étant donné l'importance des activités de Godard dans la presse gauchiste et leur lien avec son projet audiovisuel de la fin des années soixante et des années soixante-dix, il apparaît d'autant plus

---

16. Sur la vie et le travail de Lambert, et sa volonté de jouer avec les limites de la légalité de l'action politique, voir le documentaire de Christian Rouaud *Paysan et rebelle. Un portrait de Bernard Lambert* (diffusé sur France 2 le 22 novembre 2002). Pour un témoignage en profondeur de sa pensée politique, lire Bernard Lambert, *Les Paysans dans la lutte des classes*, Paris, Éditions du Seuil, 1970.

17. Bernard Lambert, «Un paysan parle», *J'accuse*, n° 2, 15 février 1971, p. 6-7. Bien que les intervieweurs soient restés anonymes, il est tentant de penser que Godard a pu en faire partie et de voir là un lien concret entre Lambert, cet entretien, et *Louison*. De plus, il n'est guère difficile d'imaginer que le compte-rendu par Dray de sa visite chez Lambert, dans le 7ᵉ mouvement de *France tour détour deux enfants*, constitue un récit légèrement fictionnalisé de cet entretien pour *J'accuse*. Le journal ayant présenté le texte comme un article rédigé par lui, Lambert fut amené à écrire à *J'accuse* afin de souligner qu'il s'agissait en fait de la transcription d'un entretien. Voir Bernard Lambert, «Lettre de Bernard Lambert», *J'accuse*, n° 5, 1ᵉʳ mai 1971, p. 16.

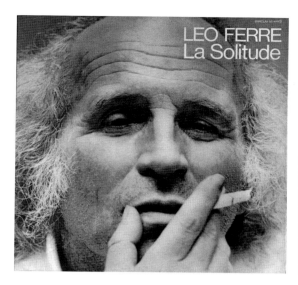

surprenant que cette dimension de son engagement politique n'ait été généralement abordée qu'en passant ou qu'elle n'ait suscité que de brèves remarques dans les témoignages de ses compagnons de route[18]. Concluons avec la déclaration d'intention de l'APL, coécrite par Sartre et Clavel et publiée dans *L'Idiot international*, qui fait incontestablement écho au récit de *Tout va bien* – notamment au travail de Suzanne, la journaliste de radio jouée par Jane Fonda – et qui préfigure directement la vision de Miéville et de Godard d'«UNE IMPRIMERIE ET UNE INFORMATION MODERNES, AU SERVICE DES FEMMES ET DES HOMMES QUI LUTTENT POUR UNE DÉMO-CRATIE AVANCÉE» *(Comment ça va)* et de leurs analyses théoriques approfondies de la production, de la transmission et de la consommation de l'information dans les sociétés capitalistes industrialisées. De fait, la série *Six fois deux* peut être lue dans sa totalité comme une tentative visant à imaginer et à bâtir un modèle opératoire permettant de transmettre et recevoir avec succès une information véritable, possibilité déjà largement explorée par Godard à travers sa participation concrète à *J'accuse* et à l'APL :

> Contre les faux, contre les fausses cartes de presses, les faux témoignages, les fausses informations on se bat. On se bat pour rétablir la vérité, pour renforcer l'information libre, attaquer l'information aux ordres. Un collectif de journalistes appartenant à la presse révolutionnaire comme à la presse traditionnelle engage avec nous une nouvelle bataille sur le front de l'information. Nous voulons, tous ensemble, créer un nouvel instrument pour la défense de la vérité. Cet instrument, c'est l'Agence de Presse Libération. […] Nous nous adressons à tous, journalistes, lecteurs, auditeurs et téléspectateurs, à tous ceux qui veulent parler, qui veulent que les faits soient connus, pour qu'ils construisent avec nous l'APL, qu'ils nous envoient des informations, qu'ils encouragent d'autres à le faire. Il ne suffit pas de connaître la vérité, il faut la faire entendre. Avec rigueur, en vérifiant tout ce qu'elle dira, l'APL diffusera régulièrement les nouvelles qu'elle recevra. Désormais, les rédactions ne pourront plus ignorer les faits, ce sont elles qui prendront la responsabilité de les taire. […] L'APL veut être une nouvelle tribune qui donnera la parole aux journalistes qui veulent tout dire, aux gens qui veulent tout savoir : elle donnera la parole au peuple[19].

Traduit de l'anglais (Royaume-Uni) par Franck Le Gac

18. Voir par exemple Marin Karmitz, *Bande à part*, Paris, Grasset, 1994, p. 99.
19. Jean-Paul Sartre et Maurice Clavel, «Communiqué», *L'Idiot international*, n° 19-20, 30 juin-1er septembre 1971, p. 2.

Perrier, on connaît. Dans l'Equipe, il y a toujours une photo avec Eddy Merckx qui dit : Je suis content d'avoir gagné : il boit et ça fait Pschitt dans ses boyaux. Perrier aussi est bien content d'avoir gagné, bénéfice net dans ces centaines de millions. Mais ceux qui ont fabriqué la petite bouteille verte avec ce qu'il y a dedans (le champagne des eaux de table) combien ont-ils gagné dans l'année ? Peut-être douze fois 110 000 anciens francs, et sans treizième mois. Alors chaque coup qu'Eddy Merckx gagne, eux, ils perdent l'espoir de s'en sortir un jour. Parce que cette photo du champion, c'est un masque. Et à cause de ça, on oublie aussi que Perrier c'est un trust, et organisé comme tel pour exploiter. Dans les Vosges, Contrexeville. Au centre trois cents mecs à Vichy et cinq cents pour St-Yorre. Pas trop loin de Paris, encore Montigny, encore trois cents travailleurs et travailleuses pour les sodas et les services commerciaux. Et puis, surtout, Perrier, c'est la source, c'est Vergèze, à 40 km de Nîmes. Un millier d'anciens petits paysans embouteillent à longueur de jour (deux équipes plus une de nuit) et la direction parisienne les isole le plus possible parce qu'ils sont à la source, justement et qu'ils sont les plus combatifs. La Camargue et les chevaux d'à côté, c'est pour la publicité du patron de Paris. Eux, comme cheval de bataille, ils n'ont que la grève. Donc ils la font, mais ça aussi c'est un boulot long et difficile.

Des prolos bidasses

Cinq heures du soir. La sortie de l'usine Perrier Vergèze. Les cars arrivent et se rangent devant la grille. Un premier coup de sirène. Par petits groupes, les prolétaires sortent à la lumière. Ils se massent devant la sortie. La grille est ouverte mais seul un délégué la franchit. Il a rendez-vous avec nous. Les autres ne bougent pas, ils sont là, tous ensemble, immobiles. Qu'est-ce qu'ils attendent ? La grille est ouverte et les cars sont là, pour les transporter chez eux, à Vauvert, à Marsillargues, etc. Alors, pourquoi ils ne bougent pas ? On commence à discuter avec le délégué et des copains qu'on avait connus là il y a deux ans, avant Mai. Dans la cour de l'usine la masse des travailleurs reste toujours immobile et silencieuse. Femmes, hommes, ils sont là comme des mômes un peu tristes et bien sages. Bon Dieu, qu'est-ce qu'ils attendent pour sortir ? Que les patrons les passent en revue ? La journée est finie merde quoi ! Deuxième coup de sirène alors, ça y est, ils s'ébranlent et se mettent à courir vers les cars. Perrier a gagné une fois de plus, il n'a même pas besoin de siffler la sirène, pendant que lui il fait un bridge dans la villa voisine, caché derrière les grands pins. Les prolos bidasses obéiront au coup de sifflet. Le jeune gauchiste de la C.G.T. qui est venu nous voir il a l'œil aigu et dur d'un faucon. Tu parles d'une lutte longue et difficile. Rien que pour changer ça. Rien que pour sauvegarder sa dignité d'homme pendant que le patron sable le champagne (du vrai) avec le produit de notre boulot. Et lutter, pour ceux de Perrier Vergèze, c'est d'abord lutter contre l'isolement et coordonner leurs efforts avec ceux des autres usines du trust.

Une grève mal engagée

Tout l'été, Vichy, qui faisait des grèves tournantes, avait demandé à Perrier-Vergèze de faire pareil. Réponse : d'accord pour la coordination, mais il faut des actions plus dures. Hélas, peu d'écho. Et puis, tout d'un coup, Montigny téléphone qu'une grève illimitée est déclenchée pour imposer à la direction une réunion paritaire : qu'elle refuse. Contacts téléphoniques Vergèze, Contrexeville. On ne se font pas en grève illimitée pour une réunion paritaire : Vergèze est d'accord pour soutenir, mais avec des revendications d'augmentation non hiérarchisées, retour aux 40 heures, 1 heure par mois payée pour l'information du personnel, complément en cas de maladie. Après information du personnel qui vote la grève à la majorité, lettre à la direction :

« Suite à notre lettre du 3/6/70, nous avons informé le personnel de la situation dans le groupe. L'issue de cette consultation a été favorable à une grève illimitée, avec occupation de l'usine. Il découle de cette situation que :
— nous maintenons notre demande de négociation de nos revendications non satisfaites les 19 et 20 mars 1970 ;
— nous demandons que la paie soit assurée comme prévue le vendredi 5 juin 1970.
— La récupération du gaz, le maintien de la pression dans les chaudières et la conservation des produits sont laissés à votre initiative. Le personnel affecté à ces travaux devra être réduit au maximum en accord avec les syndicats signataires de cette lettre ;
— l'usine étant fermée ce jour à partir de 9 heures, le personnel ne voulant pas s'associer au mouvement devra quitter l'établissement avant ce jour 11 heures. »

Pas de vrai plaisir sans Perrier

Jean raconte :

On est dans une petite pièce, dans une petite maison, dans une petite rue tranquille d'une toute petite ville. Marsillargues. Jean rit. Tranquille et confiant. Pourtant tout ça, c'est un peu plein d'amertume. On se demande comment ça va finir par changer. La vie va-t-elle être comme ça jusqu'à la mort ? Jean rit. C'est lent, c'est difficile et bien sûr ça donne froid dans le dos, surtout que le midi c'est doux, chaud et joyeux. Pas fait pour ce genre de lutte-là. Et puis l'union départementale C.G.T. elle ne soutient que du bout des doigts. Tous des gauchistes à Vergèze. Alors faites vos affiches, tout seuls. Jean rit. Très loin de Vergèze, de Marsillargues et de Vauvert, un vieux Chinois toujours jeune a dit : " Compter sur ses propres forces ". Jean rit, c'est ça qu'on fait. Mais un procès tout de même, on ne s'attendait pas à ça. Tu te rends compte. Une citation à comparaître devant le tribunal de première instance de Nîmes, en conciliation, à la suite d'une plainte déposée par la D.G. pour soi-disant des fautes commises pendant la grève. Tu vois le

travail. 5 délégués du personnel C.G.T., 2 délégués syndicaux C.G.T., 1 délégué syndical C.F.D.T., représentant syndical au C.E. et au C.E.E., 1 secrétaire du comité d'établissement C.F.D.T., 1 secrétaire adjoint du C.E.C.G.T., 2 membres du personnel dont un responsable syndical C.G.T. Bon. Jean rit. Mais cette fois il n'y a pas de doute. Marcellin, avant, il restait devant l'usine. Ce coup-ci, il est entré dedans. Et Jean commence à s'énerver. On a réagi avec les armes qu'on a sous la main. Organisé des manifs. Nîmes, Palavas, le Grau du Roi, les plages. Compté sur nos propres forces. Entamé le procès contre la D.G. Relevé toutes les illégalités. Informé la population. Collé des affiches. Expliqué des choses au micro. Que c'est grave. Que tout doucement, tout sournoisement, Marcellin s'est installé à l'usine. Que ça réprime et ça licencie maintenant pour délit d'opinion. Que la police s'est installée dans le monde du travail comme elle s'est installée dans la rue. Bon. Que c'est pas encore le grand soir. Ni pour demain ni pour après-demain. Et que c'est dur à comprendre. Et qu'il faut en tenir compte dans la lutte. Pour avoir des forces. Pour vivre. Pour vivre en résistant. Pour vaincre.

On continue plus ou moins mal le combat

Bon, réunion inter-syndicale à Contrexeville. On apprend que Vichy, St-Yorre et Montigny ne tiendront pas plus d'une semaine. Fallait tenir compte de la tactique de la Direction qui voulait bien maintenant discuter avec les autres, à condition qu'à la source Perrier on évacue l'usine.
Ils ont commencé par demander trois cents C.R.S. que le préfet a refusés. Puis, le matin du 8/6/70, ils sont venus solennellement devant les portes et ont demandé à prendre contact avec les délégués syndicaux pour leur remettre les conditions de la direction pour l'ouverture des discussions (il y avait aussi un huissier, le commandant de Gendarmerie et plusieurs gendarmes).
Les conditions étaient les suivantes :
1° Evacuation de l'usine par les grévistes ;
2° Pas d'exclusive dans la discussion pour la C.G.C. ;
3° Liberté de travail assurée pour tous les membres du personnel désireux de travailler ;
4° Réserves (formulées dans un Nota Bene) sur les conséquences de l'occupation de l'usine par les grévistes.
Réponse des responsables syndicaux après l'information du personnel :
1° Accord pour le préalable concernant l'évacuation de l'usine ;
2° Engagement par écrit, par la direction, de ne prendre aucune sanction, ni de faire aucune pression ultérieure envers les grévistes ;
3° Toutes les revendications posées par tous les syndicats du groupe devront être examinées et discutées ;
4° L'usine sera évacuée sous réserve de ces trois points, dès l'entrée en séance des délégués syndicaux ;
5° Demande d'une ligne téléphonique directe avec la D.G. ;
6° Supprimer le Nota Bene.

La mise en scène patronale

Bon. On monte à Paris discuter avec la Direction. Enregistrer au magnétophone ? Tu rigoles. « S'il y a ce machin là, dit le patron, je serai moins franc avec vous, je ne vous dirai pas tout, je ne veux plus parler à cœur ouvert. » Tu vois le genre de la maison. Il faut jouer serré. On est coincé de tous les bords. Bon. La C.G.T. avait envoyé un mec pour nous aider dans la discussion, mais il était contre la non-hiérarchisation. Et le patron, tu devrais voir sa mise en scène. On est balladé comme des figurants de cinéma. Les rendez-vous sont remis sans arrêt. Le concierge dit qu'il n'y a personne, qu'il n'est pas au courant. Et quand le Patron est là, il commence par dire qu'il refuse de discuter dans de telles conditions. On demande ce qu'il se passe ? Il dit que des événements incroyables sont arrivés à l'usine à cause des piquets de grève et du « couloir de la honte » — crachats sur les non-grévistes, injures, femmes évanouies, vitres cassées, etc... On téléphone en vitesse aux copains. Vous êtes fous, quoi, faites pas les cons. Mais on ne fait rien, il ne se passe rien. Bon. On va dire ça au patron. Le patron dit qu'il va vérifier. Il revient. Effectivement il ne s'est rien passé. Sauf que le patron a gagné deux jours avec ça et que la détermination des mecs, sur le carreau de l'usine, elle en a pris pour deux jours aussi malgré le moral et le soleil (voir photo). Alors le patron finit par dire : on va négocier, allez, dites-moi tout. On dit tout. Alors il dit : bon, on se revoit demain après-midi. On arrive au rendez-vous. On retombe sur le concierge qui nous dit : pas de rendez-vous, je ne suis pas au courant. Et puis ça recommence. Quand on finit par se revoir (aller-retour Nîmes-Paris-Nîmes), le patron dit de nouveau : c'est impossible de discuter, il y a des émeutes, c'est plein d'anarchistes, un cadre a eu un infarctus, on a dû l'emmener à l'hôpital ce matin (les copains l'ont vu l'après-midi en train de pêcher à la ligne), sans compter les dactylos qui s'évanouissent parce que les grévistes viennent chahuter dans les bureaux, non, ce n'est pas possible, je romps les négociations.
J.-L. GODARD.

Le « couloir de la honte » (Photo prise par les grévistes.)

BOURVIL 80 M — **DELON 150 M** — **MONTAND 70 M**

MELVILLE 50 M

LE CERCLE ROUGE

Claude et moi, on a décidé d'aller au cinéma. Claude, en ce moment, il travaille chez Renault. Enfin, il travaillait. Parce qu'il est viré depuis deux jours. Là où il était, sur la chaine, il y a un bruit terrible. C'est un truc immense, avec des mecs qui bossent comme des dingues. Ils sont des dizaines de mille. Tous des Claude.

En ce moment, moi, je travaille sur un film. Là où je suis, ça s'appelle une salle de montage. C'est petit. Il y a du silence. On n'est pas aux pièces ni aux primes comme les Claude. On a le droit de foutre la radio ou de chanter. Mais tu sais, à cause du fait que l'endroit est tranquille et silencieux, les difficultés, on les entend jamais venir. Elles arrivent silencieusement et, dès que tu les regardes pas, elles t'attaquent dans le dos.

Où est l'ennemi ?

Claude, il voit et il entend l'ennemi. En face. En direct. La casquette des gardiens, les blouses de la maitrise, le prix des cantines et du métro, les bagnoles qui passent à des cadences infernales. Moi, l'ennemi, je ne le vois pas. Tout à coup, bien que tout reste calme, tout s'arrête. Alors, je me dis que l'ennemi est là. Ou je ne me sens pas bien de me sentir bien pendant que Claude est malheureux. Alors je me dis que l'ennemi est là aussi. Mais où ça ? Je ne vois rien. C'est pas clair. Il faut que je réfléchisse. Et c'est comme ça que j'ai connu Claude. Parce que lui ausi, il s'est mis à réfléchir. Parce qu'il avait mal. Pas mal comme moi. Et moi, pas mal comme lui. Mais tous les deux, on avait vachement mal. Et ça, c'était un fait. Pas du rêve. Alors, on s'est mis à réfléchir.

Réfléchir la France

Il y a reflet dans réfléchir. Et quand on dit reflet, on pense à la réalité. Bon. Alors réfléchir, c'est refléter la réalité. Pour la tarnsformer après, bien sûr. Pour avoir moins mal. Mais il faut se méfier. Il faut réfléchir longtemps, c'est-à-dire critiquer et recritiquer. Sinon, la réalité, on risque de la tordre dans le mauvais sens. Et alors, c'est elle qui te tord le cou, et le reste.

Si je raconte tout ça, c'est pour donner quand même une idée de pourquoi on a décidé d'aller voir un film ensemble, moi et deux ou trois Claude de Renault. Parce qu'un film, c'est un reflet. C'est pas un boulon ou une fiche de paye. Une image, c'est un reflet de boulon. Un reflet de fiche de paye. Un boulon, il est réel. Un flic, il est réel. Une image de flic, c'est pas réel. Ou si tu veux, oui, c'est réel, mais pas de la même façon. La preuve : la télé. Tu en vois des images de la France, à la télé, et tu ne peux pas dire que ce ne sont pas des images de la France. Et pourtant, ces images, elles t'emmerdent. Et souvent, elles te font carrément chier. Surtout quand elles prétendent montrer un ouvrier, un paysan, ou une comme ta femme. Car tu sais bien que ces images sont fausses, ou plutôt, qu'il en manque. Et qu'il en manque même un nombre incroyable. Justement, il manque toutes celles que tu vois tous les jours. Les images de ta vie quotidienne. Les images de Renault. Les images de chez toi. Et non seulement elles manquent, mais les images qui restent et te font hurler, en plus, elles sont organisées de façon incroyable. Mais de quelle façon, Claude ?

Te frapper entre les yeux

Il faut peut-être se mettre à réfléchir là-dessus. Parce que si ça te fait chier, c'est peut-être que les images sont organisées pour te frapper entre les deux yeux comme l'usine est organisée pour te frapper au ventre. Et si tu luttes pour te protéger le ventre à l'usine, il faut peut-être aussi lutter pour te protéger les yeux quand tu sors. Parce que peut-être, Claude, enfin c'est ce que je me dis, tous ces films, toutes ces émissions à la con, tous ces magazines, toutes ces photos, après tout, celui qui les fabrique, tout ce qu'il cherche, c'est probablement à te rendre aveugle en dehors de l'usine. Pour que quand tu y rentres, le lendemain, tu ne t'aperçoives même pas que tu y rentres. Tu ne t'aperçoives même plus que l'usine est un bagne. Car tu seras aveugle. Et les pièges du patronat, tu ne les verras même plus. Ou moins bien.

Des lunettes de classe

Avec Claude, c'est de ça qu'on parlait depuis quelques mois. Alors, samedi, on a décidé de mettre des lunettes de classe pour aller voir, avec deux ou trois autres Claude de Renault, un film qui fait le tabac en ce moment, un film qui déplace les foules. Comme par hasard : un film policier.

Bon. Maintenant, avec deux Claude, on est autour d'une table. On est sorti du Gaumont il y a une heure. On cherche ce qu'on va dire. C'est moi qui rédigerai après. Mais comment je vais rédiger ce qu'il dit Claude ? Tu l'as pas entendu parler — Ben quoi, il parle comme tout le monde. D'acord, mais comment on fait pour écrire tout le monde ? Ecoute un peu :

« Non, moi, tu vois... c'est ça, tu vois... c'est une histoire de brigands, des tueries, des policiers... bon, par rapport au film, c'est pas tout... bon... tel que les mecs ont joué, tu vois, dans le film — oui, les deux acteurs — oui, oui — à mon avis, tu vois, c'est... c'était formidable, quoi... tu vois, c'était vachement... par exemple, tu vois, les deux mecs, quand ils se sont rencontrés, bon, au milieu du champ, tu vois, quand l'autre est sorti de sa malle — oui, oui — bon, à ce moment, moi, bon... c'était vachement admirable, tu vois... c'est-à-dire, bon, aussitôt, il y a une solidarité des deux types, tu vois... bon, qui avaient le même idéal, bon... d'être en marge de la société, bon... comme ils faisaient... c'est-à-dire, bon... ».

Au fond des choses

Hein ! Tu vois. C'est comme ça qu'ils parlent du Cercle Rouge, les Claude de Renault. Et en plus, ils sont jeunes, alors à toute vitesse. Rien à voir avec la vitesse des étudiants. Ceux-là, ils ont comme un dérailleur sur leurs vélos à idées. Les prolos, pas. Toujours le même rythme. On sent que ça fait partie d'une course longue. Pas de la vitesse pure. Un truc de fond. Au fond de la mine. Au fond de la souffrance. Au fond de l'exploitation. Oui, c'est de là qu'ils parlent, les Claude.

« En plus de ce qu'ils disent sur les truands... bon, tu sens que c'est des mecs... qui veulent faire des choses... tu vois, quand j'étais en taule... par exemple, les huit jours que j'ai fait... bon, tu t'aperçois que tous les mecs qui sont à l'intérieur... la plupart, c'est des mecs qui ont fait des casses... des trucs comme ça, quoi... mais des mecs extra, tu vois... au sens profond du mot... c'est vraiment des mecs excellents — moi, je suis pas tellement d'accord... ces mecs-là, il faut les voir, tu comprends... à quoi ils pensent... les trois-quarts, c'est à s'enrichir, et tout... après deux ou trois coups, ils glandent, ils emmerdent les autres... c'est ça finalement leur idéologie de départ... effectivement, bon, les mecs se donnent un coup de main... en fait, tu vois, bon, cette générosité, c'est vachement dangereux... les mecs, ils se tiennent, et tout ça... mais ce qu'il faut voir, c'est la suite... »

La musique ouvrière

Moi, je continue ma rédaction. Le journal s'appelle J'ACCUSE, et il veut lier les ouvriers aux intellectuels, ou le contraire. Et moi qui suis en train de taper ce qu'ont dit les Claude à la machine à écrire, moi, j'y suis en plein dans cette liaison. Ma tête, mes yeux, mes mains, ma machine, c'est un très modeste moment de cette liaison. Et il ne faut pas faire comme les autres canards. Le Figaro, Paris-Jour, France-Soir, Nice-Matin, Ouest-France. Comment ils font ceux-là, d'habitude ? Ils prennent un petit bout de phrase. Ils disent : Claude a dit que, et : Claude a dit que. Et puis, ça leur suffit. Ils mettent leur texte à eux entre les phrases des Claude. Sans réfléchir. Sans se demander comment l'un et l'autre, en fait, sont liés. Et même l'Huma, l'Observateur, et même Hara-Kiri, ils finissent par faire pareil. Ils ne réfléchissent plus sur cette liaison. Alors que c'est le moment où jamais. Liaison : manuel - intellectuel, ville - campagne, usine - à la maison (si tu en as une).

Ceux qui travaillent dans les beaux journaux, c'est clair, ils prennent juste deux ou trois notes dans toute la musique ouvrière. Pas davantage. Ils découpent des petits bouts du discours des Claude exactement comme un boucher découpe un agneau qui ne lui a jamais fait de mal. En général ils sont sincères, surtout les journalistes de gauche, ça oui, c'est pas la question. Et s'ils découpent des petits morceaux qui sortent de la bouche des Claude, en fait, c'est pour faire vivant, qu'ils disent. Mais en fait, il faut voir qu'on finit par le tuer en entier, le mec, en l'imprimant comme ça, en petits morceaux, sans réfléchir. Et à droite comme à gauche, dans les beaux journaux, t'as plein de petites notes mais jamais la musique en entier. Plein de bouts de phrases vivantes : la vie est dure, le chômage augmente, le gouvernement est salaud, il y en a marre, on ne cèdera pas ! Et c'est vrai qu'il y a encore du sang dans ces petits morceaux de pensée. Tout chaud au départ, parce qu'il est pris dans le grand corps social ensanglanté par la guerre civile entre le capital et le travail. Et puis tout froid à l'arrivée, quand ça sort des rotatives. Tout froid, parce que le morceau imprimé, il n'est plus relié aux autres. Plus du tout. Il est séparé du corps réel, séparé de la pensée réelle, c'est-à-dire, séparé de la pensée qui assemblait tous ces morceaux et les faisait tenir ensemble, résister ensemble. En fait, le mec dont tu parlais, tu l'as tué en procédant comme ça. Tous les jours, les millions de travailleurs estropiés par le capital dans les usines, France-Soir et la télé les achève.

Des colliers ou des chaînes

Et c'est donc aussi comment ils disent les choses, les Claude, qui est intéressant. Des fois, avec le comment, on peut piger le pourquoi. Piger pas seulement comment sont les choses vraies, mais aussi comment sont **vraiment** les choses. En somme, piger un peu comment la société fonctionne. Bon. Alors, Claude, il parle comment ? Comment ça vient dans sa bouche ? Depuis sa tête. Et comment ça vient dans sa tête ? D'une certaine façon et pas d'une autre. En fait, là, si tu réfléchis bien, tu vois que Claude, il avance par bonds, à petites foulées. Et puis tu vois qu'il y a des rapports entre les foulées. Il n'y a même que ça :

« Tu vois, c'est une forme de révolte... et il y a un deuxième truc, tu vois... un truc qui se développe à la fin, c'est la haine des flics, tu vois... c'est vraiment évident... toute cette installation de cars de flics, et tout... pour chasser le mec... bon, tout ce qui se développe... tu vois, toutes les crapuleries qu'ils font avec les indics, tout ça... vraiment, ça développe une haine du flic incroyable... »

Claude, il n'avance pas en produisant une série de perles sonores, comme les étudiants et les officiels, pour en faire ensuite un beau collier de luxe. Non. Claude, il avance dans sa pensée en produisant des rapports spontanés. C'est pas des perles qu'il enfile, c'est les maillons d'une chaîne qu'il soude :

« Il faut bien voir... à un certain niveau, tu vois... que la bourgeoisie, le gouvernement... bon, ils ont même pas confiance en eux-mêmes... le film fait bien voir qu'ils chassent la pègre... mais eux-même, bon, tu vois... ils font partie de la pègre, c'est ça, tu vois... »

Evidemment, ce n'est pas par hasard que Claude parle et pense comme ça. Il vient de l'usine, Claude. Et s'il pense en produisant spontanément des rapports, c'est parce que les rapports de production installés par le grand capital, il les a sur le dos toute la journée pour 4,50 F de l'heure. Donc, tu vois, en fait, ce qu'il dit, Claude, ça vient de ses mains. Ses mains sont à la base de la production. La parole des Claude est donc une parole de base. Pas la mienne. Simplement parce que ma parole ne vient pas du travail de mes mains, comme eux. Des mains usées par les cadences infernales. Alors, les Claude, ils parlent en cadence :

Le cinéma de papa Marcellin

« Oui, moi, tu vois... je crois que... c'est vrai, à première vue, oui... putain, c'est vrai, on a une sympathie, tu vois... mais quand... on réfléchit, au fur et à mesure qu'on revoit le film, enfin, je sais pas... putain, tu découvres plein de trucs... c'est un film policier, bon... ils mettent ce qu'ils veulent dans le film... et puis, il est tellement maquillé... il faut voir qui joue le rôle du flic... Bourvil, bon, c'est un mec qui est relativement connu, et puis, bon... il était vachement aimé... du coup, tu vois, ils arrivent à endormir les gens... tu te laisse prendre... bon, il est pas du tout dangereux, le film... alors, s'il est diffusé, c'est qu'il est pas dangereux pour Marcellin... on l'apprécie, si tu veux, en tant qu'individu... mais à mon avis... tu vois, il n'apporte absolument rien... ça ne donne aucune persoective de lutte... bon, tu vois, ce que Marcellin, je sais pas... il a bien voulu faire voir, c'est que la société est étouffée par les flics, les indics, et tout... pour un gangster, c'est impossible de faire un coup sans se faire piquer, et tout... justement, c'est là qu'il est vachement trompeur comme film... parce que c'est vrai... à première vue, putain, il paraît vachement bien... bon, moi aussi, quand je l'ai vu... j'ai dit, putain, il est pas mal... on a tellement l'habitude de voir des cochonneries... enfin, des policiers comme ça, à première vue, on dit que c'est pas mal... mais finalement, ce qu'ils nous font voir, c'est que la société est fliquée... il y a plein d'indics, de flics... c'est ça, quoi. »

De Gaulle, Pompidou, Melville

Bon. Voilà. On a discuté pendant trois heures. Les Claude et moi, on a vu qu'on avait eu tort de ne pas avoir amené d'autres mecs avec nous. Pas forcément politisés. On tomberait trop vite d'accord. Et alors, il n'y aurait plus de lutte. Et c'est ça qu'ils veulent, Marcellin et Pompon. Là-dessus, on est tombé finalement d'accord. D'accord qu'on était content au début d'avoir payé mille balles pour jouir individuellement devant des images excitantes de truands et de flics. Et puis d'accord ensuite qu'on était furieux de s':tre laissés baiser comme des lapins par Melville-Marcellin. Et que Melville, il a beau s'appeler comme ça, et Delon, et Bourvil, et Montand aussi, en fait, dans le Cercle Rouge, ils s'appellent tous Marcellin. Et c'est pour ça que le film est pourri. D'ailleurs, je ne sais pas si tu avais vu le film que Melville avait fait sur la résistance: que des indics et des tueurs qui liquidaient dans l'ombre !

C'est un peu de ça qu'il faudra aussi parler la prochaine fois, avec les deux Claude, ou d'autres. Parler de ces acteurs célèbres, ces metteurs en scène importants, qui sont-ils exactement ? Et les banques qui les payent des centaines de millions. Et pourquoi elles font ça, les banques ? Et comment ça se passe, tout ça, réellement ?

Parce qu'au fond, le type qui fait la queue pour avoir le droit de payer mille balles pour voir des images de flics, il a le droit de savoir qui sont ceux qui ont fabriqué ces images. Souvent, ils sont plus ou moins liés à d'autres gens, des gens qu'on retrouve dans les conseils d'administration des boîtes où turbine à mort le type qui fait la queue pour finalement avoir le droit de voir ses patrons sur un écran. Mais comme ils ont changé de noms, que sur l'écran ils s'appellent Delon, Bourvil, Montand, alors le type ne les reconnaît pas, il applaudit même. Et dans l'ombre, Dreyfus-Renault et Marcellin-Nouvelle Société se marrent tout doucement : demain, à l'usine, le pauvre type qui aura vu le Cercle Rouge sera démobilisé.

C'est ce sourire qu'il faut aussi avoir la volonté de briser. La prochaine fois, on ira plus nombreux. On élargira le cercle. Pour briser l'encerclement.

Michel Servet

nantes - batignolles
UN BOND EN AVANT

Une usine comme les autres. Un bagne comme les autres dans l'empire Creusot. Des visages comme les autres. Des gros pères à moustache. Des jeunes aux longs cheveux. Des qui disent rien. Des qui se marrent en disant ça va faire mal. Des qui ne se cachent pas pour lire les textes des Maos. Des qui achètent l'Huma. Des qui refusent J'accuse parce qu'ils ne lisent jamais. Des qui déclarent que les médecins ne devraient pas toucher plus de 150 000 balles anciens. Des qui suivent de près les trucs de Pologne. Des qui aiment les Rolling Stones. Des qui attendent tranquillement des heures et des heures sous la pluie qu'un délégué arrive en bagnole pour donner les consignes. Des qui sont là depuis un an et qui sabotent déjà. Des qui sont là depuis 35 ans. Des qui ont arraché l'aiguille de la pointeuse avant de lessiver les bureaux. Des qui ont parlé de sortir leur sulfateuse à la manif. Des qui sont restés au même coefficient pendant dix ans. Des dont la femme travaille chez LU comme une bête. Des qui trouvent pas de filles le samedi. Oui. Des types comme les autres. Ils sont 1 800 contre un. Un nommé Baudonnat. Celui-là, un despote encore pire que les autres. Ils sont 1 800 à être payés moins que tous leurs camarades de la métallurgie nantaise. Pas mal habitent autour de l'usine dans des HLM dont leur patron est actionnaire (c'est pour quand la récupération des jours de grève non payés par un non-versement équivalent des loyers ?). Des actions dures, des grèves longues, il y en a déjà eu, en particulier en 69. Et la combativité, à Nantes, ça ne date pas d'hier. Chacun a les traditions qu'il peut. Mais cette fois, on dirait qu'il y a quelque chose de nouveau. Quoi exactement, on ne sait pas très bien. Quoi de neuf ? on leur demande. On attend ! ils répondent. Et finalement tout le monde en parle.

Même les journaux bien comme le Monde font un article de fond. Eux, ils restent là, sous la pluie battante, devant les grilles. Ils ne se donnent pas même la peine d'empêcher les jaunes d'entrer. Ils ont l'air ni méchants ni en colère. Non. C'est autre chose. Ils ont l'air déterminés. Et ils ont l'air de penser que d'être déterminés, c'est le principal. Bon. Voyons les faits. Cherchons ce qui les détermine. Cherchons ce qui est déterminant. Cherchons ce qui est principal.

1 - Vendredi : la grande lessive, les bureaux saccagés, triple union des vieux, des jeunes, et des ouvriers d'âge moyen. Plusieurs délégués foutent le bordel au coude à coude avec les Maos. On crie : Ferodo, Ferodo, mais on n'occupe pas, on ne séquestre pas. Le patron, on s'en moque. On attaque l'autorité patronale et ses représentants.

2 - Lundi : la direction lockoute. Entre temps, les Maos ont tiré un tract mal accueilli (qui visait la personnalité patronale et non son autorité) et le PCF pousse ses cris habituels de pute violée par des éléments fascistes extérieurs à l'usine. Rien de bien nouveau.

3 - Jeudi : la direction rouvre les grilles après avoir fait le ménage (tendance des patrons à toujours parler des conflits avec les ouvriers en termes de scènes de ménage. Il est donc

normal pour les ouvriers de les prendre au mot et de casser de la vaisselle. La CGT, largement majoritaire, demande aux siens de reprendre le boulot pour continuer la lutte dedans. La CFDT demande de continuer la grève. Surprise pour tout le monde. La majorité cégétiste vote pour la proposition cfdtiste. Grève illimitée sans occupation. On ne va pas se fatiguer à faire de l'auto-défense.

4 - Lundi : place Royale (rebaptisée en mai 68 place du Peuple), manif unitaire de toute la métallurgie nantaise. + une cinquantaine d'étudiants disciplinés clamant des slogans abstraits (Bati, Ferodo, même combat), mais qui apporteront concrètement 2 000 F nouveaux aux grévistes qui, eux, chantent sourdement, sous une pluie torrentielle : « Des sous, Baudonnat, des sous ! » et puis, joyeusement : « Si tu continues, Baudonnat, les métallurgistes te botteront le cul ! » et puis, avec violence, non, avec détermination : « Si tu ne pends pas le patron, t'auras pas son pognon. »

5 - Les jours suivants : extension de la lutte, nouvelles manifs, élargissement des revendications dans tout l'ensemble Creusot, propagande et collectes à l'échelon national.

Si on reprend ces cinq étapes du mouvement révolutionnaire déclenché le vendredi 15 janvier 1971 par les ouvriers de l'Usine des Batignolles de Nantes, on voit qu'en fait il ne s'agit pas d'un mouvement simple qui s'amplifiera et qui se terminera par ce qu'on appelle une défaite (on n'a rien gagné) ou une victoire (on a gagné quelque chose). Il s'agit d'autre chose. Pour trouver quoi, il faut comparer les étapes les unes aux autres, et voir si, plutôt que d'appartenir au même mouvement, elles n'appartiennent pas en réalité à deux mouvements différents, dont l'un déterminera l'autre, et le déterminera parce que c'est un mouvement nouveau en lutte contre un mouvement ancien. Reprenons les étapes. On voit que :

1 - est un mouvement de masse démocratique de type nouveau

rien de sauvage, c'est pas la fête non plus, c'est pas tellement désespéré non plus, et les bureaux avaient été « visités » déjà la semaine d'avant, pas seulement aux Batignolles, chez Dubigeon aussi.

2 - est la réaction de force habituelle du patronat vieux-jeu

c'est les glapissements conjugués du CNPF et de la CGT : des voyous, des bons à rien (mais la Pologne, depuis le voyage de Séguy et de Chaban-Delmas, a montré où étaient les vrais voyous). Pendant une semaine, dans cette région où la religion joue un grand rôle, au tenter de faire croire aux « chahuteurs » qu'ils ont commis un péché, et qu'en rentrant pour lutter « comme il faut » dans la taule, ils seront absous et lavés de ce péché.

3 - est le redémarrage sous une autre forme du mouvement de masse démocratique de type nouveau

« ce n'est pas qu'on attend grand'chose de cette grève, mais il faut continuer. »

« Quoi de neuf ? — Rien, on attend. » Et si on leur demande quoi, ils parlent pas tellement de revendications qu'ils vont obtenir ou pas. C'est pas vraiment le problème. Le problème, c'est : un autre gouvernement. C'est-à-dire qu'à une question spécifique (salaires, cadences, logement, etc.) les gars font une réponse d'ordre général. Et une réponse à n'importe quelle réponse. Une réponse à la question du pouvoir. **Ils font une grève pour poser la question du pouvoir.** Ils la font de façon nouvelle, une grève pour poser la question d'un type nouveau de pouvoir. Bref, ils parlent de démocratie nouvelle.

4 - 5 - est la prolongation sous des formes encore anciennes du mouvement de grève démocratique de type nouveau

en effet, rien de bien nouveau dans les faits : mises à pied, manifs, remanifs, ravitaillement paysan (Nantes est en avance là-dessus depuis 68), collectes, etc.

On voit donc que ce qui est nouveau, c'est que l'étape 4 et l'étape 5 se sont produites à cause des étapes 1 et 3 (et malgré l'étape 1, dont le vrai caractère s'est révélé dans l'étape 3).

On peut donc faire en gros le schéma suivant :

lessive	1	→	2	lockout
				+
+		Bond en avant qui lutte contre	4	manifs
				+
grève	3		5	rituel syndical

Ce qui revient à dire que ce qu'il y a de déterminant dans les étapes 1 et 3 pour les grévistes des Batignolles, c'est la mentalité « ouvrier 24 heures sur 24 », alors que dans les étapes 2, 4 et 5, c'est la mentalité « ouvrier à l'usine » et « citoyen à la maison ». Ou si l'on préfère, c'est en tant que citoyens, c'est en tant que citoyens à l'usine que les ouvriers des Batignolles ont voté la grève après le saccage des bureaux. C'est en tant que citoyens à l'usine (ou en tant qu'ouvriers chez eux), qu'ils ont agi d'une façon démocratique nouvelle (union des jeunes et des vieux, union des syndiqués et des gauchistes) lors de cette action brutale et violente qu'a été le saccage des bureaux. Et ils en avaient tellement conscience qu'une semaine après, malgré les tentatives de lavage de cerveaux, ils ont voté la grève. Non pour la grève (on n'obtiendra pas grand'chose) mais pour affirmer, et claironner dans toute la France, que le vendredi 15 janvier, il s'est passé quelque chose de nouveau.

Voilà pourquoi cette grève marque une étape importante dans la lutte entreprise depuis mai 68 pour détruire le système démocratique ancien de Pompidou et Cie qui est devenu un simple instrument pour opprimer les citoyens.

Jean-Luc Godard

« Dis papa, pourquoi les riches ils ont droit à des...

ENJEU : la plu...

A la suite du pique-nique de 1.000 personnes sur les bords de l'Erdre, des jeunes maoïstes ont jeté trois sacs de merde sur un bateau de luxe qui croisait sur la rivière le 14 juillet 1970. Ils ont aussi incendié la voiture du proviseur du lycée Clemenceau, à Nantes.

Ces « droits communs » étaient jugés le 25 janvier 1971. Ils sont ouvriers, plusieurs travaillaient aux Batignolles.

10 kilomètres séparent l'usine des Batignolles et la commune de la Chapelle-sur-Erdre. Sur 10 kilomètres, c'est en plein jour qu'on entend le dialogue de plus en plus violent des exploités et des exploiteurs.

Le ministre : « Je vais construire des petites maisons individuelles pour les ouvriers puisque les H.L.M. ne me rapportent plus assez ».

Le paysan : « Je vais aller pique-niquer en famille dans la belle propriété d'Horace Savelli, ancien chef de l'O.A.S. pendant la guerre d'Algérie ».

Le proviseur : « Je vais renvoyer sans explication les lycéens qui font de la politique ».

Le jeune prolo : « Je vais foutre le feu à la « 504 » du proviseur pour remercier les lycéens qui nous ont soutenu quand on faisait la grève ».

Le ministre : « C'est simple : les patrons ont besoin d'ouvriers et les ouvriers ont besoin de se loger. Donc si je ruine les paysans, ça fera des bons ouvriers et leurs terres fourniront du terrain à bâtir ».

Le jeune prolo : « On va renverser un sac de merde sur « l'Armoric », un bateau-restaurant à 6.000 balles le repas. Au moins ça nous fera un 14-Juillet marrant, et puis ça montrera notre solidarité avec les paysans qui nous ravitaillent quand on est en grève ».

Le promoteur : « Je ne vais pas dire aux candidats-locataires qu'il y aura une autoroute qui traversera le lotissement de la Mulonnière, car ça va me forcer à rapetisser les maisons, et à les mettre les unes sur les autres, vu qu'il y aura moins de terrain ».

Le paysan : « Je vais prévenir les ouvriers qu'en plus du chemin de fer, il va y avoir une autoroute qui

Reportage photo : J - L - G.

"MONSIEUR ROBAIN,

VOUS ÊTES UN ESCROC,

VOUS MÉRITEZ LA PRISON !

« Si dans quinze jours, nos salaires sont réglés, cette affaire sera classée, sinon, la lutte continuera ».

Ainsi parle l'une des quinze ouvrières de la SAB, Jeanine, la blonde ; mais ce pourrait être une autre, Marie ou une autre, tant elles sont, maintenant, et pour toujours unies, solidaires, ensemble.

Quand l'une parle, toutes sont d'accord. Qu'elles aient 15, 30 ou plus de 60 ans. Qu'elles soient Françaises, Siciliennes ou Espagnoles. Que ce soit la vieille mère ou ses deux filles toutes jeunes.

Rappelons brièvement les faits : en décembre (voir n° 2 de J'ACCUSE) Mr ROBAIN, directeur de la petite blanchisserie la SAB, à Rueil-Malmaison, fermait pour cause de faillite. Il fermait — ce qui arrive — mais il refusait en même temps et là commence l'escroquerie, de payer à ses ouvriers, leur dernier mois de salaire.

Dès lors, la guerre était déclarée. Pour forcer M. Robain à les payer, les ouvrières de la SAB ont tout essayé : occupation de l'usine, séquestration, tracts, affiches. Deux mois de lutte, au bout desquels elles n'arrivaient à obtenir qu'une partie infime de ce qui leur était dû.

M. Robain, lui, continuait à vivre, « tranquille », protégé par ses relations, avec un nouveau poste, hautement rénuméré à Fler (grande blanchisserie parisienne). Que faire ?

Pour prouver qu'on ne peut pas toujours impunément voler les ouvriers, même si ce sont des femmes, même si elles ne sont que quinze, elles ont décidé cette fois d'occuper la villa de leur patron, à Ville-d'Avray.

Le 20 février, elles sonnent à la grande grille du jardin. Personne. Alors elles rentrent, traversent la grande pelouse.

Sur le portail, sur sa voiture, sur les marches d'escalier, partout, elles marquent en grosses lettres, à la craie, la réalité : « Monsieur Robain, vous êtes un escroc, un filou, vous méritez la prison. Nous savons que la justice est avec vous, mais nous continuerons à lutter jusqu'à la dernière minute ». « Nous voulons nos salaires. »

Ensuite elles partent, elles vont avertir les commerçants, les habitants, de ce qu'elles viennent de faire.

Maintenant, elles attendent, une fois de plus. Mais cette fois, si elles ne gagnent pas, ce sera la révolte.

« Nous ne pouvons compter que sur nous-mêmes et c'est ce que nous faisons : nous ferons éclater la vérité. »

« Car la colère nous y pousse. »

Catherine HUMBLOT.

TOUT VA BIEN : AVANT/APRÈS

David Faroult

Nous publions ci-dessous un synopsis inédit de *Tout va bien* (1972), ainsi que des photogrammes de la bande-annonce de ce film. Entre un document antérieur à la rédaction du scénario et le support de promotion du film, quelques documents encore inédits nous permettent de tenter la première esquisse d'une génétique du film.

Éclipses de plans et de séquences

Le célèbre plan-séquence de *Tout va bien* présentant un supermarché dont un groupe de gauchistes va déclencher le pillage, dans une série d'allers et retours en travelling latéral, s'interrompt brutalement. Durant toute une bobine, le travelling détaille les allées du magasin Carrefour, avec les caisses enregistreuses au premier plan, les rayonnages au second. Un premier parcours nous montre l'aspect quotidien de la grande surface, et on entend la voix de Jane Fonda (Elle)…

> **Elle** *(off)* : … un article que l'agence refusera. Et cette fois je leur foutrai mon article à la gueule avec ma démission. Une petite vis dans la lutte. Mais ces cons-là sont incroyables ! Si je leur parlais de « grandes surfaces de vente », de « transformation du paysage urbain », ils seraient aux anges. Mais si je me mets à parler de ceux qui vendent et de ceux qui achètent, aujourd'hui, ici…

… tandis que la caméra s'approche d'un étalage promotionnel sur lequel un permanent du PCF fait la retape pour vendre à prix cassé le livre du programme de son parti « pour un gouvernement démocratique d'union populaire » : *Changer de cap*.

> **Le permanent du PCF** : *Changer de cap* avec le Parti communiste français. « Programme pour un gouvernement démocratique d'union populaire ». 4 francs 75 au lieu de 5 francs 50 ! *Changer de cap*, mesdames et messieurs !
>
> **Elle** *(off)* : Un supermarché : 700 millions par jour de chiffre d'affaires. Une « grande surface » : oui. Un « grand théâtre social » : oui, mais tout le monde gueule dans ce théâtre. Sauf le public. Il paye. Et fait semblant de se taire. Personne ne lui parle encore…

Le travelling poursuit son parcours latéral de gauche à droite, dans le sens de la lecture.

> **Elle** *(off)* : En dehors de l'usine, c'est l'usine. Personne ne parle à personne encore.
> En fait : tout le monde attend de nouveaux acteurs.

Un groupe de gauchistes (parmi lesquels on reconnaît Anne Wiazemsky) engage la conversation avec le bureaucrate, l'enjoignant de s'expliquer sur quelques lignes du livre, qui portent sur la politique culturelle. Les esprits s'échauffent. Les gauchistes entament une course dans les allées en criant : « C'est gratuit ! » Le pillage du supermarché commence. Dans une accélération, le mouvement du travelling vers la droite nous révèle la présence d'une compagnie de CRS qui pourchasse les gauchistes à l'intérieur du magasin. L'affrontement commence, les livres du PCF se trouvent aussitôt transformés en projectiles contre les CRS casqués. En plein élan d'un nouveau mouvement vers la droite, le plan s'interrompt brutalement.

La bande-annonce, ainsi que quelques images de *Letter to Jane*, révèlent qu'une autre conclusion avait été envisagée pour ce plan : après avoir rapidement suivi un groupe de CRS occupés à matraquer les militants, à l'extrême droite, dans des espaces balayés par les allers et retours du travelling latéral,

Plan coupé de *Tout va bien* : à gauche *Letter to Jane*, à droite bande-annonce de *Tout va bien*

la caméra s'arrête sur un officier SS en uniforme qui lui fait face, cadré en plan demi-ensemble, la main droite levée dans l'exécution d'un salut hitlérien. Le plan devait s'achever sur la mise en page du slogan de mai 1968 : «CRS = SS !», qui s'affichait à l'écran pendant que les gauchistes scandaient «Flics, patrons : assassins !». Comment expliquer la disparition de cette dernière image ? Et si elle a été écartée volontairement, pourquoi, alors, donner tous les signes d'un regret en la réintroduisant successivement dans la bande-annonce et dans le film *Letter to Jane*, à portée plus théorique ?

Armand Marco, chef opérateur des deux films, se souvient d'un incident technique. Une panne, survenue au laboratoire lors du développement du négatif, avait endommagé une prise d'un travelling, qui ne pouvait plus être utilisée intégralement[1]. Couper la partie détériorée aurait cassé le rythme du plan-séquence. La fin de la prise aurait-elle été épargnée par l'incident du laboratoire ? Selon le souvenir d'Armand Marco, cette panne aurait affecté le travelling latéral final sur les voies ferrées.

Le témoignage de Jean-Pierre Gorin[2] écarte définitivement l'hypothèse selon laquelle l'incident de laboratoire aurait porté sur le plan du supermarché. Dans son souvenir, l'apparition de l'officier nazi était un canular organisé par Godard. Il avait embauché ce figurant à l'insu de Gorin, et l'avait placé à la fin du travelling pendant une prise.

On ne trouve en effet aucune mention de ce SS sur le plan de travail de la journée du 13 février 1972 (finalement reportée au 20 février), où figure pourtant la liste des figurants à prévoir – «consommateurs, caissières, 90 Sénégalais, 40 brigades d'intervention, 2 gauchistes» –, en plus de la présence de Jane Fonda et d'Yves Montand (lequel, d'ailleurs, n'apparaît pas non plus dans le plan-séquence).

À trois jours de la fin du tournage, Godard s'est donc livré à une plaisanterie qui aurait pu faire échouer une prise d'un plan-séquence de près de dix minutes, requérant une bobine entière de pellicule et un grand nombre de figurants, alors que le budget de production était déjà en dépassement. Autant dire qu'il s'amusait à éprouver les nerfs de Jean-Pierre Gorin. Il escomptait que celui-ci, qui était derrière la caméra, serait surpris en voyant surgir ce figurant incongru déguisé en SS et crierait «coupez !». Il l'avait même parié avec l'équipe. Mais Gorin considéra calmement l'apparition de ce nouveau personnage et l'intégra en laissant le travelling se poursuivre jusqu'au bout. Et si le SS ne figure pas, en définitive, dans le film, c'est seulement parce la prise n'était pas aussi bonne que celle finalement retenue au montage.

D'autres séquences semblent avoir fait l'objet de coupures lors du montage de *Tout va bien*. Signalons celle qui porte le n° 7 sur le plan de travail («Soir»), tournée le samedi 22 janvier 1972 avec Jane Fonda et Yves Montand. Elle est aussi mentionnée sur un séquencier manuscrit retrouvé parmi des documents de travail d'Armand Marco :

---

1. Conversation privée avec l'auteur, non enregistrée, août 2002.
2. Je remercie chaleureusement Jean-Pierre Gorin de m'avoir apporté ses précisions sur cette image par un courriel du 14 mai 2005.

7 – Elle – Lui au lit *(Soir)*: *Ils parlent de leur situation et de ce qu'ils ont vécu depuis le début du film.*

Armand Marco garde le souvenir d'une anecdote qui explique peut-être en partie la disparition de cette prise : « Je me souviens d'un plan tourné la première semaine (la séquence fut coupée au montage final), où nous voulions montrer la différence entre ce que disait Jane et ce qu'entendait Montand. Nous avons décidé de n'éclairer que la bouche de l'une et l'oreille de l'autre. La scène se passait dans une chambre à coucher. Une lampe de chevet allumée dans le fond de la pièce découpait les deux personnages en ombre chinoise, un pinceau de lumière éclairait la bouche de Jane, un autre l'oreille de Montand. Le lendemain soir, à la projection des rushes, seul Yves Montand était présent. Soudain je l'ai entendu du fond de la salle : "Dis donc petit, c'est comme ça qu'on t'a appris à éclairer les gens[3] ?" ! »

En lieu et place de cet épisode, on trouve au montage final une scène au cours de laquelle Montand refuse d'accompagner Fonda pour un reportage dans un supermarché. Ce qui explique également l'absence de Montand dans la séquence du supermarché, alors que son personnage y est signalé tant sur le séquencier manuscrit que sur le plan de travail.

Cette conversation nocturne aurait apparemment dû être précédée d'une autre séquence, numérotée 6 (chiffre barré et remplacé par un 8) sur le plan de travail, qui prévoit de lui réserver deux jours pleins de tournage[4]. Dans cet épisode, Montand et Fonda participaient à un dîner – filmé sur le même plateau que leur appartement (20, rue de Tournon, Paris, 6ᵉ)– et étaient entourés de six autres personnages, mentionnés sur le plan de travail et sur les feuilles de service des jeudi 20 et vendredi 21 janvier 1972 : un valet (Paul Bisciglia), une bonne (Pilar Nieto), une journaliste italienne (Christine Tullio[5]), un traducteur (Max Monjou), la maîtresse de maison (Danielle Girard) et l'invité 2 (Jacques Perrier, qui apparaît au générique dans l'équipe de régie).

La scène est résumée dans deux séquenciers manuscrits appartenant à Armand Marco :

6 – Elle – Lui – Les autres *(Dîner)*: *Les gens prononcent des phrases toutes faites. (Phrases traduites par des surimpressions qui correspondent au contenu des phrases.) Elle et Lui défendent réciproquement leurs propres opinions[6].*

Dans l'une des conceptions initiales– voir le synopsis (non daté[7]) comprenant quinze séquences, reproduit ci-après –, un dîner devait en effet constituer la séquence finale (n° 15) du film.

Séq VIII (Dîner)

8/1 Cuisine : Hésitation et courage des employés

i[ntertitre]-1 : Babeuf : De l'audace, encore de l'audace

8/2 : Salle à manger : Action des employés

8/3 : Cuisine : Revendication des employés

i[ntertitre]-2 : Marx : La Commune monte à l'assaut du ciel

8/4 : Salle à manger : Négociation

8/5 : Cuisine : Les employés écoutent à la porte

---

3. Entretien avec Armand Marco, août 2002, dans David Faroult, « Avant-garde cinématographique et avant-garde politique : Cinéthique et le "groupe" Dziga Vertov », thèse de doctorat, Université Paris III-Sorbonne nouvelle, 2002, p. 255.

4. On trouve la correction complémentaire – 6 à la place de 8 – à la journée de la séquence du supermarché.

5. Elle interprétait Paola dans *Lotte in Italia* et figure effectivement au générique de *Tout va bien* malgré la coupure de la séquence.

6. Sur un plan de travail manuscrit qu'Armand Marco avait noté à son propre usage sur le même cahier, on peut lire aux dates du 20 et du 21 janvier : « App[artement], Déjeuner. Jour. »

7. On peut être quasiment sûr qu'il date de 1971, mais il sera difficile d'être plus précis. Nous avons néanmoins deux repères chronologiques : Godard subit un grave accident de moto le 11 juin 1971, alors qu'il se rend à un rendez-vous avec d'éventuels financeurs américains pour *Tout va bien*. Il est donc probable qu'un premier synopsis ait été rédigé avant cette date, voire en vue de ce rendez-vous. Le tournage du film s'étend sur 32 jours (ce qui est peu), entre le 17 janvier et le 23 février 1972 (d'après le plan de travail conservé par Armand Marco). On peut donc supposer que ce synopsis a été rédigé au milieu de l'année 1971.

i[ntertitre]-3 : Lénine : Tout le pouvoir aux soviets

8/6 : Cuisine : Détermination des employés

i[ntertitre]-4 : Mao : [un blanc]

8/7 : Salle à manger : Attaque des maîtres

8/8 : Défense des employés

Traversant de part en part les lignes 8/7 et 8/8, trois traits horizontaux réunissent les noms «Marx Lénine Mao», écrits verticalement à gauche, et «Guerre civile travail contre capital», à droite.

Structure du film

Le synopsis de *Tout va bien*, retranscrit ci-après, contient une critique réfléchie et virulente des habitudes de la presse, de l'information, de la façon dite «professionnelle» de rendre compte des événements. Au traitement actuel des faits par les journalistes, il s'agit d'opposer une nouvelle façon de penser la chaîne des événements et leur représentation. Cette préoccupation explique sans doute pour une large part la présence de personnages de journalistes (dans la séquence coupée du dîner), et les flashes infos qui suivent l'évolution de la séquestration du patron de Salumi. De plus, dans un séquencier manuscrit apparaissant dans le cahier de travail d'Armand Marco, figure une séquence finale de «conférence de presse» donnée par Godard, Gorin, Montand et Fonda :

A – Prologue

B – 8 séquences

    1 – Usine

    2 – Lui TRAVAILLE facile

    3 – Elle TRAVAILLE difficile

    4 – Elle et Lui au lit (Matin)

    5 – Lui (Souvenirs Flins)

    6 – Elle – Lui – Les autres (Dîner)

    7 – Elle – Lui au lit (Soir)

    8 – Elle – Lui – Les autres Supermarché

C – Conférence de Presse – Questions. Réponses.

    Y. Montand – J. Fonda

    J.-P. Gorin – J.-L. Godard

Si la question de l'information intéresse tant l'ancien Groupe Dziga Vertov (Godard et Gorin), c'est que la leçon de Vertov demeure fortement active. On pourrait la résumer dans cette proposition synthétique formulée par le groupe Cinéthique à propos de l'information télévisée : «La censure porte moins sur les informations que sur le point de vue qui les organise[8]». N'est-ce pas là, tout simplement, l'envers de la fonction assignée au «kinok», le cinéaste vertovien : «Voir et montrer le monde au nom de la révolution prolétarienne mondiale[9]»? Pour le Groupe Dziga Vertov, c'est donc dans l'agencement de la chaîne d'images, qui concentre les faits, qu'un *point de vue* s'organise. Mais «point de vue», ce n'est pas encore assez dire : point de vue *politique*. Mais c'est encore insuffisant, car c'est bien d'une

---

8. Voir «Pour une culture révolutionnaire prolétarienne (2)», *Cinéthique*, n° 23-24, p. 28.

9. Dziga Vertov, *Articles, journaux, projets*, Paris, UGE-10/18, 1972, p. 59 (*Pravda* du 19 juillet 1924). Rappelons les motivations formulées par le Groupe Dziga Vertov lui-même pour justifier sa dénomination : «Victoire du cinéma révolutionnaire : 19 juillet 1920. Après le rapport du camarade Lénine, au deuxième Congrès de la IIIe Internationale, sur "les tâches principales de l'Internationale communiste", le camarade Dziga Vertov déclare à la tribune : "Nous, cinéastes bolcheviks, savons qu'il n'y a pas de cinéma en soi, de cinéma au-dessus des classes. Aussi savons-nous que le cinéma est une tâche secondaire, et notre programme est-il archi-simple : voir et montrer le monde au nom de la révolution mondiale du prolétariat". » (Extrait de la bande-paroles de *Vent d'est*, 1969, disponible dans les *Cahiers du cinéma*, n° 240, juillet-août 1972, p. 33).

orientation politique précise, déterminée, qu'il s'agit : Godard et Gorin mettent leur film au service de l'orientation d'un courant politique *maoïste*, dont la partie la plus visible s'incarne dans le journal *La Cause du peuple*, auquel Godard, publiquement, ne ménage pas son soutien lorsqu'il est l'objet d'une répression juridique et policière. Et ce journal est celui d'une organisation, la Gauche prolétarienne, dont l'orientation organise précisément la représentation, dans *Tout va bien*, de la séquestration du patron autour de «trois forces qui s'affrontent» : le patronat, les syndicats et l'initiative ouvrière[10]. Il est d'ailleurs notable que la construction d'un point de vue narratif, dans la composition des discours (du patron, de la CGT, des gauchistes) qui s'opposent au sein du film, ne passe pas par leur caricature : les déclarations des uns et des autres sont reprises de textes réellement publiés[11]. C'est par le montage que les positions s'opposent ; les discours, eux, ne sont pas falsifiés.

Le titre lui-même, *Tout va bien*, témoigne par son ironie ambiguë du positionnement politique du film, comme le résume fort bien Alain Badiou[12]. Dans la conception maoïste, conformément à une approche dialectique des phénomènes et des processus, il est bon que les contradictions se déclarent, éclatent : «Si nous sommes attaqués par l'ennemi, c'est une bonne chose, car cela prouve que nous avons tracé une ligne de démarcation bien nette entre l'ennemi et nous[13]».

La volonté de critiquer le système d'information dominant et d'en inventer un nouveau sous-tend l'activité de Godard pendant les années du Groupe Dziga Vertov et trouvera des prolongements ultérieurs dans son travail à Sonimage, avec Anne-Marie Miéville[14]. Mais il semble qu'après la dissolution du Groupe, le primat au montage prescrit par la thèse vertovienne ne continue d'être vraiment au centre du travail formel que chez Jean-Pierre Gorin, comme en témoigne son film de 1977, *Poto et Cabengo*.

Tout va bien, dans l'état où nous le connaissons, ne se conclut ni par une conférence de presse, ni par un dîner que perturbe la révolte du personnel de maison. Rappelons ici le texte que l'on peut entendre en conclusion du film, dont on peut supposer qu'il fut mis au point tardivement, sans doute en cours de tournage.

---

10. Voir «Éditorial : Les trois forces qui s'affrontent», *La Cause du peuple-J'accuse*, n° 4, lundi 13 juin 1971, p. 10. On pourrait approfondir cette remarque : l'intérêt porté au courant représenté en France par la Gauche prolétarienne est peut-être lié à une adhésion, encore plus forte, aux innovations proposées par l'organisation italienne *Lotta Continua*, dont la GP a traduit quelques textes dans des brochures (notamment autour de la campagne à la FIAT de Turin en 1969, en supplément à *La Cause du peuple*, n° 12 et n° 13), et dont les *Temps modernes* ont publié quelques articles (dans leurs numéros 303, d'octobre 1971, et 335, de juin 1974). *Lotta Continua* est à l'origine d'un mouvement *opéraïste* qui préfigure les orientations de «l'autonomie ouvrière», par sa critique radicale de la vie quotidienne, sa conception exigeante de sa transformation, et sa détermination à imposer la démocratie ouvrière, au besoin par l'usage immédiat de la violence. Aujourd'hui, on peut consulter D. Giachetti et M. Scavino, *La Fiat aux mains des ouvriers. L'automne chaud de 1969 à Turin*, Paris, Éd. Les Nuits rouges, 2005. Témoignage de cet attachement gorino-godardien à *Lotta Continua* : Paola, dans *Luttes en Italie*, milite dans cette organisation ; la «chanson gauchiste» de *Tout va bien* est une traduction de la chanson de *Lotta Continua* pendant les occupations de la FIAT-Mirafiori de Turin, *La Ballata della Fiat* de A. Bandelli (1971). On peut l'écouter sur le CD d'Alfredo Bandelli *Fabrica Galera Piazza* (Ala Bianca Srl). Voir également les versions comparées de la chanson ci-après.
11. Le discours du patron est un montage d'extraits de Jean Saint-Geours, *Vive la société de consommation*, Paris, Hachette, 1971 (voir notamment les pages 14, 17, 35.) Le discours du délégué du syndicat CGT est composé à partir de *La Vie ouvrière*, [Paris], Édition professionnelle «VO Alimentation», 20 mai 1970, n° 1342, «L'alimentation nourrit-elle son homme ?», p. V-VIII. Et les propos des gauchistes empruntent divers témoignages parus dans *La Cause du peuple* et *J'accuse*.
12. Voir Alain Badiou, «La fin d'un commencement. Notes sur *Tout va bien*, film de Godard et Gorin (1972)», *L'Art du cinéma*, n° 46-47-48-49, printemps 2005, Paris, p. 175-187. Sur le titre, voir particulièrement p. 179-180 : «*Tout va bien* est un titre ambivalent, une sorte de déclaration délibérément en excès non seulement sur la situation de la France en 1972, mais sur ce que, de cette situation, le film va montrer.
Les connaisseurs savent que ce style est celui des révolutionnaires chinois, d'abord pendant les années "dures" de la Révolution culturelle (entre 66 et 68 principalement), mais finalement pendant toute la durée de l'influence de la "bande des quatre" (Chiang Ching, Yao Wen Yuan, Wang Hong Wen et Chang Chung Chiao), entre 1966 et 1976. On avait coutume alors, quand les périls s'accumulaient et que les problèmes politiques devenaient inextricables, d'écrire de longs articles sous le titre : "La situation est excellente". Ce qui ne se comprend qu'à la lumière d'un énoncé de Mao : "Les troubles sont une excellente chose". Preuve que les quatre étaient en réalité cinq. Godard/Gorin sont en tout cas de cette culture, quand ils proclament filmiquement, non sans humour (mais les déclarations de Mao n'en manquaient pas), que "tout va bien".»
13. Voir Mao Tsé-Toung, «Être attaqué par l'ennemi est une bonne chose et non une mauvaise», 26 mai 1939, dans *Citations du président Mao Tsé-Toung*, Pékin, Éditions en langues étrangères, 1972, p. 18-19.
14. Voir à ce propos, dans le présent ouvrage, la présentation par Michael Witt des articles de J.-L. Godard dans *J'accuse*. Voir également la thèse de Michael Witt : *On Communication : the work of Anne-Marie Miéville and Jean-Luc Godard as Sonimage from 1973 to 1979*, University of Bath, 1998.

Editorial : Les trois forces qui s'affrontent

Cette percée, cette fantastique poussée dans les usines n'a rien à voir avec mai 68, on le voit tout de suite, elle n'a pas débouché sur un mouvement d'ensemble. Pourtant, ce mouvement ne veut pas s'arrêter, depuis que les gars du Mans sont partis il y a plus d'un mois. Une idée revient partout : séquestration. Soit sous la forme de rumeur, soit avec des cadres gardés 20 minutes et soumis à la vindicte populaire, soit avec des séquestrations magistrales de 50 heures.

Pendant ce printemps, trois forces se sont continuellement affrontées : la poussée de l'initiative ouvrière, le patronat, les syndicats.

LA TACTIQUE DU PATRONAT : VERS LE NOUVEAU FASCISME

Le premier élément, c'est le lock-out. Alors que même en 68 on ne le considère encore comme une arme d'exception des patrons, cette année il est devenu la règle. Quand le patron a à faire face à un mouvement de pression-négociation avec de bonnes grèves bien encadrées par les syndicats, il négocie, et les syndicats font reprendre avec les miettes qu'il a données.

Quand il a à faire face, comme au Mans, à une grève où les ouvriers arrêtent toute production et surtout veulent démolir toute la hiérarchie, tout le système d'oppression, le patron ferme boutique.

Deuxième élément de la tactique patronale :

Il n'a confiance que dans les flics parce qu'il croit de moins en moins que les gars vont rentrer chez eux tranquillement, et que les syndicats les calmeront. Et ce qui devient aussi systématique que le lock-out c'est l'occupation des usines par toutes sortes de flicailles en uniforme bleu (voir le dépôt S.N.C.F. d'Avignon, Compiègne...).

Le troisième élément, c'est le développement des bandes fascistes dans l'usine. Ces fascistes-là sont tout trouvés : c'est la maîtrise.

Partout elle s'est manifestée, provoquant les ouvriers, essayant de continuer à travailler pendant les occupations, essayant de s'emparer des stocks bloqués par les grévistes, ou simplement en agressant des ouvriers comme elle l'a fait à Flins.

L'évolution est simple : en 68-69,

les flics occupent surtout la rue et les facs ; en 69-70, ils occupent les portes d'usine, contre les détachements extérieurs et les débuts de la lutte violente de partisans ; en 71 ils occupent carrément les usines.

LES SYNDICATS : Qui va gagner ? Les syndiqués de base ou les sociaux-fascistes ?

Les syndiqués de base ont été soumis à l'épreuve de la lutte, et de la lutte, partant des masses, pas des consignes d'en haut. Dans les endroits comme à Billancourt, où la gauche ouvrière est une force organisée, on a pu s'allier avec eux, et beaucoup ont choisi la lutte plutôt que le respect des directives.

Quant à l'appareil de la C.G.T., sa politique est claire : empêcher à tout prix l'élargissement.

Quand les luttes partent de la base, on fait tout pour les saboter et quand le patron reprend l'offensive, soit par les flics, soit par le lock-out, on capitule.

Le meilleur exemple c'est ce délégué de Knutange qui s'était mis les bras en croix devant les gardes-mobiles pour arrêter leur charge, tout ce qu'il a arrêté, c'est recevoir des coups de crosses sur la gueule.

Voilà la stratégie syndicale :

Face à un lock-out, suivant le degré de combativité, soit on reste chez soi : Usinor (ils essaient de faire reprendre les gars avec rien, malheureusement ça ne marche pas, les gars veulent 50 % des heures payées et menacent de repartir dès la reprise), soit on protège l'outil de travail, comme ils disent, une fois que l'occupation a été imposée à Billancourt. Pour briser l'initiative des ouvriers, il faut quand même garder une apparence de combativité, il y a un moyen : la ruse. Leur chef-d'œuvre c'est Berliet. Au début de la grève de guérilla à l'atelier montage moteurs, ils crient sur tous les toits : « les gars, faut pas élargir, les conditions générales ne sont pas mûres » (Renault était occupé !)

Quand la grève du montage moteurs dure et que ça commence à faire des petits, la musique change : « les gars, nous on veut bien élargir, mais la grève de guérilla disper-

se les gars, et nous empêche d'élargir ».

Mais pourquoi évitent-ils l'élargissement, pourquoi pas un nouveau Grenelle ? Pour deux raisons :

— ils ne veulent pas de désordre, pas de grand mouvement d'ensemble parce qu'ils n'ont pas de perspectives électorales.

— Ils ne peuvent plus rien contrôler, et ils le savent. Même dans les coins où ils sont forts et où il n'y a pas la queue d'un mao, on n'obéit plus aux consignes. Exemple : le Mans, saccage de la chambre patronale et manifestation contre la reprise.

L'INITIATIVE OUVRIERE

Le développement de l'initiative ouvrière, ça a été comme un serpent qui se faufile de lock-out en démobilisation syndicale, de provocations de la maîtrise en négociations-bidons, qui passe à travers tout pour finalement trouver son propre chemin.

Il fallait ruser dans le déclenchement des mouvements. Puisque ça ne vient plus de consignes de Séguy, il fallait trouver des formes qui partent d'en bas pour démarrer la mobilisation : d'abord les petits bouts de grève secteur par secteur se déclenchant à droite et à gauche, ou une grève d'un atelier plus dur qui manifeste dans l'usine ou qui bloque la production.

Soit le bordel en masse, comme à Alsthom, où les jeunes ouvriers sautent sur chaque occasion de contester (y compris pendant les journées d'action bidon de la C.G.T.) ce qui crée un climat d'agitation et de liberté dans l'usine.

Ensuite, comme les syndicats ne font rien pour élargir, les ouvriers ont trouvé un moyen d'élargir eux-même : LA GREVE DE GUERILLA, comme à Berliet, où l'atelier montage moteurs depuis plus d'un mois est petit à petit relayé par d'autres ateliers.

Ça veut dire :

— on en a marre de travailler comme des chiens, alors on s'arrête.

— On veut des tas de trucs, en tout cas mieux vivre, et si tu ne veux pas, on va te forcer.

— En tout cas voilà telle revendication et tant que t'as pas cédé on va foutre le bordel dans ta production.

tion en perdant le moins de pognon possible.

Autant dire tout de suite que ce genre de raisonnement sème la terreur au C.N.P.F. : comment voulez-vous entendre avec des sauvages pareils. Alors les patrons répondent comme à Colgate, ils lock-outent et envoient leurs flics.

Une des forces de l'offensive ouvrière autonome, c'est de s'attaquer férocement et sauvagement à la production. Et quand le patron lock-out, les ouvriers ont encore trouvé un moyen de passer par-dessus les capitulations syndicales. Soit en imposant l'occupation comme à Renault parce que c'était un gros enjeu, parce qu'une occupation comme à Renault résonne aux oreilles de tous les ouvriers. Soit par une méthode extrêmement efficace et intelligente : L'ESCALADE, avoir toujours l'initiative sur le patron et éviter le pourrissement syndical.

Par exemple : bloquer de nouveaux secteurs de la production, kidnapper du matériel comme sur le chantier de Nice, attaquer la chambre patronale comme au Mans.

Mais aussi et surtout : SEQUESTRER LES PATRONS. La plus belle escalade, c'est celle de Flixecourt.

La séquestration, l'affrontement direct avec celui qui commande, la lutte pour le pouvoir dans l'usine, ce n'est plus une exception.

Ce printemps, le mouvement de masse se fraye un chemin à travers tous les obstacles, découvrant avec de plus en plus d'intelligence ses propres formes d'élargissement, ses nouvelles formes de lutte pour répondre aux provocations du patron. C'est une excellente situation, tous les verrous sautent petit à petit.

Mais ce mouvement, qui s'est développé sans les syndicats, il faut le renforcer, essayer de l'unifier et de l'organiser, c'est pourquoi la semaine prochaine les comités de lutte de Renault - Billancourt proposeront dans ces colonnes leur projet de programme et de statuts.

En plus, il faut être prêt à réagir à la poussée fasciste des patrons. Pour y répondre il faut renforcer et construire l'unité avec les couches du peuple.

Ne pas rester désarmé face aux bandes armées du patron et être prêts de plus en plus à savoir lui répondre sur ce terrain.

Successivement, plans de Lui l'attendant Elle au café, et on la voit arriver à travers la vitre, puis Elle, l'attendant Lui dans le même café, et il arrive de même.

Voix de fille : Voilà. Tous les films ont une fin. Il y a Lui ou Elle qui se regardent, inquiets, et qui disent : «J'ai eu peur que tu ne reviennes pas».

Voix de garçon : Ensuite, il y a Elle ou Lui qui se regardent, inquiets, et qui répondent : «Tu as eu raison d'avoir peur !».

Voix de fille : Oui. Il y a des films où le spectateur quitte la salle en se disant que Lui et Elle sortent d'une crise, sans doute pour rentrer dans une autre. Et que ça, c'est la vie.

Voix de garçon : Mais dans ce film, on les laisse Lui et Elle, muets, en train de se regarder.

Voix de fille : Et on dira simplement que, Lui et Elle, ils ont commencé à se penser hi-sto-ri-que-ment.

Travelling latéral voie ferrée

Voix de garçon : Puisse chacun être son propre historien.

Voix de fille : Moi. France. 1972.

Refrain de la chanson[15] : «Il y a du soleil sur la France et le reste n'a pas d'importance» (Stone et Charden)

Voix de fille : France. 1972. Histoire. Moi.

Voix de garçon : Moi. Toi.

Extrait sonore de la séquence du supermarché : «Flics, patrons : assassins, fascistes !»

Voix de garçon : Moi. Toi.

Extrait sonore de la séquence à l'usine. Voix d'un ouvrier : «Gauchiste ? On n'a pas besoin d'être gauchiste pour penser comme ça. »

Voix de fille : France. 1972…

Extrait sonore de la séquence à l'usine. Voix du patron : «La méthode du coup de pied au cul c'est parfois bon. ». Voix du délégué CGT : «… Alors, ce que nous disons, nous, la CGT… »

Extrait de la chanson : «Il y a du soleil sur la France» (Stone et Charden) : «Allons, viens vite, qu'on profite de la vie… Il y a du soleil sur la France… »

Voix de garçon : «Puisse chacun être son propre historien. Alors, il vivra avec plus de soin et d'exigence[16]. »

Voix du garçon et de la fille *(unisson)* : Moi. Toi. Lui. Elle[17]. Nous. Vous !

Intertitre :

TERMINÉ

Intertitre :

C'ÉTAIT UN CONTE

POUR CEUX QUI N'EN

TIENNENT AUCUN

Épilogue

Le 25 février 1972, le film est en cours de montage, et son tournage n'est achevé que depuis deux jours lorsque la vaste nébuleuse gauchiste est secouée par la mort de Pierre Overney, militant maoïste de la Gauche prolétarienne, abattu d'un coup de feu par Tramoni, un vigile de la régie Renault[18]. L'enterrement d'Overney réunira des foules impressionnantes et restera inscrit comme un événement marquant dans

---

15. Rengaine populaire emblématique de l'ambiance pompidolienne de l'époque, marquée par la violence des conflits sociaux et par la façon dont la télévision publique s'acharnait à les couvrir.

16. Citation de Bertolt Brecht, *Me-Ti ou le livre des retournements*, Paris, L'Arche, 1968, «*L'individu aussi a son histoire*», p. 96 [dans l'édition de 1978 : p. 91]. On la retrouve également citée sur la feuille de service du 3 février 1972 («Puisse chaque individu être son propre historien »).

17. Rappelons que Lui et Elle désignent les personnages de Montand et Fonda dès le prologue du film.

18. Tramoni fut lui-même abattu plus tard, à sa sortie de prison, par un commando «Pierre Overney» des NAPAP (Noyaux armés pour l'autonomie prolétarienne), un petit groupe armé issu de la Gauche prolétarienne. Une partie de ces «NAPAP» fondèrent ensuite l'organisation clandestine de lutte armée bien connue sous le nom d'«Action directe».

l'histoire du gauchisme des années post-1968. La bande-annonce de *Tout va bien* s'ouvre sur une évocation de l'assassinat du militant. Cet ajout vient faire écho à la longue séquence du film montrant dans un flash-back la mort, en juin 1968, de Gilles Tautin, militant maoïste de l'UJCm-l (Union des jeunesses communistes marxistes-léninistes), qui s'était noyé en fuyant devant les CRS près de l'usine Renault de Flins.

Et pour nous rappeler qu'il est des temps où les pouvoirs préfèrent les révolutionnaires morts, comment résister à l'envie de citer le texte d'hommage à Gilles Tautin situé dans cette séquence ?

> Il s'appelle Gilles. Il est né le 17 avril 1951. Il est élève de 1ʳᵉ C au lycée Thiers.
>
> Gilles, ils diront que tu as mérité ta mort d'agitateur, et moi qui avec toi les combattais, je ne saurais trouver de nom plus beau à te donner.
>
> Gilles, ils diront que tu n'as connu que la famille et l'école, et que ta connaissance du monde, c'est aux livres que tu la devais. Mais moi, je sais que tes livres t'ont jeté dans la vie parce qu'avec eux, tu as appris à *désapprendre*.
>
> Gilles, depuis le 3 mai, un peu avant quatre heures, tu avais rejoint la vie, et ta lutte, tu la menais au grand jour.
>
> Gilles, aujourd'hui 10 juin, un peu avant quatre heures, tu as rejoint l'histoire !
>
> Et ta mort, plus vite que nous.
>
> Ne pleure pas, frère !
>
> NOUS CONTINUONS !

TOUT VA BIEN
Un projet de film de Jean-Luc Godard et Jean-Pierre Gorin

LES PERSONNAGES :

Lui *(Yves Montand)* : un ancien de la Nouvelle Vague passé aux films publicitaires.
Elle *(Jane Fonda)* : rédactrice au bureau parisien d'une revue américaine genre *Newsweek*.

SÉQUENCE 0

Lui à son travail en train de mimer devant un acheteur son prochain film publicitaire. Elle à son travail en train de finir son article. Ils se retrouvent pour partir en week-end. Sur la route, un barrage de police à la recherche des auteurs d'émissions pirates à la télévision. Un peu plus loin un barrage de paysans avec leurs tracteurs. Ils retrouvent des amis dans leur maison de campagne. Ils parlent d'information et de publicité. Vision d'une émission pirate. Comportement différent d'elle et lui.

SÉQUENCE 1

Il l'accompagne dans une usine où elle va enquêter sur la vie sexuelle des ouvriers et ouvrières, et dont ils connaissent le patron. Quand ils arrivent, ils trouvent le patron séquestré par ses ouvriers. Ils subissent le même sort. À titre d'information, les ouvriers vont jouer et les faire jouer la vie dans l'usine. Ils sont finalement libérés par la police. Il est interviewé, ou elle, par un reporter de la radio, et ils font quelques déclarations.

SÉQUENCE 2

Chez eux, ils regardent la télé pour voir passer leurs déclarations. Mais elles ne passent pas. Ils s'interrogent là-dessus.
Et ils s'interrogent d'autant plus qu'une émission pirate vient perturber l'émission officielle. Ils se posent alors plein de questions et, tout en s'interrogeant et en s'informant donc eux-mêmes puisque la télé ne le fait pas, c'est-à-dire en refaisant l'émission, ou en recomposant les données avec leur magnétoscope, par cela même, ils informent les spectateurs sur la façon dont va fonctionner le reste du film.

SÉQUENCE 3

On la voit aller à son travail. Elle assiste dans la rue à un bout d'émission pirate dans une vitrine de magasin, puis à une action revendicatrice d'un groupe du mouvement de libération des femmes à la porte de son journal. Elle se conduit lors de la réunion du comité de rédaction de façon très différente des autres et elle se fait engueuler par la rédactrice en chef.

SÉQUENCE 4

Le soir, avant de faire l'amour et de prendre la pilule, elle propose à son mari, après avoir recouvert les murs de l'appartement d'inscriptions, de prendre plutôt lui une pilule pour homme dont elle a ramené un échantillon.

SÉQUENCE 5

Quelques jours plus tard, sonne à leur porte un couple qui cherche du travail et à qui ils avaient oublié qu'ils en avaient promis. Ils n'osent pas leur dire non et les engagent sans plaisir.

SÉQUENCE 6

Les jours passent. Des événements sociaux se passent, et quelques émissions pirates aussi, dont les gens discutent, et elle et lui aussi.

SÉQUENCE 7

À la suite d'une dispute entre eux ou avec leurs domestiques, leurs cris font rappliquer chez eux de plus en plus de voisins qui viennent se mêler à la discussion, et c'est finalement une quasi assemblée générale de tout le quartier qui se tient entre les locataires de plusieurs immeubles.

SÉQUENCE 8

Le lendemain matin, en allant faire des courses au Supermarché avant d'aller à leur travail, ils recroisent des locataires avec qui ils avaient discuté la veille et qui se proposent de faire une action au Supermarché. En effet, les dites gens s'emparent de la sono et se mettent à proposer aux acheteurs cinq minutes de marchandises gratuites pour lancer une nouvelle marque de voiture ou de lessive. C'est le pillage immédiat du grand magasin par les ménagères et les jeunes. La police arrive et matraque. Elle et lui se retrouvent en train de courir dehors pour s'échapper. Un passant leur demande ce qui se passe.

SÉQUENCE 9

Ils racontent au passant ce qui se passe. Ils sont forcés de se demander pourquoi ça s'est passé comme ça, et de passer en quelque sorte en revue tout ce qui s'est passé [jusqu']à présent dans le film pour expliquer ce qui vient de se produire.

SÉQUENCE 10

Les jours passent. Evénements sociaux et émissions pirates.

SÉQUENCE 11

Lui à son travail en train de diriger un film publicitaire avec plein de girls etc.

SÉQUENCE 12

Les jours passent[1].

SÉQUENCE 13

Suite de la séquence 4 sur la sexualité à la suite d'une émission pirate qui a perturbé un de ses spots publicitaires. Cette fois-ci, elle et lui s'apercevant que la pilule est finalement une fausse réponse à leurs problèmes, il est amené à proposer l'utilisation de la capote anglaise, équivalent selon lui des thèses chinoises sur le divorce par consentement mutuel. Elle n'est pas d'accord. Dispute. Etc.

SÉQUENCE 14

Les jours passent.

SÉQUENCE 15

Dîner à la maison pour fêter la sortie d'une tranche de films publicitaires. Après passage des films à la télé troublés par une émission pirate, on passe à table. C'est un grand dîner et des extras ont été engagés pour aider les deux domestiques surchargés. Ceux-ci viennent demander une augmentation en plein milieu du dîner et ça se termine par une grande bataille entre les « salons » et la « cuisine ».

---

1. Cette séquence est un ajout manuscrit. [NdÉ]

DIALOGUE QUI SERT DE PROLOGUE À *TOUT VA BIEN*

JEAN-PIERRE GORIN

Gorin — J'veux faire un film

Godard — Pour faire un film faut de l'argent
Si on prend des vedettes on nous donnera de l'argent

Gorin — Bon, alors y'a qu'à prendre des vedettes

Godard — Et qu'est-ce que tu vas leur raconter à
Yves Montand et Jane Fonda, parce que
les acteurs, pour qu'y-z-acceptent,
il leur faut une histoire

Gorin — Ah bon, faut une histoire ?

Godard — Ouais, une histoire d'amour en général.
Y'aurait Lui, et y aurait Elle, et y-z-auraient des
problèmes pour s'aimer

Gorin — Continue comme ça, et t'auras une belle
histoire de zombies. Tes personnages,
où vivent-ils ? À quelle époque ?
Comment mangent-ils ? Écoute, précise !
Bon
Il y aurait un pays
Et dans ce pays, il y aurait des campagnes
Et dans ces campagnes, il y aurait des villes
Et dans ces villes, il y aurait des maisons
Et dans une de ces maisons, il y aurait
Lui
Et dans une de ces maisons, il y aurait
Elle
Il y aurait Elle et Lui
Tout ça c'est encore trop vague

Godard — Attends
Il y aurait beaucoup de gens

Gorin — Oui
Il y aurait des ouvriers
Il y aurait des paysans

Godard — Et des bourgeois

Gorin — Et des bourgeois, petits et grands
Et Elle et Lui
Dans tous ces gens
Faut les situer
Assurément

Godard — Et Elle et Lui
Dans tous ces gens
Faut les situer
Assurément

Gorin — Ça te va mieux comme début ?

Godard — J'attends de voir. Précise encore

Gorin — Il y aurait
Des paysans qui paysannent
Des ouvriers qui ouvrièrent
Et des bourgeois qui bourgeoisent
Oui
Des bourgeois qui bourgeoisent

Godard — Faut rajouter quelque chose
Par exemple
Mais l'calme ne s'rait qu'apparent
Tout ça bougerait énormément

Gorin — Oui
L'calme ne s'rait qu'apparent
Tout ça bougerait énormément
Et Elle et Lui
Pris là-dedans

Godard — Y bougent aussi
Vite ou lentement
Et Elle et Lui
Pris là-dedans

Gorin — Y bougent aussi
Vite ou lentement

*(On peut intervertir les personnages.
Ou faire dire ce texte par des acteurs.
Et à ces sons lier des images.
On aura le prologue d'un film.)*

Jean-Pierre Gorin
Paru dans Le Nouvel Observateur, lundi 17 avril 1972, p. 52.

DE «LA BALLATA DELLA FIAT» À LA «CHANSON GAUCHISTE» DE *TOUT VA BIEN*

DAVID FAROULT

Lotta continua a joué un rôle décisif lors des grèves de la Fiat-Mirafiori à Turin, en 1969. Un militant de l'organisation communiste italienne, Alfredo Bandelli, composa cette «Ballade de la Fiat» en 1971, alors que ce combat était déjà devenu une référence pour les militants au-delà des frontières italiennes. Outre la popularisation de la lutte elle-même, c'est l'ensemble des mots d'ordres insufflés par *Lotta continua* qui parcourent cette chanson. Dans *Tout va bien*, tandis que Susan Dewitt (Jane Fonda) interroge des ouvrières de Salumi pendant la séquestration de leur patron, l'une d'elles entonne une «chanson gauchiste» qu'elle récite pendant qu'une voix féminine fredonne hors champ l'air de «La Ballata della Fiat». Le lecteur trouvera ci-dessous en regard la version originale italienne de la chanson, sa traduction française littérale (par Livio Boni), et les extraits attestés dans *Tout va bien*. Dans le film ne sont retenues que les quatre premières strophes, dans un ordre différent de celui de la chanson.

Chanson originale d'Alfredo Bandelli «La Ballata della Fiat» (1971)	Traduction littérale «La Ballade de la Fiat»	Retranscription *Tout va bien* «Chanson gauchiste» (1972)
Signor padrone, questa volta per te andrà di certo male, siamo stanchi di aspettare che tu ci faccia ammazzare. Noi si continua a lavorare e i sindacati vengono a dire che bisogna ragionare di lottare non si parla più.	Monsieur l'patron, Cette fois pour toi, c'est sûr, ça va mal aller, On est fatigués d'attendre que tu nous fasses tuer. On continue de travailler Et les syndicats nous disent D'être raisonnables. De lutter On n'en parle jamais.	[3] M'sieur l'Patron, Cette fois ça ira mal pour toi ! Nous sommes fatigués d'attendre et de nous faire matraquer ! On continue à travailler et les syndicats disent toujours d'attendre et d'espérer, Mais d'lutter, ça on n'en parle jamais !
Signor padrone, ci siam svegliati e questa volta si dà battaglia, e questa volta come lottare lo decidiamo soltanto noi Vedi il crumiro che se la squaglia, senti il silenzio nelle officine. forse domani solo il rumore della mitraglia tu sentirai.	Monsieur l'patron, On s'est réveillés Et cette fois on livre bataille, Et cette fois comment lutter C'est à nous de le décider. Grâce aux briseurs de grèves, Tu peux entendre encore le silence des ateliers. Dès demain, ce s'ra le bruit de la mitraille La seule chose que tu entendras.	[4] M'sieur l'Patron, On s'est réveillés, et cette fois ça va cogner ! Et cette fois c'est nous qui déciderons comment lutter, Et les pas-d'accord qu'ils s'débinnent ! Écoute le silence de tes usines, Demain : peut-être que tu entendras le bruit de la mitraille !
Signor padrone, questa volta per te andrà di certo male, d'ora in poi se vuoi trattare dovrai accorgerti che non si può. E questa volta non ci compri con le cinque lire dell'aumento,	Monsieur l'patron, Cette fois pour toi c'est sûr, ça s'est mal passé, Et maintenant si tu veux négocier C'est uniquement par nous qu'il faudra passer. Et cette fois on ne nous achète pas Avec cinq lires d'augmentation,	[1] M'sieur l'Patron Cette fois ça ira mal pour toi ! Si tu veux traiter avec nous Tu devras constater que tu n'peux pas Et cette fois on n'va pas s'laisser ach'ter avec dix francs d'augmentation

C'EST UNE SALLE DE CLASSE. | 187

se offri dieci vogliamo cento,	Si tu offres dix nous voudrons cent.	Si tu donnes cent, nous on veut mille
se offri cento mille noi vogliam.	Si tu offres cent, mille nous voudrons.	Si tu donnes cent mille, nous on veut plus
Signor padrone,	Monsieur l'patron,	[2] M'sieur l'patron,
nomi ci hai fregati	Tu nous as pas eus	Tu nous as eus
con le invenzioni, coi delegati,	Avec les stratagèmes, avec les délégués,	avec tes ruses, tes délégués,
i tuoi progetti sono sfumati	Tes projets sont partis en fumée	Tes projets partent en fumée
e noi si lotta contro di te.	Car c'est contre toi qu'on combat	car on s'bat contre toi
E le qualiflche, ie categorie	Et les statuts, les catégories	Tes qualifications, tes catégories,
noi le vogliamo tutte abolite,	Nous les voulons tous abolis,	On n'en veut plus !
le divisioni sono finite :	Les divisions sont finies :	Les divisions c'est fini !
alla catena siam tutti uguali.	À la chaîne on est tous égaux.	À la chaîne on est tous unis !
Signor padrone,	Monsieur l'patron,	
questa volta noi a lottare s'è imparato,	Cette fois comment lutter on a appris,	
a Mirafiori s'è dimostrato	À Mirafiori on l'a montré	
e in tutta Italia si dimostrerà.	À l'Italie entière on l'montrera.	
E quando siamo scesi in piazza	Et lorsqu'on est descendus dans la rue	
tu ti aspettavi un funerale,	Tu t'attendais à des funérailles,	
ma è andata proprio male	Mais ça s'est vraiment mal passé	
per chi voleva farci addormentar.	Pour ceux qui voulaient nous endormir.	

Photogrammes de *Tout va bien*

Ne abbiamo visti davvero tanti	On en a vu vraiment beaucoup
di manganelli e scudi romani,	Des matraques et des boucliers romains,
però s'è visto anche tante mani	Mais on a vu aussi beaucoup de mains
che a cercar pietre cominciano a andar.	Chercher des pavés pour répondre aux coups.
Tutta Torino proletaria	Tout le Turin prolétaire
alla violenza della questura	À la violence de la préfecture
risponde ora, senza paura :	A répondu sans peur :
la lotta dura bisogna far.	Une lutte dure on veut mener.
E no ai burocrati ed ai padroni !	Et non aux bureaucrates et aux patrons !
Cosa vogliamo ? Vogliamo tutto !	C'que nous voulons ? Nous voulons tout !
Lotta continua a Mirafiori	LOTTA CONTINUA (la lutte continue) à Mirafiori
e il comunismo trionferà.	Le communisme triomphera.
E no ai burocrati ed ai padroni !	Et non aux bureaucrates, non aux patrons !
Cosa vogliamo ? Vogliamo tutto !	C'que nous voulons ? Nous voulons tout !
Lotta continua	LOTTA CONTINUA (la lutte continue)
in fabbrica	à l'usine
e fuori	et dehors
e il comunismo trionferà.	Le communisme triomphera !

BANDE-ANNONCE DE *TOUT VA BIEN*

Piste sonore

Voix Léon Zitrone : À Paris, énormément de monde aux obsèques de Pierre Overney, le jeune militant gauchiste tué le 25 février aux usines Renault.

Voix Garçon : À notre avis, c'est un grand film d'amour.

Voix Fille : On dirait pas que c'est un film d'amour. Pourtant, c'est vrai.

Voix Garçon : C'qui y a, c'est que pour raconter une histoire d'amour, aujourd'hui…

Voix Fille : Pour raconter une histoire d'amour aujourd'hui, en France…

Elle : Écoutez : je suis ici pour voir le directeur !

Ouvrier gauchiste : Peut-être que le patron est un peu trop occupé pour les recevoir.

(Rires)

Voix Garçon : Raconter une histoire d'amour, aujourd'hui : c'est vraiment pas facile !

(Rires)

Ouvrier gauchiste : Puisqu'ils insistent, on ne va pas les décevoir ! Allons ! Allons ! Après vous madame !

Marco Buidotti (Patron des usines Salumi) : Bon dieu ! C'est pas fini, non ?

Voix Fille : C'est pas facile aujourd'hui. En France, rien n'est facile.

Marco Buidotti (Patron des usines Salumi) : Oui. J'assure la direction de cette usine depuis le 15 septembre 1967.

Oh non, non ! C'est vraiment la première fois que ce genre d'accident se produit !

Jusqu'aujourd'hui, nous n'avions pas été contaminés par « mai 68 ».

Voix Garçon : Pourquoi est-ce que rien n'est facile, en France, aujourd'hui ? Y a des gens qui le savent.

Marco Buidotti (Patron des usines Salumi) : Des voyous ! Des véritables voyous !

Chant des ouvriers :
Salumi, si tu continues,
La classe ouvrière
La classe ouvrière

Salumi, si tu continues
La classe ouvrière
Te bottera le cul!

Voix Fille : Il y a d'autres gens qui ont un autre avis sur la question.

Le délégué CGT : Alors ce que nous disons, nous, la CGT, c'est que la ss... concentration nous impose une stratégie d'ensemble, qui rend possible la signature d'accords interbranches, complétés d'accords annexes, particuliers à chaque branche, voire à chaque usine. Et ce que nous disons également, c'est que des actes irresponsables, comme ceux qui ont été commis ce matin, remettent en cause cette stratégie globale, seule capable de faire plier les patrons.

Voix Garçon : En tout cas, y en a qui perdent pas leur temps en paroles inutiles. Et qui se marrent.

Marco Buidotti (Patron des usines Salumi) : S'il vous plaît...

Ouvrier gauchiste : Georges! C'est M'sieur l'directeur!

Georges (off) : Pouvez pas m' foutre un peu la paix, non?

Autre ouvrier : Écoute, Georges! C'est vrai, quoi : c'est l'dirlo!

Georges (off) : Et alors? Qu'est-ce que tu veux que ça m' foute!

Voix Fille : Oui. Avant d'raconter une histoire d'amour, faut penser à tout ça.

Elle : Tu m'aimes?

Lui : Oui.
J'aime tes yeux, j'aime ta bouche, j'aime tes genoux. J'aime ton cul, j'aime tes cheveux, j'aime tes mains.

Elle : Alors, tu m'aimes totalement?

Lui : Oui.

Voix Garçon : Faut penser à tout ce qui se passe en France pour pouvoir raconter une histoire d'amour entre deux Français.

Lui : Et toi?

Elle : J'aime ton front, et j'aime tes jambes, et j'aime tes couilles, et j'aime tes épaules, et j'aime ta bouche.

Lui : Tu m'aimes totalement alors?

Elle : Oui. Totalement.

Voix Fille : En fait, on s'aperçoit que tout ce qui se passe autour des gens, joue un sacré rôle dans ce qui se passe à l'intérieur d'eux.

Elle : Et là, je suis bloquée?

Lui : Oh! J'disais pas ça méchamment!

Voix Garçon : C'est pour ça qu'il faut bien réfléchir à c'qu'on est et d'où on vient, et tous ces trucs-là.

Voix Fille : Mais il y en a qui sont payés pour vous empêcher de réfléchir!

Voix Garçon : Aujourd'hui, en France, quelquefois, c'est dangereux de trop réfléchir.

Voix Fille : Pour tout le monde, c'est pareil.
Aujourd'hui, en France, faut réfléchir mieux pour savoir comment sortir des emmerdements de chaque jour.

Lui : Merde. C'est quand même chiant.

Secrétaire : Qu'est-ce qu'il y a? Quelque chose qui ne va pas?

Lui : Non. Tout va bien.

Voix Garçon : Des fois, pour avoir moins d'emmerdements, faut poser les questions autrement.

Elle : I've had it. I've had it. You know, if it goes on like this, it's gone to be exactly the same thing every week.

Voix Fille : Oui, c'est pas facile. Ce serait plus simple d'écouter la publicité et d'baiser à tire larigot!

Lui : ... peut avoir une nuance classique de...

Voix Garçon : Mais les grands événements politiques finissent par tout bousculer dans la vie de tous les jours.

Lui : Et puis après il y a eu mai, et la Tchécoslovaquie par là-dessus, alors...!

Voix Fille : Y arrive un moment où on ne peut plus faire les choses comme avant.

Ingénieur du son : O.K., Susan, may I have a voice low please?

Elle : Testing : one, two, three, four... Testing : one, two, three, four... This is Susan Dewitt...

Voix Garçon : Finalement, la colère monte à la même vitesse que les prix!

(Cris supermarché)

Voix Fille : On vous l'a dit : c'est un film d'amour! Et un film d'amour *réaliste*, même!

Lui : J'avais peur que tu ne viennes pas.

Elle : T'as raison d'avoir peur.

INVENTER UN FILM
PRÉSENTATION DE *MOI JE*

Michael Temple

«Comparons : inventer un jeu – inventer un langage – inventer une machine»

(Wittgenstein, *Fiches*, 327).

Le document reproduit ci-après expose, sur quarante-neuf pages, les grandes lignes d'un film qui devait s'intituler *Moi Je*. Il est daté de «janvier 1973» par son auteur, «Jean-Luc Godard», en page «19[1]». La relative précision de cette date – qui est aussi celle de la signature à Paris des accords de paix mettant un terme à la guerre au Vietnam – permet de situer le projet de *Moi Je* à un moment important marquant une transition entre deux phases de la vie professionnelle de Jean-Luc Godard. Les années

---

1. La page 19 est en fait la quarante-sixième page du document. Ce style de pagination particulier est décrit plus loin dans cette introduction.

de travail au sein du Groupe Dziga Vertov (1969-1972), et, plus largement, les cinq années de cinéma militant et politique qui vont des événements de mai 1968 à la séparation d'avec Jean-Pierre Gorin, survenue après leur ultime collaboration sur *Tout va bien* et *Letter to Jane* (1972), touchent à leur fin. À ce moment, un nouveau cycle semble déjà engagé, avec la collaboration protéiforme qui commence entre Godard et Anne-Marie Miéville, que le cinéaste a rencontrée pendant le tournage de *Tout va bien*. Le premier film de cette association, *Ici et ailleurs* (1974), marque le début d'une période de cinq ans d'expérimentations novatrices en matière de communication audiovisuelle (1974-1979) à partir de leur base commune, la société Sonimage. Trois préoccupations essentielles caractérisent *Ici et ailleurs*, *Numéro deux* (1975), *Comment ça va* (1976), *Six fois deux (sur et sous la communication)* (1976), et *France tour détour deux enfants* (1979) : une autocritique rigoureuse des présupposés et de l'impensé du radicalisme politique de la fin des années soixante ; une recherche documentaire sur la vie quotidienne et la politique sexuelle à l'âge des médias de masse électroniques ; et l'hybridation critique des possibilités formelles et technologiques du cinéma, de la vidéo et de la télévision. Il n'est donc pas surprenant de trouver ces questions déjà en germe dans *Moi Je*, dont le contenu discursif pourrait être décrit comme la tentative menée par Godard, à travers cette expérimentation, pour repenser les questions de subjectivité politique et de responsabilité artistique en France « aujourd'hui, pour moi, quatre ans après Mai 68 » (19). Il faut toutefois garder à l'esprit, à la lecture de ce document, la mise en jeu kaléidoscopique par Godard de multiples filtres méthodologiques (l'anthropologie, la génétique, la cybernétique, l'électronique, la psychanalyse, la linguistique, la philosophie) et de sources d'inspiration diverses (Mao, Marx, Nietzsche, Deleuze et Guattari, Brecht, Wittgenstein, Burroughs, pour n'en citer que quelques-unes). Par ailleurs, la position du cinéaste s'y déplace sans arrêt, défaisant le projet et les processus à l'œuvre à mesure qu'ils se constituent. La question d'une possible approche herméneutique de *Moi Je* reste ouverte, et dépasse de toute évidence le champ de cette brève introduction.

Ce document se situe donc à la charnière entre deux phases extrêmement fécondes de l'évolution de Godard, phases différentes, également intéressantes, et pourtant largement ignorées par les histoires du cinéma en général, et par les spécialistes de Godard en particulier. Le cinéaste a préparé cette présentation de son « projet de film » en vue d'obtenir un financement de la Commission d'avances sur recettes, institution à laquelle le texte se réfère explicitement à plusieurs reprises. Si le doute demeure quant à l'obtention de financements de la Commission pour le film, le fait est que celui-ci ne fut jamais produit. Le scénario de *Moi Je* offre par conséquent un magnifique exemple des nombreux projets de films de Godard qui n'aboutirent pas, ainsi qu'un précieux éclairage sur ses préoccupations artistiques et son processus de création au début des années soixante-dix. De plus, la composition formelle du document lui-même, qui inclut une grande variété de techniques matérielles telles que la photocopie-collage, la poésie typographique, le dessin à la main, ainsi que plusieurs stratégies linguistiques et poétiques de citation, de détournement, de jeux de mots et d'ironie romantique, évoque bien plus qu'un projet de film inabouti : nous avons affaire à un objet aussi complexe, inventif, dynamique et réflexif que n'importe lequel des scénarios audiovisuels et des ébauches de films devenus si significatifs dans la production godardienne depuis les années quatre-vingts. Il serait donc tout à fait justifié d'accorder à *Moi Je* un statut au moins égal, dans le corpus godardien, à celui que l'on réserve habituellement à *Scénario de Sauve qui peut (la vie)* (1979), *Scénario du film Passion* (1982), ou *Petites notes à propos du film Je vous salue, Marie* (1983). Le projet *Moi Je* possède toutes les qualités d'une œuvre majeure : matériellement hybride, destinée au provisoire, philosophiquement spéculative et ouverte sur le futur.

Le document consiste en quarante-neuf pages de format A4. Les premières ne sont pas numérotées et portent simplement la mention « Moi Je » écrite de la main de Godard. Les quarante-cinq pages qui suivent constituent le plan du futur film et sont numérotées de −20 à 19, en passant par zéro. Les trois dernières pages du document, non numérotées, sont des annexes relatives aux formalités requises par la

Commission d'avances sur recettes pour la constitution d'un dossier. Il faut également noter que la partie principale du document (page −2 à 19) contient un certain nombre de «pages bis» marquées d'une apostrophe : −17'; −15'; −6'; −2'; 2'; 6'. Ceci suggère que la rédaction du document s'est faite par étapes successives, les pages bis étant alors insérées progressivement, au fil de l'évolution du projet dans le temps. Si l'on y ajoute la présence de numéros de page négatifs et positifs, ainsi que d'une page zéro, l'insertion par Godard de ces feuillets supplémentaires apporte un élément d'incertitude et d'irrégularité à la structure linéaire et rationnelle que l'on peut attendre d'un dossier préparé à l'intention de la Commission. De plus, Godard remet en question les fonctions de présentation et d'information du dossier dans l'ensemble du document. Ainsi, la page de titre principale (−20) est suivie de quatre pages d'introduction (de −19 à −17'). Suivent la «première partie : MOI, JE SUIS UN HOMME POLITIQUE» (de −16 à −5) et la «deuxième partie : MOI, JE SUIS UNE MACHINE» (de −4 à 19). Aucune relation structurellement cohérente entre la pagination du document par des numéros négatifs et positifs et la division du projet de film en parties et en sous-sections n'apparaît d'emblée. De même, la disposition d'éléments communs dans les première et deuxième parties semble promettre une certaine symétrie dans la composition, mais cette impression initiale se trouve vite dissipée. Pour ce qui est de la conception, les pages de titre de chaque partie (−16 et −4) se ressemblent de près, tout comme les pages −15 et 6 («essai d'information sociale psycho cinématographique» / «essai d'information sociale cybernético cinématographique») ou encore les pages −15' et 5, qui comportent toutes deux des montages de photocopies réalisés à partir de pages de magazines découpées. Par ailleurs, les première et seconde parties semblent d'abord se répondre par les informations qu'elles contiennent : les pages −14 et 1 débutent par deux phrases presque identiques («ce film aura une durée de projection d'environ 56 minutes...»), tandis que la présentation manuscrite des neuf parties filmées de la première séquence est suivie d'un «schéma dessiné» des mêmes séquences, et que les trois sous-sections de la seconde partie (A, B et C) sont présentées alternativement sous forme de manuscrit (A, pages 7 à 9), de «schéma dessiné» (B, pages 10 à 11), puis de nouveau sous forme manuscrite (C, pages 12 à 14). Cependant, cette symétrie apparente est subvertie de façon répétée dans la seconde partie du document, et ce, de diverses façons, comme si la facilité avec laquelle Godard ébauchait et improvisait des structures formelles complexes devait toujours se trouver immédiatement dépassée par une capacité encore plus forte à défaire ces structures et à en redistribuer les fragments en des motifs ouvrant de nouvelles possibilités. Ainsi, bien que de nombreux éléments de la seconde partie la rapprochent de la première partie, l'ordre de leur apparition est soit inversé (la séquence croissante des pages, −16, −15, −15', −14 l'est par exemple dans la séquence décroissante −4, 6, 5, 1), soit totalement perturbée, par exemple dans les quatre pages de découpages, de citations, de collages et de réorganisation graphique que Godard insère, sans raison structurale apparente, entre la page de titre de la seconde partie (−4) et la description très technique des usages de la vidéo et du cinéma (1). Cette tension créative entre l'ordre, la séquence et la symétrie, d'une part, et la déconstruction, l'inversion et la perturbation, d'autre part, constitue un principe de composition dominant et constant dans l'œuvre de Godard. En témoignent les «tableaux» de *Vivre sa vie* (1962), les «faits précis» de *Masculin féminin* (1966), les séries pour la télévision des années soixante-dix, les *Histoire(s) du cinéma* (1988-1998), et jusqu'à la présente exposition, «Voyage(s) en utopie».

Outre les dimensions et la structure de *Moi Je*, il convient aussi d'examiner les matériaux et les techniques employés par Godard dans la production de ce document aux multiples textures. Quatre composants élémentaires se détachent ici : l'écriture à la main, le texte dactylographié, la photocopie et le dessin. Les deux premiers se rapportent à la production textuelle, les deux derniers à la production d'images ; deux sont mécaniques, les deux autres sont manuels. Le document dans sa totalité est donc un produit hybride, obtenu par le jeu complexe de ces quatre éléments : texte, image, main, machine.

La part de l'écriture manuelle est relativement modeste en regard de la proportion de texte tapé à la machine. Cela n'est guère surprenant, étant donné la nature du document, une demande formelle de financement à la Commission d'avances sur recettes. Cependant, il est intéressant de relever les occurrences de texte manuscrit : la page de titre non numérotée, « Moi Je » ; les corrections fréquentes mais irrégulières au stylo sur le texte dactylographié (entre autres exemples, « tenir », −6, « tel », 4, « cybernético », 6, « dialogue », 14, « où », 15) ; et plusieurs ajouts faits à la main là où le texte dactylographié ne leur ménage pas suffisamment d'espace (« ne », −17, ou la série de parenthèses autour de « machine(s) », 7). La présence de ces signes manuscrits tout au long de *Moi Je* confère au document un caractère éphémère, qui vient s'ajouter à l'aspect pragmatique du dépôt d'une demande devant la Commission. Le dossier pour le film apparaît ainsi inachevé et incomplet, comme en attente d'une révision par son auteur, ou par quelqu'un d'autre ; ou, de fait, comme en attente d'une réponse positive de la Commission pour accomplir sa destinée. Dans la même veine, le projet pour *Moi Je* ouvre ainsi un espace à la réponse projetée du film lui-même à ce programme improvisé et virtuel d'une œuvre encore à faire.

Quant à l'usage que fait Godard de la machine à écrire, il est loin de se limiter à la production d'une prose conventionnelle, communicative et facilement lisible. L'artiste joue de la machine avec créativité afin de produire des effets inattendus : il s'agit de retourner la machine à écrire contre elle-même, et contre sa fonction la plus conventionnelle, qui est d'aider à la clarté et à l'uniformité de l'expression. À côté de l'usage relativement standard des majuscules, du soulignement, et malgré une certaine flexibilité des marges dans le corps du texte et son discours principal, Godard s'affranchit occasionnellement des contraintes de ce modèle pour laisser libre cours à une forme plus libre de poésie typographique. Ainsi, de −17 à −17', la transition du registre de la présentation à celui de la poésie est marquée typographiquement par un changement dans le style de mise en page : un langage empli de jeux de sens et de métaphores demande pour se déployer un type d'espace différent. De même, page 3, l'intensification poétique des sons et des sens des mots introduit dans la mise en page des formes rythmiques et graphiques inattendues. Enfin, un autre exemple de cette poésie typographique apparaît à la page −1 avec les cinq passages extraits de Beckett, de Leroi-Gourhan, de Marx, d'un catalogue Tradelec, et de Deleuze et Guattari, disposés différemment et arrangés en un collage qui incorpore une dimension de « bruit » graphique sans signification. Il s'agit là d'un exemple assez clair du retournement de la machine à écrire contre elle-même, du fait que la violation des règles de la dactylographie (des mots alignés de gauche à droite pour une consommation d'information plus facile) y est flagrante dans la manière dont Godard subvertit et redéploie les possibilités programmées de l'instrument. Dans un geste similaire, quoique sensiblement plus agressif, il décide également de barrer certains mots en retapant sur ceux-ci d'autres mots ou une barre oblique. Cette technique est évidente à la page −3 avec la citation de Burroughs, par exemple, et aux pages 2 et 2', où Godard disserte longuement sur le sujet de la

Collages de Godard illustrant un entretien pour la revue de cinéastes amateurs *Cinéma pratique* (n° 124-125), en juin 1973, issus de la préparation de *Moi Je*

« diffusion » dans un insert qui apparaît soudain, tout en restant lisible, au milieu de la page suivante, entouré de barres obliques tapées sur un autre passage de Deleuze et de Guattari sur les « machines ». De même que la pratique du collage graphique et photographique, chez Godard, est souvent comparée, par analogie, à sa passion pour le montage au cinéma, on peut dire que ces textes ou ces ensembles de signes qui en effacent d'autres ou les hantent, au moins en partie, constituent une forme typographique de surimpression ou de double exposition. Ce truc visuel, qui, pour ce qui concerne l'histoire du cinéma, remonte à Méliès, allait être redécouvert par Godard au début des années soixante-dix grâce à la technologie du montage vidéographique. Il allait devenir une figure stylistique clé de son travail et de celui d'Anne-Marie Miéville pendant cette décennie, et au-delà.

La façon dont Godard emploie la photocopie et le dessin pour produire les images de *Moi Je* mérite aussi que l'on s'y arrête brièvement. Ainsi que l'a souligné Michael Witt, l'achat par le cinéaste d'une photocopieuse de qualité au début des années soixante-dix permit la production, dans la décennie qui suivit, de plusieurs œuvres de collage à grande échelle : les quatre scénarios successifs de *The Story* (1978-1980), le trois centième numéro des *Cahiers du cinéma* (1979) et les illustrations d'*Introduction à une véritable histoire du cinéma*[2] (1980). *Moi Je* marque les débuts de cette pratique créatrice. Page −17, la photocopie a servi à insérer le petit diagramme d'un circuit électrique emprunté « au vocabulaire du modeste radio-amateur », qui se retrouve ainsi juxtaposé aux discours scientifique, psychanalytique et philosophique de François Jacob, de Gilles Deleuze et Félix Guattari, et de Mao Tsé-Toung, respectivement, et qui devient par là une représentation tout aussi légitime de la structure tripartite de *Moi Je*. Les pages −15' et 5 du document illustrent un usage plus complexe de la photocopieuse. Le premier collage consiste en un ensemble de photographies représentant des leaders politiques (Pompidou, Mitterrand, Brejnev, Nixon, Marchais) et une main d'homme tenant un revolver, à droite duquel figurent les phrases « la première partie exposera donc un comportement automatique » (le mot « automatique » étant placé près du revolver) et, plus bas, « l'homme est un animal politique (Aristote) ». Le second collage réunit la photographie d'un groupe d'ouvriers, peut-être lors d'une manifestation ou d'une grève, une légende faisant la promotion de la société d'ingénierie italienne Innocenti Meccanica, et la photographie d'un technicien travaillant sur une machine optique. La phrase « la deuxième partie du film… exposera un comportement machinal » trouve un écho au bas de la page avec « je est un autre », célèbre affirmation par Rimbaud de la dimension créative de l'aliénation. Le dernier exemple de l'utilisation par Godard de la photocopieuse à des fins artistiques se trouve en page 0, où les images contrastées (noir sur blanc et blanc sur noir) d'une figure humaine à l'intérieur d'un cercle semblent avoir été produites en partie par la machine et en partie à la main, en vue

2. Michael Witt, « Shapeshifter : Godard as Multimedia Installation Artist », *New Left Review*, n° 29, septembre-octobre 2004, p. 73-89.

d'illustrer la proposition «L'HOMME ET LE MONDE / ET / LE MONDE ET L'HOMME», accompagnée de la citation originale dans *Le Gai savoir* de Nietzsche. Il faut remarquer au passage que ce croisement de techniques manuelles et mécaniques tombe à point pour une page numérotée zéro et située, du point de vue de l'ordre séquentiel, au milieu du projet de film de Godard. Un exemple tout aussi hybride se trouve à la page −2, où le titre du *Figaro* «NIXON DÉCIDE / COUP D'ARRÊT DANS LA NÉGOCIATION DE PAIX» et une citation d'un manuel scolaire, *L'Analyse mathématique*, sont retranscrits dactylographiés, tandis que c'est par un dessin à la main qu'est reproduite la figure géométrique illustrant la dislocation sémantique, par Godard, du syntagme «tangente au sommet».

Ailleurs dans le document, les dessins à la main sont surtout utilisés à destination de la Commission d'avances sur recettes, pour traduire visuellement les séquences filmées de *Moi Je* : ainsi, les séquences 1 à 9 (pages −10 à −6') dans la première partie, et les neuf plans qui constituent la sous-section B (page 11) dans la seconde. Ces dessins ne doivent sans doute pas être considérés comme un exemple classique de story-boarding de la part de Godard. Mais ils constituent un témoignage matériel de sa préférence, souvent exprimée, pour le fait de penser avec ses yeux et avec ses mains plutôt que par les moyens exclusifs du langage, considéré comme l'instrument privilégié de l'investigation par la raison et de l'expression. De même, ces images dessinées à la main peuvent être vues comme de rares exemples du travail de dessinateur ou de peintre de Godard, et c'est de ce point de vue que le double autoportrait des pages −6 et −6' s'avère le plus fructueux à observer. Une des fonctions les plus importantes de l'autoportrait, dans l'histoire de l'art occidental, est de représenter l'artiste au travail, entouré de ses outils et de ses matériaux, en train de peindre, de dessiner, de sculpter, ou de produire une œuvre (un autoportrait, par exemple). Le sujet de l'autoportrait est par conséquent moins la personnalité ou la vie de l'artiste que les procédés et les techniques permettant à l'individu de porter le nom d'artiste en premier lieu[3]. Dans le projet *Moi Je*, la vie de l'artiste, même aussi renommé que Jean-Luc Godard, est reléguée dans le curriculum vitae de l'Annexe 1, cependant que l'usage fréquent de la première personne (moi, je) est toujours réflexif et non pas narcissique. Il demeure un élément comme un autre dans l'image inversée du cinéma, image nécessairement complexe et paradoxale, plutôt qu'il n'ouvre sur le portrait intime de la personnalité de l'artiste en tant qu'individu. Il apparaît donc légitime de considérer *Moi Je* (entre autres interprétations possibles) comme un autoportrait de Godard en janvier 1973, étant clairement entendu par là qu'un tel autoportrait serait avant tout la démonstration concrète de ce que c'est que d'être cinéaste, en particulier un cinéaste aussi connu que Jean-Luc Godard à un moment donné de l'histoire du cinéma français : «moi, J.-L. G., derrière la caméra, comme dans la séquence de LOIN DU VIETNAM, disant et montrant avec mon langage et mon corps ce que c'est de vivre à et dans un certain régime» (page −11). Tout au long de ce projet de film, Godard joue d'ingénieuses variations sur ce thème du «moi-ici-maintenant de l'œuvre en train de se faire». Ce geste peut être en partie rhétorique, dans la mise en avant de l'ironie qu'il y a à écrire un film avec un stylo et du papier plutôt qu'avec les véritables outils du métier, à plus forte raison lorsque cette étape survient longtemps avant la rencontre réelle, vitale dans la transformation qu'elle opère, du projet avec le monde. Mais pour les lecteurs qui découvrent ce remarquable document aujourd'hui, trente ans après sa composition, une telle stratégie auto-réflexive a aussi l'heureuse conséquence indirecte de faire du plan de *Moi Je* une œuvre fascinante en elle-même, et de constituer une étude de cas hautement instructive pour quiconque «écrira un jour une véritable histoire du cinéma et de la télévision» (page 17).

Traduit de l'anglais (Royaume-Uni) par Franck Le Gac

3. Voir Muriel Tinel, *L'Autoportrait cinématographique*, thèse de doctorat, EHESS, 2004.

Moi Je

MOI   JE

projet de film

Le plan du film est élaboré (engineered) à partir de la
notion de plan telle que , par exemple , elle est utilisée dans
les propos suivants :

"On a vu que trois plans peuvent être distingués dans le
comportement opératoire de l'homme : le premier est un plan profond qui intéresse des comportements automatiques directement liés
à sa nature biologique . Ce plan n'intervient que comme un fond
sur lequel l'éducation imprime les données de la tradition . Les
attitudes corporelles , le comportement alimentaire ou sexuel s'ap-
puient sur ce fond génétique dans des modalités fortement marquées
par les nuances ethniques . Le deuxième plan est celui du comport-
tement machinal qui intéresse des chaînes opératoires acquises
par l'expérience et l'éducation , inscrites à la fois dans le
comportement gestuel et le langage , mais se déroulant dans une
pénombre qui n'est pourtant pas de l'automatisme , puisque toute
interruption accidentelle dans le déroulement du processus opératoire fait intervenir la confrontation au niveau des symboles du
langage et passer au troisième plan . Ce dernier est celui du
comportement lucide sur lequel le langage intervient de manière
prépondérante , soit qu'il conduise à réparer une rupture accidentelle dans le déroulement de l'opération , soit qu'il conduise
à créer des chaînes opératoires nouvelles .

Ces trois plans s'enchaînent aux différents niveaux du comportement humain dans des proportions variées et en liaison directe
avec la survie du dispositif social .

La distinction de trois plans dans le comportement opératoire
est arbitraire comme toute coupure dans le continu , mais elle re-
coupe la distinction psychologique de l'inconscient , du subcon-
scient (ou préconscient) et du conscient , qui correspond à trois
niveaux de fonctionnement de l'appareil neuro-psychique humain .
Cette distinction est plus importante , certainement , que celle
qu'on pourrait introduire entre l'instinct et l'intelligence car
elle sépare les manifestations proprement instinctives , génétique-
ment canalisées , du déroulement des chaînes sans intervention or-
donnée du langage et de la conscience manifestée par le fonctionnement des symboles . Les termes psychologiques pourraient s'appliquer aux opérations techniques , mais ils entraînent avec eux un

cortège d'implications qu'il y a intérêt à ne pas intégrer ici,
et c'est pourquoi les termes d'<u>automatique</u> , de <u>machinal</u> et de
<u>lucide</u> sont appliqués aux pratiques opératoires." (Leroi-Gourhan,
La Mémoire et les Rythmes, Albin Michel , pp. 27-28)

Si j'ai cité ce texte , ce n'est pas pour en discuter le
bien fondé , tant dans sa formulation que dans sa matière ou
contenu , mais c'est plutôt pour la commodité de mon exposé ,
puisqu'aussi bien je suis en train d'exposer à la commission d'
avances sur recettes selon quels plans j'entends réaliser ce
film (en fait: des fonds pour une surface d'enregistrement).

Disons que ce film intitulé <u>MOI JE</u> sera divisé en deux parties , deux éléments qui correspondent chacun à ce qui , dans le
texte pré-cité, relevait d'un premier plan et d'un deuxième
plan . Au premier , s'appliquait le terme d'automatique et au
second le terme de machinal . La première partie du film exposera donc un comportement automatique , puisqu'elle traitera de
ce comportement opératoire spontané qu'Aristote , dans un de ses
bons jours , avait traduit par la formule célèbre: l'homme est
un animal politique . Cette première partie du film sera ainsi
intitulée MOI ,<u>JE SUIS UN HOMME POLITIQUE</u> . La deuxième partie
du film sera alors intitulée MOI , <u>JE SUIS UNE MACHINE</u> , puisqu'
elle exposera un comportement machinal , où tout ce qui est
agi par le sujet entre dans son comportement opératoire , mais
sous des formes et avec des intensités très différentes suivant
qu'il s'agit de pratiques élémentaires et quotidiennes , de pratiques à périodicité plus espacée ou de pratiques exceptionnel-
les . Comportement ou chaîne opératoire machinale dans la mesure où , tel qu'il est construit , le cerveau humain aliène une
partie de sa disponibilité (ce qui explique qu'il se montre ou
s'inscrive <u>profondément en surface</u> tel que dans la première
partie) en forgeant les programmes ordinaires qui assurent la
liberté de son comportement extraordinaire .

De l'enchaînement , de l'assemblage de ces deux parties ,
de leur confrontation , macroscopique aux niveaux des séquences
et des ensembles de séquences que représenteront la première partie
suivie de la deuxième , et microscopique aux niveaux des segments
d'images et de sons véhiculés dans ces deux grands ensembles liné-
aires , de cette confrontation , de ce montage (film = montage du
"je vois" disait , dans un de ses bons jours aussi, Dziga Vertov),

il naîtra une troisième partie du film qui correspond à ce qui,
dans le texte pré-cité , relevait d'un passage au troisième
plan et auquel s'appliquait alors le terme de lucide. Mais cette
naissance n'aura pas lieu sur la surface proprement dite du film.
Elle n'aura lieu que lors de son exploitation sociale , lors
de la projection du film sous des formes diverses et dans des
endroits spécifiques , et elle ne pourra avoir lieu que là,
dans un temps et un espace déterminés socialement. La seulement,
la troisième partie pourra voir le jour et jouer son rôle ,
pourra fonctionner puisque cette fonction sera en train de
se réaliser , fonction qui est de faire éclore un ou des embry-
ons nouveaux de lucidité.

S'il fallait emprunter au vocabulaire de la biologie moderne,
nous dirions que la première partie expose (socialement) du DNA et
du RNA , que la deuxième partie expose (socialement) du RNA et
des Protéines , et que la troisième partie c'est l'embryon. Ou
pour employer les termes de François Jacob : invariance (première
partie) , projet ou téléonomie (deuxième partie), morphogénèse
(troisième partie).

S'il fallait emprunter au vocabulaire de la psycho-analyse
moderne , nous dirions avec Gilles Deleuze : répétition (première
partie) , différence (deuxième partie) ,machine désiro-sociale
(troisième partie) . Ou bien aussi : production de production
(première partie) , production d'enregistrement/distribution
(deuxième partie) , production de consommation (troisième partie).

S'il fallait emprunter au vocabulaire de la philosophie la
plus moderne , nous dirions avec Mao Tsé Toung , et après Marx
et Lénine : causes internes/ bases (première partie) , causes
externes /conditions (deuxième partie), changement (troisième
partie .

On peut aussi emprunter plus simplement au vocabulaire du
modeste radio-amateur et faire le schéma :

Bref, le sens du montage , de l'accouplement de la première
et de la deuxième partie , ne se verra que dans la troisième partie:

enfant né du montage d'un spermatozoïde
sur un ovaire , et qui ne se forme que dans
des endroits hautement socialisés:tubes
à brillance variable des postes de télévision en face de qui l'on est seul à
être plusieurs , ou toile blanche des
salles obscures où l'on est plusieurs à
être seul; double registre d'inscription
qui se différencient en se répétant autant qu'il se répètent en différant:deux
spectateurs-machines dans un corps sans
organes supérieurement organisé,attirés
par leur propre image et leur propre son,
comme l'orchidée et la guêpe mâle qu'elle
attire , qu'elle intercepte en portant
sur sa fleur l'image et l'odeur de   la
guêpe femelle .

MOI JE

---

première partie :

MOI , <u>JE SUIS   UN</u>
<u>HOMME   POLITIQUE</u>

première partie :

MOI , JE SUIS UN
HOMME   POLITIQUE

Essai d'information sociale
psycho cinématographique .

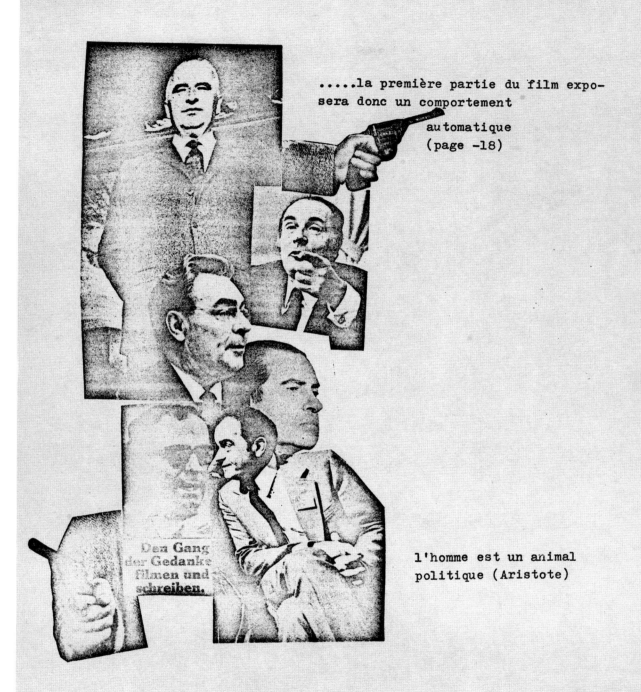

.....la première partie du film exposera donc un comportement

automatique
(page -18)

Den Gang
der Gedanke
filmen und
schreiben.

l'homme est un animal
politique (Aristote)

Ce film aura une durée de projection d'environ cinquante-six minutes . Il sera réalisé en noir et blanc ou gris si le budget total ne peut dépasser la somme de F. 1.000.000 (soit cent millions d'anciens francs) et en couleurs (parmi lesquelles le noir , le blanc et le gris) si le budget permet d'atteindre la somme de F. 1.500.000 (soit cent cinquante millions d'anciens francs).

Ce film , qui compose la première partie , n'éprouverait pas la nécessité d'être tourné en vidéo comme celui qui compose la deuxième partie (voir plus loin ,page 1). Mais il le sera dans un but d'unification au niveau de la vision optique , et , dans le tournage vidéo , ce sera donc l'aspect socialement nouveau (relations nouvelles à l'intérieur de la hiérarchie spécifique au tournage des films) qui prendra le pas sur l'aspect syntaxiquement nouveau (spécifiquement et premièrement)à l'oeuvre dans le tournage du film qui compose la deuxième partie .

Ce film sera décomposé en neuf séquences principales chacune précédée d'un plan d'un poste (ou de plusieurs) de télévision dans des lieux divers (magasins , cafés , appartements ,etc.) où l'on verra et entendra la speakerine de service énumérer , au fil des jours de la semaine , la liste des programmes .Les neuf séquences se décomposent comme suit, en plusieurs plans séparés par des titres (d'autres titres pouvant intervenir en surimpression au cours de la séquence proprement dite):

Séquence 1   (les affaires courantes)

−arrivée	− l'état
−hall , gardes	− la gloire
−lecture dépêches	− l'oeil
−signature dossiers	− la main
−téléphone	− voix haute
−téléphone	− voix basse

Séquence 2   (les affaires étrangères)

−discussion,chef étranger	− la nation
−discussion ,commerce	− le marché

-toasts	- le rituel

Séquence 3 (les affaires personnelles)

-l'autre femme	- le pouvoir
-	- voix haute
-	- la main
-	- l'échange
- (plans sur	-la valeur
- les rapports	- la dépense
- entre prosti-	- le profit
- tuée et client,	- les déchets
- du type VIVRE	- voix basse
- SA VIE et 2 OU	
- TROIS CHOSES)	-la perte
- coiffure,signature chèque	- la main

Séquence 4 (les affaires gouvernementales)

-réunion	- la valeur (l'industrie)
- "	- le profit (la culture)
- "	- les déchets (la police)
- "	- le pouvoir (la monnaie)
- "	- la jouissance (la guerre)
- "	- le bruit (l'information)
- "	- l'ordre (la santé)
- "	- la loi (la jeunesse)
- "	- la patrie (l'étranger)
- "	- voix basse (l'éducation)
- "	- (le travail)
- "	- la gloire (l'état)
- "	- la mort (le secret)

Séquence 5   (les affaires de famille)

- la femme   -
-les enfants   -
-le coucher   - la famille
-la nuit   - la peur
-les enfants   - le rêve
-la bonne   - la réalité
-les parents   - le pouvoir , l'entrée
-la bonne   - la sortie
-les parents   -voix haute
-les enfants   - voix haute
-les parents   - voix basse
- radios et télévisions   - le bruit

Séquence 6   (les affaires publiques)

-débat TV   - le refoulé
-     "   - le délégué
-     "   - le silence
-     "   - le masque
-     "   - le secret
-     "   - la tribu (ne)
-     "   - l'ampli

Séquence 7   (les mauvaises affaires)

- l'arrière café   - l'achat
-l'homme de main   - le silence
- le billard   - le secret

Séquence 8   (les affaires du dimanche)

- footing   - la démarche

- dialogue   - la parole

- journal   - l'imprimé

-    "   - la mise en scène

-                                - la famille

- invité endormi   - le repos

- regard   - l'oeil

- geste   - la main

-                                - le fascisme

Séquence 9   (le neuf)

- moi , J-L G.,derrière   - certains des titres
  la caméra , comme dans   déjà vus au fur et
  la séquence de LOIN DU   à mesure que se dé-
  VIETNAM , disant et   vide le discours
  montrant avec mon lan-
  gage et mon corps ce
  que c'est que de vivre
  à et dans un certain
  régime

    Les divers espaces blancs non encore remplis pour l'instant correspondent à des idées non encore trouvées du fait que n'ayant pas encore réuni la totalité des sommes nécessaires à la réalisation de ce film ,ce pourquoi je demande une avance sur recettes , il est actuellement impossible de trouver ces idées sans auparavant trouver les décors adéquats , les acteurs , bref s'engager réellement dans la réalisation du film , dans sa préparation ,et cesser de rêver sur du papier . Ce dont on ne peut parler , il faut le taire , disait déjà Wittgenstein . J'ajouterai que c'est parcequ'il faut le taire qu'il faut le parler autrement . Il faut le filmer .

    Voici néanmoins le schéma dessiné plan par plan tel qu'il existe à l'heure actuelle , et tel donc qu'il ne pourra progresser et se moduler définitivement que par la fixation des probabilités financières relatives au film en question .

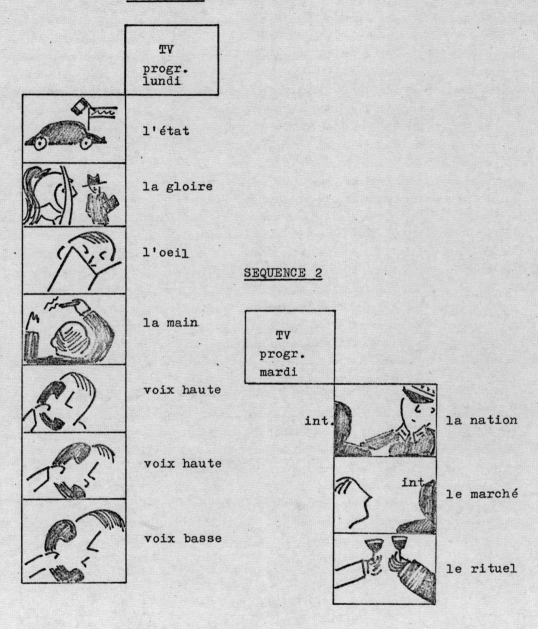

SEQUENCE 1

TV
progr.
lundi

l'état

la gloire

l'oeil

SEQUENCE 2

la main

voix haute

TV
progr.
mardi

int. la nation

voix haute

int le marché

voix basse

le rituel

SEQUENCE 3

TV progr. mercredi	
le pou- voir	fais-ci, fais-ça
voix haute	lecture médicale
la main	caresse
l'échange	gestes récip- roques
la va- leur	discussi- on du prix
la dé- pense	souffle
le profit	mon très cher
les dé- chets	
voix basse	le non- dit quo- tidien
la perte	
la main	coiffure et chèque

SEQUENCE 4

TV progr. jeudi midi	

l'industrie la culture		la valeur le profit
la police		les déchets
la monnaie la guerre		le pouvoir la jouissance
l'information la santé		le bruit l'ordre
la jeunesse l'étranger		la loi la patrie
l'éducation le travail		voix basse
l'état le secret		la gloire la mort

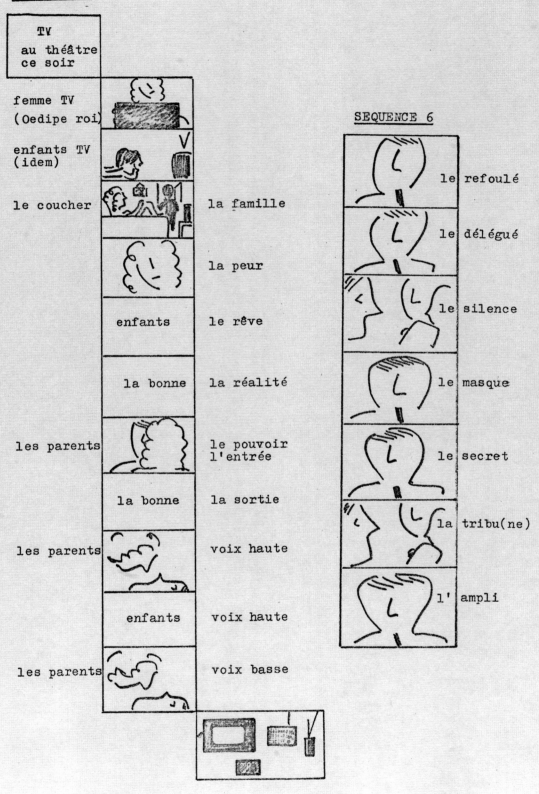

SEQUENCE 5

	TV au théâtre ce soir	
femme TV (Oedipe roi)		
enfants TV (idem)		
le coucher		la famille
		la peur
enfants		le rêve
la bonne		la réalité
les parents		le pouvoir l'entrée
la bonne		la sortie
les parents		voix haute
enfants		voix haute
les parents		voix basse

SEQUENCE 6

	le refoulé
	le délégué
	le silence
	le masque
	le secret
	la tribu(ne)
	l' ampli

-7

SEQUENCE 7

TV progr. samedi	
l'achat	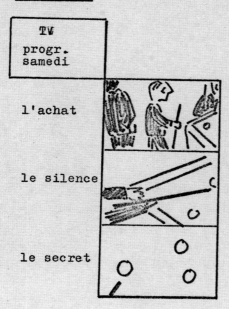
le silence	
le secret	

SEQUENCE 8

TV progr. dimanche	
	la démarche
	la parole l'imprimé
	la mise en scène
	la famille
	l'ordre la beauté
	l'oeil
	la main
ivention du salut nazi	le fascisme

SÉQUENCE 9

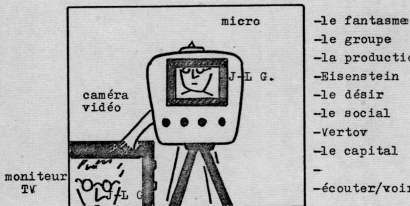

-le fantasmæ
-le groupe
-la production
-Eisenstein
-le désir
-le social
-Vertov
-le capital
-
-écouter/voir

Il s'agit dans cette séquence neuf d'en faire . D'oser
pour une fois tenir le discours que pas plus un Verneuil qu'
un Melville (lorsqu'il ordonne à un acteur de jouer le casseur
ou le policier), et pas plus un Truffaut qu'un Bertolucci ou
un moi-même jusqu'alors (lorsqu'il ordonne à une actrice de
se déshabiller), tenir le discours qu'aucun cinéaste n'a
encore eu le courage de tenir en face.Il ne s'agit pas de
cinéma-vérité , bien plutôt de cinéma-mensonge , ou plutôt
de court-circuiter notre habituel fonctionnement de calcula-
trice , avec son système de question-réponse de style binaire,
yes/no, bien/mal, paix/guerre,plaisir/souffrance,absence/pré-
sence, pour fonctionner comme un véritable calculateur , un
qui trouve aussi bien le DNA qu'une onde de gravité ou le
moyen de donner à manger à huit cent millions de chinois comme de faire plier Berliet .
    Il s'agit donc d'oser dire "je" , oser dire que les fan-
tasmes que l'on a vu sur l'écran sont les miens , oser dire en
41 que quatre-vingt millions parties de moi ont aimé juif-sus-
ser Hitler , oser dire en 72 que l'Amérique oblige le Vietnam
à mourir pour rien et que la tragédie c'est qu'elle les oblige
à dire le contraire , oser dire qu'une partie de moi aime profondément un con génial comme Guy Lux et que de là vient la
force dévastatrice de la télévision , force qui tire profit
de ma faiblesse , mais faiblesse où s'organise la force de
mon plaisir (désir), d'où le courage d'oser dire avec tonton

Bertolt que , lorsque le courage est battu , il faut encore avoir le courage d'avouer que ce n'était que de la faiblesse (puisqu'il a été vaincu).

Dire que ce que l'on vient de voir dans la première partie de <u>MOI JE</u> sont aussi mes fantasmes et produits par eux , c'est dire que c'est parce que je suis groupé avec la représentation de ces fantasmes , parce qu'il y a une filiation directe entre "je" et le "il" qui l'objective , parce que "je" est un autre (un autre je comme un autre il ou elle et il et elle comme un autre nous comme des autres ils comme des autres elles) que je puis enfin critiquer réellement cet "il" dont "je" fais partie , et que c'est parce que j'en fais partie et que je ne le cache plus que j'ai maintenant réellement le droit de critiquer ce régime(social) où "il" fait s'emballer "mon" moteur(désir).

Oser dire avec modestie (hélas ,c'est précisément cette modestie même qui sera jugée provocante) que lorsqu'on déclare de ce que quelqu'un dit que c'est de la merde , puisque cela sort de sa bouche , ce ne peut être que parce qu'il (je) parle avec son (mon) cul , et qu'il est donc temps de chercher le traitement de ce genre de maladie , et dans ce qui nous concerne, le traitement de son information .

Ayant dans cette première partie exposé un comportement opératoire spontané , il est possible maintenant d'exposer à son tour ce qui le recouvre, et qui est le comportement acquis à travers la communauté sociale. A ce comportement ou chaîne opératoire s'applique le terme de machinal . Il englobe toutes les pratiques issues de l'ambiance collective .

Les chaînes opératoires machinales (dont nous déroulons les séquences du réveil au coucher et du lundi au lundi suivant) sont le fondement du comportement individuel et représentent chez l'homme l'élément essentiel de la survie . Elles se situent donc sur un plan profond de la mémoire collective et intéressent le langage de manière limitée .

C'est de cette limite qu'il s'agira surtout dans la deuxième partie du film . Qui dit limite dit en effet frontière et barbelés quotidiens , et si notre rêve est de les franchir et de les cisailler , encore faut-il rêver réellement et apprendre beaucoup à savoir un peu d'où l'on part et ce que l'on a sous la main .

MOI JE

---

deuxième partie:

MOI, JE SUIS
UNE MACHINE

-3

JE SUIS UNE MACHINE

Le Môme
Le Môme
Le Môme
Le Môme

Fluoroscopique
Fluoroscopique

dit:
dit:
dit:
dit:

voyez-vous , fiston
voyez-vous , fiston
voyez-vous , fiston

quand vous commencez avec un nouveau baratin
~~quand vous commencez avec un nouveau baratin~~

ne soyez pas
ne soyez pas
ne soyez pas
ne soyez pas
ne soyez pas
ne soyez pas
ne soyez pas

un de
un de
un de
un de
un de
un de
un de
un de
un de
un de
un de ces Fayots
ces Fayots
ces Fayots
~~ces Fayots~~

sautez immédiatement sur la thune.

(William S. Burroughs, le Ticket qui explosa)

Accusant Hanoï d'avoir "triché" constamment dans la
recherche d'un règlement ,

       NIXON DECIDE

COUP D'ARRET DANS LA NEGOCIATION DE PAIX
(Le Figaro , première page , Lundi 18 décembre 1972)

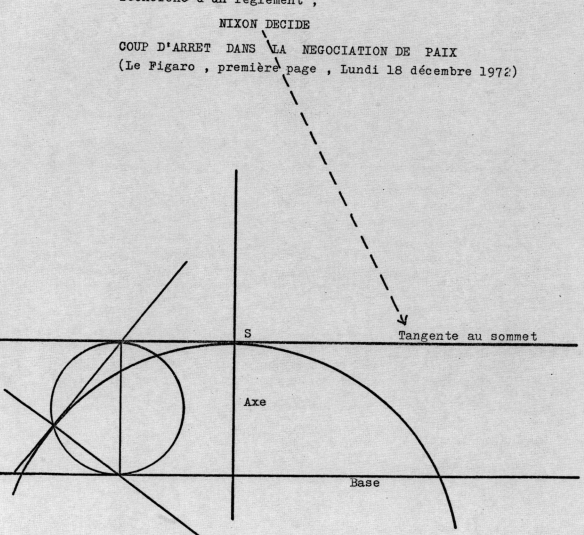

Dans son dernier ouvrage mathématique publié en 1658
comme un défi au monde savant , Pascal traite de la
cycloïde , c'est à dire de la courbe décrite par un
point de la jante d'une roue qui roule sans glisser
sur une route rectiligne .
Le premier ,Galilée , en 1630, avait attiré l'attention sur cette courbe dont la forme est particulièrement gracieuse .

(André Delachet , l'Analyse Mathématique,PUF,1969)

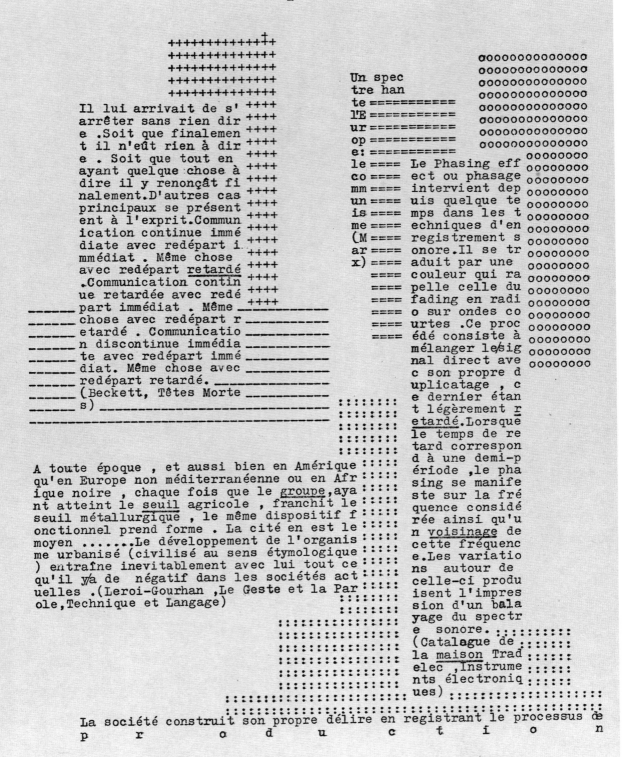

Il lui arrivait de s'arrêter sans rien dire .Soit que finalement il n'eût rien à dire . Soit que tout en ayant quelque chose à dire il y renonçât finalement.D'autres cas principaux se présentent à l'exprit.Communication continue immédiate avec redépart immédiat . Même chose avec redépart retardé .Communication continue retardée avec redépart immédiat . Même chose avec redépart retardé . Communication discontinue immédiate avec redépart immédiat. Même chose avec redépart retardé. (Beckett, Têtes Mortes)

Un spectre hante l'Europe: le communisme (Marx)

Le Phasing effect ou phasage intervient depuis quelque temps dans les techniques d'enregistrement sonore.Il se traduit par une couleur qui rappelle celle du fading en radio sur ondes courtes .Ce procédé consiste à mélanger le signal direct avec son propre duplicatage , ce dernier étant légèrement retardé.Lorsque le temps de retard correspond à une demi-période ,le phasing se manifeste sur la fréquence considérée ainsi qu'un voisinage de cette fréquence.Les variations autour de celle-ci produisent l'impression d'un balayage du spectre sonore. (Catalogue de la maison Trad elec ,Instruments électroniques)

A toute époque , et aussi bien en Amérique qu'en Europe non méditerranéenne ou en Afrique noire , chaque fois que le groupe,ayant atteint le seuil agricole , franchit le seuil métallurgique , le même dispositif fonctionnel prend forme . La cité en est le moyen ......Le développement de l'organisme urbanisé (civilisé au sens étymologique) entraîne inevitablement avec lui tout ce qu'il y a de négatif dans les sociétés actuelles .(Leroi-Gourhan ,Le Geste et la Parole,Technique et Langage)

La société construit son propre délire en registrant le processus de production

JE SUIS UNE MACHINE

O

<u>JE SUIS UNE MACHINE</u>

-

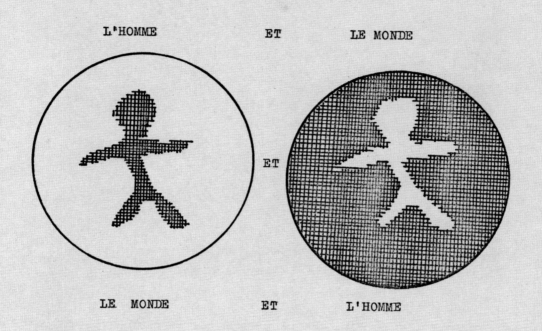

L'HOMME   ET   LE MONDE

ET

LE MONDE   ET   L'HOMME

Nous éclatons de rire rien qu'à voir
voisiner homme et monde ,séparés par
la sublime prétention du petit mot

et.

(Nietzsche,Le Gai Savoir,V,§346)
(Marx,Economie et Philosophie,Pléiade II,
pp.88-90)

Ce film aura une durée de projection d'environ cinquante-six minutes . Il sera réalisé en noir et blanc ou gris si le budget ne peut dépasser la somme de F. 1.000.000 (soit cent millions d'anciens francs) et en couleurs si le budget permet d'atteindre la somme de F. 1.500.000 (soit cent cinquante millions d'anciens francs).

Comme il l'a été écrit dans la première partie (page-14) ,ce film qui compose la deuxième partie (et en fait seulement la partie B de cette deuxième partie) sera tourné en vidéo , et c'est la nécessité de la vidéo pour le tournage de cette deuxième partie qui rendra nécessaire à son tour un tournage en vidéo pour la première partie .

L'ensemble des deux parties du film MOI JE présentera ainsi l'originalité de pouvoir mettre à la disposition du public (ou du moins des diverses instances qui à l'heure actuelle prétendent le représenter dans ce domaine , c'est à dire en l'occurence les sociétés de distribution cinématographiques , les chaînes de télévision privées et d'Etat , les maisons de la culture , les circuits indépendants de télédistribution , les annexes audio-visuelles de locaux syndicaux , etc.) un ensemble de quatre originaux de diffusion :

un original vidéo 1 pouce en provenance d'un ma gnétoscope du type IVC 961 , destiné à la diffusion sur les antennes des différentes télévisions nation ales et aux normes techniques agrées par elles .

un original vidéo 1 pouce en provenance d'un ma gnétoscope du type IVC 871 , destiné à la diffusion dans des circuits indépendants de télédistribution(culturels , industriels, individuels, et, dans ce d ernier cas , des copies 1/2 pouce).

un original 16mm en provenance d'un transfert d e l'original 1 pouce sur film cinématographique.

un original 35mm en provenance d'un transfert d e l'original 1 pouce sur film cinématographique.

(un original super 8mm pourra être obtenu le ca s échéant de la même façon que le 16 ou 35mm).

Voilà ce que j'avais répondu il y a quelques mois aux étudiants de l'université de Maryland lorsqu'ils m'ont demandé des renseignements sur le tournage de mon prochain film . Et leur question était : pourquoi tourner en vidéo puisque de toutes façons il y aura ensuite transfert sur film de cinéma ? Et je leur avais répondu d'abord que cette question me serait probablement aussi posée quelques mois plus tard (aujourd'hui) par la commission d'

2

avances sur recettes , à l'intérieur du système (français) cen-
tarl de cinématographie , lorsque je demanderai à ses membres (les
membres des différentes classes entrent , sous des formes
variées , dans des rapports de production déterminés , se livrent
à une activité de production dirigée vers la solution des problèmes relatifs à la vie matérielle des hommes -Mao Tsé Toung,
4 Essais Philosophiques , juillet 1937) de me réserver , sur
les fonds formellement débloqués à cet effet par l'Etat , une
somme correspondant environ et si possible à un tiers du devis
maximum établi pour le film en question .
    Mais puisque j'avais à cette époque répondu aux étudiants du
Maryland par ce que je vous répondrai maintenant , je puis tout aussi
bien répondre maintenant par ce que j'avais répondu à l'époque
(maintenant vous lisez maintenant , mais est-ce que tout à l'
heure vous lirez tout à l'heure - Wittgenstein , Fiches , 1945-
1948) .

           Relisons donc la question (ou plutôt : soit re
    voyons la question soit réécoutons-la, ou autrement d
    it : soit réenregistrons-la soit rejouons le playback
    ,c'est à dire finalement : soit une machine du type :

    (re)voir(re)entendre ←——→→(re)lire
    ou
    image(s)son(s) ←————————→→lecture

    ou encore , pour utiliser la notation mise au point (
    dans un autre domaine à la limite du nôtre , et cf.la
    notion de limite dans la première partie,page -5) par
    Cauchy en 1821 , c'est à dire : soit une machine   du
    type :

    $\int_{main}^{oeil}$ f(voix)d(lire)

    machine dont il est donné un exemple dans la partie A
    de la deuxième partie ,page 8) posée par les étudia
    nts du Maryland et par ceux qui vont ici étudier mon
    dossier .
           La question était : pourquoi tourner en vidéo
    puisque dans la majorité des cas il y aura ensuite tr
    ansfert sur film cinéma ?
           Ma réponse est comme était : actuellement,en 1
    973, dans nos régions, dans l'industrie de l'art ciné
    matographique , et dans cette région de cette industr
    ie qui n'est pas celle du cinéma d'amateur ni de fami
    lle(82% du chiffre d'affaire de Kodak),bref, là où je
    suis , la diffusion des idées-marchandises, dont je s
    uis un des éléments producteurs , s'effectue dans la
    réelle majorité des cas par le film 16 ou 35mm.C'est
    vrai. Mais il est vrai aussi que le contrôle effectif
    de cette diffusion du produit n'est pas dans la main
    de celui qui produit , ni dans celle de ceux qui cons
    somment , et qui sont les deux mains d'un même corps ,
    corps qui consomme autant qu'il produit ce produit et
    sa diffusio ⱡⱡⱡ⌿ⱡⱡⱡ⌿ⱡⱡⱡⱡ⌿ⱡⱡ⌿ⱡⱡⱡⱡⱡ⌿ⱡⱡ⌿⌿ⱡ⌿ⱡⱡⱡⱡⱡⱡⱡⱡⱡ

d'intéressant/dans/les/mach///////////////////////////////
ines//,/c'est/qu'elles/se/détraquent,////////////////////////
machine/à/écrire/,/à/laver,/à/calculer,/à/vapeur,/machin
e/de/guerre/américaine/au/Vietnam/et/machine/à/composer/
le/passé,/machines/dont/on/ne/parle/d'habitude/qu'en/opp
osant/les/deux/thèses/ordinaires/:/une/d'après/laquelle/
les/organismes/ne/sont/pour/le/moment/que/des/machines/p
lus/parfaites/(les/choses/mêmes/que/nous/croyons/purement
spirituelles//ne/sont/rien/que/des/ruptures/d'équilibre/
dans//une/série/de/leviers/,/en/commençant/par/ceux/de/c
es/leviers/qui/sont/trop/petits/pour/être/aperçus/au/mic
roscope/roscope/électronique),/l'autre/d'après/laquelle/
les/machines/ne/sont/jamais/que/des/prolongements/d'orga
nisme/(les/animaux/inférieurs/gardent/leurs/membres/chez
eux/,/dans/leur/propre/corps/,/tandis/que/la/plupart/des
membres/de/l'homme/sont/libres/,/et/gisent/détachés/tant
ôt/ici/,/tantôt/là/,/en/différents/lieux/du/monde)./Mais/i
l/faut/faire/éclater/cette/opposition/primaire/en/portan
t/chacune/des/deux/thèses/à/un/point/extrême/où/elles/se

n, et que par suite cette diffusion diffuse donc autre c
hose que ce qui a été produit , ou plus exactement qu'il
se produit de la diffusion en écrasant trop la productio
n qui se diffuse , ce qui ne serait pas gênant car c'est
une réalité comme une autre , mais encore faudrait-il qu
e cela soit dit , et ce n'est pas le cas ,jamais, jamais,
dispersent/et/cessent/de/s'opposer./Car/on/dit/que/les/ma
chines/ne/se/reproduisent/pas/,/ou/ne/se/reproduisent/qu
e/par/l'intermédiaire/de/l'homme//,/mais/y/a-t-il/quelqu'
un/qui/puisse/prétendre/que/le/trèfle/rouge/n'a/pas/de/s
ystème/de/reproduction/parceque/le/bourdon//,/et/le/bourdo
n//seul//,/doit/servir/d'entremetteur/pour/qu'il/puisse/s
se/e/reproduire/?/Le/bourdon/fait/partie/du/système/repr
oducteur/du/trèfle//./Chacun/de/nous/est/sorti/d'animalcu
les/infiniment/petits/dont/l'identité/était/entièrement/
distincte/de/la/nôtre//,/et/qui/font/partie/de/notre/prop
re/système/reproducteur//,/pourquoi/ne/ferions-nous/pas/p
artie/de/celui/des/machines/?/Car/ce/qui/nous/trompe/,/c'
est/que/nous/considérons/toute/machine/compliquée/comme/
un/objet/unique//./En/réalité//,/c'est/une/cité/ou/une/soc
iété/dont/chaque/membre/est/procréé/directement/selon/so
n/espèce//./Nous/voyons/une/machine/comme/un/tout//,/nous/l
ui/donnons/un/nom/et/nous/l'individualisons//;/nous/regar
dons/nos/propres/membres/et/nous/pensons/que/leur/combin
aison/forme/un/individu/qui/est/sorti/d'un/unique/centre
d'action/reproductrice//./Mais/cette/conclusion/est/anti-
scientifique//,/et/le/simple/fait/que/jamais/une/machine
à/vapeur/n'a/été/faite/par/une/autre/ou/par/deux/autres/
machines/de/sa/propre/espèce/ne/nous/autorise/nullement/
à/dire/que/les/machines/à/vapeur/n'ont/pas/de/système/re
producteur./En/réalité//,/chaque/partie/de/quelque/machin
e/à/vapeur/que/ce/soit/,/est/procréé//par/ses/procréateur
s/particuliers/et/spéciaux//,/dont/la/fonction/est/de/pr
ocréer/cette/partie-là//,/et/celle-là/seule//,/tandis/que
la/combinaison/des/parties/en/un/tout/forme/un/autre/dép
artement/forme/un/autre/département/du/système/reproduct
eur/mécanique//./On/rencontre/ici/le/phénomène/de/plus-va
lue/de/code//,/lorsqu'une/partie/de/machine/capte/dans/so
n/propre/code/un/fragment/de/code/d'une/autre/machine/et
se/reproduit/ainsi//grâce/grâce/à/une/partie/d'une/autre/
machine/:/le/trèfle/rouge/et/le/bourdon//,/ou/bien/l'orch
idée/et/la/guêpe/mâle/qu'elle/attire//,/qu'elle/intercept
e//en/portant/sur/sa/fleur/l'image/et/l'odeur/de/la/guêp
e/femelle//./Ainsi/la/photo//,/le/cinéma/et/la/télévision/
où/l'infortuné/spectateur/perd/son/identité/en/la/trouvant

et même si ça l'était ce ne serait pas entendu , car il se
consomme aussi autre chose que ce qui a été diffusé (mais
le spectateur n'est pas mis au courant , il nage dans ce n
on-courant , en mémorisant irréellement les rapports réels
entre production , diffusion et consommation , rapports qu
i sont ceux sur lesquels s'établit sa pratique quotidienne
, et par suite , cochon de payant , il est , là comme aill
eurs (la vraie vie n'est pas ailleurs), à l'uzine,au supe
rbemarché , au seindicat ou à la maison (d'où vient ce ma
is accouplé à ce on dont nous faisons notre demeure),là o
ù il est assujetti en tant que cochon et en même temps d
évié (comment les déviations sexuelles n'augmenteraient-
elles pas en régime de croisière capitaliste puisqu'on ne
peut investir un avoir que sous forme de doit) en tant qu
e payant , ce qui le place dans une contradiction explosiv
e (le double-bind que bien des rats ont déjà payé de leur
vie dans les labos de recherches pour l'honneur de la sci
ence) dont il ne reste en fin de compte (disent les banqu
iers) qu'une situation absolument intenable dont chacun s
e sort comme il peut , en votant pour Hitler après une pre
mière guerre mondiale , ▓▓▓▓▓▓▓▓▓▓▓▓▓▓▓▓▓▓▓▓▓▓▓▓▓▓▓▓▓▓
▓▓▓▓▓▓▓ en s'accusant de tous les vices lors d'un
procès à Moscou , en entrant dans un 5/7 sans sortie,▓▓▓
en tirant sur la foule d'un toit d'hôtel à la Nelle Orléan
s, etc.,etc., et plus modestement ,ici, moi , par exemple,
en ce moment , en essayant de décrire ça par une phrase im
possible du type de celle qui précède où , dans l'obligati
on de tout dire on ne dit rien , de tout annoncer on ne dé
nonce rien ; on n'énonce rien d'autre que l'éternel :que f
aire ? à quoi Lénine n'a jamais répondu en 1905 pour la bo
nne raison qu'il préparait une révolution dont l'un des mo
indres espoirs était d'apprendre à ne plus répondre à ce t
ype de question et à bricoler ailleurs et autrement.
     Bricoler ailleurs et autrement , au simple endroit
où nous sommes (comme on dit des gens simples) , dans le
cinéma , qu'est-ce que ça veut dire ?
     Sûrement déjà que ça ne veut rien dire , mais que
ça veut fonctionner autrement , et que ça ne veut pas savo
ir qu'est-ce que c'est que ce ça qui dit qu'il fonctionne,
même autrement, ou autrement d'autrement ,autrement dit qu
e ça ne veut pas être mais avoir , pas dire je suis , mais
j'ai , autrement dit encore , bricoler ne veut pas dire fi
cher ou aiguiller ou dériver ou couper,mais

           bricoler veut
           ficher,aiguil
           ler,dériver,c
           ouper;bricoler fiche ,aiguille,
               dérive,coupe,cat
               alyse,connecte,d
               ébranche,perfore
               ,infeste,glisse,
               etcétère, in et outpute,
tel que ça se passe actuellement au niveau de cette machin
e à écrire programmé par l'alliance de ma main et de mon s
ystème nerveux central programmé par mon invariance généti
que et mon projet social de cellule qui rêve d'être une au
tre .

Bien sûr , tout ça n'est pas très précis , et les étudiants du Maryland n'y voyaient pas plus clair qu'avant . Mais je pouvais déjà
▓▓▓▓▓▓ leur faire remarquer que cela venait du fait qu'il me forçaient
à parler d'un film plutôt que de me forcer à le faire , pour qu'

                   le
ils puissent voir (de vidéo , je vois , en latin) , et par suite
qu'ils puissent <u>insérer</u> cette vision , leur vision dans l'<u>as-
semblage</u> de vues développées par le film , bref , qu'ils puissent faire du montage au sens où nous avons déjà dit (page -18)
que l'entendait un Vertov (à qui la révolution sociale d'ouvrir
                                         permit
les oreilles).

      Le plus simple , je leur ai encore dit comme je le dis
maintenant , serait de vous donner un aperçu de cette vision , un
aperçu qui sera à cette vision ce que cette vision elle-même sera
à un aperçu de vos conditions sociales d'existence telles que
vous en aurez un bref aperçu lorsqu'en tant que spectateurs vous
calerez votre cul en échange de deux dollars réels échangés
contre des milliers de dollars irréels signalés sur une toile
blanche dans de la pénombre installée pour faciliter les contrastes,
échange réel où vous produisez une plus ou moins intense énergie de
dépense dont l'aperçu qui va suivre ne cherche qu'à vous donner
un aperçu .

      Ensuite , je leur ai encore dit comme je le dis maintenant ,
je serai mieux à même de montrer quelle importance j'accorde aux
possibilités techniques offertes par l'actuel matériel de tournage
semi-professionnel vidéo , importance syntaxique d'une part et
sociale d'autre part , tant il est vrai que l'esthétique n'est qu'
une des catégories de la politique .

      Voici donc le schéma dessiné plan après plan de la deuxième
partie , tel qu'il existe à l'heure actuelle, et tel aussi qu'
██████ il ne pourra se moduler définitivement que par la fixation
des probabilités financières relatives à tout le film en question .

      J'ajouterai encore avant de passer au tableau noir que les
quelques pages qui précèdent ce schéma , et leur mise en page
typographique tel qu'elle s'est exprimée et imprimée de la
page -3 à la page 5 , n'avaient pour motif que de faire
sentir ce qui se tramait sous la tapisserie avec les moyens
du bord (une machine à écrire et de la grammaire), car en
fait en cet instant je ne suis rien d'autre qu'une machine
(à écrire) de machine . Et si la première partie recherchait
les traces spontanées de cette machination , la deuxième en
recherche les principes généraux de fonctionnement .

........la deuxième partie du film ....expo-
sera un comportement machinal (page -18)

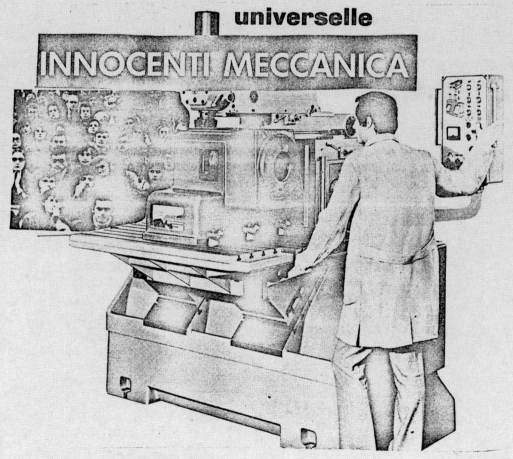

je est un autre (Rimbaud)

deuxième partie :

MOI , JE SUIS
UNE MACHINE

Essai   d'information sociale
cybernético cinématographique.

Cette deuxième partie se divise en trois :

A) machine(s) du type je , tu , il.
B) je , tu , il machine.
C) rêve 1 et rêve 2.

```
A) machine(s) du type je , tu , il
A) machine(s) du type je , tu , il
A) machine(s) du type je , tu , il
A) machine(s) du type je , tu , il
A) machine(s) du type je , tu , il
A) machine(s) du type je , tu , il
A) machine(s) du type je , tu , il
A) machine(s) du type je , tu , il
A) machine(s) du type je , tu , il
```

```
A) machines du type je , tu , il
A) machines du type je , tu , il
```

(conseil : utiliser le verbe avoir)

A) <u>machine(s) du type je , tu, il</u>

                        cette partie de la deuxième
partie se compose de neuf séquences séparées par des noirs pendant lesquels une voix off explique ou introduit la séquence suivante . Chaque séquence est elle-même divisée en plusieurs plans
comme suit :

<u>Séquence 1</u>

- homme , femme , enfant
- machine à laver
- machine à calculer
- machine à écrire
- bicyclette

NOIR (explication de je,tu,il est une machine)

<u>Séquence 2</u>

- main en action
- yeux en action
- bouche en action

NOIR (explication de machine de machine,ensemble d'ensemble, sys-
                                           tème de système)

<u>Séquence 3</u>

- étiquette sur gigot
- calendrier
- magnétoscope
- immeuble
- magasin de disques

NOIR (explication de machine sociale et machine désirante)

<u>Séquence 4</u>

- machine sociale (échangeur routier)
- machine désirante (le geste et la parole)

NOIR (explication du régime social et du régime désirant)

Séquence 5

- machine fonctionnant à un fort régime social et un faible régime
  désirant (scène d'amour classique)
- machine fonctionnant à un faible régime social et un fort régime
  désirant (scène de révolution classique)

NOIR (explication de machine entre les machines , ou machine de
                                              branchements)

Séquence 6

- machine sémantique (visage enfant devant TV)
- machine financière (visage enfant devant TV)
- machine culturelle (visage enfant devant TV)
- machine   (visage enfant devant TV)

NOIR (explication de branchements de branchements ,machines in-
                                              tégrales)

Séquence 7

- machine sémantique (crédit card)
- machine financière (   )
- machine culturelle (   )
- machine   (   )

NOIR (explication des deux façons de brancher : parano et schizo)

Séquence 8

- machine paranoiaque (   )
- machine schizophrénique (   )

NOIR (explication du système d'explication 1,2,3)

Séquence 9

- système biologique (invariance ,téléonomie,morphogénèse)
- système grammatical (sujet , verbe , attribut)
- système politique (difficulté, pensée , action)

(on retrouvera dans cette séquence 9 les trois boules de billard
de la séquence 7 de la première partie)

B) je , tu , il machine
B) je , tu , il machine
B) je , tu , il machine
B) je , tu , il machine
B) je , tu , il machine
B) je , tu , il machine

(conseil :ne pas utiliser le
verbe être)

B) je , tu , il machine

cette partie de la deuxième partie se
compose de neuf plans dont le schéma d'assemblage et d'insertion
serait le suivant (en fait, trois séquences de trois plans chacune insérant de la différence dans un assemblage de répétitions):

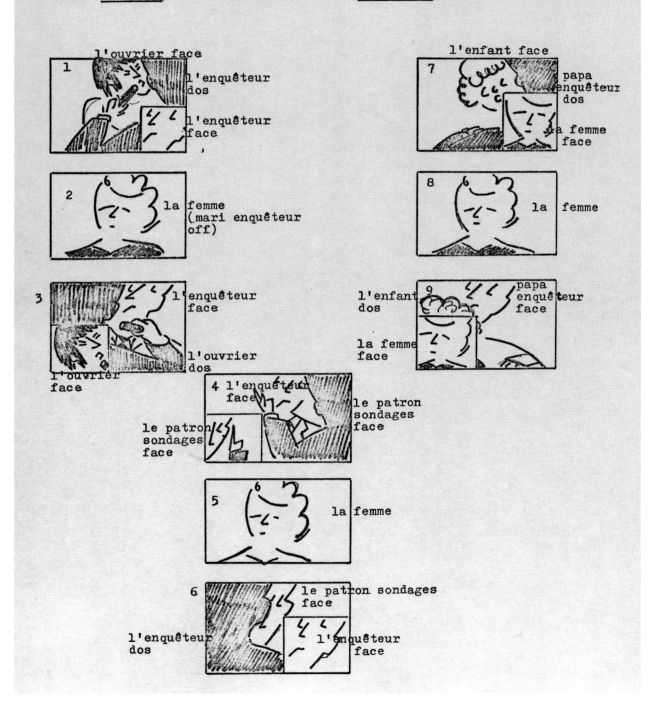

C) rêve 1 et rêve 2

C) rêve 1 et rêve 2

cette troisième partie de la deuxième partie
se compose d'une série de deux plans illustrant à tour de rôle
(dans le domaine de la vie quotidienne en France) le rêve parano
et le rêve schizo , le rêve fasciste et le rêve révolutionnaire .
On aura ainsi par exemple :

Rêve 1
Dans une salle de classe , un professeur demande à un petit écolier
de donner un exemple du verbe avoir . L'écolier écrit au tableau
noir une phrase du type : j'ai reçu beaucoup de chocolat pour ma
fête , propos que dément la pauvreté de sa mise .

Rêve 2
Même classe . Mêmes personnages . Même demande du professeur .L'écolier sort un canif de sous sa blouse , frappe le professeur qui s'é-
croule , et écrit au tableau noir : j'ai désagrégé l'agrégé .

Rêve 1
Dispute entre un homme et une femme . Chacun se hurle l'un à l'autre :
mais laisse-moi parler . A quoi l'autre réplique : mais laisse-moi
t'interrompre .

Rêve 2
Suite de la discussion . La femme fait comprendre à l'homme qu'en
fait , quand elle dit : tais-toi , laisse-moi parler , elle devrait
dire : parle , et parle pour que je puisse me taire , c'est à dire
parler sans que tu entendes , ce qui n'arranges pas les choses , et
toi la même chose . Et l'homme comprend que lorsqu'elle parle il
doit faire l'effort de traduire à voix haute ce qui est sorti d'
elle et entré dans lui , et qu'ils doivent , s'ils veulent dialoguer parcourir tout ce circuit tel qu'il s'imprime dans leur
corps dont l'expression orale n'exprime que certaines limites
et à certains moments .

Rêve 1
Discours d'un chef d'Etat à la télévision à ses frères citoyens.

Rêve 2
Idem mais autrement , le chef d'Etat étant la cuisinière dont
parle.Lénine .

Rêve 1

Cérémonie d'anniversaire de la mort de J-P Timbaud (militant du
parti communiste français mort sous les balles nazies pendant
la deuxième guerre mondiale) et allocution par un membre du
comité central style ancien combattant .

Rêve 2

Idem , mais à partir du fait que J-P Timbaud est mort en criant:
vive le parti communiste allemand .

Rêve 1

Un postier débordé engueule une brave dame parcequ'elle écrit un
mandat-lettre de façon illisible .

Rêve 2

Idem . Mêmes personnages . Dialogue vivant entre la vieille dame et le
jeune postier l'aidant à écrire les lettres et les chiffres .

Rêve 1

Proclamation d'un révolutionnaire disant qu'il n'a pas peur de
mourir pour la cause sacrée .

Rêve 2

Proclamation du même disant plus simplement qu'il a un peu peur de
mourir , et qu'il veut vivre pour un effet et pas pour une cause.

Rêve 1

Le directeur de la compagnie nationale d'aviation baptise les
derniers nés de sa flotte aérienne : Château de Blois ,Château
de Chambord , Château de Chenonceau , etc.

Rêve 2

Un ouvrier de Sud - Aviation baptise les nouveaux avions que
lui et ses camarades ont construit. Il leur donne le nom des
luttes qu'ils ont mené contre le directeur pour arracher des
meilleures conditions de travail .

Etc.

Etc.

Etc. (cf. avant dernier paragraphe page -11 et quatrième paragraphe page 4)-(Les personnages jouant les rôles principaux
dans ces courts éléments de fiction intitulés Rêve 1 et Rêve 2
seront les mêmes que ceux apparus au cours des deux parties
du film . On retrouvera ainsi le ministre , la femme , les enfants , la bonne , l'ouvrier , l'enquêteur , etc.)

Ayant dans les pages qui précèdent (de la page 7 à la page 14) donné un aperçu tel qu'il peut s'apercevoir à l'heure actuelle de la deuxième partie du film , je puis maintenant mieux montrer en quoi il me semble intéressant , et même nécessaire, de tourner cette deuxième partie (et par suite la première) en utilisant les techniques impliquant un matériel vidéo .

Il faut d'abord séparer ici les deux lieux sociaux principaux de projection et de diffusion des images et des sons (des informations à base de fiction et des fictions à base d'information) que sont aujourd'hui la télévision et le cinéma . Autrement dit : séparer l'écran des salles et les récepteurs d'appartements, ceci pour tenir compte des phénomènes de répétition et de différence entre chacun d'eux , où chacun (re)coupe l'autre .

Si en effet on assiste depuis quelque années à une crise générale d'invention productive , à une sorte de sclérose tant des programmes de télévision que des films des grands circuits cinématographiques , sclérose dont tout le monde se fait l'écho, aussi bien un Brincourt au 'Figaro' qu'un Clavel au 'Nouvel Observateur', pour ne pas citer les plus extrêmes , je pense que cela vient d'une contradiction de plus en plus grande , et semble-t'il irréversible , entre la forme et le contenu (pour utiliser les termes habituels par commodité de l'exposé).

On peut remarquer que la richesse des innovations techniques dûes à l'emploi de régies électroniques (Averty dans le domaine des variétés , et Inf.2 dans celui des journaux télévisés) n'a d'équivalent que la pauvreté d'invention dans le traitement du contenu (le même Averty quand il filme Dali – comparer avec L'AGE D'OR d'il y a un quart de siècle – et les mêmes journalistes d'Inf. 2 quand ils décrivent le Vietnam ou l'inauguration de l'échangeur à grande capacité de ...par X.)

Au contraire , dans le domaine du cinéma et des films photographiques , la même contradiction se joue inversément . La nouveauté de films aussi divers que LA SALAMANDRE ,VOTE + FUSILS, LA CEREMONIE est rendue rapidement caduque parce que leur possibilité de morphogénèse (formo-génèse) reste d'une pauvreté d'invention analogue à celle qui règne à la télévision dans le domaine du contenu (j'emploie bien sûr ici les termes de pauvreté et de richesse dans le sens courant sans vouloir discuter le bien fondé de cette machine sémantique de type binaire) .

Autrement dit , en gros , tout se passe comme si (autre machine sémantique) il y avait à la télévision possibilité technique, mais technique seulement , de montage , et donc inefficacité de ce montage qui ne fait que s'aplatir sur l'absence de contenu. Au cinéma , au contraire , tout se passe (idem) comme s'il y avait possibilité réelle de dévoiler une nouvelle réalité, mais inefficacité de l'opération due à l'absence d'une technique opératoire adéquate , à l'absence d'une technique du montage qui aplatit à son tour la nouveauté de la matière sur le stéréotype de sa formulation .

Autrement dit encore : montage invisible au cinéma et invisibilité du montage à la télévision (encore que cette formulation selon un feedback inversé n'est pas non plus adéquate ,il s'en faut de beaucoup , et puisse ce film faire avancer les choses un peu à ce propos).

Car inutile de se payer de mots , il n'y a jamais eu de montage au cinéma depuis Vertov . Il n'y a eu que de l'assemblage , que du bout à bout de plans . Et c'est le vocabulaire actuel de la vidéo qui permet de parler ainsi , de dire que Griffith n'a pas inventé le montage (à l'époque où il inventait ce qu'on appela à tort montage , mais avec raison parallèle , cet adjectif montrant bien qu'il ne s'agit pas de montage , sinon l'emploi de terme tel qu'oblique ou perpendiculaire eût été obligatoire) mais bel et bien l'assemblage (ce qui était bien une nouveauté par rapport à Lumière mais pas à Mélies). Ce qui permet de dire aussi que Griffith était à la recherche du montage , ou plutôt, qu'ayant découvert (et diffusé sur une large échelle sociale) l'assemblage , il désirait(à cause de ça)découvrir l'insertion, deuxième aspect contradictoire de cette unité esthétique opératoire qu'est le montage , et que c'est ce désir d'insertion qui lui fit découvrir le gros plan : insertion ,oui, dans le plan général , mais en surface , ou plutôt , sur la même surface , et pas sur une autre , c'est à dire simple répétition isolée du plan général , simple répétition de l'identité et non différence dans la situation réelle de la prise de vue .Ce qui permet de dire encore que le montage et son principe fut découvert par Vertov , mais que cette découverte ne fut possible qu'à l'époque de la révolution russe , et parce que cette révolution faisait , d'un autre côté , découvrir à Eisenstein la notion d' angle de prise de vue .

(On peut rapprocher à ce propos les découvertes angu-
laires d'Eisenstein dans le domaine de l'enregistrement du mouvement
à celles du Tintoret dans celui de la fixation de ce mouvement,
tant il est vrai que les conditions sociales de l'existence
des hommes déterminent leurs pensées , tant il est vrai que
l'autonomie de la morphogénèse résulte de la contradiction
entre l'invariance de l'acide nucléique et de sa programmation
par le gène). Ce sont les conditions sociales qui ont permis à
leur époque au Tintoret comme à Eisenstein de formuler avec
génie un nouveau point de vue .

Pour Eisenstein , quel était ce nouveau point de vue:
ne pas donner un angle par deux mains jointes qui s'ouvrent vers
un monde nouveau , mais au contraire fermer une ouverture ancienne , s'arrêter en un point et repartir dans une autre direction (c'est dire qu'un angle n'est pas ⟵ mais qu'il est ⟶ ,
et qu'il est ⟵ parcequ'il provient d'un arrêt sur ⟶ , et
d'un redépart , d'un renversement , d'une révolution ⟵ .

Qui écrira un jour une véritable histoire du cinéma
et de la télévision ? En voici déjà quelques fragments encore bien
incomplets . Car je découvre seulement aujourd'hui que je n'ai
jamais trouvé un angle de prise de vues depuis que je fais
des films . Je découvre seulement aujourd'hui qu'Eisenstein
n'a jamais fait de montage , mais seulement de l'assemblage d'
angles (et que c'était là sa force révolutionnaire) pendant que
son frère ennemi Vertov lui ne faisait que du montage , oui ,
mais de plans plats , et que l'école allemande , dans la
pénombre du nazisme préconscient et de l'inconscience de l'
Internationale , n'a jamais , avec Murnau et Lang , que construit les super-décors que Speer allait se charger de réaliser
en dur , acculés qu'ils étaient par les restes indélébiles de
la weltanshauung hégélienne à placer la caméra là où le décor
le permettait . Qui dira que depuis Eisenstein personne dans
la cinéma n'a placé la caméra en premier , avant le texte et
les acteurs , avant les mouvements d'appareil (comme ne le font pas
tous les cinéastes aujour'd'hui, comme ils ne peuvent le faire ,
tant qu'une révolution sociale , ou un aspect aussi minime
soit-il de cette révolution ,femme , enfant , salaire , grève,
sexualité ,etc., ne les a pas acculé à découvrir un point de vue
nouveau qui ne s'exprime pas simplement par une position alam-
biquée de l'appareil de prise de vue ,mais par une prise de position qui reflète le fait que l'esthétique n'est qu'une des
catégories de la politique).

Il fallait dire tout ça , même rapidement , et je m'en
excuse , ai-je dit aux étudiants du Maryland comme je le dis
maintenant aux membres de la commission d'avances sur recettes
pour expliquer un peu mieux en quoi la vidéo et ses techniques
est aujourd'hui très intéressante et même assez nécessaire
pour sortir des sentiers battus (c'est nous qui avons été battus).En
particulier cette notion d'angle est décisive puisqu'elle correspond à la notion de tournant décisif , tournant qu'il n'est possible
de prendre lorsqu'une révolution sociale frappe à la porte et
ouvre en grand les fenêtres , autrement dit , lorsqu' les
peuples enfoncent un coin de la réalité ( ) pour la faire
basculer et résoudre de façon nouvelle les problèmes relatifs
à leur vie .

Ce qu'il y a donc de passionant avec une régie électronique ,
même des plus élémentaires (soyons aussi modeste qu'Euclide),c'est
par exemple qu'elle permet de tourner avec deux caméras ensemble
(ou plus). Rien de bien nouveau , dira-t'on . Bien sûr , si
ces deux caméras filment la même identité sous deux aspects
(ou plus) différents , ce qui est le cas chez Averty ou Hit-
cock , car cette soi-disant différence n'est alors qu'une répétition déguisée. Mais si ces deux caméras (comme dans la partie B
de la deuxième partie , page 11) filment ensemble deux aspects
différents (ensemble ne veut pas forcément dire en direct ,c'est
là qu'est la supercherie de la fausse différence à la télévision
qui ne se sert de ses multiples caméras que comme des successi-
ons de caméras de cinéma , assemblage de caméras et assemblage
de plans , et donc pas d'insertion , rien qui s'enfonce dans
la surface de la réalité pour enregistrer des différences).Alors
le réalisateur est obligé (comme dans la réalité sociale et désirante) de penser deux aspects ensemble , de penser montage ,
de penser mixage (de penser rapports et non seulement reports).

Et tout aussi important , la vision directe de ce qui n'est
plus un truquage , mais un codage nouveau de la réalité opposé à
un codage ancien , cette vision directe permet à l'équipe de
commencer à balbutier son point de vue (qu'elle est en général
bien contente de taire en se réfugiant derrière sa spécia-
lité technique , ou soi-disant telle , car elle n'est pas
grande au niveau des connaissances en matière de chimie
photographique ou de circuits électroniques , et elle n'a pas
à l'être) et les rapports hiérarchiques sont ,ou peuvent
être légèrement différents eux aussi , car l'approche du maté-

riel de prise de vue (et de la matérialité de cette vue) est relativement plus facile .

On voit facilement que , dans la page 11 en question , par exemple , il est immédiatement plus possible à quiconque (et donc à vous aussi , et pour la première fois , même ceux parmi vous qui n'ont aucune connaissance spéciale en cinéma ou en audio-visuelles , seulement les connaissances produites par votre pratique de consommation des images (et des sons en provenance des écrans des salles obscures ou des récepteurs éclairés des appartements)de dire : à mon avis , je ne remettrai pas l'image de la femme dans les plans 7 et 9 , ou plutôt , je n'insérerai pas de nouveau ces plans dans l'assemblage des autres, et je n'incrusterai (enregistrement définitif) pas cette insertion (pour utiliser le vocabulaire de la vidéo).

Voilà , ai-je dit aux étudiants du Maryland comme je le dis maintenant . Vous en savez aujourd'hui à peu près autant que moi . Je ne prétends nullement que ce soit là le chemin à suivre pour tous . Je ne parle que de moi , de ma situation sociale , du désir que j'ai de faire des films pour exposer sur une surface sensible les limites de mon incrustation dans l'assemblage des situations réelles, de mon désir d'autres limites , illimi-tées . Utiliser la vidéo , aujourd'hui , pour moi , quatre ans après Mai 68, pendant qu'Hanoi est bombardé , que ceux de chez Berliet essaient toujours d'assembler ces lettres pour écrire liberté , ce n'est pas une plaisanterie quoique je me réjouisse beaucoup et donc que je tienne à dire comment fonctionne cette (re)jouissance .C'est sortir de la platitude où la société telle qu'elle fonctionne me rabat (et pas que les oreilles , la queue aussi comme les taureaux ,après cette corrida où je m'épuise sans comprendre d'où vient toute cette lumière et cette musique). D'autres cinéastes trouveront à leur façon d'autres techniques pour se sortir du même isolement , tant il est vrai qu'il n'y a pas de technique pure , mais seulement utilisation sociale de cette technique .

Bref encore , si je tiens à entendre le son de ma propre voix, c'est que c'est celle des autres .

Jean-Luc Godard
janvier 1973

Annexe 1

Jean-Luc Godard

Curriculum vitae

né le 3 décembre 1930 à Paris
père : Paul Godard (médecin)
mère : Odile , née Monod
deux soeurs et un frère
études primaires et secondaires à Nyon,Vaud, Suisse
vaccalauréat & Grenoble et Paris
certificat d'ethnologie
refusé au concours d'entrée de l'IDHEC en 1950
critique cinématographique au journal Arts,de 1956 à 1958
critique cinématographique à la revue Les Cahiers du Cinéma de 1954
à 1967
employé au service publicité de la 20th Century-Fox , à Paris , de
1957 à 1959
court-métrages (Films de la Pléiade) 1958-59
long-métrages et moyen-métrages divers de 1960 à 1972 ,parmi lesquels : A BOUT DE SOUFFLE, LE PETIT SOLDAT, UNE FEMME EST UNE FEM-
ME , VIVRE SA VIE , LE MEPRIS , ALPHAVILLE , PIERROT LE FOU, UNE
FEMME MARIEE, ROGOPAG, LE GRAND ESCROC , LES CARABINIERS , MASCU-
LIN FEMININ, LA CHINOISE , MADE IN USA , 2 OU 3 CHOSE QUE JE SAIS
D'ELLE , ONE +ONE , UN FILM COMME LES AUTRES , BRITISH SOUNDS ,
LE GAI SAVOIR , PRAVDA , et en collaboration avec Jean-Pierre
Gorin , LUTTES En ITALIE ? VENT'D'EST , TOUT VA BIEN

Annexe 2

MOI JE

(synopsis)

        C'est un film qui se compose de deux parties . La première,
intitulée MOI, JE SUIS UN HOMME POLITIQUE , inscrit sur la surface
sensible du film les traces spontanément déposées par un comportement social instinctif . La deuxième partie , intitulée MOI, JE
SUIS UNE MACHINE continue d'inscrire sur cette même surface sensible un comportement machinal .

        Si la première partie traite de l'inconscient social ,et
donc du désir inconscient de social , la deuxième partie traitera
de la socialisation machinale de ce désir .

        Du montage de ces deux parties l'une sur l'autre naîtra
obligatoirement,comme pour tous films qui ne reste pas dans les
tiroirs, une troisième partie qui sera la confrontation de ce film
avec le film privé et plus ou moins conscient que chaque spectateur
et groupe de spectateurs programme par le biais de la socialisation
de son système nerveux central .

        Les deux parties du film cherchent à donner des indications
sur la façon dont fonctionne cette confrontation , et plus généralement , tout type de confrontation , c'est à dire tout phénomène so-
cialisé de la vie .

Annexe 3

MOI JE

Devis estimatif

Manuscrit –Repérages –Musique	75.000
Réalisateur	50.000
Equipe technique	300.000
Main d'oeuvre	60.000
Interprétation	100.000
Décors	90.000
Matériel prises de vue vidéo	240.000
Matériel électrique	40.000
Pellicule magnétique	20.000
Pellicule photographiqueetvlaboratoires	50.000
Sonorisation –Montage-Mixage	60.000
Voyages –Transports-Défraiements	180.000
Assurances	60.000
Costumes-Registre public-Publicité	80.000
Charges sociales	120.000
Frais généraux –Producteur délégué	50.000
Imprévus	HD
	1575.000

NOTES SUR *MOI JE*

Michael Temple

Dans sa présentation du projet *Moi Je*, Godard utilise des matériaux provenant de sources très variées : anthropologie, sciences de la vie, psychanalyse, politique, philosophie, technologie, histoire et actualité. Nous avons tenté d'identifier les sources de ces citations et de ces allusions, et d'expliquer les références à la culture populaire et aux événements contemporains là où cela nous semblait nécessaire pour le public d'aujourd'hui. Nous voudrions aussi attirer l'attention des lecteurs sur le fait que la plupart des sources de Godard sont des livres qui, en janvier 1973, avaient été publiés récemment, même lorsque le texte en question est une traduction ou une réédition.

Pages −19, −18 « On a vu que trois plans… pratiques opératoires »
André Leroi-Gourhan, *Le Geste et la Parole, 1. Techniques et langage, 2. La Mémoire et les Rythmes*, Albin Michel, 1964-1965 (p. 27-28). La citation est exacte ; Godard souligne tout de même certains termes dans ce passage et rajoute « (et préconscient) ». Remarquons que cette édition du livre de Leroi-Gourhan est amplement illustrée de dessins et autres graphiques de la main même du célèbre anthropologue. Il est fort possible que Godard ait vu à la télévision une série d'émissions sur et avec Leroi-Gourhan, produites et diffusées par l'ORTF en 1970 (*L'Aventure humaine*, réalisation de Paul Seban, 1970).

Page −17 « S'il fallait emprunter au vocabulaire de la biologie… de la psychanalyse… de la philosophie… »
Ici Godard se réfère aux ouvrages suivants : François Jacob, *La Logique du vivant. Une histoire de l'hérédité*, Paris, Gallimard, 1970 ; Gilles Deleuze, Félix Guattari, *Capitalisme et schizophrénie, 1. L'Anti-Œdipe*, Paris, Éditions de Minuit, 1972 ; Mao Zedong, « De la contradiction » (août 1937), *Quatre essais philosophiques*, Pékin, Éditions en langues étrangères, 1966 et/ou *Cinq essais philosophiques*, Pékin, Éditions en langues étrangères, 1971.

Page −15' Les hommes politiques figurant dans ce collage sont Georges Pompidou, François Mitterrand, Léonide Brejnev, Richard Nixon, Georges Marchais. La copie du document dont nous disposons n'est malheureusement pas d'assez bonne qualité pour nous permettre d'identifier avec précision le personnage dont la photographie se trouve en bas à gauche, à côté de celle de Georges Marchais.

Page −6 « faire plier Berliet »
La société Berliet, qui produit des poids-lourds, avait été rachetée par Citroën en 1967. Pendant les grèves de 1968, au cours d'une manifestation, les ouvriers avaient interverti les lettres du nom « Berliet » pour écrire « Liberté ». Godard se réfère de nouveau à ce célèbre incident poético-politique à la page 19 : « ceux de chez Berliet essaient toujours d'assembler ces lettres pour écrire liberté ».

Page −6 « oser dire en 41 que quatre-vingt millions parties de moi ont aimé juif-sus-ser Hitler »
Référence au film allemand *Der Jud Süss* (Veit Harlan, 1940). Distribué en France pendant l'Occupation, *Le Juif Süss* aurait connu un certain succès auprès du public français, malgré son propos violemment antisémite. Godard en avait peut-être vu des extraits dans *Le Chagrin et la Pitié* (Marcel Ophüls, 1969), où il est aussi question de l'exploitation du film en France. Pour *Le Chagrin et la Pitié*, voir aussi page 14.

Page −6 « ce con génial de Guy Lux »
Guy Lux, animateur de télévision français (1919-2003). Au début des années soixante-dix, Lux est surtout connu pour son émission *Intervilles*, qu'il présente avec Simone Garnier et Léon Zitrone.

Page −6' « tonton Bertolt »
Il s'agit de l'écrivain Bertolt Brecht (1898-1956) : nous n'avons pas pu identifier dans les écrits de Brecht la source originale de la paraphrase « lorsque le courage a été battu, il faut encore avoir le courage d'avouer que ce n'était que de la faiblesse (puisqu'il a été vaincu) ». Godard emploie la même phrase dans *Jean-Luc*, épisode 2B de *Six fois deux (sur et sous la communication)* (1976).

Page −3 « Le Môme… sur la thune »
Le roman expérimental de William S. Burroughs, *The Ticket That Exploded* (1962, révisé en 1967), parut pour la première fois en français en 1969 sous le titre *Le Ticket qui explosa*, traduction de Mary Beach, adaptation de Claude Pélieu (Paris, Christian Bourgois, 1969) ; réédition, Union générale d'éditions, 1972. La citation est exacte (p. 195 de l'édition de 1969, p. 226 de l'édition de 1972), mais Godard réécrit la phrase sur le plan de la mise en page et de la typographie.

Page −2 « Dans son dernier ouvrage… particulièrement gracieuse »
André Delachet, *L'Analyse mathématique*, Paris, Presses universitaires de France (Collection « Que sais-je ? »), 1969 (première édition, 1949). La citation est exacte (pages 17-18), mais il manque la fin de la phrase : « il avait émis l'idée de donner cette forme aux arches des ponts ». On peut noter aussi que Godard reproduit très fidèlement à la main la figure illustrant la cycloïde, mais c'est lui qui fait le rapprochement avec le titre du *Figaro* et qui détourne ainsi la phrase « tangente au sommet ».

Page −1
Ce montage textuel est constitué de cinq citations :
- « Il lui arrivait… redépart retardé »
Samuel Beckett, *Têtes-mortes*, Paris, Éditions de Minuit, 1972 (première édition 1967). Il s'agit du court texte « Assez » ; la citation est exacte (p. 40-41 dans l'édition de 1972), mais il manque une dizaine de lignes entre « finalement » et « D'autres cas ».
- « Un spectre… le communisme »
Première phrase du *Manifeste du parti communiste*, Friedrich Engels et Karl Marx, 1848.
- « À toute époque… dans les sociétés actuelles »
André Leroi-Gourhan, *Le Geste et la Parole, 1. Techniques et langage, 2. La Mémoire et les Rythmes*, Albin Michel, 1964-1965. La citation est exacte (p. 249-250 du premier volume), mais c'est Godard qui souligne.
- « Le phasing effect… spectre sonore »
Catalogue de la maison Tradelec, instruments électroniques. Nous n'avons pas pu identifier la source de cette citation.
- « La société construit son propre délire en [en-]registrant le processus de production »
Cette phrase (où l'on doit lire « enregistrant » plutôt que « registrant ») vient de Gilles Deleuze et Félix Guattari, *Capitalisme et schizophrénie.*
1. L'Anti-Œdipe, Paris, Éditions de Minuit, 1972. Il s'agit du premier chapitre, « Les machines désirantes », p. 16.

Page 0 « Nous éclatons de rire rien qu'à voir voisiner homme et monde, séparés par la sublime prétention du petit mot "et" »
À première vue, Godard semble ici donner deux sources pour une citation : « Nietzsche, *Le Gai savoir*, V, § 346, et Marx, *Économie et philosophie*, Paris, Gallimard, « Bibliothèque de La Pléiade », t. II, p. 88-90 ». La phrase vient de Nietzsche, mais nous n'avons pas pu identifier la version du texte citée par Godard, puisque la traduction de Pierre Klossowski est légèrement différente : « Nous éclatons de rire rien qu'à voir l'homme et le monde placés l'un à côté de l'autre, et séparés par la sublime prétention du petit mot "et" » (F. Nietzsche, *Le Gai savoir*, 1882, § 346, trad. P. Klossowski, Club français du livre, Paris, 1956, p. 342.) La référence à Marx est donc une sorte de commentaire sur la phrase de Nietzsche. Il s'agit des trois dernières pages d'une discussion où Marx parle de la nature de l'homme et de la situation de l'homme dans la société, concluant ainsi : « Le communisme est la forme nécessaire et le principe dynamique du proche avenir, sans être en tant que tel le but du développement humain : la forme achevée de la société humaine » (« Communisme et propriété », dans Karl Marx, *Œuvres. Économie II : Économie et philosophie*, Paris, Gallimard, « Bibliothèque de La Pléiade », 1968, p. 76-90).

Page 1 « aux étudiants de Maryland »
En octobre 1972, Godard et Jean-Pierre Gorin avaient fait un voyage aux États-Unis pour parler de *Tout va bien* et de *Letter to Jane*, et avaient notamment rencontré les étudiants de l'Université du Maryland. Voir Robert Philip Kolker, « Angle and Reality : Godard and Gorin in America », *Sight and Sound*, vol. 42, n° 3, été 1973.

Page 2
- « les membres des différentes classes »
La citation de Mao vient en effet de la source indiquée par Godard : « Dans la société sans classes, tout individu, en tant que membre de cette société, joint ses efforts à ceux des autres membres, entre avec eux dans des rapports de production déterminés et se livre à l'activité de production en vue de résoudre les problèmes relatifs à la vie matérielle des hommes. Dans la société de classes, les membres des différentes classes entrent également, sous des formes variées, dans des rapports de production déterminés, se livrent à une activité de production dirigée vers la solution des problèmes relatifs à la vie matérielle des hommes. C'est à l'origine même du développement de la connaissance humaine. » (« De la pratique », Mao Zedong, *Quatre essais philosophiques*, Pékin, Éditions en langues étrangères, 1966, p. 2).
- « maintenant vous lisez maintenant, mais est-ce que tout à l'heure vous lirez tout à l'heure ? – Wittgenstein, *Fiches*, 1945-1948 »
Cette phrase ne semble pas figurer dans les *Fiches* de Ludwig Wittgenstein, qui furent traduites en français et publiées pour la première fois en 1971 (*Fiches*, Paris, Gallimard, 1971). Il se peut que Godard ait cité de mémoire ou qu'il se soit trompé de source : nous ne pensons pas que la citation soit une invention de Godard, vu l'exactitude des autres citations dans ce document.

Page 2 « la notation mise au point … par Cauchy en 1821 »
Augustin-Louis Cauchy (1789-1857), mathématicien, ingénieur des Ponts et chaussées, professeur à l'École polytechnique et à la Sorbonne.
En 1821, Cauchy publia son *Cours d'analyse*. André Delachet parle de ce livre et de l'importance de son auteur dans l'histoire des mathématiques dans l'ouvrage déjà cité plus haut par Godard (voir page −2) : voir « La notion moderne de continuité », André Delachet, *L'Analyse mathématique*, Paris, Presses universitaires de France, « Que sais-je ? », 1969, p. 51-62.

Page 5 « Innocenti Meccanica (Universelle) »
Grand industriel italien, Ferdinando Innocenti (1891-1966) a notamment fondé la société *Innocenti Azienda*, laquelle est surtout connue pour la fabrication du célèbre scooter Lambretta. Nous n'avons pas pu identifier les sources visuelles exactes des éléments formant ce collage à la photocopieuse.

Page 13 « le chef d'État étant la cuisinière dont parle Lénine »
Par erreur, la phrase « chaque cuisinière doit apprendre à gouverner l'État » est souvent attribuée à Lénine, parfois avec comme source un texte de 1917, *Les Bolcheviks conserveront-ils le pouvoir ?* David Faroult nous informe que Bertolt Brecht utilise à peu près la même phrase dans un texte qui a été très important pour le Groupe Dziga Vertov : « La cuisinière doit être capable de gouverner l'État. » « Mi En-leh disait que chaque cuisinière devrait être capable de gouverner l'État. En disant cela, il avait en vue à la fois une transformation de l'État comme une transformation de la cuisinière. Mais on peut aussi tirer de ses propos cette leçon qu'il est avantageux d'organiser l'État comme une cuisine, et la cuisine comme un État. » (Bertolt Brecht, *Me Ti, Livre des retournements*, Paris, L'Arche, 1968, p. 42.)

Page 14 « J-P Timbaud est mort en criant : "Vive le parti communiste allemand" ! »
Jean-Pierre Timbaud (1904-1941), syndicaliste et résistant fusillé par les nazis à Châteaubriant le 22 octobre 1941. Cette célèbre anecdote concernant les derniers mots de Timbaud est notamment racontée par Jacques Duclos, haut responsable du parti communiste français, dans *Le Chagrin et la Pitié* de Marcel Ophüls (1969).

Page 15 « un Brincourt au *Figaro*, un Clavel au *Nouvel Observateur* »
À l'époque de *Moi Je*, André Brincourt était chef de la rubrique Radio-Diffusion-Télévision et chroniqueur au quotidien *Le Figaro* ; Maurice Clavel (1920-1979), journaliste, critique, écrivain, a collaboré au *Nouvel Observateur* de 1964 à 1979.

Page 15 « le même Averty quand il filme Dali »
Jean-Christophe Averty : réalisateur d'émissions pour la télévision et la radio, réputé pour ses innovations techniques, notamment l'incrustation de personnages filmés sur fond bleu dans un décor dessiné. En 1971, il réalisa un documentaire sur Salvador Dalí avec Orson Welles.

Page 15 Les trois films auxquels Godard se réfère ici sont *La Salamandre* d'Alain Tanner, 1971 (la voix off de ce film est celle d'Anne-Marie Miéville) ; *Vote + fusils* [*Voto más fusil*] de Helvio Soto, 1970 ; *La Cérémonie* [*Gishiki*] de Nagisa Oshima, 1971.

Page 17 « les super-décors que Speer allait se charger de réaliser en dur »
Albert Speer (1905-1981), architecte allemand et ministre des Armements du régime nazi. En 1969, il publie *Erinnerungen* [« Mémoires »], un grand succès de librairie qui est traduit en anglais et en français dès 1971. Voir Albert Speer, *Au cœur du Troisième Reich*, Paris, Le Club français du livre, 1971 ; Paris, J. Tallandier, 1971 ; Paris, A. Fayard, 1971 ; réédition Livre de poche, 1972.

Page 19 « pendant qu'Hanoi est bombardé »
En décembre 1972, le président des États-Unis, Richard Nixon, et son ministre des Affaires étrangères, Henry Kissinger, avaient ordonné l'intensification du bombardement de Hanoi. Les accords de paix, mettant fin à la guerre du Vietnam, furent signés à Paris en janvier 1973.

Traduit de l'anglais (Royaume-Uni) par Franck Le Gac

«VENDS LA CINÉMATHÈQUE!»

LAURENT MANNONI

Longtemps, une grande complicité et une admiration réciproque ont uni Godard et Henri Langlois, le fondateur de la Cinémathèque française.

Au début des années 1950, un clan de cinéphiles purs et durs se forme autour de la Cinémathèque, créée en 1936 et en pleine expansion depuis la Libération. François Truffaut témoigne en 1965 : «J'ai découvert la Cinémathèque quand elle était avenue de Messine, je crois que c'était en 1948, et ça a été un grand choc pour moi. Il y avait très peu de places, on se pressait tous les soirs. Avec quelques amis dont j'ai fait la connaissance cette année-là, et qui maintenant font des films, comme Astruc, Rivette, Rohmer, Godard, Chabrol, on était des fanatiques des premiers rangs. Il y avait tellement peu de fauteuils que finalement, du premier rang, on est arrivé à regarder les films couchés par terre et c'était très agréable[1].»

Langlois l'a constaté dès 1949, les jeunes cinéphiles qui fréquentent les lieux se sont vite constitué un «esprit critique» tellement acéré que certains films sortis récemment sur les écrans leur sont devenus «insupportables» : «Ils ne peuvent plus les tolérer[2].» Il les aide à «réagir contre la tendance régressive de l'académisme qui entrave actuellement le développement du cinéma, mais d'une manière positive, en montrant que le cinéma est toujours vivant[3]».

Grâce à Mary Meerson et Lotte Eisner, toutes deux très maternelles envers les jeunes habitués, une famille se regroupe et s'entraide : Langlois donne de la pellicule à Rivette pour qu'il puisse réaliser ses films, ferme les yeux lorsque certains cinéphiles, trop pauvres, resquillent pour entrer dans la salle obscure où se projette, sans fin, toute l'histoire du cinématographe. C'est Mary Meerson qui suggère à Fritz Lang d'accepter un rôle dans *Le Mépris* de Godard. Lang en informe sa grande amie Lotte Eisner : «Si c'est Godard et que le scénario est intelligent, cela peut se discuter[4].»

En 1962, Langlois accorde une importante interview à Éric Rohmer et à Michel Mardore, des *Cahiers du cinéma*[5]. Une lassitude résignée, un sentiment de fatalité transparaît dans les propos du fondateur de la Cinémathèque : trop de films ont été perdus, trop restent à sauver, les dupliquer coûte tellement cher, on ne sait pas comment les conserver, autant se concentrer sur la production contemporaine… L'interview est illustrée de clichés provenant de films qui semblent définitivement perdus, ce qui accroît le côté funèbre des propos échangés. Cette *melancolia* atteint un summum avec les discours de Roberto Rossellini à Rome, en 1963, sur la mort du cinéma. Godard reprend ce thème dans un texte manuscrit et non daté, rédigé pour l'une des programmations de Langlois. [*Lettre n° 1*]. Un «Hommage à Godard» est inauguré le 17 octobre 1964 à la Cinémathèque du palais de Chaillot. Au début de la même année, Godard, Rivette, Rohmer ont présenté dans la même salle, à tour de rôle, les films de la «Nouvelle Vague hongroise».

Le 28 décembre 1965, la Cinémathèque rend hommage à Louis Lumière, avec projection d'une centaine de films soigneusement contretypés. À cette époque, son fondateur est déjà en guerre contre la bureaucratie étatique qui veut peu à peu l'étouffer. Devant les représentants de l'État pétrifiés, Godard prononce un plaidoyer en sa faveur : «[…] Mon amitié et mon respect pour cet homme n'ont pas de mesure. […] J'enrage de voir quelquefois les misères que l'on fait à ce grand homme de cinéma,

---

1. François Truffaut, intervention dans l'émission *Pour le plaisir,* de Roger Stéphane et Roland Darbois, sur le thème de «La mémoire de l'imaginaire», avec pour invité Marc Allégret, diffusée le 7 juillet 1965.
2. Henri Langlois, Congrès de la FIAF, «Séance du 23 novembre 1949», p. 12.
3. Henri Langlois, lettre à Tom Bulpin, 19 juillet 1950.
4. Fritz Lang, lettre à Lotte Eisner, 5 février 1963.
5. Éric Rohmer et Michel Mardore, «Entretien avec Henri Langlois», *Les Cahiers du cinéma*, n° 135, septembre 1962. Repris dans Henri Langlois, *Trois cents ans de cinéma,* sous la direction de Jean Narboni, Paris, Cahiers du Cinéma/Cinémathèque Française/Femis, 1986, p. 60-81.

sans qui nous n'existerions pas plus que la peinture moderne sans Durand-Ruel et Vollard. On lui chipote le prix de quelques copies, dont vous allez admirer tout de suite l'étonnante transparence. […] Je tenais à déclarer publiquement ma dette envers Henri Langlois et ses fidèles assistants. C'est aussi que je ne suis pas seul. Loin de là. Les fantômes de Murnau et de Dovjenko sont à côté de vous. Ils sont ici chez eux, comme Delacroix et Manet sont chez eux au Louvre ou à l'Orangerie[6]. »

Godard sera avec Truffaut l'un des défenseurs les plus passionnés de Langlois lorsque celui-ci est éjecté de sa Cinémathèque, en 1968. Il se fait matraquer par les CRS lors de la manifestation de soutien organisée au Trocadéro le 14 février. Il anime ardemment le Comité de défense, avec tous ses amis de la Nouvelle Vague. Lorsque Pierre Barbin, désigné par l'État pour remplacer Langlois, projette de partir le 21 février pour les États-Unis afin d'y faire confirmer sa nouvelle fonction, un comité hostile l'attend à New York. Godard, de passage dans cette ville, a préparé le terrain avec Anne Wiazemsky. Il est même allé voir Jack Valenti, le puissant patron des producteurs américains. « Un tas d'Américains cinéphiles s'agitent ici, pendant que Jean-Luc distille ses perles subversives aux étudiants[7] », écrit d'Hollywood Agnès Varda aux *Cahiers*. Prudent, le ministre des Affaires culturelles préfère annuler le voyage. *Combat* y voit un signe de recul de la part de Malraux, déjà décidé, selon le journal, à lâcher Pierre Barbin. Ce qui sera le cas, en effet.

Certains considèrent que les manifestations pro-Langlois de février-mars 1968 ont préfiguré les événements de mai. Au festival de Cannes, la conférence de presse du Comité de défense de la Cinémathèque se transforme en démonstration de solidarité avec les grévistes. Milos Forman, Alain Resnais, Roman Polanski retirent leurs films. La grande salle du festival est occupée par les cinéastes, qui exigent l'arrêt de toute projection, mais une partie du public proteste. Godard s'énerve : « Je vous parle de solidarité avec les étudiants et les ouvriers, vous me parlez de travelling et de gros plan : vous êtes des cons ! »

Langlois réintégré, la Cinémathèque est libre, mais terriblement pauvre. Un long déclin s'amorce. Truffaut démissionne en 1973 de la vice-présidence du conseil d'administration, jugeant la Cinémathèque inextirpable de son marasme financier et moral, et regrettant même de s'être autant battu pour elle. Godard succède à Truffaut au conseil, mais manifeste vite, lui aussi, des signes d'irritation. En juillet 1975, dans une longue lettre manuscrite envoyée à Langlois, il remet fondamentalement en question le rôle de la Cinémathèque. [*Lettre n° 2*].

Langlois, qui porte à Godard (« le seul cinéaste depuis Epstein qui ait essayé d'explorer les possibilités du langage audiovisuel de l'image[8] ») une admiration sans bornes, est certainement blessé, mais répond dans la presse par une pirouette ironique : « Godard m'a dit : "Vous n'avez qu'à vendre votre Cinémathèque pour aider les jeunes réalisateurs". […] Comme je [le] sais très épris de la cause palestinienne, je lui ai répondu en rigolant sous cape : "C'est une idée ! J'ai déjà un acheteur possible : Israël" ! Si vous aviez vu [sa] tête[9] ! »

Godard le sait-il ? Acculé par les dettes, Langlois, le 9 mai 1975, a emprunté 250 000 francs à la société Gaumont. Cet argent permettra de rembourser quelques dettes, mais pas de produire des films, comme l'aurait souhaité le cinéaste.

Le « dragon » Langlois s'éteint en 1977, laissant la Cinémathèque en pleine crise, mais aussi, et surtout, en possession d'une des plus belles collections au monde de films, d'appareils et d'archives.

6. Jean-Luc Godard, « Grâce à Henri Langlois », *Le Nouvel Observateur*, n° 61, 12 janvier 1966. Repris dans *Jean-Luc Godard par Jean-Luc Godard*, édité par Alain Bergala, Paris, Cahiers du Cinéma, 1985, p. 280-283.

7. Agnès Varda, lettre aux « Cahiers, Truffaut, Rivette, Comité de défense de Langlois, etc. », 28 février 1968.

8. Henri Langlois, interview à *Vogue*, septembre 1974.

9. Philippe Bernert, « H. L., le pape de la Cinémathèque, raconte sa nouvelle bataille », *L'Aurore*, coupure de presse sans date (1975).

Paris 9 avril

Chers amis de l'Est ; comme il m'aurait plus d'être avec vous ce soir pour parler de cinéma. Car, si le cinéma est en train de mourir, tué par ce que Roberto Rossellini appelle la culture industrielle, nous, de l'Ouest, nous ne sommes pas morts, et vous non plus j'espère. Oui, le cinéma est en train de mourir, à Hollywood, à Rome, à Londres, et ailleurs où on l'a déjà enterré avec de beaux et tristes discours. Mais vous et moi savons qu'il n'est pas encore tout à fait mort, qu'il respire encore faiblement. Où ? Dans notre cœur qui battra toujours pour lui à vingt quatre images secondes. Cette modeste flamme qui hier encore incendiait le monde à coups de stars et de millions, il ne tient plus qu'à nous qu'elle s'éteigne définitivement. Mais ni vous ni moi ne le permettront, car cette flamme n'est rien d'autre que notre vie elle-même. Nous représentons le cinéma parlant (et notre ambition doit être inversement proportionelle à notre modestie) comme Griffith et Eisenstein ont un moment représenté le cinéma muet. Et je ne choisis pas ▓▓▓▓▓ par hasard de dire : cinéma parlant plutôt que cinéma. Car cinéma parlant veut dire : cinéma qui parle, et cinéma dont il faut parler. En ces heures de défaites et d'illusions qu'ils traversent, il aussi important de faire des films que d'en parler. Voilà pourquoi, il m'aurait plu d'être avec vous ce soir, de soutenir le vaillant Henri Langlois dans son combat, bref : de parler de cinéma.

Souvent, des jeunes garçons viennent me voir. Ils veulent savoir comment faire pour devenir metteur en scène, quelle filière suivre pour entrer dans le « milieu ». Eh bien ! justement, dans le cinéma, il n'y a pas de milieu, il n'y a que des extrêmes ; il n'y a pas de règles, il n'y a que des exceptions. À ces jeunes garçons qui me supplient de les engager comme assistant, pour apprendre, je dis : il n'y a rien à apprendre, ou plutôt si, mais pas comme vous croyez. Un assistant, c'est un esclave. Donc, ne devenez pas des esclaves. Si vous voulez faire des films plus tard, faites-en donc tout de suite, avec n'importe quoi, sur n'importe quel sujet, car tout ce qui est sur la terre et dans le ciel fait partie du royaume des hommes, et doit donc être filmé. On vous propose un documentaire sur les fourmis, sur les casseroles, sur les locomotives, ne refusez pas en disant que vous

avez envie de filmer l'*Iliade* ou
les *Illusions Perdues* ou je ne sais
quels autres grands sujets. Au contraire,
acceptez, et filmez les fourmis, les
casseroles, les locomotives, avec tout
votre cœur, toute votre intelligence, toute
votre ambition. Pensez que vous êtes en
train de faire le film le plus important de
l'histoire du cinéma. Votre technique
est certainement inférieure à celle d'un
Rembrandt ou d'un Shakespeare, mais
votre passion doit être égale. J'ai
toujours à l'esprit à ce propos cette phrase d'Ernst
Lubitsch : « Commencez par filmer des
montagnes, alors vous saurez filmer des
hommes. » J'aurais voulu parler de tout
ça avec vous, ce soir, pour vous remercier de votre invitation. Ce qui me console, de toutes façons, c'est de savoir
qu'il y a toujours quelque part dans le
monde, à n'importe quelle heure, quand
ça s'arrête à Tokio ça recommence à New-York,
à Moscou, à Paris, à Caracas ; il y a toujours, dis-je, un
petit bruit monotone mais intransigeant dans sa monotonie,
et ce bruit, c'est celui d'un projecteur en train de projeter un
film. Notre devoir est que ce bruit ne s'arrête jamais.
                                            J-L G

SOCIÉTÉ NOUVELLE   **2, rue de Belgrade 38000 Grenoble**
SONIMAGE   téléphone (76) 87.02.31

le 8, 9 juillet 75

Cher Henri Langlois,

j'ai hésité plusieurs fois avant de t'écrire. et c'est d'avoir revu *Lola Montes*, sur un poste Locatel, dans une provisoire chambre d'hôpital, qui m'a décidé.

Je me suis souvenu d'avoir, à l'époque, tenté de m'introduire aux Cahiers du Cinéma en apportant au triumvirat Bazin- Doniol Doca, un papier sur le *Plaisir* qui attaquaient ceux, Cahiers compris, qui attaquaient ce film, papier qui fut bien sûr refusé.

Je me rends compte aujourd'hui que ce désir d'un cinéma autrement fait s'appuyait sur une pratique jeune et réelle à l'époque, la tienne, qui partait de l'écran, ce qui fait que nous, qui voulions y arriver, croisaient cette pratique et sa lumière, et en tirions des forces neuves, comme des plantes de la chlorophylle, en tournant le dos

information - calcul - écriture

SOCIÉTÉ NOUVELLE
SONIMAGE

2, rue de Belgrade 38000 Grenoble
téléphone (76) 87.02.31

à ceux

qui faisaient et interdisaient de faire des films autrement qu'en partant du projecteur, c'est à dire de la cabine de l'exploitant.

De longues années de lutte contre ces exploitants - exploiteurs t'avaient amené de 36 à l'avenue de Messine, et, si je n'ai pas vécu l'époque de Durruti, au moins en voyais-je des traces dans "l'indiscipline organisée" avec laquelle toi et tes amis autogéraient des morceaux d'ombre et de lumière.

Puis les ans passèrent, et chaque fois que tu le demandais, je redonnais les forces mises chez toi, augmentées de ma jeune notoriété, pour que tu les utilises à ruser contre ton ministre, ou à l'abattre, selon ta politique. Nous reçûmes ainsi pour toi les premiers coups de mai 68, avec quelques mois d'avance, en même temps que les jeunes

information - calcul - écriture

3

manifestants ouvriers de Caen et de Redon.

Puis les ans passèrent, et au fur et à mesure que ton local s'agrandissait, que tes projections augmentaient, on t'entendait crier misère.

Je suis allé il y a quelques semaines écouter un conseil d'administration de la Cinémathèque Française.

Rien n'avait changé, tu te faisais toujours attaquer sur ta gestion, et tu te défendais même moins bien qu'autrefois contre ces vieux messieurs/dames, que l'étudiant de Prague que tu étais contre les golems ou les Nosferatus.

Mais la vérité était qu'il n'y a plus rien à défendre, et plus rien à attaquer, ou tous cas là où tu es.

Stocker n'est utile à personne qui crée, et les amis provinciaux de la Cinémathèque

information - calcul - écriture

ne peuvent pas davantage aider un cinéaste de passage ni un bureaucrate de l'Alliance française ne peut aider un touriste de passage à produire autre chose qu'une évasion sécurisante.

Les révoltes de quelques petits négociants dans ton commerce comme Borde et Cie, quelque réactionnaires que soient leurs désirs, il ne suffit pas de les accabler sous l'injure, encore faut-il examiner leurs désirs, et voir dans quelle réalité ils s'ancrent.

Mais justement, il ne semble plus, et depuis longtemps, que la Cinémathèque française serve le combat des voix contre celui du dit ou la. Comme Planchon, comme Jeanson, comme tant d'autre dans le théâtre, tu n'as eu de cesse, après 68, que de faire renavigner ton bateau en faisant croire aux voyageurs

information - calcul - écriture

SOCIÉTÉ NOUVELLE   2, rue de Belgrade 38000 Grenoble

SONIMAGE   téléphone (76) 87.02.31

que la question des bagages était annulée, et
que voyager sans était possible, hef, que
puisque la diffusion existait, qu'il était inutile de produire.

On pue se produent-il aujourd'hui dans
le cinéma et la télévision qui vienne / de la
ou revienne
fréquentation du musée du cinéma ? Rien, car
tout le cinéma et toute la télévision sont
devenus musée, stockage et reproduction
du stock, ce qui explique que si Zitrone,
Guy Lux, Jammot, Drücker et Cie sont des
morts - vivants, uniformant la France comme
un cancer son entourage, toi et Mery sont
des vivants morts.

Si ce n'était pas le cas, comment
votre désir pourrait - il poser son cul
sur la même chaise qu'un gros affairiste

information - calcul - écriture

SOCIÉTÉ NOUVELLE

SONIMAGE

2, rue de Belgrade 38000 Grenoble

téléphone (76) 87.02.31

comme le patron de la CGE (et si toi et
Mercy tenez à stocker les slips de Garbo
et ceux de Valentino, ça devrait vous troubler
que le représentant des centrales Westinghouse
en fasse autant) ou qu'un petit affairiste
comme Jean Rouch, qui n'a jamais (et
qui empêche toujours) mis en regard une
image de science et une image de cinéma
(sans parler de sons).

Si aujourd'hui un jeune/vieux
cinéaste, comme moi par exemple, a
besoin d'un avocat pour combattre l'ORTF,
est-ce qu'il peut consulter la division
juridique du département production
du musée vivant du cinéma ? Non, car ça n'existe pas.

Si aujourd'hui, un vieux/jeune cinéaste,
comme moi par exemple, a besoin de vendre
ou louer un film d'1 heure (en cassette environ ou pas)

information - calcul - écriture

SOCIÉTÉ NOUVELLE   2, rue de Belgrade 38000 Grenoble
SONIMAGE   téléphone (76) 87.02.31

10.000 F, et de refaire cette opération chaque mois, pour gagner 7.000 F par mois, vu que le film en AKaïSony lui en a coûté 3.000, et de cette façon, pouvoir recommencer tout en gagnant 4.000 F par mois, ce qui est un salaire décent pour lui et sa famille, et ce qu'il peut <u>compter</u> sur 10 amis de la cinémathèque à 1.000 F. chacun ? Non. Car cette fonction n'existe pas. Et il y aurait cent autres exemples de crimes contre la production dont tu es au- jourd'hui coupable.

        Tout ça fait que :

1/ vends la cinémathèque, à l'État par exemple *

2/ mets de l'argent de côté pour toi, et produis au lieu de stocker, vis au lieu de mourir, parle doucement de richesse au lieu de vivre misère. Ça nous aiderait.
                        Amitiés, JeanLucGodard

* vends à l'État Français, mets ds. le contrat que Gaumont doit avoir la gestion, avec l'argent, rachète Gaumont.

information - calcul - écriture

LE CINÉMA EN LIBERTÉ WARHOL/GODARD

HENRI LANGLOIS

En 1976, une équipe de la télévision canadienne TV Ontario menée par Harry Fischbach vint à Paris enregistrer une série d'entretiens intitulée «Parlons cinéma ou les anti-cours de Henri Langlois». Des épisodes de longueur variable furent consacrés à la Nouvelle Vague, à Rossellini, Fritz Lang, Eisenstein, Méliès, aux producteurs et à de nombreux autres sujets. En décembre de la même année, Henri Langlois et Jean-Luc Godard formèrent le projet de réaliser ensemble une histoire du cinéma en film et en vidéo, que Jean-Pierre Rassam devait produire. Henri Langlois mourut le 13 janvier 1977. Notons qu'un des protagonistes de *La Chinoise*, Omar Diop, avait amorcé un parallèle entre Warhol et Godard dès 1969[1]. [N. B.]

Palais de Chaillot, escalier du Musée du cinéma, extérieur jour

Henri Langlois : Vous avez deux hommes, actuellement, qui représentent ce que j'appelle la liberté du cinéma. De la Nouvelle Vague, eh bien, il reste des auteurs. Tous les mouvements finissent par des auteurs, par des individus.

Il y a quelque chose de tout à fait nouveau, vous comprenez. La Nouvelle Vague, ça a été, donc, comme je vous l'ai dit, le retour de la jeunesse, d'accord. Mais il n'y a pas que la France, il y a le monde entier. En Amérique, vous avez eu un mouvement parallèle, différent, qui s'est réfugié dans le 16 mm, dans le super 8.

Mais vous avez, si vous voulez, deux hommes, à mon avis, qui dominent non pas le futur, parce que le futur... Ils pensent déjà dans le présent, donc toute personne qui pense dans le présent vit aussi dans le futur. Ce ne sont pas des gens qui vont venir, je ne viens pas vous dire : «Ah! dans un coin, dans une cave, il y a un monsieur Untel et dans un an ou dans deux ans vous allez voir...» Non, parlons de choses que tout le monde sait.

J'ai un jour entendu Picasso expliquer à quelqu'un, en parlant de Van Gogh : «L'homme qui nous a appris à mal peindre.» Eh bien, l'homme qui nous appris à mal faire des films s'appelle Andy Warhol.

Andy Warhol s'en fout. Ce qui compte, c'est ce qu'il y a dans le film. Qu'il y ait tout d'un coup, qu'on arrive à la fin de la pellicule, que tout d'un coup il y ait quatre petits trucs...

Si vous voulez, il a appris dans une période qui est surtout... – que ce soit Hollywood, ou que ce soit en France ou ailleurs – qui est dominée par une espèce de perfection purement... comment dirais-je... de forme : une perfection avec pas de travellings tremblés, des choses comme ça... Il s'en fout. Ce qui comptait, c'est ce que l'on dit, c'est pas, c'est pas... Par conséquent, s'il y a des taches d'encre sur une page, ce qui compte... c'est ce qui compte. Par conséquent, c'est déjà cette première liberté.

Harry Fischbach : Bon, ça, c'est Andy Warhol, l'Américain.

Henri Langlois : Américain. Et vous avez un autre homme qui nous a appris une autre forme de liberté. Chez Godard, c'est d'abord, dans le passé, l'homme qui a eu le courage..., si vous voulez, vous voyez, par exemple, au début de *Week-End*, vous avez deux personnes qui sont en train de parler, ça dure, le plan est fixe, on comprend ou on ne comprend pas, ça n'a aucune importance parce que dans la vie c'est comme ça. Bon, eh bien, voilà aussi quelque chose qui compte, ce qui est contre toutes les règles, contre tous les systèmes.

Godard, lui... Si vous voulez, là-dessus vous arrivez à ce que j'appelle la position de Godard aujourd'hui. Godard est allé... a une position morale absolument fabuleuse dans le cinéma français à l'heure actuelle. Un film comme *Tout va bien*, c'est comme..., par rapport à l'année où ça a été tourné, c'est vraiment le pouls, de toucher le pouls de ce qu'était

le pays, enfin la France, le sentiment qu'avaient les gens. Le dernier film[2], c'est pareil, vous comprenez.

Et, chez Godard, ce qui est fantastique, c'est qu'il a appris, il y a une nouvelle forme, si vous voulez. Il sait qu'on est au seuil de quelque chose de nouveau. Il sait que tout ça c'est très joli, bien sûr il y a le super 8, mais le super 8 c'est l'habitude. La chose qui compte, c'est la possibilité avec le magnétoscope de pouvoir faire ce que jamais un metteur en scène n'avait pu faire, parce que, ou le metteur en scène improvisait sur place, ou le metteur en scène écrivait un scénario qu'il imaginait en écrivant et qu'ensuite il essayait de transcrire en images. C'est-à-dire que les brouillons du cinéma... à part Chaplin, les brouillons du cinéma, c'était de l'écriture, de la littérature : c'était le contraire. Or, maintenant, avec le magnétoscope, Godard a la preuve. Il peut travailler son film, le préparer, le voir en brouillon, le corriger, le changer, le modifier avec la forme même de l'image latente, vous comprenez, animée.

C'est ça, la grande chose. Alors cette liberté, cette chose fantastique, c'est le souffle de vie, si vous voulez, ça correspond à la tenue des gens. À l'heure actuelle, vous marchez dans les rues, si vous voyez... Il ne vous vient pas à l'idée que les gens portent des casquettes, des cravates, des machins... Le nombre de gens qui portent des blue-jeans et qui se promènent en bras de chemise : autrefois c'était impensable.

Harry Fischbach : Parce qu'on entend souvent : «Godard, il s'est arrêté de faire du cinéma, il s'est retiré tout seul.»

Henri Langlois : Il ne s'est jamais arrêté de faire du cinéma. Seulement, on s'est arrangé pour que ses films soient invisibles. C'est tout à fait différent. On s'est arrangé... pour le couper – si vous voulez – des possibilités. Il ne s'est jamais arrêté de faire du cinéma. Il a travaillé sans arrêt.

Il vit dans une espèce de laboratoire comparable – sous une autre forme, avec d'autres conceptions – au laboratoire qu'avait Andy Warhol, vous comprenez ? C'est pareil, c'est des gens qui vivent perpétuellement, Andy Warhol pas seulement dans le cinéma, et Andy euh... Godard totalement et permanemment [sic] dans l'image animée.

C'est vraiment deux laboratoires expérimentaux fabuleux, sauf que celui de Godard est entièrement axé sur le cinéma. Et avec cette différence que, comme Godard est un personnage qui a rejeté tout le système, mais pas *le* système, si vous voulez... Il y a deux façons de rejeter le système : vous arrivez, vous dites «je rejette le système», et vous arrivez introduit par le système, invité par le système, avec vos hôtels, chambres d'hôtel payées par le système, et vous dites : «Nous sommes contre le système», bon...

Et Godard est vraiment contre le système. C'est pour ça qu'il est réduit à un état de... que vous dites, soi-disant, qu'il n'est pas accessible. Il n'est pas hors du système. Il est dans le vrai système, c'est ça la différence, de même que Warhol est dans le vrai système. Le système, c'est la vie.

Il faut être vivant. S'enfermer dans un système, c'est cesser d'être vivant. Je connais des gens qui prétendent être hors du système. De quelle façon ils se sont mis hors du système ? Comme les magiciens, vous savez ? Ils ont fait... Ils se sont mis au centre, ils ont tracé un cercle autour d'eux et ils ont dit... Ils ont invoqué le démon. Et puis là-dessus ils ne peuvent plus sortir de ce cercle, ils sont prisonniers de ce cercle, et ils sont environnés par le démon, et ils disent : «C'est nous !». Nous quoi ?

Parce que la vie, elle est hors de ce cercle. La vie, c'est les arbres, c'est les plantes, c'est les êtres humains, c'est ceci. Or si vous regardez bien Godard, et si vous regardez bien Warhol, ils sont en plein dans la vie, tous les deux. C'est ce que j'appelle le cinéma en liberté. C'est un cinéma qui n'a pas peur de rater quelque chose et de le montrer quand même.

Si une image vire comme dans un film de Warhol parce qu'on arrive à la fin et que ça fait... Ce qui compte, c'est ce qui est.

Retranscription par Franck Le Gac

---

1. «*Chelsea Girls* est un monstre né dans l'esprit d'un dilettante qui met l'extrémisme technique d'un Godard au service de la métaphysique morale d'un Sade.» Omar Diop, «On *Chelsea Girls*», *Cinim*, n° 3, printemps 1969, p. 4-5. Précisons qu'Omar Diop se livre ici à un éloge du film. Sur Omar Diop, voir *supra* le texte d'Adrian Martin.

2. Il s'agit sans doute de *Numéro deux* (1975) [NdÉ].

PAROLES NON-ÉTERNELLES RETROUVÉES

Michael Witt

Le texte qui suit est la retranscription d'un échange entre Jean-Luc Godard et Claude-Jean Philippe sur la qualité du traitement du cinéma à la télévision. Cette conversation date de 1976, et son enregistrement provient d'une source inhabituelle : un bout de film entièrement monté mais jamais diffusé, d'un peu plus de seize minutes, sans titre ni générique, tourné puis laissé de côté par Godard et Anne-Marie Miéville. Il a été conservé à la fin d'une des cassettes U-matic, distribuées par leur société Sonimage, où est enregistrée *Six fois deux (Sur et sous la communication)*, série en douze parties datant de la même année. La présence de ce fragment sur la cassette contenant l'épisode 6a (*Avant et après*), demeure inexpliquée. Le fait que le dialogue commence *ex abrupto* laisse penser que cette séquence appartenait à un ensemble plus long. Il est probable que Sonimage a recyclé une cassette déjà utilisée où figurait celui-ci, et qu'elle a été laissée là par erreur lorsque la version finale d'*Avant et après* y a été copiée[1].

Six fois deux est le fruit de la convergence entre une réflexion approfondie, une intervention du hasard et un élan de créativité intense. En un sens, cette série peut être considérée comme la réalisation partielle d'un projet nourri par Godard depuis 1968, intitulé de manière provisoire *Communications*. Il s'agissait d'un film collectif de vingt-quatre heures, qui devait examiner divers processus de communication (voir à cet égard les événements dépeints dans le film *Mai en décembre (Godard en Abitibi)* de Julie Perron, qui constituent en partie une recherche concrète pour ce projet inabouti). Cependant, la série elle-même fut commandée en vue d'une diffusion dans des délais très brefs et tournée en un temps record : devant la perspective imminente de tranches horaires non pourvues dans les programmes d'été, Maurice Cazeneuve, directeur de FR3, avait en effet proposé en juin 1976 à Manette Bertin, de l'INA, six blocs de deux heures chacun, à passer en soirée pendant le mois d'août. Cette dernière, qui avait visité deux semaines plus tôt le studio de Godard et de Miéville, à Grenoble, où elle avait pu découvrir l'équipement vidéo U-matic dernier cri qu'ils venaient d'acquérir, considéra qu'ils étaient les seuls à pouvoir répondre à un calendrier de production aussi serré[2]. Selon Godard, le projet final fut le résultat d'une proposition initiale de l'INA, suivie d'une contre-proposition de sa part : « L'INA avait une commande de six fois deux films pour FR3 et m'a demandé si je pouvais en faire un et le livrer dans deux mois. J'ai répondu qu'on ne pouvait pas faire un film d'une heure en deux mois, mais que c'était plus facile d'en faire douze. Parce que une heure d'interview, ça prend une heure, mais faire un film classique d'une heure sur quelqu'un, ça prend beaucoup plus de temps. On leur a fourni une grille, ils sont tombés d'accord[3]. »

Les émissions furent diffusés sur FR3 au rythme de deux épisodes par semaine, le dimanche soir à 20 h 30, sur six semaines à partir du 25 juillet 1976. Godard, peu avant la diffusion des deux premiers épisodes, résumait ainsi la série : « Télévision naïve par la simplicité des personnages retenus et les

---

1. Cette hypothèse se fonde sur le fait qu'à la fin de six des autres épisodes, après quelques secondes de silence et d'écran noir, se trouvent divers fragments d'enregistrements de programmes télévisés : un extrait du *Testament du docteur Mabuse* de Fritz Lang (1933) après l'épisode 3a (*Leçon de choses*) ; une émission sur des rapaces après l'épisode 4a (*Pas d'histoire*) ; une autre, enregistrée en studio, consacrée à un sondage de téléspectateurs sur la « meilleure chanson », après l'épisode 4b (*Nanas*) ; des images d'archives du printemps de Prague, suivies d'une discussion en plateau, après l'épisode 5a (*Nous trois*) ; la couverture par Antenne 2 d'une compétition d'athlétisme, après l'épisode 5b, *René(e)s* ; et *Mao-Tsé Toung*, un documentaire de George Bortoli, après l'épisode 6b (*Jacqueline et Ludovic*).
2. Voir Jill Forbes, « Two Interviews with Manette Bertin », dans *INA - French for Innovation : the Work of the Institut national de la communication audiovisuelle in Cinema and Television*, sous la direction de J. Forbes, Londres, British Film Institute (dossier BFI n° 22), 1984, p. 14.
3. Jean-Luc Godard, dans « L'art à partir de la vie : nouvel entretien avec Jean-Luc Godard, par Alain Bergala », *Jean-Luc Godard par Jean-Luc Godard*, Paris, Cahiers du Cinéma, 1985, p. 23. Godard a précisé ailleurs que le contrat initial prévoyait la coproduction par l'INA et Sonimage d'un film par an pour la télévision. Voir Jean-Luc Godard, *Introduction à une véritable histoire du cinéma*, Paris, Albatros, 1985 [1980], p. 179.

moyens utilisés – mais aussi ambitieuse –, procédures nouvelles et message d'un auteur qui a des idées personnelles sur cette grande préoccupation de l'heure : la communication[4]. » La séquence abandonnée a été filmée avec deux caméras vidéo fixes, qui couvrent la même situation sous deux angles différents : Godard et Philippe sont assis face à face à une table dans le studio Sonimage de Grenoble. Entre eux se trouve le technicien du son qui enregistre leur dialogue. Le premier plan (filmé par ce que nous appellerons la caméra A) montre Godard en gros plan, masqué en partie par les épaules et la tête de Philippe, vu de dos. Après un peu moins de trois minutes, le point de vue de la seconde caméra (caméra B), qui montre Godard et Philippe de profil de chaque côté de la table, avec le technicien du son au milieu, apparaît en incrustation en haut à droite de l'image de la caméra A, d'une façon qui évoque les extraits de story-board dessinés par Godard pour *Moi Je*[5]. Se succèdent alors sur une bande-son ininterrompue : les plans de la caméra B ; de la caméra B avec incrustation du plan de la caméra A ; de la caméra B ; de la caméra B avec incrustation du plan de la caméra A ; de la caméra A ; puis, pour finir, à nouveau de la caméra B. Ce fragment d'épisode ne relève donc pas du rush ni de l'esquisse : le montage en est abouti.

A-t-il été conçu pour être intégré dans l'une des émissions existantes, ou dans un autre épisode autonome plus spécialement consacré à la place et au traitement des films à la télévision, qui aurait été ensuite supprimé ? La question reste difficile à trancher. Si Godard prend ce sujet comme point de départ, il poursuit également ici une réflexion plus large – menée depuis la fin des années soixante –, qui occupe une place centrale dans *Comment ça va ?* (1976), alors récemment terminé, et court tout au long de *Six fois deux*. Cette réflexion porte sur l'impact désastreux que peuvent avoir sur la qualité de l'information produite, diffusée et consommée, la passivité et l'inertie de deux catégories cruciales de professionnels opérant au sein des médias de masse : les journalistes et les techniciens. On imagine ainsi aisément que cette séquence ait pu être destinée à prendre place soit dans l'épisode 3a (*Photos et Cⁱᵉ*), soit dans le 4a (*Pas d'histoire*), qui, tous deux, fonctionnent en grande partie comme des enquêtes critiques sur l'indigence du travail journalistique. Enfin, il est fort probable que ce morceau de dialogue ait un rapport avec l'important projet que produiront ensuite Miéville et Godard : la série en douze volets *France tour détour deux enfants*. Réalisée en 1977-1978 et projetée pour la première fois en public au Festival de Rotterdam en février 1979, puis au Centre Pompidou en mai de la même année, cette seconde série a vu sa diffusion à la télévision repoussée pendant encore presque un an à la suite d'un changement de direction à Antenne 2 (Marcel Jullian, qui dirigeait la chaîne lorsqu'elle avait été commandée, ayant entre temps été remplacé par Maurice Ulrich). Après en avoir visionné une courte séquence, Ulrich aurait déclaré être catégoriquement opposé à sa diffusion, la raison donnée officiellement étant : « Ça ne correspond pas au produit commandé[6]. » C'est alors que Claude-Jean Philippe, comme s'il répondait tardivement à la suggestion que Godard lui avait faite en 1976 d'ouvrir son émission « Ciné-Club » à d'autres façons de penser sur le cinéma, propose de sortir de l'impasse en accueillant la série, laquelle sera finalement diffusée en avril 1980 en quatre blocs de trois épisodes chacun, le vendredi soir à 23 heures sur Antenne 2. Bien que cette solution permette, au moins, de donner un accès à ces émissions, Godard est loin de se satisfaire d'un compromis qui, dans les faits, transforme ce que Miéville et lui avaient conçu comme des « émissions » en un « classique de cinéma » : « Pour moi, ce que j'ai fait là, dans un moment, c'est ça : une télévision villageoise, pas trop intellectualisée, et c'est bien,

---

4. Cité par Fernand Alphandéry dans «Les dimanches de Jean-Luc Godard (FR3)», *L'Humanité*, 23 juillet 1976.

5. Cette utilisation de la technologie vidéo pour présenter le même événement simultanément sous deux angles différents, voire davantage, est longuement explorée par Godard et Miéville à d'autres moments de *Six fois deux*, notamment dans les épisodes 3a (*Photos et Cⁱᵉ*), et 5a (*Nous trois*). Elle prolonge également leur exploration des mélanges de modes de visions d'*Ici et ailleurs* (1974) et du dispositif d'ouverture de *Numéro deux* (1975), qui, déjà, rappelait le remarquable *Outer and Inner Space* (1965) d'Andy Warhol.

6. Rapporté par Maurice Achard, «Vous reprendrez bien du godard ?» [sic], *Les Nouvelles littéraires*, 10 juin 1979, p. 11.

à condition qu'on ne le présente pas comme un grand classique de cinéma, que ça n'est absolument pas. C'est aberrant, cette histoire[7]. » Pour lui, l'horaire et la place des épisodes dans la grille des programmes font partie intégrante de la conception de la série, et il se plaindra vigoureusement, avec force arguments à l'appui, de ce que l'impossibilité d'intégrer la série, comme prévu, dans la grille en début d'après-midi et à un rythme hebdomadaire relève du sabotage, voire de la censure : « Effectivement, *Six fois deux* a été mieux reçu sur FR3 par un petit public (un peu moins d'un million de personnes en 1976, c'était d'ailleurs parfait) parce qu'il était volontaire pour le soir. Tandis que *France tour détour deux enfants*, qui est passé dans une émission du soir consacrée à des films classiques, a été complètement perdu. Ils ne savaient pas si c'était du cinéma, de la télévision, ou quoi. Alors que c'était fait pour passer avant *Aujourd'hui Madame*. À ce moment-là, les gens l'auraient pris dans le rythme d'une émission populaire de l'après-midi, il aurait été plus synchrone. […] À la télé, quand on voit un film, ce n'est pas de la variété. Et moi j'avais fait une émission qui me reliait aux variétés. L'heure de diffusion a été choisie sciemment pour esquinter mon travail[8]. »

---

7. J.-L. Godard, « Je suis un agent sanitaire », entretien avec Émile Breton, *L'Humanité*, 17 octobre 1980, p. 45.
8. « Jean-Luc Godard : "La pellicule, c'est complètement chiant !" », entretien avec François Jouffa, *Télé-Ciné-Vidéo*, décembre 1980, p. 34.

JEAN-LUC GODARD/CLAUDE-JEAN PHILIPPE : DIALOGUE *SIX FOIS DEUX* + 1

Retranscription d'un fragment de 16 minutes d'un film inédit de Jean-Luc Godard et Anne-Marie Miéville de 1976 trouvé à la fin d'une cassette vidéo U-matic de l'épisode 6a, *Avant et après*, de la série de télévision *Six fois deux (Sur et sous la communication)* réalisé en 1976 par Godard et Miéville. Le fragment commence *in medias res*.

Claude-Jean Philippe : Le dernier que j'ai vu ?
Jean-Luc Godard : Oui.
Claude-Jean Philippe : Le dernier que j'ai vu, je l'ai vu à Cannes. Et alors vous voulez que je donne une dérogation, euh… une réaction immédiate ?
Jean-Luc Godard : Non, si vous le présentiez au « Ciné-Club » ?
Claude-Jean Philippe : Ah ben, si je le présentais au « Ciné-Club », d'abord, je le prépare. Enfin, généralement j'improvise pas. Quand j'improvise, je suis très mauvais. Mais enfin bon, euh…
Jean-Luc Godard : Je pense pas qu'il pourra passer au « Ciné-Club ».
Claude-Jean Philippe : Ça, ça dépend pas de moi. Je veux dire…
Jean-Luc Godard : Ah, donc parlez de quelque chose qui dépend de vous. On va pas parler de celui-là, puisqu'il peut pas passer à la télévision et que je vous demande de me parler d'un film de moi, si vous voulez, que vous alliez…, que vous allez présenter à la télévision. Ou… Je sais pas, vous en avez présenté, des films de moi, à la télévision ?
Claude-Jean Philippe : Oui, j'ai présenté *Week-End*.
Jean-Luc Godard : Ben, *Week-End*, par exemple, qu'est-ce que… J'ai pas vu, franchement, donc, euh… Justement, vous avez dit quoi ? Parce que ça m'énerve tellement, votre air content, justement, que voilà, je dis : « J'arrête tout ». Je regarde pas beaucoup la télé. Mais là, je me suis dit : « Je peux plus supporter ça. Je peux pas supporter cet air heureux, alors que… que c'est une entreprise d'extermination, d'une autre manière, puis moi j'en fais partie en plus… » Donc, je sais pas, je… Alors là, vous…
Claude-Jean Philippe : [inaudible]

Jean-Luc Godard : Vous avez dit : « C'est un film de Jean-Luc Godard » ? Vous avez dit quoi ? Ah ben, à peu près…
Claude-Jean Philippe : Ça, il faudrait que je m'en souvienne.
Jean-Luc Godard : [inaudible]
Claude-Jean Philippe : Non, j'ai dit une chose très simple, j'ai dit que vos films, que ce qui les caractérise par rapport aux autres films, c'est que, quand, quand on les voit, on est touché personnellement, je veux dire qu'on soit pour ou qu'on soit contre.
Jean-Luc Godard : [inaudible]
Claude-Jean Philippe : C'est d'ailleurs… C'est une expérience que j'ai faite personnellement dans des ciné-clubs où je présentais *Les Carabiniers*, par exemple, et où je me suis aperçu que les gens, que le film réussissait à mesure… On arrive au-delà de l'esthétique ou du cinéma.
Jean-Luc Godard : On a essayé de faire notre travail pour vous montrer… Il faut bien montrer comment on travaille, nous. On entend un son, on voit une image, avec nos yeux et nos oreilles, et puis on…, on la passe à notre microscope, qu'on appelle téléscope, objectif comme… On essaie de travailler un peu comme les scientifiques, puis après de pas rester comme les scientifiques, quand ils sortent de chez eux, brusquement ils disent autre chose. Eisenberg, il a vu que les choses étaient comme ça, et puis comme ça il a cherché des mots, et puis dans le langage de l'époque il n'y avait que le mot « incertitude », alors il a dit : « J'ai trouvé le principe d'incertitude », ce qui était une ânerie colossale, parce qu'on doit plutôt appeler ça un principe de certitude, par exemple. Bon, ben de toute façon, tout ça parce qu'il était ressorti de la société, il était de son temps à l'époque, aujourd'hui les gens vivent à une époque qui a été conditionnée par des découvertes dites scientifiques et vivent avec une pensée…, une pensée qui vient de l'époque d'avant, du XIXe siècle, quand c'est même pas du XVIIIe ou de… ou de Louis XVI. C'est-à-dire, ils pensent à la lune mais… comme Louis XVI pensait à la serrurerie. Bon, comment vous voulez penser, vous tombez, quand vous vous cassez la gueule ou quand vous demandez une augmentation de salaire ? Vous avez rien, ce qui est bien fait pour vous. Bon, alors là, vous avez dit une petite phrase, ça m'a… « Les films de Jean-Luc Godard sont des films qui

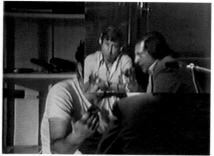

Épisode abandonné de *Six fois deux*

touchent, qui touchent personnellement », je crois que vous avez dit… Je crois que vous avez dit quelque chose comme ça.

Claude-Jean Philippe : Qui atteignent… qui atteignent les gens dans leur… dans leur… au-delà, enfin, au-delà de leurs préjugés, dans quelque chose qui est très…

Jean-Luc Godard : Oui, mais si on vous disait… le fusil… de la manufacture d'armes Manurhin, qui est… qui doit être copropriétaire du club de football Saint-Étienne, quand elle tire des balles de fusil, c'est des balles qui atteignent personnellement les gens au-delà de leurs préjugés…

Claude-Jean Philippe : Non mais là, alors…

Jean-Luc Godard : Non mais c'est pour dire, le mot « toucher », ça peut pas… On peut pas s'en servir comme ça à cet endroit-là. On peut pas. C'est pas vrai. Toucher comme ça *(JLG touche la main de CJP)*, il y a pas que…, il y a pas que ça. Dans le son, hein *(JLG touche le micro)*, toucher, vous pouvez l'entendre, le son que ça fait. Alors, toucher, nous… Si, si, si pour expliquer « toucher », le type il dit que ça…, si je dis : « Quand je touche un micro ça fait boum boum », un moment il dit : « Bon ben ça, voici comment c'est construit, il y a tel truc… » Enfin, il dirait un certain nombre de choses. Je sais pas… Si quand votre père vous fout une baffe, vous dites : « Ça m'a touché personnellement », ça vous suffit pas. Ça vous suffit pas, vous… Vous… Je sais pas, il y a quelque chose. Donc vous pouvez pas dire ça. Parce que c'est là que je dis, bon, vous n'avez pas employé un adjectif type parce que vous êtes peut-être un peu plus honnête, vous faites trois mots, alors que le critique de *France Soir* ou du *Figaro* n'en fera qu'un. Il dira « merveilleux », « sublime », ils disent plus grand-chose aujourd'hui. Il y a encore quatre ans… Qui ne sont que de la répétition. Il y a qu'à regarder la publicité dans les titres de cinéma. Ils savent pas quoi dire. Mais ils savent pas quoi dire, à la fois parce qu'ils ne font pas leur métier de journaliste à l'endroit où ils sont, et que leur confrère qui parle du Liban ou de… que sais-je, ne le fait pas non plus. Donc for… Et que les gens du cinéma ne le font pas. Alors effectivement, quand on parle un moment de gens qui font leur métier, que ça soit un ouvrier en grève, une femme qui a peur de se faire avorter, un Palestinien qui…, ou un Jean-Luc qui…, aussi, alors on parle de tout autre chose, je leur dis : « Vous parlez pas de moi, moi, et vous parlez pas de ce que j'ai fait, vous parlez de vous, ça m'intéresse beaucoup si vous parlez de vous, mais parlez de vous, montrez pas

mon film après. Parlez de vous pendant une heure, puis montrez une image de *Week-End*, si vous voulez. »

Claude-Jean Philippe : Ben non, justement, c'est la clé de… Ce que vous venez de dire est la clé de notre désaccord. C'est-à-dire que moi, rien ne me fera, ne me fera penser une seconde que…

Jean-Luc Godard : Ça vous arrive d'être touché personnellement ?

Claude-Jean Philippe : Ah ben, euh, oui… Je veux dire que, enfin, pour moi, tout bêtement, je veux dire ce qui, euh…

Jean-Luc Godard : Oui, mais il faut pouvoir en faire quelque chose, après…

Claude-Jean Philippe : Il faut pouvoir en faire quelque chose, enfin, en tout cas…

Jean-Luc Godard : Qu'est-ce que vous pouvez en faire ? Puisque vous dites qu'après vous avez été touché personnellement par *Week-End*, après, dix ans après je vous amène un autre film que je trouve bien plus intéressant, *Comment ça va*, et vous dites : « C'est pas en mon pouvoir de le passer ». Donc vous n'avez pas pris le pouvoir…

Claude-Jean Philippe : Ah non, j'ai pas pris le pouvoir, ça c'est évident, et vous non plus !

Jean-Luc Godard : Ah, mais j'ai pris le pouvoir de faire un autre film. Alors l'autre, vous allez en dire quoi, maintenant ?

Claude-Jean Philippe : Mais moi, tout ce que je veux faire…

Jean-Luc Godard : Si vous deviez le passer, vous diriez quoi ?

Claude-Jean Philippe : Je dirais que, euh, vous avez une… Vous avez… Bon, alors, on va… on peut en mettre encore une autre, là ? *(Le technicien charge)*

Jean-Luc Godard : Non on vous repiquera le son qui manque, là, c'est pas grave, vous pouvez bien, vous avez pas besoin… Vous diriez quoi, là ?

Claude-Jean Philippe : Non, je vais quand même enregistrer avec ces deux-là.

Jean-Luc Godard : Allez, vite fait. *(Le technicien finit de charger)*

Jean-Luc Godard : [inaudible] On m'a toujours accusé de faire des jeux de mots. Bon, machin, il charge. Moi, j'ai déchargé, lui il charge. Ben, charge et décharge, il y a du courant. Le courant, il passe par un conduit. Là, par exemple, là on voit moins le conduit. Enfin, tout ça, c'est des choses, comment on peut dire… Effectivement, critiquer un film consisterait à dire, ben, comment il a passé, le courant. Car à un moment, une bande qui est projetée, il y a un couloir de lumière. Du reste, la fenêtre de la caméra s'appelle un couloir. La fenêtre s'appelle une fenêtre. Il y a donc du dehors et du dedans. Enfin, il y a… C'est pas des jeux de mots, ça…

Claude-Jean Philippe : Ah non, mais ça, je…

Jean-Luc Godard : Ou alors, tout est jeu. Mais tout est jeu. Moi, je reven… Les jeux de mots sont interdits de séjour, effectivement.

Claude-Jean Philippe : Non, non, mais pas…

Jean-Luc Godard : Les criminels de l'information interdisent…

Claude-Jean Philippe : Pas pour moi… Pas pour moi, non, la question n'est pas là. Mais vous me posiez la question de ce que j'aurais dit de *Comment ça va*. Pour moi, c'est relativement net, mais vous allez encore trouver que je fais preuve de paresse mentale. Effectivement, c'est vrai. C'est vrai, mais je dirais…

Jean-Luc Godard : On peut pas dire ça. Vous faites preuve d'une… Vous débordez… En ce moment vous devez dépenser… Et c'est lui le plus fort *(désignant le technicien)*. C'est pour ça que c'est lui que j'attaque le plus, parce que c'est le plus fort. Car vous dépensez quand même une énergie deux fois plus consi…, sûrement beaucoup plus considérable que moi en ce moment, qui, du fait que je suis passé de patron à ouvrier mais tout en restant un peu patron, je suis plus fatigue mais plus que lui. Par rapport à vous. Par rapport à lui, j'en fais dix fois plus, c'est pour ça que je lui en veux à lui, car effectivement à un moment donné ça sera que notre alliance des deux qui pourra vous aider à changer, car tout seul vous pourrez pas.

Claude-Jean Philippe : Je peux quand même…

Jean-Luc Godard : Le pire, c'est le journaliste, pour moi.

Claude-Jean Philippe : Non.

Jean-Luc Godard : Le pire, c'est le journa… Non, le pire c'est le journaliste, mais on peut rien faire pour lui. On peut rien faire. Eux *(désignant le technicien)*, on peut, parce qu'ils ont un instrument entre les mains, beaucoup plus net, et un moment donné on peut les… les attaquer à partir de cet instrument. Quand même, ils enregistrent, parce que c'est leur métier d'enregistrer. Les journalistes, on sait pas très bien ce qui fait passer à travers, comment ça marche.

Claude-Jean Philippe : Si vous me laissez parler deux minutes. Bon alors…

Jean-Luc Godard : Bon, mais pourquoi est-ce que je parle beaucoup ? C'est parce qu'on parle jamais…

Claude-Jean Philippe : D'accord. Non, mais je veux dire que, euh, il y a deux choses, hein… Vous venez de mettre en question l'utilité…

Jean-Luc Godard : S'il y en a deux, il y en a sûrement trois.

Claude-Jean Philippe : … l'utilité de ce que je fais, de ce que nous faisons tous les deux. Moi, je vois une utilité très claire, très simple, immédiate, évidente mais que vous refusez peut-être, et qui est que le fait de parler de vous, le fait de vous faire parler, le fait de dire que ce que vous faites est important peut amener des gens à voir vos films…

Jean-Luc Godard : D'accord.

Claude-Jean Philippe : Et moi, j'ai un souci qui est simple, qui est d'amener les gens à voir vos films.

Jean-Luc Godard : D'accord, mais vous ne dites pas ce que je fais, et ne disant pas ce que je fais, vous n'amenez pas des gens à voir nos films car nous on pense qu'au contraire on doit faire cet effort tout seul, et comme on le fait tout seul, ça va pas du tout. On doit commencer par perdre des spectateurs. Moi, pour gagner ma vie, j'avais besoin de 100 000 spectateurs sur un film. Pour changer, je dois arriver à en avoir moins. C'est-à-dire 20 000 ou 10 000. Et à partir de 10 000 se pose effectivement un problème économique pour faire des films. Quel type de film on peut faire pour trouver 10 000 spectateurs, qui sont peut-être une relation de film à spectateur un peu plus normale, et non pas du tout démesurée. Un film, une personne, Hitler qui parle à 6 millions d'auditeurs, tous les films c'est ça. J'ai encore un interview du film qui a eu le… qui a eu le…, le grand prix à Cannes, qui a eu, je crois, un grand prix à Cannes.

Claude-Jean Philippe : Ah oui, j'ai lu cet article, il est atterrant.

Jean-Luc Godard : Voilà, eh bien…

Claude-Jean Philippe : Oui, oui, j'ai lu cet article, il est atterrant.

Jean-Luc Godard : Il est atterrant. Ben, il est atterrant, c'est *Le Monde*, et *Le Monde* est le seul journal lu, alors qu'est-ce qui est atterrant ? C'est qu'on est à terre, tout ce qu'on peut dire si c'est atterrant c'est qu'on est à terre, et puis si en plus on la tête sur la terre au lieu d'avoir les pieds sur la terre, alors c'est même pas… C'est plus qu'atterrant. Il dit : « S'exprimer sans perdre de spectateurs. » Ben, le capitalisme, enfin, ce qu'il y a de mauvais dans le capitalisme…, je peux vous parler comme Mitterrand : « Le capitalisme…, etc. » « S'exprimer sans perdre de spectateurs. » Nous, au contraire, il faut nous exprimer en en perdant et en gagnant d'autres. D'autres qui… qui seront perdus pour un, je sais pas, pour autrement [inaudible]. Effectivement, on ne parle pas avec les gens qui voient des trucs. Faites une image de vous. Notre problème à nous tel qu'on le pose, je dis pas qu'on le résout, mais à un moment donné c'est une grande nouveauté de dire, effectivement, pour penser le rapport prix du film/spectateur, ben je dois penser, on veut gagner 300 000 balles par mois, 350 000 si possible, 400 000… Pour ça, il faut 400 spectateurs à 1 000 francs. Est-ce que si je fais une photo de moi, ou une photo de toi, et que je vais la montrer à 400 personnes, est-ce qu'elles vont payer 1 000 francs ? C'est théorique, mais partons de… Partons de ça. Car cette théorie repose sur une réalité, je peux le voir tout de suite. Est-ce que ma femme, même, est prête à payer 1 000 balles pour voir une image de moi ? Pas… pas tous les jours. Ça veut dire quoi ? 400 femmes… 400 femmes prêtes à payer 1 000 francs ? Et ça, quelqu'… Et en plus, cette question, quelqu'un d'autre peut y répondre. Et à partir de là, faire quelque chose qui tiendra compte… C'est un autre genre d'utopie effectivement, que Verneuil ou ces gens-là disent qu'il faut plaire au public. Mais ça, Giscard le dit pareil, qu'il faut plaire au public.

Claude-Jean Philippe : Moi, je dis que vous… Je dis des choses extrêmement bêtes…

Jean-Luc Godard : Ben faut pas…

Claude-Jean Philippe : … mais qui, qui me par… Dont, dont, dont…

Jean-Luc Godard : Donc là, vous nous faites du tort en essayant de faire voir nos films plutôt que d'abord de faire voir, et pas forcément avec nous, ce qu'on fait. Enquêter ce qu'on fait [sic], et puis peut-être le faire voir ailleurs.

Claude-Jean Philippe : J'ai la conviction…

Jean-Luc Godard : C'est-à-dire : « Ciné-Club » devrait pas projeter de films. Pour bien parler du cinéma, d'abord. Pendant un moment. Pendant un moment. Ou arrêter un moment. Faire quelque chose…

Claude-Jean Philippe : Non mais… Ce qui, ce que, ce que… Ce que… Là où je vous trouve injuste, c'est quand vous dites…

Jean-Luc Godard : Mais moi j'essaye de voir où on est sur la chaîne, j'essaye de voir quand vous allez passer un film de moi, à quel endroit je vais être sur la chaîne. Et je vous demande votre aide, vous qui y êtes déjà…

Claude-Jean Philippe : Non, moi…, non, moi je ne suis qu'un rouage. Enfin je veux dire, je ne suis qu'un rouage dans…, dans toutes les… Et alors rouage complice, ça c'est vrai, dans toutes…, dans toutes…

Jean-Luc Godard : [inaudible]

Claude-Jean Philippe : Ah si… Et pour moi c'est fondamental, et pour vous aussi, d'ailleurs.

Jean-Luc Godard : [inaudible]

Claude-Jean Philippe : Ah ben si, alors. Allons, allons, allons…

Jean-Luc Godard : Mais pas comme ça. À un autre endroit. À un tout autre endroit.

Claude-Jean Philippe : Non, mais je veux dire, vous menez un certain combat…

Jean-Luc Godard : C'est profondément immoral d'arriver…, effectivement, je me sers d'un terme de morale à un endroit où lui ne l'utilisera pas *(désignant le technicien)*. Mais pour faire deux, et pour faire deux parce que dès qu'il y a deux choses, comme vous disiez, moi je dis : « Il y en a toujours… il y en a trois ». C'est absolument immoral que, dans cette conversation à trois, lui *(désignant le technicien)* ne participe pas, et il ne peut pas participer. Et que s'il participe et qu'on fait un plan d'une heure sur lui, vous ne le passerez pas à « Ciné-Club » et moi je ne le ferai pas, je serai pas assez fort pour le faire imposer par la Gaumont.

Claude-Jean Philippe : Ben vous, vous avez la Gaumont…

Jean-Luc Godard : C'est ça qui est immoral.

Le technicien : [inaudible]… des choses intéressantes à dire… [inaudible]

Claude-Jean Philippe : Non, mais vous vous avez la Gaumont, moi j'ai la direction d'Antenne 2, je veux dire que… on est, on est dans le même… on est dans le même sac. Si on prenait les choses beaucoup plus simplement, et si je dis… Ne m'interrompez pas, je vous demande une seconde. Si je dis simplement que vous menez un combat qui nous paraît, à quelques-uns, exemplaire, et que l'important, pour moi, c'est que ce combat soit connu, qu'il y ait une certaine manière d'amplification, quitte à ce qu'il y ait récupération, je suis bien d'accord. Je me… Je me… J'ai tout à fait conscience d'être en même temps un récupérateur, puisque je suis… Oui, enfin…

Jean-Luc Godard : Mais moi, je vous…

Claude-Jean Philippe : Je veux faire connaître votre combat, c'est pourtant simple.

Jean-Luc Godard : La seule manière de montrer ce que c'est, la télévision, c'est de vous interrompre, précisément.

Claude-Jean Philippe : Donc d'arrê…

Jean-Luc Godard : Sans arrêt… Mais non, mais pas du tout, d'interrompre, c'est-à-dire de par… de, de parler à côté. C'est extraordinaire, les débats à la télévision, effectivement, les gens se disent sans arrêt : « Monsieur, hein, je vous ai laissé parler vingt minutes, alors quand même, soyez poli, laissez-moi… laissez-moi parler. »

Claude-Jean Philippe : C'est pas une question de politesse…

Jean-Luc Godard : Absolument.

Claude-Jean Philippe : Non, mais là c'est pas une question de politesse.

Jean-Luc Godard : Alors qu'ils sont dans un endroit qui coupe sans arrêt.

Claude-Jean Philippe : Oui, ça je suis bien d'accord.

Jean-Luc Godard : Et qui coupe sans arrêt, car si…, si on avait vingt heures, ou vingt-cinq heures, qui n'est qu'une journée, effectivement…

Claude-Jean Philippe : C'est mon rêve.

Jean-Luc Godard : Parler une minute…

Claude-Jean Philippe : C'est mon rêve…

Jean-Luc Godard : Bon, alors tenons compte…

Claude-Jean Philippe : Si je pouvais le faire, c'est ce que je ferais.

Jean-Luc Godard : Mais disons pas ça, essayons de savoir à quel endroit de ce rêve on est, et donc à quel endroit de ce cauchemar on est, effectivement.

Personne hors-champ : On va arrêter un petit instant. On va changer de… On arrête un moment…

Jean-Luc Godard : Hein ?

Personne hors-champ : On change de…

Jean-Luc Godard : Ben il y a pas besoin d'arrêter.

Claude-Jean Philippe (au technicien) **:** Il est 7 heures moins 5.

Personne hors-champ (puis entrant dans le champ) **:** Il y avait un creux…

Jean-Luc Godard : Hein ?

Personne hors-champ (puis entrant dans le champ) **:** Il y avait un creux…

Jean-Luc Godard : Non, mais t'arrêtes puis tu changes de bobine.

Personne extérieure : C'est ça, oui.

Jean-Luc Godard : Pourquoi vous venez nous dire… ?

Personne hors-champ (puis entrant dans le champ) **:** Il y avait un creux dans votre façon de parler… [inaudible]

Jean-Luc Godard : Qu'est-ce que vous racontez, ça se refait, c'est pas des paroles éternelles de toute façon.

Claude-Jean Philippe : Non, de toute façon il a… il est beau jeu par définition…

Le technicien : Oui, par définition… et par essence.

Jean-Luc Godard : Qui ?

Retranscription par Franck Le Gac

GENÈSE D'UNE VÉRITABLE HISTOIRE DU CINÉMA

Michael Witt

Le titre *Histoire(s) du cinéma* désigne tout ensemble la série vidéo, d'une durée totale de quatre heures et demie, parue chez Gaumont en VHS en 1998, puis en DVD (son Dolby stéréo) en 2006 ; le livre d'art en quatre volumes publié en 1998 par Gaumont et Gallimard dans la collection Blanche, dont la réédition est prévue en 2006 ; et le coffret de cinq CD audio et quatre livres multilingues produit par Manfred Eicher et édité par ECM Records en 1999. Ces diverses articulations du projet suivent toutes la même organisation, en huit chapitres : 1A, *Toutes les histoires* ; 1B, *Une histoire seule* ; 2A, *Seul le cinéma* ; 2B, *Fatale beauté* ; 3A, *La Monnaie de l'absolu* ; 3B, *Une vague nouvelle* ; 4A, *Le Contrôle de l'univers* ; et 4B, *Les Signes parmi nous*. Il convient également d'ajouter à cette liste deux manifestations importantes : la projection au Musée national d'art moderne de *Moments choisis des Histoire(s) du cinéma* (2004), compilation de quatre-vingt-quatre minutes commandée par Gaumont pour une distribution en salles, et la diffusion télévisée sur Canal Plus, les jeudis soirs de juillet et d'août 1999, de la série complète, qui a sensiblement amélioré sa visibilité publique et lui a assuré, grâce aux possibilités d'enregistrement, un accès à plus long terme auprès d'un public relativement important[1]. Enfin, à propos de « Voyage(s) en utopie, Jean-Luc Godard, 1946-2006 », il est à noter qu'au cours d'une discussion sur le caractère protéiforme du projet d'*Histoire(s) du cinéma*, en novembre 1998, Godard avait exprimé le regret de n'avoir pu monter une exposition pour accompagner la sortie des livres, des vidéos et des CD et mettre en lumière « les différents modes d'entrée et de sortie par rapport à ce qu'on peut appeler l'Histoire[2] ».

Ceci étant, les dates auxquelles le projet a été achevé et où sont sorties ses différentes déclinaisons sont de peu de pertinence pour le compte-rendu de la genèse d'*Histoire(s) du cinéma* que je me propose de faire ici. Mon intention est en effet de me pencher plutôt sur la période clé comprenant la fin des années soixante et les années soixante-dix, où l'idée du projet a émergé et a commencé à prendre forme. Je me limiterai donc, en guise de préliminaire, à un bref aperçu des deux dernières décennies.

Au milieu des années quatre-vingt, certains chapitres du projet, auquel Godard se réfère alors parfois sous le titre de *Splendeur et misère du cinéma*, ont déjà fait l'objet, selon des observateurs de longue date tels que Freddy Buache et Alain Bergala, d'esquisses préliminaires approfondies – dont ne subsisteront cependant que peu de traces dans la version finale[3]. Des versions initiales des chapitres 1A et 1B sont présentées en avant-première et hors compétition à Cannes en 1988, accompagnées d'une première conférence de presse officielle de Godard sur le projet. Elles sont ensuite diffusées sur Canal Plus, en mai 1989, avant d'être projetées à la Vidéothèque de Paris (aujourd'hui Forum des images) en octobre de la même année. Le contenu de ces premières versions va évoluer de manière substantielle, jusqu'à la sortie de la série dans sa version définitive, en 1998. Si la structure sous-jacente et les thèmes sont restés les mêmes, les écrans noirs se sont multipliés, ralentissant le rythme et alignant ces chapitres sur la forme qu'est en train de prendre le reste de la série. Certains effets visuels et techniques de mélanges de vues (notamment par le recours à un effet d'iris), utilisés dans les épisodes suivants, ont été introduits. Plusieurs noms d'individus et de titres de films qui figuraient à l'écran dans les versions de 1989 ont disparu, tandis que des images fixes ou en mouvement, des sons, des récitations ont été ajoutés, et que la taille, le style et la couleur des polices de caractères des textes ont

---

1. Dès le départ, le son de la série a été conçu et mis au point en stéréo numérique. Quant au support DVD, il avait la faveur de Godard pour la sortie commerciale. De fait, son souhait initial était de voir la série d'abord diffusée à la télévision, puis publiée sous forme de livre, et enfin éditée en DVD. Voir « La légende du siècle » (entretien avec Frédéric Bonnaud et Arnaud Viviant), *Les Inrockuptibles*, n° 170, 21-27 octobre 1998, p. 23. En 2001, Imagica a sorti la série au Japon dans un beau coffret de cinq DVD en son stéréo numérique Dolby. Dans les entretiens de la fin des années quatre-vingt-dix, Godard critiquait vivement Gaumont pour la façon dont avait été éditée la série, et exprimait notamment sa déception par rapport aux vidéos, qu'il trouvait « d'une épouvantable qualité ». (Jean-Luc Godard et Youssef Ishaghpour, *Archéologie du cinéma et mémoire du siècle. Dialogue*, Tours, Farrago, 2000, p. 39). Concernant les livres, tout en exprimant une grande admiration pour Jacques Maillot, le directeur artistique de Gallimard, Godard évoquait les batailles avec les correcteurs de la maison d'édition, qui « défendent une version normalisée de l'expression », concluant : « Si je pouvais, je recommencerais encore ». (« C'est le cinéma qui raconte l'histoire. Lui seul le pouvait. », *Le Monde*, 8 octobre 1998, p. 33). À l'origine, Godard espérait que Gaumont sortirait aussi la série en CD audio. Après le refus de celle-ci, il se tourna vers ECM Records, qui avait édité la bande-son de *Nouvelle vague*, remixée en numérique par François Musy, sous forme de double CD en 1997. Voir « Jean-Luc Godard : Une longue histoire » (entretien avec Jacques Rancière et Charles Tesson), *Cahiers du cinéma* n° 557, mai 2001, p. 32. La première de *Moments choisis des Histoire(s) du cinéma* eut lieu au Centre Pompidou en décembre 2004. Le film fut ensuite projeté dans la section « Classiques » du Festival de Cannes en mai 2005.
2. *Archéologie du cinéma et mémoire du siècle. Dialogue, op. cit.,* p. 39.
3. Il reste une trace de ce titre provisoire abandonné dans l'annonce figurant au début du chapitre 1A : « Canal Plus présente histoire(s) du cinéma splendeur et misère ». Le 27 novembre 1985, à l'occasion du lancement de la nouvelle édition du premier volume de ses écrits, *Jean-Luc Godard par Jean-Luc Godard* (édité par Alain Bergala, Paris, Cahiers du Cinéma, 1985), Godard projette à la Cinémathèque française des extraits de son travail en cours sur le projet. Bergala se rappelle avoir visionné au cours de la même année des chapitres terminés dans leur intégralité : « Des épisodes montés, finis, très différents dans leur conception de ceux d'aujourd'hui, et qui n'ont jamais été montrés. Comme si cette première forme, pourtant aboutie, n'était pas encore la juste forme pour cette œuvre. » (Alain Bergala, « L'Ange de l'Histoire », *Nul mieux que Godard*, Paris, Cahiers du Cinéma, 1999, p. 231). Bergala et Buache ont évoqué brièvement ces premières versions à la conférence organisée par Bergala sur le thème « Godard entre terre et ciel : les limites du sacré » au Centre Thomas More du monastère de La Tourette, à L'Arbresle, les 14 et 15 novembre 1998.

C-F. TAVANO et M. YONNET

QUELQUES HISTOIRES DE CINÉMA

PARIS

ÉDITIONS JULES TALLANDIER

75, rue Dareau, 75 (14ᵉ)

Tous droits réservés

1923

subi des modifications ponctuelles. La fin de 1A a changé, et une photo extraite de *La Prison*, de Bergman (1949), aperçue dans la version de 1989 de 1B, est réapparue, recadrée et colorisée, dans la version finale de ce chapitre, dont elle est entre-temps devenue un motif central. Enfin, le générique de fin de la version de 1989 du chapitre 1A, qui citait les noms de Godard, Sony, Binggeli, Ampex, Studer, Musy, Stellavox, Besse, et Agfa, a été supprimé. Au cours des années suivantes, les versions préliminaires de 1A et de 1B seront présentées dans de nombreux festivals et à la télévision en Allemagne, en Suisse et en Grande-Bretagne. À la fin des années quatre-vingt, Godard table toujours sur une série en dix épisodes (cet aspect du projet demeurera relativement constant pendant l'essentiel de sa gestation) et il prévoit déjà, à ce stade, dix ans de travail supplémentaire pour la mener à son terme[4].

Histoire(s) du cinéma connaît une interruption entre 1989 et 1993, période durant laquelle Godard canalise son énergie vers d'autres projets, notamment deux longs-métrages dont la dimension de conte allégorique s'inspire de sa recherche sur la théorie et la pratique de l'histoire audiovisuelle : *Nouvelle vague* (1990), et *Hélas pour moi* (tourné en 1992 et sorti en 1993). Il réalise aussi deux essais importants de moyen métrage, *Allemagne neuf zéro* (1991), et *Les enfants jouent à la Russie* (1993), qui sont encore des ramifications d'*Histoire(s) du cinéma*, et qui explorent respectivement les contextes allemand et russe. Puis, entre 1993 et 1997, Godard fait de l'achèvement de la série sa priorité, repartant des enregistrements d'une longue conversation qu'il a eue avec Serge Daney dans son studio de Rolle en 1988[5]. Selon Jacques Aumont, le travail sur le reste de la série peut se diviser approximativement en cycles de deux ans par paire de chapitres (2A/2B, 1993-1994 ; 3A/3B, 1995-1996 ; 4A/4B, 1996-1997), si l'on tient compte d'«un travail de remodelage incessant» et du fait que plusieurs séquences d'acteurs lisant des textes (Sabine Azéma, Juliette Binoche, Alain Cuny, Julie Delpy) avaient été filmées par Godard à partir du milieu des années quatre-vingt et archivées pour une utilisation ultérieure[6]. En 1995, les ébauches de 1A, 1B, 2A, et 2B, avec *Les enfants jouent à la Russie* et *Deux fois cinquante ans de cinéma français* (1995, coréalisé avec Anne-Marie Miéville), sont projetées au 48e Festival international du film de Locarno[7]. Des versions presque terminées des chapitres 3A et 4A sont présentées dans la section «Un certain regard» au Festival de Cannes en mai 1997. En septembre de la même année, la série est projetée dans sa totalité au Ciné Lumière, à Londres. Cette version continuera elle aussi d'évoluer dans les mois qui

4. Voir l'introduction à l'article de Colette Mazabrard, «Histoires du cinéma sur Canal Plus : Godard revigorant», *Cahiers du cinéma*, n°⁵ 419-420, mai 1989, «Le Journal des Cahiers», p. VI. Cette structure en dix épisodes est présente jusqu'au début des années quatre-vingt-dix dans les documents de travail publiés par Raymond Bellour et Mary Lea Bandy dans *Jean-Luc Godard. Son + Image. 1974-1991*, New York, The Museum of Modern Art, 1992, p. 122-129. Les chapitres abandonnés, ou dont le contenu fut redistribué ailleurs, s'intitulaient *La Réponse des ténèbres* (provisoirement présenté comme le chapitre 3B) et *Montage mon beau souci* (portant la référence provisoire 4B). Godard parlait aussi à la fin des années quatre-vingt de consacrer un chapitre entier à l'histoire de la «mort d'un des plus grands créateurs de formes du monde moderne : Hitchcock», chapitre provisoirement intitulé *L'Industrie de la mort* («Godard fait des histoires», entretien avec Serge Daney, *Libération*, 26 décembre 1988, p. 24-27, repris dans *Jean-Luc Godard par Jean-Luc Godard, 1984-1998*, t. 2, sous la direction d'Alain Bergala, Paris, Cahiers du cinéma, 1998, p. 169). Bien que ce chapitre ait été supprimé, le titre est utilisé dans la version finale de 1B dans un court passage sur Hitchcock. Ce dernier fait également l'objet d'un long hommage critique dans 4A, *Le Contrôle de l'univers*.
5. De longs segments de la conversation de Godard avec Daney ont été publiés dans *Libération* sous le titre de «Godard fait des histoires» *(ibid.)* et de «Dialogue entre Jean-Luc Godard et Serge Daney» dans les *Cahiers du cinéma* n° 513, mai 1997, p. 49-55. Le chapitre 2A, *Seul le cinéma*, qui reprend des extraits de cette conversation filmée avec Daney, lequel était décédé en juin 1992, est empreint d'une atmosphère élégiaque. Godard signalera en 1998 la différence notable de conception et de composition existant entre les chapitres 1A et 1B et le reste de la série : les deux premiers chapitres ont en effet été développés sous forme audiovisuelle à partir d'écrits préexistants, tandis que les six autres ont été conçus directement en sons et en images. («Une boucle bouclée : Nouvel entretien avec Jean-Luc Godard par Alain Bergala», dans *Jean-Luc Godard par Jean-Luc Godard*, t. 2, *op. cit.*, p. 17.)
6. Jacques Aumont, *Amnésies : Fictions du cinéma d'après Jean-Luc Godard*, Paris, POL, 1999, p. 12.
7. Elles y font l'objet d'une table ronde organisée par Bernard Eisenschitz, dirigée par Jean-Michel Frodon, à laquelle participent Giorgio Agamben, Ruth Beckerman, Florence Delay, Shigehiko Hasumi, Ademir Kenovic, Naoum Kleiman, André S. Labarthe, Daniel Lindenberg, Marie-José Mondzain, Jean Narboni, Jacques Rancière, Jonathan Rosenbaum et Godard lui-même. La majorité des participants a également pu se rendre en Suisse peu avant l'événement, à l'invitation de Godard, pour visionner les ébauches des chapitres 3A et 3B. Pour une transcription partielle des débats, voir «Face au cinéma et à l'Histoire, à propos de Jean-Luc Godard. Cinq des contributions aux tables rondes organisées durant le Festival de Locarno à propos d'"Histoire(s) du cinéma" explorent différentes pistes ouvertes par l'œuvre du cinéaste», *Le Monde*, 6 octobre 1995, supplément Livres, p. X-XI.

suivent : la version de 2A présentée en cette occasion, par exemple, quoique très proche du montage final distribué en vidéo, se verra adjoindre une coda de quarante-deux secondes, extraite de la séquence de la navette fluviale dans *Talking to Strangers*, de Rob Tregenza (1988). En outre, la taille et le style des polices de caractère employées dans tous les chapitres pour les textes qui apparaissent à l'image seront finalement standardisés. En août 1998, l'intégralité de la série est projetée au château de Cerisy-la-Salle, dans le cadre d'un colloque intitulé « Godard et le métier d'artiste », et en novembre les vidéos et les livres sont officiellement lancés, lors d'une projection de presse à l'hôtel Montalembert, à Paris[8].

Une contextualisation plus ample est pourtant nécessaire si l'on veut se faire une idée juste de la place et de la signification d'*Histoire(s) du cinéma* dans l'œuvre de Godard. Bien que le projet ne commence à prendre une forme concrète qu'au milieu des années quatre-vingt, il est déjà en chantier depuis près de quinze ans. De fait, *Histoire(s) du cinéma* est si crucial pour la compréhension de l'œuvre dans son ensemble qu'il est tentant de désigner par ce titre la production godardienne en général, en tout cas dès la fin des années soixante. Comme Godard l'a indiqué lui-même dans son intervention à la Cinémathèque suisse, à Lausanne, en 1979 (reproduite *infra*), son désir d'étudier l'histoire du cinéma est né de la prise de conscience progressive (et inconfortable), vers 1967 ou 1968, du fait qu'il ne savait « plus très bien faire des films », et que sa pratique de cinéaste devait se nourrir d'une compréhension plus profonde de la relation entre son propre travail et les découvertes de ses prédécesseurs (« comment des formes que j'utilisais s'étaient créées, et comment cette connaissance pouvait m'aider[9] »). Début 1970, après le tournage de *Vent d'est* avec Jean-Pierre Gorin et le Groupe Dziga Vertov en Italie l'été précédent, et celui de *Lotte in Italia* à Paris et en Italie cet hiver-là, Godard jette les bases d'un projet d'histoire de l'audiovisuel et du cinéma, sous la forme d'un scénario incluant texte et images, qu'il propose à la RAI[10]. Pendant la décennie qui suit, la quête d'une histoire du cinéma « vue », plutôt qu'écrite, va se trouver de plus en plus au cœur de ses investigations. En même temps, le déclin du cinéma, l'amnésie artistique et la recherche d'un renouveau créatif deviennent des thèmes de plus en plus récurrents dans son travail. En 1972, par exemple, sur le tournage de *Tout va bien*, Jean-Pierre Gorin et lui découvrent, en tentant de modeler un plan sur la séquence de la mort de Vakoulintchouk dans *Le Cuirassé Potemkine* (1925), que les secrets relatifs au cadrage, au montage et au rythme sur lesquels reposent les grandes intuitions des cinéastes-poètes de la période muette, semblent avoir été non seulement abandonnés, mais oubliés – et que tenter de les reproduire ne donne qu'une impression d'imitation maladroite : « On s'est aperçu d'une chose très simple, c'est qu'on ne savait pas faire un angle comme Eisenstein savait le faire ; si on essayait de filmer quelqu'un qui avait un peu la tête penchée pour regarder un mort, on ne savait absolument pas ; c'était grotesque, ce qu'on faisait[11] ! ».

L'un des aspects les plus saisissants d'*Histoire(s) du cinéma* est le grand nombre d'images fixes utilisées (« Pictures in Motion », selon la formule que Godard utilise dans le document de travail des années soixante-dix reproduit ici), et la variété de manipulations et de combinaisons auxquelles elles donnent lieu. Cet aspect de la pratique godardienne est présent dès ses premiers films et devient central à la fin

8. Les actes du colloque ont été publiés : *Jean-Luc Godard et le métier d'artiste*, sous la direction de Jean-Pierre Esquenazi, Gilles Delavaud et Marie-Françoise Grange, Paris, L'Harmattan, 2000.

9. Jean-Luc Godard, « Les Cinémathèques et l'histoire du cinéma », *Travelling*, n° 56-57, 1980, p. 119-136. Nous reproduisons intégralement ce document *infra*.

10. Alberto Farassino, « Introduction à un véritable historien du cinéma », *Jean-Luc Godard : un hommage du Centre culturel français et du Museo Nazionale del Cinema de Turin*, sous la direction de Sergio Toffetti, Turin, Centre culturel français de Turin, 1990, p. 52. Rappelons que *Vent d'est* avait été produit, puis refusé par la RAI. Comme le suggère ici Farassino, outre son contenu politique, *Vent d'est* peut se lire comme le début d'une interrogation historique du western, du drame en costumes, du cinéma hollywoodien et de la naissance de la photographie.

11. Jean-Luc Godard, *Introduction à une véritable histoire du cinéma* [1980], Paris, Albatros, 1985, p. 42.

des années soixante avec *La Chinoise* (1967), *Caméra-Œil* (1967), *Le Gai Savoir* (1968) et les *Ciné-Tracts* collectifs (1968). En 1987, Godard est explicite sur ce point lorsqu'il résume son projet encore embryonnaire d'histoire du cinéma comme «une causerie, à partir de photos surtout, de moments d'arrêts, de restes d'étoiles[12].» De bons exemples-prototypes de telles «causeries» figurent non seulement dans les *Ciné-Tracts*, mais également dans les nombreux mini-essais de *La Chinoise*, largement construits à partir d'images fixes. La brève étude du révisionnisme soviétique, conçue à partir d'un texte de Nicolas Boukharine et lue dans le film par Henri (Michel Semeniako), pourrait, quant à elle, servir de précis méthodologique à la pensée critique visuelle godardienne. Elle constitue en effet «une sorte de théorème qui se présente sous une forme de puzzle», selon les mots mêmes de Godard, qui continuera d'explorer ce mode de travail, avec Gorin dans des films en 16 mm comme *Letter to Jane* (1972), puis avec Miéville en vidéo, dès 1973[13]. C'est en particulier dans ce travail en vidéo des années soixante-dix – lorsque Godard et Miéville combinent le cinéma artisanal avec le traitement vidéographique d'images et de sons «trouvés» pour examiner l'interpénétration du cinéma, de l'histoire et de la subjectivité – que les formes et les techniques d'*Histoire(s) du cinéma* sont mises en pratique et théorisées de la façon la plus approfondie : le mélange de vues et le rythme néomusical d'*Ici et ailleurs* ; les mouvements lents et saccadés de *France tour détour deux enfants* (coréalisé avec Miéville, 1979) et *Scénario de Sauve qui peut (la vie)* (1979) ; et la surimpression, explorée pour la première fois de manière systématique dans *Comment ça va* (coréalisé avec Miéville, 1976) et *Scénario de Sauve qui peut (la vie)* et ensuite étendue à quasiment toute l'œuvre en vidéo.

En 1973, le projet, désormais intitulé *Histoire(s) du cinéma. Fragments inconnus d'une histoire du cinématographe*, comprend un ensemble de thèmes dont Godard a débattu avec Gorin au cours des quatre années précédentes et qui vont par la suite réapparaître dans une grande partie de son œuvre :

> Comment Griffith chercha le montage et trouva le gros plan ; comment Eisenstein chercha le montage pour trouver l'angle ; comment Sternberg éclaira Marlene comme Speer les apparitions d'Hitler et comment il en résulta le premier film policier ; comment Sartre imposa à Astruc de tenir une caméra comme un stylo pour qu'elle tombe sous le sens et ne s'en relève plus ; le véritable réalisme : Roberto Rossellini ; comment Brecht dit aux ouvriers de Berlin-Est de garder leurs distances ; comment Gorin partit ailleurs et personne n'en revint ; comment Godard se transforma en magnétophone ; comment fonctionne la conservation des images par les membres du conseil d'administration de la Cinémathèque française ; la lutte entre Kodak et 3M ; l'invention du SECAM[14].

Godard poursuit son travail sur ce projet dans les années soixante-dix – ou tout au moins une variante explicitement autobiographique – sous le titre provisoire de *Mes films*, une commande de la

---

12. «"Le cinéma meurt, vive le cinéma !"» (entretien avec Danièle Heymann), *Le Monde*, 30 décembre 1987, p. 10.

13. Godard analysait ainsi ce flot d'images fixes lors de la sortie de *La Chinoise* : «Prenons un exemple : l'un des textes exposés est un texte de Boukharine. Après la lecture, l'un des cartons dit : " Ce discours a été prononcé par Boukharine, etc. ". On voit alors la photo de celui qui a accusé Boukharine. On pouvait bien sûr montrer le portrait de Boukharine, mais ce n'était pas nécessaire puisqu'on venait de le voir sous la forme de celui qui le représentait en disant son discours. Il fallait donc montrer l'adversaire : Vichynski, en l'occurrence Staline. Donc : photo de Staline. Et comme c'est un jeune homme qui parlait au nom de Boukharine, on montre une photo de Staline jeune. Cela nous mène à l'époque où Staline jeune en voulait déjà à Lénine. Or, Lénine, à cette époque, était déjà marié. Et un des plus grands ennemis de Staline qui intriguait déjà contre Lénine était la femme de celui-ci. Donc, après le plan de Staline jeune, on met un plan de Oulianova. C'est logique. Et que doit-il y avoir ensuite ? Eh bien, ensuite, il y a ce qui a renversé Staline : le révisionnisme. On voit alors Juliet lire une annonce de *France-Soir* où la Russie soviétique fait de la publicité pour les monuments tsaristes. Juste après, donc, que l'on a vu, jeunes, tous ceux qui avaient fusillé le tsar. C'est une sorte de théorème qui se présente sous une forme de puzzle : il faut chercher quelle pièce s'ajuste exactement à quelle autre. Il faut induire, tâtonner et déduire. Mais en fin de compte, il n'y a qu'une possibilité d'ajustement, même si la découvrir demande d'essayer plusieurs combinaisons.» («Lutter sur deux fronts», entretien avec Jacques Bontemps, Jean-Louis Comolli, Michel Delahaye et Jean Narboni, *Cahiers du cinéma*, n° 194, octobre 1967 ; repris dans *Jean-Luc Godard par Jean-Luc Godard*, 1985, p. 310).

14. Ce document, lu par le directeur de la photographie Armand Marco à David Faroult au cours d'un entretien le 2 août 2002, est cité dans la thèse de doctorat de ce dernier, «Avant-garde cinématographique et avant-garde politique : Cinéthique et le "groupe" Dziga Vertov», Université de Paris III-Sorbonne nouvelle, 2002, p. 147.

Société française de production (SFP). Cependant, après trois ans de travail, il s'avoue submergé par le projet. Il abandonne et rembourse l'argent engagé dans son développement : « Je bifurquais dans toutes les directions, ça devenait un film impossible : 200 000 heures, et il ne me restait même pas assez de ma vie pour le tourner[15] ». Pendant cette même décennie, des allusions à des *Histoire(s) du cinéma* embryonnaires apparaissent régulièrement dans les entretiens et les documents de travail. (Certains sont reproduits dans ce volume, tel le scénario de *Moi Je* (1973), dont Godard définit les cinq dernières pages comme « quelques fragments encore bien incomplets » d'« une véritable histoire du cinéma et de la télévision », dont le fil rouge serait une réflexion sur les théories du montage d'Eisenstein et de Vertov).

En décembre 1976, Langlois et Godard annoncent un projet commun d'histoire audiovisuelle du cinéma, qu'ils doivent coécrire et coréaliser dans la perspective d'une sortie en salles et en vidéocassettes. Le tout doit être financé et produit par Jean-Pierre Rassam, dont le rôle clé à la Gaumont quelques années plus tôt s'est déjà révélé crucial pour les expérimentations de Godard et de Miéville sur la technologie vidéo[16]. À la fin des années soixante et au début des années soixante-dix, Langlois a donné de nombreuses conférences un peu partout, et il a notamment accepté une invitation de Serge Losique, alors enseignant au Conservatoire d'art cinématographique à la Sir George Williams University (une des deux institutions qui allaient fusionner pour former Concordia University en 1974). Il fera donc l'aller-retour Paris-Montréal toutes les trois semaines à partir de l'automne 1968, ce pendant trois ans[17]. Ainsi débutent les célèbres « anti-cours » de Langlois à Montréal, exposés semi-improvisés de trois heures accompagnés de projections de longs extraits de films devant un auditorium de sept cents places plein à craquer. Cet engagement est suivi au début des années soixante-dix de contrats similaires à Washington, Harvard et Nanterre. Le prototype d'*Histoire(s) du cinéma* conçu par Godard et Langlois sera cependant vite abandonné, à cause du décès prématuré de ce dernier en janvier 1977. En mars de la même année, Godard se rend à Montréal afin de présenter un cycle de vingt-deux de ses films au Conservatoire. Lors de cette visite, Losique lui propose de reprendre le flambeau de Langlois. En août, Godard retourne au Canada pour le lancement du premier Festival international du film de Montréal, créé par Losique, et les discussions se poursuivent en vue d'une série de conférences portant sur l'histoire du cinéma, qui rempliraient aussi pour lui le rôle d'« un projet de recherche » sur une véritable histoire du cinéma et de la télévision :

> J'aurai bientôt 50 ans, et c'est le moment où en général les gens écrivent leurs mémoires, racontent ce qu'ils ont fait. Mais plutôt que d'écrire ces mémoires, de dire d'où je viens et comment ça se fait que j'ai parcouru ce trajet dans le métier que j'ai et qui est le cinéma, au lieu donc de faire cela, je voudrais raconter mes histoires, un peu comme des contes sur le cinéma. Et c'est ça que je propose de faire. Il y aurait une dizaine de cours qui feront une dizaine de cassettes, qui, plus tard peut-être, feront des œuvres plus élaborées[18].

À l'automne 1978, Godard commence des allers-retours bimensuels entre Rolle et Montréal : dans les deux mois qui suivent, il donne quatorze conférences sur les vingt proposées, réparties sur sept voyages et regroupées sur des vendredis et des samedis consécutifs. Dès le départ, il considère ce travail, dans le droit fil de *Moi Je* et de *Mes films*, comme une sorte de « psychanalyse de moi-même, de

15. Jean-Luc Godard, *Introduction à une véritable histoire du cinéma*, op. cit., p. 162. Voir aussi p. 321.
16. Richard Roud, *A Passion for Films : Henri Langlois and the Cinémathèque Française*, Londres, Secker and Warburg, 1983, p. 199. Godard évoque brièvement cette collaboration envisagée avec Langlois dans son *Introduction à une véritable histoire du cinéma*, op. cit., p. 165.
17. R. Roud, *A Passion for Films*, op. cit., p. 161-174.
18. Jean-Pierre Tadros, « Godard à Montréal », *Le Devoir*, 25 août 1977 ; repris dans Michel Larouche, « Godard et le Québécois », sous la direction de René Prédal, *CinémAction*, n° 52, « Le cinéma selon Godard », juillet 1989, p. 158-164.

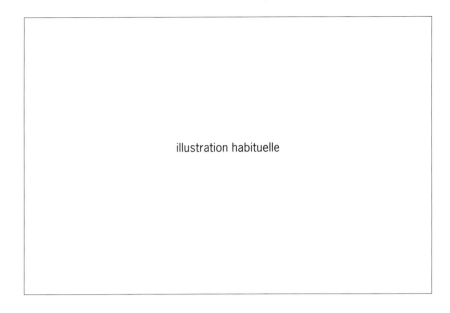

illustration habituelle

mon travail », et comme la première étape concrète d'un parcours sans limite de durée dans ce qu'il appelle le « territoire complètement inconnu » de l'histoire du cinéma. Il envisage d'en tirer une étude visuelle intitulée *Aspect inconnu de l'histoire du cinéma*, à laquelle il a déjà prévu de consacrer le reste de sa vie professionnelle[19]. Fidèles à leur conception initiale, les conférences de Montréal ne sont pas conventionnelles : elles font partie d'un contrat de coproduction (le coût des dix voyages est partagé à égalité par le Conservatoire et Sonimage). Dans un premier temps, ce contrat porte sur le scénario d'une histoire audiovisuelle du cinéma, qui doit être publié sous forme de livre puis de série vidéo, en coproduction avec le Conservatoire. Une transcription partielle de ces conférences paraît en 1980 dans *Introduction à une véritable histoire du cinéma*, un recueil que Godard décrira avec le recul (en 1992) comme « le début d'une démarche » plutôt qu'une fin en soi[20].

En avril 1978, quelques mois avant de s'embarquer pour l'aventure montréalaise, il résume le contenu et la logique de son projet comme l'exploration d'une période historique unique – celle du cinéma muet, pour l'essentiel – durant laquelle le pouvoir libérateur et démocratique de l'image a temporairement menacé l'hégémonie du langage :

> Moi, j'ai envie de tourner une histoire du cinéma qui montrerait qu'à un moment donné le visuel a failli prendre les choses, un moment où la peinture, l'image avaient plus de poids. À des époques où les gens ne savaient pas écrire, au Moyen Âge, ou sous Louis XIV, il y avait une image de Louis XIV que tout le monde connaissait, il n'y avait que celle-là, mais elle était connue. Comme les gens ne savaient pas écrire, c'était un autre rapport du texte et de l'écriture ; or, petit à petit les moyens de communication ont privilégié le texte, et si le cinéma, à un moment donné, a été si populaire, surtout le cinéma muet, c'est que les gens voyaient et qu'il y avait du montage, des associations d'idées, et il n'y avait pas besoin de dire « j'ai vu ça », on comprenait en voyant[21].

19. Jean-Luc Godard, *Introduction à une véritable histoire du cinéma, op. cit.*, p. 21-24.
20. « Le Briquet du Capitaine Cook » (entretien avec François Albéra et Mikhaïl Iampolski), *Les Lettres françaises*, 19 avril 1992, p. 20.
21. « Entretien avec J-L Godard le 12 avril 1978 » (entretien avec Jacques Richard), *Cinequanone*, n° 1, 10-16 mai 1978, p. 26. Voir aussi les commentaires de Godard dans le film de Hellmuth Costard *Der kleine Godard an das Kuratorium junger deutschen Film* (1978), transcrits dans ce volume.

En juillet de la même année, il conçoit les grandes lignes d'une série en dix épisodes – cinq sur le cinéma muet, cinq sur le parlant –, qui seraient produits par l'Institut national de l'audiovisuel (INA)[22], sur le modèle de ses récentes séries télévisées avec Miéville, *Six fois deux (Sur et sous la communication)* (1976) et *France tour détour deux enfants* (1979).

Bien que nous ne connaissions pas la date précise du document de vingt pages intitulé *Histoire(s) du cinéma et de la télévision* reproduit *infra*, son contenu et sa structure suggèrent qu'il a été composé vers cette même époque, ou peut-être un peu plus tôt (comme semblent l'indiquer la référence à Jean-Pierre Rassam et le fait que certaines des images détournées sont aussi utilisées par Godard et Miéville entre 1974 et 1976 dans *Ici et ailleurs* et *Six fois deux*). Ce plan de la série n'esquisse pas seulement son organisation structurale : il aborde également les questions de budget et de technologie, et annonce l'ambition de Godard (ou peut-être, si l'on se réfère à la page d'ouverture, de Godard et Miéville ensemble) de conclure le projet en deux ans[23]. Dix épisodes sont prévus : cinq consacrés au cinéma muet, cinq au parlant. Mais la conception du projet reste fluctuante : lors de son quatrième voyage à Montréal, par exemple, il évolue vers une série en huit volets, d'une durée totale de quatre heures, organisée principalement par cinémas nationaux et, comme dans le document reproduit ici, autour de la séparation entre le muet et le parlant[24]. Le canal principal envisagé par Godard pour cette série est la télévision, bien qu'il pense aussi au marché de la vidéo, qui pourrait trouver un public nombreux dans la communauté universitaire spécialisée, les études cinématographiques étant alors florissantes, particulièrement aux États-Unis. Comme il le dit à ce moment-là en termes gentiment railleurs, cela donnerait du moins aux professeurs d'université un matériau visuel à montrer et à discuter au cours de leurs séminaires, et engendrerait peut-être de nouvelles manières de penser les questions de recherche et de transmission concernant l'histoire du cinéma : on pourrait, par exemple, confier des caméras vidéo à des étudiants afin qu'ils reproduisent des angles ou des scènes spécifiques de classiques du cinéma, ou projeter un long métrage sans une de ses bobines, pour que les étudiants en imaginent et en réalisent une nouvelle[25].

L'une des préoccupations récurrentes exprimées par Godard dans son intervention à Lausanne en 1979 concerne le fait que, dans les livres d'histoire du cinéma, les images extraites de films sont souvent redondantes par rapport au texte qu'elles accompagnent. L'initiative iconographique « illustration habituelle », prise dans les *Cahiers du cinéma* n° 300 dont Godard est le rédacteur en chef invité en mai de la même année, constitue une mise en pratique drôle et élégante de cette critique. Les soixante et quelques pages d'images qu'il a sélectionnées et recadrées pour les juxtaposer dans l'*Introduction à une véritable histoire du cinéma* ne représentent qu'une partie de l'activité plus large qu'il a menée dans le domaine du collage graphique pendant les années soixante-dix. Ce travail, qui va nourrir directement les livres d'*Histoire(s) du cinéma*, comprend notamment : les quatre scénarios (mêlant

22. Voir l'introduction d'Alain Rémond à son entretien en sept parties avec Godard, mené avec Jean-Luc Douin et publié dans des numéros successifs de *Télérama* pendant l'été 1978 : « Godard dit tout », *Télérama* n° 1486, juillet 1978, p. 4.

23. Deux pages de ce document furent utilisées pour illustrer un entretien avec Godard par Wilfried Reichart, en septembre 1978, publié dans *Jean-Luc Godard*, sous la direction de Wolfram Schütte et Peter W. Jansen, Munich, Carl Hanser Verlag, 1979, p. 59. Nous sommes très reconnaissants à Wilfried Reichart d'avoir mis le document entier à notre disposition. Les thèmes abordés dans les esquisses des épisodes individuels résonnent étroitement avec le travail antérieur de Godard avec Gorin et Miéville dans les années soixante-dix et reviendront dans les décennies qui suivent. Le rapprochement d'Albert Speer et d'Hitler, d'une part, et de Joseph von Sternberg et de Marlene Dietrich d'autre part, par exemple, est récurrent tout au long du travail de Godard du début des années soixante-dix (voir le document de 1973 cité plus haut) à la fin des années quatre-vingt, et au-delà : « Rapprocher un gros plan de Dietrich, éclairée par l'homme qui l'aimait, d'un autre gros plan, orchestré par le ministre de l'équipement, pour éclairer le visage de l'homme qu'il aimait à l'époque : Adolf Hitler... ». Jean-Luc Godard, « Godard arrêt sur images » : Le cinéaste commente quelques photos de *Soigne ta droite* (entretien avec Michèle Halberstadt), *Première* n° 130, janvier 1988, p. 59. Godard aborde aussi le sujet dans son *Introduction à une véritable histoire du cinéma, op. cit.*, p. 59.

24. *Ibid.*, p. 170-175.

25. *Ibid.*, p. 170-175 et p. 261. Langlois avait eu recours à des exercices pratiques semblables avec les étudiants. Il les envoyait par exemple tourner l'arrivée d'un train à la gare de Montréal à la manière des frères Lumière. Voir R. Roud, *A Passion for Films, op. cit.*, p. 162. Rappelons également ici les remakes godardiens de films des premiers temps du cinéma intégrés dans *Les Carabiniers* (1963).

Juxtaposition de *Vampyr* de Carl Theodor Dreyer (1932) et de *Carmen Jones* d'Otto Preminger (1954) illustrant le deuxième «voyage» de la première édition d'*Introduction à une véritable histoire du cinéma* (1980), où il est question de *Vivre sa vie* et des grandes figures d'héroïnes

image et texte) destinés à un projet de film aux États-Unis qui s'est successivement intitulé *Bugsy, The Picture* et *The Story*; le numéro 300 des *Cahiers du cinéma* (ce numéro spécial est dans les kiosques au moment de son passage à Lausanne); et le plan d'*Histoire(s) du cinéma et de la télévision* et le dossier de presse de *Sauve qui peut (la vie)* (1980), reproduits dans ce volume. Godard était apparemment insatisfait de la façon dont les images avaient été traitées dans la première édition (1980) de l'ouvrage[26], sans doute parce que les sections visuelles étaient à chaque fois intégrées dans la transcription du premier des deux cours dont se composait chaque «voyage». Cela créait un décalage, tout au long du livre, entre les films évoqués dans les textes et les images qui y figuraient; et, inversement, de longs passages étaient totalement privés des images correspondantes. Dans la seconde édition (1985), les images sont redistribuées dans les cours auxquels elles se rattachent et, afin d'éviter qu'une page blanche résulte de cette réorganisation, Godard ajoute quatre brefs commentaires critiques manuscrits en rapport avec ces cours[27]. Ceux-ci abordent nombre des thèmes et des méthodes qui informeront *Histoire(s) du cinéma* : ils insistent en particulier sur la question du cinéma national, et réaffirment le principe directeur du rapprochement d'images disparates comme ouverture sur la pensée de l'histoire,

---

26. Voir Jacques Kermabon, «Tentatives incertaines pour aborder les *Histoire(s) du cinéma* de Jean-Luc Godard», *24 images*, n°s 88-89, automne 1997, p. 54.

27. Si le texte principal ne diffère pas d'une édition à l'autre, la présentation de la table des matières et des titres de films au début de chaque conférence sont modifiés, ainsi que la pagination du livre. De plus, dans la première édition, les images étaient imprimées sur papier glacé; dans la seconde, elles sont reproduites sur papier mat, en noir et blanc très contrasté, d'une manière qui se rapproche beaucoup plus de l'art graphique de Godard des années soixante-dix et quatre-vingt, qui reposait sur la photocopie.

tous les cadrages naissent égaux et libres, les films ne seront que l'histoire de leur oppression ; cadre par exemple un décadrage de Bergman, ou l'absence de cadre chez Ford et Rossellini, ou sa présence avec Eisenstein, tu verras qu'il s'agit toujours d'apaiser quelque chose, son amant, les dieux, ou sa faim

Image d'*Alexandre Nevski* de Sergueï Eisenstein (1938), accompagnée d'un texte critique ajouté à la deuxième édition d'*Introduction à une véritable histoire du cinéma* (1985), illustrant le septième «voyage» consacré aux *Carabiniers* et au traitement de la guerre par le cinéma

ainsi que la nécessité fondamentale d'explorer «l'histoire de la vision que le cinéma qui montre des choses a développée, et l'histoire de l'aveuglement qu'il a engendrée[28]».

À Montréal, Godard avait déjà émis l'idée de juxtaposer des extraits de films en les projetant simultanément sur deux écrans, mais avait vite réalisé que son plan était irréaliste. D'une part, la configuration spatiale du conservatoire ne permettait pas de projeter des films sur deux écrans adjacents dans la même salle ; d'autre part, Losique n'avait pu réunir les fonds suffisants pour faire transférer les films sur bande vidéo, afin de les visionner simultanément sur des moniteurs placés côte à côte, ce qui aurait permis de les comparer. Paradoxalement, Godard disposait dans son studio de Sonimage de l'équipement technique dont il avait besoin (une machine de téléciné et des magnétoscopes U-matic) – il travaillait alors depuis six ans avec Miéville en vidéo et était accoutumé aux échanges entre cinéma et vidéo –, mais il lui manquait les films. De son point de vue, ces limites matérielles avaient eu pour conséquence de donner à ses cours de Montréal la forme improductive et par trop conventionnelle de projections suivies de discussions : «Donc on a été réduit à faire des discussions de style ciné-club, c'est-à-dire de voir un film et ensuite d'en parler, c'est-à-dire d'aveugler, si jamais il y a eu quelque chose de visible pendant la projection, de le réaveugler par la parole après[29]…». Le chemin à suivre – il en avait la conviction – était la vidéo, et seule une alliance entre celle-ci, l'équipement téléciné et les fonds d'archives du cinéma permettrait une réelle exploration audiovisuelle de l'histoire du cinéma.

---

28. Jean-Luc Godard, *Introduction à une véritable histoire du cinéma, op. cit.*, p. 165.
29. *Ibid.*, p. 166.

Il ne pouvait savoir à ce moment que ses propos précédaient de peu l'arrivée d'une révolution technique et culturelle qui allait changer fondamentalement la donne et affecter sa propre méthode de travail : prolifération rapide de la technologie vidéo à destination des particuliers, sortie commerciale de nombreux films en cassette vidéo, et possibilité pour tout possesseur de magnétoscope de visionner des émissions après leur diffusion. En 1998, à la question qu'on lui posait sur la façon dont il avait préparé le projet, Godard répondait d'une manière désinvolte (mais finalement assez exacte) qu'il avait simplement ouvert une chemise afin d'y rassembler des images en rapport avec chaque chapitre, et avait de même organisé en sous-chemises toutes une série de thèmes (Hommes, Femmes, Enfants, Guerres…). Il avait ensuite acheté un pack de cassettes vidéo vierges et s'était mis à enregistrer des émissions de télévision[30].

L'intervention de Godard lors du congrès de la FIAF (Fédération internationale des archives du film) à Lausanne peut s'interpréter en partie comme un panégyrique qui s'inscrit dans la longue succession de ses hommages à Langlois, depuis un message intitulé «Grâce à Henri Langlois», lu à la Cinémathèque française en 1966[31], jusqu'au point d'orgue : le chapitre 3B, *Une vague nouvelle*. À maintes reprises, Godard a décrit Langlois comme un penseur de l'image très novateur ou comme un historien-poète ayant, par sa pratique de la programmation, révélé une histoire du cinéma largement inconnue : les macro-collages qu'il réalisait dans ses projections à partir de l'œuvre des autres faisaient de lui «un des plus grands metteurs en scène français, le metteur en scène et le scénariste d'un film continu intitulé la Cinémathèque française[32]». Dans son étude d'un document détaillant six mois de programmation portant sur «25 ans de cinéma» à la Cinémathèque française, entre 1956 et 1957, Dominique Païni désigne Langlois comme le précurseur le plus significatif et le plus incontestable du Godard d'*Histoire(s) du cinéma* et le décrit comme un auteur de collages conceptuels. Le cofondateur de la Cinémathèque française était néo-eisensteinien dans ses pratiques de programmation, et sa «programmation-attraction», pour reprendre le terme de Païni, a constitué une expérience pratique complètement nouvelle en figurabilité cinématographique et a consacré l'invention d'«une véritable méthode de "conservation" mnémotechnique[33]». En 1990, dans une conversation avec Freddy Buache au sujet de Langlois, Godard revient lui aussi à Eisenstein : «[Langlois] évoquait une histoire du cinéma qui, beaucoup plus tard, me donnera envie d'apprendre […]. Une histoire qu'il montait comme Eisenstein montait ses films, à la main, juste avec une paire de ciseaux et une colleuse, c'était surprenant[34]». Cette description n'esquisse pas seulement un modèle conceptuel : elle est aussi factuellement exacte. Si Langlois projetait toutes sortes de films pour composer une seule et même séance, il connut également une carrière, comparativement plus discrète, d'auteur de films de compilation. Il faisait tirer de nouveaux négatifs à partir de copies existantes (ou, au prix d'énormes efforts, de nouvelles copies, image

---

30. J.-L. Godard, «J'ai fait une échographie», p. 35. Ces chemises figurent en bonne place dans un numéro de *Cinéma Cinémas* de 1987 consacré au travail de Godard. À la fin des années quatre-vingt-dix, il avait apparemment accumulé environ 3 000 cassettes vidéo.

31. J.-L.Godard, «Grâce à Henri Langlois», *Le Nouvel Observateur*, n° 61, 12 janvier 1966 ; repris dans *Jean-Luc Godard par Jean-Luc Godard*, t. 1, *op. cit.*, p. 280-283.

32. Voir R. Roud, *A Passion for Films*, op. cit., p. XXVII.

33. Dominique Païni, «Programmer, écrire», *Le Cinéma, un art moderne*, Paris, Cahiers du Cinéma, 1997, p. 169-184. Dans un essai précédent, Païni soutenait qu'une approche féconde de Langlois et de son travail ne devait pas se limiter à l'histoire de la cinéphilie, mais également considérer des artistes et des penseurs tels que Duchamp, Cage, Boulez, Barthes et, bien entendu, Godard, tous des «programmateurs» qui entretenaient un dialogue avec les œuvres de leurs précurseurs et étaient soucieux de la mise en scène muséale de ces œuvres comme moyen de transcender leurs limites figuratives et illusionnistes. Voir Dominique Païni, «Portraits d'artistes en programmateurs», *Conserver, montrer*, Bruxelles, Yellow Now, 1992, p. 22-29.

34. Freddy Buache et Jean-Luc Godard, «Préface. Entretien entre Jean-Luc Godard et Freddy Buache», *Musée du Cinéma Henri Langlois*, sous la direction de Marianne de Fleury, Dominique Lebrun et Olivier Meston, Paris, Maeght Éditeur, 1991, p. 6. Rappelons que c'est la visite de l'exposition «Images du cinéma français», organisée par Langlois au Musée des beaux-arts de Lausanne en 1945, qui a inspiré le jeune Buache et l'a convaincu de poursuivre les efforts qui allaient faire de lui un des cofondateurs de la Cinémathèque suisse de Lausanne, cinq ans plus tard. Voir R. Roud, *A Passion for Films*, op. cit., p. 60-61.

par image, à partir de négatifs en mauvais état) afin de reproduire des extraits qu'il sélectionnait et montait ensuite ensemble. Il a ainsi réalisé une demi-douzaine de films de montage dans les années soixante et soixante-dix. Un témoin direct nous a décrit, à ce sujet, le légendaire montage continu de douze heures qu'il avait constitué à partir d'extraits de deux cents films. Consacré à «Paris à travers le cinéma de Louis Lumière à Jean-Luc Godard», celui-ci a été projeté au Palais des Congrès en mars 1974. Installé dans la cabine de projection, armé de colle et de ciseaux, Langlois travaillait encore frénétiquement au montage pendant l'événement : «Il colle, décolle, recolle la pellicule. Monte et démonte. Avec pour seules armes, ses souvenirs et ses ciseaux. Un coup de fil le distrait. Dommage ! Sur l'écran, tout à l'heure, apparaîtra le mot NIF au lieu de FIN. "Zut, c'est à l'envers."[35]» Ces films de compilation de Langlois, tour à tour consacrés aux frères Lumière, au cinéma français muet des tout débuts, à l'avant-garde française des années vingt, au cinéma expérimental allemand des années trente, et au travail de Gloria Swanson, comptent parmi les précurseurs les plus directs et les plus significatifs d'*Histoire(s) du cinéma*.

L'autre tonalité «langloisienne» perceptible dans les propos de Godard à Lausanne vient d'une conception partagée de ce que doit être la mission d'une cinémathèque : produire autant que préserver, restaurer et projeter. À quoi cela sert-il de préserver les films, s'interroge Godard en 1979, sinon à en faire de nouveaux ? Cette question, sur laquelle il reviendra dans le chapitre 2B, *Fatale beauté*, complète le portrait qu'il fait de Langlois à Lausanne : celui d'un programmateur et d'un producteur expérimental qui «produit de la production» en cultivant une curiosité et un amour pour les films mais aussi un désir d'en faire («C'était surtout une incitation à faire des films»). S'exprimant en 1962, Langlois lui-même affirmait combien cette dimension stimulante et productive de la programmation était au centre de la conception qu'il avait de son travail :

> Moi, ce qui m'intéresse, c'est qu'on fasse de nouveaux films. C'est que le cinéma avance. Pour moi, la diffusion de la culture par les cinémathèques consiste à créer le futur, car une cinémathèque est le musée d'un art vivant, un musée qui n'est pas seulement celui du passé, mais de l'avenir. Pour moi, la victoire de la Cinémathèque, c'est d'avoir rendu possibles *Les Quatre Cents Coups, Le Beau Serge, Paris nous appartient, Le Signe du lion, À bout de souffle*, comme *Le Rideau cramoisi, Paris 1900*, d'avoir aidé Resnais et Rouch, d'avoir contribué jadis à Milan et à Rome, en 1938 et 1939, à la genèse, aux sources du néoréalisme[36].

Langlois peut aussi être considéré comme producteur dans un sens plus littéral. Il accueillit les œuvres de cinéastes contemporains tels que Philippe Garrel à la Cinémathèque et soutint d'autres artistes en leur fournissant un appui financier (il aida Kenneth Anger à produire *Rabbit Moon* en 1950) ou de la pellicule (en bénéficièrent Raymond Queneau, Jean-Paul Sartre, Pablo Picasso et Jean Genet, qui put ainsi filmer *Un chant d'amour* en 1950[37]). C'est dans ce contexte de (re-)mise en perspective de Langlois comme producteur que Godard déclare en 1979 que les cinémathèques ont le devoir moral, de par leur rôle de gardiennes des œuvres en leur possession, de revendiquer des droits sur les copies vidéo de leurs fonds. Il ajoute aussi qu'à chaque institution devrait être rattachée une unité de production, ainsi que des chercheurs chargés de produire annuellement une série de vidéos à partir des collections. L'argument le plus provocant de son intervention est la suggestion qu'il fait à Langlois de brûler sa

---

35. Le reportage de Michel Delain pour *L'Express* est reproduit dans Georges P. Langlois et Glenn Myrent, *Henri Langlois, premier citoyen du cinéma*, Paris, Denoël, 1986, p. 397.

36. Éric Rohmer et Michel Mardore, «Entretien avec Henri Langlois», *Cahiers du cinéma*, n° 135, septembre 1962. Reproduit dans Henri Langlois, *Trois cent ans de cinéma*, sous la direction de Jean Narboni, Paris, Cahiers du Cinéma/Cinémathèque Française/FEMIS, 1986, p. 79.

37. G. P. Langlois et G. Myrent, *Henri Langlois, op. cit.*, p. 182-185. Voir aussi R. Roud, *A Passion for Films, op. cit.*, p. 82-83.

collection ou, tout au moins, de la vendre pour en distribuer les profits à ses cinéastes préférés et contribuer ainsi directement à la régénération du cinéma contemporain[38].

L'exploration de sa propre histoire par le cinéma, qui commence véritablement dans les années vingt avec des œuvres pédagogiques telles que *La Machine à refaire la vie* (Julien Duvivier et Henry Lepage, 1924) et *L'Histoire du cinéma par le cinéma* (Raoul Grimoin-Sanson, 1927), se poursuit dans de nombreuses compilations ultérieures – par exemple, pour n'en citer qu'une par décennie, *The March of the Movies* (USA, 1927), *Quarante ans de cinéma* (Allemagne, 1935), *Movie Memories* (Royaume-Uni, 1948), *Movie Museum* (États-Unis, 1954-1955), et *Archeology of the Cinema* (États-Unis, 1963). La télévision n'est pas absente de ce champ : apparaissent ainsi séries *The Film* (Royaume-Uni, 1947-1948), *Cinéastes de notre temps* (France, 1964-1972), *L'Histoire du cinéma français par ceux qui l'ont fait* (France, 1974) et *Hollywood : A Celebration of the American Silent Film* (États-Unis, 1979)[39]. Selon Nicole Brenez, la veine de l'«étude visuelle», c'est-à-dire l'«étude de l'image par les moyens de l'image elle-même», est parmi les plus riches, les plus variées, et les plus sous-évaluées de l'histoire du cinéma[40]. En sa qualité de programmatrice du cinéma expérimental et d'avant-garde à la Cinémathèque française, Brenez, à l'instar de Langlois, s'est lancée dans la stimulante exploration de tout un pan auparavant invisible de l'histoire du cinéma, en organisant la projection de films expérimentaux perdus ou négligés, inédits ou redécouverts. Sa programmation de 1997, «Véritables histoires du cinéma. Versions expérimentales», dressait par exemple un portrait, riche par sa profondeur et par sa diversité, de la tradition expérimentale d'une histoire audiovisuelle du cinéma – à laquelle appartient *Histoire(s) du cinéma*[41]. En 1999, dans le deuxième de quatre programmes consacrés à l'«Atomic Cinema. Gestes du cinéma expérimental», Brenez tentait de cartographier les multiples territoires où les cinéastes ont appréhendé le cinéma comme son propre outil analytique, thématique qu'elle approfondissait l'année suivante à travers une série de programmes en trois parties dont l'optique était «Le cinéma par lui-même».

Le film projeté à Lausanne en 1979 et commenté brièvement dans la retranscription du débat reproduit *infra* (où il est attaqué par Robert Daudelin, alors directeur de la Cinémathèque québécoise) est *Correction Please, or How We Got Into Pictures* (1979) de Noël Burch. Il examine la façon dont s'est constituée la syntaxe du cinéma classique dans les deux premières décennies du XXᵉ siècle, et fournit par là un bon exemple de la tradition inventive de l'exploration de l'histoire du cinéma par l'image et le son[42]. De fait, Burch est une référence particulièrement significative par rapport à *Histoire(s) du*

38. Voir le texte de Laurent Mannoni, ainsi que la lettre écrite par Godard à Langlois en juillet 1975 dans ce volume. «Une chronique du temps à venir», la nouvelle qui ouvre *Quelques histoires du cinéma*, le recueil de Charles-Félix Tavano et de Marcel Yonnet (Paris, Jules Tallendier, 1923), relate la découverte par un groupe d'ouvriers du bâtiment, en l'an 3024, d'un coffre enterré profondément, contenant cinq bobines de film plus anciennes que tout ce qui a été mis à jour jusque-là. Une fois restauré et projeté, le film ravit les spectateurs par son évocation du passé et sa révélation d'une forme d'art disparue, et suscite dans ce trente et unième siècle une renaissance du cinéma parmi un groupe de jeunes metteurs en scène qui se font appeler «les Primitifs». Le conte de Tavano et de Yonnet anticipe non seulement la relation fertile entre la Cinémathèque française et la Nouvelle Vague, mais aussi la dimension stimulante et productive de la biblio-disco-filmothèque dense qu'est *Histoire(s) du cinéma*.

39. L'ouvrage d'Anthony Slide, *Films on Film History*, Metuchen, N.J./Londres, The Scarecrow Press, 1979, donne une idée de la quantité et de la richesse de ces films.

40. Nicole Brenez, «L'étude visuelle : puissances d'une forme cinématographique», *Pour un cinéma comparé. Influences et répétitions*, sous la direction de Jacques Aumont, Paris, Cinémathèque française, 1996, p. 347-367. Voir aussi son étude sur les usages variés du remploi par des artistes-cinéastes contemporains : «Montage intertextuel et formes contemporaines du remploi dans le cinéma expérimental», dans «Limite(s) du montage», sous la direction d'Elena Dagrada, *CiNéMAS*, vol. 13, nᵒˢ 1-2, automne 2002, p. 49-67.

41. Les principales œuvres projetées étaient les journaux filmés de Jonas Mekas (*Walden : Diaries, Notes and Sketches*, 1964-1969) et les essais filmés d'histoire du cinéma d'Al Razutis (*Visual Essays : Origins of Film*, 1973-1984). Dans *Vrai faux passeport* (2005), Godard utilise – dans la section consacrée au traitement filmique du cinéma – un extrait de la première partie de la série (qui en comprend six) de Razutis sur l'histoire du cinéma, *Lumière's Train (Arriving at the Station)*.

42. Ce remarquable film est distribué avec un court livret : Noël Burch, *Correction Please, or How We Got Into Pictures*, Londres, Arts Council of Great Britain, 1979. Burch a poursuivi l'exploration de nombreux thèmes de ce film et de ce livret dans *La Lucarne de l'infini*, Paris, Nathan, 1991.

cinéma, d'abord à cause de l'envergure et l'ambition de sa production écrite et audiovisuelle, ensuite parce qu'il est l'un des rares cinéastes-théoriciens de la génération de Godard pour lesquels ce dernier ait manifesté un intérêt constant – ce depuis ses premiers textes théoriques jusqu'à son histoire sociale et audiovisuelle des premières décennies du XXᵉ siècle à travers le cinéma, *La Lucarne du siècle. Histoire, cinéma, société* (1985)[43].

Après ses cours magistraux de Montréal et son intervention à Lausanne, Godard poursuit en 1981 son projet avec la Rotterdam Arts Foundation, sous la forme d'une nouvelle série de conférences, cette fois avec la volonté explicite de faire produire des vidéocassettes[44]. En février 1981, au Festival du film de Rotterdam, la première conférence se compose d'une projection de *Sauve qui peut (la vie)* entre-coupé d'extraits d'autres films. Le résultat, apparemment remarquable, provoque cependant l'hostilité de quelques journalistes et une certaine confusion parmi les étudiants, qui restent incertains quant au rôle précis qui leur revient dans la production des cassettes. La deuxième conférence, en juin, reprend la forme de certaines des sessions de Montréal : des extraits de différents films sont projetés, une bobine après l'autre, afin de mettre à jour d'éventuelles résonances entre eux – dans le cas présent, trois films muets et trois films parlants, dont *La Ligne générale*, d'Eisenstein (1930), *Umberto D.*, de Vittorio de Sica (1952) et *Le Cri*, de Michelangelo Antonioni (1957). Pourtant, une fois de plus, les commanditaires du projet se dérobent et la demande de Godard concernant l'équipement élémentaire pour le travail de montage en vidéo avec les étudiants reste sans lendemain.

La fin de l'expérience de Rotterdam nous ramène chronologiquement aux années quatre-vingt, où, comme nous le notions plus haut, Godard commence à produire des esquisses de grande envergure en vidéo. Concrètement, les chapitres 1A et 1B sont terminés grâce à la signature avec Canal Plus d'un contrat pour dix épisodes de cinquante minutes chacun, au moment où la chaîne payante commence à émettre, en 1984[45]. Le projet reçoit aussi le soutien de Georges Duby, titulaire de la chaire d'histoire des sociétés médiévales au Collège de France et, à partir de 1986, président de la Société d'édition de programmes de télévision (qui deviendra la SEPT, Société européenne de programmes de télévision). Comme l'a noté Christian Delage, Duby avait déjà manifesté un vif intérêt pour l'histoire audiovisuelle au début des années quatre-vingt avec l'adaptation télévisée de sa propre étude sur l'art et la société françaises de 980 à 1420, *Le Temps des cathédrales* (1976). L'idée d'*Histoire(s) du cinéma* correspondait sans nul doute à sa vision d'une « Pléiade audiovisuelle[46] ». Le projet n'aboutit pourtant que lorsque Gaumont, avec le soutien personnel de son président, Nicolas Seydoux, accepte de produire et de distribuer la série, et de prendre à sa charge le coût des droits nécessaires. Lors de la cérémonie des Césars de 1998, Godard le remerciera publiquement, ainsi qu'André Rousselet et Pierre Lescure, dont le soutien à Canal Plus lui ont permis de se consacrer au travail sur la série pendant les années quatre-vingt.

43. Outre sa bibliographie considérable, Burch est l'auteur de nombreux essais audiovisuels en histoire du cinéma, dont sept épisodes de la série *Cinéastes de notre temps* (tous coréalisés par André S. Labarthe ou Jean-André Fieschi) et *Red Hollywood* (coréalisé par Thom Andersen, 1995). Pour les commentaires de Godard sur les textes qui allaient former la base de *Praxis du cinéma* de Noël Burch (Paris, Gallimard, 1969), voir « Lutter sur deux fronts », *op. cit.*, p. 313. Pour le jugement appréciatif de Godard sur *La Lucarne du siècle. Histoire, Cinéma, Société*, voir « La loi de la gravitation », entretien avec Thierry Jousse, *Cahiers du cinéma*, n° 472, octobre 1993 ; repris dans *Jean-Luc Godard par Jean-Luc Godard*, t. 2, *op. cit.*, p. 281.

44. Jean-Claude Biette, « Godard et son histoire du cinéma », *Cahiers du cinéma*, n° 327, septembre 1981, « Le journal des Cahiers du cinéma », p. V-VI.

45. Voir les remarques introductives de Serge Daney à son entretien avec Godard, « Godard fait des histoires » dans *Libération*, 26 décembre 1988, p. 24.

46. Christian Delage, « Librairie : le vaste appétit de l'histoire de Jean-Luc Godard », *Vingtième siècle*, n° 64, octobre-décembre 1999, p. 145-148. La SEPT figure au générique de la version finale de la série en tant que coproducteur des chapitres 1A et 1B. Le projet, au début des années quatre-vingt-dix, prévoyait que les chapitres 2A et 2B seraient également coproduits par JLG Films et La SEPT. Dans les versions finales, un titre s'affiche à l'écran, qui annonce que les deux chapitres sont « présentés par Canal Plus », tandis que le générique de fin annonce 1A comme une coproduction entre La SEPT, FR3, Gaumont, JLG Films, le CNC, RTSR, et Vega Films, et 1B entre La SEPT, FR3, Gaumont, et JLG Films.

Le 3 avril 1990, Godard signe avec la FEMIS et le CNC un accord pour la création de Peripheria, un Centre de recherches cinéma et vidéo (à ses yeux, un «atelier de travaux pratiques»), qui sera lié à la FEMIS et disposera de locaux dans le Palais de Tokyo. Ce centre est conçu à la fois pour abriter une mission de recherche et pour permettre aux étudiants de la FEMIS d'accéder à toutes les étapes et tous les aspects du processus de production d'un film[47]. Godard envisage à ce moment les chapitres 3A, 3B, 4A, 4B, 5A et 5B comme des coproductions entre JLG Films et la FEMIS (à ce stade, il travaille toujours sur une structure en dix épisodes, comme nous l'avons indiqué plus haut). Un projet simplement mentionné sous le titre *Histoire(s) du cinéma : suite et fin* figure également dans cet accord de 1990. Celui-ci aura un rôle crucial, bien que le réaménagement du Palais de Tokyo empêche Peripheria de s'installer dans le bâtiment, car il permettra à Godard de terminer le travail. Les derniers épisodes, 2A, 2B, 3A, 3B, 4A, et 4B sont d'ailleurs présentés comme des coproductions entre Gaumont, le CNC, la FEMIS et Peripheria, et portent la mention «Gaumont Peripheria présentent».

Ce compte-rendu de la genèse d'*Histoire(s) du cinéma* privilégie délibérément la forte continuité du travail de Godard depuis quatre décennies. Un dernier commentaire s'impose pourtant, sur l'abîme qui sépare le projet encore embryonnaire imaginé par Godard à Montréal, Lausanne et Rotterdam et sa forme finale : il aura passé vingt années à surmonter tous les obstacles pour élaborer un exposé historique apte à rendre compte de la fabrication, des formes, de la circulation et des effets de ce qu'Hollis Frampton appelle le «film sans fin» – qui inclut toutes les images fixes et en mouvement, tous les sons jamais enregistrés[48]. Certains aspects de l'œuvre finale, notamment sa qualité de fable et la place centrale qu'y occupe l'image fixe, étaient dans une certaine mesure attendus. Mais les déclarations de Godard dans les années soixante-dix et au début des années quatre-vingt semblaient annoncer une histoire du cinéma relevant d'une compilation relativement simple d'archives de films ou d'un usage expérimental de la vidéo, qui permettrait de mêler divers moments de cinéma pour conceptualiser et retracer l'histoire de celui-ci de manière nouvelle. En tant que tels, ces propos ne laissaient guère deviner que la quête d'une «véritable histoire du cinéma et de la télévision» allait aboutir à une œuvre protéiforme, constituée de vidéos et de DVD, de livres, de CD et, désormais, d'une exposition. Ils suggéraient encore moins la variété des autres matériaux – peintures, gravures, dessins, voix, bruits et musique – qui allaient être englobés dans le projet tandis que celui-ci, d'histoire expérimentale du cinéma, se métamorphosait en une synthèse d'histoire du cinéma, d'histoire par le cinéma du XXe siècle, et de philosophie multi-médias de l'Histoire. Mais ça, c'est une autre histoire.

Traduit de l'anglais (Royaume-Uni) par Franck Le Gac

---

47. Jean-Luc Godard, «Rapport d'inactivité : Les mésaventures du Centre de recherche sur les métiers de l'image et du son», *Le Monde*, 8 octobre 1991. La description par Godard du Centre citée ici provient de la courte introduction éditoriale à l'original, qui n'est pas reproduite dans la version qui figure dans l'anthologie *Jean-Luc Godard par Jean-Luc Godard*, t. 2, *op. cit.*, p. 249-251. Godard avait déjà évoqué en 1983 un projet de recherche en collaboration avec l'IDHEC (qui allait devenir la FEMIS en 1986). Voir «Faire un film comme on joue un quatuor», entretien avec Jacques Drillon, *Le Monde de la musique*, n° 55, avril 1983 ; repris dans *Jean-Luc Godard par Jean-Luc Godard*, t. 1, *op. cit.*, p. 577.
48. Voir Hollis Frampton, «For a Metahistory of Film : Commonplace Notes and Hypotheses», *Circles of Confusion : Film, Photography, Video. Texts 1968-1980*, New York, Visual Studies Workshop Press, 1983, p. 111. Cet essai a été distribué à la presse à l'instigation de Godard dans un numéro spécial de *Trafic* «tiré à part», composé de deux articles (l'autre texte étant «Bande-annonce pour les *Histoire(s) du cinéma* de Godard», de Jonathan Rosenbaum) au Festival de Cannes en 1997, à l'occasion du lancement d'*Histoire(s) du cinéma*. Il est cité dans le chapitre 4B, *Les Signes parmi nous*.

Histoire(s)

du Cinema et
de la Télévision

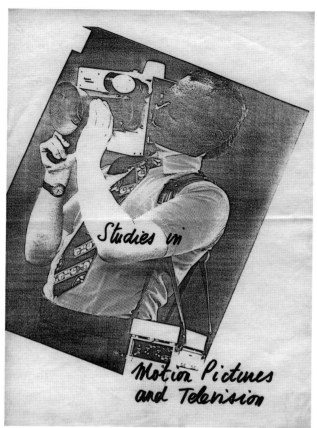

Studies in

Motion Pictures
and Television

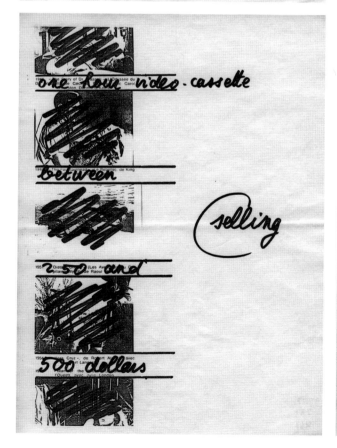

one hour video-cassette

between

(selling

and

dollars

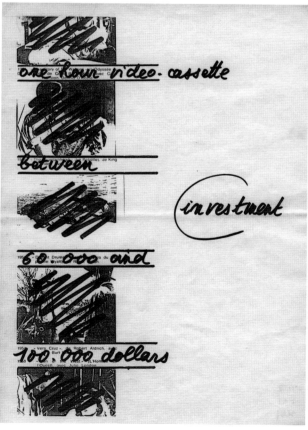

one hour video-cassette

between

(investment

and

dollars

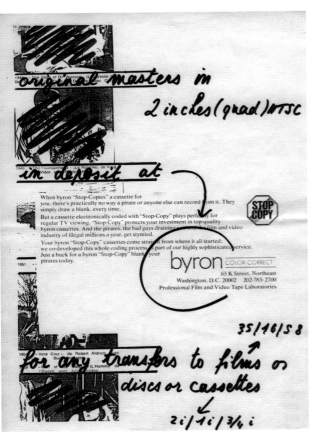

original masters in 2 inches (quad) NTSC

in deposit at

When byron "Stop-Copies" a cassette for you, there's practically no way a pirate or anyone else can record from it. They simply draw a blank, every time.

But a cassette electronically coded with "Stop-Copy" plays perfectly for regular TV viewing. "Stop-Copy" protects your investment in top-quality byron cassettes. And the pirates, the bad guys draining the music, film and video industry of illegal millions a year, get stymied.

Your byron "Stop-Copy" cassettes come straight from where it all started; we co-developed this whole coding process as part of our highly sophisticated service. Just a buck for a byron "Stop-Copy" blank your pirates today.

STOP COPY

byron COLOR-CORRECT
65 K Street, Northeast
Washington, D.C. 20002 202-783-2700
Professional Film and Video Tape Laboratories

35/16/S8

for any transfers to films or discs or cassettes

2i/1i/3/4 i

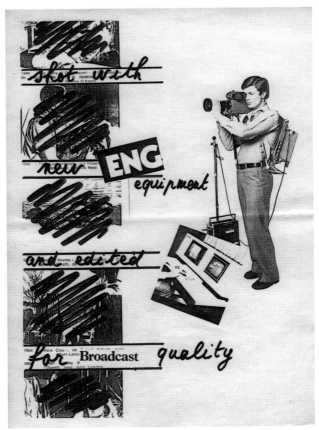

shot with

new **ENG** *equipment*

and edited

for **Broadcast** *quality*

10 x 1 (hour) video-cassette

Studies in art, economics, technics, people

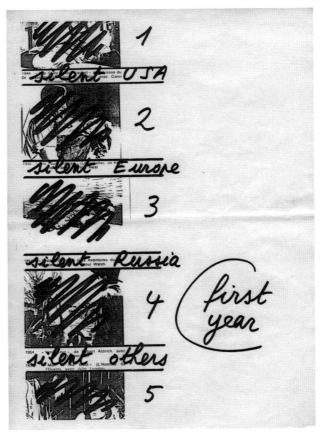

silent USA 1

2

silent Europe 3

silent Russia 4 (first year

silent others 5

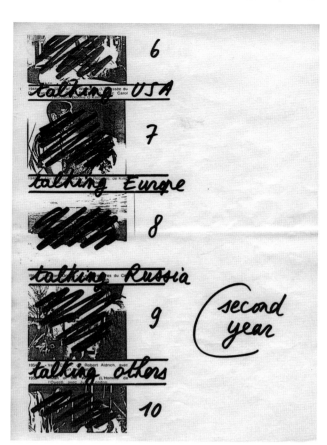

6

talking USA

7

talking Europe

8

talking Russia

9

(second year

talking others

10

Movies

and

Television

practice and theory

Studies in Television

a general survey

a new approach

Pictures in Motion

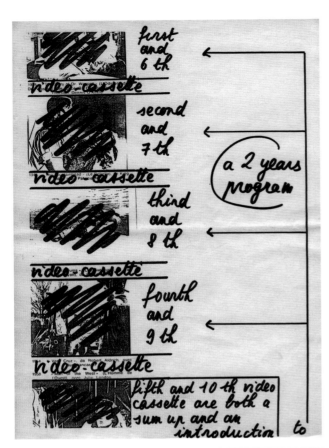

first and 6 th video-cassette

second and 7 th video-cassette

third and 8 th video-cassette

fourth and 9 th video-cassette

a 2 years program

fifth and 10 th video cassette are both a sum up and an introduction to

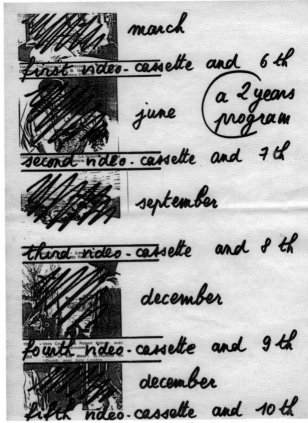

march

first video-cassette and 6 th

june

a 2 years program

second video-cassette and 7 th

september

third video-cassette and 8 th

december

fourth video-cassette and 9 th

december

fifth video-cassette and 10 th

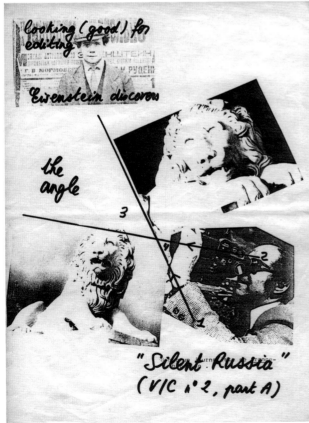

looking (good) for editing

Eisenstein discovers

the angle

3

"Silent Russia"
(V/C n° 2, part A)

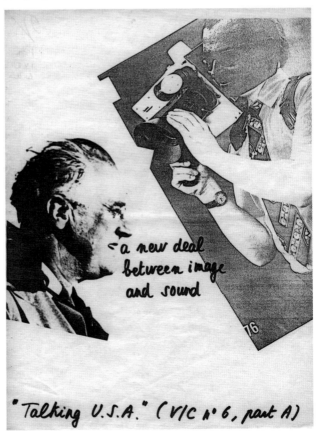

a new deal between image and sound

"Talking U.S.A." (V/C n° 6, part A)

looking (in search
mode) for editing,
griffith discovers

the close-up

"Silent U.S.A." (V/C n° 1, part A)

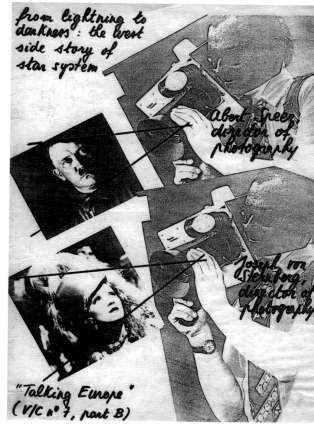

from lightning to
darkness: the West
side story of
star system

Albert Speer,
director of
photography

Josef von
Sternberg,
director of
photography

"Talking Europe"
(V/C n° 7, part B)

Klik
Klak
Kodak

"Silent others" (V/C n° 5, part E)

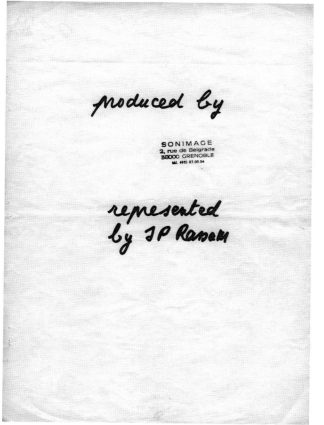

produced by

SONIMAGE
2, rue de Belgrade
38000 GRENOBLE
Tél. (76) 87.05.04

represented
by JP Rassam

LES CINÉMATHÈQUES ET L'HISTOIRE DU CINÉMA

Jean-Luc Godard

Freddy Buache[1] : Chers amis, en votre nom, je salue Jean-Luc Godard, qui nous a fait l'amitié d'accepter de parler des questions qu'il se pose au sujet d'un rapport, probablement inédit, qui pourrait s'établir entre les cinémathèques et sa propre conception de la mise en forme de l'histoire du cinéma. L'actuel symposium, lié à l'anniversaire du congrès de La Sarraz[2], en 1929, est consacré – je ne l'ignore pas ! – au «Cinéma indépendant et d'avant-garde à la fin du muet». Vous êtes en droit, par conséquent, de vous demander : «Pourquoi Godard ?» Eh bien, simplement, parce qu'il ne s'agit pas seulement de fêter avec nostalgie un cinquantenaire. Il s'agit aussi de nous interroger sur le présent et sur l'avenir du cinéma dont rêvaient les congressistes de 1929. C'est pourquoi nous avons réservé une soirée à Peter Kubelka, pour la projection d'œuvres qui lui paraissent prolonger, aujourd'hui, le sens profond des expérimentations d'il y a un demi-siècle. C'est pourquoi j'ai pris l'initiative d'inviter Jean-Luc Godard, et je le remercie d'avoir accepté de venir défendre ici des idées qui ne vous paraîtront certainement pas très orthodoxes, ou qui vous paraîtront même provocatrices. Depuis son retour dans ce pays, il m'a souvent parlé du thème qu'il va développer maintenant, au cours d'un exposé qui doit avoir l'allure d'un entretien. De nos conversations, du type de celle que je souhaite établir avec vous cet après-midi, j'ai rapporté la certitude que Jean-Luc Godard, à partir du tournant qu'il a pris face à l'univers traditionnel du cinéma voici bientôt dix ans, incarne, comme peu de cinéastes contemporains, dans sa vie, l'avant-garde et, dans son travail, l'indépendance. Nous ne pouvions pas avoir d'invité plus inconfortablement lucide pour saisir au bond le sujet de notre symposium, pour l'actualiser et l'ouvrir sur le futur.

Tu peux donc, il me semble, commencer par des considérations sur les cinémathèques, pour aborder ensuite les problèmes de l'édification d'une histoire visuelle du cinéma selon ton désir, après tes premières expériences dans ce domaine…

Jean-Luc Godard[3] : Oui, j'aimerais bien. Je pense facilement à haute voix, et j'aime bien ça : c'est l'occasion pour moi de faire du cinéma indépendant… Forcément, on est assez seul, on doit aimer quelque chose dans cette solitude, mais peut-être pas à ce point-là. Donc je pensais, ça m'intéressait de… je suis un peu curieux, effectivement, de savoir : qu'est-ce que c'est… enfin, ça m'étonne de voir que des gens ont envie de conserver spécialement des films. Des livres, passe encore ! puisque ça conserve la réalité sous un certain code. Peut-être y a-t-il des gens qui sont intéressés à devenir des conservateurs d'un certain type – plutôt que de conserver des animaux empaillés ou des objets d'art, ils conservent un certain type de code : ce sont les bibliothécaires. Mais puisque le film est supposé déjà conserver certains moments de la vie, certains fragments de la vie, qu'on veuille conserver une deuxième fois cette première conservation…, qu'ensuite on fasse encore des congrès…, ça correspondrait, en vidéo, à ce qu'on appelle une troisième génération.

1. Freddy Buache, cofondateur, en 1948, de la Cinémathèque suisse, qu'il dirige à partir de 1951, journaliste, critique et auteur d'une vingtaine d'ouvrages sur le cinéma, publiera en 1997 avec Raymond Borde *La Crise des cinémathèques… et du monde.* [NdÉ]
2. Ce symposium eut lieu à la fin du congrès annuel de la Fédération internationale des archives du film (FIAF), qui s'est tenu du 30 mai au 1er juin 1979 à la Cinémathèque suisse, à Lausanne. La Cinémathèque suisse en a publié la retranscription dans sa revue *Travelling* [Lausanne], n° 56-57, 1980, p. 119-136. La retranscription n'est pas signée. [NdÉ]
3. Jean-Luc Godard vient à l'époque de diriger le numéro 300 des *Cahiers du cinéma*. Il a terminé avec Anne-Marie Miéville la série *France tour détour deux enfants*, qui devra attendre un an pour être diffusée. Abandonnant plusieurs projets majeurs, dont un film américain (*Bugsy/The Picture/The Story*), une collaboration avec le gouvernement mozambicain (*Naissance (de l'image) d'une nation*), et un projet de revue de cinéma avec l'INA, il prépare le tournage de *Sauve qui peut (la vie)*. [NdÉ]

Je vois qu'en général les conservateurs sont des gens – je ne dis pas ça péjorativement – assez âgés, plutôt que jeunes : ce n'est pas un travail qu'on commence jeune. Dans le cinéma, du reste, moi, encore aujourd'hui, parfois on me considère comme un jeune cinéaste, bien que j'aie cinquante ans. Même à trente ans, on nous considérait comme de jeunes cinéastes, ce qui m'a toujours paru bizarre, puisque la jeunesse c'est vers 10/15 ans, et que c'est rare de pouvoir faire un film indépendant à 10/15 ans. C'est en général vers 30 ans qu'on le peut, et on appelle «jeune cinéma» des gens qui ont ce qu'on appelle, par ailleurs, l'âge de raison.

Je pourrais dire beaucoup de choses par rapport aux cinémathèques. J'ai été élevé…, ou disons que je suis un cinéaste qui vient des cinémathèques ou des ciné-clubs, et c'est d'aller dans les salles de cinéma qui m'a fait, je l'ai toujours dit. C'est pourquoi je suis assez seul. Seul parmi les gens qui ne font pas de cinéma, et seul parmi les gens qui en font. […]. Je me considère comme allant de l'obscurité à la lumière. J'ai toujours considéré l'écran comme un moyen de voir la vie, et de connaître un peu la vie, et non pas le contraire. Donc, je suis ici en tant que je m'estime, si vous voulez, un ancien de la Cinémathèque – la Cinémathèque française. Et j'aimerais ici, pas rendre hommage, mais me souvenir ; parler en tant que producteur de films, et en tant, en même temps, que visionneur de films. C'est quelque chose, je pense, le fait d'avoir vu pour la première fois des films, et avoir désiré les voir, chez Henri Langlois, qui m'a semblé un cas – je pense qu'il y en a d'autres parmi vous que je ne connais pas, mais Langlois, c'était un producteur ; c'était le seul exploitant que je connais qui fasse son métier d'exploitant, c'est-à-dire qui montre…, qui montre des films et qui montre aussi l'envie d'en produire. J'avais souvent dit à des exploitants de cinéma : «Mais si vous faisiez correctement votre métier, il n'y aurait ni cinémathèques, ni ciné-clubs.» Cela ne veut pas dire qu'il n'y ait que ça, mais il devrait y avoir une partie de Gaumont qui fasse aussi ce métier-là, cela ne devrait pas être séparé. Et Henri était probablement… c'était pas du tout un conservateur, c'était pas un metteur en scène non plus…, c'était un exploitant qui savait, qui faisait de la production et de la mise en scène, et il a produit de la production de films. Il a donné à des gens l'envie de faire des films, et c'est de ça, un peu, qu'on pourrait parler.

Il me semble qu'aujourd'hui le danger des cinémathèques et des ciné-clubs, c'est d'omettre ce rôle. Si on ne sait plus faire de films – ce qui est assez vrai –, si les films sont ce qu'ils sont, ce n'est pas simplement la faute de la télévision : c'est la faute des gens qui remplissent la télévision, c'est aussi notre faute, à la fois comme téléspectateurs et comme réalisateurs de films. Comme c'est le film qui a le plus de succès, à la télévision, si la télévision est mauvaise, c'est aussi à cause de nous. Il faut reconnaître aujourd'hui qu'on ne sait plus très bien faire des films, mais ce n'est pas toujours notre faute. À quel endroit, donc, pourrait-on dire que c'est un peu notre faute ? Dans les lieux de production. Et je préfère ici considérer la Cinémathèque comme un lieu de production, non un simple lieu de diffusion. Car, si c'est un simple lieu de diffusion, on y fait la même chose que dans d'autres lieux de diffusion. On projette des chefs-d'œuvre, alors que le cinéma d'à côté projette des pornos, mais le rapport du spectateur à la chose projetée est exactement le même, et c'est ça qui ne va pas. On peut même dire : c'est peut-être plus franc dans le cinéma porno que dans le cinéma, disons… au-dessus de la ceinture. C'est pour ça, du reste, qu'il faut mettre le cinéma porno dans un ghetto, afin de ne surtout pas mélanger les choses. Alors, par rapport à l'histoire du cinéma, c'est mon expérience qui m'a petit à petit conduit… j'ai été amené, après vingt ans de cinéma… vers 67/68… je me suis aperçu, à l'occasion de mouvements sociaux qui se manifestaient à l'endroit où j'habitais, je me suis aperçu que je ne savais plus très bien faire des films… Même comme je croyais, je ne savais pas. Je me demandais trop : «Mais quoi mettre après tel plan ? Et puis, après tout, pourquoi faut-il qu'il y ait un plan après un autre, qu'est ce que ça… ?» Je me posais finalement des questions assez naturelles, mais il n'y avait aucune réponse naturelle. Et ça m'a pris une dizaine d'années, ou une quinzaine, pour, je ne sais pas, essayer de revivre… On revient dans sa patrie tôt ou tard : j'ai voulu revenir dans ma patrie, dans le cinéma, c'est-à-dire dans le fait que moi, j'ai besoin d'images pour vivre et pour en montrer aux autres, et peut-être plus qu'un autre ; et d'une manière trop exagérée, parce que j'en étais à un moment même dans l'histoire du cinéma, petit à petit, je me suis intéressé à l'histoire du cinéma. Mais en tant que cinéaste : non, comme j'avais lu Bardèche ou Brasillach, Mitry ou Sadoul (c'est-à-dire : Griffith est né en telle année, il a inventé tel ou tel truc, quatre ans après Eisenstein a fait telle ou telle chose), mais en me demandant moi-même, finalement, comment des formes que j'utilisais s'étaient créées, et comment cette connaissance pouvait m'aider. Et petit à petit, j'ai eu un projet, il y a trois ou quatre ans, de commencer à faire ce que j'appellerais une « histoire visuelle », vue sous quelques aspects, en général invisibles : une histoire visuelle du cinéma et de la télévision. En même temps, j'essayais d'avoir mon propre équipement, comme un peintre qui essayerait d'avoir ses propres pinceaux, ses propres tubes de couleurs, et je me suis aperçu, lors de cours donnés à Montréal, que c'était presque impossible. Il semblerait que l'histoire du cinéma soit facile à faire, puisque, après tout, elle est faite avec des images. Il pouvait sembler que c'était le seul endroit où il n'y a qu'à reprojeter ces images pour qu'on puisse vraiment voir ce qui s'est passé. Dans l'histoire « normale », on ne peut pas projeter, puisque ce n'est pas projetable : il faut coder sous une certaine forme, écrire, faire des manuscrits. Tandis que là, il semblerait qu'il n'y a qu'à reproduire. Et je me suis aperçu que même ça, c'était impossible, car ce qu'on appelait voir un film, c'est uniquement projeter un film. Et, ensuite, faire l'histoire du cinéma, ou faire de la critique de film, consistait avec sa mémoire à réorganiser le souvenir d'une certaine façon, et dire ce qu'on avait vu. Celui qui avait vu Marlène Dietrich et, s'il la trouvait belle, il disait : « Elle est splendide, et ce film est magnifique ». Si un autre n'aimait pas les blondes, il disait : « Elle est moche, le film est atroce ! » Et puis, finalement, on ne discute même plus, on dit : « Des goûts et des couleurs… on ne discute pas ! » Alors moi, je pensais, au contraire : « La seule chose dont on peut discuter, c'est des goûts et des couleurs, même inlassablement ; le reste, on ne peut pas en discuter. » Et les films ne sont, à mon avis, presque plus vus, puisque « vus », pour moi, veut dire : « possibilité de comparer ». Mais comparer deux choses, pas comparer une image et le souvenir qu'on en a ; comparer deux images, et au moment où on les voit, indiquer certains rapports. Or, pour que ce soit possible, il faut que l'infrastructure technique, qui aujourd'hui existe, rende cela possible. Effectivement, autrefois, on pouvait dire : « Bon, il faudrait projeter ! » Si on dit : « Eisenstein, dans tel film, a repris le montage parallèle inauguré théoriquement par Griffith », il faudrait projeter Griffith à gauche, Eisenstein à côté. On verrait alors, comme en justice on voit tout à coup que quelque chose est vrai et quelque chose est faux. Et on pourrait discuter. Mais on conçoit que deux salles de cinéma côte à côte, ce soit un peu difficile. Or, aujourd'hui existe la vidéo. Les films peuvent être mis sur vidéo et comparés. On pourrait penser que cela devrait être la première tâche des cinémathèques ou des écoles de cinéma. Hélas, il semble que ce soit la dernière, et que précisément la seule histoire qui pourrait être écrite, celle du cinéma, ne l'est pas. Car il est lui-même un moyen d'écrire l'histoire, et il n'y a pas de différence entre faire du cinéma et écrire l'histoire du cinéma ; le cinéma fait sa propre histoire en se faisant. Il pourrait même donner des indications sur « comment doit-on faire l'histoire, l'histoire des hommes, des femmes, des enfants, des cultures, des classes sociales », car le cinéma est à lui-même sa propre matière historique et donnerait de bonnes indications. La cinémathèque est le seul endroit où cela pourrait se passer, et je pense que si ça ne s'y passe pas, ce n'est pas innocent dans le mouvement de la société où, pratiquement, ça a l'air interdit. Théoriquement, on dit : « Oui, quelle bonne idée ! », mais pratiquement ce n'est pas possible. Et je m'en suis aperçu l'année dernière avec Losique au Canada. C'est, d'abord, le seul qui m'a permis

d'essayer, car je n'ai pas trouvé d'université, ni de télévision, pour commencer cette histoire du cinéma. On me disait toujours : « L'originalité, c'est que ça va être visuel ! » et puis on ajoutait : « Est-ce que vous pouvez nous raconter comment ce sera visuel ? » Alors je disais : « Non ! je peux le faire mais pas le raconter. Aidez-moi à faire un tout début, et puis après vous aurez une idée ! » Et on disait : « Est-ce que vous pourriez me raconter le tout début… ? » C'est-à-dire : j'avais affaire à ce que j'appellerais des scribes et non – même pas – des photographes. Et le seul que j'ai trouvé, bon, eh bien, c'est Losique. Les businessmen – souvent les businessmen malhonnêtes – sont beaucoup plus intéressants que les universitaires ou les scribes, car ils n'hésitent pas à voir le côté affairiste de la chose, mais ce sont des gens pratiques, et dans cette pratique, ils sont visuels aussi… Ils disent : je peux trouver de l'argent comme ça, l'amener comme ça, c'est-à-dire à des moments précis. Losique, il faisait du montage. Il se disait : « Le nom de Godard me permet de trouver de l'argent à Montréal, ça m'aide ! » Mais c'est le seul qui ait accepté de débourser – il faut quand même le faire – cinquante mille dollars pour dix causeries sur le cinéma, où on essaierait de rendre sensible ce que je me suis aperçu, petit à petit, être impossible, c'est-à-dire de voir vraiment des films et de montrer ce qu'on a vu. C'était impossible, pourquoi ? Parce que ça coûtait trop cher de mettre les films sur vidéo. Même un habile businessman comme Losique n'avait pas les moyens financiers de le faire, et moi, en tant que producteur indépendant, je n'avais pas les moyens d'amener mon matériel à côté d'une cinémathèque. En fait, ce qu'il faudrait, c'est un petit studio de télévision et de cinéma qui soit intégré à une cinémathèque. Aux États-Unis, dans les universités, ce pourrait être possible, car ils projettent des films et ils ont… (car il y a d'innombrables cours de cinéma), ils ont de petits studios de télévision. Eh bien ! ils ont fait passer une loi, maintenant, comme quoi il est interdit dans les universités de mettre les films sur vidéo pour les projeter aux élèves, car il y aurait trop de danger de piratage.

Ce que j'y vois, en fait, plus qu'une protection juridique, c'est qu'on ne veut pas écrire l'histoire, ni en particulier savoir comment l'histoire pourrait être faite à partir de l'histoire du cinéma, qui à mon avis est la seule possible à faire, puisqu'elle possède elle-même ses propres moyens, et qu'elle ne parle pas d'elle-même dans une autre langue que sa langue propre. Mais c'est absolument impossible, et pourtant le télécinéma est là, la cinémathèque est là, les élèves sont là. Et aux États-Unis, ce serait possible. Eh bien, sous prétexte de piratage, c'est interdit…

Freddy Buache : C'est pourquoi tu m'as dit qu'éventuellement on pouvait tourner cette difficulté en ne prenant pas des extraits de films, mais en reconstituant…

Jean-Luc Godard : Comme je suis plus près de chez toi, on le fera d'une certaine manière. Déjà le lien avec ta cinémathèque est établi, mais je pense que c'est un problème que les gens comprennent mal. En tant que producteur indépendant ayant été élevé dans une cinémathèque, j'ai toujours considéré le fait de voir un film comme un des éléments de la production de ce film tout autant qu'un des éléments de sa diffusion, ce qui a fait la force de la Nouvelle Vague. À l'époque, pour nous, voir des films, c'était déjà produire un film ; ce n'était pas voir un chef-d'œuvre qu'on a fait. Du reste, on insultait les autres, que cela soit Delannoy ou Carné, en leur disant : « Nous, on a vu tel film et on sait ; toi, tu ne sais pas, tu ne l'as pas vu ». Et, en même temps, on comparait, je pense, déjà instinctivement avec ce qu'on aurait voulu faire, ou ce qu'on pensait qu'il fallait faire. Je crois que Langlois a compris. C'était un critique vivant. Il n'a pas écrit beaucoup, mais c'est quelqu'un qui savait voir. Son fameux article sur *L'Assassinat du duc de Guise*, eh bien, effectivement, est de quelqu'un qui a vu qu'à l'époque ce film a été un bouleversement dans la pratique cinématographique des spectateurs français, car c'était un film qui était profondément mis en scène et complètement de fiction ; alors que nous, en le voyant pour la première fois, on aurait eu tendance à le prendre pour un documentaire tourné à la Comédie française, alors que justement la Comédie française se met en scène pour la première fois. C'était du Jean Rouch, à l'époque, pour les gens…

Langlois savait montrer les choses, et il avait une pratique. Je pense que c'est pour ça qu'il a été détesté par beaucoup. Il y avait sans doute des raisons valables… mais il y avait un côté productif, chez Langlois, qui fait (c'était ça qui n'était pas admis) qu'il n'était pas simplement un conservateur. Les dernières fois que je l'ai vu, je comptais sur lui pour me piloter dans l'histoire du cinéma. Dorénavant, je compte sur toi.

Les gens de cinémathèque devraient se demander : « Après tout, je conserve des films pour quoi ? Pour les faire voir à qui ? Tout le monde a le droit de les voir, mais pourquoi ceux-ci ou ceux-là doivent-ils les voir, et dans quelles conditions ? » Pour moi, cela a toujours été pour en faire. Il y a des moments où je me suis un peu fâché avec Henri, un peu plus avec Mary, qui ne comprenait pas ! Lorsque je disais : « Il faut brûler tous tes films tout de suite, ou bien vends-les, même si tu n'as pas les droits ; et puis, l'argent gagné, on se le partage entre les metteurs en scène que tu aimes ; tu en donnes un peu à Herzog, un peu à moi, un peu à Fassbinder, comme ça on recommence…

Freddy Buache : Je pense que c'est un point de vue qui n'est probablement pas partagé par mes collègues. Ce qui n'empêche pas de trouver qu'il s'agit de questions fort judicieuses, mais enfin… tu considères qu'aujourd'hui, nous sommes donc tous assis sur nos bobines, que finalement nous les couvons et qu'il n'en sort rien.

Jean-Luc Godard : Non, ce n'est pas une question de volonté personnelle. Mais il doit être possible de sentir un manque à l'endroit de la chaîne où l'on est, puisqu'on ne voit plus, qu'on ne voit pas les films comme on doit les voir : on ne sait qu'en parler, après. Il n'y a pas d'échange, on ne voit pas, alors on fait des séries. On dit : « Le cinéma, c'est… » On dit : « Le cinéma américain muet, le cinéma soviétique, l'avant-garde en telle année, le film réaliste avant 1933 ». Enfin, des trucs savants… Mais c'est à Montréal que je me suis aperçu d'un affreux décalage. Faire ces cours, je pensais que ce serait facile, et je me suis aperçu que même pour donner des aperçus, mais visuels (un aperçu au sens d'apercevoir !), une histoire du cinéma différente demandait une pratique de la vision en même temps liée à une pratique de la production.

Je suis toujours surpris, dans les livres d'histoire du cinéma, de constater comment les photos sont mises, admises, mises en page. Les photos sont mises en général comme illustrations de thèses exposées déjà par écrit. On met une photo d'un Griffith à côté de la page où l'on parle de Griffith, ce qui est un peu benêt ; ainsi, on n'apprend pas grand-chose. Peut-être que l'auteur a vu quelque chose – je ne dis pas –, mais les choses qu'a vues Sadoul ou qu'a vues Bazin, à mon avis, moi qui lis leur livre après, je n'ai pas de moyen de voir qu'ils les ont vues : c'est ça qui me gêne.

Freddy Buache : Voilà une constatation que je trouve tout à fait cohérente, et fondée sur un exemple concret. En effet, la simple illustration directe ne donne qu'une illusion décorative, alors qu'on pourrait mettre une illustration qui suscite le débat, ou montrer la chose autrement. C'est ce que tu as fait dans le dernier numéro des *Cahiers*, qui est justement une critique différente. Elle pourrait certainement être adaptée à une manière de présenter l'histoire du cinéma, pas dans un livre – sur du papier avec des illustrations –, mais par le moyen de l'image mouvante.

Jean-Luc Godard : Je m'en suis aperçu à Montréal, puisque j'avais comme principe de me replacer moi-même dans l'histoire du cinéma pour savoir aussi où j'en étais : donc, c'était une espèce de psychanalyse à haute voix, et deux fois, deux jours, tous les mois, on passait des films, le vendredi et le samedi : le matin, trois ou quatre extraits de films et, l'après-midi, un film de moi. J'avais choisi, selon les possibilités, des extraits de films muets ou parlants qui, à mon avis, avaient un rapport avec le film de l'après-midi. Or, une ou deux fois – une fois spécialement –, il s'est passé quelque chose. Les gens ont vu (du moins, ils ont eu le

souvenir qu'ils avaient vu – comme quand on a le souvenir d'un éclair, si vous voulez –, et ne pouvaient plus le revoir ; s'il y avait eu des appareillages vidéo, on aurait pu le voir et en garder la trace), les gens ont vu quelque chose. C'était un vendredi ou un samedi. Le film de moi qui passait l'après-midi, c'était *Week-End*. Je m'étais dit : « Quels extraits choisir ? Bon, *Week-End*, c'est un film un peu barbare, monstrueux, je vais choisir des films sur les monstres, le matin. » J'ai demandé à Losique de prendre un extrait de *Freaks*, de Browning (pour la bonne raison que je ne l'avais jamais vu) ; un extrait de *La Chute de l'Empire romain* (dans mon esprit, c'était l'arrivée des monstres, des barbares par rapport à ceux qui s'appelaient les civilisés) ; *Allemagne, année zéro* (c'est-à-dire un territoire après la chute, la fin d'un monstre). Il y avait aussi *Les Oiseaux*, d'Hitchcock (c'est-à-dire des humains attaqués par d'autres êtres), et puis il y avait, bizarrement – parce que Losique n'avait pas trouvé le film de Browning, au début – un premier *Dracula*, et un petit extrait des *Vampires*, de Feuillade. Et, si vous voulez, le fait de voir tout à coup un extrait d'*Allemagne, année zéro* entre un extrait… (c'était du hasard, parce que, pour bien faire, il aurait fallu les voir sur vidéo, et choisir en fonction de ce qu'on cherchait à montrer ou à démontrer, choisir le bon extrait pour que ce soit visible, tandis que là, ça se faisait un peu au hasard, on prenait systématiquement une bobine au milieu, mais ce matin-là, ça s'était assez bien passé)… bizarrement, le fait de voir *Allemagne, année zéro* entre *Dracula* et *Les Oiseaux*… bizarrement, le Vampire Dracula, il apparaissait que ce n'était pas lui, le monstre, mais c'étaient les gens avec qui il était : les banquiers, la haute société londonienne à l'époque où ça se passait… J'en parlais à Herzog, et je me disais que s'il avait vu ça ce jour-là, il n'aurait pas pu faire *Nosferatu* comme il l'a tourné, simplement comme une recopie. Il aurait été forcé de voir, à ce moment, que Dracula est la victime. Et le petit garçon d'*Allemagne, année zéro*, tout à coup, prenait un sens insoupçonné. Ce film de Roberto est un film, aujourd'hui, qui paraît (quand on voit ce que c'est que *Le Tambour* de Schloendorff) infiniment plus fort que le roman de Günther Grass. Car c'est la force de Rossellini… On sentait très bien – surtout moi qui n'avais pas compris à l'époque *Allemagne, année zéro* – on sentait très bien ce que c'était que cette histoire de petit qui ne veut pas grandir, qui éclate parce qu'il devient lui-même monstrueux avant, alors que son corps est trop petit, et il y avait des rapprochements absolument justes dans le souvenir, fulgurants. Donc, à certains moments, faire une histoire du cinéma, c'est ça, mais le faire pratiquement, par la vidéo. La vidéo le permet très bien ; vous pouvez avoir vos deux écrans côte à côte, et vous pouvez – c'est exactement ce que fait la science, ou la justice – comparer les deux aspects. Il n'y a ni erreur ni vérité : il y a une certaine balance entre les deux, et l'histoire, c'est l'inscription de la balance ou de l'équilibre sous un certain code. De même, en médecine : il y a le corps, et puis il y la photo à travers la radio, et puis on voit, et puis on compare…

Pour moi, l'histoire du cinéma, ce sera l'histoire de deux complots. Premier complot : le complot du parlant contre le muet, dès la naissance du muet. Deuxième complot : la parole, qui pourrait aider le muet à… Complot contre le fait qu'on n'écrira pas l'histoire… on trouvera un moyen d'empêcher de raconter l'histoire – sinon ce serait trop puissant, aussi, car si on sait raconter sa propre histoire, à ce moment-là, il y a… je ne sais pas… le monde est changé ! Et je me demande si les gens des cinémathèques sont intéressés à se demander…, si d'autres pensent aussi à cet aspect-là, cet aspect de la production du film qui va de pair avec sa conservation. La conservation, bon, ça se conserve plus ou moins, mais quel intérêt de conserver impeccablement comme ça, puisqu'on voit en fait que, qu'est-ce qu'on conserve ? une image ! Ce qui est intéressant, c'est de conserver le rapport entre une image et l'autre. Peu importe de conserver un film, pourvu qu'on conserve trois photos d'un film de Vertov et trois photos d'un film d'Eisenstein, on sait ce qui s'est passé : ce serait la tâche des revues. Le film lui-même, tant mieux si on l'a, on peut le voir, c'est un plaisir, mais c'est pas absolument nécessaire.

Il vaut mieux en réaliser, et c'était ça, je crois aussi, une des grandes idées de Langlois, c'est qu'il fallait projeter, certes, mais il fallait en réaliser. C'était surtout une incitation à faire des films. N'empêche qu'il était aussi détesté par les exploitants de Paris, parce qu'il projetait en première des tas de films dont les autres ne voulaient pas, et que lui projetait pour deux ou trois francs.

Freddy Buache : Il me semble qu'il y a plusieurs idées non orthodoxes dans ce que tu viens de dire. En tout cas deux : l'une s'adresse aux conservateurs des cinémathèques, l'autre aux historiens. On pourrait peut-être limiter le débat à ces deux aspects : conservation des témoignages de l'histoire, et production de l'histoire elle-même.

Un spectateur : Je voudrais prendre le point de vue de l'historien. La cinémathèque vit un moment difficile : elle a passé le cap de l'accumulation perverse, le moment où on garde tout, et elle en vient maintenant déjà à trier dans ce qu'elle reçoit, elle en vient de plus en plus à devenir une cinémathèque de chefs-d'œuvre. Et ce qui m'a frappé dans ce qu'a dit Godard, c'est qu'il y a un seul travail sérieux sur les musées en général, sur les musées français, c'est le travail de Pierre Bourdieu, où il insiste, lorsqu'il parle du conservateur, sur sa place nobiliaire, c'est-à-dire sur la place qui est tenue par une personne qui peut exactement faire la pluie et le beau temps de la cinémathèque. C'est le même problème, en fait – un problème d'âge : les conservateurs de cinémathèques sont âgés, parce que la plupart d'entre eux ont commencé relativement jeunes. Or, je pense qu'il y aurait un bon débat à avoir sur le fait que les cinémathèques deviennent des endroits extrêmement répressifs, où on nous montre des chefs-d'œuvre, des endroits qui n'accepteraient pas des films pornos, des films publicitaires, des films super-8 amateurs, ni… – enfin… j'entends : qui n'auraient pas cette conservation –, et qui commencent à devenir l'équivalent d'un musée, de n'importe quel musée, et qui font de la sacralisation. C'est-à-dire : on décide que ce qui passe le seuil devient une œuvre de cinémathèque, que ce qui est en deçà du seuil n'est pas une œuvre de cinémathèque – sauf cas particulier, comme les journaux d'actualités. Mais il y a combien, je ne sais pas (il y a assez de directeurs de cinémathèques ici pour répondre), il y a combien de spots publicitaires conservés dans les cinémathèques ?

Freddy Buache : Là, je crois que je peux répondre que c'est faux, tout ça. Nous cherchons à conserver tout. Quant aux conservateurs de cinémathèques, ils sont assez âgés, c'est relativement vrai, mais il faut faire attention…

Jean-Luc Godard : Il y a quelque chose de bien : on appelle un film qui a trois ans d'âge, on appelle ça un vieux film…

Freddy Buache : Oui, c'est vrai. Mais, je veux dire, il y a eu dans les cinémathèques… il y a deux générations : il y a ceux qui ont commencé les cinémathèques au moment de la fin de la guerre, dans le grand mouvement des ciné-clubs, qui avaient vingt ou vingt-cinq ans à l'époque – c'est mon cas –, et ils sont vieux. Et puis, il y a la nouvelle génération, qui serait plutôt une génération de technocrates, un peu comme on disait avec Borde, une fois : «des conservateurs qui ont passé par l'École du Louvre» et qui, eux, en effet, risquent de sacraliser les œuvres, ou simplement la pellicule, le celluloïd impressionné. Cela dit, il est bien clair qu'une cinémathèque ne doit pas sélectionner ce qu'elle conserve. Je suis absolument contre cette idée. D'ailleurs, il y a eu cette semaine une discussion à ce sujet pour que l'année prochaine, au Congrès, il soit question de la sélection de ce qu'on doit garder. Je suis absolument contre : on garde tout, bien sûr ! On ne devrait rien sélectionner. Mais si l'on veut tout garder, alors il faut obtenir des locaux vastes et sains pour toutes les bobines. Ce n'est pas tout à fait exact, ce lieu sacralisé qui fait qu'un film déposé à la cinémathèque se transforme brusquement de bande stupide en chef-d'œuvre. Non, ce n'est pas tout à fait exact.

Ce n'est pas le tableau qu'on met au Louvre, et qui, parce qu'il est au Louvre avec le nom du donateur sur une petite plaque dorée et le nom du peintre, devient effectivement un chef-d'œuvre qui entre dans l'Histoire – avec H Majuscule – de la peinture. Non, ce n'est pas tout à fait exact.

Claude Beylie[4] **:** Non seulement ce n'est pas vrai, mais je crois que c'est tout le contraire. Je crois qu'il fut un temps où les cinémathèques, précisément, voulaient conserver des chefs-d'œuvre, des films classiques de l'histoire du cinéma, et cela a duré jusqu'à il y a peut-être une dizaine d'années. Alors que, maintenant, les cinémathèques s'intéressent à des films qui auparavant n'étaient pas considérés comme des chefs-d'œuvre. Elles s'intéressent même aux navets – il faut dire les choses comme elles sont : des films secondaires, des films mineurs, mais que les cinémathèques recherchent, parce que ce sont des témoignages extrêmement précieux sur une époque donnée, et c'est le cas de la Cinémathèque de Toulouse, de la Cinémathèque universitaire et de bien d'autres, qui conservent et les spots publicitaires et les bandes-annonces, et les films de série B ou Z qui sont représentatifs. Et je m'élève aussi contre une affirmation de tout à l'heure : il y avait un conservateur de cinémathèque qui était extrêmement sélectif et qui refusait de projeter certains films… il y a un film, par exemple, qui s'appelle *Moonfleet*, de Fritz Lang, qu'un conservateur de cinémathèque n'a jamais voulu passer, parce qu'il considérait que c'était un film mineur, et c'était Langlois !

Freddy Buache : On ne va pas rouvrir le congrès de la FIAF sur les cinémathèques… Je trouve que, puisque Jean-Luc est là, et qu'au départ il a émis l'idée de l'histoire du cinéma écrite autrement, ça, tout de même, ça mériterait encore quelques minutes de réflexion.

Jean-Luc Godard : J'ai toujours pensé que les cinémathèques et les écoles de cinéma devraient être groupées. Si le cinéma américain est si fort… Quand quelqu'un produit un film américain, il pense automatiquement qu'il sera vu dans le monde entier – enfin… il calcule qu'il sera vu dans le monde entier –, alors que, quand un Suédois ou un Français, un Belge ou un Algérien produit un film, il ne pense pas qu'il va automatiquement être vu dans le monde entier. Donc, les Américains ont un système de fonctionnement, et c'est nous qui avons amené ceux qui ont fait les cinémathèques – que ce soit moi, Beylie, Langlois, toi, beaucoup de gens, qui ont amené ça, copié maintenant sur une très grande échelle. Car effectivement, il y a vingt ans, quand je suis allé pour la première fois en Amérique, on n'enseignait pas le cinéma dans les universités. Aujourd'hui, vous trouvez des gens qui vous récitent dans les universités les œuvres de Bazin, en latin presque ! Et, parmi eux, il y en a qui en ont fait, quelqu'un comme Lucas… Je me souviens d'avoir vu une annonce, une fois, dans un petit journal corporatif, disant que la Warner avait engagé l'étudiant de première année qui avait eu tous les diplômes à telle université – c'était Lucas –, et je me suis dit : «Tiens, j'irai jamais voir ses films, à celui-là, parce qu'il sort d'une école et que… et puis, on voit bien comment le système américain, effectivement, applique une espèce de culture de masse et, comme ça, cherche à produire dans les écoles, aujourd'hui en masse… Moi, ce que je trouvais important chez Langlois – peu importent ses défauts –, c'étaient ses choix. Je ne vois pas pourquoi on projetterait tout. On est boutiquier, on est commerçant : un produit qu'on n'aime pas, le voisin peut le projeter. Il n'y a pas une obligation de projeter tout, comme ça… Il n'y a que vingt-quatre heures par jour. De toute façon, on sélectionne au moment de la projection. Si vous faites quatre séances, vous sélectionnez. Ce ne sont pas les vrais problèmes. D'autres peuvent se transformer en exploitants. Je trouvais très bien le mouvement, à certains moments, de la Cinémathèque de Toulouse, de Chardère, à Lyon, qui s'est fait contre Paris, qui s'est fait en province, ce qui était certainement un des moments les plus intéressants. Mais mon idée serait de lier, si vous voulez, la projection à une production, et les cinémathèques devraient … enfin, ceux qui en sont responsables devraient, à mon avis, se dire moralement : on devrait au moins produire chaque année (car nous sommes

---

4. Claude Beylie, fondateur de la Cinémathèque universitaire, professeur à l'université de Paris I, rédacteur en chef de *L'Avant-Scène Cinéma* à partir de 1979, publiera en 1982 *Vers une cinémathèque idéale*. [NdÉ]

les seuls à avoir les documents entre les mains), on devrait au moins produire chaque année deux ou trois – suivant les cas un seul, suivant les cas dix films sur l'histoire du cinéma, puisqu'on a les moyens. Je pense que, si ça ne se fait pas, c'est aussi parce qu'on doit manquer de moyens réels – en particulier des moyens de comparaison, parce qu'on a un seul écran et non pas deux. Moi, je dirais ça aussi simplement que ça : il n'y a pas d'histoire du cinéma réelle, parce qu'il y a un seul écran et non pas deux.

Ivor Montagu[5] : Il me semble que Godard souhaite des archives cinématographiques basées sur le principe de ce qu'on considère être « bon », techniquement ou sur le plan de la création ou de l'expression, mais bon, d'une manière ou d'une autre. Des archives rassemblées sur ce principe seraient absurdes ; elles ne représenteraient en aucune manière l'histoire du cinéma en tant que telle. J'ai été personnellement membre du comité de sélection des Archives nationales du film de l'Institut britannique du film pendant de nombreuses années, et nous n'avons jamais été aussi loin. Bien sûr, divers membres de ce comité ont plaidé pour la conservation de films qu'ils trouvaient « bons », ou significatifs, pour une raison ou pour une autre, et cela faisait partie de leur tâche. Mais leur tâche consistait également à conserver des niaiseries.

Comment peut-on imaginer autrement que les archives représentent l'histoire du cinéma ? En règle générale, nous avions à justifier nos choix pour chaque sélection. Parfois, un film devait de toute évidence être conservé, non parce qu'il nous plaisait ou qu'il présentait quelque nouveauté ou talent particulier, mais simplement parce qu'il était populaire. Ou même, lorsqu'il n'était pas bon du tout, parce qu'il était le seul en son genre ; c'était donc une très bonne raison de le choisir dans la sélection. Nous ne choisissions pas les films pour nous-mêmes, mais pour l'avenir, car dans le cas contraire, nos collections ne vaudraient rien. D'une certaine manière, nous devions également être un peu prophètes. Nous devions choisir ce qui était caractéristique. Choisir selon nos propres goûts n'apporterait aucune contribution à l'histoire du cinéma, mais seulement à l'histoire des critiques de cinéma !

Jean-Luc Godard : Vous ne deviez pas recevoir beaucoup de copies si vous annonciez les conserver en tant que niaiseries !

Ivor Montagu : Il faut avoir un peu de bon sens ; bien sûr, il faut utiliser les rapports de sélection avec tact. Mais vous seriez surpris de voir combien les gens sont reconnaissants d'avoir leurs œuvres acceptées dans le Panthéon, pour peu que vous sachiez vous y prendre avec tact.

Jean Mitry[6] : Je suis tout à fait d'accord avec Godard, en tant qu'historien du cinéma : il est évident que la véritable, authentique histoire du cinéma ne peut être que par le cinéma lui-même, c'est idéal.

Jean-Luc Godard : Mais c'est quand même étonnant que, depuis septante ans, cela ne se soit jamais fait.

Jean Mitry : Il est évident que l'histoire de la peinture se fait surtout dans les musées, avec les œuvres peintes, conservées ; l'histoire du film devrait être faite, sinon avec la totalité des films, du moins avec des extraits suffisamment signifiants, bien sûr. Je m'excuse de me citer, mais je connais bien cet exemple : j'ai fait en 1964 avec la Cinémathèque de Belgrade (M. Pogacic, qui est ici, peut en témoigner) un film de deux heures relatant l'histoire et le développement du montage, depuis la date du *Rapide*, de Porter, jusqu'en 1940, à peu près, avec des extraits suffisamment significatifs. Ce film, personne ne l'a jamais vu, et personne ne peut le voir. Pourquoi ? Parce que ce sont des extraits de films pour lesquels les ayants-droit demandent des droits prohibitifs.

5. Ivor Montagu, critique, réalisateur, scénariste, traducteur (de Poudkine et d'Eisenstein) et activiste politique, cofondateur en 1924 de la « London Film Society » et en 1934 du « Progressive Film Institute », avait publié en 1968 *With Eisenstein in Hollywood*. [NdÉ]
6. Jean Mitry, professeur à l'Idhec, à l'université de Montréal et à l'université de Paris I, est l'auteur de *Esthétique et psychologie du cinéma* (1963-1965), *Le Cinéma expérimental* (1974), et *Histoire du cinéma*, en cinq volumes (1967-1980). [NdÉ]

Ce film ne peut donc pas sortir de la Cinémathèque de Belgrade. Je n'ai jamais pu l'utiliser à la Sorbonne devant mes élèves, je ne l'ai jamais vu moi-même, que lorsque je l'ai fait à Belgrade il y a quinze ans. Ce film ne peut pas être projeté, à cause des droits, donc c'est une question purement matérielle, purement légale. Le jour où l'on pourra disposer d'un certain matériel cinématographique comme on dispose des citations en littérature, ce jour-là, le projet de Godard pourra être effectivement réalisé, et je le souhaite de tout mon cœur.

Freddy Buache : Ça veut dire que, puisqu'il y a des droits, et qu'on n'arrive pas à résoudre ce problème de droits, parce que c'est le capitalisme qui joue avec ces droits, ça veut dire qu'il faut faire la révolution pour pouvoir faire un film avec ces extraits ?

Jean Mitry : Exactement !

Freddy Buache : Alors, comme on ne peut pas la faire aussi facilement qu'on pouvait le penser, un jour que Godard m'exposait l'idée de bâtir ensemble ce projet, je lui ai tout de suite répondu : « Mon vieux Jean-Luc, on n'arrivera jamais à s'en sortir… »

Jean-Luc Godard : Ce fut l'objection que m'ont faite toutes les chaînes de télévision, disant : « Comment allez-vous avoir le droit de telle scène de Lillian Gish ? » Et je dis d'abord : « J'essaierai ! » Il y a beaucoup de films. Aux États-Unis, il y a des catalogues de films qui sont dans le domaine public – 80 000 titres –, et si on cherche bien on peut trouver des films de cette époque. Vous n'aurez peut-être pas le film de Lillian Gish, vous prendrez donc celui-là, et si vous ne l'avez pas, vous reconstituez. Vous prenez la serveuse du coin, et puis vous donnez votre opinion sur la manière. Après tout, que Griffith ait fait ça ou ça, moi, je m'en fiche complètement : je ne le connais pas, il est mort, c'est pas mon problème. En revanche, il me semble que, d'après ce que j'ai vu, il y a des choses qui me regardent, et moi j'ai envie de montrer mon regard à d'autres, qui à leur tour peuvent copier, ou pas copier. Je pense à des moments… Il faut pirater et favoriser le piratage, tout en prétendant qu'on ne le fait pas. Pour ça, je pense que les cinémathèques devraient se pencher et vraiment obtenir un truc important : qu'elles aient le droit de mettre leurs films sur cassettes vidéo, strictement privées, comme ça. Aux États-Unis, il s'est passé exactement la même chose que tu dis pour toi, mais ce n'est pas une raison pour céder, car, sinon, qu'est-ce qu'on fait ? On conserve, on met la vérité dans un musée – personne ne la voit, sauf le conservateur du musée ou le touriste qui passe ce jour-là. Ce n'est pas important. Ce qui est important, c'est qu'on a envie de produire un moment ; si on ne peut pas voir, d'autres pourront voir ce qu'on a produit. Ils ne verront pas le film de Griffith, mais ils verront quelque chose qu'on dit à propos de ce moment-là… Ce n'est pas le document, pas comme des morceaux de films historiques dont les historiens disent : « C'est pas historique, parce que le bouton de guêtre n'est pas exactement au bon endroit ! » C'est pas ça…

Freddy Buache : Tu disais un jour : « Si on veut parler de Sternberg, on n'aura jamais les droits de Sternberg, ni de Marlène, donc… »

Jean-Luc Godard : On peut prendre un Juif allemand et une serveuse de café et commencer à mettre des spots, et se demander – car on ne le sait plus –, avant de parler de la photo de Sternberg, on pourrait essayer – puisque aujourd'hui ça s'est perdu –, on pourrait essayer de montrer comment on ne sait plus faire cette photo, même pour éclairer sa bien-aimée. On montrerait qu'on ne sait plus le faire. Eh bien voilà, on aurait une idée de ce qu'a fait Sternberg quand il éclairait…

Freddy Buache : Il me semble qu'on pourrait mettre un point final à ça, parce que des choses ont été dites clairement. Il y a là, sur ce plan-là, précis, du point de vue de Godard, une conception quasi révolutionnaire. En effet, ces anthologies impossibles, on peut en faire l'équivalent – c'est-à-dire, par un détour, les faire quand même. Il y a là une idée tout à fait nouvelle, qu'on essaiera de réaliser. C'est pourquoi la Cinémathèque suisse aurait besoin de quelques locaux et de quelques moyens, pour tenter une telle expérience : produire une inédite histoire du cinéma par le moyen du cinéma lui-même, utilisé comme langage de l'historien, non comme simple exhibition de ruines, de séquences mises en bocal dans le formol et exposées dans les vitrines du musée du cinéma.

Robert Daudelin[7] : Je n'accepte pas ton point final. Je trouve, au contraire, qu'il y a encore beaucoup à dire et que, aussi séduisante que puisse paraître l'idée de Godard, moi, j'aimerais aussi qu'on s'inquiète à propos des échecs connus jusqu'à maintenant. Hier soir, on a vu l'entreprise de Noël Burch[8], qui ressemble par plusieurs aspects à ce que tu nous proposes comme travail, et c'est un échec. À partir d'une proposition théorique fort excitante, Burch a fait un film emmerdant, qui non seulement ne nous aide pas à comprendre l'histoire du cinéma, mais arrive à nous en désintéresser assez rapidement. Autant j'étais passionné en écoutant Burch parler du même sujet il y a un an, autant hier soir il m'a fait suer en m'imposant son film. Ça m'inquiète aussi de voir que tu reviens à la charge, aujourd'hui, avec une idée aussi excitante alors qu'on n'arrive pas à faire le bilan de ces expériences, qui sont inquiétantes. Je pense qu'il faudrait les mesurer, puis foncer après, mais pas continuer à dire : « Vous ne faites rien de sérieux. Ce qu'il faut faire, c'est faire l'histoire du cinéma visuellement, de façon dynamique. » Il y a d'autres choses qui sont tentées aussi par ailleurs…

Jean-Luc Godard : Je ne le nie pas du tout. L'échec, pour moi, c'est de n'avoir pas réussi encore à la faire, et je vois, j'ai l'impression – je suis peut-être d'esprit trop philosophique –, j'ai l'impression qu'il y a aussi une impossibilité dictée par la société. Le cinéma, pour moi, est une position : voir les choses me semble plus important que de les dire. C'est comme une justice, un moment donné. Il y a beaucoup de paroles. En médecine aussi, il y a le docteur qui reçoit, le malade qui parle un temps, et puis un moment, hop, il y a une radio. Il est intéressant de savoir que 90 % du chiffre d'affaires de Kodak est fait par les plaques de radio (pas par des films), c'est-à-dire par un moyen de voir les traces de la maladie. Or, moi, c'est en cela que je trouve intéressant le cinéma : c'est que ça permet de voir autrement que par d'autres moyens. C'est, je pense, pour ça que, dès le départ, il a eu une puissance si extraordinaire : les gens pouvaient comprendre les choses qui se passaient sans qu'on leur dise rien. Il fallait, à des moments – c'est comme la drogue –, il fallait reprendre ce pouvoir en main. D'où le fait qu'on a inventé le parlant, que le parlant s'est inventé d'une certaine manière et pas d'une autre. Quand on voit encore des films muets, on voit très bien qu'on n'a pas besoin de tout dire avec les mots ; c'est les mots qui viennent toujours en premier. Alors aujourd'hui, moi, ce qui m'intéresse dans le cinéma, c'est que l'image vienne… pendant un moment, pendant quelques années – peut-être jusqu'à la fin de ma vie, pour moi –, vienne en premier, et que le texte vienne en deuxième, peut-être la seconde d'après. Cela ne veut pas dire des films sans dialogues ! Pagnol est un cinéaste extrêmement visuel et, du reste, plus il a continué, plus il est devenu visuel. C'est pour dire, il me semble, qu'il faudrait que les gens qui sont dans les cinémathèques, et que les gens qui font des films, s'interrogent. Car, si je parlais à des metteurs en scène, ici, je leur dirais : « Mais vous ne voyez pas assez de films. Quand vous les voyez, vous voyez assez ce qu'il y a à voir en eux… Quand vous regardez la télévision, vous ne la regardez pas, vous ne voyez pas ce que vous voyez, vous ne voyez pas ce que vous ne voyez pas… » – des choses comme ça. Il n'y a pas besoin de regarder la télévision pour ne pas être profondément influencé par tout ce qu'elle passe, même si on ne la regarde jamais. Beaucoup

d'intellectuels ne regardent pas la télévision, ils en sont tout aussi influencés que ceux qui la regardent sans arrêt. Alors, ce que je voulais dire, puisque vous êtes des gens qui gardent les films, c'est qu'effectivement je trouve intéressant de garder pour faire voir, et qu'il faut lier « faire voir » à « faire », car sinon le « faire voir » ne devient que « garder », et on ne sait plus très bien ce qu'on garde, et ça produit un désagréable climat, parce qu'on ne sait plus très bien ce qu'on fait. Pour moi, dans l'histoire du cinéma, c'est imaginer… L'économie a beaucoup d'importance pour moi : parler de Rossellini, c'est essayer d'imaginer le dialogue, le premier télégramme d'Ingrid Bergman à Rossellini, lorsqu'elle était sous contrat avec la Warner et qu'elle avait vu *Rome, ville ouverte* pour la première fois, en lui disant : « Je veux tourner avec vous » ; et puis, ensuite, le téléphone de Roberto – qui est un affairiste absolument génial, c'était là une grande part de son talent – montant une affaire sur ce télégramme avec la Warner, car il fallait qu'il nourrisse toute sa famille à ce moment-là, plus ses amis… Tout ça, ça fait partie aussi de l'histoire du cinéma, alors après on peut montrer comment il fait tel plan et, bon, ça c'est ma manière de faire ; il y en a une infinité d'autres. Un moment, je lis les mémoires de Capra, il raconte : « En 38, je suis allé voir en douce Eisenstein à Moscou, il n'a pas voulu me voir, j'ai dû téléphoner. » On lit les mémoires d'Eisenstein, qui dit : « J'ai entendu dire que Capra est venu et n'a pas voulu me voir. » Essayons d'imaginer : qu'est-ce qu'on peut se dire en supposant l'entrevue, qu'est-ce que pouvaient dire Capra, qui venait de faire *M. Smith au Sénat*, et Eisenstein, qui venait de ne pas réussir à faire *Le Pré de Béjine* – même mentir sur les dates, ce n'est pas important, mais voilà, des choses comme ça… Pour ça, il faut une cinémathèque, un appareil de projection, et il faut aussi une caméra, c'est-à-dire un appareil de production.

Jean Mitry : Deux mots à propos de tout ce que vous venez de dire, Godard. C'est extrêmement intéressant, extrêmement enrichissant, exactement comme l'enseignement du cinéma par le cinéma lui-même. Si j'ai bien compris, à supposer qu'on n'ait pas une séquence d'un film de Sternberg, qu'on ne puisse pas en disposer, on essaie de fabriquer un pastiche de Sternberg pour voir comment il éclairait, comment il dirigeait. C'est extrêmement intéressant. Théoriquement, il y a toute une partie de la critique littéraire qui se fait au moyen du pastiche. Quand on fait un pastiche de Valéry, par exemple, on peut arriver à démontrer la structure d'un poème de Valéry beaucoup mieux que dans le poème de Valéry lui-même, c'est évident. Mais, pour faire un pastiche de Paul Valéry, ce n'est pas difficile, toute proportion gardée ; il suffit d'avoir du talent et de bien connaître Paul Valéry, et puis d'avoir un peu d'encre et un peu de papier. Mais pour faire un pastiche de Sternberg, il ne suffit pas d'avoir de la pellicule, il faut avoir du fric. Et c'est toujours la même question qui revient : où trouverez-vous l'argent ?

Jean-Luc Godard : Aujourd'hui, quand même, on n'est plus à cette époque-là et c'est trop facile de dire ça ; à l'époque où, avec Rohmer et Rivette, on cherchait à faire des petits films, je me souviens qu'une bobine d'inversible – qui n'existe plus aujourd'hui – coûtait vingt mille francs français pour deux minutes et demie. Aujourd'hui, pour le même prix, vous avez : soit un polaroïd couleur, soit vingt minutes de projection super-8. Il y a quand même beaucoup de possibilités techniques, du fait de la mise sur le marché d'appareils beaucoup plus perfectionnés. Une caméra super-8, aujourd'hui, de moyen niveau, est souvent plus perfectionnée, en fait, si elle est utilisée par un vrai professionnel, qu'une panavision. Elle a des procédés de cellules automatiques qui permettent d'enregistrer à peu près correctement sans rien savoir[9] […].

---

7. Robert Daudelin, cofondateur en 1960 de la revue québécoise *Objectif*, directeur de la Cinémathèque québécoise à partir de 1972, est de 1979 à 1985 le directeur de la Fédération internationale des archives du film (FIAF), qu'il présidera de 1989 à 1995. [NdÉ]
8. *Correction Please ou How We Got Into Pictures* : Réalisation et scénario : Noël Burch. Production : Arts Council of Great Britain. Productrice : Margaret Williams. Photographie couleur : Les Young. Montage : Brand Thumin. Direction artistique et costumes : Phoebe de Gaye. Musique : John Buller. Comédiens : Alex McCrindle, Sue Lloyd, Jeff Rawle, Lea Brodie, Jimmy Cardner, James Leahy, Christopher Mason. 52 minutes. [Note d'origine]

9. La fin du débat ne fut pas enregistrée à cause d'une défectuosité de l'appareil de prise de son. [Note d'origine]

LE PETIT GODARD (JEAN-LUC GODARD ET *DER KLEINE GODARD* DE HELLMUTH COSTARD)

Wilfried Reichart

Le 2 septembre 1977, Jean-Luc Godard arrive à Hambourg et, accompagné de Hellmuth Costard, se rend dans le bureau de Dieter Meichsner, le responsable du département «Téléfilms» de la Norddeutsche Rundfunk (NDR). Avec une courtoisie malicieuse, le cinéaste explique qu'il a entendu dire que la ville de Hambourg organise des résidences d'artistes dans le cadre de son programme culturel. Cela pourrait l'intéresser. Il propose de réaliser pour 500 000 DM un film intitulé *Est-il est possible de faire des films en Allemagne aujourd'hui ?* Il viendrait avec quelques collaborateurs passer à Hambourg six semaines au total, réparties sur un an – les frais de déplacement, d'hôtel et les dépenses diverses pourraient être pris en charge par la municipalité. Il ne veut ni tenir des séminaires, ni être invité dans des soirées, ni donner des interviews. Il veut travailler.

Le projet n'a pas abouti. Godard est reparti. Hellmuth Costard, qui a filmé la rencontre dans le bureau de la NDR, est resté avec la question : «Est-il possible de faire des films en Allemagne aujourd'hui ?» Ce thème s'inscrivait dans sa propre problématique, dans son combat contre la production culturelle, dans sa quête du cinéma véritable – d'un cinéma qui vit de transmettre une impression aussi convaincante que possible de la réalité. Selon ses propres termes : «Mon but est de tourner des films de fiction sans faire la moindre part à l'imagination ; d'utiliser le cours naturel des événements comme une parfaite mise en scène ; de travailler avec plusieurs caméras pour, ensuite, avec les moyens du montage, le champ et le contrechamp, susciter l'impression d'une mise en scène[1].» C'est ainsi que naquit en 1978 son film *Der kleine Godard an das Kuratorium junger deutscher Film* («Le petit Godard devant la Commission du Jeune Cinéma allemand») qui s'achève sur la visite de Godard à Hambourg.

Hellmuth Costard n'appartenait pas à ce qu'on a coutume d'appeler le «Jeune Cinéma allemand», qui avait commencé vers le milieu des années soixante, avec *Abschied von gestern* (*Une fille sans histoire*, 1966) d'Alexander Kluge, à déboulonner le cinéma dit «de papa». Il était un marginal venu du film expérimental et se sentait tributaire d'un «autre cinéma». Il n'admettait pas la séparation entre le documentaire et la fiction, entre le réalisme et l'illusion, et il voulait préserver son indépendance face aux lois du marché et des commissions d'aide à la création, qui voulaient voir un scénario bouclé avant d'accorder la moindre subvention.

En 1968, Hellmuth Costard était en Allemagne un metteur en scène aussi célèbre que décrié (par certains). Furieux contre la clause dite «de moralité» de la loi d'aide au cinéma, qui stipulait que seuls pouvaient être soutenus les films «respectueux des valeurs défendues par la Constitution, les lois, le sentiment religieux et moral», il monta un film que le magazine *Der Spiegel* allait décrire en ces termes : «Tandis qu'une voix à l'accent étranger lit la clause scandaleuse, on voit en gros plan l'orifice d'un pénis bouger comme une bouche sans dents… À la fin, un anus apparaît à l'écran et souffle, bruitage naturel à l'appui, une bougie[2].» Ce film de onze minutes, intitulé *Besonders wertvoll* («Objets de valeur», 1968), fut écarté de la compétition des Journées internationales du court-métrage d'Oberhausen. Si vives furent les protestations que le Festival faillit capoter cette année-là.

---

1. Commentaire de Costard dans *Der kleine Godard*.
2. *Der Spiegel*, n° 15, 8 avril 1968, p. 200.

Hellmuth Costard tournant *Fußball wie noch nie*

Costard devint le représentant d'un autre cinéma. Un an après le scandale d'Oberhausen, la WDR (la principale chaîne publique allemande) produisit un film intitulé *Die Unterdrückung der Frau ist vor allem am Verhalten der Frauen selbst zu erkennen* («L'oppression de la femme se lit avant tout sur le comportement des femmes elles-mêmes», 1970), où l'on voit un homme tenir le rôle d'une ménagère ; puis *Fußball wie noch nie* («Le football comme vous ne l'avez jamais vu», 1970), qui pendant 90 minutes suit uniquement la star du ballon rond, George Best, en action sur le terrain. Dans *Und niemand in Hollywood versteht, daß schon zu viele Gehirne umgedreht wurden* («Et personne à Hollywood ne comprend que trop de cerveaux déjà ont été déformés», 1970), la caméra se contente de filmer le texte du scénario. On appelait Costard «le petit Godard» mais, à la différence du grand, il ne parvint jamais à se frayer un chemin dans la jungle des procédures de subvention publique. Elles compliquaient sa besogne de cinéaste. Son cinéma anti-autoritaire n'appartenait pas à la catégorie généreusement subventionnée du prétendu Jeune Cinéma allemand. *Der kleine Godard an das Kuratorium junger deutscher Film* était une tentative désespérée pour continuer malgré tout à faire des films en Allemagne. Costard raconte ici sa propre histoire. On le voit écrire une lettre à la Commission dans l'espoir d'obtenir une subvention pour son film. Il présente également le système de caméra super 8 qu'il a mis au point, avec déclenchement à distance et contrôle de fréquence à quartz, pour tourner avec plusieurs appareils «des films de fiction qui s'inventent eux-mêmes.»

Costard restait fidèle au médium filmique, bien qu'il ait compris que la dépendance où se trouve le cinéma se manifeste déjà dans son appareillage technique. À cette époque, Godard se consacrait à la vidéo et avait produit avec Anne-Marie Miéville, dans leur studio grenoblois, des séries comme *Six fois deux (Sur et sous la communication)* pour la télévision française. Il aurait pu en dire long à Costard sur la nouvelle technique électronique, mais il a préféré méditer sur la première lettre de l'alphabet. Un compas aperçu dans l'appartement de Costard l'amène à penser : «Il n'est pas vrai que le langage écrit vient en premier. Il y a d'abord eu une machine à calculer. L'alphabet est un code du système numérique. La première lettre ne vient qu'en deuxième position. (J'ai trouvé le A à Hambourg!)[3]. »

Des lettres, des mots, de l'écriture – peut-on décrire un film par ces simples moyens ? Grâce à un modeste soutien de la chaîne de télévision ZDF (catégorie « petits téléfilms ») et de l'argent emprunté, Costard monte *Der kleine Godard an das Kuratorium junger deutscher Film*, qui est le scénario d'un autre film, et qui doit servir de support à sa demande de subvention. Mais ce procédé ne répond pas aux critères du comité de sélection de la Commission d'aide au Jeune Cinéma allemand, qui ne peut soutenir que des projets de film, pas des films déjà faits. La demande de Costard est rejetée.

Hellmuth Costard a continué à travailler dans les failles de l'industrie culturelle. Durant ses dernières années, il bricolait une « Sunmachine » destinée à transformer le rayonnement solaire en énergie électrique. Cet appareil est au centre de sa dernière réalisation, le film d'espionnage *Wladimir Günstig. Eine trojanische Affäre* (« Vladimir Günstig. Une affaire troyenne », 2000), où il tient le double rôle du cinéaste allemand Hellmuth et de l'agent russe Vladimir.

Il est mort le 12 juin 2000 : il n'avait pas encore 60 ans.

Traduit de l'allemand par Pierre Rusch

---

3. Godard et Miéville poursuivront cette réflexion dans le 5e mouvement de leur deuxième série de télévision, *France tour détour deux enfants* (1979), où ils suggèrent un rapport entre la découverte du cercle, la forme du compas, et l'invention de la langue écrite.

INTERVENTIONS DE JEAN-LUC GODARD DANS *DER KLEINE GODARD*, DE HELLMUTH COSTARD

PREMIER SEGMENT
Hambourg, intérieur jour. La scène se passe dans un café à l'aéroport de Hambourg. On entend des bruits de tasses et de cuillères, des annonces horaires sont audibles. Jean-Luc Godard est accompagné de Hellmuth Costard et de l'interprète, Martin Langbeln. Tout le segment est en voix off.

Jean-Luc Godard : Je veux dire, nous, on peut pas… Ça me semblait pas très clair… Justement je disais : nous on peut pas rester. Ici on peut venir régulièrement mais on peut pas… on veut pas rester. Et puis, si on a un travail à faire, normal, est-ce que ça peut être fait ? parce qu'on n'est pas intéressés à recevoir une bourse, à enseigner ou à faire… [inaudible]. On est intéressés à produire quelque chose, alors si les deux affaires peuvent être liées… Moi, c'est ça que j'avais compris, mais je sais pas.

On est supposés faire le film pour la télévision de Hambourg ici ? Ou bien on est supposés, enfin je sais pas, ou bien est-ce qu'il faut donner des…

Martin Langbeln : Je crois que vous êtes complètement libre de faire ce que vous voulez.

Jean-Luc Godard : Ils peuvent inviter… Ils sont prêts à inviter quelqu'un s'il reste à dormir à l'hôtel et qu'on le voit jamais ? Ils sont d'accord ? Mais est-ce qu'il est possible de faire des films en Allemagne aujourd'hui ? C'est possible d'un point de vue même philosophique, enfin ? En gros, l'idée c'était plutôt… Moi, je partais de l'idée, c'était de… Est-ce qu'il est possible de faire des images en Allemagne ?

Je veux dire, est-ce que… Est-ce qu'il est possible d'avoir l'imaginaire… Enfin, l'image dans le sens de… de l'imagination ? En gros, est-ce qu'un

Allemand est capable de faire une image, et on verra à la fin du film si c'est oui ou si c'est non.
Une voix féminine annonce : « Monsieur Godard est prié de se présenter au guichet d'information. »
[…]
Jean-Luc Godard : Ça me paraît bizarre qu'on puisse s'entendre avec la Norddeutsche Rundfunk comme ça…

DEUXIÈME SEGMENT
Hambourg, intérieur jour (peut-être au café de l'aéroport : les mêmes bruits de cuillères et de tasses que dans le premier segment sont audibles). Jean-Luc Godard discute avec Hellmuth Costard et d'autres assistants. Tout le segment est en voix off.

Jean-Luc Godard : Oui ben c'est depuis, grosso modo, presque l'invention du cinéma parlant. Enfin, notre thèse, dans l'histoire du cinéma, c'est que, effectivement, à un moment il y a eu une espèce de libération par rapport à l'écrit ou à la peinture.
Hambourg, intérieur jour. Jean-Luc Godard discute avec les mêmes personnes, au calme, cette fois.
Jean-Luc Godard : Et c'est pour ça… Et ça, dans…, dans le cinéma muet, ils avaient trouvé ça, enfin, inconsciemment, c'est-à-dire, c'est eux qui ont inventé une notion de montage dans le temps, c'est-à-dire un rapport des choses qui n'étaient pas complètes mais qui avaient besoin d'une autre. C'est-à-dire une idée de rapport… Dès qu'il y a eu le cinéma parlant, il n'y avait plus de rapport entre les images. C'était ça qu'il fallait tuer.

Et ensuite, comme le cinéma était vraiment quelque chose de puissant, il fallait l'empêcher de se développer. Et c'est à ce moment-là que techniquement, du reste, on a utilisé la possibilité du parlant, alors que le parlant au départ, il existait dès mille… dès 1900, Edison a inventé le cinéma parlant, enfin peut-être, dès le départ. On s'en n'est pas servi, il n'y avait pas besoin.

Donc l'écrit effectivement, on peut regarder… Moi ce qui m'inté- resse, à quel moment, effectivement, dans l'histoire du cinéma, où… Je m'intéresse à l'écrit, moi, ce qui me gêne, c'est pas l'écrit qui me gêne. Ce qui me gêne, c'est qu'il vient toujours à tel moment et en position de superpuissance.

Beaucoup de découvertes scientifiques prennent énormément de temps, mais parce que les gens parlent et que ce qu'ils disent empêche ce qui… Je sais pas, ils sortent quelque chose du sable, ils font une découverte, et ensuite, quand ils parlent, ça équivaut à remettre du sable dessus.

TROISIÈME SEGMENT

Intérieur jour, dans un salon, avec Hellmuth Costard, ses amis et Martin Langbeln.

Jean-Luc Godard : À qui il est, ce compas ?

Martin Langbeln : Il croit qu'il est à vous…

Jean-Luc Godard : Non, mais je l'emporte, parce que ça me donnera une idée, alors… C'est, enfin, moi je pense… Ah bon ?

Martin Langbeln : C'est un ami qui lui a offert.

Jean-Luc Godard : Mais ça serait une preuve que… J'ai lu un livre sur le grec qui s'appelle *Le Linéaire B*. Je sais pas très bien ce que c'est, mais c'est pour savoir si avant le grec, avant les Grecs, les Crétois parlaient le grec, c'est-à-dire les premières langues [inaudible] européennes, et il y a un type qui a découvert que les Crétois effectivement parlaient déjà le grec, même sous forme de crétois, et que les premières manières d'écrire, ça n'a pas été le langage, ça a été les chiffres.

Et du reste, tout à coup je me disais : mais effectivement c'est la première lettre de l'alphabet. Et la lettre de l'alphabet… L'alphabet est venu en deuxième parce qu'il y a d'abord eu un instrument de calcul. Et l'alphabet est un code du calcul. Les chiffres et les lettres vont ensemble, effectivement. Le langage est venu en deuxième, et ce qui ne va pas aujourd'hui, c'est que le langage vient en premier.

Mais ça, c'est vraiment la preuve que la première lettre de l'alphabet est venue en deuxième. Ou en même… Mais qu'elle est peut-être inscrite en premier, mais c'est intéressant, effectivement, car c'est pas un M. Et en même temps c'est le cadran… C'est le cadran solaire, donc c'est l'heure. Et c'est le… c'est le A, ça fait, enfin le A, voilà… [inaudible] On a trouvé le A à Hambourg.

QUATRIÈME SEGMENT

2 septembre 1977, rencontre de Godard, en présence de Costard, avec Dieter Meichsner, le responsable du département téléfilms de la Norddeutsche Rundfunk, dans le bureau de celui-ci.

Dieter Meichsner : Je regrette infiniment, mais il est impossible de lui parler en français.

Jean-Luc Godard : [Inaudible].

Martin Langbeln : Donc il faut d'abord… [inaudible], ça marchera plus facilement.

Jean-Luc Godard : Non, mais Martin peut traduire. I prefer to speak English but if not, German, and you translate in French.

Dieter Meichsner : [Inaudible] … better, but if necessary…

Martin Langbeln (*traduisant les propos de D. Meichsner*) **:** Le problème principal c'est que je connais votre travail et votre nom, mais je n'ai pas d'idée précise de ce qu'on va pouvoir faire ensemble… Et ce que nous pouvons faire pour vous.

Jean-Luc Godard : Ben c'est-à-dire, moi j'ai entendu dire par M. Costard que… que, bon, on pouvait être éventuellement invités par la ville de Hambourg et que la Norddeutsche Rundfunk pouvait participer à une production avec nous, et que moi dans mon esprit ça m'intéressait mais s'il y avait vraiment un travail, un travail à faire, pas juste d'être invités comme ça et que, comme on fait plus de productions de télévision maintenant, on était intéressés à savoir si effectivement il y avait une offre possible de la Norddeutsche Rundfunk, on accepterait volontiers. Et pour lesquelles nous pouvons proposer une ou deux idées, comme je vous en ai parlé tout à l'heure.

Traduction et discussion en allemand autour de la table.

Jean-Luc Godard : Disons : moi, j'ai accepté… J'ai demandé à venir ici pour me rendre compte plus pratiquement et plus vite. J'ai dit à monsieur Costard que la proposition de la ville de Hambourg toute seule ne nous intéressait pas. Parce que ça ressemblait trop pour nous à une position « on invite un artiste célèbre », hein, s'il est musicien, faire de la musique ou des choses comme ça, et pour moi il y a pas de différence avec, je sais pas, Bach ou Mozart ou un inconnu invité par le roi, là il n'y a plus de roi alors il y a un bourgmestre, mais… Et c'est une position trop d'artiste célèbre et qu'elle ne m'intéressait pas.

Dans la mesure où elle était liée à un travail de production réel, parce que la ville de Hambourg ne finance pas ni un film ni une émission, alors à ce moment-là, dans la mesure où elle était liée avec des gens qui font…

Et ce que nous cherchons à faire c'est à trouver des accords de coproduction dans lesquels nous, nous n'amenons pas d'argent, mais nous amenons le savoir, la technique, le matériel et nous désirons arri- ver, en gros… Partir d'un accord à fifty/fifty, à cinquante/cinquante.

Donc moi, j'avais entendu parler par M. Costard d'un chiffre d'environ 500 000 deutschmarks. Si la ville de Hambourg donne 40 000 deut- schmarks, 500 000, ils peuvent, on peut diminuer les 500 000 des 40 000. Séquence suivante.

Extérieur jour, parking : Jean-Luc Godard avec Hellmuth Costard et Martin Langbeln.

Jean-Luc Godard : Moi, je trouve que si le projet *Histoire du cinéma* pouvait se faire avec eux, ça serait même plus intéressant pour eux, parce que sur un film comme « Est-ce qu'on peut faire un film en Allemagne » avec eux, ça se peut très bien qu'on finisse par se fâcher. Et à ce moment-là, ça lui fera du tort aussi, et puis moi, je tiens pas à lui faire du tort. Tandis que, tandis que sur le fi…

[…]

Séquence suivante :

À l'aéroport avec Hellmuth Costard et Martin Langbeln.

Jean-Luc Godard : Bon, je vais vous laisser. Merci beaucoup.

Martin Langbeln : C'est à nous de vous remercier.

Jean-Luc Godard : Peut-être on se reverra en octobre si ça marche, comme ça. Puis moi je vais écrire juste un petit mot à M. Meichsner pour lui confirmer… Lui préciser les quelques points qu'on a dit, l'argent, les choses comme ça, toutes ces… [inaudible]. Et (*désignant Costard*) j'enverrai une copie à lui, voilà.

Martin Langbeln : Tchüss. Bon voyage…

Jean-Luc Godard : Auf Wiedersehen…

CINQUIÈME SEGMENT

Godard en voix off, à la toute fin du film.

J'sais pas qui… qui… Je sais pas comment dire mais… Tout le monde demande toujours des papiers, ou comme ça, moi j'ai… J'ai jamais fait de films avec beaucoup d'argent, comparé à d'autres, parce que j'ai toujours accepté de faire avec ce qu'il avait.

Les gens m'ont toujours dit… Je connais peu de producteurs. La Norddeutsche Rundfunk aussi, je demanderai : « Mais qu'est-ce que vous offrez ? Avec ce que vous offrez, voilà ce que je peux faire. » Mais s'ils me disent : « Qu'est-ce que vous voulez faire ? », moi je dis : « Rien ».

Extraits de *Der kleine Godard an das Kuratorium junger deutscher Film*, de Hellmuth Costard, RFA, couleur, S 8, 1978, 84 min, avec Hellmuth Costard, Jean-Luc Godard, Rainer Werner Fassbinder, Andréa Ferréol, Hark Bohm, Martin Langbeln, Berhard Kiesel, Hilka Nordhausen, Andy Hertel, Jelena Kristl, Werner Grassmann, Herbert Jeschke, Marie-Luise Scherer, Hedda Costard, Hans-Otto Walter, Curt Costard, Walter Hoor…

Une copie est conservée au Filmmuseum München, à Munich.

Propos retranscrits de la bande-son par Franck Le Gac

From the Workshop: an open letter to ZDF television from Jean-Luc Godard

Translated and printed with the permission of SonImage, Switzerland

"It's neither from laziness nor lack of good will that I've taken so long to let you have anything about *Der kleine Godard*. It's just that it's so hard to write *about* something. I've had a try at it, to oblige you and the film. At any rate, here are the few lines you asked me for.

The only films which still understand movie-making – and it explains their power – are advertising films (commercials). They have an object to show, a subject with an absolute determination to show that object, with a deep-seated interest in showing that object. And the film represents this interest, in the same way that (the) interest represents capital.

The Battleship Potemkin was a big commercial made for a big audience. An immense audience, even. But then the amounts at stake were immense as well: nothing less than the price it would take finally to topple the old world. Moreover, who was in favour of it, apart from the sailors on the "Potemkin"?

But *Potemkin* lasted for at least one or two hours. At least that long to express and to impress on the memory the one or two seconds in which the action was determined in the obscurity of the obscure conscience of the obscure Vaculinchuk.*

Since these one or two seconds were actually more true than the truth, it obviously required one or two actual hours to reveal the length and breadth of them (and Eisenstein was indeed intending to shoot five or six hours before he decided to concentrate everything on the Potemkin episode, on the alarm signal, on the starting point of the story).

And if today, whether in the cinemas or on television, advertising films – and they alone – are so powerful, it's because they, like Eisenstein, employ simple methods: a few words, and a picture above or below them. Everyone can understand. And that's what the cinema is all about.

I've often told producers or directors who are trying to make a good film which will also be a big success: "Make it like a commercial. Describe your story, the story you want to sell. Show your interest, just as if what's involved were a pack of cigarettes, a swimsuit, a perfume, a machine for making something."

Their answer to me is, "It's rather more complicated than that." And I reply, very patiently: "No. You say what's involved is a love story; then present it as if what mattered to you was selling a new machine for making love rather than one for washing dishes. After all, it's you (man or woman) who's invented this thing before the dish-washer (in the same way that the "Potemkin" sailors also invented some-

---

* the sailor hero who lies in state at the end of Eisenstein's film

20

The Films of Hellmuth Costard, édité par Jan Dawson, Londres, Riverside Studios, 1979

"I have found the "A" in Hamburg": Jean-Luc Godard (right) in *Der kleine Godard*

thing before anyone else). So, if you believe it's important for people to know about your invention, it isn't complicated: take an image of a man and write M-A-N over it (or W-O-M-A-N), and then continue, from image to image, from sound to sound; and you'll see, you'll soon have at least an hour of it."

But they would never accept this. They could imagine stories about James Bond, about Sissi*, about encounters of the third kind, but not their own story. As soon as it was a question of saying something to this third man they'd been seeking throughout the film, imagination suddenly ran dry. Nothing left at all, as soon as it became a question of **inventing one's own life and describing this invention in the interests of other people.**

There was only one exception, whom I once met by chance in Hamburg, and whose film I saw once, by chance, in San Francisco: a German who has had the courage to imagine what he had had the imagination to live through, a German mechanic who describes to other people how he invented communication and, at the same time, the means of that communication, as well as the diabolical forces he had to confront along the way.

If it had been possible to film Galileo working on his experiments and eventually deciding not to conduct his famous experiment from the Tower of Pisa, or to film Socrates getting on the nerves of the woman next door by his exhaustive discussion of the present state of the weather, the result would have been a film of this kind, a gently flowing film of modest and marvellous images, a film like Hellmuth Costard's.

A film where a man puts himself on display, where he calculates in human terms the cost of displaying hinself in the market place, where everyone, Brecht like the rest, has always immediatley joined the ranks of the sellers, but where Costard talks of his desire to buy. He himself has to pay and he shows the price. They are undoubtedly going to make it a high one. But if this film was possible, today and in this Germany, then nothing has been lost."   – January 1, 1979

* the wife of the Emperor Franz Josef, beloved of chocolate-box history films

21

Carole Roussopoulos
15, villa Seurat

Paris

le 12 avril 1979

Je pense à toi quelquefois, même si ça t'étonne. Je me demande ce que tu deviens avec ton petit Sony noir et blanc.

Je me demande aussi quelquefois ce que sont devenus tous ceux que tu as filmés, aux quatre coins de France et du monde.

L'ouvrière de Troyes, le cédétiste de Besançon, la pute de Lyon, les deux sœurs, et le combattant, et l'avortée, et l'avocat, et la panthère noire, et Géronimo.

J'avais pensé une fois te demander d'aller à leur recherche, avec un petit VHS couleur cette fois. On appellerait ça comme Dumas vingt ans après, car ça serait un vrai film d'aventures, en tous cas pour les retrouver.

Mais je me demande aussi pourquoi les gens de cinéma ont tellement envie de filmer les autres avec tellement de frénésie. On ne peut pas avoir besoin de tout le monde comme ça.

Sans doute que ceux qui font des films n'ont pas vraiment besoin de ce qu'ils enregistrent pour eux-mêmes, mettons, pour améliorer leur vie. En fait, ils ont tendance à se cacher derrière l'image de l'autre, et l'image sert alors à effacer.

Une revue de cinéma pourrait servir à ça plus commodément que des films : montrer comment le temps se couvre, et qui se découvre, devant qui et pourquoi.

Cahiers du cinéma, n° 300, 1979

Jean-Luc Godard
Rolle
Suisse

Le 25 août 2005

En réponse à ta lettre du 12 avril 1979, je continue à faire mon travail d'«écrivaine publique», toujours avec une caméra Sony, couleur aujourd'hui et encore plus petite qu'autrefois.

J'ai gardé des relations, souvent de combat, avec la plupart des personnes que j'ai filmées.

Au risque de te décevoir, je me cache encore et toujours derrière l'image de l'autre, peut-être tout simplement parce que je la trouve plus intéressante que la mienne.

Quant à ta proposition faite il y a 26 ans, je suis prête, c'est quand tu veux !

Carole Roussopoulos

L'ENFANCE DE L'ART

Michael Witt

À la suite de l'éclatement de l'ORTF au milieu des années soixante-dix, la branche production du nouvel Institut national de l'audiovisuel (INA), sous la direction de Manette Bertin, a mené une politique audacieuse de coproductions et de commandes avec les talents les plus singuliers du cinéma mondial, dont Godard et Miéville[1]. Outre des coproductions abouties entre l'INA et Sonimage (*Ici et ailleurs* en 1974 et *Six fois deux (Sur et sous la communication)* en 1976), Godard a évoqué lors d'entretiens un ensemble d'autres projets avec l'INA pendant cette période : le développement d'une nouvelle caméra, un journal de cinéma, et divers «essais de production différente[2]». En 1977, lorsque Godard et Miéville déménagent le studio Sonimage de Grenoble à Rolle, l'INA les contacte de nouveau, cette fois avec un projet longtemps couvé par Antenne 2 : l'adaptation télévisée du célèbre manuel scolaire du XIXᵉ siècle, *Le Tour de la France par deux enfants : devoir et patrie*, de G. Bruno[3]. Les coûts de production seront partagés à égalité entre Antenne 2, d'une part, l'INA et Sonimage, d'autre part. La série en douze parties *France tour détour deux enfants* est produite à Rolle et à Paris en 1977-1978, mais sa diffusion est repoussée par Antenne 2 jusqu'en 1980[4].

Le traitement de Godard pour la série, reproduit ici, a d'abord été publié dans un numéro spécial de *Caméra/Stylo* intitulé «Scénario. L'anticipation de l'image» en septembre 1983. Comme de nombreux textes godardiens, il s'agit essentiellement d'un manifeste – dans ce cas, pour un type de télévision qui ferait usage du magnétophone et de la caméra comme de véritables instruments d'exploration et d'enquête sur le monde. Le fait qu'il s'agisse d'un livre de la fin du XIXᵉ siècle a sans aucun doute séduit Godard, en partie parce que l'auteur y dresse un portrait de la France à l'aube de la modernité : Bruno a ajouté dans la quatrième édition du livre, en 1904, un épilogue évoquant l'émergence du septième art, période sur laquelle il commençait alors une réflexion en profondeur pour son projet naissant d'histoire du cinéma. Ce retour historique aux origines du cinéma s'accompagne de deux mouvements parallèles, l'un géographique (le retour en Suisse), l'autre thématique (le retour vers l'enfance[5]). Au centre de la critique de la socialisation à laquelle il se livre dans cette série se trouve une analyse, non seulement des formes et des codes de la télévision nationale, mais aussi du conditionnement linguistique et de la «métaphoricité» de la langue française[6]. Le questionnement de la langue se fait principalement par la conversation avec les deux enfants (Godard et Miéville ont remplacé les frères orphelins de Bruno par une fille et un garçon). Cependant, le langage joue aussi un rôle clé au niveau de la forme : dans son traitement, Godard relie l'originalité et la popularité du livre de Bruno à son innovation formelle (il écrit qu'il s'agissait d'«une série de télévision avant la lettre»), notamment en raison du «triple rapport» qu'il invente entre le récit, les nombreuses gravures et les légendes des illustrations.

1. La loi relative à la radiodiffusion et à la télévision françaises de 1974 est entrée en application le 1ᵉʳ janvier 1975, date à laquelle l'ORTF a cessé d'exister. Bertin avait auparavant travaillé au Service de la recherche de l'ORTF sous la direction de Pierre Schaeffer.

2. «Jean-Luc Godard. "Ma seconde vie"» (entretien avec Martin Even), *Le Point*, n° 349, 24 mars 1980, p. 128.

3. G. Bruno, *Le Tour de la France par deux enfants : devoir et patrie*, Paris, Eugène Belin, 1878. Le pseudonyme de G. Bruno dissimulait en réalité une femme du nom d'Augustine Tuillerie, devenue Madame Alfred Fouillée. Ce dernier était un historien de la philosophie, lui-même auteur d'essais tels que *Les Postulats et les Symboles de la morale naturaliste* (1893), *Psychologie du peuple français* (1898), *Esquisse psychologique des peuples européens* (1903). Augustine Tuillerie a rédigé de nombreux manuels scolaires, dont celui-ci, qui connut une popularité spectaculaire et durable et fut réédité à de nombreuses reprises. L'ouvrage a été adapté pour le cinéma en 1923 (par Louis de Carbonnat), et pour la télévision en 1957 (par William Magnin et Robert Valey). Une nouvelle version télévisée en a depuis été réalisée pour La Cinquième sous le titre *Détours de France* (par Jean-Claude Giudicelli, en 1996).

4. Pour plus de détails sur les circonstances de cette diffusion longtemps différée de la série, se référer à «Paroles non-éternelles retrouvées», dans le présent volume.

5. *France tour détour deux enfants* est assimilé, dans le chapitre 2B des *Histoire(s) du cinéma*, *Fatale beauté*, à «l'enfance de l'art».

6. Godard a succinctement décrit le projet comme suit : «Un travail sur la langue française, oui, comme un recueil de chansons d'autrefois : pas le tour de la langue française, mais le tour des expressions.» Voir «Se vivre, se voir» (entretien avec Claire Devarrieux), *Le Monde*, 30 mars 1980 ; repris dans *Jean-Luc Godard par Jean-Luc Godard*, Paris, Cahiers du Cinéma, 1985, p. 404.

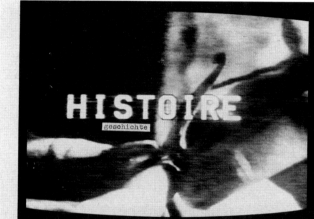

Deux pages du livre de G. Bruno, *Le Tour de France par deux enfants*, 1878
Une page du folioscope de *France tour détour deux enfants*, 1982

Dans la série, ces ingrédients réapparaissent sous une autre forme : celle du son et de la voix, de l'image, et des titres qui s'affichent à l'écran, lesquels fonctionnent comme des métaphores génératives se rapportant au matériau disparate qu'ils encadrent[7].

Enfin, le troisième document reproduit ici provient du folioscope de grand format tiré de *France tour détour deux enfants*. Publié en 1982[8], celui-ci, qui comprend plus de 1200 photographies en noir et blanc et une traduction en allemand de l'intégralité de la bande-son, constitue la trace matérielle exceptionnelle d'une œuvre d'art exceptionnelle du XXᵉ siècle.

Traduit de l'anglais (Royaume-Uni) par Franck Le Gac

7. Godard a ainsi décrit le rapport entre texte à l'écran et image : « C'est de l'homéopathie, c'est du vaccin. Les sérums sont pris dans les tissus malades, qu'on injecte à d'autres, qui fabriquent des anticorps, etc. C'est aussi la contradiction telle que l'a expliquée Mao ZeDong de manière très simple, et dont on peut se servir, comme d'un outil. » Voir « La chance de repartir pour un tour » (entretien avec Claude-Jean Philippe), *Les Nouvelles littéraires*, 30 mai 1980 ; repris dans *Jean-Luc Godard par Jean-Luc Godard*, op. cit., p. 408.
8. *France tour détour deux enfants : Videoserie von Anne-Marie Miéville und Jean-Luc Godard*, Shonagh McAulay et Margerete Kemény (trad.), photographies de Karl-Heinz Heil et Margerete Kemény, Francfort, Zweitausendeins, 1982.

FRANCE TOUR DÉTOUR DEUX ENFANTS
Déclaration à l'intention des héritiers

Jean-Luc Godard

Ainsi que je l'ai exprimé de vive voix, il m'a toujours semblé étrange que l'on doive résumer un film avant sa naissance, et décrire avec des mots couchés sur du papier des images et des sons (ainsi que leur rapport) qui seront debout sur une surface sensible.

Images et sons précisément trouvés à un moment donné de son histoire par le genre humain pour aller à côté de l'alphabet habituel, dessous ou dessus, en poussant plus loin, et peut-être pour les retrouver dans une deuxième existence, les méthodes de la science et de la poésie.

Mais heureusement pour nous que G. Bruno avait des yeux pour voir, peut-être déjà entrouverts par les essais de Niepce, Daguerre, Cros, Lumière et Cie, d'où son livre constellé d'images qui éclairent un texte de façon nécessaire et suffisante, jouant le rôle des «on voit donc que» par lesquels Euclide et Schéhérazade enchaînaient d'une histoire à l'autre.

Nul doute qu'à l'époque où fut publié l'ouvrage pour la première fois, cette façon d'établir un triple rapport entre une gravure (déjà photo), sa légende, et la réalité du texte, nul doute qu'elle est la clé de son immense succès populaire, et nul doute pour nous que sera là notre principale fidélité à l'ouvrage et à sa méthode.

Il y avait en effet là une série de télévision avant la lettre, et retrouver cette lettre sera pour nous le meilleur moyen d'en sauvegarder l'esprit.

Nous savons en effet depuis Edgar Poe que les lettres volées (les communications de masse ont pris trop vite leur envol) reposent à portée des yeux et de la main. Notre travail sera donc de regarder simplement autour de nous, en faisant un peu le tour des questions et des problèmes, en regardant comment ils sont nés, en écoutant le bruit que ça faisait, il y a une centaine d'années, notre pays, en train d'entrer dans aujourd'hui, ses paysages, son commerce, son travail, ses inventions etc.

Le son et l'image, comme l'aiguille et le fil, pour broder l'histoire des choses et des leçons apprises et des leçons oubliées.

Regarder la ville et la campagne, le commerce et l'industrie, le travail et la maladie, les grandes découvertes et les petits métiers, tout comme on regarde un orage qui éclate, un enfant qui apprend à marcher, une machine compliquée au travail, etc.

Rien à juger, rien à prouver, rien qu'à montrer et à organiser l'écoute et la vision : la légende d'un siècle de France. Non pas le temps perdu, mais le temps souvent durement gagné (et le spectateur d'aujourd'hui sentira l'émission comme un pré/sentiment de sa journée).

Quatre images fondamentales : géographique, sociale, scientifique, historique. Et puis leur combinaison dans le triple rapport que nous avons dit.

Mon pays : montrer «pays» et «mon».

Ma télévision : ma «payse».

Caméra/Stylo, «Scénario. L'anticipation de l'image», septembre 1983

SAUVE QUI PEUT (LA VIE) ŒUVRE MULTIMÉDIA

Michael Witt

«Nous sommes tous prisonniers d'une conception figée de ce qui est important et de ce qui ne l'est pas, nous fixons sur l'important des regards anxieux, pendant qu'en cachette, dans notre dos, l'insignifiant mène sa guérilla qui finira par changer le monde et va nous sauter dessus par surprise.»
Milan Kundera, adapté par Jean-Luc Godard.

Cette section réunit les trois lettres envoyées par Godard aux membres de la Commission d'avance sur recettes pendant le travail de préproduction sur *Sauve qui peut (la vie)* au printemps 1979, ainsi que le dossier de presse du film, imprimé en deux mille exemplaires, qu'il composa pour accompagner la sortie du film en octobre de l'année suivante[1]. Dans les deux premières lettres, Godard exprime le besoin

---

1. La première lettre est datée du 12 avril 1979. Les deux autres ne sont pas datées. Elles ont été publiées en 1981 en allemand dans un livre consacré à *Sauve qui peut (la vie)*, qui comporte également deux versions du scénario, datées respectivement du 11 avril et du 15 mai 1979 : Jean-Luc Godard, *Liebe Arbeit Kino. Rette sich wer kann (Das Leben)*, Berlin, Merve Verlag, 1981. Nous exprimons notre immense gratitude à Wilfried Reichart pour avoir mis à notre disposition les versions originales françaises de ces documents. Outre plusieurs entretiens précédemment publiés en français, le livre contient la transcription d'une conversation intéressante entre le metteur en scène Michael Klier et les deux directeurs de la photographie du film, William Lubtchansky et Renato Berta. Nous avons choisi de ne pas faire figurer ici la partie relativement conventionnelle du dossier de presse, d'une longueur de seize pages, qui présente les filmographies de Godard et des interprètes principaux du film (Isabelle Huppert, Jacques Dutronc et Nathalie Baye). La double page finale que nous reproduisons – le texte de James Agee et la photographie évoquant l'équilibrage des comptes – vient après les filmographies dans l'original et conclut le dossier de presse. L'ensemble porte le copyright de «Sonimage/MK2».

croissant qu'il ressent de développer son scénario directement par images et par sons ; la troisième lettre en prend acte et présente le scénario dans une vidéo de vingt minutes qu'il s'apprête à proposer à la Commission, *Scénario de Sauve qui peut (la vie). Quelques remarques sur la réalisation et la production du film* (1979)[2]. Le dossier de presse se compose de divers documents relatifs à toutes les étapes de la production du film, dont la première version du scénario (le diagramme qui y figure en ouverture revient au début du dossier de presse)[3]. Il comprend les photographies d'Anne-Marie Miéville[4] ; deux brefs extraits d'exposés faits par Godard en juillet 1980 pendant le Festival d'Avignon – où *Sauve qui peut (la vie)* fut projeté quotidiennement pendant une semaine à la fin du même mois, soit plus de deux mois avant sa sortie officielle[5] ; des extraits de la transcription minutée des dialogues, faite une fois le montage terminé ; enfin, la réponse officielle du ministère de la Culture et de la Communication concernant le visa d'exploitation du film. Godard associe à ces éléments tout un ensemble de matériaux extra-filmiques variés : des lettres écrites par Van Gogh à son frère et à sa sœur en 1888[6] ; la page d'un livre d'art où figure une reproduction du *Déjeuner sur l'herbe* de Manet (1863), ainsi qu'un article de 1865 attaquant le tableau ; deux coupures de journaux sur le sujet de la prostitution ; un extrait légèrement retravaillé de la dernière partie (« La Frontière ») du *Livre du rire et de l'oubli* de Milan Kundera (traduit en français en 1979), également cité dans le film[7] ; et l'extrait d'un texte de James Agee tiré de l'introduction à son ouvrage, publié en collaboration avec le photographe Walker Evans, *Louons maintenant les grands hommes*[8].

Traditionnellement, les dossiers de presse étaient produits par des équipes de marketing employées par les distributeurs (ou, dans le cas des studios hollywoodiens, par un département spécialisé) et envoyés aux exploitants afin qu'ils disposent de matériaux et de stratégies de promotion[9]. Ils se composaient normalement de quatre parties : la publicité (des textes prêts à l'emploi à destination des journaux) ; l'exploitation (des suggestions d'animations publicitaires et d'opérations jumelées avec d'autres produits) ; la promotion (des plaquettes de différents formats vendues par la compagnie, à utiliser dans les journaux, et leur version destinée à être lue sous forme d'annonce à la radio) ; les accessoires (les bandes-annonces, les affiches, les photographies publicitaires et les affichettes, proposées à l'achat ou à la location[10]). Dans sa première lettre à la Commission, Godard note que, des trente années qu'il a consacrées au

2. Une transcription par Philippe Dubois de la bande-son du *Scénario de Sauve qui peut (la vie). Quelques remarques sur la réalisation et la production du film* a été publiée dans *La Revue belge du cinéma*, n° 22-23 (« Jean-Luc Godard : le cinéma »), seconde édition, date non précisée, sous la direction de Philippe Dubois, p. 117-120. Godard tourna de semblables scénarios préparatoires en vidéo pour *Passion* et *Je vous salue, Marie*. Ces expériences sont le prolongement direct, sous forme audiovisuelle, de ses scénarios des années soixante-dix tels que *The Story*, qui mêlaient image et texte et étaient produits par photocopie.

3. Le texte complet de la première version du scénario est reproduit dans *Godard par Godard*, Paris, Cahiers du cinéma, 1985, p. 445-449.

4. Nous savons, par témoins oculaires interposés (Leos Carax et Alain Bergala), que Miéville, en tant que photographe de plateau, couvrait le tournage avec deux appareils : l'un avec une pellicule couleur, qu'elle utilisait pour les photographies de production officielles prises à partir de la même position et des mêmes angles que ceux de la caméra, et qui étaient envoyées au laboratoire pour développement ; l'autre avec une pellicule noir et blanc, dont elle se servait pour des photos de tournage moins formelles. Les deux types de photographies sont utilisés dans le dossier de presse. Voir Alain Bergala et Leos Carax, « Jean-Luc Godard. *Sauve qui peut (la vie)*. Une Journée de Tournage 1 », *Cahiers du cinéma*, n° 306, décembre 1979, p. 35. Le remarquable travail photographique de Miéville mériterait à lui seul une rétrospective de premier plan.

5. Le premier est le texte présenté sous le titre *Sauve qui peut (la vie)*, au tout début du dossier de presse. Le second figure dans la section consacrée à la technique, et sa source avignonnaise y est explicitement référencée. Une transcription des exposés de Godard dans le cadre des « Rencontres d'Avignon » au Verger, légèrement différente de la version reproduite dans le dossier de presse, fut publiée sous le titre « Propos rompus » dans les *Cahiers du cinéma*, n° 316, octobre 1980, et est reproduite dans *Godard par Godard, op. cit.*, p. 458-471.

6. Les lettres de Van Gogh ont été reproduites dans de nombreux livres. La source de Godard est *Tout l'œuvre peint de Van Gogh*, t. 2 : 1888-1890, documentation et catalogue raisonné par Paolo Lecaldano, trad. Simone Darses, Paris, Flammarion, 1971.

7. Milan Kundera, *Le Livre du rire et de l'oubli*, Paris, Gallimard, 1979.

8. James Agee et Walker Evans, *Louons maintenant les grands hommes. Alabama, trois familles de métayers en 1936*, trad. Jean Queval, Paris, Plon, 1972 [1940]. Tous mes remerciements à Nicole Brenez, qui a identifié ce texte pour moi.

9. Voir « Selling the Movies » de Janet Moat, directrice des Special Collections au British Film Institute, qui détient environ 25 000 dossiers de presse : http://www.screenonline.org.uk/tours/marketing/marketingtour1.html

10. Ce bref aperçu se fonde sur l'article de Mark S. Miller, « Helping exhibitors. Pressbooks at Warner Bros. in the late 1930s », *Film History*, vol. 6, n° 2, 1994, p. 188-196.

cinéma, seules vingt «ont laissé des traces sur surfaces sensibles». Bien évidemment, c'est dans les années cinquante que ses activités cinématographiques ont produit peu d'images et de sons. À l'époque, son apprentissage ne se limitait pas à un travail de spectateur, de monteur, de dialoguiste, d'auteur d'entretiens imaginaires avec les metteurs en scène, de critique, de théoricien ou de réalisateur de courts-métrages mais aussi, en tant qu'attaché de presse de la Fox, à Paris, de 1956 à 1958, de concepteur de dossiers de presse (ces derniers attendent d'ailleurs encore d'intégrer le corpus godardien). Dans un entretien de 1978, Godard se souvenait que sa période à la Fox lui avait apporté la stabilité économique et un espace de créativité considérable :

> **J.-L. G. :** À l'époque, je travaillais comme attaché de presse à la Fox, où j'avais succédé à Chabrol. Et là, encore une fois, c'était comme faire du cinéma. Je réalisais des brochures sur les films. Et ces brochures, je les faisais comme mes articles. On me disait : il faut que cela soit comme une critique de film, mais élogieuse… […] Cela a été un très bon moment de ma vie, la Fox. J'ai fait ça pendant deux ou trois ans. J'avais enfin un salaire régulier, ce qui était énorme. Et puis je faisais, pour mes brochures, des biographies d'acteurs, qui n'avaient aucun rapport avec les biographies qu'on nous envoyait des États-Unis. J'en rajoutais des tas…
>
> *Télérama* : Vous voulez dire que vous inventiez leurs biographies ?
>
> **J.-L. G. :** Exactement. Par exemple, on me demandait de raconter des anecdotes de tournage, des petits potins. Alors, moi, j'inventais des trucs, des mots célèbres. Les gens aimaient beaucoup ça. C'était repris par tous les journalistes de province[11]…

Il est donc peut-être étonnant, au vu de cette activité des tout débuts de sa carrière, que la participation de Godard à la production de ses propres dossiers de presse soit restée relativement modeste dans les années soixante. Cependant, à partir de *Sauve qui peut (la vie)*, il s'y est fréquemment essayé, associant les informations élémentaires destinées aux exploitants (les thèmes-clés, l'histoire, les principaux interprètes) à une réflexion métacritique sur le film en question. Les dossiers de presse peuvent être divisés en quatre catégories : ceux auxquels Godard a contribué par des collages (*Je vous salue, Marie*) ou des extraits de textes choisis (les journaux de Beethoven dans le cas de *Prénom Carmen*) ; ceux auxquels il a peu ou pas contribué (*Détective*) ; et enfin ceux qui, tel celui de *Sauve qui peut (la vie)* reproduit ici, sont des travaux artistiques de plein droit et prennent leur place dans le projet global de Godard. Parmi d'autres exemples similaires, on peut citer le livret d'images et de textes de soixante-six pages que Godard a conçu pour *Passion*, qui, là encore, repose amplement sur les photographies d'Anne-Marie Miéville, ou les dossiers de presse qu'il a réalisés pour *For Ever Mozart* et *Notre musique*. Ceux-ci conjuguent des images directement tirées des films et des transcriptions d'extraits de leurs bandes-son d'une manière qui se rapproche, dans sa conception et dans sa forme, des livres d'*Histoire(s) du cinéma*. Ils sont, à mon sens, tout aussi importants[12].

Godard a évoqué pendant la production de *Sauve qui peut (la vie)* l'idée de réaliser une nouvelle vidéo une fois le film terminé. Dans cette vidéo, qui devait s'intituler *Louis Lumière*, il comptait s'interroger sur ce qu'il n'avait pas été capable de faire, ainsi que sur des aspects du projet qui avaient évolué

---

11. «Godard dit tout (4) : "*À bout de souffle* c'était le petit chaperon rouge"» (entretien avec Alain Rémond et Jean-Luc Douin), *Télérama*, n° 1489, 1978, p. 58. Godard déclarait aussi en 1985 : «Ils [les dossiers de presse] étaient destinés à fournir le maximum de copie prête à la presse. C'était la Fox qui le faisait le mieux parce que nous, en cinéphiles, on faisait le maximum. De ce point de vue-là, ça n'a pas beaucoup changé aujourd'hui, les journalistes publient ce qu'on leur met dans l'oreille. Celui qui fait un bon dossier de presse est sûr qu'il passe partout.» Voir «L'art à partir de la vie : nouvel entretien avec Jean-Luc Godard par Alain Bergala», dans *Jean-Luc Godard par Jean-Luc Godard*, *op. cit.*, p. 10.
12. On voit Godard parcourir les photographies de tournage de *Passion* faites par Miéville et sélectionner celles qu'il veut utiliser pour le dossier de presse et les affichettes («des moments d'un film», comme il les décrit) dans le film de Manu Bonmariage *Point de rencontre (Meeting Point)* (1982), réalisé pour la RTBF Liège dans le cadre de la série *Un homme, une ville*, et filmé dans le studio de Godard à Rolle ou dans les environs pendant le montage de *Passion*. Je veux exprimer ici ma gratitude à Olivier Thévenin, qui a mis ce film à ma disposition.

tout au long de son développement[13]. Quand la première édition d'*Introduction à une véritable histoire du cinéma* fut publiée, en mars 1980, l'idée – d'ailleurs annoncée dès le début du livre – était que les Éditions Albatros publieraient non seulement deux autres volumes de Godard sur l'histoire du cinéma, mais aussi un livre provisoirement intitulé *Sauve qui peut (la vie) [Dossier du film]*. Pratiquement, ce dossier de presse reflète ce qu'aurait été ce livre, ou, plutôt, une synthèse de ce que ce livre aurait pu être, de l'information essentielle attendue d'un dossier de presse, et du projet *Louis Lumière*. Il est construit avec beaucoup de soin. Au premier abord, le choix des huit photographies figurant sur la page de gauche en vis-à-vis du bref «Scénario» ne semble pas particulièrement motivé. Pourtant, non seulement ces photographies permettent au lecteur de suivre l'histoire du film du début à la fin (du départ de Denise à la campagne jusqu'à la mort, réelle ou imminente, de Paul), mais les quatre paires d'images coïncident aussi avec le modèle en quatre parties exposé dans le scénario, annonçant la structure générale des seize pages qui suivent : 1. L'imaginaire (associé à Denise) ; 2. La peur (Paul) ; 3. Le commerce (Isabelle) ; et 4. La musique[14]. Godard avait signé *Sauve qui peut (la vie)* comme «un film composé par Jean-Luc Godard» : de fait, le dossier de presse obéit à une structure fondamentalement musicale. La logique initiale d'organisation se complexifie immédiatement avec l'adjonction de quatre rythmes (plans, minutes/secondes, bobines et parties), bientôt redoublées de quatre autres thèmes (Technique, Peinture, Prostitution, et Le merle) qui amènent une série de perspectives critiques sur le film et reprennent l'ouverture en quatre parties sans céder à une trop évidente équivalence. Le résultat en est la production d'une matrice poétique qui tout à la fois présente, explique et théorise le film.

Chaque point de référence introduit par Godard dans le dossier de presse a un rôle particulier, sur lequel il attire parfois l'attention par le soulignement, la rature, la juxtaposition : Van Gogh évoque la quête de l'artiste pour capter l'infini et l'éternel dans la contingence et l'éphémère ; les coupures de journaux, qui évoquent, notamment, la violence inhérente à la prostitution, ancrent le film dans le présent ; Kundera propose une nouvelle façon de conceptualiser l'histoire en la rapportant à l'altération organique de la planète causée par l'interaction entre les espèces (le «revers de l'histoire de l'Europe», comme il l'écrit plus loin dans son livre) ; et Agee présente l'appareil photographique comme un instrument sans égal pour explorer la société. Si l'on veut comprendre la présence de Manet, il faut se rappeler que le dossier de presse a été constitué après la première du film à Cannes, où celui-ci avait rencontré l'incompréhension et avait été tourné en dérision par une grande partie des journalistes. Selon Jean Narboni, «il est difficile d'oublier cette course vers les studios d'enregistrement et les salles de presse, sitôt le film terminé, pour nous apprendre à quel point ils détestaient ça[15].» Dans ce contexte, comme le suggère ensuite Narboni, la projection du film et les interventions de Godard à Avignon peuvent être considérées comme une tentative de mettre une nouvelle fois le film à l'épreuve, dans un environnement plus favorable. Manet avait dû faire face à semblable scandale en 1863 avec *Le Déjeuner sur l'herbe*, qui, après avoir été rejeté par le Salon pour indécence et avoir essuyé les quolibets d'une grande majorité de la critique (comme *Olympia*, peint la même année et également évoqué par un fragment de texte dans le dossier de presse), avait été exposé au Salon des Refusés – où son impact sur

---

13. Voir Alain Bergala, «*Sauve qui peut (la vie)* 2 : Le juste milieu», *Cahiers du cinéma*, n° 307, janvier 1980, p. 42. Bien que *Louis Lumière* n'ait pas été réalisé, on peut considérer *Scénario du film Passion* (1982) comme la concrétisation de cette idée sur le film suivant. Réalisé lorsque *Passion* (1981) a été terminé, *Scénario du film Passion* incorpore en effet des éléments du film et du scénario vidéo préparé pour la Commission d'avance sur recettes, *Passion. Le travail et l'amour (introduction à un scénario)*, 1981.

14. Ces parties fournissent également au film son principe organisateur majeur. S'y ajoute un prologue d'un peu plus de neuf minutes ponctué par les titres : 1. Sauve qui peut ; et : 0. La vie. Les quatre parties qui suivent dans le film sont de durées variables (environ treize, dix-neuf, trente-trois et dix minutes, respectivement), ce qui donne un relief particulier à la partie 3, Le commerce, qui n'est pas évident à la lecture du dossier de presse.

15. Voir Jean Narboni, «Laissez rêver la ligne», *Cahiers du cinéma*, n° 316, octobre 1980, p. 8-9.

un groupe de jeunes peintres allait infléchir de façon décisive le développement de ce qui deviendrait l'impressionnisme. Ni Manet ni Godard n'ont sciemment cherché à provoquer, et tous deux semblent avoir été pris de court par l'ampleur de l'hostilité rencontrée par leurs œuvres respectives. De ce point de vue, le renvoi à Manet constitue de la part de Godard une riposte critique élégante et économique aux journalistes via le dossier de presse – et ce *avant* la sortie du film[16].

Tout au long de sa carrière, Godard a fait le choix d'une pratique du cinéma qui touche à tous ses aspects, des négociations avec les financiers à la direction d'acteurs, de l'écriture des dialogues au marketing. Comme il le disait simplement en 1998 : « J'aime taper un devis, j'aime faire des comptes, j'aime faire un cadrage. Pour moi tout cela est aussi du cinéma : aller à la banque, aller faire un repérage[17]. » Il en résulte un projet qui a généré une déconcertante diversité de formes, étroitement liées. Toutes sont du cinéma, et toutes font partie intégrante de l'œuvre dans son ensemble. Dès lors, il serait plus pertinent de considérer l'œuvre que nous connaissons sous le titre de *Sauve qui peut (la vie)* non pas simplement comme un long-métrage, mais comme la composante d'une œuvre multimédia intégrée, qui inclurait aussi : les trois lettres au CNC ; les deux versions du scénario ; *Scénario de Sauve qui peut (la vie). Quelques remarques sur la réalisation et la production du film* ; la bande-annonce ; la conférence de presse à Cannes ; le dossier de presse ; et une sélection d'autres entretiens pour la promotion du film, destinés à différents publics, dont (aux États-Unis) une apparition dans *The Dick Cavett Show*, un entretien dans *Rolling Stone* (qui coïncide avec la première américaine du film au Telluride Film Festival) ; et une conversation avec Don Ranvaud et Peter Wollen dans le court-métrage de Jon Jost et Ranvaud *Godard 1980*[18]. De plus, la relation génétique que cette œuvre en expansion entretient avec les expériences vidéographiques qui l'ont précédée est explicitée par l'utilisation d'une séquence du quatrième mouvement de *France tour détour deux enfants* (coréalisé avec Anne-Marie Miéville, 1979) dans *Scénario de Sauve qui peut (la vie). Quelques remarques sur la réalisation et la production du film*. Cette reconceptualisation de *Sauve qui peut (la vie)* – qui revendique et repositionne les textes annexes (scénarios vidéo, bandes-annonces et dossiers de presse, ces derniers étant habituellement ignorés, ou traités comme des détritus commerciaux) au sein d'une installation multimédia évolutive, dans laquelle les films ne sont que les moments les plus visibles – suggère une direction possible pour qui voudrait commencer à repenser l'œuvre de Godard dans son ensemble.

Traduit de l'anglais (Royaume-Uni) par Franck Le Gac

---

16. Ce n'est bien entendu pas la première fois que Godard faisait face à un accueil hostile de la part de la critique institutionnelle pour un de ses films et choisissait d'y répondre. Rappelons-nous par exemple comment il réfuta point par point les attaques subies par *Les Carabiniers* dans son article « Feu sur *Les Carabiniers* », *Cahiers du cinéma*, n° 146, août 1963 ; reproduit dans *Jean-Luc Godard par Jean-Luc Godard, op. cit.*, p. 238-241.

17. Voir « Une boucle bouclée : nouvel entretien avec Jean-Luc Godard par Alain Bergala », dans *Jean-Luc Godard par Jean-Luc Godard*, t. 2, Paris, Cahiers du Cinéma, 1998, p. 11.

18. « Godard, born-again filmmaker » (entretien avec Jonathan Cott), *Rolling Stone*, 27 novembre 1980, p. 32-36. La bande-son du film de Jost et Ranvaud a été publiée sous le titre « Jean-Luc Godard… for himself » dans *Framework*, n° 13, 1980, p. 8-9. Les origines de cette transcription de *Godard 1980*, qui avait été produit par Ranvaud pour Framework Films, ne sont cependant pas indiquées. Dans le film, Godard résume sa position comme suit : « Il n'y a pas vraiment de différence pour moi entre l'art et l'argent. Il est aussi difficile de rassembler les fonds pour un film que de faire un bon film. Avec ce film, je reviens à un aspect du métier auquel je n'ai pas eu affaire depuis longtemps, et qui consiste à vendre, et à trouver des idées en vendant. En parler tout en le vendant. » Notons également que Warner Bros. a sorti un album de la musique composée par Gabriel Yared pour le film en 1980, avant une réédition en CD, au Japon sur le label Volcano, en 1998, et en France chez Nocturne, sur le label Cinéfonia, en 2005.

LETTRE NUMÉRO UN AUX MEMBRES DE LA COMMISSION D'AVANCE SUR RECETTES

Jean-Luc Godard

Premières remarques sur la production et la réalisation du film :
SAUVE QUI PEUT (LA VIE)

Est-ce que vous pouvez dire en quelques pages ou quelques mots deux ou trois choses sur votre projet ?

Faire un film, faire du cinéma. Comment fait-on du cinéma, aujourd'hui, en France, dans cette région du monde ?

J'ai souvent été pris pour un donneur de leçons. Aujourd'hui, à cinquante ans, dont trente de cinéma (dont vingt seulement ont laissé des traces sur surfaces sensibles), j'ai un peu le sentiment d'avoir davantage fonctionné comme donneur de sang, et ça charriait du bon, des fois du mauvais.

Même la publicité, elle m'a emprunté sans reverser d'intérêts l'absence de fondus enchaînés.

Tiens, justement, aujourd'hui je voudrais en refaire des fondus qui s'enchaînent. Je crois que je saurais enfin : faire des champs et contrechamps, mais pas seulement dans l'espace.

Qui s'enchaîneraient dans les temps, et même que le temps enchaînerait. Que les temps enchaîneraient : temps clair, temps couvert, temps de paix, et tous les « j'ai pas le temps », donc tous les temps du verbe dont on dit qu'il est l'action. Avoir le temps. Prendre le temps de montrer cet avoir. Faire un bouquet par exemple, ou un dialogue d'amoureux, les fleurs à la vitesse des mots et des silences, quand quelque chose se creuse, où la caméra ne passe pas d'un plan à l'autre, mais s'enfonce d'un plan (la langue russe dit un cadre) dans l'autre.

Son direct, vous demandez, ou son témoin ? Et si l'on était directement un témoin. Et si j'écoutais et que j'enregistrais en direct celui qui écoute, et pas celui qui parle. Pour filmer celui qui écoute, est-ce qu'il faudra une Nagra ou une Éclair ?

Il y a quelque chose de sympa dans cette histoire d'avance sur recettes. Au moins on peut dire sa vérité comme on n'ose pas la dire au distributeur, et même aux acteurs quand il s'agit de vedettes.

Par exemple, vous ne demandez que quelques pages pour le scénario, mais vous demandez un exemple de continuité dialoguée. Loin de moi l'idée de provoquer, mais je ne comprends pas bien ce que vous entendez par là (vous entendez la voix de quel système). Bien sûr, je vois bien qu'il doit s'agir d'exemples de dialogues, et même du dialogue complet, pour donner une idée des scènes dramatiques, et même ensuite le rythme de ce drame.

Mais je ne suis pas Pagnol, et dieu sait pourtant combien j'aime Angèle. Ou je pourrais vous filer des dialogues de Charles Bukowski, puisque si on a de l'argent on lui achètera en vrac le droit de se servir chez lui à droite ou à gauche.

Mais en même temps, ça sera autre chose. Je voudrais ralentir, filmer ce qu'on ne voit pas ordinairement, je vais essayer de vous montrer ça sur une vidéo cassette, pas ralentir exactement, un peu décomposer ce passé dans l'instant où il compose le présent des personnages.

Et la lumière, je voudrais engager deux ou trois opérateurs, deux ou trois généraux ou lieutenants de la photographie, qu'ils discutent entre eux de la qualité de telle lumière dans un sous-bois ou une cuisine, de tel tirage dans ce laboratoire, et que je puisse les écouter tranquillement, leur poser des questions et les voir donner éventuellement des réponses différentes, comme des médecins auprès d'un malade.

Pour pouvoir donner une idée de mon travail, et de mon amour pour ce travail, il faudrait pouvoir travailler un peu autrement qu'avec des mots, ou les mots pas toujours en premier. J'aimerais mieux des images parlées ici à la place d'un langage imagé.

Et si après vous désirez encore parler un peu avant de prendre votre décision, de ma part ce sera volontiers : même s'il n'y a pas d'argent, on aura peut-être passé un pas mauvais moment ensemble, il y aura eu quelque chose de productif entre nous.

12 avril 1979

LETTRE NUMÉRO DEUX AUX MEMBRES DE LA COMMISSION D'AVANCE SUR RECETTES

Jean-Luc Godard

On en est à ce moment à environ une heure de film.
Mais on en est peut-être aussi au moment où Denise redescend et plonge en bas à déjà une heure et demie, soit environ une demi-heure par mouvement.

Pour aller plus loin, il m'est difficile de continuer à mettre les mots, et le langage écrit en premier. Il y a besoin de passer par les images, que celles-ci ne soient pas seulement un effet, mais une cause.

Qu'un plan ne suive pas un autre plan (un cadre disaient Eisenstein et Dovjenko) parce que c'est écrit (mektoub) mais parce que le plan qui précède doit se changer dans un autre pour poursuivre son mouvement, comme dans un jeu ou dans une société les gens s'accordent ou pas pour stopper ou continuer un mouvement social.

La suite des plans comme chaque fois une décision de justice qui fait l'accord ou le brise.

Je voudrais donc continuer ce travail de scénario avec l'aide du film, et les techniques légères et relativement bon marché de la vidéo ou du Super 8 mm le permettent enfin, comme si Cézanne allait faire quelques croquis d'une pomme avant de demander des sous à son marchand.

LETTRE NUMÉRO TROIS AUX MEMBRES DE LA COMMISSION D'AVANCE SUR RECETTES

Jean-Luc Godard

Vidéo-cassette d'environ 20 minutes.
Format : VHS/Secam.
Exemples de scènes dialoguées.
Exemples de surimpressions.
Exemples de ralentis/décompositions.
Exemples de surimpressions.
Exemples de passages réguliers dans le cours du film de l'acteur (action) principal à des personnages secondaires dont l'action devient alors principale (l'acteur principal comme représentant permanent des figurants, et le gros plan comme délégué du plan général).
Exemples de scènes qui n'ont pas encore leur place dans le film (match de football féminin où Jacques accompagne la fille de Denise).

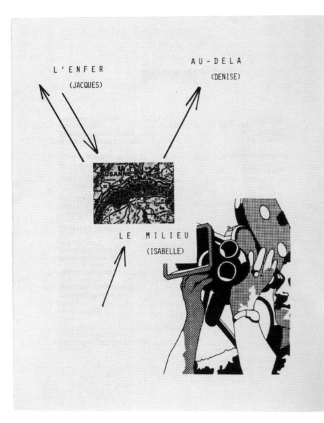

L'ENFER
(JACQUES)

AU-DELA
(DENISE)

LE MILIEU
(ISABELLE)

SAUVE QUI PEUT (LA VIE)

« Moi je pense que ce qui existe c'est entre. Et peut-être si il y a un dou-ble titre là-dedans c'est qu'il y avait un désir de donner au film un titre commercial et classique : «Sauve qui peut», une formule, et qu'il y avait en même temps le désir de l'appeler «la vie» aussi ou de l'appeler «la joie» ou de l'appeler «le ciel», «la passion», ou quelque chose comme ça. J'ai longtemps hésité, car effectivement un film qui s'appel-lerait «la vie» c'est bon pour la vie des abeilles ou la vie des poissons mais sinon je pense que ça n'aurait pas été non plus... mais c'était de mettre aussi un double titre comme s'il y avait un effet de troisième titre qui devait naître mais que chacun peut faire un peu son montage comme il veut et qu'on lui donne des indications assez précises et un peu sou-ples, un peu contradictoires... je pense qu'effectivement tout le film et tout mon cinéma est contenu un peu là-dedans et que le cinéma c'est pas une image après l'autre, c'est une image plus une autre qui en forme une troisième, la troisième étant du reste formée par le spectateur ».

SCÉNARIO

L'action (et l'inaction) se déroule quelque part entre Lausanne et Genève, ou entre Paris et Lyon, ou Francfort et Zurich. Les lieux ne sont pas nom-més, sauf les hasards des rencontres d'une part entre les trois personnages principaux , mais aussi et surtout les rencontres avec les rôles secondaires.

C'est ainsi que Denise Rimbaud (Nathalie Baye) quittera son travail à la télévision pour un lac de montagne et du travail avec les animaux d'une ferme. Elle a besoin d'air mais ne s'imagine pas encore bien de quelle vio-lence peuvent être les courants d'air. Son trajet s'intitule d'ailleurs : **l'imagi-naire.**

Celui de Paul Godard (Jacques Dutronc) s'intitule : **la peur.** Peur de quitter la grande ville où l'on est plusieurs à être seul. Peur d'être abandonné par Denise dont il n'arrive pas à suivre le mouvement. Peur de ne même plus pouvoir reprendre des relations avec son ex-femme et sa petite fille. Les rapports entre Paul et Denise sont le plus souvent sauvages, comme si ces deux civilisés ne pouvaient se toucher qu'en échangeant des coups plutôt que des caresses.

Isabelle Rivière (Isabelle Huppert) représente le milieu entre ces deux extrê-mes. C'est une campagnarde qui est venue tapiner dans la grande ville internationale où les fantasmes sexuels des hommes sont infinis et repré-sentent beaucoup d'argent pour quelqu'un de résolu à payer de son corps sa tranquillité. Le hasard fera qu'Isabelle finit par louer dans la banlieue de la grande ville l'appartement que Denise quitte et que Paul n'a pas voulu lui relouer. Ce mouvement vécu par Isabelle s'intitule tout normalement : **le commerce.**

Dans une dernière partie intitulée : **la musique,** tous les fils tissés entre les trois personnages principaux et tous les autres se dénoueront et l'on verra dans la dernière image les musiciens en chair et en os jouer le thème du film alors que Paul accroché par une voiture se tâte et pense qu'il n'est pas en train de mourir puisqu'il n'a rien, vraiment rien.

154	1398'04"	1-02'08"	54	YVETTE	Allô Denise...
155	1405'01"	1406'12"	12		oui...
156	1410'02"	1415'14"	46		oui... c'est toujours la dernière fois et puis on recommence...
157	1418'08"	1425'14"	59		Oui, écoute, on verra tout à l'heure, je t'embrasse, au revoir.
158	1511'00"	1515'09"	36	DENISE	Quelque chose dans le corps et dans la tête
159	1515'13"	1520'06"	37		s'arc-boute contre la répétition et le néant,
160	1530'09"	1533'06"	22		la vie,
161	1534'05"	1538'15"	37		un geste plus rapide,
162	1539'06"	1541'04"	15		un bras
163	1544'00"	1550'13"	56		qui retombe au bon temps,
164	1551'07"	1555'11"	28		
165	1570'13"	1573'07"			une bouffée
166	1577'08"	1581'05"			d'irrégularité...
193	1715'09"	1718'10"	25		C'est ça qui m'a passionné dans votre lettre.
194	1718'14"	1721'12"	23	DENISE	La passion c'est pas ça.
195	1722'00"	1727'10"	45	PIAGET	En fait, décrire les choses secondaires ça éclaire vachement les événements principaux,
196	1728'08"	1734'00"	44		montrer la vérité, que le rôle secondaire est principal.
197	1735'09"	1738'01"	20	DENISE	J'aurai combien ?
198	1742'00"	1746'07"	36	PIAGET	Au début trois cents,
199	1748'06"	1752'05"	32		si ça marche on verra après...
200	1756'10"	1759'01"	20		Et Paul, qu'est-ce qu'il devient ?
201	1759'05"	1766'00"	54	DENISE	C'est fini, plus personne ne le sait...
202	1767'02"	1769'03"	16		même moi.

Dernière image : 1787'12"

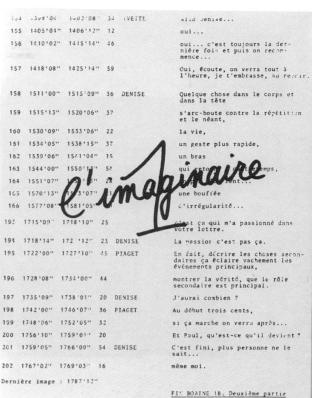

l'imaginaire

FIN BOBINE 1B. Deuxième partie

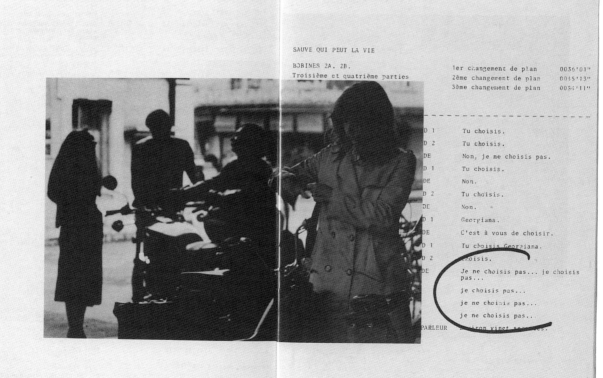

SAUVE QUI PEUT LA VIE

BOBINES 2A. 2B.
Troisième et quatrième parties

1er changement de plan	0036'01"
2ème changement de plan	0045'13"
3ème changement de plan	0054'11"

D 1	Tu choisis.
D 2	Tu choisis.
DE	Non, je ne choisis pas.
D 1	Tu choisis.
DE	Non.
D 2	Tu choisis.
DE	Non.
D 1	Georgiana.
DE	C'est à vous de choisir.
D 1	Tu choisis Georgiana.
D 2	Choisis.
	Je ne choisis pas... je choisis pas...
	je choisis pas...
	je ne choisis pas...
	je ne choisis pas...
PARLEUR	Environ vingt secondes.

19	ENTRAINEUR	Douze ans comme Cécile.
21	PAUL	Non, Cécile, c'est onze...
22		Elle a déjà des seins hein ?
22	ENTRAINEUR	Ouais, comme Cécile.
35	PAUL	T'as encore jamais eu envie de la caresser ou de l'enculer ou...
24		je sais pas, n'importe quoi ?
19	ENTRAINEUR	Non.
56	PAUL	Des fois je trouve injuste qu'une maman puisse toucher sa fille, fille ou garçon,
25		plus facilement que le père...
19		... Allez, dépêche-toi.
25	CECILE	Pourquoi c'est pas maman qui est venue me chercher ?
37	PAUL	Cette salope n'a pas voulu me passer la Peugeot,
40		en plus il faut que je ramène celle-là au garage... Bon, dépêche-toi ho...
31		Et en plus il faut que je passe à la télé avec quelqu'un.
19	CECILE	Et mon cadeau ?
17	DURAS	(off) Regardez...

57	0466'01"	0472'08"	51			elle dit regardez la fin du monde...
58	0474'	0480'13"	50			elle dit regardez la fin du mon- de...
59	0482'01"	0483'15"	15			tout le temps...
60	0485'		43			à chaque seconde... partout...
61		0495'	20			ça s'étend...
62	0497'	0501'05"	27			elle dit c'est mieux, oui...

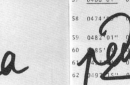

la peur

227	1366'10"	136.'15"	18	PAUL	Moi aussi.
228	1369'12"	1374'13"	40	EX-FEMME	Pas vraiment... pas vraiment, Paul...
229	1375'03"	1376'11"	12		Tu veux que je te dise ?
230	1376'15"	1382'05"	43		Elle va partir seule et asse: triste...
231	1383'02"	1387'06"	34		comme moi parce que j'avais pas vraiment envie...
232	1391'04"	1393'10"	19		Alors ce cadeau ?
233	1394'02"	1396'00"	15	PAUL	Tiens,
234	1397'12"	1401'01"	27		enlève celui que tu as et mets- le,
235	1401'05"	1403'12"	19	EX-FEMME	Tu es un peu con, Paul.
236	1404'00"	1408'10"	37	PAUL	Pourquoi ? parce que j'ai envie de voir ses seins ?
237	1409'04"	1413'02"	31	EX-FEMME	T'es même salaud ou alors t'es bourré.
238	1413'12"	1416'09"	22	PAUL	Pas bourré, fini...
239	1417'05"	1423'05"	48		Mais puisque Cécile est forte en maths demande-lui ce que c'est qu'un monde fini...
240	1421'12"	1426'15"	18		Allez au revoir...
241	1428'00"	1428'15"	7		à dans
242	1433'05"	1436'06"	24	PAUL	Merci d'avoir attendu...
243	1440'02"	1440'12"	5	DENISE	Je peux avoir
244	1441'00"	1442'06"	11		un sandwich, monsieur, s'il vous plaît ?
245	1442'10"	1444'11"	16	SERVEUR	Oui madame.
246	1444'15"	1446'12"	14	PAUL	Merci.
247	1448'09"	1452'00"	28		Il te reste un train ? J'ai pas de voiture hein.
248	1452'04"	1455'01"	22	DENISE	T'en fais plus pour moi.

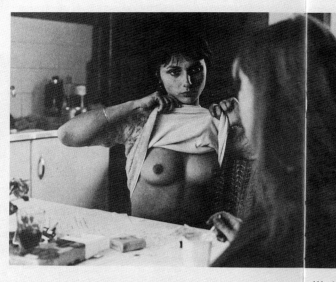

06'13"	54	SOEUR (suite)	Alors on a essayé d'attaquer la bijouterie mais ça a foiré..
13'03'	32		Ils sont tous en prison, il que je les aide...
27'00"	21	ISABELLE	C'est toujours avec Jacques
31'08"	34	SOEUR	Non, c'est avec des autres q tu connais pas.
46'13"	22	ISABELLE	Trente mille francs ?
54'03"	27	SOEUR	Vingt mille, ça irait.
57'14"	17	ISABELLE	Je les ai pas...
63'09"	32		D'ailleurs je vais m'en alle c'est trop dur ici.
68'15"	17	SOEUR	Où tu vas ?
76'06"	45	ISABELLE	Plus vers la campagne... je pas encore.
88'10"	40		En tout cas je les ai pas... Tiens, tu me passes une ciga- retto.
10'09'	27	SOEUR	Non mais je te les demande pas.
14'05"	18	ISABELLE	Mais quoi alors ?...
19'05"	25		Mais quoi alors ? Je comprends plus...
32'12"	45	SOEUR	Je voulais te demander si je pouvais pas faire la pute comme toi...
111	0933'00"	0936'00"	24	une ou deux semaines...
112	0938'08"	0940'12"	18	seulement...
113	0944'00"	0947'12"	ISABE	Deux multipliés par sept multi- pliés par quatre...
14	10'0''	0954'0''	47	divisés par deux... c'est pas une semaine ou deux...

FIN BOBINE 3A. Cinquième partie

le commerce

183	1070'00"	107.'10"	53	CLIENT 2	Toi, Thie ry, quand elle te suce tu dis oh...
184	1076'14"	1083'05"	51		et tu lui lèches la raie allons- y...
185	1088'00"	1089'15"	15	FEMME	Aïe !
186	1091'00"	1093'03"	17	SECRETAIRE	Oh !
187	1104'10"	1112'08"	62	CLIENT 2	Et toi, quand il te bouffe le cul tu fais hé,
188	1113'01"	1117'14"	38		comme dans le métro si un mec faisait un geste déplacé...
189	1119'10"	1121'13"	18		Vas-y Thierry...
190	1122'13"	1124'11"	16	ISABELLE	Hé !
191	1126'11"	1133'09"	55	CLIENT 2	Et après tu me mets un peu de rouge, juste une fois,
192	1134'04"	1138'10'	36		et si jamais je te fais un sou- rire tu m'embrasses...
193	1142'10"	1145'00"	19		Allez on y va...
194	1148'11"	1150'13"	17	FEMME	Aïe !
195	1151'01"	1153'00"	16	SECRETAIRE	Oh !
196	1153'04"	1155'05"	17	ISABELLE	Hé !
197	1166'09"	1173'14"	58	ISABELLE	(off) Je regardais cette face d'ivoire
198	1176'05"	1177'05"	7		et j'y
199	1177'07"	1186'03"	66		discernais l'expression d'un sombre orgueil,
200	1188'00"	1192'06"	35		d'une farouche puissance,
201	1193'12"	1198'00"	34		d'une terreur abjecte,
202	1199'15"	1203'15"	32		et aussi d'un désespoir
203	1205'04"	1208'03"	25		immense
204	1209'02"	1211'11"	21		et sans remède.

la musique

Ministère de la Culture et de la Communication

3, rue de Valois, 75001 Paris
296-10-40

Paris, le

2 4 JUIL. 1980

4033

Messieurs,

Par lettre du 5 juin 1980, vous avez bien voulu me demander le visa d'exploitation et l'autorisation d'exportation en faveur du film franco-suisse de long métrage intitulé :

" SAUVE QUI PEUT, LA VIE "

J'ai l'honneur de vous faire connaître que la Commission de contrôle des films cinématographiques, après avoir examiné cette production le 1er juillet en sous-commission et le 8 juillet 1980 en séance plénière, a émis l'avis suivant :

" Le film a, sans doute, sa logique
" et ses raisons. Mais il inclut aussi,
" de la façon la plus provocante qui
" soit, un certain nombre de scènes
" d'une sexualité agressive et brutale,
" volontairement dégradantes tant par
" l'image que par le dialogue.
"
" Une interdiction aux mineurs a paru
" à la Commission de contrôle, dans
" l'exercice de sa tâche, la solution de
" protection la moins inappropriée. C'est
" celle qu'elle propose. "

Me rangeant à l'avis ainsi exprimé, j'ai décidé de vous délivrer pour le film en cause, le visa d'exploitation et l'autorisation d'exportation assortis de la restriction précitée.

....../...

(1) Technique

(2) Peinture

(3) Prostitution

(4) Le merle

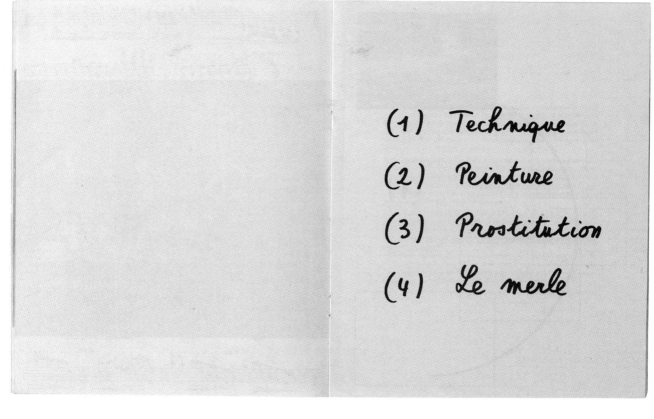

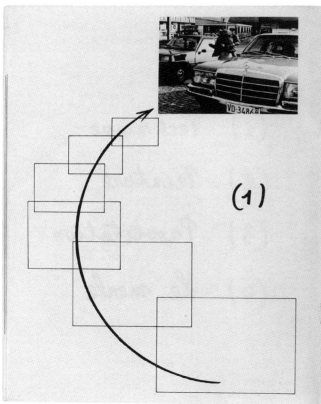

(1)

Il y a *beaucoup de mouvements*, et en particulier les mouvements dits de ralenti, que j'aime mieux appeler *changements de vitesse*, là le zoom aurait été intéressant car le changement de vitesse aurait été ici à l'occasion d'un grossissement, d'un rapprochement et *de passer d'un cadre à l'autre*, mais à ce moment là le changement de vitesse aurait été pour le changement du cadre, si tu veux. *Changer de cadre avec une certaine vitesse.*

Il y a des plans... le plan où Isabelle est emmenée de sa voiture à une autre voiture pour recevoir une fessée par les deux proxénètes, il y a un plan effectivement où on voit brusquement en se servant d'un projecteur d'analyse ou en se servant de la table de montage *pas seulement pour coller mais pour voir plus lentement un travelling, on voit, il y a des choses effectivement qui se passent* et qu'il serait peut-être intéressant...

Je pense que si j'avais pu le voir, j'aurais eu envie de faire *une espèce de mouvement tournant pour se rapprocher et on aurait trouvé les bonnes vitesses ce qui fait qu'à des moments on aurait ralenti et décomposé aussi des paysages où il n'y avait personne, des décors et des couleurs et on serait arrivé brusquement sur un drame.*
Je pense qu'aujourd'hui... qu'on ne sait plus cadrer et que les trois quarts des films confondent le cadre avec la fenêtre de la caméra, alors que le cadre c'est : quand est-ce qu'on commence le plan et quand est-ce qu'on le coupe. *Le cadre est dans le temps.* Et dans la peinture il y a beaucoup de ça.

Extraits des Rencontres d'Avignon 1980

EXTRAITS DE LA CORRESPONDANCE DE VAN GOGH

(2)

520. – Arles, août 1888.

Il y a seulement que je trouve que ce que j'ai appris à Paris *s'en va*, et que je reviens à mes idées qui m'étaient venues à la campagne, avant de connaître les impressionnistes.

Et je serais peu étonné, si sous peu les impressionnistes trouveraient à redire sur ma façon de faire, qui a plutôt été fécondée par les idées de Delacroix, que par les leurs.

Car au lieu de chercher à rendre exactement ce que j'ai devant les yeux, je me sers de la couleur plus arbitrairement pour m'exprimer fortement.

Enfin, laissons cela tranquille en tant que théorie, mais je vais te donner un exemple de ce que je veux dire.

Je voudrais faire le portrait d'un ami artiste, qui rêve de grands rêves, qui travaille comme le rossignol chante, parce que c'est ainsi sa nature. Cet homme sera blond. Je voudrais mettre dans le tableau mon appréciation, mon amour que j'ai pour lui.

Je le peindrai donc tel quel, aussi fidèlement que je pourrai, pour commencer. Mais le tableau n'est pas fini ainsi. Pour le finir je vais maintenant être coloriste arbitraire.

J'exagère le blond de la chevelure, j'arrive aux tons orangés, aux chromes, au citron pâle.

Derrière la tête, au lieu de peindre le mur banal du mesquin appartement, je peins l'infini, je fais un fond simple du bleu le plus riche, le plus intense, que je puisse confectionner, et par cette simple combinaison la tête blonde éclairée sur ce fond bleu riche, obtient un effet mystérieux comme l'étoile dans l'azur profond.

522. – Arles, août 1888.

Maintenant nous avons une très glorieuse forte chaleur sans vent ici, qui fait bien mon affaire. Un soleil, une lumière, que faute de mieux je ne peux appeler que jaune, jaune soufre pâle, citron pâle or. Que c'est beau le jaune! Et combien je verrai mieux le Nord.

527. – Arles, août 1888.

Et je dois te dire que de ces jours-ci je m'efforce à trouver un travail de la brosse sans pointillé ou autre chose, rien que la touche variée. Mais un jour tu verras.

528. – Arles, août 1888.

La peinture comme elle est maintenant, promet de devenir plus subtile – plus musique et moins sculpture – enfin elle promet la *couleur*. Pourvu qu'elle tienne cette promesse. Les tournesols avancent, il y a un nouveau bouquet de quatorze fleurs sur fond jaune vert [n. 558], c'est donc exactement le même effet – mais en plus grand format, toile de 30 – qu'une nature morte de coings et de citrons, que tu as déjà, mais dans les tournesols la peinture est bien plus simple.

Te rappelles-tu qu'un jour nous avons vu à l'hôtel Drouot un bouquet de pivoines de Manet? Les fleurs roses, les feuilles très vertes, peintes en pleine pâte et non pas par glacis comme ceux de Jeannin, se détachant sur un simple fond blanc je crois.

Voilà ce qui était bien sain.

Pour le pointillé, pour auréoler ou autres choses, je trouve cela une véritable découverte; mais c'est déjà à prévoir que cette technique, pas plus qu'une autre, deviendra un dogme universel. Raison de plus pourquoi "La Grande Jatte" de Seurat, les paysages à gros pointillés de Signac, le bateau d'Anquetin, par le temps deviendront encore plus personnels, encore plus originaux.

531. – Arles, septembre 1888.

Ah! mon cher frère, quelquefois je sais tellement bien ce que je veux. Je peux bien dans la vie et dans la peinture aussi me passer de bon Dieu, mais je ne puis pas, moi souffrant, me passer de quelque chose plus grand que moi, qui est ma vie, la puissance de créer.

Et si frustré dans cette puissance physiquement, on cherche à créer des pensées au lieu d'enfants, on est par là bien dans l'humanité pourtant.

Et dans un tableau je voudrais dire quelque chose de consolant comme une musique. Je voudrais peindre des hommes ou des femmes avec ce je ne sais quoi d'éternel, dont autrefois le nimbe était le symbole, et que nous cherchons par le rayonnement même, par la vibration de nos colorations.

Le portrait ainsi conçu ne devient pas de l'Ary Scheffer, parce qu'il y a un ciel bleu derrière comme dans le "Saint Augustin". Car coloriste Ary Scheffer l'est si peu.

Mais ce serait plutôt d'accord avec ce que cherchait et trouvait Eug. Delacroix dans son "Tasse en prison" et tant d'autres tableaux, représentant un homme *vrai*.

Ah, le portrait, le portrait avec la pensée, l'âme du modèle, cela me paraît tellement devoir venir. [...]

Je suis ainsi toujours entre deux courants d'idées, les premières: les difficultés matérielles, se tourner et se retourner pour se créer une existence, et puis: l'étude de la couleur. J'ai toujours l'espoir de trouver quelque chose là-dedans.

Exprimer l'amour de deux amoureux par un mariage de deux complémentaires, leur mélange et leurs oppositions, les vibrations mystérieuses des tons rapprochés. Exprimer la pensée d'un front par le rayonnement d'un ton clair sur un fond sombre.

Exprimer l'espérance par quelqu'étoile. L'ardeur d'un être par un rayonnement de soleil couchant. Ce n'est certes pas là du trompe-l'œil réaliste, mais n'est-ce pas une chose réellement existante?

W 7. – Arles, septembre 1888.
A sa sœur Wilhelmina.

Théo m'écrit qu'il t'a donné des japonaiseries. C'est certes le moyen le plus pratique pour arriver à comprendre la direction qu'actuellement a prise la peinture colorée et claire.

le Manet au Salon de 1864:
t mort et les anges. Ni l'une
ouvait que le taureau avait
peint à coups d'encrier: un
«Don Manet y Courbetos y
ndu. Manet connaissait la
ait jamais été en Espagne.

mbla que l'art officiel avait
compense échut à Cabanel
ne d'apparat. D'autres toiles
assadeur du Siam et *L'arrivée*
utres, se trouvaient deux
lats et *Olympia*. La première
chaîna un scandale public.
:, au corps svelte, une rose
reçoit d'un air indifférent le
ervante noire, reprend une
demi-mondaine chez elle».

LE CONSTITUTIONNEL,

JOURNAL POLITIQUE, LITTÉRAIRE, UNIVERSEL.

«Avec le goût de l'art, avec cet instinct très particulier qui est la faculté artiste par excellence: le vivant désir de reproduire et de fixer les phénomènes extérieurs; avec une certaine idée théorique préconçue et juste malgré quelques réserves, il [Manet] arrive à provoquer les rires quasi scandaleux qui attroupent les visiteurs au Salon devant cette créature cocasse (on me passera le mot) qu'il appelle *Olympia*.

La construction baroque de «l'auguste jeune fille», sa main en forme de crapaud, causent l'hilarité et chez quelques-uns le fou rire. En ce cas particulier, le comique résulte de la prétention hautement affichée de produire une œuvre noble («l'auguste jeune fille» dit le livret), prétention déjouée par l'impuissance absolue de l'exécution; ne sourit-on pas en voyant un enfant se donner l'air important d'un homme? Dans cette *Olympia* tout ce qui est dessin est donc irrémissiblement condamné. La coloration générale elle-même est désagréable. En certaines parties seulement elle est juste: ainsi dans le ton des linges, dans les contrastes du drap, du cachemire et des fleurs. Mais si nous prenons au sérieux l'effort de M. Manet, nous devons lui dire que dans la nature les ombres charbonneuses sont rares et qu'il n'en voit ou du moins qu'il n'en fait point d'autres. Il ne tient aucun compte des reflets, des contre-reflets; et ce n'est qu'en les étudiant qu'il peut réussir à donner à sa peinture l'harmonie que la nature possède toujours.»

A.-P. Martial, 16 mai 1865

Les interrogatoires sur les rapports
s-prostituées ont mis en évidence un
onsentement et de violence insupporta

ondant)
ocès des 12 proxénètes
errogatoires. Au fil des
détendre. La responsa-
ns doute au président
de conduire l'audience
et cherche à éclaircir les
dossier.

ussi dans le box des
enant n'avaient guère
ntre un Félix Picaretta
à tour de bras et un
ute évidence, il n'y a pas

dont l'interrogatoire a
découvre un autre type
ces deux-là se sont
» lors de l'interogatoire
emiers jours, autant ils
cre intellectuellement le

n de leur avocat, ils font
ue petite contradiction
bien ils l'interrogent sur
les dépositions de celles

qui ont témoigné contre eux. Bref, deux hommes qui savent aussi utiliser pour leur défense des aveux partiels.

Curaba : « Je reconnais qu'Huguette Gigot s'est prostituée à Donzère, mais à ce moment-là je n'ai pas profité de son argent ». Des propos confirmés à l'instruction par l'intéressée qui, si elle a beaucoup parlé devant le juge, ne s'est pas constituée partie civile : « Je vivais avec Curaba, mais je ne travaillais pas encore pour lui. Il m'a dit : « Mon minou, j'ai des ennuis d'argent. ». Je lui ai proposé de me prostituer pour son compte puisque je l'avais déjà fait ».

Ces dépositions sont sans doute les plus révélatrices de ce mélange de consentement de départ et de violence insupportable qu'on rencontre dans certains cas. Plus tard, Huguette Gigot témoigne qu'en la frappant violemment au ventre, Curaba lui a fait faire une fausse couche. « Nadia m'a dit qu'après il pleurait comme un gosse et me demandait pardon. Je ne me souviens plus de rien, j'étais dans les pommes. J'ai mis six mois à m'en remettre, alors il m'en voulait en disant que j'étais une bonne à rien ».

Paulette Djemai, la dernière fille à s'être constituée partie civile, offre encore un autre visage de la prostituée. « C'est une forte personnalité, elle n'est

pas naïve, ça fait longte
musique » note le président
depuis 74, Paulette Djemai
qu'elle a connu différents so
l'occasion, décider de l'endro
qu'elle a été condamnée pou
les accusations qu'elle port
soulignent plus encore les
qu'ils ont fait subir à toute
accusé, Paulette peut dire :
je n'ai rien eu à lui reproc
question est bien là. Aucun
ne saurait justifier les traite

Les avocats de la défens
profiter du passé de Paulett
voulu multiplier les question
qu'elle avait reconnus à l'in
procureur est venue, cingl
appréciation de l'opportuni
sujet, et si la loi n'est pa
escabeau sur lequel on mont
près l'humanité, ma plac
président a donc refusé de tr
auxquelles Paulette avait déj
cette fois, vu la bonne ten
pouvait parfaitement se just

Il m'a attaché les mains, m'a fait manger le chèq

(3)

:. De là à s'en repentir, il
un pas qu'ils ne sont
paremment pas prêts de
chir. La preuve : quand
femmes se prennent à
rire par le menu les
npes qu'ils leur ont dis-
uées, ils répondent par
menaces de nouvelles
orrections ». Mercredi
, c'était en tout cas le
s du geste de Tarzan.
ienne et Nadia venaien
plement de raconter
lques unes de leurs
itions.
elle par exemple que
rva un jour à Fabienne
, furieux du chèque
rré » qu'elle lui avait
is après une nuit passée
c un client : « *Félix*
it que ça ne valait rien
fallait un compte en
que » raconte Fabien-
« *Il est monté chez*
il m'a dit de faire couler
ain dans la baignoire. Il
attaché les mains puis il

en me frappant avec une ceinture ». Une ceinture dont apparemment il avait l'habitude de se servir notamment, poursuit Fabienne, quand il leur reprochait d'aller trop souvent travailler en pantalon l'hiver. Et Fabienne précise : « *Il frappait avec la boucle* ».

— « *Je ne suis pas fou ni sadique, je frappais avec le cuir* » rectifie Félix, soucieux de la nuance ; et il demande à Fabienne de lui décrire la ceinture. Un peu plus tard, quand Fabienne l'accusera de l'avoir frappée sur la tête et sur les mains, avec, cette fois une épée de collection, il niera catégoriquement faisant remarquer qu'il était malade ce jour-là. Alors, n'est-ce pas là une preuve de sa bonne foi ?

Les récits de pareilles raclées, on en a encore

d'hier. Sinistres détails, qu
les femmes répètent d'ur
voix presque monocorde,
que les hommes accueille
chaque fois avec la mên
froideur.

Ainsi les corrections qu
Jo Picaretta, frère-cadet
Félix installé en Italie
infligées un jour à Christine
qui lui laissent une marq
indélébile, une balafre
coupe la joue gauche. F
bienne témoigne « *Christi*
et moi, on était allées
cinéma à Grenoble avec
petit jeune. On avait té
phoné en Italie pour l
expliquer parce qu'
étaient au courant de to
Ils avaient même un numé
de la voiture du Ga
Quand on est arrivé
Italie, ils nous ont deman
ce qu'on avait fait pend
la semaine. Je me suis p
deux claques et deux cou
de poing. Christine, elle,

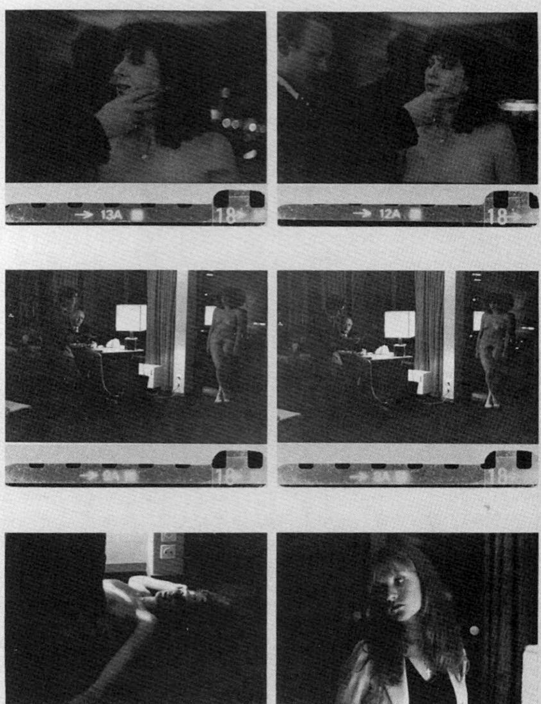

(4)

Au regard de la planète, cette invasion du merle dans le monde de l'homme est incontestablement plus importante que l'invasion de l'Amérique du Sud par les Espagnols ou que le retour des Juifs en Palestine. La modification des rapports entre les différentes espèces de la création (poissons, oiseaux, hommes, végétaux) est une modification d'un ordre plus élevé que les changements dans les relations entre les différents groupes d'une même espèce. Que la Bohême soit occupée par les Celtes ou par les Slaves, la Bessarabie conquise par les Roumains ou par les Russes, la Terre s'en moque. Mais que le merle ait trahi la nature originelle pour suivre l'homme dans son univers artificiel et contre nature, voilà qui change quelque chose à l'organisation de la planète.

Pourtant, personne n'ose interpréter les deux derniers siècles comme l'histoire de l'invasion des villes de l'homme par le merle. Nous sommes tous prisonniers d'une conception figée de ce qui est important et de ce qui ne l'est pas, nous fixons sur l'important des regards anxieux, pendant qu'en cachette, dans notre dos, l'insignifiant mène sa guérilla qui finira par changer subrepticement le monde et va nous sauter dessus par surprise.

l'apparence d'une rue exposée à la lumière du soleil puisse dans son rugissement atteindre son propre cœur signifiant, comme dans une symphonie, peut-être comme aucune symphonie ne le peut ; et l'état de conscience entier virera de l'imaginé et du révisé à l'effort de simplement percevoir la radiation cruelle de ce qui est.

C'est pourquoi la caméra me paraît être, après l'état de conscience désarmé et sans point d'appui, et à côté de lui, l'instrument central de notre temps ; et pourquoi aussi j'éprouve une rage telle devant son mésusage : lequel a répandu une conception de la vue presque si universelle que je ne connais pas plus d'une douzaine de vivants aux yeux de qui je puisse faire confiance autant qu'à mes propres yeux.

Si je m'étais clairement exprimé, vous vous rendriez maintenant compte qu'à travers cette vision non « artistique », dans cet effort pour suspendre ou détruire l'imagination, s'ouvre devant l'état de conscience et en lui un univers lumineux, spacieux, riche incalculablement et dans tout détail magnifique, aussi détendu et ouvert et naturel au nageur humain, et aussi tout imprégné de gloire, que sa respiration : et qu'il est possible de capter et restituer cet univers, non pas assurément aussi bien que l'art, mais en termes aussi transparents que ci-après je m'y efforce.

Dans un roman, une maison ou une personne tient entièrement sa signification, son existence même, de l'écrivain. Ici, une maison ou une personne ne tient de moi que sa signification la plus restreinte : sa vraie signification est bien plus grande, gigantesque. Elle est d'exister ici et maintenant, comme vous et moi, et comme aucun personnage d'imagination ne peut exister. Son immense poids, son mystère et sa dignité tiennent en ce fait. Quant à moi, je peux vous en dire seulement ce que j'en ai vu, seulement selon les moyens de la seule exactitude dont me voici capable : et ceci à son tour tient sa valeur cardinale, non de mes aptitudes, mais du fait que j'existe moi aussi, non à la façon d'un ouvrage de fiction, mais comme être humain. Parce que la densité d'une existence vraie ne se mesure pas, et ainsi de la mienne, tout mot que je peux dire de cette personne, de cette maison, reçoit inévitablement une manière d'immédiateté, une manière de signification, non du tout nécessairement « supérieures » à celles de l'imagination, mais en essences si différentes qu'un ouvrage de l'imagination (pour

(James Agee)

SOFT AND HARD
INDICATIONS INTIMATIONS IMPLICATIONS

Rod Stoneman

En un temps où la télévision débordait de courage et s'aventurait hors de son territoire, où elle offrait un espace de créativité aux cinéastes du monde, où un cinéma d'idées était encore possible…

En 1985, en ma qualité d'adjoint au responsable éditorial du département Cinéma et Vidéo indépendants de Channel 4, j'engage la programmation d'une saison Godard et la production d'une nouvelle œuvre commandée pour l'occasion à Jean-Luc Godard et à Anne-Marie Miéville. D'abord baptisée *A Gentle Conversation on Rough Subjects*, celle-ci devient *A Soft Conversation between Two Friends on a Hard Subject*, puis *Soft and Hard*, pour faire plus court[1]. Channel 4 est alors un laboratoire extraordinaire, très stimulant, le lieu d'une reconstruction en actes du service public de la télévision, dans une version nouvelle et radicale. La mission de cet éditeur-diffuseur est d'«innover et d'expérimenter dans la forme et dans le contenu des programmes.» Le département Cinéma et Vidéo indépendants participe déjà de manière significative à cette mission : il passe des commandes aux artistes et a fait l'acquisition de tout un ensemble de documentaires politiques et d'auteurs, de programmes expérimentaux, de programmes de service et d'émissions régionales, de fictions à petit budget et de films du tiers-monde. Après *Soft and Hard*, je rendrai visite à plusieurs reprises à Godard et Miéville à Rolle, afin d'acquérir pour la chaîne les droits de *Grandeur et décadence d'un petit commerce de cinéma* (1986), les versions initiales des deux premiers chapitres des *Histoire(s) du cinéma* (1989), ainsi que de *Mon cher sujet*, d'Anne-Marie Miéville (1989).

La structure de la version finale de *Soft and Hard* – ce qui fait sa cohérence – est très différente de ce qui avait été envisagé au départ. Godard arrive à Londres à l'automne 1984, et le principe d'une nouvelle œuvre, en ouverture de la saison consacrée par Channel 4 à son travail récent, est acquis lors d'une rencontre au Café Valerie, sur Old Compton Street. Le film doit à l'origine s'intituler *British Images* et compléter *British Sounds*, réalisé pour la London Weekend Television en 1969 mais rapidement mis au placard une fois achevé[2]. Il est décidé de faire appel à la société The Other Cinema pour la nouvelle production. Ce distributeur britannique a déjà à son actif la vente à Channel 4 d'une partie substantielle de l'œuvre de Godard, du *Gai Savoir* (1968) aux films du Groupe Dziga Vertov, réalisés en collaboration avec Jean-Pierre Gorin, et à *Numéro deux* (1975), avec Anne-Marie Miéville, qui constituent d'ailleurs le socle de la saison[3]. Afin de donner à celle-ci une unité, je fais alors monter un générique commun pour tous ces films, Colin MacCabe fournit de courtes introductions pour chacun d'eux, et Channel 4 produit un livret pédagogique. L'événement revêt une certaine importance culturelle, dans la mesure où, pour la première fois au monde, il permet à un public de téléspectateurs de voir de nombreuses œuvres de Godard de la fin des années soixante, des années soixante-dix et des années quatre-vingt, y compris *Soft and Hard*, nouvelle création spécifique pour la télévision, six ans après la série *France tour détour deux enfants*.

---

1. «Une conversation douce sur des sujets durs», «Une conversation douce entre deux amis sur un sujet dur», et «Doux et dur». [NdT]
2. Bien que *British Sounds* n'ait pas été diffusé, deux courts extraits en furent incorporés dans l'émission *Aquarius* le 2 janvier 1970. Il s'agissait d'un débat, préenregistré et ayant fait pour une grande part l'objet d'un remontage, entre des ouvriers, des étudiants et des intellectuels autour de certaines des questions soulevées par le film, dont celle de savoir s'il devait être diffusé. Voir Jan Dawson, «Raising the red flag», *Sight and Sound*, vol. 39, n° 2, p. 90-91.
3. *Le Gai Savoir* (1968), *Pravda* (1969), *Numéro deux* (1975), et *Passion* (1982) seront montrés dans le cadre d'*Eleventh Hour* («La Onzième Heure»), le lundi soir. *France tour détour deux enfants* (1979) sera diffusé tard dans la nuit, en fin de programme, et *One Plus One* (1968), *Tout va bien* (1972), et *Sauve qui peut (la vie)* (1980), dans une tranche horaire consacrée au cinéma mondial.

Photogramme de *Soft and Hard*
« Je me souviens que les premiers cinémas que je me faisais, quelquefois, des après-midi de congé, je fermais les volets dans ma chambre, j'allais chercher le carton de photos familiales […], je m'installais sur une espèce de bibliothèque, un carton à chaussures dans lequel je mettais une ampoule, et je faisais une encoche dans le carton… » (Propos d'Anne-Marie Miéville dans le film)

Au début de 1985, il devient évident que *British Images*, qui devait être livré en décembre 1984, ne se concrétisera pas. Nous nous inquiétons de ce que la possibilité du nouveau projet Godard/Miéville – dimension cruciale de la saison – est en danger. Le regretté Tony Kirkhope, l'un des dirigeants du collectif The Other Cinema, endosse son rôle de producteur exécutif avec panache et nous partons ensemble pour Rolle, fin mai, pour négocier un nouveau projet de programme, d'un coût de production de trente mille livres, dans lequel « Jean-Luc Godard et Anne-Marie Miéville s'intervieweraient mutuellement et discuteraient de leurs films passés ». Une abondante correspondance par fax et de nombreuses conversations téléphoniques seront nécessaires pour faire aboutir le projet en un laps de temps très court – deux mois entre la commande et la livraison, puisque Channel 4 demande celle-ci pour juillet afin de pouvoir réaliser les sous-titres et faire la promotion du nouveau programme. Je me rends de nouveau à Rolle, fin juin, pour visionner un premier montage et envisager la façon d'aborder le sous-titrage. Le film est diffusé le 12 août 1985 à 22 h 45.

Construit autour d'un dialogue approfondi entre Godard et Miéville, *Soft and Hard* est filmé avec une caméra unique et en plan fixe, et l'image est d'une faible intensité dans le long passage de la conversation, où la densité des multiples couches visuelles diminue peu à peu[4]. En dépit du fait qu'au départ le titre fait double sens, puisque, habituellement, les termes *hard* et *soft* renvoient à la fois à la pornographie et à la technologie électronique[5], le film s'engage dans une méditation poétique sur l'intersection entre leur travail, en tant que cinéastes (ensemble et séparément), et leur vie personnelle. Jean-Luc entame en voix off la recherche du « chemin vers notre parole », avec des allusions aux signaux envoyés par le monde extérieur, qu'ils aient trait à l'essentiel (les massacres quotidiens à Beyrouth) ou au divertissement (le tennis). Ces références accompagnent les sons limpides du *Quatuor en la mineur* de Beethoven, opus 132, qui donne à l'ensemble de la séquence une tonalité poignante et intime.

La conversation entre Godard et Miéville aborde deux questions principales : les différences entre leurs places respectives et leurs relations en tant que cinéastes, et le contexte dans lequel leur travail est produit et présenté dans le domaine audiovisuel contemporain. Ils discutent en particulier du fait que la télévision ait usurpé le rôle historique du cinéma, et expriment un sentiment de perte et de colère face à la destruction du cinéma – d'un certain cinéma – et à son remplacement par une nouvelle

---

4. Pour une retranscription de la bande-son du film, voir « Jean-Luc Godard : le cinéma », *La Revue belge du cinéma*, n°s 22-23, deuxième édition, sans date, sous la direction de Philippe Dubois, p. 161-167.
5. Notons, dans le seul domaine des technologies électroniques : *hard copy* (« copie papier »), *hard drive* (« disque dur »), *hardware* (« équipement, matériel ») ou *software* (« logiciel »). Ajoutons cependant que le cinéma, plus sans doute que la pornographie ou les technologies électroniques, fait grand usage de ces termes dans les domaines de l'optique (*soft focus, soft effect*), du montage (*soft cut, soft wipe*), du niveau de contraste dans le développement et la reproduction (*hard picture, soft print*) et dans l'éclairage (*hard lighting, soft lighting*) [NdT].

organisation des images à la télévision. Leur critique de ce qui est devenu la forme de spectacle prédominante dans ce média est appuyée par des images qui émaillent la vidéo – fragments banals et métonymiques de publicités fallacieuses ou légendes spécieuses, telles que le mot «catastrophe» affiché derrière un journaliste qui présente les informations –, évoquant ce que Saul Bellow a surnommé l'«enfer crétinisé» de la télévision contemporaine. À travers leur longue conversation, Godard et Miéville font de l'essai télévisuel un espace ludique où un état d'esprit porté au questionnement peut jouer avec inventivité. Leur dialogue, calme et critique, donne forme à un mode de discours et de pensée particulier, foisonnant et métaphorique, honnête et oblique[6].

Comme l'indique le diagramme fourni par Jean-Luc, *Soft and Hard* a été créé, comme le monde lui-même, quasiment en sept jours, avec un jour de repos le dimanche. De fait, ce document constitue un plan méticuleux du film et de sa réalisation, avec une configuration de segments minutés, un plan de tournage et l'ébauche d'une structure plus ou moins symétrique pour les questions à aborder. Il prévoit d'insérer les citations de films selon une progression chronologique allant du cinéma muet au cinéma sonore, puis au cinéma en couleurs et, finalement, à la télévision. Ce projet a bien entendu été revu en cours de route et la structure sous-jacente n'est pas explicite dans l'œuvre terminée, contrairement aux sections numérotées de *Vent d'est* (1969), par exemple. Le sérieux et la précision de l'approche de Godard et de Miéville étaient évidents. Après un débat sur les mérites relatifs du doublage pour un public anglophone, nous sommes tombés d'accord pour le sous-titrage. Orna Kustow a rédigé avec un soin et une exactitude rares une première version des sous-titres, que Godard et Miéville ont relue de façon très méticuleuse, ainsi qu'en témoignent les annotations figurant sur le document qui est reproduit ici[7].

Revoir *Soft and Hard* vingt ans après provoque un choc : il nous semble inconcevable aujourd'hui qu'une telle série d'émissions ait pu être produite pour une chaîne britannique et y être diffusée, tant le service public de la télévision a régressé en deux décennies. Ce n'est pas un hasard si «Voyage(s) en utopie» trouve sa place désormais dans un espace muséal[8]. Il demeure pourtant essentiel que la duplicité et la mystification télévisuelles identifiées par Miéville dans *Soft and Hard* («La télévision ne montre pas les choses tout le temps, en donnant à penser qu'elle n'arrête pas de les montrer et que les montrer, c'est ça, c'est ce qu'elle fait. Et que les montrer, c'est de cette manière-là...») continuent de se voir combattues dans l'espace propre de la télévision, avec son propre public, comme elles l'étaient déjà dans deux œuvres pionnières de Godard et Miéville : *Six fois deux (Sur et sous la communication)* (1976) et *France tour détour deux enfants* (1979).

Traduit de l'anglais (Royaume-Uni) par Franck Le Gac

---

6. Voir Rod Stoneman, «Among Godard's forms of thought», *Undercut 2*, 1981 ; repris dans l'anthologie *The Undercut Reader*, sous la direction de Nina Danino et Michael Maziere, Londres, Wallflower Press, 2002, p. 200-203.

7. Des années plus tard, Orna Kustow travaillera aussi sur les deux premiers épisodes des *Histoire(s) du cinéma*. Face à l'extraordinaire densité des bandes image et son, des extraits de films superposés et combinés, des légendes et des voix off intervenant à des niveaux multiples, elle choisira de faire varier la place des sous-titres dans le cadre. Les premières versions des chapitres 1A et 1B feront l'objet de discussions en 1988. Ces chapitres seront achetés en 1991 par Channel 4 et diffusés les 21 et 28 juin 1993.

8. Le Centre Pompidou continue de proposer une alternative aux formes dominantes de cinéma. L'exposition d'Isaac Julien, en 2005, et «Voyage(s) en utopie», aujourd'hui, illustrent le processus par lequel de nombreux cinéastes européens ont peu à peu été poussés de la sphère publique la plus large vers l'espace sélectif du musée.

JLG FILMS

99, avenue du Roule 92200 Neuilly France
téléphone (1) 747.10.40

Deptford Beach Productions
79 Wardour Street
London
England

le 27 novembre 1984

à l'attention de M.Tony Kirkhope

Dear friend ,

please find enclosed the schedule definitely adopted for
the remaining of the shooting and the editing of "Images
of Britain" , as said in your letter of to-day delaying
the delivery of the said programme till the 28 of february
1984 :

last week of january and first week of february 1985 , new
shooting in Britain , Scotland , Wales and Ireland , both
in vidéo and cinéma .
Last three weeks of february 1985 , definite editing in
our facilities in Geneva .
Viewing a rough edit between the 22 and the 25 of february
1985 .

Sincerely yours ,

pauline godard

*vouches
photocopie
figure
Mr Tony Kirkhope*

*Seen and
approved
Arthur Kirkhope*

s.a.r.l. au capital de 300.000 f. - siège social : 99, avenue du roule, 92200 neuilly - r.c. 64 b 574 - siren 305809360

JLG FILMS

99, avenue du Roule 92200 Neuilly France
téléphone (1) 747.10.40

Images of Britain

An ordinary outline script cannot be sustained as usual since our method is to
see first , and to
talk after .

The main sequences may nevetherless be already named and thought the following way :

1- old super eight

2- to day VHS

3- still stills

5- queen police tea

6- windows and gardens

7- shakes and pear

8- the language of the empire

9- james and Virginia

1o-1984 is behind them (or us)

Seen and approved

s.a.r.l. au capital de 300.000 f. - siège social : 99, avenue du roule, 92200 neuilly - r.c. 64 b 574 - siren 305809360

générique

1/ (photo films) (cinéma muet)
●——— 1
●——— 2
●——— 3
●——— 4
●——— 5   AMM
●——— 6   SLG   (10 × 1')   10'
●——— 7   privé
●——— 8   +
●——— 9   cinéma   mardi
■——— 10   mercredi

(film) ■———

2/ (cinéma roulant N&B)
●——— 1
●——— 2 | disant   AMM
●——— 3 | nature)   (3 × 2')   6'
■   comment (off)   jeudi

3/ (cinéma roulant couleur)
●——— 1
●——— 2 | disant   SLG comment (off)
●——— 3   production   (3 × 2')   6'
■

4/ conversation
TV ——— 1   l'innaccessible
TV ——— 2   le sujet
TV ——— 3   la famille   (5 × 6')   30'
TV ——— 4   la maison   vendredi
TV ——— 5   le cinéma

□
mur-écran

52'
+ générique

samedi
(T. Vidéo)

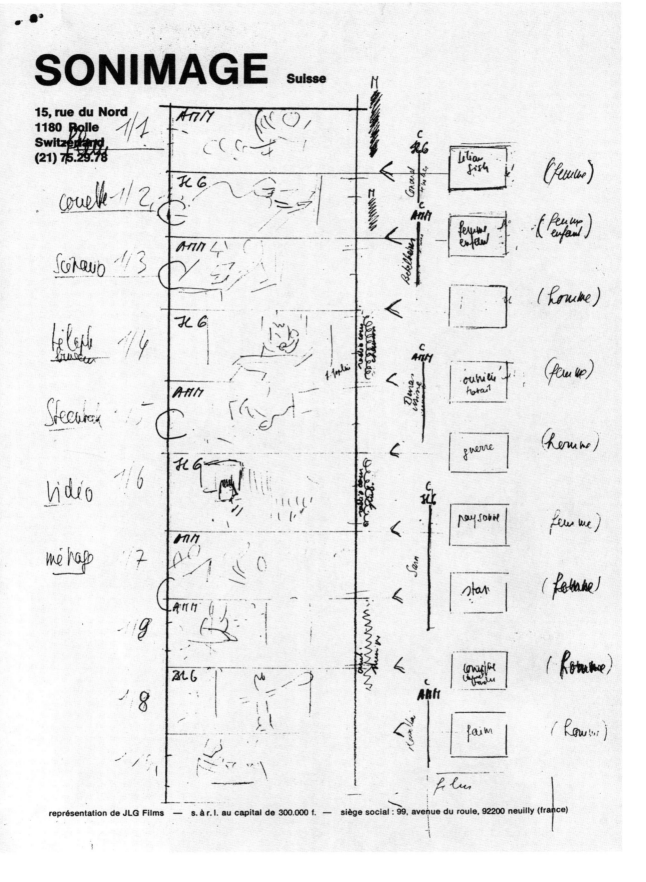

```
Reel Number  01                          Cues in time units
S.T.No    In            Out              Text
0072.     00:13:03:04   00:13:06:00      One sprays the eye
                                         onto the phenomenon

0073.     00:13:11:04   00:13:13:16      The other captures the phenomenon

0074.     00:13:14:14   00:13:18:10      One looks with his eye shut.
                                         The other with his eye open

0075.     00:13:19:11   00:13:24:08      On the one hand, a monologue on the
                                         inner stage. On the other, a dialogue

0076.     00:13:27:03   00:13:30:10      The northern dreams are paler
                                         and all the more violent...

0077.     00:13:30:19   00:13:33:04      ...because they make the images explode

0078.     00:13:33:11   00:13:35:11      When it comes to the image...

0079.     00:13:35:12   00:13:39:16      ...half a turn in the south is more signific
                                         than a movement in the north

0080.     00:14:29:14   00:14:32:17      So I´m making pictures
                                         instead of making children

0081.     00:14:33:09   00:14:35:20      Does that stop me being a human being?

0082.     00:14:45:23   00:14:48:20      When, on when...?

0083.     00:14:50:08   00:14:54:03      When did creation exist, free of form?
                                         When?
```

0084.   00:14:56:05   00:14:58:10   — oh when without fate ?
                                         ~~When, then, its destiny...?~~

0085.   00:14:59:14   00:15:05:20   ? It has<been>already, and it was without
                                         dream, neither awake nor asleep

```
0086.     00:15:06:07   00:15:11:24      Just an instant, a song, a unique voice,
                                         impossible to evoke

0087.     00:15:12:11   00:15:14:03      A smiling call

0088.     00:15:14:04   00:15:16:19      Once there was a child

0089.     00:15:17:04   00:15:19:13      One day there was creation

0090.     00:15:20:01   00:15:24:07      One day it will be a miracle,
                                         free from chance
```

INTERLOCUTIONS

MICHAEL TEMPLE

Les cinq documents réunis ici sous le titre d'«Interlocutions» illustrent une dimension de l'activité artistique de Jean-Luc Godard aussi significative que rarement prise en charge par ses exégètes. Il s'agit de ce que l'on pourrait appeler sa critique performative, ou encore son activisme critique. Mû par le désir ou par la demande sociale, Godard intervient souvent dans la vie publique française, tout à la fois pour aborder les problèmes quotidiens de la société contemporaine et pour remettre en cause les méthodes de travail et les motivations des médias dominants. Les cinq exemples présentés ici datent des années quatre-vingt : une transcription partielle des commentaires de Godard sur l'actualité lors de son apparition à 7/7 en 1983 ; la transcription complète d'une cassette audio envoyée par le cinéaste au magazine *Cinématographe* en lieu et place d'un entretien sur *Prénom Carmen* (1983) ; une série d'épigrammes satiriques intitulés «Notes parmi d'autres», publiés par *Le Monde* dans un supplément radio-télévision de juin 1986 (un mois après la diffusion de *Grandeur et décadence d'un petit commerce de cinéma* sur TF1) ; un recueil de mots d'esprit et de réflexions sur des sujets d'actualité variés, publié sous le titre «L'Abécédaire de JLG» par le magazine *Le Nouvel Observateur* au moment de la sortie de *Soigne ta droite* (1987) ; enfin, un court paragraphe intitulé «Chaque art a son verbe» en accompagnement des illustrations choisies par Godard pour son célèbre entretien avec Serge Daney, «Godard fait des histoires», qui présenta *Histoire(s) du cinéma* au grand public dans *Libération* en décembre 1988.

Artiste solitaire mais célébré, Godard dispose de trois outils relativement modestes, et pourtant persuasifs : son nom, sa parole et son corps. Le premier lui ouvre un espace dans la sphère publique, puisque le droit à la liberté d'expression est plus facilement accordé dans nos sociétés à ceux qui semblent avoir quelque chose à vendre. Les opportunités que constituent la sortie d'un film ou la publication d'un livre deviennent le prétexte à des interventions de Godard sur tous les sujets qui l'intéressent (le sport, la politique, la science, l'économie, l'histoire, la vie quotidienne) ou sur ceux qui suscitent le débat du moment en France. Dans ces performances semi-improvisées, parfaits exemples de l'art d'occuper les médias, la parole de Godard devient son arme principale. Son langage y est tour à tour ou simultanément plein d'esprit et agressif, sophistiqué et simpliste, allusif et concret, populaire et obscur. Il court à travers ces interlocutions un puissant esprit de contradiction, que le locuteur tourne aussi souvent contre lui-même que contre la cible qu'il vise explicitement. Ce regard autocritique, associé à un sens du paradoxe digne d'Oscar Wilde, épargne à Godard de rejoindre le défilé sans fin des experts et des intellectuels qui, dans l'éminente tradition française d'autoritarisme culturel, encombrent les médias. Enfin, en tant qu'artiste de l'image, Godard est conscient des capacités de communication du corps humain, du sien en particulier. Par conséquent, que ce soit lors de conférences de presse, à la télévision, ou dans ses films et dans ses vidéos, le cinéaste fait et refait la démonstration pratique que sa voix, son visage, ses membres, son énergie et ses actions peuvent être déployées comme outils au service de la pensée critique, et notamment de la déconstruction des positions et des privilèges traditionnels de l'interviewer et de l'interviewé, de l'enquêteur audiovisuel et de son objet d'étude soi-disant passif. Comme l'indique la compilation de Michel Royer, *Godard à la télévision 1960-2000*, rares sont les apparitions télévisées de Jean-Luc Godard qui ne provoquent pas de rencontres inattendues ou de surprises intellectuelles, puisqu'il s'agit avant tout de remettre en cause et de déplacer le dispositif médiatique lui-même.

Ce choix d'interlocutions est donc à prendre comme un simple échantillon prélevé sur un ensemble, potentiellement très vaste, de documents circonstanciels et éphémères qui pourront constituer le matériau d'une étude plus sérieuse. Prises ensemble, ces manifestations, certes mineures, de la carrière artistique de Godard ne se limitent pourtant pas à de divertissants suppléments destinés aux admirateurs purs et durs. De fait, ils éclairent trois des principales constantes d'une œuvre aux multiples facettes et en permanente évolution : la critique, l'esprit et la performance. En tant que critique, Godard semble par nature incapable de découvrir une forme artistique ou discursive sans chercher immédiatement à la mettre en pièces, à en questionner les règles de fonctionnement, et à faire la démonstration concrète de la manière dont elle pourrait opérer différemment, et peut-être mieux. Orateur spirituel, Godard suscite simultanément le rire et la réflexion. Soit il transforme l'humour en une arme satirique, donc en un moyen d'instaurer un dialogue critique avec le monde, soit il l'utilise pour court-circuiter nos pieuses attentes vis-à-vis de l'art et de la philosophie, refuges rassurants par rapport à la réalité, peuplés d'artistes et d'autres grands hommes qui, jouant le rôle des autorités intellectuelles et morales, nous soulageraient du fardeau de penser par nous-mêmes… Nul n'a jamais rien appris d'un film de Godard qui s'en était approché en quête de leçons. Enfin, l'intuition contextuelle de Godard – son sens de la contingence et de la contradiction – transforme chaque acte critique et chaque plaisanterie en performance : possible uniquement ici et maintenant, sans remboursement possible pour le public ni filet de protection pour l'interprète. C'est un art de la question provocante et ouverte, de gestes improvisés mais brillants, de moments incisifs et surprenants. En bref, un art d'interlocutions.

Traduit de l'anglais (Royaume-Uni) par Franck Le Gac

DERNIÈRE MINUTE
JEAN-LUC GODARD

« In extremis, Jean-Luc Godard a choisi la discrétion : il ne donnera pas d'entretien à la presse pour la sortie de *Prénom Carmen*. Bizet a changé le bavard et percutant Godard en Arlésienne. En revanche, procédant avec les journalistes comme il en use avec les acteurs (est-ce un honneur ? c'est en tout cas dur et tendre à la fois), il a fait parvenir à *Cinématographe* une cassette-montage qui s'ouvre par ces mots chuchotés : "Voilà ce que je peux dire de mon film. C'est peut-être vrai. Peut-être pas."
Nous reproduisons cette cassette in extenso. Seuls étaient enregistrés la fin de la première face et le milieu de la seconde. Nous avons indiqué les silences par des points de suspension, et tâché de donner entre parenthèses une correspondance des sons qui traversent le metteur en scène. Les intertitres sont de la rédaction. Sur l'étiquette : "Cassette JLG prod. 1983. Tous droits réservés, y compris pour l'URSS et la Chine de Mao. 2 x 45 minutes. À écouter intégralement." »

EN ATTENDANT GODARD
Quarantième minute

Qu'est-ce qu'on pourrait dire ?… Bon… Avant Godard, il y a… *(Ronron discret d'une Aaton 35 non blimpée)*… des images. Avant le nom Godard, avant le prénom… Jean-Luc, il y a ce que le cinéma doit montrer, les choses avant qu'on les nomme, c'est pour ça que je vous ai mis du silence puisque c'est une cassette audio, une cassette aveugle, pas une cassette vidéo ? Ça m'emmerdait de faire plus, quand même… D'ailleurs, si on réfléchit… c'est une cassette sourde aussi, parce que vous m'entendez, mais moi je ne vous entends pas. Bref, c'est une histoire sourde et aveugle… et bavarde… comme toutes les histoires d'amour. Et pourtant, on peut pas dire qu'il y a de l'amour entre nous. Il y a pas vraiment de travail non plus, si on y pense… C'est ça qui empêche, je ne sais pas ce que ça empêche, mais ça empêche… C'est que le travail et l'amour sont trop bavards… On pourrait se dire, je ne sais pas, moi, que

c'est un problème d'instrument : il y a des blancs sur cette cassette, vous pourriez remplir et me renvoyer le tout, et moi je pourrais effacer ce que je dis là, maintenant… *(bruit aigu et comique d'une bande qu'on rembobine)*… remettre les compteurs à zéro… enfin… à la quarantième minute… et puis répondre à votre réponse… Ou poser des questions à vos questions. Mais c'est déjà du Meccano, ça… un vrai travail… Il faudrait qu'on s'aime beaucoup pour y arriver. Mais ça veut dire quoi : beaucoup ? Qu'est-ce qu'il y a d'abord ? Le travail ou l'amour ? Un ou deux ? Quand on y pense… Les Chinois… on les oublie un peu, ceux-là… eux ils savent ce que ça veut dire : beaucoup. Vous pensez : 800 millions… et c'est eux qui ont le mieux compris les petits nombres : un et deux… *(son : un défilé de Gardes rouges au pas cadencé)*.

DE MAO À BEETHOVEN
(Son : cut sur les Gardes Rouges, premières mesures de Carmen de Bizet, le bras de la platine est replacé au début, sur la plage de silence avant la musique. Trois fois.)
Bon. Qu'est-ce qu'on disait ?… Les Chinois… bien… ils ont tout piqué à Lénine, mais en mieux… eh oui… c'est comme ça… Mao a fait celui qui chiait sur Staline par devant… et puis par derrière il lui a fait un enfant, si on peut dire… Eisenstein et Vertov… c'est pas pareil… S.M. c'est un plus un… Vertov… c'est le vertige.
(Son : la voix de Montand à peine compréhensible derrière celle de Godard, expliquant à Drucker que son ascension a été difficile).
Antonioni a fait *De Mao à Mozart*. Ça veut pas dire grand-chose… Ça fait un génie précoce et un génie qui dure… De Mao à Beethoven, ça ferait des images plus justes… Ça fait deux génies qui durent… Bizet… encore un génie précoce… trop… il a pas eu le temps… le temps de quoi ?… le temps. C'est peut-être pour ça qu'un type, dans mon film, passe en sifflant dans un couloir d'hôpital l'air de « Si tu ne m'aimes pas, je t'aime »… Pour en revenir aux chiffres… *(Son : un défilé de Gardes rouges au pas cadencé)*… Mao, et ses 800 millions d'hommes… et de femmes… pas besoin de les faire compter jusqu'à 33 pour faire monter

la fièvre… Beethoven… c'est… la mesure dans la démesure… si l'on peut dire… Les gens avaient peur de ses symphonies… Mozart, à qui ça fait peur ? Mao, il dure… le péril jaune et toutes ces conneries… Les Soviétiques… ça durera pas… mais les Chinois, on peut pas dire *(Fin de la première face)*.

FILLES !

(Son : test 1 000 de quinze secondes. Bruit divers de fin de déjeuner dans un restaurant d'une grande ville française.)
Bon. Comment on pourrait terminer ? C'est plus difficile que de commencer. C'est Dutronc qui chantait ça, à l'époque, je crois : «Le plus difficile, c'est pas d'les trouver…» *(Son : le second vers de la chanson, la voix de Dutronc : «C'est d'les laisser tomber»… la voix est coupée avec un craquement sec).* Pour finir, je pourrais vous dire que le titre auquel j'avais pensé en premier, c'était *Filles !* Pour répondre à Sautet. Un féminin pluriel contre un masculin singulier. Ça aurait fait un mariage d'amour dans le cinéma français. Mais ça c'est pas possible. C'est trop fleur bleue. On ne me croit pas quand je dis : *(Son : Godard dit : « Je suis vraiment fleur bleue, moi » avec une rose entre les dents, et on entend Godard au premier plan, qui fait) :* C'est pas possible d'être aussi cul. Non… ça… ça fait pas une bonne fin, là… il faudrait une deuxième fin… comme à Hollywood… De toute façon, il n'y a pas de fin… c'est un peu ça l'Éternité… une bande sans fin… l'Aurore… et puis le Crépuscule… l'Éternel Retour, quoi… ça raccorde… pas comme la dernière fois. On a fait attention… Cette cassette commence par du silence… ben elle finira par du silence… On aurait dû s'en douter, quoi.

FIN

Cinématographe, n° 95, 1983, p. 32-33

JEAN-LUC GODARD À 7/7

Jean-Louis Burgat : Bien, si vous avez terminé sur ce chapitre on va tenter une expérience, enfin, c'est ce que vous nous avez demandé, sur la troisième partie du journal de la semaine…
Jean-Luc Godard : Ah oui, si je peux juste jouer… essayer de jouer mon rôle de téléspectateur-cinéaste.
Jean-Louis Burgat : C'est-à-dire, pour expliquer… pour expliquer aux téléspectateurs, Jean-Luc Godard veut commenter en même temps que passeront les images de cette troisième partie du journal de la semaine…
Jean-Luc Godard : Des réactions de téléspectateur français… de spectateur…
Jean-Louis Burgat : Oui, ben je vous laisse le dire vous-même…
Jean-Luc Godard : Si j'en ai… Parce que j'en ai peut-être pas, hein…
Jean-Louis Burgat : C'est-à-dire que vous voulez donner vos réactions de téléspectateur en même temps que passera l'image. Donc, le micro, votre micro, reste ouvert pendant la troisième partie de l'actualité, que l'on regarde maintenant.

Journal de la semaine (troisième partie)
Mission et retour sur Terre de la navette spatiale américaine

Jean-Luc Godard : C'est complètement… Pourquoi c'est complètement flou, toutes ces images, toujours ?
Jean-Louis Burgat : Parce qu'elles viennent de très haut.
Jean-Luc Godard : Oui, mais avec la technique, c'est… Moi, je pense pas, je crois que c'est truqué, c'est des maquettes faites par Lucas, ça, c'est pas vrai. C'est du décor. C'est peut-être Tarak Ben Ammar, c'est tourné chez Tarak Ben Ammar, ça[1]…
Jean-Louis Burgat : C'est possible.

Georges Marchais critique la politique industrielle de Laurent Fabius

Jean-Luc Godard : Ça c'est… c'est le building de l'*Humanité* ?

Intérieur, la salle du congrès

Jean-Luc Godard : Oh là là… Et vous pensez ceux-là, on devrait quand même… Ils devraient porter des costumes, par exemple, tout le monde devrait porter un… S'il s'habillait en bouffon, par exemple, avec des clochettes comme au Moyen Âge, on pourrait pas… effectivement, on le croirait moins… Il devrait faire attention à ce qu'il dit.

---

1. Sujet du reportage précédent [NdÉ].

Hausse du dollar = 8,35 francs

Jean-Luc Godard : Il va monter jusqu'à 10 [francs], ça c'est sûr.

Rodéo

Jean-Louis Burgat : On est toujours dans le dollar, là, hein…
Jean-Luc Godard : Dans le rodéo, on est toujours dans le dollar, oui… Mais ça, faudrait dire quelque chose sur le dollar, ouais. On voyait les images passer… Parce que là, on n'a absolument pas le temps de penser quoi que ce soit. J'ai pas le temps de me fabriquer une pensée.

La journaliste : «Le champion 1983, le voici. Il se nomme […]»

Jean-Luc Godard : … Georges Marchais.

Remise du prix Nobel à Lech Walesa, interdit de sortie par les autorités polonaises ; sa femme Danuta vient recevoir la récompense.

Jean-Luc Godard : On pourrait la filmer de plus près, pas filmer la boîte, filmer son visage…

Zoom sur la médaille

Jean-Luc Godard : On pourrait la filmer de plus près, elle est belle…

Palestine : nouvel exode pour Yasser Arafat et 4 000 Palestiniens, qui partent pour la Tunisie et le Nord Yémen sous la protection de l'ONU ; le Premier Ministre israélien Shamir proteste, déclarant que l'ONU protège des «terroristes».

Jean-Luc Godard : Ben, l'ONU a bien protégé les terroristes israéliens à l'époque où l'IRGUN attaquait les forces anglaises, donc c'est un juste retour des choses.

Travelling dans un camp palestinien

Jean-Luc Godard : Oh, ils sont encore sous des tentes. C'étaient les mêmes images après la guerre. C'étaient des Juifs qui étaient sous ces tentes, aujourd'hui c'est leurs frères, parce que Israël et Ismaël, ce sont deux frères. Et c'est dans les Évangiles, ça, dont on a vu tout à l'heure…

Hervé Bourges, PDG de TF1, annonce la nouvelle grille et dit vouloir reprendre les téléspectateurs partis sur Antenne 2.

Jean-Luc Godard : Qu'est-ce que c'est que ça, encore ? Ah là, oui… Pourquoi ils veulent rattraper, pourquoi ils veulent toujours être les premiers ? Non, pourquoi ?

Fin du journal de la semaine

Jean-Louis Burgat : Bien, on vous a laissé faire ce que vous souhaitiez…

Jean-Luc Godard : Non, mais c'est rien, on peut rien faire…

Jean-Louis Burgat : Comme on l'avait dit avant l'émission, je suis pas persuadé que les téléspectateurs aient pu comprendre tout ce qui se disait, dans la mesure où il y avait le commentaire de Ghislaine Laurent au-dessus de votre voix…

Jean-Luc Godard : Ben tant mieux.

Jean-Louis Burgat : Je ne pense pas que sur le plan technique ce soit obligatoirement quelque chose de parfaitement réussi. De toute façon, vous avez le temps maintenant de commenter ce que vous avez vu encore un peu… Et vous saviez que vous veniez dans une émission où vous auriez 15 minutes en tout et pour tout…

Jean-Luc Godard : On est à 12'45…

Jean-Louis Burgat : On en est à 12'45. Vous avez autre chose à dire sur ce qu'on vient de voir ?

Jean-Luc Godard : On a parlé du dollar, oui, du dollar, il y a quelque chose qu'on dit jamais, c'est le… Quand on parle dette, les Français, qu'il y a une grosse dette extérieure, quand on doit quelque chose à l'extérieur et le… Pourquoi le dollar est si fort, mais…., et si haut… Il n'est pas haut, c'est que les autres sont bas et qu'on se met à genoux devant. Alors quand on se met très à genoux, forcément, l'autre il a pas besoin de grandir, il grandit d'au… Il grandit d'autant. Le dollar vaut toujours la même chose, et… Il y a quelque chose dans le commerce extérieur américain qui est un… qui est un énorme déficit, qui est… dont le déficit est plus élevé que le déficit du tiers-monde, par exemple, qui est dans les comptes de Washington, quelque chose comme des 500 milliards de dollars, des chiffres absolument ahurissants. Et c'est simplement que cet argent, tout le monde paye pour l'Amér… Cet argent rentre, il est comptabilisé, il rentre mais on sait pas d'où il vient. Et c'est l'argent de la mafia, simplement, c'est l'argent de la mafia, de l'héroïne, de la drogue, de la prostitution qui rentre en Amérique. Il pourrait rentrer en Chine, ailleurs, il préfère aller en Amérique. Mais il compte, c'est pour ça que les Américains peuvent se permettre, alors que le Brésil, la France, l'Allemagne de l'Est ne peuvent pas se permettre, tandis que les Américains, ils peuvent se le permettre parce qu'ils… ils n'ont pas de déficit. Simplement ils disent qu'ils en ont un, ils en ont pas. Parce que, il y a des chiffres, et d'ailleurs, vous regardez dans les bilans fournis par la Federal Reserve, j'sais pas comment ça s'appelle, il y a un chiffre, il y a marqué « income unknown », 500 milliards de dollars. C'est l'argent de la mafia.

Jean-Louis Burgat : Si vous voulez avoir le temps de dire un mot sur la télévision des autres, on est obligé d'y… d'y passer tout de suite. La télévision de Hong-Kong.

Erik Gilbert : Oui, Hong-Kong. Anglais et Chinois discutent actuellement, vous le savez, du sort de Hong-Kong. Loué à la Grande-Bretagne pour 99 ans, ce territoire devrait revenir dans l'orbite de Pékin en 1997. C'est le sujet de préoccupation numéro 1 actuellement pour les habitants de Hong Kong, Hong Kong qui est d'ailleurs une des grandes places financières mondiales, et les chaînes de télévision locales bien sûr, ces chaînes que nous présente Régis Faucon maintenant, se font largement l'écho du problème posé par ce futur changement de statut.

Reportage sur la « télévision des autres » : Hong Kong

Jean-Louis Burgat : Jean-Luc Godard, c'est terminé. Cela dit, vous avez même réussi un tour de force, puisque vous avez même pu parler pendant la diffusion des reportages et des images. Vous avez une conclusion à ce qu'on vient de voir ? Est-ce que… ?

Jean-Luc Godard : Ah, mais ça m'affecte de voir ça… Je suis content d'être venu faire un tour, qu'en Russie je pourrais pas. Mais dans un pays occupé, et de pouvoir voir comment il est occupé, et comment je dois un peu résister pour me sauver, me respecter un peu moi-même… Et j'ai plutôt envie de dire des choses comme ça. Je parlais de nouvelles, de la nouvelle. J'ai envie de dire, bon, l'information véhicule un certain…, un certain mal, et j'ai envie de nous dire, à moi et à toi comme à toi et à moi, pareil, Caïn, ce qu'on demandait à Caïn, qu'as-tu fait de ton frère Abel, qui rime avec nouvelle.

Extrait de l'émission 7/7 diffusée sur TF1 le dimanche 11 décembre 1983.

Retranscription par Franck Le Gac

NOTES PARMI D'AUTRES

Jean-Luc Godard

L'écrivain Jean Genet écrivait que les rêves sont à l'individu ce que la police est à la société. En français, on dit un poste de télévision comme on dit un poste de police.

Peu de choses, tellement peu, sont dites ou écrites sur les programmes, hors des pieuses déclarations d'usage qui ressemblent à celles des banques lorsqu'il s'agit de parler de la famine dans le monde. C'est qu'un programme de télévision ne se parle pas – ni en bien ni en mal – à la différence d'un scénario de film de cinéma. Un programme de télévision se regarde ou se fabrique, à l'image du geste ennuyeux et répétitif de l'ouvrier moderne d'usine. Un programme s'usine et le spectateur s'use à le regarder. Si Dieu avait autant parlé de création qu'un ministre ou directeur de chaîne, il est peu probable que la vie soit jamais apparue sur Terre.

Le cinéma, qui a essayé d'être un art dans la mesure où il a essayé d'être une industrie, a été interrogé par la télévision comme un service secret interroge un espion du camp opposé. Pour le retourner. Mais le cinéma était un miroir qui traversait les mille et un dangers de la réalité. Une fois retourné le miroir, la réalité s'éteint. Le cinéma travaille aujourd'hui pour la télévision comme une fille pour un maquereau, qui entretient une danseuse : la publicité.

Le terrorisme de la publicité est tellement immense et quotidien qu'il déteint directement sur le terrorisme politique. Puisque la femme au perroquet de Delacroix soutient les soutiens-gorge Pérèle, pourquoi les méthodes de Marlboro ne sous-entendraient pas celles des preneurs d'otages ?

Les jeunes sont en minorité quant au nombre dans la société française. Cette minorité quantitative est déclarée d'intérêt majeur par les clips et les médias. Pourtant, dès lors qu'un film – pas un livre, un film – s'adresse ouvertement à une minorité – Vigo, Duras, Garrel – il est déclaré hors-la-loi comme si son ton mineur ne représentait plus la jeunesse en audace et en pensée. L'enfance de l'art fait plus peur encore que l'enfance tout court.

Les Japonais veulent imposer la télévision haute définition. Il s'agit de détruire la perspective inventée en Europe pour ce qui est de la culture, et les perspectives pour ce qui est de l'économie. Le balayage électronique d'une image est le frère jaloux de l'enregistrement chimique hérité de la peinture. Il s'agit de voler l'héritage. Bien entendu, les Américains sont du côté des Japonais. On peut se demander pourquoi. C'est que la Mafia ne pense pas en termes de pourquoi et parce que.

Picasso disait : on juge toujours quand on ne sait rien. Les voleurs de TF1 aiment la justice.

Les hommes savent parfois faire reculer la mort de quelques années. L'art la fait reculer de plusieurs siècles. C'est pourquoi on assure très cher les grands tableaux. Mais peut-on imaginer la Lloyds assurant le *Concerto pour orchestre* de Bartók comme elle assure *L'Enterrement dans les blés* de Van Gogh ? Bien sûr que non ; et c'est qu'une image ne s'imagine pas. Elle se reconnaît. Bernadette – celle de Lourdes – a vu la Vierge. On lui montre Raphaël, Murillo, les images du Vatican. C'est une paysanne et ça se passe sous le Second Empire. Elle dit chaque fois : non, ce n'est pas elle. Par hasard dans ce qu'on lui montre, il y a une icône, sans mouvement, sans profondeur, la Vierge de Cambrai, inventée par des Byzantins. Bernadette tombe à genoux : c'est elle. Elle ne l'avait pas imaginée, sa Vierge, mais elle l'avait reconnue. En face de son poste, esprit et corps violés, le téléspectateur attend en vain le miracle.

Abel, cinéma. Caïn, télévision. Jacob, cinéma. Isaac, télévision. Renoir, cinéma. Berlusconi, télévision – mais pourquoi donc a-t-il encore des Renoir dans son living ?

Le Monde, supplément Radio-Télévision, 12876, 22-23 juin 1986, page 17.

ABCD... JLG

Jean-Luc Godard

« Avant la sortie, le 30 décembre, de son nouveau film *Soigne ta droite* – qui vient de recevoir le prix Louis-Delluc 1987 en même temps qu'*Au revoir les enfants* de Louis Malle –, Jean-Luc Godard récite son alphabet à Olivier Péretié.

De A comme Américains à V comme Van Gogh, en passant par l'argent, la culture, Mailer, le muet et la télévision, l'élève Godard connaît sa leçon. »

AMÉRICAINS. J'ai dit : « Ah, c'est dommage que le cinéma ne soit pas enseigné dans les universités. » On ne m'a pas écouté, mais on l'a fait aux États-Unis. Il en est sorti des créatures mi-monstrueuses, mi-stupides, les Coppola, les Spielberg... Le plus dégoûtant, et pourtant je l'ai aimé à ses débuts, c'est De Palma. Cassavetes n'a jamais été comme ça. Lui, il a payé de sa personne. Les Américains disent : *« Very honoured, M. Godard. »* Et moi je leur dis toujours : *« Can you give me ten dollars ? »* Alors ils rient. Il y en a un seul qui m'a donné ten dollars, c'est Mel Brooks. Il m'a dit : « Of course. » On a bien ri.

APPRENDRE. Les gens viennent me voir, ils disent : *« M'sieur Godard, je voudrais bien... »* Qu'est-ce qu'ils s'imaginent ! Moi, ça m'a pris dix-quinze ans pour arriver à entrer là-dedans. Avant je leur disais toujours : le cinéma, c'est une photo et un crayon. Vous l'avez, c'est inventé. Aujourd'hui, il y a des tas de matériels vidéo. Vous n'avez qu'à commencer par votre voisine.

ARGENT. Moi, je n'ai fait toute ma vie que des films de 3 ou 4 millions de francs actuels. Je fais des films qui correspondent à un salaire, disons de 6 000 à 7 000 francs par mois. Carax, il a eu pour son premier film quelque chose comme quarante fois plus que ce que j'ai eu moi, en francs constants à mes débuts.

ART. À un moment donné, le cinéma était un art véritable auquel le public avait accès d'une manière simple, claire et nette, parce que ça passait par les yeux. La musique, ça n'a jamais été ça. Beethoven devient Madonna, Stevie Wonder dure dix ans, après on dit : *« C'est un has been. »*

BURLESQUE. C'est un genre que j'ai toujours aimé. Un des plus grands artistes contemporains, c'est Jerry Lewis. Ses derniers films sont passés inaperçus. Il a toujours été méconnu dans son pays. La télévision, en revanche, ce n'est pas très comique. Ça n'a pas le sens de l'humour au sens de Swift, Brecht, des surréalistes ou de Coluche.

CAMÉRA. Si on pouvait encore faire une caméra telle qu'elle se faisait en 1920, c'est celle-là que j'achèterais. J'ai essayé de fabriquer une caméra, ça m'a pris dix ans, j'ai pas réussi. Ça ne peut pas se faire seul, ne serait-ce qu'au niveau du désir.

CANAL PLUS. Je prépare une histoire du cinéma pour eux. Les malheureux, ils attendent depuis trois ans, mais enfin, j'aurai fini dans les trois mois. À Canal Plus, ce sont des gens d'un autre genre de télévision. Ils savent mieux relativiser les choses.

CIMINO. Je suis jaloux de son succès. Si on m'accusait, je dirais : oui, c'est vrai je suis jaloux. Parce qu'on ne peut pas voir l'argent dépensé comme ça. On ne peut pas faire *Le Sicilien* avec 40 millions de dollars. Il faut le faire soit avec 800 millions, soit avec beaucoup moins. Sur un film de Cimino, l'argent va à des chauffeurs de limousine.

CINÉMA. Le cinéma n'a jamais été fait. J'ai cru à un moment, quand j'ai vu les muets, que tout avait été fait. C'est comme si j'avais découvert brusquement cinq siècles de peinture. Ça a duré jusqu'à *Pierrot le fou*. Je me disais : *« Mais qu'est-ce que je peux faire, moi-même j'ai tout fait. »* Et puis Mai-68 a aidé à faire le vide. Aujourd'hui, je sais que tout a été fait mais que tout reste à faire. Mais, en vieillissant, je sais que ce ne sera pas fait.

COLLARO. C'est pas un mauvais type, mais il s'est gouré. Il a eu envie de produire ses programmes et de les vendre, mais il ne s'est pas rendu compte. La télévision, c'est les gladiateurs, sauf qu'ils sont payés, quand même. Mais quand un type dit comme ça *(geste du pouce en bas)*, hop, ils sautent. Nous, au cinéma, on ne peut pas nous dire ça.

CRISE. Il y a toujours eu crise dans le cinéma français. On s'en plaignait déjà dans les revues en 1914. Mais aujourd'hui, il y a une crise typiquement française, parce que les gens de 30 à 50 ans ne vont plus au cinéma. Il leur manque le spectacle cinématographique que leurs parents ont eu jusqu'en 1945. Il leur manque ces films moyens de qualité qui sont un élément de communication, sur lesquels il est facile de dire du bien ou du mal.

CRITIQUE. C'est difficile de dire du bien ou du mal de Beckett. Tandis que des *Visiteurs du soir* on peut tout de suite dire : *« Oh la la ! Quand même il exagère ! Qu'est-ce que c'est que ça ? »* Le boulanger du coin ne vous dira pas ça de Beethoven, par contre il vous le dira de Resnais. Il sent qu'il a le droit de dire ça. Parce que le cinéma, c'est la vision, c'est un accès direct. Tout le monde a une vision. Il y a une lutte éternelle entre le dire et le voir, un peu comme entre Israël et Ismaël.

CULTURE. Le cinéma n'est absolument pas de la culture, la musique n'est pas de la culture. La culture, c'est la télévision. La télé ne véhicule que de la culture. Et les gens en ont besoin, ils en manquent tellement. Ils n'arrivent pas à la trouver dans les livres, parce qu'il faut travailler pour lire. Mais ils travaillent déjà huit heures par jour dans des conditions invraisemblables.

DALLAS. «Dallas», c'est puissant, c'est le meilleur dans le genre, on est content de le voir, à certains moments. Ça garde un côté documentaire, parce que les États-Unis sont un pays jeune, mais attention, dans les premiers épisodes. Pas dans «Dallas» n° 20.

DARTY. Darty m'a commandé une enquête sur ses magasins. Il est venu me voir, moi Sherlock Holmes. Il m'a dit *«Mr Holmes, on ne sait pas qui on est. On aimerait savoir où qu'on est, Mr Holmes.»* Alors je vais prendre ma loupe et mon télescope.

DOCUMENTAIRE. Ce qui a disparu dans le cinéma, c'est le documentaire. La télévision, il lui reste la fiction sous une forme perverse. Si j'étais prof, je dirais que le cinéma a commencé avec la notion de documentaire. Avec Méliès et Lumière. Chacun d'eux croyait faire ce que l'autre faisait. Quand Lumière filmait une partie d'écarté ou le goûter de bébé, il y avait plus de fiction du siècle dedans que chez Méliès avec son *Voyage dans la lune*. C'était plus près de Proust. Si on veut illustrer Proust, il faut prendre Lumière.

ÉCHANGE. S'il y avait des échanges culturels, j'aimerais assez en profiter. On dirait: *«Échangeons trois cinéastes ukrainiens contre Godard.»* J'aimerais assez être échangé contre Paradjanov. Ensuite je ne pourrais probablement pas faire de films. Mais j'écrirais un livre et je passerais enfin chez Pivot, et j'y parlerais du cinéma.

ÉCRIRE. J'aimerais bien écrire des livres, mais je pense que je serai mort avant. Et puis, dans l'écriture, j'ai un net sentiment d'infériorité, que je n'ai absolument pas dans le cinéma.

ÉCRIVAINS. Il y a le dire des vrais écrivains, comme Duras, Faulkner ou même Chandler à son niveau. Chandler disait: *«Si on fume, si on boit, il faut le faire sérieusement, avec passion, parce que c'est encore le roman»* (il buvait comme un trou). Par contre, si Sulitzer fume ou va chez Boffinger pendant qu'il écrit un roman, ça n'a pas de rapport avec son roman mais avec la vente de son roman. Sulitzer, ce n'est pas un écrivain mais un fabricant de livres, comme on dit un fabricant d'armes.

EUROPE. L'Europe ne se fera jamais, sinon il y a longtemps que ce serait fait. Peut-être que s'il y a deux ou trois bombes atomiques qui tombent dessus… ouais. S'ils avaient pu détruire Berlin, Rome et Paris… Ils ont choisi de détruire Berlin. C'est bien fait pour eux. Jean Monnet, s'il avait voulu faire l'Europe, il n'avait qu'à demander à Truman d'envoyer une bombe atomique sur Paris aussi. Bon, on aurait râlé pendant un an ou deux et aujourd'hui on dirait: «Il était pas con ce type-là.».

EXTRATERRESTRE. Moi, je finis par me sentir complètement extraterrestre.

FEMMES. Il n'y a plus de rôles de femmes parce qu'on a voulu un public jeune. Eh bien on l'a. Moi, j'ai du mal à me débarrasser de l'image de la jeune fille, qui vient d'autrefois, de ma famille, de mes premiers romans que j'ai lus, Proust plutôt que Flaubert. Madame Bovary, pour moi, elle avait 25 ans, j'ai jamais vu qu'elle en avait 40.

FILMS. Tous les films, à part peut-être *La Guerre des étoiles* – et encore, chez Darty vous pouvez trouver tous les appareils qu'a George Lucas –,

c'est en général deux ou trois personnes qui passent d'une pièce dans l'autre. Et puis voilà, le film est fini.

FRANCE. La France est un pays qui fout rien et qui parle beaucoup, ce qui est une puissance énorme, reconnue par tous les pays. Au conseil des ministres, Mme Thatcher doit demander à Mitterrand: *«Bon, ben maintenant, celui qui fout rien et qui sait très bien parler, M. Mitterrand, va nous dire ce qu'il pense, parce que moi je travaille beaucoup, mais je ne sais pas très bien parler.»*

GRANDS FILMS. Les seuls grands films, les seuls beaux films unanimement reconnus comme tels par la critique et le public, il n'y en a pas trente-six, il y en a deux: c'est *Naissance d'une nation* et *Rome ville ouverte*. Ce sont deux films de guerre, l'un ultra-riche, l'autre ultra-pauvre.

GRIFFITH. À son époque, les films se faisaient en une bobine pour 1 000 dollars. Ils se sont dit: «Pour *Naissance d'une nation*, on va faire un film en cent bobines pour 10 millions de dollars!» C'est comme si maintenant, pour *Apocalypse Now*, vous demandiez non pas 40 millions de dollars mais 4 milliards. Mais si vous donniez ça à Coppola ou même à moi, on s'achèterait des bagnoles, des maisons, des filles, il ne resterait pas quatre sous pour faire le film. Griffith a fait *Naissance d'une nation*. Après, il s'est ramassé avec *Intolérance*.

GUERRE. Un Allemand ne communique pas avec un Français, sauf par la guerre. Je comprends que les garçons aiment se battre, mais je ne comprends pas la guerre. C'est tellement facile de se battre avec les mots, bon après on se met quelques coups. Mais la guerre… toute cette technique. Un mystère.

INTERVIEW. Il y a des moments où après un film j'accepte un bout d'interview. Parce que dans le cinéma, à part une ou deux personnes un peu funambules, c'est un silence de mort.

ITALIE. L'Italie n'a plus de cinéma et elle s'en fout. Leur sentiment d'être génial n'en est pas gêné.

JEUNES. Je connais mal les jeunes cinéastes français. Besson, Annaud, c'est du cinéma moyen, c'est pour ça qu'il a marché. Carax est mal à l'aise là-dedans. Il souffre. Il n'ose pas être marginal. Nous, on a toujours voulu être marginaux, élargir un peu la marge.

LE PEN. À l'époque du *Petit Soldat*, Le Pen avait demandé mon expulsion de France à Michel Debré. Ça rajeunit.

MAILER. C'est une star américaine, il a peur de l'image. Il ne me faisait pas confiance. C'est un descendant de Jack London, tous ses bons livres sont écrits avec des morts. Il a eu besoin des morts de la guerre et d'un condamné à mort. *Le Chant du bourreau* est son plus beau livre. Mais le plus honnête, c'est son livre sur l'Égypte. Je dois être un des seuls à l'avoir lu en entier. C'est du sous-Sartre, mais il y est allé. Si je devais plaider pour lui, pour son entrée parmi les écrivains, devant un jury présidé par Marguerite Duras, je dirais: «Eh bien, madame il y est allé.» Et les morts l'ont jugé. Ils lui ont dit: «Norman, retourne dans ton Kentucky, maintenant.» À part ça, Mailer prend 250 000 dollars pour deux heures de tournage!

MALLE. C'est un bon garçon, pas très doué, mais qui réussit bien. Pour lui, le cinéma était une activité culturelle. Mais si je devais dire quelque chose en sa faveur, même si c'est un cinéaste moyen – disons qu'en littérature ce serait du sous-Blondin –, je dirais qu'il a eu besoin du documentaire. C'est bien. Et puis, il était heureux, ce que moi je n'ai pas réussi à être.

MÉMOIRE. Souvent, quand on fait des films, on oublie la moitié des trucs.

MONTAGE. Il y a un plan avant et un après, et entre les deux il y a un support, c'est ça le cinéma. On voit un riche, on voit un pauvre et il y a un rapprochement, et on dit : c'est pas juste. La justice vient d'un rapprochement. Et d'une balance, après. L'idée même de montage, c'est la balance de la justice.

MUET. Moi, ma thèse, c'est que la parole du muet était plus grande que la parole du parlant. Il fallait donc la réduire. C'est venu à l'époque du New Deal, de Roosevelt et de Hitler. Dès les premières projections du muet, le parlant était prêt. Gaumont avait son appareil. Mais le public a choisi le muet contre le parlant. À Paris, à la première projection du parlant, personne n'est venu.

NOUVELLE VAGUE. La Nouvelle Vague est née de Painlevé, de Rouch, et de Rossellini. Elle est née du documentaire. *À bout de souffle* est né de *L'Hippocampe* de Painlevé, tout autant que de *Rome ville ouverte*.

PRODUITS MOYENS. Avant, il y avait des films moyens de qualité. Parfois de qualité supérieure, comme *Autant en emporte le vent*. Aujourd'hui, quand Claude Berri tourne, c'est moins bien que Duvivier. Avant, Carné pouvait avoir du succès et Duvivier aussi. Aujourd'hui si vous les sortez ensemble, il y en a un qui se ramasse. Il n'y a plus cinq cents films moyens par an, il n'y en pas cinquante, il y en a deux ou trois qui marchent, grâce à une exploitation extraordinaire. Résultat, entre *Manon des sources* et moi, il n'y a rien. Rien pour faire le pont.

PUBLIC. Il manque. Le directeur de mon agence de voyages me dit : «*Je vais voir vos films puisque vous prenez tellement de billets.*» Mais je sens qu'il me dirait presque : «*Vos parents faisaient de meilleurs films*».

RÊVE. S'il y en avait, moi j'irais tout de suite aux cours du soir sur les rêves. Il faudrait en mettre deux heures par semaine dans les écoles primaires. Mais Freud est plus tabou aujourd'hui qu'à son époque. Pourtant Einstein n'est pas tabou, Picasso non plus. Et tout le monde rêve, et tout le monde profiterait de la compréhension de ses rêves.

SARTRE. Hier, en parlant avec Marguerite Duras, j'essayais de défendre Sartre (elle le déteste autant qu'elle peut détester Marchais ou que je déteste Spielberg). Je lui disais : «*Bon c'est pas un écrivain, d'accord, mais je le défendrai toujours parce que c'est lui qui m'a apporté la littérature. C'est pas toi, c'est lui.*» Sartre m'a fait découvrir Duras. Il écrit peut-être mal, il a été un mauvais prof, bon... Mais si c'est un traître qui m'a fait connaître la liberté ? Si c'est un transfuge qui m'a fait découvrir l'évasion, hein ? Et puis Sartre, quand il est mort, les gens pleuraient dans la rue.

SOIGNE TA DROITE. C'est mon dernier film, qui sort le 30 décembre. Il n'y a rien à comprendre. À prendre oui. Mais comprendre, c'est un bien grand mot. Dans un film, aujourd'hui on doit comprendre. Ça n'existait pas au temps du muet. Quand j'entends un disque de Madonna, je ne comprends pas les paroles, ça ne veut pas dire que je ne comprends pas le disque.

SPIELBERG. Celui-là, s'il courait le cent mètres, il serait aux jeux Olympiques de Fontainebleau, pas de Rome...

SUISSE. C'est un pays qui s'enfonce et qui ravale. Mais comme on ne communique pas, les gens s'enfoncent et tous les pays deviennent des Suisses. Et la Suisse va avoir un problème si tous les pays deviennent comme elle.

TECHNIQUE. L'art sera toujours Dr Jekyll, mais la technique, c'est M. Hyde. Jekyll a besoin de son alliance avec Hyde, mais Hyde il se fiche de Jekyll. C'est ça, la technique aujourd'hui.

TÉLÉVISION. La télévision, c'est notre propriétaire, c'est notre maître, notre prince... Nous sommes des travailleurs des champs et nous devons apporter la récolte au prince. Pourquoi les journaux publient-ils gratuitement les programmes de la télévision plutôt que les horaires de chemins de fer ? C'est étonnant.

VAN GOGH. Van Gogh, il n'est pas vu. C'est un milliardaire japonais qui l'a. Quand sa peinture est au musée, les gens y vont comme à des cathédrales, pour des raisons religieuses. Si Van Gogh était exposé au café, il serait peu regardé.

Propos recueillis par Olivier Pérétié

Le Nouvel Observateur, n° 1206, 12-24 décembre 1987.

CHAQUE ART A SON VERBE

Jean-Luc Godard

Dans la création artistique, le verbe est là pour authentifier d'un même nom le sujet.

Peindre sera l'acte de la peinture. S'amuser, c'est-à-dire composer et chanter, celui de la musique. Écrire deviendra l'acte de l'écriture et de l'écrivain. Et cinématographier, c'est-à-dire enregistrer la vue et la projeter, l'acte du cinéma et des faiseurs de films. C'est toujours la liberté qui parle.

Seule la télévision ne possède pas d'acte de création ni de verbe qui l'authentifie. C'est parce que l'acte de la télévision est en deçà et au-delà de la communication. Il ne crée aucun bien, pire, il les distribue sans même qu'ils soient créés. Programmer est l'unique verbe de la télévision. Cela implique de la souffrance plutôt qu'une délivrance.

Libération, 26 décembre 1988, p. 24.

CONTACTS

Philippe Dubois

Entre hasard et nécessité. À partir uniquement de mes planches contacts brutes, prélevées à même la matière de la pellicule, petit remontage sériel en quatre grandes planches d'impression autour de quelques *figures haptiques*, récurrentes et transversales : approcher, observer, converser, échanger, jouer, tirer. Toucher, caresser, effleurer, retirer, tordre, serrer. Dérouler, glisser, défiler, décomposer, recomposer. Associer, fondre, encastrer, coller, confronter. Borner, lister, barrer, raturer, trouer, effacer.

1. *Le Petit Soldat*, 2. *Alphaville*, 3. *Prénom Carmen*, 4. et 5. *Vivre sa vie*

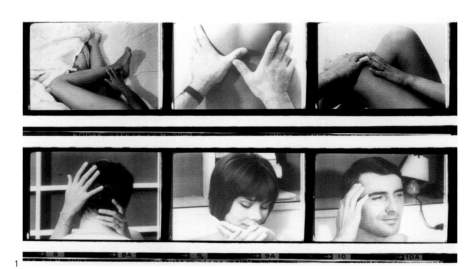

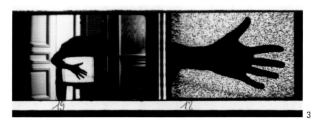

1. *Une femme mariée*, 2. *Je vous salue, Marie*, 3. *Prénom Carmen*, 4. *Le Petit Soldat*, 5. et 6. *Alphaville*, 7. *Passion*

1. et 2. *Week-End*, 3. *Tout va bien*, 4. *Ici et ailleurs*, 5. *La Chinoise*, 6. *Passion*

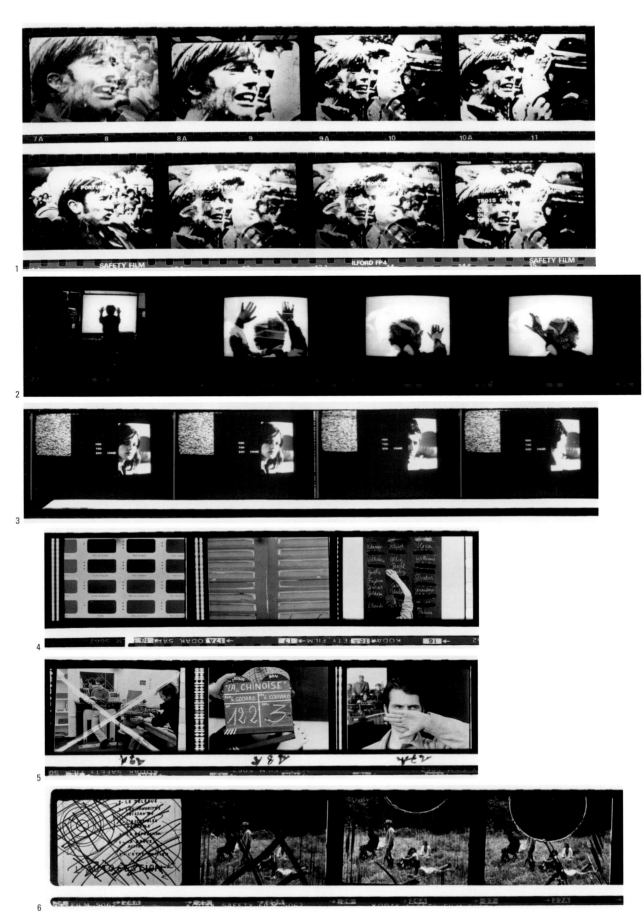

1. *Comment ça va*, 2. *Scénario du film Passion*, 3. *Numéro deux*, 4. et 5. *La Chinoise*, 6. *Vent d'est*

PUISSANCE DE LA PAROLE

Raymond Bellour

On peut imaginer qu'à l'instant où Jean-Luc Godard a tenu entre ses mains cette image de ciel ennuagé, empreint autant que traversé par un logo d'une géométrie souple et conquérante, il ait eu la vision simultanée de deux images et que cela ait suffi à l'idée d'un film. D'emblée, le logo devenant le satellite qu'il suggère, de sorte que sa forme imprégnée de mots s'élance d'un bord à l'autre de la Terre ; puis l'image d'un visage de femme venant en place du logo emplir le ciel pour s'y métamorphoser au gré des mouvements supposés des nuages, grâce aux transformations instantanées que la vidéo favorise. De là, peut-être, aussitôt, grâce à l'appui des deux images, l'envol simultané de deux histoires dont le croisement prendrait en écharpe deux siècles pour dire le destin des âmes et des corps à travers l'odyssée de la matière, et ressaisir ainsi dans la virtualité des nouveaux pouvoirs de l'image la puissance unique du cinéma et de son histoire.

Godard a dit et redit que le cinéma devait tout au montage, son «beau souci». Il a dit aussi que le cinéma était un art du XIXᵉ siècle accompli au cours du XXᵉ. Monter une histoire extraordinaire d'Edgar Poe (*The Power of Words*, 1845[1]), pur dialogue métaphysique donnant au film son titre, avec un roman policier de James Cain (*The Postman Always Rings Twice*, 1934) évidemment déjà porté au cinéma[2], associer ainsi littérature, philosophie et fiction populaire pour servir la technologie du téléphone, c'est se donner l'espace le plus juste pour penser la machine-cinéma projetée entre son passé et son futur. Mais trouver dans l'ouverture d'une nouvelle de science-fiction d'Alfred Van Vogt (*Defence*, 1947[3]) les premiers mots du film, à l'instant où l'on voit de la pellicule passer et repasser dans les tambours d'une table de montage, alors même que la vidéo a déjà travaillé d'emblée tous les rythmes et les passages d'images, c'est stupéfiant d'exactitude et de hasard contrôlé. «Dans les entrailles de la planète morte, un antique mécanisme fatigué frémit. Des tubes émettant une lueur pâle et vacillante se réveillèrent. Lentement, comme à contrecœur, un commutateur, au point mort, changea de position.» J'ai longtemps pensé que ces phrases, si accordées à l'image montrée et à la pensée du dispositif, étaient les seules que Godard devait avoir écrites — merci à Michael Witt de m'avoir détrompé. Il n'y a dans *Puissance de la parole* aucun de ces mots en trop par lesquels le cinéma récent de Godard s'abîme trop souvent dans des propositions mal contrôlées. Il n'y a que des mots (à peine adaptés) retranchés à trois textes, dans lesquels étincellent tour à tour le génie à l'état pur du prophétisme romantique et les évidences codées du romanesque, creusés de leurs irrémédiables nostalgies mutuelles (ne serait-ce que par la transformation fatale de l'un des deux anges masculins de Poe en jeune femme).

De là, s'ouvre l'espace qui permet à la vidéo de retravailler à l'extrême toutes les modalités d'alternance entre les deux histoires et, à l'intérieur de chacune, entre les plans qui les composent – beau souci

---

1. Dans *Nouvelles histoires extraordinaires*, préface et traduction par Charles Baudelaire, Paris, Garnier, 1961, p. 206-210.
2. Ce livre avait déjà été adapté pour le cinéma par Pierre Chenal (*Le Dernier Tournant*, 1939) et Luchino Visconti (*Ossessione*, 1943), ainsi que par Tay Garnett (1945) et Bob Rafelson (1981) dans des versions portant le même titre que le livre.
3. *Defence* est paru en 1947 dans le *Avon Fantasy Reader*, n° 4, fut repris dans le recueil de nouvelles de Van Vogt *Destination : Universe* (1952), et publié en français dans la traduction de ce livre, *Destination univers*, Paris, Éditions J'ai lu, 1980.

décuplé du montage, jusqu'à la demi-trame induisant des quasi-simultanéités, portant les effets d'alternances à leur plus haute intensité. Godard mêle ainsi, dans les vingt-cinq minutes de ce film industriel de commande, D. W. Griffith et Dziga Vertov, Fritz Lang et Stan Brakhage. Il y associe aussi, comme la technologie du téléphone-satellite et la théorie atomiste de Poe l'y conduisent, les mots et les images, sans plus se soucier de l'hégémonisme des uns ou du caractère ineffable des autres. Il les transforme, théoriquement, les uns dans les autres (comme il le faisait matériellement dans *Numéro deux*). Il invente ainsi un poème-récit souverain, un essai sur les données immédiates et la mémoire du cinéma-vidéo parlant comme avenir.

Dans un article récent[4], riche d'observations fines et de suggestions, Luc Moullet, dont je partage rarement les convictions, disait que soixante-neuf visions de *Puissance de la parole* n'en avaient pas épuisé pour lui les richesses. Il disait aussi que ce film si peu vu, quasiment jamais télédiffusé, « figure parmi les dix films de l'histoire du cinéma ».

---

4. Luc Moullet, « Le film cosmique », *Bref*, n° 68, septembre-octobre 2005, p. 38-39.

NOTES SUR LA COMMANDE DE *PUISSANCE DE LA PAROLE*

Olivier Tcherniak

La décision de confier la réalisation d'un court-métrage à Jean-Luc Godard est venue s'inscrire dans le projet plus vaste de mise en place, en 1987 et 1988, d'une nouvelle identité pour France Télécom. La réflexion que nous menions à l'époque s'orientait vers la nouvelle réalité du métier d'opérateur en télécommunication et participait déjà à la constitution d'une perception du monde assez nouvelle, où l'espace physique tel qu'on le percevait quotidiennement était profondément bouleversé par l'usage des moyens de communication. Chacun construit autour de lui son propre espace, au sein duquel la distance physique s'abolit de plus en plus. Dans l'acte de communiquer, chacun devient le centre de son propre espace. Nous existons là où nous sommes, au-delà des notions de frontières géographiques. Ce que nous percevions déjà il y a maintenant presque vingt ans est devenu une réalité aujourd'hui.

À l'époque, nous croyions entrer dans un nouveau monde. Comme le dit Jean Bouise (dont c'est l'un des derniers rôles), « chaque parole exprimée dans l'air porte ses conséquences … infinies… ». Nous étions conscients que si ces nouvelles techniques et ces nouveaux usages ouvraient des perspectives considérables, ils supposaient également, pour ceux qui les mettaient en œuvre comme pour ceux qui les utilisaient, une responsabilité à la mesure de ces perspectives. L'évolution essentielle qui s'amorçait alors se poursuit et s'amplifie encore aujourd'hui, avec des retombées culturelles ou politiques considérables. Elle suscite, pour le contrôle de cet espace pourtant virtuel, et comme cela a été le cas par le passé pour des espaces physiques, des guerres économiques dans lesquelles se sont jetées les grandes entreprises de communication et des nouveaux venus qui ont souvent littéralement explosé en quelques mois sur le devant de la scène.

Nous avons ainsi pris la décision de confier à des artistes et à des écrivains une réflexion sur cette évolution de la perception de l'espace (que nous avions alors appelée « quatrième dimension »). Nous avons demandé leur point de vue à Bernard-Henri Lévy, Raymond Depardon et, bien sûr, Jean-Luc Godard. Celui-ci a été contacté directement par une personne avec qui je travaillais à l'époque et qui avait ses coordonnées. Nous nous sommes rencontrés au cours d'un déjeuner en tête-à-tête « chez Françoise », au cours duquel je lui ai présenté nos intentions quant à la réalisation de ce film. Il a donné son accord immédiatement, le problème que nous posions (le bouleversement de la perception du monde et des relations que l'on peut avoir avec son environnement, rapporté à l'évolution des techniques de communication) représentant un thème de réflexion important pour lui.

Le cahier des charges reprenait la réflexion d'ensemble et demandait, sans contraintes, à ces artistes et écrivains qui n'étaient pas, eux, embarrassés par l'univers technique de notre quotidien, de poursuivre et de prolonger notre démarche par leur propre réflexion et selon leur propre talent. Les règles du jeu étaient parfaitement claires, nous étions d'accord sur les formes recherchées : un texte, des photos, un court-métrage, et nous leur laissions toute liberté sur le contenu. Nous avions simplement invité chaque artiste à prendre en compte dans son travail l'image matricielle de nuages qui était au centre de notre campagne publicitaire, conçue par Alain Mergier et l'agence responsable de l'ensemble des campagnes institutionnelles de France Télécom à l'époque, Opus Hintzy. Quant au budget, il n'était pas très élevé, surtout par rapport au résultat. Il s'agissait d'un budget assez inférieur à ceux généralement engagés pour des films d'entreprise. C'est ainsi qu'est né *Puissance de la parole*, que Jean-Luc Godard réalisa dans les temps qu'il s'était fixés, à partir de matériaux existants ou créés, et un soir il nous en présenta le résultat.

Je me souviens de cette réunion, au cours de laquelle nous avons découvert le film pour la première fois, et du choc que nous avons reçu. Nous n'avions rien vu du travail en train de se faire, et le film nous était resté totalement inconnu jusqu'au montage définitif, nous ne savions pas du tout ce que nous allions recevoir de sa part. Nous recherchions une réflexion autour du développement de ce nouvel espace, celui de la communication, qui se trouvait au centre de notre action. L'éclairage en biais créé par *Puissance de la parole* donnait à notre démarche un soutien en profondeur qui nous a été particulièrement utile. Pour ma part, je ne m'attendais pas à un film d'entreprise classique, mais certainement pas non plus à un objet qui soit aussi construit et rigoureux, tout en étant aussi profondément lyrique et grave. Pourtant, après cette première projection, le film n'a que peu circulé dans la société.

Propos recueillis par Michael Witt et rédigés par Michael Temple

BLANCHEUR D'IMAGES

CHRISTA BLÜMLINGER

En 1995, dans un discours prononcé à Francfort lors de la remise du prix Adorno, Jean-Luc Godard précise à la fois son sens de l'histoire et son rapport à la culture allemande, pour lier les deux à son idée du cinéma. Il place le cinéma aux côtés de la philosophie, de la politique et de la littérature, mais dans une position «seule», gagnée par la force de ses images «éloquentes et profondes» capables de se passer de parole, dotées d'une expressivité et d'une historicité particulières, dans un sens tout à fait romantique. «Je connaissais Spengler et Husserl, mais pas Murnau, et personne ne m'avait dit qu'ils habitaient le même pays que Bismarck et Novalis», dit-il en esquissant son devenir cinéphile; et, plus loin: «Les Allemands, eux, ont ignoré le montage, mais ils le recherchaient à leur façon, en partant d'abord du décor, de la lumière, d'une philosophie du monde[1].» Godard parle aussi de son amour pour l'Allemagne, inspiré par *Siegfried et le Limousin*, de Giraudoux, et transmis par son père, qui avait cependant gardé le silence sur les horreurs du nazisme, produisant ainsi un retour de culpabilité[2]. *Allemagne neuf zéro* est marqué par cet héritage paternel, non seulement à cause du personnage du comte Zelten, joué par Hanns Zischler, mais parce que chez Godard ce romantisme informe, par son idéalisme sémantique, le monde des signes d'une Allemagne ruinée et réunifiée. Zischler commentera son personnage, dix ans après le tournage, dans un essai rétrospectif qui donne quelques clés supplémentaires par rapport aux lieux et aux décors de cette histoire kaléidoscopique des mentalités et des cultures. Comme en témoigne la fiche technique de la production, Zischler a en effet collaboré avec Godard non seulement comme acteur, mais aussi comme directeur artistique[3]. Dans sa réponse à la lettre de Godard, Louis Seguin appelle «confusion utile» cette infinité de connexions virtuelles entre les éléments du montage qui relève justement d'un mode d'expression du romantisme allemand et ne conçoit plus l'histoire comme récit[4]. Il s'agit d'une historicité que Godard attribue à la solitude. On pourrait la définir par ce que Jacques Rancière appelle «régime esthétique»: un mode spécifique de coprésence et l'entre-expressivité des formes et des signes qui donnent figure[5].

Dans sa réponse à Seguin, Godard reconstruit une chaîne d'associations pour ancrer les citations d'*Allemagne neuf zéro* dans des repères cohérents et «réels» qui, à travers ses paroles, ont presque l'air de faire récit. Mais, dans le film, cette chaîne associative se présente de façon beaucoup plus ouverte, multiforme et polyvalente qu'à travers les mots seuls, car elle passe entre mots et images. Précisons un peu: par exemple, l'arbre légendaire de Buchenwald que Godard semble évoquer dans sa lettre est depuis la fin de la guerre réduit à l'état de tronc. Il ne figure pas dans le film, en tout cas pas comme image. Et l'arbre proche du pavillon d'été de Goethe, peu identifiable à l'écran, se confond avec un arbre entrevu à partir de la fenêtre de la maison de Goethe à Weimar, associé à une visite du lieu par Kafka. Une autre partie de l'argument de Godard se réclame de Hegel et de Goethe et porte sur l'idée de la blancheur. Dans le film, Godard clive la référence goethéenne entre une citation en allemand, portant sur la lumière, et une autre en français, portant sur la blancheur. On peut développer encore la chaîne:

1. Jean-Luc Godard, «À propos de cinéma et d'histoire», discours du 17 septembre 1995, prononcé à la Paulskirche de Francfort, dans le cadre de la remise du prix Theodor W. Adorno; texte publié dans *Trafic*, n° 18, printemps 1996, p. 28-32, repris dans *Jean-Luc Godard par Jean-Luc Godard*, t. 2, Paris, Cahiers du cinéma, 1998 (voir p. 401 et p. 404).
2. La critique allemande Frieda Grafe y voit même l'origine du film: Godard aurait tourné ce film pour se détacher de son Allemagne intérieure, pour produire la distance qui seule permet la (juste) perception. Voir Frieda Grafe, «Wessen Geschichte. Jean-Luc Godard zwischen den Medien», 1996, publié dans *Nur das Kino. 40 Jahre mit der Nouvelle Vague*, Berlin, Brinkmann & Bose 2003, p. 159.
3. Dans le générique du film, en revanche, Godard attribue à Hanns Zischler et Romain Goupil la «*Produktionsleitung*», ce qui correspond plutôt à la «direction de production».
4. «Mais cette confusion est utile puisqu'elle permet à Jean-Luc Godard de faire la démonstration éblouissante de cette blancheur qui déchire le film depuis Goethe jusqu'à la Rose Blanche des lettres qu'écrivirent et diffusèrent, au prix de leur vie, Sophie et Hans Schöll.» *La Quinzaine littéraire*, n° 591, décembre 1991.
5. Voir Jacques Rancière, *La Fable cinématographique*, Paris, Éditions du Seuil, 2001, p. 225.

le personnage multiple de Dora/Charlotte suggère une autre affinité propre à Godard, Friedrich Schlegel et Dorothea-*Lucinde*, la femme-lumière, garante de l'œuvre, qui semble, de façon sous-jacente, habiter ce film profondément romantique. Certes, pour qualifier la notion du blanc chez Goethe, Godard introduit une certaine historicité et fait défiler comme en contrepoint une série de touches blanches qui mènent de la robe de *Charlotte à Weimar* (variation 2) jusqu'au *Déclin de l'Occident* (variation 6), avec la figuration du nom du groupe de jeunes résistants munichois, *Weiße Rose*. Mais à travers cette « rose blanche » c'est, tout à fait dans le sens de Freud, la *figurabilité* qui intéresse Godard, la mise-en-hiéroglyphes du matériau, par un travail de déplacement et de condensation. Un tel passage du mot vers l'image conduit, comme le suggère Raymond Bellour avec Maurice Blanchot, de l'écriture noire vers l'écriture blanche, destinée à l'image seule[6].

Dans sa note d'intention sur le projet du film, Godard propose de laisser finir le film, dit-il, dans une suite d'un grand hôtel de Munich sur les murs duquel, « il y a un demi-siècle, les mains de Hans et Sophie Scholl collaient les tracts qui les feraient décapiter ». Si le film se termine, dans sa version finale, à l'intérieur de l'hôtel Intercontinental de Berlin, qui donne sur la Gedächtniskirche toujours en ruines, et si on retrouve les frère et sœur Scholl placés dans une BMW rouge de salon, au milieu du monde de consommation auquel Lemmy Caution se voit confronté dès son passage à l'Ouest, c'est peut-être parce que Godard, face à une Allemagne qui lui apparaît essentiellement allégorique, hésitant entre une histoire des traces, liée à l'idée de la résurrection, et une histoire spéculative des correspondances, se décide pour la seconde, l'histoire des coexistences et des objets métamorphiques. Mais c'est peut-être aussi parce que, face à la chute du mur, Godard prend parti contre la télévision (qu'il attribue, dans son discours de Francfort, à l'histoire proche, au sens de Braudel), et pour le cinéma (situé du côté de l'histoire lointaine), c'est-à-dire : contre l'événement et pour les mentalités. À l'intérieur d'une telle histoire lointaine, Godard classe, toujours dans ce même discours, aussi bien Kafka que Fassbinder, qu'il fait apparaître tous les deux, dans *Allemagne neuf zéro*, comme *pensant* l'histoire culturelle (Kafka sur Goethe), ou l'histoire politique (Fassbinder avec Hegel). « Le combat de l'argent et du sang » est la formule conclusive de Lemmy Caution à la fin du film : vision utopique et conservatrice que Godard attribue explicitement à Oswald Spengler en terminant son discours de Francfort. En réactualisant ainsi *Le Déclin de l'Occident*, Godard ne cède pas seulement à un certain pessimisme culturel, il suspend d'un seul mouvement sa pensée de l'histoire à travers deux fins de siècles, pour mieux cerner « le siècle du cinéma ». Face à l'histoire du présent, le cinéma garde la force de montrer l'histoire de la longue durée. « Peut-on raconter le temps ? Le temps en lui-même comme tel et en soi ? » Cette question, posée par le narrateur au début du film, ne semble pas viser la littérature, évoquée par la suite, mais « seul » le cinéma. Ce film, Godard ne le signe pas. L'unique trace de l'auteur se trouve dans le générique de début, grâce à la mention de sa maison de production, Peripheria. Godard y figure donc, par cette omission qui l'isole, comme plus seul que jamais – esquissant, à travers ses idées de l'Allemagne, son autoportrait du côté du cinéma, de l'histoire, et de l'auteur comme producteur.

En fait, avec *Allemagne neuf zéro*, quelque chose semble se radicaliser dans l'œuvre de Jean-Luc Godard. Aussitôt après la chute du mur, ce film fut tourné sur des sites de l'ancienne République démocratique allemande, autour de Berlin, Leipzig et Weimar. Godard y repère des images, d'un geste qu'on pourrait appeler benjaminien : devant des paysages de ruines, dans l'ici-maintenant d'un lendemain historique, il s'agit de lire et de faire surgir à la fois un passé allégorique et un moment utopique. Si *Allemagne neuf zéro* reprend et cite de nombreuses figures de l'œuvre de Jean-Luc Godard, le film se présente aussi, par le remploi direct des images et des sons, comme une sorte d'extension des *Histoire(s)*

---

6. Sur cette double relation avec Schlegel et Blanchot, voir Raymond Bellour, « L'autre cinéaste : Godard écrivain », *Entre-Images 2. Mots, images*, Paris, POL, 1999, p. 134-135.

du cinéma, par lesquelles il semble littéralement contaminé. Cet essai sur l'Histoire fait résonner et s'associer les bribes de musiques, des archives, des dessins et peintures, des images tournées et des bruits captés, pour les montrer comme objets de rebut et de variations. Seul le cinéma rendrait, selon Godard, une histoire «vue[7]», qui serait celle du rapprochement, du montage.

Au milieu du film, dans la troisième *Variation*, la statue du héros grec combattant un lion devant l'Altes Museum de Berlin est érigée en modèle du classicisme allemand selon une variation spécifique. Cette sculpture en bronze s'anime par une série de plans qui en font le tour et dévoilent le face-à-face du musée et du dôme des Hohenzollern : figure de confrontation qui correspond à l'idée d'ouverture de cette architecture muséale et rappelle aussi le «soulèvement» des lions en pierre du *Cuirassé Potemkine*. Comme Eisenstein, Godard transpose son matériau par la conception d'un mouvement des corps à partir des objets inorganiques. Dans son discours de Francfort, Godard explique son appréciation du geste d'Eisenstein de la façon suivante : «Si ces trois lions font un effet de montage, c'est parce qu'il y a trois angles de prises de vues, pas parce qu'il y a du montage[8].» C'est donc la variation sur *plusieurs échelles*, la reprise transposée, qui fait figure au cinéma. Le sens de l'histoire naît de ce déplacement.

---

7. Dans son discours à Francfort, Godard appelle le cinéma «un monde qui n'avait pas d'histoire, et qui pourtant passait son temps à raconter» (J.-L. Godard, «À propos de cinéma et d'histoire», *op. cit.*, p. 401).
8. *Ibid.*, p. 403.

ALLEMAGNE ANNÉE 90 NEUF ZÉRO
NOTE D'INTENTION

Jean-Luc Godard

Allemagne	c'est quelques ans après l'an mille
ANNÉE 90	que le mot solitude devient français et signifie :
NEUF ZÉRO	l'état d'un lieu désert.

Ces mots de commentaire sont dits par L. Caution, agent fédéral américain, et s'achèvent sur les premières images de :
«ARCHIVES/FILMS/DOC. REPORTAGE» qui seront interrompues six fois de suite par des scènes de «FICTION», où l'on voit Lemmy Caution, implanté il y a presque un demi-siècle dans l'est de l'Allemagne comme «taupe» ou «sleeper», et qui n'a jamais été utilisé – décider de retourner à l'Ouest – vu désormais la chute du mur de Berlin (triomphe de Marx), vu l'union des deux Allemagnes (le rêve contraire à celui d'une cellule en biologie).

Les six séquences de «FICTION» verront donc notre vieil agent sortir de l'ombre d'une petite ville de l'est où il a «dormi» et vieilli de cinquante ans, traverser quelques paysages anciens et modernes pour rejoindre l'Occident, alors que celui-ci décore ses riches vitrines de Noël.

Il aura croisé en route l'héroïne de WERTHER, DON QUICHOTTE, le chien qui allait à l'enterrement de Mozart, un marin russe qui fait la même chose que lui mais en direction contraire, s'embarquant vers l'Orient, alors que sa fiancée lui dit adieu avec les dernières notes écrites par B.A.C.H. – quelques morts du mur de la honte qui se lamentent dans un sous-bois autour d'un mirador abandonné, pour finir dans une suite d'un grand hôtel de Munich sur les murs de qui, il y a un demi-siècle, les mains de Hans et Sophie Scholl collaient les tracts qui les feraient décapiter.

Les séquences de «FICTION» auront une durée moyenne de 5/6 minutes, et celles dites «ARCHIVES/FILMS/DOC. REPORTAGE» de 2/3 minutes, avec sans doute, ces dernières, des plans de lecture/diction de textes classiques allemands, ou sur l'Allemagne, dits par un personnage de prof. moyen qui prépare son cours.

Les séquences «FICTION» seront enregistrées avec une ARRIFLEX 35 normale et son direct normal, alors que les séquences «ARCHIVES/FILMS/DOC. REPORTAGE» seront mises sur vidéo (VHS et Hi 8) et recopiées après traitement sur 35.

LETTRE À LOUIS SEGUIN
SUR *ALLEMAGNE NEUF ZÉRO*

JEAN-LUC GODARD

À la suite de son article sur *Allemagne neuf zéro*, Louis Seguin a reçu de Jean-Luc Godard une lettre où il est dit :

«Permettez-moi… de vous contredire sur un point, histoire d'alimenter la conversation. Les citations, écrivez-vous, divergent, d'accord pour ces jolis termes virginia woolfiens. Puis, vous ajoutez, elles n'ont ni boussole ni repères. Je vais prendre un exemple : l'arbre à côté du pavillon d'été de Goethe, réel, filmé sur place, à sa place, si tant est que le mot réel a encore un sens. Puis l'arbre, au centre de Buchenwald, où l'auteur de la théorie des couleurs aimait, selon la légende, à venir bouquiner, à quarante kilomètres de Weimar comme l'indique le panneau. Tout cela entremêlé par la page blanche de l'histoire hégélienne, qui fait l'intermédiaire, via les camps, avec la robe blanche du modèle de Werther, puisque Goethe, selon Wittgenstein, ne croyait pas que le blanc soit une couleur intermédiaire. Et plus loin, la rose blanche, la seule inconnue de Rilke. Vive donc le "dit des vagues". »

La Quinzaine littéraire n° 591, décembre 1991.

DIX ANS APRÈS (GODARD 2001)
Remarques au sujet d'*Allemagne neuf zéro* de Jean-Luc Godard (1990/1991)

HANNS ZISCHLER

Les Allemands à l'Est ont arraché
le Mur dans leur porte d'entrée,
à présent les Allemands à l'Ouest s'aperçoivent
que c'était l'arrière de leur maison.
Jot Es, *Kleiner Idiotenfhürer durch ganz Deutschland* («Petit guide
élémentaire à travers toute l'Allemagne»), Munich, 1991

Avec ce film, qui décrit le long instant d'une reconfiguration et souligne les traits de cette reconfiguration au sens typographique du mot, apparaît une image de l'Allemagne émergeant des flots, telle Vineta, la ville engloutie[1]. La conversion accélérée, la mise en page[2] de ce pays disparu (que nous découvrons en l'occurrence surtout en tant que *territoire*) s'accomplit de fait comme dans le chant qui fut son hymne national : «ressuscitée d'entre les ruines[3]». L'émergence (dans le film) raconte un naufrage.

Dans la position extrêmement privilégiée d'une méconnaissance effective de l'Allemagne centrale – privilégiée parce que les fantômes des préjugés culturels se dissolvent comme d'eux-mêmes à l'instant de «toucher terre» – Godard a pénétré ce «domaine[4]» et l'a parcouru tel un arpenteur. L'a fait parcourir au sens le plus concret de ce terme : le personnage principal, le «dormeur» ressuscité, **Lemmy Caution**, *traverse* le film comme il traverse le pays : Dead Man Walking. Et il n'y a qu'une seule direction – transgéographique – vers laquelle il puisse se tourner, sur laquelle il puisse se renseigner : «Which way to the West?». Mais en lieu et place d'une réponse, il n'obtiendra qu'un rappel à l'ordre. «Se pregunta al señor». Ni la question ni la réponse (évitée) ne sont en allemand.

---

1. Vineta : mythe d'une ville autrefois splendide, engloutie au fond de la mer Baltique en raison de la dureté du cœur de ses habitants [NdT].
2. En français dans le texte [NdT].
3. Les «ruines», dans ce film, ce sont également les vestiges gigantesques

et gloutons des mines de lignite à ciel ouvert au nord de Leipzig. Des machines qui ajoutent une pointe symbolique à ce qui se dit dans le jargon minier «exploitation paysagère» [NdA].
La première strophe de l'hymne national de feu la RDA commence ainsi :
Auferstanden aus Ruinen und der Zukunft zugewandt,
lass dir uns zum Guten dienen, Deutschland einig Vaterland…
(«Ressuscitée d'entre les ruines et tournée vers l'avenir,
Sers-nous à faire le Bien, Allemagne, patrie unie […]») [NdT].
4. La RDA employait plus fréquemment que tout autre État l'expression «domaine de l'État» *(Staatsgebiet)* et revendiquait ainsi une prétention qui n'allait manifestement pas de soi sur une chose mise à sa merci, à sa disposition. Même idée de domination et même principe dans la permanence sémantique de «capitale» *(Hauptstadt)* [NdA].

Godard *mobilise* un gigantesque, un disparate chœur de voix, de personnages muets ou bavards qui, depuis toujours, peuplent, parcourent cette Allemagne – ou en ont été chassés (le film *est* cette mobilisation).

Le comte Zelten s'est évadé d'un roman de Jean Giraudoux : *Siegfried ou le Limousin*, un livre visionnaire, écrit avec une véritable affection germano-romantique pour l'Allemagne après la Première Guerre mondiale[5]. **Dora**, personnalité multiple, dont le nom (« D comme Dora ») est devenu un code alphabétique allemand ; Dora est presque un synonyme de la « juive errante », la femme qui hante les esprits allemands : en tant que « cas » (chez Freud), en tant que tentation, consolation et retour provisoire au foyer (chez Kafka), et finalement en tant que nom devenu terrifiant terme d'exil et d'emprisonnement (le camp de concentration de Dora). Dora est aussi le personnage par lequel la fiction jette son voile et retourne à nouveau dans l'Histoire réelle.

Tous les personnages, dans ce film, recèlent en eux les grades et les stades croissants/décroissants de leur *accomplissement en son contraire* – ce qui, au premier regard, masque leur identification directe, leur identité[6]. Ils ne sont pas univoques parce qu'ils sont surdéterminés, comme le lieu, le terrain où ils apparaissent et qu'ils hantent : l'Allemagne.

L'Allemagne du XIXe siècle se traite chez Godard à la manière du fond d'une œuvre antique. Elle reste si infiniment éloignée du champ des forces historiques réelles que seule son invocation pathétique paraît encore assurer la possibilité de son écho, c'est-à-dire la vague idée de ce que fut son espace.

« Antique » signifie ici l'état qui nous permet, à partir des traces de ce qui a existé puis sombré, de déchiffrer les ébauches d'un avenir conçu comme héroïque[7]. Dans ce contexte deviennent significatives les citations d'une architecture authentiquement prussienne, y compris leurs degrés de disparition. La série s'en étend de l'Église du Sauveur de Stühler, près de Sacrow, perçue comme navire *et* comme île des morts que l'on ne peut atteindre qu'à l'aide d'un bateau, aux chevaux

de bataille devant l'Altes Museum de Schinkel. Entre les colonnes antiquisantes de ce musée, une figure féminine hégélienne veut fixer sur la pellicule un « tableau d'époque », peut-être aussi un *esprit du temps* (spectre) enfui. Sur le terrain des studios de Babelsberg, enfin, un chœur chante entre des ruines artificielles, et Lemmy Caution perçoit à l'instant où il passe devant des colonnes de papier mâché et des emblèmes au rebut représentant Marx et Lénine une voix issue de l'éther, un appel, une invocation : le dernier coup de téléphone de Marlène Dietrich au Babelsberg englouti. Un oracle prédisant le passé de l'histoire en tant qu'histoire du cinéma.

C'est le grand exploit de Godard d'avoir inséré cette Allemagne fantomatique, cette « Antiquité » trivialisée, à prendre au sérieux précisément pour cette raison (Speer était son héros *post festum*[8]), dans le présent de la RDA, qui émerge en sombrant.

Lorsque Lemmy Caution – comme dans une peinture de Ruisdael ou de Brueghel – chemine sur l'étang gelé d'un village, et que nous entendons sa voix songeuse prédire les passages de « aurore » et de « jeune mort », le présent d'un paysage dévasté de l'année 1990 étalé devant nous se retrouve non seulement dans le **cadrage** d'un tableau hollandais, mais aussi de façon acoustique, dans l'auscultation d'un **temps rimé** qui « parle autrement » et « se perçoit autrement » que par notre langue actuelle.

Allemagne neuf zéro est l'inverse manifeste, la négation délibérée d'un film documentaire traditionnel. Il est, après le *Nosferatu* de Murnau et l'*Allemagne année zéro* de Rossellini, la troisième tentative, le dernier de ce triple saut cinématographique à n'être peut-être pas par hasard en synchronie avec les années syncopées d'après-guerre dans l'histoire allemande (1923, 1947, 1991).

Le romantisme allemand avait lancé un projet « Allemagne » qui, dans son imprécision, dans son ambiguïté tournée vers le passé et, avant tout, dans son obstination à séparer le Beau du Vrai, a ouvert des perspectives politiques d'autant plus dévastatrices qu'elles étaient constamment dominées esthétiquement. (Un exemple ouvre de nouveaux horizons : « l'avarie » de Schinkel, c'est-à-dire la destruction des façades baroques de l'avenue Unter den Linden, antiquisation arbitraire d'un centre ville, esquisse de ce qui sera résidentiel, anticipation du Berlin impérial et, pour l'exprimer de façon polémique, plan magistral en miniature pour le « Germania » de Speer).

Seule la musique de Bach, sa *technique*, sont exclues de la confrontation de l'histoire avec la cinématographie. Bach est échelle et maquette pour une cinématographie **verticale** abritant le flux continu des images endiguées dans une partition de plus en plus complexe, dans la superposition de l'image, de la voix, des bruits et de la musique. Ce qu'on dit du poème – qu'il nécessite le grand espace blanc « nu » en lequel la typographie ouvre au lecteur la fenêtre, l'éclosion et la mise en page d'un espace virtuel, vaut également pour ce film : il est tourné en Kodak et, comme Godard l'avait confié au polisseur de lentilles Leibniz sur un ton solennel, « avec la lumière du Seigneur ». Seule la **projection** techniquement la meilleure permet de voir dans sa beauté diaphane la lumière irradiant de cette « peinture sur verre[9] ».

Traduit de l'allemand par Michelle Brenez

5. Presque sans ironie, on peut constater chez Giraudoux l'exactitude du paradoxe culturel formulé par Franz Kafka en 1910, après son premier voyage à Paris, en une grande phrase conditionnelle digne d'un Karl Valentin : « Si les Français étaient des Allemands par essence, ô combien ils seraient alors admirés des Allemands. » [NdA].

6. Lemmy Caution est un personnage populaire dont Godard a amorcé la chute héroïque dans *Alphaville* pour la terminer dans *Allemagne neuf zéro* : une mise à mort en image, érigeant une tombe à la mort pressentie du véritable Eddie Constantine [NdA]. Eddie Constantine disparaîtra en 1993 [NdT]. Le comte Zelten n'est pas seulement issu du personnage de Siegfried, mais, en tant que traducteur de Hegel, il devient le commentateur historico-philosophique d'une société en décomposition (il n'est pas exclu que son entrée en scène suggère l'étrange particularité de l'esprit allemand d'avoir toujours sous la main la philosophie « adéquate » pour toutes les catastrophes imaginables). Avec le changement, le passage de Zelten à Hegel, la littérature est abandonnée en faveur de la philosophie et de la politique. On pourrait désigner cela comme le tri-assolement de l'esprit allemand. Dora/Charlotte/etc. renvoie à un niveau élevé d'effectivité et d'influence : elle s'élance depuis l'espace esthétique de Weimar (Goethe, Thomas Mann, Schiller, le monument à Pouchkine), et saute en une séquence, et d'un pas, inégalés depuis le parc au bord de l'Ilm hors du présent dans l'histoire du cinéma (*Menschen am Sonntag*). Godard découvre et active l'impulsion utopique de ce film de 1929 en faisant sauter à Claudia Michelsen une période de soixante années. De sorte que nous voyions désormais ce qui a été gâché, rejeté, non dégagé. Réalité et droit à l'écoute se cristallisent dans le court épisode où Zelten demande au polisseur de lentilles « Leibniz » où donc se trouve Caution. Répondre à côté : « Nous sommes tout seuls à présent » peut être considéré comme une parole prophétique. L'objectif déclaré de Godard était de pénétrer la solitude d'un peuple [NdA]. Dans *Allemagne neuf zéro*, Hanns Zischler interprète le personnage du comte Zelten, et Claudia Michelsen celui de Dora. *Menschen am Sonntag* (*Les Hommes le dimanche*) de Robert Siodmak, assisté de Curt Siodmak, Edgar G. Ulmer, Fred Zinnemann, Billy Wilder, est un chef-d'œuvre du réalisme allemand, cité par Godard dans les *Histoire(s) du cinéma* [NdT].

7. Est « antique » également la tragique appréhension du cours du temps, l'inexorable approche du déclin allemand, comme nous le fait savoir *d'entrée* le narrateur, pour une large part invisible, la voix d'André S. Labarthe (« Peut-on raconter le temps ? ») [NdA].

8. Albert Speer, l'architecte d'Hitler, prévoyait de reconstruire Berlin en la baptisant « Germania ». La future capitale de l'Empire transforme l'inspiration néoclassique en pur délire du colossal : pas un bâtiment ne devait mesurer moins de 75 mètres. Il ne réalisera que la chancellerie du Reich, célèbre pour le bureau d'Hitler, dont la porte mesurait 6 mètres de haut, ouvrant sur 400 m² de surface. Chaplin s'en inspirera [NdT].

9. Effectivement, il apparaît sans cesse dans le film de lumineuses images erratiques qui rappellent, et ce n'est pas par hasard, la peinture sur verre du Moyen Âge (par exemple la citation du tableau de Bosch lorsque Caution se découvre dans l'église du village ruiné par l'exploitation à ciel ouvert) [NdA].

ESPACES CROISÉS
**Conversation entre Hanns Zischler et Christa Blümlinger
à propos d'*Allemagne neuf zéro***

Christa Blümlinger : Dans une lettre au critique Louis Seguin, Godard se défend contre le reproche d'avoir construit son film d'Allemagne sur des associations arbitraires. C'est bien, dit-il, l'arbre « réel » près de la maison d'été de Goethe qu'il a filmé, « si tant est que le mot réel a encore un sens ». D'après vos souvenirs de tournage, qu'en était-il alors de ce sens godardien du réel ?

Hanns Zischler : Godard renvoie ici au « réel », après avoir fait démonter à la caméra qu'à côté de la mémoire d'un lieu (« le pavillon de Goethe ») existe (toujours) aussi le lieu naturel, soustrait à la fixation culturelle. À cette époque, j'avais montré à Godard la photo à demi effacée de Kafka[1] en compagnie de mademoiselle Kirchner dans le jardin de la maison du Frauenplan – et non pas dans celui du pavillon. L'image apparaît brièvement dans le film. Bizarrement, Kafka est assis sur l'accoudoir, tandis que mademoiselle Kirchner, la fille du gardien, se tient sur le banc. Depuis Budapest, où je me trouve ce soir, sans avoir aucun document sous la main, depuis cet endroit qui représente la pointe orientale des voyages de Kafka (c'était en 1916, avec Felice Bauer, me semble-t-il), je suppose, et je me rappelle maintenant en lisant cette « réponse/réplique », que Kafka parle des arbres plantés devant le pavillon de Goethe (des châtaigniers ? ou peut-être des hêtres), qui, depuis la mort de l'écrivain, avaient poussé très haut et faisaient désormais de l'ombre. Par cette image, Kafka se « défend » contre la parousie idéologique de Goethe, qui, pour lui et ses contemporains, était devenue véritablement angoissante et couvrait tout de son ombre. Il le fait en s'accrochant à la réalité la plus immédiate, à ce qu'il a sous les yeux : les arbres devant les fenêtres du pavillon.

Christa Blümlinger : Mais c'est surtout l'idée de la lumière et de la couleur qui semble intéresser Godard chez Goethe.

Hanns Zischler : Goethe « hante » ce film – un mode de présence, du reste, parfaitement adapté au cinéma. On voit à un moment un dessin de l'écrivain pour *Faust*, et à l'époque j'avais aussi sur mes étagères une édition est-allemande des dessins de Goethe, que JLG avait feuilletée (comme tous les esprits curieux, portés aux associations, il aime feuilleter et piller). Un moment incomparable est celui où nous voyons « Dora » (Claudia Michelsen) traverser l'enfilade de pièces dans la maison du Frauenplan, à Weimar, avec la gigantesque Junon que Goethe avait dérobée au cours de son voyage à Rome. Cette déambulation de Dora à travers la merveilleuse maison, nous n'avons réussi à la filmer qu'en « détournant » l'attention des gardiens du musée. La prise de vues a été relativement facilitée par le fait que, dans ce film, nous partions du principe qu'il faudrait nous contenter de la lumière naturelle dont nous disposerions – cet éclairage devait suffire et a effectivement suffi, comme on le voit ici, à donner une structure temporelle à la profondeur de l'espace (de l'époque de Goethe au présent de la cinématographie). Rétrospectivement, je dirais que cette Allemagne a été filmée dans – et avec – sa lumière résiduelle.

Christa Blümlinger : On voit Lemmy Caution et le comte Zelten, que vous campez comme une sorte d'ange – de la culture, de l'histoire –, parcourir en tous sens les paysages allemands. Or vous figurez au générique non seulement comme interprète, mais aussi comme directeur de production. Comment s'est effectué le choix entre les lieux de mémoire culturels et le no man's land ? Dans quelle mesure avez-vous joué – hors cadre – le guide ?

Hanns Zischler : Guide, je l'ai été en un sens particulier, quand nous avons exploré la région que j'avais proposée comme cadre pour le film,

c'est-à-dire les environs de Bitterfeld, Leipzig et Weimar. Les lieux, comme des parents éloignés, m'étaient devenus familiers depuis de nombreuses années : depuis 1971 exactement, lorsque les Berlinois de l'Ouest ont commencé à pouvoir se rendre pour 24 heures en RDA[2]. En dehors de cette zone de Saxe et de Thuringe, il y avait la région pour ainsi dire « arcadienne » de Sacrow, avec la Heilandskirche, où Godard fait passer à Eddie Constantine la frontière, sur l'eau, et, à rebours, celle du cinéma muet (*Nosferatu*). Cette église, qui s'avance dans l'eau comme un bateau, face à l'architecture russo-tsariste de Nikolskoïe, qui de son côté renvoie discrètement à Pouchkine et à un Est poétique – cette église est un joyau du classicisme allemand, dont l'éclat est encore rehaussé par son environnement géographique de sables et de marais. En même temps, ce bâtiment et son campanile indépendant trouvent leur pendant et leur reflet grotesque dans les colonnes pseudo-doriques négligemment rejetées sur le terrain qui s'étend derrière les studios de Babelsberg, où les têtes vermoulues de Marx et d'Engels pointent à travers les colonnes de papier mâché, tandis que l'herbe (naturelle) s'apprête visiblement à tout envahir.

Christa Blümlinger : L'espace visuel dans lequel Zelten s'insère ici est donc inspiré par vos activités « hors cadre », depuis vos notes de voyage jusqu'à vos lectures et vos traductions. Godard, cependant, semble soumettre ce matériau à une transposition radicale : les vues de cette région « arcadienne » – celles de Babelsberg, en particulier – montrent avec toute la mélancolie requise la transformation de l'histoire en une histoire naturelle. Les paysages de ruines de l'ancienne Allemagne de l'Est après la chute du Mur ne sont-ils pas avant tout une allégorie du regard pessimiste que Godard pose sur l'histoire au tournant du siècle ? Il associe *Nosferatu* et l'église de Sacrow au *Déclin de l'Occident*.

Hanns Zischler : Le film opère un double mouvement, qu'il n'est peut-être pas inutile de retracer : les espaces *intérieurs* sont les espaces de la lecture, du questionnement, de l'étude de textes et d'images (qui de leur côté évoquent et révèlent, en abîme, d'autres espaces imaginaires). La traduction (de Hegel, par exemple), le martèlement métallique de la machine à écrire, ont ici leur place, au même titre que la célébration ironique de « l'étude des classiques » : la traversée de la maison de Goethe amène un « raccourci ralenti » semblable à celui qui ponctue la poursuite à travers le Louvre dans *Bande à part*. L'*extérieur*, en revanche, est un *Occident* désorienté, un terrain vague qui apparaît comme un *Holzweg*, un chemin qui ne mène nulle part, ou un abysse (avec les silhouettes de « dragons » des excavatrices géantes), comme un paysage « falsifié » (avec le chœur dans les ruines artificielles) ou une région en perdition, défigurée par les vestiges du Mur, comme un tableau de Brueghel, paysage inaccessible de la nostalgie (la mer Baltique, « avant » le poème de Pouchkine), ou un territoire occupé (Weimar, avec le monument à Pouchkine).

Christa Blümlinger : Pourrait-on assimiler la combinaison de la fiction et du documentaire – une tâche solitaire, comme Godard le fait dire à Labarthe – à cette articulation de l'intérieur et de l'extérieur, de la solitude (de l'écriture) et de l'expérience sensible (de la nature, des images) ? Godard, lorsqu'il explore ces paysages, cherche en définitive aussi à établir des correspondances entre la culture et la nature.

Hanns Zischler : Ce paysage, qui sans cesse fait irruption dans le film et qui représente les nombreux aspects d'un pays désorienté, n'est jamais juste là, comme une vue pittoresque, comme une réalité physique. Ce paysage (et ce pays, ce pays hier réel, aujourd'hui abandonné et livré à la décomposition) est fixé à l'instant de son esseulement. Quelque chose meurt, est mort, a fait naufrage. Ce qui me frappe, c'est qu'entre l'*intérieur* (des livres, de la lecture, de l'étude, de la traduction) et l'*extérieur*, seule la musique suggère une – fragile – médiation. Par sa véhémente

---

1. Hanns Zischler a mené des recherches approfondies sur Kafka. Voir son ouvrage *Kafka va au cinéma*, Paris, Cahiers du cinéma, 1994, dont il a tiré un film portant le même titre en 2002.

2. Hanns Zischler a raconté ces excursions dans des comptes-rendus qui, depuis, ont été rassemblés en un recueil, *Visas d'un jour*, Paris, Christian Bourgois, 1998.

invisibilité, la musique perce à jour l'intériorité, elle est l'intégrale des parties disjointes et des états agrégatifs de l'*intérieur* et de l'*extérieur*. Cette articulation, d'une manière caractéristique, nous pouvons la percevoir, mais pas la voir. La tentative désespérée de réunir les deux plans trouve son expression quand Kim Kashkashian, dans une petite pièce face à la Baltique, s'efforce de *défendre* Chostakovitch contre les coups brutaux du matelot russe toquant au carreau.

Christa Blümlinger : On s'étonne également de voir que les écrivains classiques, Goethe au premier chef, trouvent place dans l'image par le biais de certains lieux de mémoire, tandis que la musique allemande ne se voit guère attribuer de lieu «réel» (abstraction faite de l'affaire Liszt-Lola Montès). Bach, par exemple, a pourtant exercé une partie de son activité dans cette région.

Hanns Zischler : La musique «omniprésente» et «toute-puissante» opère à mon sens comme un dispositif qui vise à neutraliser la mécanique traditionnelle de l'emprise (musicale), en recouvrant ou en brouillant constamment les morceaux joués. L'extrait du deuxième mouvement de la *7e Symphonie* de Beethoven, introduit comme un parfait coup de force, n'est jamais perceptible à l'état pur, nous l'entendons seulement «de concert» avec d'autres sons, des voix, des bruits. Dans la mesure où l'on ne peut détourner l'oreille comme on détourne les yeux, ce procédé ouvre la possibilité d'une perturbation productive chez le spectateur/auditeur. Tandis que les images des lieux où se joue le film, c'est-à-dire la topographie visible d'un pays en perdition («région» serait plus exact), sont ponctuées par les noms et les références correspondantes («ici, Schiller a écrit *Les Brigands*», ou le chapelet de noms que crie Charlotte en courant vers la caméra, dans les allées du jardin de Weimar), les sites de la musique sont (comme) abandonnés. Cela n'est peut-être pas sans rapport avec la colère qui s'empara de Godard quand il apprit que la maison natale de Johann Sebastian Bach avait été démolie en 1905. Si je me souviens bien, j'avais alors proposé Weißenfels, où celle de Heinrich Schütz existe encore, mais il ne voulait pas en entendre parler.

Christa Blümlinger : La musique n'est donc pas la seule passerelle entre l'intérieur et l'extérieur. Cette fonction est aussi remplie par certains fragments sonores, parfois empruntés – comme la voix spectrale de Marlene Dietrich – à l'histoire du cinéma. Mais la superposition des lieux se produit également par des montages d'images : vous mentionnez le passage de la Charlotte de Weimar aux *Hommes le dimanche* (avec un renvoi trompeur à *Jeunes filles en uniforme*). On pourrait également citer *Le Dernier Homme*, de Murnau, dont le portier/«passeur» est à la fois mimé et intégré dans le film. La surdétermination du matériau – tourné ou trouvé –, la coexistence immédiate d'éléments hétérogènes provoque la désorientation dont nous parlions, alors même que les lieux semblent clairement ordonnés les uns par rapport aux autres.

Hanns Zischler : Quand Godard *montre* certains lieux, c'est-à-dire intègre dans l'image la maison où naquit ou mourut tel homme célèbre, et recueille ainsi la trace architecturale d'une vie, on se demande naturellement combien une *image* – j'emploie maintenant ce terme délibérément – peut être «chargée», pour susciter un certain souvenir. Sur ce plan, c'est-à-dire au point de vue de la «charge» de l'image, Godard va très loin, plus loin que la plupart des cinéastes que je connais, en abandonnant (ou en détruisant) la «hiérarchie» traditionnelle au sein de l'image : la surface iconique ne prévaut plus sur toutes les autres, elle est montrée, rendue perceptible dans le violent conflit qui l'oppose à celles-ci. L'image, la parole, la musique, les bruits : tous ces éléments s'interpénètrent et, par cette chimie inouïe, confèrent une puissance insoupçonnée à l'image (prise en ce sens global). Le degré de condensation ainsi atteint – tout se produit pour ainsi dire «dans une seule image» – incite à lire ce film (c'est du moins sous cet angle que je le vois) comme un poème (philosophique).

Paris/Budapest, été 2005

Traduit de l'allemand par Pierre Rusch

PRÉAMBULE
Freddy Buache

Pour fêter à l'écran le 700e anniversaire de la Confédération helvétique (née le 1er août 1291), on m'a donné la possibilité de bâtir, en douze moyens-métrages de 26 minutes, une sorte d'histoire du cinéma suisse qui rendrait compte des œuvres significatives réalisées au cours du temps dans les trois langues nationales. Douze metteurs en scène actuels pouvaient ainsi puiser parmi les films déposés aux archives de la Cinémathèque, pour rappeler certaines époques liées au climat national et international, en utilisant exclusivement les images, les intertitres et les dialogues originaux, sans ajouter le moindre commentaire explicatif.

Au nombre des cinéastes finalement choisis pour accomplir ce travail, dont l'initiative fut prise par le conseiller fédéral Jean-Pascal Delamuraz et qui fut coproduit par Miguel Stucky, le nom de Jean-Luc Godard tombait sous le sens pour évoquer «les années Gamma-films à Lausanne». Car cette société dépensa beaucoup d'argent pour *Lola Montès*, de Max Ophuls, en 1955, et prévoyait un vaste développement à l'échelle mondiale, intention qui tourna vite à la faillite. Godard, au même moment, venait de signer *Opération béton*, il connaissait bien la situation. Il accepta la proposition, puis renonça. D'où cette lettre (inédite).

dimanche 21 octobre 90

Bien cher Freddy,

c'est avec attention et affection que je te demande de lire ce courrier, tout comme je l'écris. C'est bien sûr inutile de le dire, tant ton attention et ton affection pour le cinéma, et ceux et celles qui le font, ont été constantes.
Lorsque j'avais relu un soir ces lignes de Proust :

d'ailleurs, c'était l'heure où me réclamait l'autre maître au service de qui nous sommes chaque jour, pour une moitié de notre temps. La tâche à laquelle il nous astreint, nous l'accomplissons les yeux fermés. Tous les matins il nous rend à notre autre maître, sachant que sans cela nous nous livrerions mal à la sienne. Curieux, quand notre esprit a rouvert ses yeux, de savoir ce que nous avons bien pu faire chez le maître qui étend ses esclaves avant de les mettre à une besogne précipitée, les plus malins, à peine la tâche finie, tâchent de subrepticement regarder. Mais le sommeil lutte avec eux de vitesse pour faire disparaître les traces de ce qu'ils voudraient voir. Et depuis tant de siècles, nous ne savons pas grand'chose là-dessus.

ou celles. là :

Certains esprits qui aiment le mystère veulent croire que les objets conservent quelque chose des yeux qui les regardèrent, que les monuments et les tableaux ne nous apparaissent que sous le voile sensible que leur ont tissé l'amour et la contemplation de tant d'adorateurs, pendant des siècles. Cette chimère deviendrait vraie s'ils la transposaient dans le domaine de la seule réalité pour chacun, dans le domaine de sa propre sensibilité. Oui, en ce sens-là, en ce sens-là seulement (mais il est bien plus grand), une chose que nous avons regardée autrefois, si nous la revoyons, nous rapporte, avec le regard que nous y avons posé, toutes les images qui le remplissaient alors. C'est que les choses — un livre sous sa couverture rouge comme les autres —, sitôt qu'elles sont perçues par nous, deviennent en nous quelque chose d'immatériel, de même nature que toutes nos préoccupations ou nos sensations de ce temps-là, et se mêlent indissolublement à elles.

ou d'autres encore, par exemple celles que

j'avais recopiées de la plume d'Arthur Schnitzler il y a si peu de temps dans un film que tu as contribué à nommer de qualité :

"le souvenir est le seul paradis dont nous ne pouvons être chassés",

j'avais eu l'espoir et l'envie de me mettre à revisiter "les années gamma". J'ai même organisé un style de production rendant cette envie possible et cet espoir plausible (engagement de Romain Goupil comme camarade et ami, et du cinéma, et de moi, et de toi). D'autres films étaient prévus en même temps : un en Vidéo 8, du direct d'une heure, à la façon du Rouch et Leacock des temps heureux ; un autre à propos de la science - d'Euclide à Gödel, rien que cela, mais tout cela ; sans oublier une étude sur la solitude allemande d'aujourd'hui. Tout était possible techniquement, mais seule- ment techniquement. Mais peu à peu, les lignes de communication de ma petite armeé se sont étendues, et plus rien n'arrivait au cerveau du petit soldat que je suis resté, l'âge aidant.

J'ai donc abandonné cette chère Vidéo8 documentaire, cette science de fiction, et maintenant ce temps perdu et retrouvé des années gamma. Certes, j'eusse pu une fois encore juste dire en quoi le cinéma est impossible, mais j'ai tant de fois déjà montré et vécu cette impossibilité que ce ne serait pas juste aujourd'hui. Il est cependant intéressant de voir une dernière fois cet impossible et de le décrire aux yeux de l'ami que tu es pour moi avec fidélité.

L'idée de la Vidéo8 - une heure de direct passeé telle quelle sur la Sept - était la suivante : filmer le bonsoir à la nuit, ou plutôt : bonsoir au jour et bonjour à la nuit, tel que le virent Anne-Marie et sa petite fille

Lisa lorsque celle-ci vient quelques jours à Rolle. Cet enfant d'à peine deux ans est très observatrice, et de la nature et du langage, et c'est d'une grande douceur humaine que la voir et entendre nommer aussi bien l'écureuil que l'étoile et le vent, le train au loin et les nuages qui s'approchent. Mais voilà, d'une part il pourrait y avoir de la jalousie de la part de sa mère absente de l'opération, et de son père, d'autant plus que les rapports sont très moyens avec lui, surtout si c'est Godard qui signe le film et que sa petite fille passe à la télévision, etc, etc. Or j'ai appris enfin à ne pas passer outre aux lois existantes, et à ne faire des images que si elles sont au moins désirées par leur entourage immédiat. Les images étant en nous autant que hors de nous : que les poches dont nous avons par ailleurs besoin ne deviennent

pas hors d'eux par leur intermédiaire.
Direct interdit, c'aurait à ce sujet notre
cher André Bazin, s'il avait pu voir ce
film sans montage. Autre conséquence, un
peu vaguement triste pour moi, ne pas
faire partie de nouveau un temps de
ce vrai tiers-monde, ou quart, du cinéma que sont les R. Frank, P. Garrel,
R. Kramer, etc. Mais c'est cette interdiction familiale qui me fait question
et me laisse sans vraie réponse.
Abandon également de "Science sans
conscience", un film désiré depuis longtemps, et que le temps mis par la
Sept et gaumont à se décider à
faiblement financer, m'oblige également
à laisser de côté, un provisoire que
j'espère non-définitif. Un film de
pure pensée, où la pure pensée est
pur spectacle, aussi difficile que
ses élégies pour Rilke, et je n'ai

pas actuellement la force de ce pauvre Abel, qui avait résolu l'impossible résolution de l'équation du cinquième degré, et qui, venu à pied de Norvège à Paris, fut éconduit par le célèbre Cauchy qui n'avait pas de temps à perdre car il entrait à l'Académie, et Abel revint à pied à Oslo où il démontra pendant le reste de ses jours qu'il n'y avait pas de solution à l'équation du 5ème degré — ce qui m'a fait toujours penser à Stiller revenant de Los Angeles en Suède après avoir été largué par Garbo et la M. G. M.. Bref, de ces petits films plus longs à faire que les grands, mais d'où les grands sortent ou viennent se réfugier. Sans compter, ou plutôt en comptant qu'il faut rembourser ce qui a déjà ~~été~~ dépensé, été

et hiver compris. Et maintenant, ce pourquoi je t'écris : l'abandon des années
Gamma.

Je remarque d'abord que ce n'est pas
le premier que j'abandonne, ou que l'é-
poque me fait abandonner. Le film sur
Fassbinder, puis "les signes parmi nous",
puis la neige et les coquelicots, les deux
couleurs du drapeau ~~suisse~~ dont Ri-
chardet n'a pas voulu pour ses visages
suisses, pas plus qu'il n'avait voulu
du visage de l'apprentie vaudoise dominée par les montagnes d'Anne-Marie. Pour "les
signes parmi nous", c'est même la
deuxième fois que cela s'arrête, la
première étant précisément pendant
les années Gamma, en même temps
qu'"Aline" et/ou "Jean-Luc persécuté"
dont j'avais offert l'adaptation
pour l'anniversaire de ma mère,

un peu avant son accident - étrange
cadeau. Tellement de choses à mettre
un peu en ordre - la cavalcade dans
les cinémas de Montreux voir un film
de de Santis dont J. Doniol-Valcroze
avait célébré les mérites sous l'ancienne célèbre couverture jaune des
Cahiers, l'émotion ressentie à la
lecture des "Ambitions Déçues" de
Moravia que je rencontrerai bien
plus tard que ce jour où je
serrais avec précaution ce morceau
de continent du roman moderne
en descendant les marches de la
Bibliothèque de Lausanne avant
de prendre un café au bar-bar,
Liselotte Pulver dans "Uli der Knecht"
que je revois parfois aujourd'hui
à Rolle et qui illustra entre-

deur "le Temps d'aimer et le temps de Mourir", et les frères Von Allmen au Lauberhorn, et les premières victoires de Jacques Anquetil, et toutes ces photos des mondes inconnus à pompéïi toujours sous la célèbre couverture jaune. Encore aujourd'hui, je n'ai vu de ces films, contrairement à toi, Rivette ou Albera, que ces photos, mais c'est comme si j'avais vu ces films, et j'en parle avec sûreté, presque tous les Griffith, les Lubitsch, les Paul Leini, les Poudovkine et Dovjenko, etc., mais c'est que chaque photo était un chemin de Damas, et que la télévision et les journaux n'avaient pas encore signé leur reddition ni devant l'art ni

devant sa sœur la nature. Tout cela
ne peut se faire en cinq minutes, ni
cinq semaines, ni cinq mois. Peut-être
que si Stucky n'avait tant tardé
à signer l'accord, peut-être m'y
serais-je lancé, car l'appel était
grand de ce passé personnel et de
l'éternel présent - cadeau - des images,
et puis c'était encore l'été, et il
faut montrer l'herbe verte, que les
souvenirs soient espérance aussi, mais
on ne peut lirer un souvenir sur
commande, la faute n'est à personne,
mais le fait est là.
Le petit film réalisé avec Anne-
Marie, que tu as peut-être vu, te
convaincra que nous ne pouvons pas
parler, et devons nous taire, ainsi
que le conseille le bon Wittgenstein,
× pour l'Unicef

lorsque nous ne savons pas vraiment ce qu'il faut dire, surtout moi qui part bien trop facilement de la forme et qui commence d'avoir du mal pour quitter la surface des choses, et puis aller au fond, et puis revenir à la surface, mais vue de l'intérieur cette fois, d'en dessous, comme le ciel ; en plus que mon corps a été étourdiment délaissé et ne sait plus très bien où trouver l'énergie de surfer à l'intérieur des vagues de l'économie et de la culture, ces deux ennemies de l'individu que je suis en tant que désir et sujet. Crois bien que je suis conscient de l'affliction que je t'occasionne, mais crois aussi que je la partage avec toi, comme j'ai pu la partager avec Langlois et Mary à ma façon. Enregistrer le monde et soi-même laisse des traces, et les projeter comme tu sais le faire, de ces traces fait des pistes. Ce pontage des tâches est <ins>donc</ins> loin d'être terminé, il faut seulement que j'évite un peu mieux les faux pas. Je ne peux, si je faisais "les années Gamma", ne faire que quelques gammes pour la galerie, aussi huppée soit-elle. Je ne peux, en particulier, dans cette région du monde encore si privilégiée où toi et moi résidons la plupart du temps, je ne peux éviter la constatation que l'image suisse du monde a peu à voir avec le monde et avec le cinéma. L'identité suisse, contrairement à celle des autres peuples, ne se fait <ins>pas</ins> par <ins>ou</ins> via une image. L'image type de la Suisse, chocolat, montagnes, horloges, banques, est faite par les autres, pas par les suisses. Une histoire du cinéma suisse se devrait

d'indiquer dans certains chapitres
que la Suisse n'a pas interdit la
vision - comme Israel - mais qu'elle
en a simplement manqué dès sa
naissance. Si elle héberge de grands
peintres - Klee, romanciers - H. Hesse,
cinéastes - Chaplin, ce n'est pas une
terre d'asile, ce n'est que de l'hô-
tellerie. Ayant voulu, assez tard,
faire du cinéma dans ce pays sans
image, il me semblait logique de
voir en certains moments de ma
vie comment il a pu se faire
qu'une image naisse de son absence,
absence aussi claire et pure que
l'eau entre Nyon et Thonon dans
mon enfance. Il y a donc un regret certain et une grande peine
de ne pouvoir accomplir ce travail

nécessaire à tes côtés. Heureusement, d'un autre côté, que ce n'est qu'un film, ma chère Ingrid, disait l'auteur de "la loi du silence". Bien entendu, dès les mouchoirs séchés, je renverrai à Stucky les cinquante mille francs déjà versés ; puisse-t'il en profiter pour le répartir entre les autres réalisateurs ou agrandir l'écran du Palace 2. Je t'embrasse bien, oui, bien,

Nadine

POUR THOMAS WAINGGAI
Écrire contre l'oubli, n° 15

Sylvia Lawson

Un soir de 1993, j'ai allumé SBS, la chaîne multiculturelle australienne, un peu trop tôt pour les nouvelles de 18 h 30, et j'ai saisi au vol le générique qui ouvre *Pour Thomas Wainggai*. Le n° 15 de *Écrire contre l'oubli* est la contribution de Jean-Luc Godard et d'Anne-Marie Miéville à cette série produite par Amnesty International à l'occasion de son trentième anniversaire, en 1990. Celle-ci se compose de trente films de quatre minutes, dont la plupart adoptent la forme d'une lettre en vidéo et s'adressent à des chefs d'État, dans la tradition française de la lettre ouverte. Souvent, la voix du narrateur – le réalisateur lui-même, ou un acteur – demande la libération d'un prisonnier de conscience ; certains de ces films rendent hommage à la mémoire d'activistes tués au cours de leur lutte.

Le numéro 15 est le plus complexe intellectuellement et le plus profondément cohérent. C'est le seul qui remette véritablement en question aussi bien les points de vue de ses créateurs que ceux de ses spectateurs. Il ne s'agit pas d'un récit mais d'un micro-essai d'analyse politique et éthique. Dans le monde entier, différents publics l'abordent d'ailleurs ainsi ; mais je suis australienne, et je ne peux regarder ce film sans ressentir aussi le poids d'une histoire particulière. Mon pays a joué un rôle honteux dans l'oppression à laquelle Thomas Wainggai a tenté en vain de résister.

Wainggai était un Papou moderne. Il était citoyen de cette province indonésienne située dans la moitié occidentale de l'immense île en forme d'oiseau voisine du nord de l'Australie. Nous savons très peu de choses de lui, sinon qu'il avait une profession (peut-être ingénieur) et avait été formé par les Hollandais, puis aux États-Unis ou au Japon (son épouse, Teruko, était japonaise). Un jour de décembre 1988, il a hissé le drapeau emblématique de l'indépendance de la Papouasie, le *Morning Star*, lors d'un rassemblement dans la capitale, Jayapura. Ce geste lui a valu son arrestation et son emprisonnement.

Depuis l'Antiquité, les Papous – peut-être un million à cette époque, répartis en deux cent cinquante groupes tribaux et autant de langues – mènent une existence de chasseurs et de cultivateurs rythmée par les saisons. Leurs méthodes d'agriculture et de drainage ont précédé celles des Romains de plusieurs milliers d'années. Leurs sociétés, prospères et solides, se transmettent des récits fondateurs, pratiquent la construction, la sculpture, le tissage et le combat rituel.

Au milieu du xixe siècle, sans consulter les habitants, les pouvoirs impériaux européens tracent une ligne verticale partageant l'île : la partie occidentale devient la Nouvelle Guinée hollandaise. Un siècle plus tard, des discussions sont engagées pour effacer cette ligne. Des libéraux australiens proposent alors que l'Indonésie, l'Australie et les Pays-Bas administrent l'île sous l'égide des Nations unies et coopèrent afin d'amener une Nouvelle Guinée unifiée vers l'autonomie. Certains invoquent «le bien des autochtones» ; d'autres, jusque dans les années soixante, parlent des Papous comme d'un peuple vivant à l'âge de pierre. La pensée occidentale reste encore marquée par les notions de primitivisme et d'arriération.

Mais pour le président indonésien Sukarno, ces territoires, jusque-là gouvernés par les Néerlandais, doivent revenir à l'État indonésien. Il en convoite à la fois l'espace vital et les richesses minérales inexploitées des montagnes centrales. Dans le contexte politique de la guerre froide, le gouvernement américain craint que Sukarno ne se laisse attirer dans le camp communiste si ses exigences ne sont pas satisfaites. L'Union soviétique lui a vendu des bombardiers et des sous-marins. Sukarno envoie des parachutistes, tandis que le gouvernement néerlandais déploie douze mille soldats au sol. L'administration Kennedy s'en mêle, et un traité est signé sous le contrôle des États-Unis.

En tant que pouvoir intérimaire, le gouvernement indonésien institue un régime marqué par l'oppression brutale et l'exploitation. Pendant que ce processus «d'autodétermination» purement

Portrait de Thomas Wainggai dans *Pour Thomas Wainggai*

André Rousselet (de dos) et Véronique Tillmann dans *Pour Thomas Wainggai*

nominal suit son cours, des villages sont brûlés et des populations entières déplacées ; des femmes et des jeunes filles sont violées, des hommes battus et tués. Dans les écoles, les langues locales sont interdites, tout comme le drapeau, le Morning Star, qui cristallise désormais autour de lui une émotion très forte. Après le coup d'État des généraux de 1965 en Indonésie et l'établissement du «Nouvel Ordre» de Suharto, la répression, exercée avec le consentement des autorités, s'intensifie et se transforme en tyrannie meurtrière. Les journalistes ne sont plus autorisés à se rendre sur le territoire, mais la résistance se renforce et la rébellion s'étend un peu partout, malgré les dénégations des autorités indonésiennes. Les villages sont mitraillés et bombardés. De fausses promesses d'amnistie font sortir les groupes de résistants de leurs cachettes dans la jungle. Ils sont ensuite emprisonnés, torturés ou sommairement éliminés lors d'exécutions de masse.

Le mouvement indépendantiste OPM (Organisasi Papua Merdeka, ou Mouvement papou libre) s'organise en 1963. L'ambassade américaine à Djakarta sait qu'il a le soutien d'un nombre croissant de Papous. Les Nations unies le savent aussi, tout comme les Pays-Bas et l'Australie. Cependant, l'Australie continue de collaborer avec l'Indonésie et traque les Papous qui traversent la frontière vers la Nouvelle-Guinée, toujours sous son administration à l'époque. Lorsque deux jeunes Papous de l'Ouest tentent de rejoindre le bureau des Nations unies pour y déposer des témoignages et des pétitions, les autorités australiennes les arrêtent à la frontière. Nul ne s'oppose à la farce de l'Acte du libre choix (Act of Free Choice) de juillet-août 1969. Sous la supervision toute théorique des Nations unies, l'Indonésie sélectionne mille vingt-cinq Papous de l'Ouest qui, endoctrinés et menacés, votent au nom de tous en faveur du contrôle du territoire par l'Indonésie. L'Australie sait que le référendum est truqué et est informée des atteintes généralisées aux droits de l'homme, mais n'en apporte pas moins son soutien à l'Indonésie et aux Pays-Bas pour le faire ratifier par les Nations unies en novembre 1969.

Le sort de huit cent mille Mélanésiens est ainsi décidé entre des grandes puissances qui négocient au-dessus de leurs têtes, de Djakarta à Canberra et de New York à Genève, mais sans l'aval de Jayapura et de Port-Moresby[1], où, malgré les intimidations permanentes, existe un sentiment de solidarité pan-mélanésien entre voisins culturellement proches. Les véritables intérêts en jeu sont ceux du gouvernement indonésien, qui connaît la valeur en devises étrangères des immenses concessions minières et forestières, et ceux des compagnies transnationales d'exploitation des ressources naturelles, alors en pleine expansion, qui convoitent le cuivre, l'or, l'argent, le pétrole et le bois de la Nouvelle-Guinée occidentale. Quelques décennies plus tard, les Papous peuvent, dans l'exercice de leur mémoire, affirmer avec une juste véhémence : «Nous n'étions pas les sujets, mais les objets de l'histoire.»

---

1. La capitale de la Papouasie-Nouvelle-Guinée, dans la partie orientale de l'île.

Aujourd'hui, en Australie, des réseaux très importants d'actionnaires et d'investisseurs sont liés, via Rio Tinto, le géant britannico-australien de l'exploitation minière, à la compagnie Freeport-McMoRan. Cette immense mine compte parmi les plus gros contribuables du gouvernement indonésien. Elle est aussi largement responsable de la destruction des communautés et de l'habitat indigènes, et seuls 4 % de ses employés sont des Papous originaires de la partie occidentale de l'île. Le port australien de Cairns dessert la mine sans interruption, et Freeport-McMoRan y loue des milliers de chambres de motel chaque année. L'Australie est ainsi impliquée dans des opérations que dénoncent les Papous de l'Ouest : pillages, meurtres, viols, vol à grande échelle.

Dans la vidéo de Miéville et de Godard, nous ne quittons pas le bureau d'André Rousselet à Canal Plus. C'est un lieu propice à la claustrophobie, mais aussi un lieu d'efficacité et de privilège. Le premier plan montre Rousselet debout près d'une baie vitrée ; derrière lui, les toits de la ville et le ciel terne. Il est à la lisière de son territoire professionnel, un site très privilégié de communication. Au-delà, il n'a aucun pouvoir et la distance qu'il peut voir est énorme, peut-être infranchissable. C'est l'Homme Occidental ; et tout ce qu'il peut faire, c'est un geste philanthropique qui ne lui coûte rien, tandis que la Femme Occidentale s'affaire autour de lui pour que l'emploi du temps soit respecté. D'autres films, dans la série, font allusion à ce problème au passage, tandis qu'ils plaident leur cause. Celui-ci en fait son principe central et structurant. De Wainggai, nous ne voyons que des photographies de mauvaise qualité, maigres traces trouvées par Amnesty.

Godard a toujours soutenu que la politique qui importe est celle de l'endroit où l'on se trouve, endroit qui n'est jamais hermétiquement coupé des guerres qui se livrent ailleurs. Nul n'est à l'abri, nul n'est à part, et nul n'est épargné. *Le Petit Soldat* et *Loin du Vietnam* le rappelaient déjà. Rousselet formule le vœu pieux que le message sera entendu par le président indonésien, mais il ne peut ignorer que les chances de Thomas Wainggai sont très minces. Et, de fait, celui-ci mourra dans une geôle de Djakarta au milieu des années 1990.

Bien d'autres sont morts depuis. Les petits groupes de soutien à la cause de la Papouasie occidentale en Australie, ceux qui ont entamé des travaux universitaires, ceux qui font pression pour une aide contre la sécheresse, pour l'octroi du statut de réfugié ou pour des places à l'université réservées aux Papous, tous ceux-là agissent au niveau national. Ils affirment que c'est le problème de l'Australie, donc aussi le leur. La proximité est affaire de géographie et d'histoire, et la responsabilité fait partie intégrante du temps et du lieu. Mon pays s'est rendu autrefois complice du déshonneur en livrant cette province toute proche à une longue oppression. C'est pourquoi les traces vidéo de Thomas Wainggai me saisissent tout net, aujourd'hui encore. De qui l'ignorance fait-elle le jeu ? Quand, par notre inaction, nous rangeons une population entière dans la catégorie des gens qui ne comptent pas (où ils côtoient les déracinés dérivant sur des bateaux qui prennent l'eau de toutes parts), un racisme sous-jacent n'est-il pas à l'œuvre ?

Dans les chroniques éparses de la lutte papoue, le nom de Thomas Wainggai est presque oublié. Aurait-il pu devenir le Gandhi, le Mandela ou le Suu Kyi dont les Papous avaient besoin ? Peut-être pas, mais c'était un de nos voisins, et, pour moi, il y a de l'ironie à avoir appris son existence par hasard, grâce à une brève œuvre vidéo réalisée à Paris.

Traduit de l'anglais (Australie) par Franck Le Gac

Amnesty International
PRI

avec la participation de
Agnès b.

Écrire contre l'oubli

Anne-Marie Miéville
et Jean-Luc Godard

André Rousselet

pour

**Thomas Wainggai
Indonésie**

(image d'une enveloppe adressée à) Monsieur le Président Suharto / Djakarta / Indonésie

André Rousselet *(voix off)*: C'est alors que sont arrivés des camions de l'armée, chargés de soldats, qui ont arrêté les personnes présentes et les ont conduites, pour interrogatoire, dans un camp militaire.

André Rousselet *(voix off)*: Beaucoup ont entendu parler de votre pays, de sa culture millénaire, du charme et de la subtilité de ses habitants, de la beauté de ses paysages.

Véronique Tillmann: … la lettre à Monsieur Suharto, j'ai juste mis Djakarta, Indonésie.

André Rousselet: Oui oui. Oh, ça ira, merci. Ça ira.

André Rousselet *(voix off)*: J'ai pourtant appris qu'un homme, qui n'est pas un criminel, se trouve chez vous, condamné pour ses idées à vingt ans d'emprisonnement – toute une vie.

André Rousselet *(voix off)*: Environ soixante personnes présentes à la cérémonie chantaient et priaient. Une femme avait aidé à coudre le drapeau du groupe. Elle a été condamnée à deux ans de prison. Cet homme, Thomas Wainggai, n'a pas à ma connaissance commis de violences. Il souhaitait, et voulait promouvoir, l'indépendance de la province où il vivait.

Véronique Tillmann: La réunion câble est vendredi, onze heures ?

André Rousselet: Oui.

André Rousselet *(voix off)*: À ce que je sais, le procès de M. Wainggai a été entouré d'un grand secret. Les audiences ont eu lieu à l'intérieur d'une base militaire, les pièces à conviction sont demeurées inaccessibles. Thomas Wainggai et sa femme Teruko ont été arrêtés le 14 décembre 1988 au cours d'une cérémonie publique organisée pour proclamer l'indépendance de leur province, rebaptisée Mélanésie occidentale.

André Rousselet: Ce qu'il y a de dérisoire… Faire état de mes responsabilités…

André Rousselet *(voix off)*: Les renseignements dont je dispose me conduisent de nouveau à penser que M. Thomas Wainggai n'a jamais appelé à la violence. En fait, sa vie entière est brisée par la simple expression de la pensée.

André Rousselet *(voix off)*: André Rousselet, président de Canal Plus.

André Rousselet: Son seul crime… Avoir exprimé une espérance…

André Rousselet *(voix off)*: J'ai donc l'honneur, Monsieur le Président, de vous demander de bien vouloir user de votre influence pour que soient libérés M. Wainggai et Madame, ainsi que les autres personnes emprisonnées pour les mêmes raisons.

Retranscription par Franck Le Gac

HÉLAS POUR MOI : ÉLÉMENTS GÉNÉTIQUES

David Faroult et James S. Williams

Nous avons pu recueillir deux versions du scénario de *Hélas pour moi*, dont nous présentons ci-dessous de brefs extraits, en parallèle avec une séquence du film terminé. Que Philippe Duclos, qui a conservé ces documents, soit chaleureusement remercié d'avoir accepté de les mettre à notre disposition et de nous livrer quelques souvenirs. Philippe Duclos est comédien – au théâtre, où il a débuté avec Daniel Mesguich dans les années 1970, et au cinéma, où il a joué, notamment, pour Arnaud Desplechin.

Pendant le tournage (1992), Caroline Champetier, directrice de la photographie, aurait suggéré à Godard de voir *La Sentinelle*, d'Arnaud Desplechin, où Philippe Duclos fait une apparition mémorable en professeur de médecine légale. Godard se montre critique à l'égard de ce film, qu'il trouve trop long, et dans lequel, à ses yeux, les acteurs jouent trop «comme on joue dans les films français». Mais, parmi quelques autres, Philippe Duclos attire son attention car il lui semble plus «sérieux». Lorsqu'il le contacte pour interpréter un personnage de *Hélas pour moi*, le tournage est déjà fort avancé, et le scénario est en train de subir d'importantes transformations car le film semble trop court. L'idée est d'étoffer l'histoire en la faisant découvrir par un enquêteur, selon un procédé de variation des points de vues inspiré de *Citizen Kane*. À ce stade, Duclos est engagé pour incarner un «Bezzerides Junior», le fils imaginaire d'un célèbre scénariste et «script doctor» d'Hollywood, une sorte de réparateur de scénarios. Par l'introduction de ce personnage, Godard mettait en abyme ses difficultés à dilater le film. En même temps, dans la mesure où le film se fonde sur l'*Amphytrion 38* de Giraudoux, il pouvait s'agir de produire la 39ᵉ version du mythe, qui en constituerait le questionnement. De cette première rencontre, qui débouchera sur quelques jours de tournage, avant que la révision du scénario ne prenne une nouvelle inflexion, Philippe Duclos se souvient d'avoir eu l'impression stimulante d'entrer dans un chantier ou une usine, un atelier en pleine effervescence bricoleuse, une forge. Godard, dans sa conversation avec le comédien, fait preuve d'une grande et étonnante franchise de parole. Il évoque le ratage du film, sa très mauvaise entente avec Gérard Depardieu (toujours au téléphone), explique la nouvelle construction du récit et emprunte la notion de «racontars» au journal de Paul Léautaud. Pour ce qui concerne les acteurs, s'il leur donne une phrase de Heidegger ou de Hölderlin, il demande non pas qu'on la connaisse ou qu'on la comprenne, mais qu'on trouve quelque chose à en faire. Quelques jours plus tard, Godard laissera le soin à son assistant de congédier Philippe Duclos et d'autres acteurs qui n'ont plus leur place dans la nouvelle mouture du scénario. Le personnage de Bezzerides Jr disparaît au profit d'Abraham Klimt (éditeur au physique massif) qui sera interprété par Bernard Verley.

De cette intense activité scénaristique, nous sont parvenus deux échantillons : le premier a été remis à Philippe Duclos par l'assistant-réalisateur quelques instants avant sa rencontre avec Godard, tout en précisant qu'il était déjà caduc. Il recevra le deuxième quelques jours plus tard. Entre l'entrevue initiale et la fin de la participation de Philippe Duclos au tournage, il se sera écoulé moins de quinze jours. La confrontation d'extraits d'un même moment de l'intrigue – le départ de Simon et les adieux – dans deux versions successives et dans le film fini nous donne, en dépit de son caractère parcellaire, de précieuses informations sur le processus de travail de Godard. Les mythes, antithétiques, d'un démiurge congédiant le scénario parce qu'il a tout son film en tête, ou d'un cinéaste travaillant entièrement dans l'improvisation, devront s'effacer devant le modeste témoignage des archives.

Hélas pour moi, qui s'offre comme une «proposition de cinéma», est librement inspiré de la pièce de Jean Giraudoux *Amphitryon 38* (1929), et de plusieurs autres ouvrages, dont *L'Histoire des hommes et de la nature humaine*, de Giacomo Leopardi, auquel le film fait explicitement allusion (Godard dit lui-même que Giraudoux ne lui sert que de «canevas[1]»). Rappelons au passage la formule de

---

1. Voir «La loi de gravitation : entretien avec Thierry Jousse», *Jean-Luc Godard par Jean-Luc Godard*, t. 2, Paris, Cahiers du cinéma, 1998, p. 274, où Godard explique aussi que sa première motivation pour ce projet était de travailler avec Gérard Depardieu pour voir comment cette «occasion de cinéma» pouvait se produire.

Chris Marker à propos de Giraudoux : «Premier écrivain engagé, premier écrivain à se poser la question des responsabilités politiques de l'écrivain. Premier écrivain enfin à aborder le cinéma *en écrivain* (Malraux, Cocteau deviennent cinéastes, ce n'est pas la même chose²).» Au-delà de l'évolution naturelle dans le traitement de la séquence du départ de Simon – la transposition de scènes, le remodelage, et même la suppression de certaines phrases et expressions – une question s'impose : comment l'épisode est-il passé d'une forme à l'autre (pièce/scénario écrit/film) et qu'est-ce que cela nous apprend sur la méthode godardienne ? On remarque tout de suite, par exemple, l'aspect plus efficacement cinématographique du deuxième scénario, où l'on trouve beaucoup plus d'indications concrètes, simples et directes, qui mettent en valeur les actions. Mais on constate aussi son inachèvement (la dernière séquence, n° 6, en italiques, où les événements sont plutôt décrits, indique que beaucoup reste encore à développer dans le récit). Tout cela contraste avec l'apparence plus littéraire du premier scénario, dans lequel on lit des citations explicitement signalées de Baudelaire, des références directes à *La Sorcière* de Michelet, au «vieux lutteur de Daumier», à Maurice Barrès, et des passages délibérément poétiques³. Autres témoignages de son ancrage littéraire : après la dernière page du premier scénario figure la photocopie d'une note écrite à la main par Godard : «Ainsi que l'écrivait monsieur de Balzac à la fin du *Cousin Pons* : excusez les fautes du copiste»; et, surtout, le film lui-même est divisé en «livres». L'œuvre terminée combine avec une grande complexité des niveaux différents : non seulement la problématique rhétorique de l'enquête, qui sert de cadre, mais aussi des cartons, la répétition de la musique, qui produit son propre rythme (la même explosion de piano de Giya Kancheli), une profusion de citations et d'extraits de textes critiques, surtout sur le cinéma (ainsi des *Notes sur le cinématographe* de Robert Bresson), une voix off «mixte», où un homme et une femme récitent ensemble (avec quelques petites modifications) un passage célèbre de Maurice Blanchot tiré de *Au moment voulu* (1951). Aucune description ne saurait rendre justice à la richesse formelle de la composition de ce film, où la multiplication des voix in et off semble donner un caractère de chœur antique à certains dialogues.

---

2. *Giraudoux par lui-même. Images et textes présentés par Christian Marker*, Paris, Seuil, «Écrivains de toujours», 1952, p. 6.
3. Par exemple, p. 54 : «Et le dialogue continue, plein de passion de part et d'autre, de mensonge, de vérité, de séduction, d'orgueil et de violence. Elle, de plus en plus solide dans sa probité. Lui*, puissant mais emprunté dans son corps d'homme – proche d'un certain désespoir. Désespoir de l'Esprit obligé de se charger d'un corps pour exister. Finalement, un couple, une nuit, une proximité de la nuit.
* Avec parfois de nouveau la voix de Simon.»

AMPHITRYON 38

Jean Giraudoux

ACTE I, SCÈNE III (extraits)
Alcmène : Je t'aime, Amphitryon.
Amphytrion : Je t'aime, Alcmène.
Alcmène : C'est bien là le malheur ! Si nous avions chacun un tout petit peu de haine l'un pour l'autre, cette heure serait moins triste.
Amphytrion : Il n'y a plus à nous le dissimuler, femme adorée, nous ne nous haïssons point.
Alcmène : Toi, qui vis près de moi toujours distrait, sans te douter que tu as une femme parfaite, tu vas enfin penser à moi dès que tu seras loin, tu promets ?
Amphytrion : J'y pense déjà, chérie.
(lignes 1-11)

Alcmène : [...] Ah ! cher mari, je me réjouis que tu sois l'homme d'une seule victoire, d'une seule victime. Car peut-être aussi es-tu l'homme d'une seule femme… Ce sont tes chevaux ! … Embrasse-moi…
Amphytrion : Non, les miens vont l'amble. Mais je peux t'embrasser

quand même. Doucement, chérie, ne te presse pas trop fort contre moi ! Tu te ferais mal. Je suis un mari de fer.
Alcmène : Tu me sens, à travers ta cuirasse ?
Amphytrion : Je sens ta vie et ta chaleur. Par tous les joints où peuvent m'atteindre les flèches, tu m'atteins. Et toi ?
Alcmène : Un corps aussi est une cuirasse. Souvent, étendue dans tes bras même, je t'ai senti plus lointain et plus froid qu'aujourd'hui.
Amphytrion : Souvent aussi, Alcmène, je t'ai pressée plus triste et plus désolée contre moi. Et cependant je partais pour la chasse, et non pour la guerre [...]
(lignes 135-152)

Alcmène : Notre amour ! Je craignais que tu ne me trompes. Je te voyais dans les bras des autres femmes.
Amphytrion : De toutes les autres ?
Alcmène : Une ou mille, peu importe. Tu étais perdu pour Alcmène. L'offense était la même.
Amphytrion : Tu es la plus belle des Grecques.
Alcmène : Aussi n'étaient-ce pas les Grecques que je craignais. Je craignais les déesses, et les étrangères.
(lignes 179-186)

Amphytrion : Ô Alcmène, femme chérie, sois satisfaite ! Lorsque je suis auprès de toi, tu es mon étrangère, et tout à l'heure, dans la bataille, je te sentirai mon épouse. Attends-moi sans crainte. Je serai bientôt revenu, et ce sera pour toujours. Une guerre est toujours la dernière des guerres. Celle-ci est une guerre entre voisins ; elle sera brève. Nous vivrons heureux dans notre palais, et quand l'extrême vieillesse sera là, j'obtiendrai d'un dieu, pour la prolonger, qu'il nous charge en arbres, comme Philémon et Baucis.

Alcmène : Cela t'amusera de changer de feuilles chaque année ?

Amphytrion : Nous choisirons des feuillages toujours verts, le laurier me va bien.

Alcmène : Et nous vieillirons, et l'on nous coupera, et l'on nous brûlera ?

Amphytrion : Et les cendres de nos branches et de nos écorces se mêleront !

Alcmène : Alors autant unir dès la fin de notre vie humaine les cendres de nos chairs et de nos os !

On entend le pas des chevaux.

[…]

Alcmène : Alors pars ! J'aime mieux te voir partir sur ces croupes débonnaires.

Amphytrion : Tu ne me dis rien d'autre !

Alcmène : N'ai-je pas tout dit ? Que font les autres épouses ?

Amphytrion : Elles affectent de plaisanter. Elles tendent votre bouclier en disant : Reviens dessus ou dessous. Elles vous crient : N'aie d'autre peur que de voir tomber le ciel sur ta tête ! Ma femme serait-elle mal douée pour les mots sublimes ?

Alcmène : J'en ai peur. Trouver une phrase qui irait moins à toi qu'à la postérité, j'en suis bien incapable. Tout ce que je peux te dire, ce sont ces paroles qui meurent doucement sur toi en te touchant : Amphitryon, je t'aime, Amphitryon, reviens vite ! … D'ailleurs il n'y a plus beaucoup de place dans les phrases quand on a prononcé d'abord ton nom, il est si long…

Amphytrion : Mets le nom à la fin. Adieu, Alcmène.

Alcmène : Amphitryon !

Elle reste un moment accoudée, pendant que le bruit des pas des chevaux s'éloigne ; puis se retourne et veut aller vers la maison. Mercure, déguisé en Sosie, l'aborde.
(lignes 219-262)

Fin de scène

HÉLAS POUR MOI – **PROPOSITION DE CINÉMA D'APRÈS UNE LÉGENDE**
Janvier-décembre 1992 – « documents de tournage »
15 séquences, 72 pages

SÉQUENCE 10 (p. 46-49)

Fin d'après-midi. Mercure flâne, venant de la plage. Il passe devant la petite buvette privée où Rachel est en train d'installer une table ou deux.

Mercure : Madame, bonsoir.

Rachel : Bonsoir, Monsieur.

Il continue son chemin vers le chantier naval. La vieille Lancia de Simon y stoppe. Simon en sort, et va vers une autre voiture/auto. Un homme est appuyé contre et lit un journal financier. (On a reconnu l'homme que Simon escortait à une table au début de la séquence 4.)
Rachel regarde, l'air soudain mécontente.
Plan plus rapproché de l'homme et de Simon alors que Mercure est passé dans le champ, disant : « Messieurs, bonsoir ». Ils font à peine attention. Simon fait un geste dans la direction de Rachel.

Simon : Je crois que je ne vais pas venir.

L'homme : Des affaires de ce genre, ne faites pas l'idiot, Simon, ça n'arrive que[1].

Simon : Il faut que je demande à Rachel, ce soir elle a prévu autre chose.

L'homme : Il y a des enfoirés du Crédit Lyonnais dessus, c'est ce soir.

Simon : Il faut que je lui dise.

L'homme : Emmenez-la, moi je dois passer prendre Josette.

Le dieu et Mercure écoutent, cachés dans un recoin du chantier naval. Le dieu change d'habits.

Simon : Je veux que ce soit une surprise.

L'homme : C'est foutu. Décidez-vous.

Simon : Ça va faire cinq heures du matin.

L'homme : Non, pas sûr, il n'y aura qu'à sortir les stylos, décidez-vous.

Simon : Je reviens.

Le dieu a maintenant enfilé les mêmes habits que ceux de Simon. Il lui ressemble complètement.

---

1. Cette suspension du dialogue figure sous cette forme dans le document original.

Le dieu/Simon 2 : Comme premier assistant, vous êtes nul, Max, si elle y va aussi, foutu pour moi.

Mercure lui a tendu un petit miroir.

Mercure : Un peu de confiance, Seigneur, vous n'aimez pas une femme comme les autres, ça va pas être de rigolo, je vous l'ai dit soixante-sept fois.

Il cligne des yeux en regardant au loin.

Mercure : Toutes les autres, ça marche, elle pas.

Le dieu cligne des yeux à son tour, fait une grimace ennuyée.

Le dieu/Simon 2 : Pourquoi du désir, s'il faut avoir un corps.

On est sur Rachel, que Simon tient par derrière dans ses bras alors qu'elle met les couverts sur la nappe.

Rachel : La surprise est affreuse : tu t'en vas.

Simon : Mon amour, nous avons notre première dispute, on l'attendait tellement. Sur la route, je le dirai aux coquelicots, ils sont déjà tout rouges d'émotion.

Rachel : À mon avis, c'est/Ça doit être de la honte, parce que tu pars loin de moi.

L'homme : Trois quatre petites heures, madame, décidez-vous, moi, j'y vais.

L'homme est entré dans le champ et ressorti tout aussitôt. Rachel lui fait une grimace. Il crie de loin.

L'homme : À mon avis, elle ne vous aime pas tellement que ça.

Rachel : Il y a longtemps que je me proposais de dire un jour au monde que j'aime mon mari, et même de le crier, comme on crie une mission ou un crime. Voilà, c'est fait, pars, Simon, dépêche-toi, peut-être qu'il y a des femmes et qu'elles attendent.

Simon : Mais viens, tu verras. On laisse un mot.

Rachel : Non, c'est une idée de toi. À quoi pense ce visage ?

Simon : Embrasser cette bouche.

Rachel : Cours, accélère, Simon, demain matin quand tu me réveilleras, je serai rouge de plaisir.

Elle le pousse. Il s'en va. Elle le regarde et reprend sa tâche.
Simon rejoint l'homme, qui est monté dans sa grosse berline et lui ouvre la portière.

Simon : Je prends ma Lancia.

L'homme : Vous n'arriverez pas à me suivre : troisième à Monte-Carlo.

Simon : Il y en a qui ont gagné les Mille mille avec ça/cette caisse.

Les deux autos démarrent.

HÉLAS POUR MOI
6 séquences, 60 pages

SÉQUENCE 4, 1-6 (6 pages)

Buvette – Près du chantier naval – Bord du lac – Ext. jour
Un homme se tient debout, de dos à nous, à l'entrée de la terrasse. On ne voit pas son visage, juste sa main qui se balance le long de sa cuisse. Rachel, en maillot de bain, s'apprête à sortir de l'eau. Elle s'arrête quand elle aperçoit l'homme qui la regarde.
Rachel : Monsieur.
L'homme : Madame.
On entend la voix de la fiancée du professeur de dessin :
Fiancée prof de dessin : Ça va, Rachel ?
Rachel sort de l'eau et ramasse ses affaires sur une table.
Rachel : Vous êtes en avance.
La fiancée du professeur de dessin est assise à une des tables de la buvette. Le professeur de dessin arrive et clame quand il voit Rachel :
Professeur de dessin : Rachel, quand du Seigneur !
Puis il va s'asseoir près de sa fiancée. On reconnaît l'homme qui observait Rachel. C'est Mercure, qui, maintenant, traverse la terrasse et croise Benjamin, accompagné de la jeune élève qu'on a vue à la librairie (celle qui interrogeait sur le titre du livre de Kierkegaard).
Mercure : Mademoiselle. Monsieur.
Benjamin : Monsieur.
En s'en allant, tandis que Rachel a sorti un tuyau d'arrosage pour se rincer les jambes. Mercure obstrue de sa main la vision qu'on a d'elle, comme s'il ne voulait pas qu'elle soit regardée par d'autres que lui et le dieu.
On retrouve Rachel, penchée en avant pour arroser ses jambes, le visage caché par ses cheveux. Elle redresse la tête, dégage son visage pour regarder quelque chose avec une moue désapprobatrice.

Chantier naval sous les arbres
Mercure, de même qu'il a masqué la vision précédente, dévoile la scène que Rachel regardait.
Il traverse le chantier naval où Simon est assis, appuyé sur l'arrière de sa Lancia, avec le propriétaire et sa femme, attendant près de leur luxueuse voiture jaune.
Simon donne quelques instructions au serveur du café, qui s'en va.
Mercure va ramasser sa mallette au pied d'un arbre. Au passage, il salue le propriétaire ainsi que Simon.
Mercure : Monsieur. Monsieur.
Le propriétaire ne lui répond pas.
Simon : Monsieur.
Simon semble très ennuyé, comme s'il n'arrivait pas à annoncer quelque chose au propriétaire. Il sort une cravate de la poche de sa veste et la met à son cou.
Simon : Je ne crois pas… que je vais venir.
Propriétaire *(qui lit son journal)* **:** Des affaires de ce genre, ne faites pas l'idiot, Simon.
Simon : Ce soir, il faut que je demande à Rachel. Autre chose a été prévu.
Femme propriétaire : Pourquoi pas demain, Paul ?
Propriétaire : *(Il se tourne vers elle)* Ce soir !
Simon : Il faut que je le dise !
Propriétaire : Emmenez Rachel, elle ira au casino avec Josette.
Simon : Je voulais que ce soit une surprise.
Il tourne le regard en direction de la buvette où se trouve Rachel. Caché derrière un arbre, le dieu écoute, avec Mercure. On entend le dialogue de Simon et du propriétaire qui se poursuit :
Voix Simon : … par ailleurs, cela va faire cinq heures du matin.
Voix propriétaire : Pas sûr. Je pense qu'il n'y aura qu'à sortir les stylos. Décidez-vous.
Voix Simon : Je reviens.
Le dieu porte à présent la même chemise et le même pantalon que Simon. On ne voit pas son visage.
Il enlève sa ceinture et sa veste et les tend à Mercure, qui lui donne la même veste que celle de Simon.

Pendant qu'il se change :
Le dieu : Comme premier assistant, vous êtes nul, Max. Si elle y va aussi, foutu pour moi.
Mercure : De la confiance, Monsieur. Vous ne désirez pas une femme comme les autres. Toutes les autres, ça marche, elle pas. Ça ne va pas être de rigoler, je vous l'ai dit.
Le dieu *(qui a pris, dans la poche de la veste, la cravate de Simon, et la met)* **:** Pourquoi du désir, s'il faut avoir un corps ?
Il se tourne, comme Simon, vers la buvette.

Buvette
Rachel est assise par terre. Simon est penché sur elle, assis sur une chaise. Il a la main posée sur son bras, qu'elle retire.
Pendant leur dialogue, on entend la conversation du professeur de dessin, de sa fiancée, et de la femme du pasteur, qu'on a vue passer pendant que Simon était avec le propriétaire. Ils sont assis à une table, derrière Rachel et Simon. [Simultanément :]

Rachel : La surprise est affreuse. Tu t'en vas.	**Voix fiancée professeur dessin :** J'ai trouvé ça pour vous et ça pour votre mari.
Simon : Amour, c'est notre première dispute. On l'attendait tellement. Je le dirai aux coquelicots sur la route. Ils sont déjà rouges d'émotion.	**Voix professeur de dessin :** « La loi du silence », c'est pas la V.O.
Rachel : À mon avis, c'est de la honte, parce que Simon quitte Rachel.	**Voix femme pasteur :** C'est pas tellement mal comme traduction pour « I confess ».
Voix propriétaire : Trois quatre heures, petite madame. Décidez-vous, les deux, moi j'y vais.	**Voix fiancée prof. dessin :** Tu as remarqué, mon petit Jacques, que dans dispute, il y a le mot pute ?
Le propriétaire tape sur l'épaule de Simon avec son journal.	**Voix prof. dessin :** Et alors ?
Voix propriétaire : À mon avis, Rachel ne vous aime pas tellement !	**Voix femme pasteur :** Petite madame, que c'est vulgaire !
Rachel : Il y a longtemps que je me propose de dire un jour au monde que j'aime mon mari *(elle le crie)*, et même de le crier, comme on crie une mission ou un crime. Voilà, c'est fait. Pars, Simon, dépêche-toi. Peut-être qu'il y a des femmes et qu'elles t'attendent.	**Voix fiancée prof. dessin :** Un crime !
	Voix prof. dessin : Tais-toi !

Simon : Non. Viens, tu verras.
Simon se lève et essaye d'entraîner Rachel, qui se dégage et va s'asseoir sur un banc.
Rachel : Non ! C'est une idée de toi. Quel dommage qu'on ne se déteste pas. Je serais si heureuse que tu partes.
Simon : *(S'assied à côté d'elle)* Je reste.
Il regarde son visage. Elle ne le regarde pas.
Rachel : À quoi pense ce visage ?
Simon : Embrasser cette bouche.
Rachel : *(elle pose sa main sur la sienne)* Cours, Simon, accélère. Demain matin, quand tu me réveilleras, de nouveau, je serai rouge de plaisir.
À la table d'à côté, les conversations se sont tues, et les trois ont écouté gravement la fin du dialogue de Rachel et Simon.
Simon se lève et s'en va sans se retourner. Rachel lance un regard dans sa direction puis détourne la tête, comme si elle avait cru un instant qu'il allait revenir.

Chantier naval – Sous les arbres
Le propriétaire et sa femme attendent toujours Simon. Il arrive en courant et va claquer la portière de la voiture des propriétaires.
Simon : Je prends la Lancia. *(Il se dirige vers sa Lancia poussiéreuse.)*

La femme du propriétaire lui lance, en allant vers la voiture de son mari :
Femme propriétaire : Paul va vous semer. Troisième à Monte-Carlo !
Simon (*en donnant de grandes tapes affectueuses sur sa voiture, comme on le fait pour un gros chien*) : Il y en a qui ont gagné les Mille mille avec ces caisses.

Il monte dans la Lancia.
Le docteur, qui passe par là, en direction de la buvette, jette un coup d'œil, surpris par toute cette agitation.
Les moteurs se mettent à tourner.

HÉLAS POUR MOI (1993) (FILM)
Découpage de la fin du «Livre Troisième» (3'55")

(26'58")
PLAN 1 (*fixe*) – Plan moyen de Rachel dans l'eau, marchant vers nous, en direction d'un homme immobile (Max Mercure), debout, de dos, le haut du cadre le coupe aux coudes. Il se tient au bord du lac. (*Ce plan constitue déjà une répétition.*)

Voix off (Stefan) : C'est faux. Elle marchait dans l'eau.
Rachel (*regardant fixement Max, toujours vu du dos, pour lui lancer le mot*) : Monsieur...
Éclatement assourdissant de piano (Kancheli) puis musique

PLAN 2 (*fixe*) – Plan rapproché de Simon, absorbé, regardant droit devant lui vers la droite cadre, dans le vide. Sa tête est à la hauteur de la plaque d'immatriculation arrière d'une voiture.

Simultanément, une série de voix off :
Klimt (*off*) : Vous vendez des images.

Cartons : LE PASSÉ N'EST / JAMAIS MORT
IL N'EST MÊME PAS / PASSÉ

Klimt (*off*) : Vous devriez quand même savoir...
Noir
Klimt (*off*) : ... s'il y a des choses impossibles à voir.
Voix féminine (copine de Stefan) (*off*) : Stefan, arrête !
Klimt : Alors rien de spécial ? À votre avis...
Noir
Klimt (*off*) : ... cet après-midi, là ?
Voix féminine (copine de Stefan) (*off*) : Invisible ?

PLAN 3 (*fixe*) – *Début du plan (= n° 1) de Rachel nageant vers Max-Mercure (coupe au moment où Rachel se lève pour marcher dans l'eau et le saluer.)*

Klimt (*off*) : Impossible à voir.
Voix féminine (copine de Stefan) (*off*) : C'est quoi, exactement, votre livre ?
Klimt (*off*) : Ni sur le fond, ni sur la forme.
Stefan (*off*) : Au fond, je me suis toujours dit que Simon n'aimait pas Rachel autant qu'elle l'aimait lui.
Éclatement assourdissant de piano (Kancheli)

PLAN 4 (= plan n° 2, *fixe*) – *Retour sur Simon, il commence à nouer sa cravate.*

Série de voix off : Monsieur. Monsieur (*effet d'échos*)
Simon : Monsieur.
Voix féminine (copine de Stefan) (*off*) : Je ne sais pas si cela peut se dire comme cela exactement.
Simon : Je ne crois pas que je vais venir.
Paul (le propriétaire) (*off*) : Des affaires de ce genre, ne fais pas l'idiot, Simon.
Simon : Ce soir il faut que je demande à Rachel. Autre chose a été prévu.
Paul (*off*) : Ce soir
Femme de Paul (*off*) : Pourquoi pas demain, Paul ?
Paul (*off*) : Ce soir...
Simon : Je ne sais pas.
Paul (*off*) : Emmenez Rachel.
Éclatement assourdissant de piano (Kancheli)
Paul (*off*) : Elle ira au Casino, avec Josette.

PLAN 5 *(fixe)* – Buvette au bord du lac. Plusieurs personnes traversent le champ depuis l'arrière de la caméra vers le fond gauche, produisant un effet volet. On découvre finalement Rachel qui entre dans le champ par la droite, le traverse et en sort à gauche. Plusieurs personnes circulent autour de la table, et quelques-unes partent vers l'arrière-plan.

Voix féminine *(off)* : Ça va, Rachel ? Vous êtes en avance ?
Un homme *(parlant dans la direction du lac et ne regardant pas Rachel)* : Rachel-quand-du-Seigneur !
Max-Mercure *(marchant tout droit vers l'appareil, saluant les gens d'une manière générale)* : Monsieur, Monsieur, Monsieur.
La main de Max-Mercure couvre l'objectif de la caméra tandis qu'il avance vers nous. L'écran est presque entièrement noir, mais on voit Rachel se séchant le corps à l'arrière-plan à travers les doigts de Max-Mercure. Éclatement assourdissant de piano (Kancheli) suivi d'un fragment de musique légère et symphonique (Beethoven)

Carton : TOUT EST DANS / UN

PLAN 6 *(fixe)* – Plan rapproché-taille de Rachel penchée en avant pour se sécher. Un homme est assis derrière elle à la table. Elle s'immobilise, tourne le visage, et regarde fixement la caméra.

Simon *(off)* : Je voulais que ce soit une surprise. Par ailleurs, ça va faire 5 heures du matin.
Voix masculine *(off)* : Pas sûr.
Voix râpeuse imitant un trachéotomique (le Dieu) *(off)* : Comme premier assistant vous êtes nul, Max.

PLAN 7 *(= plan n° 4 = n° 2, fixe)* – Retour sur Simon près de la voiture, il se penche pour mieux voir quelque chose.

Bruits de vêtements.

PLAN 8 *(fixe, flash subjectif de Simon)* – Max-Mercure commence à retirer ses vêtements près d'une voiture.

Voix râpeuse imitant un trachéotomique (le Dieu) *(off)* : Si elle y va…

PLAN 9 *(flash fixe)* – Plan moyen de la femme de Paul qui fait les cent pas près d'une voiture stationnée.

Voix râpeuse imitant un trachéotomique (le Dieu) *(off)* : … aussi, c'est…

PLAN 10 *(fixe)* – Plan rapproché épaules de Rachel, de face en légère plongée, les eaux du lac floues en fond. Le visage de Simon est au premier plan presque flou à la droite cadre, légèrement penché.

Voix râpeuse imitant un trachéotomique (le Dieu) *(off)* : … foutu pour moi !

Voix de Max-Mercure, presque murmurant *(off)* : De la confiance, Monsieur. Vous ne désirez pas une femme comme les autres.

Rachel *(tournant la tête vers lui)* : La surprise est affreuse : tu t'en vas ! *Inintelligibles, des bribes de phrases du Dieu en off.*

Simon : Amour, c'est notre première dispute. On l'attendait tellement. Je vais le dire aux coquelicots sur la route. Ils sont déjà rouges d'émotion.

Rachel : À mon avis c'est de la honte. Parce que Simon quitte Rachel.

Voix *(off)* : Trois, quatre heures petites, madame. Décidez-vous les deux, moi j'y vais.

Voix masculine *(off)* : À mon avis, Rachel ne vous aime pas tellement !

Voix féminine *(off)* : Dans «dispute», il y a le mot pute.

Voix râpeuse imitant un trachéotomique (le Dieu) *(off)* : Alors…

Rachel : Il y a longtemps que je me propose de dire au monde que j'aime mon mari. Même de le crier, comme on crie une mission ou un crime…

Voix féminine *(off)* : Un crime ?!

Rachel : Voilà, c'est fait.

Voix masculine *(off)* : Tais-toi !

Rachel : Pars, Simon, dépêche-toi. Peut-être qu'il y a des femmes et qu'elles t'attendent.

Simon : Mais viens, tu verras !

Il commence à se lever.

PLAN 11 *(fixe)* – La table de la buvette, avec des hommes et femmes assis autour de la table en plan américain. Simon et Rachel se lèvent pour quitter la table ; ils quittent le champ à gauche. Puis un lent panoramique de droite à gauche suit le regard de quelques personnages observant leur déplacement. On retrouve Simon et Rachel maintenant assis près d'un mur.

Rachel : Non, c'est une idée de toi.

Simon la scrute avec soin.

Rachel : À quoi pense ce visage ?

Simon : À embrasser cette bouche *(elle regarde droit devant elle, vers le lac, en prenant sa main. Il regarde vers le bas, dans le vide.)*

Rachel : Cours, Simon, accélère ! Demain matin, quand tu me réveilleras, de nouveau je serai rouge de plaisir.

(Simon se lève et part vers le fond du champ.)

Éclatement assourdissant de piano (Kancheli)

Carton : L'OMBRE DE DIEU, / TOUT HOMME NE / L'EST-IL PAS POUR / UNE FEMME QUI / AIME SON HOMME ?

En même temps :

Voix féminine *(off)* : *(dans le magasin)* J'ai trouvé ça pour vous, et ça pour votre mari.

Voix masculine *(off)* : La Loi du silence.

Rachel *(off)* : Quel dommage que l'on ne se déteste pas ! …

Voix masculine *(off)* : C'est pas la V. O.

Noir

Rachel *(off)* : … Je serais si heureuse que tu partes !

PLAN 12 *(fixe)* – Légère plongée de Rachel seule en plan rapproché, toujours près du mur. Elle regarde fixement vers le bas puis tourne la tête vers le fond du champ, et à nouveau vers le bas.

Voix féminine *(off)* : C'est pas tellement mal comme traduction de *I Confess*.

PLAN 13 *(fixe)* – La Buvette. Plan rapproché taille de la jeune femme du magasin assise à une table. Derrière elle, au fond du champ, Max-Mercure sur le ponton la regarde.

Simon *(off)* : Je prends la Lancia.

Femme de Paul *(off)* : Paul va vous semer.

PLAN 14 *(= plan n° 9, fixe)* – Plan moyen de la femme de Paul et de Simon s'affairant autour de voitures stationnées.

Femme de Paul : Troisième à Monte Carlo.

Simon : Il y en a qui ont gagné les Mille mille avec ces caisses.

Les moteurs se mettent à tourner.

Carton : LIVRE QUATRIÈME

(30'53")

GENÈSE DE *FOR EVER MOZART*

FERGUS DALY

Le scénario dialogué distribué aux acteurs de *For Ever Mozart* est un *work in progress* auquel ne se conforme pas avec exactitude l'état définitif du film, comme c'est souvent le cas. Les changements opérés dans le passage du scénario à l'écran s'avèrent de trois ordres : tout d'abord, les omissions pures et simples, lorsque des scènes ou des dialogues figurant dans le scénario sont supprimés. Ensuite, les inserts, sous forme de nouveaux passages dialogués, extraits musicaux ou bruitages sur la bande-son, ou de nouvelles scènes, nouveaux fragments de scènes, ou nouvelles photographies sur la bande-image. Enfin, les sons et les images redistribués, qui sont de deux types : l'apparition d'images, d'intertitres, de dialogues, de musiques ou d'effets sonores à un endroit différent de celui prévu, ou des scènes d'un seul tenant dans le scénario et désormais fragmentées, montées en alternance avec d'autres scènes ou fragments de scènes figurant ou non dans le scénario. Cette seconde variété de sons et d'images redistribués inclut la répétition d'éléments dont le scénario n'indiquait qu'une seule occurrence. L'exemple le plus notable concerne ici la répétition, unique ou multiple, par un personnage d'un dialogue initialement prévu pour n'être dit qu'une fois par lui, voire l'attribution de ce dialogue à un tout autre personnage.

L'élaboration de *For Ever Mozart* est typique du travail de Godard, particulièrement dans sa période récente. Le cinéaste reprend ici trois projets distincts : une version cinématographique du *Livre de l'intranquillité* de Fernando Pessoa ; une idée empruntée à un article de presse de Philippe Sollers critiquant le fait que Susan Sontag ait monté *En attendant Godot* à Sarajevo (selon lui, *Le Triomphe de l'amour* de Marivaux aurait été plus approprié[1]) ; et un autre projet qui aurait eu pour point de départ un concert de Keith Jarrett.

For Ever Mozart est construit sur le modèle d'une sonate classique, scandée par la réapparition de certains personnages, qui relie chaque section à la suivante[2]. Le prologue fait référence au chômage et au théâtre, et l'épilogue traite d'une interprétation musicale, qu'évoque le titre du film. Dans sa partie centrale (les deux principaux mouvements de la sonate), trois jeunes acteurs – Camille, son cousin Jérôme et son amie Djamila – se mettent en route pour Sarajevo (le « théâtre des opérations ») où ils espèrent interpréter *On ne badine pas avec l'amour*, d'Alfred de Musset. Mais, avant d'atteindre la ville, ils se trouvent pris dans la guerre : les cousins meurent sous les coups d'un gang de « brigands internationaux », tandis que Djamila est enlevée. Pendant ce temps, le père de Camille, Vicky Vitalis, réalise *Le Boléro fatal*, une superproduction européenne supposée concurrencer Hollywood (mais qui ruinera les producteurs, rattrapés par la préférence du public pour les films américains). « Pourquoi "fatal" ? », questionne le film de façon récurrente. La réponse vient sous la plume de Juan Goytisolo, qui réapparaît dans *Notre musique* : « Est-ce que l'histoire européenne des années quatre-vingt-dix n'est pas une simple répétition, avec de légères variantes symphoniques, de la lâcheté et de la confusion des années trente… un lamentable et interminable *Boléro* de Ravel[3] ? ». Parallèlement, le thème de « la légèreté de l'être » introduit la musique de Mozart, qui n'est pas « légère et douce » mais plutôt porteuse, selon Godard, d'une « légèreté mortuaire », contre-pouvoir « qui vainc la douleur par la légèreté ».

Un thème fondamental du travail de Godard réside dans l'opposition entre, d'une part, l'acte de voir et la vision, et, de l'autre, les mots et l'interprétation. Dans les entretiens accordés au moment de la sortie en salles de *For Ever Mozart*, Godard critiqua la préoccupation exclusive des journalistes pour

---

1. Philippe Sollers, « Profond Marivaux », *Le Monde*, 20 mai 1994.
2. On se souvient que *Prénom Carmen* adoptait déjà la forme sonate en indiquant les débuts et fins de mouvements par des passages de métro aérien.
3. Notons que Goytisolo propose cette analogie à propos d'abord de l'histoire de la seule Espagne. Juan Goytisolo, *Cuaderno de Sarajevo* (1993), traduction française par François Maspero, *Cahier de Sarajevo*, Strasbourg, Nuée bleue, 1993.

les questions d'interprétation et d'exégèse, au détriment du regard et d'une forme de compréhension non verbale. Les mots, selon lui, nous empêchent de voir et devraient venir après la vision, non la déterminer. Le scénario dialogué de *For Ever Mozart* abonde en mots, et tout particulièrement en citations de grands auteurs et de philosophes, mais ils ne déterminent en aucun cas les images : ces dernières ne sont jamais le produit du dialogue. La traduction du scénario à l'écran se caractérise aussi par la transformation radicale et par la transposition mouvante des didascalies ou des descriptions minimales qui situent une scène. La version écrite « virtuelle » de *For Ever Mozart* constitue un document de lecture d'autant plus éloquent.

Traduit de l'anglais (Irlande) par Franck Le Gac

EXTRAITS DU SCÉNARIO DIALOGUÉ DE *FOR EVER MOZART, OU 56 PERSONNAGES EN QUÊTE D'HISTOIRE, CONTINUITÉ 2*

Jean-Luc Godard

LISTE DES SÉQUENCES[1]

---

1. *56 personnages en quête d'histoire* devint *36 personnages en quête d'histoire* dans le film. La liste des séquences diffère légèrement de celle que contient le dossier de presse du film, reproduit dans le second volume du *Jean-Luc Godard par Jean-Luc Godard*. Les changements les plus notables concernent les séquences 7A (« Petit-Déjeuner » devient « Déjeuner »), 16A (rebaptisée « Mer ») et l'ajout des sous-séquences 11A (« Production »), 15A (« Hôtel ») et 16B (« Bureau »). *Jean-Luc Godard par Jean-Luc Godard*, t. 2, Paris, Cahiers du cinéma, 1998, p. 358. (Toutes les notes sont de Fergus Daly.)

SÉQUENCE 7 – STATION[2]

Une petite Peugeot à plaques françaises, à quelques centaines de mètres d'une station essence. Une femme drôlement attifée tient le volant pendant qu'un homme pousse, agrippé à la portière avant à côté. Jérôme, Camille et Djamila poussent derrière. Le Metteur en scène est assis à côté de la femme. L'homme s'arrête pour souffler et ôte son veston en demandant :

Une loi de quoi ?

Le Metteur en scène :

Il y a une loi de compensation.

La femme au volant :

Qu'on pense à quoi ?

L'homme se remet à pousser :

Tais-toi, Madeleine, hé ben alors, là, derrière.

Jérôme et Djamila se remettent à pousser. Camille suit sans rien faire.

L'homme redemande :

Des compensations, comme avec les banques ?

Le Metteur en scène :

Un équilibre, si vous aimez mieux. Il y a toujours une justice dans les choses. Si vous avez une femme et des enfants, vous ne pouvez pas écrire *Hamlet*.

La femme au volant :

Ah bon, moi je croyais que Shakespeare (elle dit : Chakspire) était marié.

L'homme s'arrête encore :

Tais-toi, tu l'as pas lu. Moi, oui…

Je trouve qu'il est passé à côté de belles choses, cet animal.

Le Metteur en scène est sorti, il s'arc-boute sur sa portière. Jérôme et Djamila font de même sur le coffre.

Allez Camille.

Pour la France.

---

2. Dans cette séquence, Godard insérera une photographie devenue emblématique de la guerre en ex-Yougoslavie, une jeune femme serbe allongée devant son père tué lors d'une attaque de mortier, son chien mort à ses côtés (Biljana a perdu un bras dans l'attaque mais est récemment devenue championne de natation en France). À cet endroit précis, les mots de condamnation du ministre, « Sans doute, sans doute », prononcés avec détachement, chevauchent le commentaire par Vicky des réflexions de Pessoa sur « la défaite de l'intelligence ». Voir la contribution de Jean-Christophe Ferrari à ce propos dans le présent ouvrage.

Tous poussent de toutes leurs forces. La Peugeot arrive devant la pompe de la station. L'homme remet son veston et la femme reprend sa place à côté du volant.

Le Metteur en scène a mis en action la pompe pendant que l'homme sort une liasse de dollars de sa poche :

Voilà.

Il tend quelques billets au Metteur en scène qui fait le tour de la Peugeot, les prend, puis les remet à Camille, alors que Jérôme prend sa valise et les sacs des filles dans le coffre et se dirige vers le garage :

Ils ont peut-être des trucs à manger, je vais voir.

Djamila suit Jérôme. Camille s'approche du Metteur en scène qui reste immobile, tête baissée. Camille :

Qu'est-ce qu'il y a encore ?

Je crois que j'abandonne, je suis trop fatigué.

Tu as toujours dit ça à maman.

C'était vrai.

Voix de Djamila depuis le garage :

Monsieur Vicky, mademoiselle Camille, venez.

Camille se serre contre le Metteur en scène :

Réfléchis, s'il te plaît.

L'homme revient du garage et monte dans la Peugeot qui démarre, suivie des yeux par le Metteur en scène :

Je ne fais que ça, Camille.

Il se détache de Camille et fait quelques pas, regardant de nouveau le sol sans bouger :

Je ne suis que la scène vivante où passent divers acteurs, jouant diverses pièces.

Camille revient à côté de lui :

Fernando Pessoa.

Oui. Tu te souviens de son plan pour Faust… Acte 1, guerre de l'intelligence avec elle-même. Acte 2, guerre de l'intelligence avec les autres intelligences. Acte 3, guerre de l'intelligence avec l'émotion.

Il regarde Camille. Camille :

Acte 4, guerre de l'intelligence avec l'action.

Elle lève les yeux sur le Metteur en scène, mais celui-ci évite le regard de la jeune femme. Il termine :

Acte 5, défaite de l'intelligence.

Camille va et vient sur place :

Je vois.

Le Metteur en scène :

Très peu d'individus <u>voient</u>.

Camille s'énerve et crie un peu :

Disons que j'entends, alors.

Puis elle le tire par la manche :

Viens, rien que 300 kilomètres encore.

Elle se dirige vers le garage. Le Metteur en scène ne bouge pas :

Je fume une cigarette.

Camille contourne un gros camion avec des inscriptions en russe. On voit le chauffeur qui regagne sa cabine. Le Metteur en scène (Camille hors de vue, cachée par le camion qui démarre) se précipite vers le camion, frappe à la portière de la cabine, l'ouvre et monte. Le camion se met à rouler, dégageant l'espace devant le garage.

Camille est entrée dans le garage. Elle ressort quelques secondes après. Yeux grands ouverts pour voir le camion qui s'éloigne.

SÉQUENCE 11A – RÉCEPTION (résumé)[3]

Société des Grands films européens. Le Baron a organisé une vague réception dans ses bureaux pour fêter la mise en route de sa production : *Le Boléro fatal*.

Sa fille Solange tient le vestiaire et Sabine, sa petite amie au généreux corsage, a été chargée du buffet, alors que Myriam, sa femme, une forte matrone, reste impavide aux côtés du Baron. À la porte d'entrée, le Conseiller annonce les arrivants dans le style d'autrefois.

Entrent des femmes âgées au bras de jeunes hommes, et des hommes âgés au bras de jeunes femmes.

Le Conseiller annonce tour à tour la Duchesse d'Amalfi, le Sous-Directeur du Centre de la cinématographie, la Générale des eaux, Fermina Marquez, le Vicomte de Bragelonne, la Fondée de pouvoir de l'Occidentale de presse, le Chef-Comptable de la Région Rhône-Alpes, la Comtesse de Ségur, Monsieur Paul, Madame Maud Sacquard de Belleroche, etc., etc. Pour les vieilles dames et les vieux messieurs qui ne sont pas accompagnés, le Baron a prévu, dans deux pièces attenantes, quelques jeunes gens et jeunes filles.

Conversations mi-grotesques, mi-sérieuses entre certains et certaines alors que d'autres s'empiffrent en attendant l'arrivée du grand artiste, le célèbre Vitalis. Mais il se fait attendre.

À sa place, le Conseiller annonce la Princesse de Tchétchénie, une ravissante et mince Eurasienne dans une robe toute simple qui contraste avec celles souvent exagérées des autres femmes.

La princesse épingle une décoration au revers du veston du Baron. Elle le remercie en quelques mots pour les services qu'il a rendus à son peuple martyrisé. Le Baron fait semblant d'essuyer une larme, imité par sa femme, sa fille, et sa petite amie qui se bourre d'éclairs au chocolat.

Puis la Princesse repart alors que le Conseiller annonce enfin monsieur Vitalis. On applaudit. Puis on entend un cri de la Princesse. On a juste le temps de voir le Metteur en scène entrer en titubant, puis tomber en s'accrochant à la robe fragile de la Princesse, la déshabillant tout ou partie.

La vieille Comtesse de Ségur regarde Vitalis à terre alors que le vieux Général Gallifet lorgne, avec d'autres, la Princesse presque à poil. Comtesse de Ségur :

Ça, un artiste, le pli de mes fesses, oui.

La Princesse a pris le visage du Metteur en scène sur ses genoux. La Princesse :

Oui et non, madame.

Elle se penche vers le Metteur en scène. Il demande :

Qui est là ?

Réponse de la Princesse :

Au biseau des baisers,
Les ans passent trop vite,
Évité, évité, évité,
Les souvenirs brisés.

SÉQUENCE 14 – MORTS[4]

Le vieux 2e assistant marche sur le petit mur qui longe le lac (en sens inverse du proprio qui portait Djamila dans la séquence de l'exécution). Il est suivi à petite distance par le stagiaire qui sifflote.

Le régisseur* descend la prairie devant le Grand Chalet (vu dans la séquence de la prison). Il rejoint les deux autres dans un petit port abrité, contenant quelques barques endormies. Dans le fond, deux

---

3. Cette séquence à charge contre l'industrie du cinéma ne figure plus dans la version finale du film.

---

4. Dans le film, le fait que les corps de Camille et de Jérôme ne respirent plus est explicite. Nous voyons leurs cadavres nus sur la plage, puis recouverts des costumes de *Boléro fatal*. Le reste de la séquence scénarisée n'y figure pas et est remplacé par la récitation par Vicky des mots de Hofmannsthal : «La connaissance de la possibilité de représenter console en face de l'asservissement exercé par la vie, la connaissance de la vie console de ce que la représentation a le caractère d'une ombre» – l'une des rares citations dont l'auteur n'est pas mentionné dans le dialogue du film. «Das Wissen um die Darstellbarkeit tröstet gegen die Überwältigung durch das Leben ; das Wissen ums Leben tröstet über die Shattenhaftigkeit der Darstellung» Hugo von Hofmannsthal, «Blätter» («Feuilles»), *Dichter und Leben* («Poète et existence»).

ouvertures font un trou noir gardé par un genre de SDF. Il tend la main. Le régisseur lui file la pièce, entre dans un des trous. Puis il en sort et dit :

Au travail.**

Le vieux 2ᵉ et le stagiaire entrent à leur tour dans le renfoncement. Ils en sortent en tenant un cadavre à moitié nu par les bras et les jambes.

Le régisseur :

Vite, voilà monsieur Xavier.

On voit une barque qui s'approche du rivage. Le 1ᵉʳ assistant rame. Deux jeunes femmes sont assises en face de lui, dont la jeune fille bien mise de la séquence des extérieurs. La barque accoste sur un bout de plage, près d'une digue sur laquelle le vieux 2ᵉ et le stagiaire ont aligné et empilé sept ou huit cadavres plus ou moins sales et dévêtus, hommes et femmes. Au bout de la petite digue, le régisseur et son chien surveillent ce qui se passe.

Le 1ᵉʳ assistant saute à terre et aide les deux jeunes femmes à sortir de la barque. Puis ils montent sur la digue. Le 1ᵉʳ assistant va et vient devant les morts.

* Et son chien   ** Il ajoute : Ordure de la CGT.
          Vieux 2ᵉ : À vos ordres, ordure du patronat.

La jeune femme nouvelle met la main devant sa bouche :

Quelle horreur... quelle horreur.

La jeune fille toujours bien mise :

Pas du tout... n'était-ce pas Jean Cocteau qui disait...

Le 1ᵉʳ assistant la coupe :

Exactement, mademoiselle Laroche.

La jeune fille bien mise lui sourit en s'inclinant. Le 1ᵉʳ assistant reprend son va et vient devant les corps. Il en touche un du pied :

Au travail, Dominique.

Oui, monsieur.

La jeune femme nouvelle :

Vous êtes fous, mais ils sont morts.

Le vieux 2ᵉ, penché sur un autre corps :

Celle-là respire encore, monsieur.

Le 1ᵉʳ assistant :

Alors celle-là.

Le vieux 2ᵉ, penché sur un autre corps :

Celui-là aussi.

Le 1ᵉʳ assistant : alors celui-là aussi. Allez....

On se retrouve à l'hôtel.

Il prend la jeune femme nouvelle par le bras et regagne la barque.

Le régisseur amène un grand sac, ou drap, à côté du corps d'homme.

Le régisseur chantonne :

Plus d'un y laissera sa peau.

La jeune fille bien mise monte aussi dans la barque et continue la chanson :

Good bye farewell,

Good bye farewell,

Adieu misère, adieu bateau.

Le régisseur aide le vieux 2ᵉ à mettre le corps dans le sac, ou le drap dont ils prennent les coins :

Houra, oh Mexico,

Oh, oh, oh.

La barque passe devant la digue. Le 1ᵉʳ assistant rame, les deux jeunes femmes en face de lui chantonnant :

Et nous irons à Valparaiso,

Haul away, hé,

Houla tchalez,

Où d'autres y laisseront leurs os.

Parmi les corps qui restent, on voit ceux de Camille et Jérôme. Une main de Camille serrée autour de l'un des poignets de Jérôme. On entend les deux voix féminines plus lointaines, terminant la chanson :

Hale matelot,

Hé, ho, hisse et ho.

Le stagiaire marche sur le petit mur, portant sur son dos le corps de celle qui respirait encore.

HISTOIRES DE BILJANA

Droit des images, devoir de reprise

Jean-Christophe Ferrari

L'Histoire – c'est de la grande Histoire qu'il s'agit ici – qui voulut que Jean-Luc Godard adresse la lettre reproduite ci-joint à Esther Frey est pleine de bruit et de fureur, certes, mais de paradoxes aussi.

Elle commence à Sarajevo le 20 juillet 1992, quelques instants après l'explosion d'un obus. Un photographe, Luc Delahaye, enclenche son appareil[1]. Le négatif développé laisse traîner sur la feuille glacée le corps d'une très jeune fille, Biljana Vrhovac, les cheveux longs, la robe blanche souillée de sang. Derrière elle, un corps inerte. Au loin, un homme, immobile – comme le photographe professionnel, qui se contente de «faire son travail». Dans une époque où les images de guerre sont vulgarisées à l'extrême, le cliché circule dans les magazines et les journaux de par le monde, sans que l'autorisation

---

1. Luc Delahaye, photographie, Sarajevo, 20 juillet 1992.

Photogramme de *Notre musique,* de Jean-Luc Godard

Biljana de Esther Frey, cité dans *Vrai faux passeport* de Jean-Luc Godard

en soit jamais demandée à la victime, la figeant, l'enfermant, la cloîtrant dans une image dans laquelle elle ne se reconnaît pas.

1996. Dans *For Ever Mozart*[2], Godard reprend la photographie de Delahaye : dans sa mise en scène, elle passe fugitivement entre deux mains sur un capot de voiture, comme si elle faisait l'objet d'un trafic. Mais, pour lui, il n'est en aucun cas question d'acheter une icône de guerre à une agence photographique. Godard, en un geste polémique et d'une grande élégance, demande la permission de reproduire l'image à Biljana elle-même, et à personne d'autre. Comme le raconte Biljana dans le film d'Esther Frey[3], il est le seul à lui demander son autorisation, son autorisation à elle (elle, la femme dépossédée de son image) plutôt qu'à lui (lui, le photographe de guerre). Il lui propose également, raconte Biljana, d'assurer une voix off dans *For Ever Mozart*.

Passage du millénaire. Les *Histoire(s) du cinéma* et *Notre musique* citent la photographie de Delahaye. Le cliché y est montré en un éclair, presque comme une image subliminale. Les effets d'irruption et l'impression de déchirement qui en résultent traduisent le caractère insupportable, *inacceptable*, de la photographie.

2004. Afin d'offrir à Biljana Vrhovac la possibilité et le droit de se réapproprier son image – cette image si odieusement confisquée, si outrageusement jetée en pâture à l'indignation morbide des «belles âmes» –, Esther Frey intitule *Biljana* le documentaire qu'elle lui consacre. Elle lui donne la parole, l'occasion de décrire la manière dont l'existence de cette photographie a bouleversé son existence. On y écoute Biljana se demander – elle se demande probablement toujours – pourquoi cet homme qui la regardait dans les yeux ne lui venait pas en aide. Esther filme Biljana de façon à lui tendre un tout autre *portrait* d'elle, un portrait fait par quelqu'un qui la respecte, l'aime et l'admire, un portrait, tout simplement, où quelqu'un la regarde en la laissant collaborer à son reflet dans l'œil qui l'envisage. Un portrait, donc, où le sujet portraituré se regarde lui-même (c'est le cas – je pense aux analyses de Jean-Luc Nancy[4] – de tout vrai portrait). Esther voulait dépasser le cadre qu'impose le cliché de guerre, montrer que Biljana, irréductible à la victime monolithique que la photographie représente, est une femme traversée par la vie dans sa profusion multiple et, parfois, contradictoire. Esther désirait, en somme, redonner du mouvement à l'image figée de Luc Delahaye, lui laissant ainsi la chance qu'on ne lui avait jamais donnée de *jouer* avec l'objectif.

2. Jean-Luc Godard, *For Ever Mozart*, Sarajevo, tournage 1995, sortie 1996, 35 mm, 84'.
3. Esther Frey, *Biljana*, Paris, juin 2004, vidéo, 50'.
4. Voir Jean-Luc Nancy, *Le Regard du portrait*, Paris, Galilée, 2000.

« Tu sais, il y a des moments où je n'allais pas très bien, j'étais triste, je la regardais [la photographie], je pleurais et c'était ma façon de faire le deuil de tout ce que j'ai vécu ce jour-là, mais c'était moi, c'était moi qui décidais de la voir. Ce n'était pas une surprise – en ouvrant un journal, en allumant la télé, en allant dans une salle de cinéma. C'était tout autre chose. C'est le témoignage de quelque chose qui s'est passé à Sarajevo ce jour-là, mais en même temps, c'est moi, et il n'y a que moi que cela concerne. À chaque fois que je la vois, j'ai l'impression d'être obligée de revivre ce que j'ai vécu ce jour-là, et pas seulement ce jour-là. C'est cela le problème, et puis c'est quelque chose qui fait partie de mon passé, ce n'est pas quelque chose qui me représente aujourd'hui, et depuis très longtemps. Cette fille en train de crever, ce n'est pas moi », confie Biljana à Esther.

Souhaitant utiliser l'extrait de *For Ever Mozart* décrit ci-dessus dans son portrait de Biljana, Esther écrit à Godard pour lui en demander l'autorisation, aussitôt accordée : nous la reproduisons ici.

2005. C'est au tour de Godard, dans *Vrai faux passeport*[5], de reprendre un extrait du film d'Esther. Dans le chapitre XIV, intitulé « Reportage », *Vrai faux passeport* confronte bord à bord la parole du photographe revendiquant son irresponsabilité, et celle de Biljana qui questionne, sans la moindre amertume, dans la simplicité loyale de celle qui est retournée à la vie, les pratiques contemporaines en matière de circulation des images.

On comprend, concernant la question du droit à l'image, le paradoxe : le choc, le hiatus, entre une image qui ne devrait pas avoir le droit de circuler (du moins sans l'autorisation expresse de celle qui y figure) et une image qu'on a le droit, sinon le devoir, de s'approprier (l'extrait de *For Ever Mozart*, celui de *Biljana*).

Pourquoi le devoir ? Parce que nous, les tard venus, avons été façonnés par le cinéma, qui, en retour, nous impose le devoir de revoir les images, de les questionner, de les réactiver, d'en réveiller, dans la grande forge de l'Histoire, les braises encore brûlantes. Le devoir d'écrire, de comprendre, de *témoigner* – pour le spectateur comme pour le martyr – de notre histoire, de l'Histoire. Nous devons au cinéma de le citer.

Histoire(s) du cinéma, donc. Histoire(s) des images. Histoire(s) de Biljana. En filmant Biljana non comme une victime mais comme une actrice (au sens propre comme au sens figuré) de son propre destin, Esther nous indique le chemin pour résoudre le paradoxe : il faut faire la différence entre les images prises avec l'illusion que leur sujet leur préexiste, et donc qui n'ont pas de sujet du tout (ce qui est la définition du reportage photographique), et les images qui, au contraire, créent leur sujet (ce qui est celle de l'œuvre).

Mais il se résout en partie seulement. Ce serait naïf, sinon criminel, de penser que les images, de par leur seul statut ontologique, doivent circuler – croyance qui ne serait rien d'autre que le doublon idéologique d'un fait : le flux des capitaux – pour rejoindre le devenir de la culture, de l'humain, ou autres abstractions, un devenir qu'on suppose, on ne sait pas bien pour quelle raison, créateur, joyeux, libérateur. Voilà pourquoi, plutôt que de défendre le droit à la reproduction et à la circulation des images, je préfère suggérer l'existence, selon un concept kierkegaardien, d'un *devoir de reprise*[6]. La reprise, en effet, empêche le devenir de se diluer dans une éternité abstraite et faussement progressiste (c'est-à-dire réactionnaire). Reprendre l'image d'une œuvre, oui, mais à condition de ne pas cacher que sa *vie nouvelle* ne va pas sans l'engloutissement de son aura. Ce que, pour sa part, Jean-Luc Godard a toujours fait. Et, là, il nous faut le contredire : on ne se baigne jamais dans les eaux d'un même fleuve.

---

5. Jean-Luc Godard, *Vrai faux passeport*, tournage 2005, sortie 2006, vidéo, 60′.
6. Sören Kierkegaard, *La Reprise* (1843), Paris, Flammarion, 1990.

Aussi maladroit que soit mon film, il a été important pour
moi de le faire.
J'aimerais pouvoir projeter mon travail dans le cadre
des festivals. Pour cela je souhaiterais avoir votre accord
pour l'utilisation des extraits de <u>for ever Mozart</u>.
Dans l'attente d'une réponse de votre part, je vous remercie
de prendre en considération ma demande.

Avec mes sentiments respectueux.

Esther Frey.

amitié à
Biljana qui
est la seule à
prouver que l'on
peut se baigner
deux fois dans
le même fleuve
contrairement à
ce que disait
Héraclite

tout ce que vous voulez,
vous avez mon accord.
avec mes remerciements

Jean Luc Godard
12/7/2004

À PROPOS D'*INSIDE/OUT*

Préface à cinq lettres de Jean-Luc Godard

Jonathan Rosenbaum

On en sait très peu – trop peu – sur les trois longs-métrages en 35 mm du cinéaste indépendant américain Rob Tregenza : *Talking to Strangers* (1988), *The Arc* (1991) et *Inside/Out* (1997). On en sait peut-être encore moins sur l'activité de producteur de Godard, plus particulièrement sur le troisième de ces films. Colin MacCabe n'y fait pas la moindre allusion dans sa biographie détaillée, pas plus qu'il n'y mentionne le fait que Godard a contribué au financement de *L'Authentique Procès de Carl-Emanuel Jung*, de Marcel Hanoun, du *Père Noël a les yeux bleus*, de Jean Eustache (tous deux en 1966), ou de *Chronik der Anna Magdalena Bach*, de Straub et Huillet, en 1967.

Il semble tout aussi probable que la dernière critique de film publiée à ce jour par Godard soit celle de *Talking to Strangers*[1]. Financé par Tregenza lui-même avec l'argent gagné dans la réalisation de spots publicitaires pour la télévision tournés à Baltimore (Maryland), le film se compose de neuf prises de dix minutes[2].

Les cinq lettres publiées ci-après, qui m'ont été aimablement communiquées par Tregenza et son épouse Jay Kay, racontent d'elles-mêmes une histoire assez cohérente : celle de l'activité de producteur à multiples facettes de Godard sur le troisième long-métrage de Tregenza, tourné dans la campagne du Maryland, et qui comptait dans sa distribution deux des acteurs de *For Ever Mozart*, Frédéric Pierrot et Bérangère Allaux. Sur la tentative abandonnée de Godard de tourner le dernier chapitre d'*Histoire(s) du cinéma* à la ferme des Tregenza, je me contenterai d'ajouter que le talent de cinéaste de Tregenza pour les plans-séquences, évident dans chacun de ses films ainsi que dans *Three Businessmen*, d'Alex Cox (1988), et *Les Harmonies Werckmeister*, de Béla Tarr (2000), sur lesquels il était directeur de la photographie, n'y est pas étranger.

La réticence de Godard à faire publiquement état de son activité de producteur est due, pour une part, à son désir de ne pas se voir envoyer des centaines de scénarios à Rolle. À l'exception de l'ours mentionné à l'envi dans les deuxième et troisième lettres (et qui s'avère n'être qu'un jeu de mots godardien en franglais sur le prénom de l'actrice principale, Bérangère Allaux), on peut considérer cette lettre finale, la seule écrite en français, comme un excellent compte-rendu critique du travail de Tregenza.

---

1. Voir *Jean-Luc Godard par Jean-Luc Godard,* t. 2, Paris, Cahiers du cinéma, 1998, p. 355-356, où ce texte figure sans date. Il a été écrit spécifiquement pour le catalogue du Festival international du film de Toronto et publié à cette occasion en anglais en septembre 1996.
2. Un article détaillé sur *Talking to Strangers*, écrit en 1988, figure dans mon recueil d'essais *Movies as Politics*, Berkeley, Los Angeles, University of California Press, 1997. J'ajouterai ici qu'à l'exception d'une prise gâchée par un problème technique et dont le métrage a été jeté, le cinéaste a conservé toute la pellicule impressionnée dans le montage final. Le rapport de métrage utilisé est donc tout proche de 1/1.

Collage de Jean-Luc Godard à partir d'un photogramme d'*Inside/Out*
de Rob Tregenza (1997)

decembertwentysixnineteenhundredninetysix

cinemaparalleltopictures

oldyearparalleltonewyearparalleltofirstshotpa-
ralleltohopeparalleltoRobparalleltoJayparal-
leltoGillparalleltoStefaniaparalleltoFrédéricpa-
ralleltoBérangèreparalleltobeautyparalleltofree-
domparalleltothecowparalleltothemagiclanter-
nparalleltothesweetsprocketsparalleltothe-
loneframeparalleltothelightenedscreenpa-
ralleltothefriendshipsteamingoutofJean-
Lucinsideyouparalleltothatsallfolkspa-
ralleltogoodluck

« Quickly, as if they were recalled by something over there, they turned to their camera. There it was – their picture. Yes, with all its greens and blues, its lines running up and across, its attempt at something. » V. Woolf

---

January 11, 1996
Rob Tregenza
Gill Howard
Cinema Parallel

Dear you both. If convenient to you, I'm landing to-morrow sunday the 12th. With regular Air France flight 028 to Dulles at 1615 PM. Please do not change anything for Gill in order to catch me. But if you can organize a limo with a driver and a board with my foolish name on it, I'll be glad. Since I'm bringing some extra kopeks – your share from Swiss TV – I think a small 4 windows maffia limo is relevant. The new kopeks might help to do sometimes extra takes when the bear is fuming to do so ; although Mrs. Lupino said : "hard, fast and beautiful". I'll leave monday 1905 PM or Tuesday. If possible I'd like very much to see and check Rob and JK's farm as a possible and right decorum for my last fucking chapter of Histoire(s) du Cinéma, to be done in february – with Rob cutting, the cow looking, the daughter playing music around the Steenbeck's cinema-scope screen. And I'd like also, if Rob agrees, during your Monday shooting, to have a look on the actual dailies on the editing table. As poor E. M. Cioran wrote : "après tout, nous sommes tous des farceurs, nous survivons à nos problèmes." Please confirm by fax that my coming is all right and not intruding, and ask also authorization from the stars. Hug and Kiss, J-L

---

levingtsixdécembredixneufcentquatrevingtseize

cinémaparallèleauxfilms[3]

vieilleannéeparallèleànouvelleannéeparallèleàlapremièreprisepa-
rallèleàl'espoirparallèleàRobparallèleàJayparal-
lèleàGillparallèleàStefaniaparallèleàFrédéricpa-
rallèleàBérangèreparallèleàlabeautéparallèleàlaliber-
téparallèleàlavacheparallèleàlalanternemagi-
queparallèleauxdouxtambursdentésparallèleà-
l'imagesolitaireparallèleàl'écranéclairépa-
rallèleàl'amitiéqu'insuffleJean-
Lucenvousparallèleàthatsallfolkspa-
rallèleàbonnechance

« Vite, comme rappelés par quelque chose là-bas, ils se tournèrent vers leur caméra. Elles étaient là – leurs images. Oui, avec tout leur vert et leurs bleus, leurs lignes entrecroisées, leur ébauche de quelque chose. » V. Woolf[4]

---

le 11 janvier 1996[5]
Rob Tregenza
Gill Howard[6]
Cinema Parallel

Chers amis. Si cela vous convient, j'arriverai demain dimanche 12. Par le vol régulier Air France 028 à l'aéroport de Washington-Dulles à 16 h 15. Ne changez rien à l'emploi du temps de Gill pour venir me chercher. Par contre, si vous pouvez me trouver une limousine avec chauffeur et une pancarte avec mon nom idiot écrit dessus, je serai content. Puisque j'apporte des kopeks en plus – la part que vous doit la télévision suisse – je crois qu'une petite limousine style mafia se justifie. Les nouveaux kopeks pourraient parfois servir pour des prises supplémentaires, quand par exemple l'ourse[7] trépigne pour en faire ; malgré ce qu'a dit Mme Ida Lupino : « Fort, rapide et beau[8] ». Je pars lundi à 19 h 05 ou mardi. J'aimerais beaucoup, si c'est possible, voir la ferme de Rob et de JK et la repérer pour en faire le décor éventuel de mon foutu dernier chapitre d'Histoire(s) du cinéma, qui doit être fini en février. Avec Rob travaillant au montage, la vache qui regarde, la fille qui joue de la musique à côté de l'écran en cinémascope de la Steenbeck. Et j'aimerais aussi, si Rob est d'accord, jeter un œil sur les rushes de votre tournage de lundi sur la table de montage. Comme l'écrit le pauvre E. M. Cioran : « Après tout, nous sommes tous des farceurs, nous survivons à nos problèmes. » Merci de me confirmer par fax que je peux venir et que je ne m'impose pas, et de demander aussi l'autorisation aux stars. Je vous embrasse, J-L

---

3. Cinema Parallel est le nom de la société de production et de distribution de Rob Tregenza [NdT].
4. Cette lettre est suivie de quatre reproductions de photogrammes apparemment tirés d'Histoire(s) du cinéma. Sauf erreur de ma part, la dernière de ces reproductions montre le Don Quichotte d'Orson Welles (interprété par Francisco Reiguera) sur son cheval, et est accompagnée d'une légende manuscrite : « don QuiRobshot going to the set in Maryland » (« don QuiRobchotte en route vers le tournage dans le Maryland »). [NdA] Cette citation n'est pas littérale. Elle opère des changements significatifs dans le dernier paragraphe de Vers le phare (To the lighthouse) : « Quickly, as if she were recalled by something over there, she turned to her canvas. There it was—her picture. Yes, with all its greens and blues, its lines running up and across, its attempt at something. » (« Vite, comme rappelée par quelque chose là-bas, elle se tourna vers sa toile. Il était là – son tableau. Oui, avec tout son vert et ses bleus, ses lignes entrecroisées, son ébauche de quelque chose. ») (Nouvelle traduction de Françoise Pellan, Paris, Gallimard, Folio Classique, 1996). Dans sa lettre en anglais, Godard joue notamment sur le sens du mot « picture », qui en français se traduit différemment selon que l'on se réfère à un tableau, à une photographie ou à un film [NdT].
5. La lettre a en fait été écrite le 11 janvier 1997 [NdT].
6. En réalité, Gill Holland, la productrice déléguée du film, que Jean-Luc Godard nomme par erreur Gill Howard.
7. Comme le mentionne plus haut Jonathan Rosenbaum, il s'agit de Bérangère Allaux (ourse, « bear » en anglais, d'où le surnom à partir du jeu de mots « Bear-angère »), à laquelle Godard fait ainsi référence tout au long de la lettre 3 [NdT].
8. Hard, Fast and Beautiful, titre original du film d'Ida Lupino (1951) sur une joueuse de tennis prodige, sorti en France sous le titre Jeu, set et match [NdT].

tuesday, january 14, 1997
Cinema Parallel
Rob Tregenza

thank you indeed and to JK for the welcoming. What I saw on the big and small screen looks full of good human energy with beautiful faces in strong and soft black and white humanity.

As I said to JK before leaving, and in order to save more money, let's not make a telecinema of everything.

Here are the shots I need:

unseen A   all the bear shots with Frederick and others I did not see.

     and
the shot you were rehearsing when I came on the set monday.

     and
the shot of the bear and Frederick in the swimming pool with snow.

     and
seen B   the shot of the bear and the horses and dogs.

     and
the shot of Frederick and the bear walking, then the bear spitting at the guard and Frederick thrown in the river.

     and
the shot of Stefania playing piano.

     and
the shot of the bear in the bath tub trying to play piano.

     and
the shot of Frederick with the gun kneeling towards the bear laying down on the bed.

     and
the shot of the bear saying her speech you were going to shoot monday.

For A – unseen by JLG
all takes

For B – seen by JLG
one take at your choice

Please do the videos in two ways:
1 - Beta SP NTSC
2 - regular VHS NTSC

Send it all as soon as possible by Federal Express or equivalent as demonstration material not for commercial use at my name at the above address. And fax me when it's leaving your place.
I will tell you within the next ten days about the *Histoire(s) du Cinéma* around the farm.
Faithfully yours,
Jean Luc

---

mardi 14 janvier 1997
Cinema Parallel
Rob Tregenza

merci vraiment à vous et à JK pour l'accueil. Ce que j'ai vu sur le grand et le petit écran semble plein d'une bonne énergie humaine avec de beaux visages à l'humanité en noir et blanc contrastée et douce à la fois.

Comme je l'ai dit à JK avant mon départ, afin d'économiser plus d'argent, ne passons pas tout au télécinéma.

Voici les plans dont j'ai besoin:

pas vu A   tous les plans de l'ourse avec Frederick[9] et d'autres que je n'ai pas vus.

     et
le plan que vous répétiez quand je suis venu sur le tournage lundi.

     et
le plan de l'ourse et de Frederick dans la piscine avec de la neige.

     et
vu B   le plan de l'ourse et des chevaux et des chiens.

     et
le plan de Frederick et de l'ourse marchant, puis de l'ourse crachant sur le garde et Frederick jeté à la rivière.

     et
le plan de Stefania jouant du piano.

     et
le plan de l'ourse dans la baignoire, essayant de jouer du piano.

     et
le plan de Frederick avec le fusil, s'agenouillant près de l'ourse allongée sur le lit.

     et
le plan de l'ourse faisant son discours, que vous alliez tourner lundi.

Pour A – pas vu par JLG
toutes les prises

Pour B – vu par JLG
une prise de votre choix

Merci de faire les transferts vidéo en deux formats:
1 - Beta SP NTSC
2 - VHS NTSC normale

Envoyez le tout aussi vite que possible par Federal Express ou équivalent comme matériel de démonstration à usage non-commercial à mon nom à l'adresse ci-dessus. Et envoyez-moi un fax quand ça part de chez vous. Je vous parlerai dans les dix jours à venir des *Histoire(s) du cinéma* autour de la ferme.
Fidèlement,
Jean Luc

---

9. L'acteur Frédéric Pierrot [NdT].

february 1, 1997
Rob Tregenza
Cinema Parallel

Dear Rob, hope the editing is going fine. Here is a mail to Gilles Jacob, head of Cannes Festival. I suggest that you fax him to confirm my letter and give him more information if you think it's necessary. François is back in Rolle on the 5th of february. All the best, J-L

Séquence de photogrammes extraite par Jean-Luc Godard des rushes d'*Inside/Out*

le 1er février 1997
Rob Tregenza
Cinema Parallel

Cher Rob, j'espère que le montage se passe bien. Voici un courrier écrit à Gilles Jacob, patron du Festival de Cannes. Je vous suggère de lui envoyer un fax pour confirmer les informations contenues dans ma lettre et lui en fournir davantage si vous le jugez nécessaire. François revient à Rolle le 5 février. Amicalement, J-L

———————

Gilles Jacob
Cannes Film Festival

film « Inside/Out »
réalisateur : Rob Tregenza
interprètes : Stefania Rocca, Frédéric Pierrot, Bérangère Allaux
35 mm
Cinémascope
Noir et blanc
Dolby SR (D)
1 heure 40 minutes environ
copie double bande prête vers le 15 mars
nationalité, USA

Le film est presque entièrement muet, avec une bande sonore très importante. L'histoire se passe dans un asile de demi-fous (inside) et dehors (outside, ce mot signifiant également «hors de soi» en américain). Quelques personnages principaux, le peintre, le prêtre, la jeune femme, qui ressemblent un peu à des personnages de Faulkner ou de film noir (D. Goodis) d'il y a quarante ans (l'action se passe d'ailleurs en 1940). Pas d'intrigue proprement dite, mais de longs plans où la caméra va et vient, fascinée par des actes illogiques, tendres ou brutaux. Film très pauvre dans ses moyens, très indépendant, fait à New York ; film d'un paysan du cinéma.

Rob Tregenza et sa compagnie de misère a distribué aux USA «Hélas pour moi» et «JLG/JLG».

Traduit de l'anglais (États-Unis) par Franck Le Gac

GODARD COMME CAMÉRA
Rob Tregenza

Jean-Luc Godard est peut-être désormais la conscience collective du cinéma. Il en incarne les oppositions diamétrales tout en demeurant l'épouse aimante et fidèle de Lévi-Strauss, et de celui-ci seulement. Cette conscience est une conscience critique. En tant qu'artiste, Godard doit par conséquent toujours rester critique. En tant que caméra, il doit continuer à créer de nouvelles images à partir de la terre et du monde, directement, sauf à se retrouver prisonnier de son passé. «Donner, c'est donner. Reprendre, c'est voler. » (*Passion*, 1982)

Godard m'a dit un jour qu'il serait satisfait si 10 000 personnes aimaient vraiment son travail. Je lui ai certifié qu'on atteindrait facilement ce nombre, peut-être même rien qu'en Amérique du Nord. Pourtant, en 1996, de mon point de vue, rien ne semblait pouvoir l'en convaincre. Mais il est un ciné-renard, pas un dieu. Il essayait peut-être simplement par là de nous faire travailler plus dur pour lui dans la ciné-usine. Ce que je sais, c'est que « Voyage(s) en utopie » apportera un océan de nouveaux indices à l'appui de cette évidence.

Dans le cinéma, je suis au mieux une caméra mobile. (C'est en partie cela, me semble-t-il, qui a intéressé Godard, outre le fait que Cinema Parallel avait fidèlement soutenu son travail en Amérique du Nord en des temps difficiles.) J'en suis venu à la caméra mobile à cause de mon goût pour les longues prises et pour les mouvements d'appareil. J'ai trouvé cette voie singulière en tant que caméraman-critique.

Bazin/Renoir/Murnau/Eisenstein/Antonioni/Godard ont été mes premiers guides. Les plans-séquences d'*À bout de souffle*, de *Masculin féminin*, puis de *Week-End* étaient différents. Ils étaient situés et définis contre/avec des systèmes graphiques et des systèmes de montage que les autres praticiens de la longue prise considéraient comme diamétralement opposés à une esthétique centrale et immuable. Ils étaient aussi, pour la plupart, tournés en décors réels, ce qui les rendait plus difficiles encore à éclairer et à réaliser. Cela aussi m'a intrigué. Pour certains, Godard était sans doute un hérétique, mais il avait déjà compris le plan-séquence et le recours à des mouvements de caméra longs et complexes bien mieux que les puristes. Nous les avons étudiés et appris dans nos cinémathèques universitaires.

Godard était évidemment tout aussi attiré par le montage qu'il l'était par le « réalisme », et cela affectait sa caméra. Il suffit de considérer, dès le début, son usage continu d'intertitres pour la segmentation, le conflit et la superposition de concepts et d'images, qui lui permet de se faire tour à tour interlocuteur, provocateur, et poète. Le graphisme et les polices de caractère choisies pour les cartons soulignent le talent de Godard en la matière, outre ses qualités de griffonneur et d'illustrateur (trait qu'il sait avoir en commun avec Hitchcock et Eisenstein). L'acte de dessiner et d'écrire devant la caméra s'y ajoute désormais. Les principes de son graphisme informent d'autant mieux la composition des images que la caméra est statique. Quand le cadre est fluide, les rapports entre figure et champ relativement à sa limite rendent plus difficile la perception d'éléments formels comme composition. Lorsque Godard verrouille la caméra afin de gagner du temps sur un tournage en petite équipe, les leçons de Willy Kurant et de Coutard deviennent secondaires, sans parler même de celles d'Enzo Serafin. Les images les plus récentes de Godard en 35 mm, très picturales, nous viennent des frères et de la sœur Kovacs[1]. Il leur manque, hélas, la grâce profonde et fluide de Coutard.

Cependant, les tentatives de contrôler la composition de l'image sont l'expression de la volonté de Godard de travailler à la fois à la caméra et au montage. Plus les éléments manifestes du travail de conception apparaissent avec force à Godard dans son œuvre tardive, moins le « réalisme » a d'importance dans la mobilité de la caméra. Comme sa réaction à mon premier long-métrage *Talking to Strangers* en témoigne, il n'en apprécie pas moins la mobilité de la caméra en ce qu'elle peut nous dire d'unique sur le monde et sur nous-mêmes.

À mon sens, le montage, tel que l'ont défini certains Russes, puis Godard, a moins à voir avec la longueur et la durée réelles d'un plan qu'avec la nature de la transition elle-même, les attractions ou les conflits entre les images, puis entre celles-ci et le son. La priorité s'est inversée depuis quelque temps pour Godard. (Merci beaucoup à David Darling. On oublie trop souvent le rôle qu'il a joué). Pour les Russes comme pour Godard, le manque de pellicule 35 mm au départ est devenu un facteur stylistique

---

1. Rob Tregenza renvoie ici à une plaisanterie récurrente de Godard, qui a pris l'habitude de nommer « Kovacs » ses cadreurs et/ou directeurs de la photographie (ce nom figure notamment sur le clap de *For Ever Mozart*). Tregenza leur ajoute une sœur, référence aux rares femmes qui ont travaillé à la photographie sur les films de Godard depuis une douzaine d'années. [NdT].

dans la pratique du montage, tout comme la puissance limitée des moteurs de leurs caméras pour les extérieurs et la capacité réduite de leurs magasins de pellicule. Ces mêmes contraintes ne s'appliquaient pas à leurs projecteurs. La caméra pour les extérieurs a alors été réadaptée et remontée à l'envers à l'aune de son alter ego, le projecteur. L'allongement de la durée du plan est alors devenue possible. La même chose s'était produite avec le son après 1927.

Tous mes films sont en fait d'assez piètres exemples de ce style de montage. Si les Russes avaient disposé de magasins de 300 mètres de pellicule 35 mm et de moteurs d'entraînement synchrone sur les caméras pour les extérieurs au début des années vingt, les auraient-ils utilisés de la même manière que Godard dans les années soixante ou que nous dans les années quatre-vingt-dix ? Eisenstein apporte un début de réponse à cette question dans ses dernières conférences ainsi que dans les décors conçus dans son appartement-sanctuaire à Moscou. Poudovkine, avec une caméra différente, aurait eu à redéfinir ses notions de technique du film en les rapportant à sa connaissance plus pointue du jeu de l'acteur de cinéma.

Je maintiens néanmoins que la caméra mobile à 360° est l'horizon-limite de toutes les images directes en mouvement et des stratégies ultérieures de segmentation, horizon où elles finissent par s'abîmer. Lorsque le « texte » et l'événement-film survivent à cette danse, ils en sont d'autant plus beaux, d'autant plus précieux. Aujourd'hui, le fondu-enchaîné et la surimpression mobile d'images constituent le meilleur mouvement de caméra qui soit pour Godard. Il ne manque pas un seul des 360 degrés dans sa pratique du montage vidéo, mais sa caméra ne danse plus aussi bien lors des tournages en extérieurs.

L'histoire présente du cinéma serait entièrement différente si Godard était son propre caméraman. Selon moi, il travaille aujourd'hui d'abord avec les mains, puis avec les oreilles (musique et citations), et enfin avec la philosophie. Pour lui, ce n'est pas un problème. Lorsque les mains sont en contact direct avec la « chose » du cinéma, peut-être les yeux et les oreilles basculent-ils vers une autre partie du cerveau ou de l'âme ? Je me souviens de lui, conduisant sur une autoroute suisse, les mains tenant le volant, un cigare et un paquet de fiches bristol qu'il battait comme un joueur de poker dans un mauvais western de série B. Sur ces fiches 7 x 12, qui portaient son logo, il y avait des citations qu'il avait recueillies au fil du temps. À 120 km/h, passant allègrement mais avec sûreté d'une voie à l'autre, il cherchait à aboutir à une interprétation de ces notes en les abordant radicalement/par la racine des choses, avec, je suppose, différents modèles et métaphores en tête. Une discussion prenait simultanément place en surface, au sujet de buffles américains qui se trouvaient près de l'aéroport et d'une actrice que nous devions rencontrer.

Lorsqu'il est venu à notre ferme, il a regardé certains rushes d'*Inside/Out* sur notre vieille table de montage horizontale Steenbeck cinémascope. Il a descendu les 750 mètres de pellicule 35 mm des porte-films, a mis les bobines bout à bout, les a regardées puis les a remises à leur place sans l'aide d'assistants-monteurs.

Lorsqu'il se trouvait à Toronto en 1996, il disposait dans sa chambre d'hôtel d'un appareil de montage Beta SP Pal tout simple, grâce à Piers Handling, le directeur du Festival international du film de Toronto, et travaillait sur son histoire du cinéma. Il possède une bonne technique en montage film et vidéo… C'est un bon joueur de tennis aussi… Pas de passing-shots sur les images de Godard. Il a, dit-il, « autant de plaisir à être passé qu'à ne pas être passé » (*JLG/JLG. Autoportrait de décembre*, 1995). Je l'ai vu jouer au tennis trois fois par semaine à 8 h du matin. Cette phrase du film était belle, mais elle ne disait ni la vérité de l'homme, ni celle de l'artiste.

Lorsque nous approchions de la fin de la pré-production d'*Inside/Out*, nous recevions presque tous les deux jours des fiches 7 x 12 et des fax avec des images et des légendes jouant avec les représentations de l'histoire de l'art et du cinéma, figées dans le temps, coupées et collées par lui pour notre édification, notre instruction, notre inspiration et notre plaisir. Chère Nora/Dora, je me souviens bien de vous.

Il avait une imprimante d'images qui générait des images photographiques de très haute qualité directement à partir d'un moniteur vidéo. Les éléments graphiques et le texte étaient d'abord placés sur l'écran avec des polices très limitées. Il n'avait pas besoin de technologies «avancées» – il avait ses mains et son cerveau pour monter les phénomènes et jouer avec eux. Il voyait alors, et nous avec lui, de nouvelles associations et de nouveaux rapports que sa caméra avait rephotographiés. Dans cette application précise, et à travers le montage, Godard devient en fin de compte son propre directeur de la photographie et son propre opérateur de mouvement cinématique.

Je me demande si ses segmentations de mots anglais plus récentes ne sont pas dues en partie au peu d'espace disponible pour les grandes polices de caractères sur un écran vidéo, autant qu'à son amour de la dissection et de la destruction sémantiques de tout système de langue.

Le scénario final d'*Inside/Out* consistait en une collection de photographies en noir et blanc des lieux de tournage réels (mais sans que les acteurs n'y figurent), photocopiées par-dessus les pages originales du scénario. Godard a regardé les photos et les a mélangées en esprit, créant son propre film à partir de ses propres désirs narratifs. Le monteur comme le critique ne peuvent rien faire sans un matériau brut intéressant. Il était sans aucun doute en train de faire un autre film en parallèle au nôtre, et nous avions le privilège de nous trouver en plein milieu de tout ça. Ne doutons pas qu'il y ait toujours une histoire pour Jean-Luc. Bien qu'il n'ait de cesse de se plaindre qu'«ils veulent une histoire», il continue de nous en donner une. Dans tout ce qu'a filmé Jean-Luc Godard en 35 mm, pour peu que l'on y regarde de près, elle est là, tapie dans l'ombre[2]. Format/médium et cadre importent à cet artiste. Le récit existe dans la culture et dans la conscience. On ne peut pas tuer. Demandez à Lévi-Strauss.

Par «cinéma», je n'entends pas les films d'Horrywood. Le cinéma (à mon sens) est une branche de la philosophie qui rend possible le fonctionnement de l'éthique et de l'esthétique comme art au sein de l'événement-film, dans le temps.

Ceci est en partie un problème herméneutique qui demande autoanalyse et créativité de la part de tous ceux qui sont engagés dans le processus. Créer un sens authentique dans une rencontre directe avec un Godard, ou un mensonge, ou une vérité, requiert des choix moraux, éthiques et esthétiques mais aussi de l'imagination, de la souplesse et de la décence. Tout cela implique d'abord de choisir un «Godard» en particulier. C'est le paradoxe/problème qui fait avancer ce type de système. Où sont les nouveaux Godard aujourd'hui?

Avant le tournage d'*Inside/Out*, Godard m'a expliqué sa théorie/mythe/vérité sur les cibles. Il a dit que lors du tournage d'une scène, il fallait se souvenir que la cible de cette scène pouvait changer. Plutôt que de continuer à viser l'endroit où se situait la cible à un moment donné, il fallait être prêt à changer de direction et se trouver constamment prêt à réagir au cas où elle se déplacerait de nouveau. Ce n'était pas la façon dont on m'avait enseigné la mise en scène, mais c'est comme cela que nous avons fait *Inside/Out*. Bien entendu, le problème de cette méthode est que l'on doit posséder *a priori* la mémoire critique et historique et la connaissance permettant d'identifier immédiatement les déplacements de la cible, et qui plus est avoir le talent artistique pour l'atteindre au vol. Godard montre depuis longtemps qu'il a ces deux dons; cela fait partie de son génie.

Godard en tant que «cinéma conscient de soi» porte maintenant la culpabilité et la grâce de l'événement-film sur ses épaules et sur son existence. La poétique de l'art le sauve fréquemment de lui-même. Ou serait-ce encore aujourd'hui la radio magique d'*Orphée* de Jean Cocteau? Comme le Roi Lear, Jerry L. Ou comme JLG, il est devenu à la fois observateur participant et vérité/fiction/acteur

---

2. Jean-Luc Godard m'a indiqué se servir de la vidéo comme d'un bloc-notes. L'image du film 35 mm occupe une place différente pour lui.

Photogrammes de *Talking to Strangers* (1988) cités dans *Seul le cinéma*, chapitre 2A d'*Histoire(s) du cinéma*

dans sa vie et dans son art[3]. La *Chronique d'Anna-Magdalena/Miéville Bach* rencontre «That's all, folks», qui rencontre *For Ever Mozart*? Lequel contient l'autre?

Un jour, nous buvions un express à l'aéroport de Genève et j'ai commencé à lui poser des questions sur la scène de *Deux ou trois choses que je sais d'elle* où figure la tasse de café en très gros plan. Nous avions parlé d'Heidegger et du «Chemin vers la parole». J'ai regardé ma tasse, lui la sienne. La mousse y formait le même motif. Il m'a regardé avec son petit sourire de travers. Il n'y avait rien à faire ou à rajouter, si ce n'est être dans la mémoire/harmonie de ce plan original, rester silencieux et regarder profondément dans nos petites tasses blanches, être pleinement dans ce moment-là aussi. La vie et l'art peuvent ne faire qu'un.

Dans le cas de Godard, ces intersections, ces ciné-épiphanies et ces moments intersubjectifs (remerciements à Charles Sanders Peirce) me semblent de plus en plus fréquents, de plus en plus vrais. Ce sont peut-être des «valeurs dans un univers de hasard», ce qui est une très bonne chose. Ces intersections ne font pas simplement partie d'un état de rêve, mais aussi d'un état de transe, conséquence de la véritable nature de la technologie, qui établit par l'entremise de la volonté humaine le monde comme sujet et objet. La ciné-épiphanie est alors une annonce qui surgit de cette transe et apporte une vérité. La destinée d'un événement-film est trop souvent d'être une machine, mais quand Godard cherche une déviation, il la trouve habituellement dans une poétique du cinéma ou dans la violence. Juste retour des choses.

---

3. Dans *King Lear*, Godard ne jouait certes pas Lear, mais il renonçait au royaume du récit.

Je sais que nous ne sommes qu'une minorité à penser qu'*Hélas pour moi* est une des plus grandes œuvres de Godard. C'est la dernière fois que Godard (à mon avis) a dû se battre pour tracer son chemin entre un projet dont l'«échec» était public et le projet suivant, prenant ainsi le risque de créer une nouvelle image de lui-même, un nouveau cinéma en cours de route. N'est-ce pas ainsi qu'il a toujours fait ses meilleurs films ? *JLG/JLG* était en fait le 4ᵉ acte d'*Hélas pour moi* (rappelons-nous l'affiche d'*Hélas pour moi* sur le mur et de la pellicule 35 mm bien réelle de ce film que la belle aveugle de Wittgenstein coupait avec certitude sur la Steenbeck). Dans le 4ᵉ acte d'*Hélas pour moi*, Godard, l'amant/dieu absent, devient le metteur en scène/héros présent. Puis, devenu héros dans le 5ᵉ acte, il part sur les traces du bûcheron dans la forêt. (Rappelons-nous la Femme en noir assise au bord de la route. Était-ce Hanna ?)

Des errances de Godard dans ces voies sans issue vont naître ses productions de bandes/tracts importés/trouvés/volés en numérique à partir de sa collection vidéo personnelle et gonflés/rédimés sur film 35 mm, comme un retour au cinéma basse définition des origines ((son)histoire du cinéma⁴). Le héros trouve des exceptions à la règle de la culture. Chemin faisant, retrouve-t-il aussi le feu et les prières mentionnées au tout début d'*Hélas pour moi* ? Nous verrons bien.

La caméra de Godard, dans tout son paradoxe et dans toute son ampleur, nous aiderait donc néanmoins à atteindre le futur du cinéma, tandis que lui-même attend ce futur avec optimisme ? Je prie que le futur nous ramène aussi à l'image directe de la *camera obscura*, sans inutiles interfaces générées par ordinateur pour montrer des cochons et autres animaux de basse-cour. Que dirait Kracauer à ce sujet, sans parler même d'Arnheim ? Je mentionnerais Bazin s'il n'avait pas été brûlé sur le bûcher en France il y a bien longtemps par les clercs d'Innocent X, de Karl Marx, de Freud et de Coca-Cola.

Quoiqu'il en soit, aujourd'hui, dans le 4ᵉ acte de son génie, Godard conserve la maîtrise de toute la *tekhnê* du cinéma et de la caméra. Encore une fois, pardonnez-moi un souvenir/illustration. Nous tournions une scène en Amérique du Nord, dans les toilettes d'un vrai «hôpital psychiatrique», et Jean-Luc observait. La caméra devait se déplacer pour aboutir à un gros plan sur un homme lavant du sang et du chocolat qu'il avait sur les mains. Je me suis assuré pendant les répétitions qu'un réflecteur serait placé derrière le robinet. (Quand on tourne avec un film négatif en noir et blanc, il est très important de maintenir un contraste dans le cadre.) La première prise manquait de contraste. Du fait que les variables dues au hasard peuvent intervenir dans un plan, j'aime faire une seule prise par plan lorsque c'est possible. En même temps, la possibilité de prises multiples permet aussi de réaffirmer la fonction du montage au niveau de l'image. J'ai levé la tête du viseur de l'Arri BL 3 pour jeter un œil sur les fenêtres à travers lesquelles passait l'éclairage des lampes à arc, et j'ai vu Jean-Luc bouger gentiment le bras d'une actrice pour que la lumière tombe de nouveau directement sur le robinet. Il n'a pas dit un mot. Elle n'a pas compris ce qu'il faisait. À sept mètres de l'objectif, il avait identifié le problème et savait exactement que faire pour le résoudre. Ce petit geste m'a révélé combien il en savait sur le temps/image/acteur et sur la caméra.

Il est peut-être temps maintenant de cesser de penser au cinéma en termes de «réalisme» ou même de «subjectivité», et de remettre en question la domination de tout modèle soi-disant scientifique dans la connaissance du cinéma. Ces catégories et leurs présupposés reposent sur un ensemble de postulats métaphysiques qui peuvent occulter la place centrale de l'existence humaine. La vérité peut revêtir la forme d'une réponse ontologique pré-conceptuelle à un appel au changement, une réponse à un «impératif». Cet «impératif» demande en un sens aux humains et à leurs sombres instruments fonctionnels tels que les caméras, les projecteurs – et l'enfant de l'ombre, la table de montage –, de révéler ce qu'ils «savent» de l'image-monde et du passé présent futur. Ne devrions-nous pas, pour un temps, parler de grâce plutôt que de politique ?

---

4. L'auteur écrit ici «His-story of Cinema», jouant sur le fait qu'en anglais le mot «history» (l'histoire) est aussi un composite de l'adjectif possessif masculin «his» et de «story» (récit). L'histoire devient par là «son histoire (à lui)». [NdT]

Quand Godard touche à la caméra, au pupitre de mélange vidéo ou à la table de montage, lui parlent-ils de la règle de l'Encadrement, lui posent-ils des questions sur la technologie et la place de l'art dans l'événement-film ? Lui murmurent-ils quelque chose sur le fait qu'ils se trouvent entre ses mains ? Ces jours-ci, il me semble que oui.

Godard est l'un des êtres les plus gentils, les plus doux et les plus généreux que j'aie rencontrés, et pourtant certains diront qu'il est capable de grande cruauté. Thank G-d, je ne suis ni son juge ni sa victime.

Je sais par contre que sans lui, *Inside/Out* n'aurait jamais vu le jour et que je serais peut-être mort. Pourtant, lorsque vous sortez du regard de Godard, ou que son regard se tourne ailleurs, en lui-même peut-être, votre orientation n'est plus la même. C'est un fait qui revêt pour certains une grande cruauté. Dans ce processus en permanente évolution, Godard ne demeure un poète du son et de l'image qu'en plongeant encore et encore dans l'abîme. Rappelons-nous que la *camera obscura* est aussi projecteur. Elle ne peut assurer les deux fonctions à la fois. Il s'agit là d'un mythe vrai de la *camera obscura* comme de l'homme Godard.

Tel son héros de fiction *JLG/JLG* (à moins que le docteur V. Propp ne se soit trompé et qu'un héros puisse aussi être filou), Godard peut rester assis trop longtemps dans l'ombre à manier sa télécommande comme Johnny Guitar son Colt 45, à la recherche d'associations d'images, de bricolages et de « vrais mythes » anthropologiques toujours plus obscurs. Il sait que son-cinéma et notre-cinéma sont tous deux enracinés dans les faits et dans la fiction, le bien et le mal, l'art et l'artisanat, la cause et l'effet, et qu'ils sont peuplés de saints et de pécheurs et de renards rusés comme lui-même, et de grands films oubliés comme *La Fièvre dans le sang*.

Mais, thank G-d, la nouvelle musique et les vieux mystères du cinéma peuvent parfois encore le faire sortir, et nous aussi, du salon ou même de la chambre à coucher, loin de l'alchimie vidéo.

La caméra doit une fois de plus tourner son regard directement vers de nouveaux horizons, elle doit désirer cultiver et produire de nouvelles images de film plutôt que de rester aveugle dans la prison du langage ou dans une manipulation sans fin à la Medvedkine – de vaches, de politique, de trains et d'images. Quand cela arrivera, le cinéma comme caméra pourra vivre de nouveau et de nouveau nous serons inondés de merveilleux.

Ce pauvre monde en a besoin en plus grande quantité.

Godard m'a dit une dernière chose importante que j'ai mis huit ans à comprendre. Je le savais, je suppose, mais je me refusais à l'admettre. La « vérité » nous travaille ainsi. Il avait raison. Il a dit que pour certains cinéastes, leurs films sont des enfants morts. Cruel, mais vrai.

Créons des sons et des images nouveaux qui travaillent de façon authentique dans l'éclaircissement que peut constituer l'événement-film, alors avec le temps celui-ci pourra renaître en cet âge de désolation, et nous avec.

Ce qui exigera une caméra et un cinéma sans orgueil.

Godard est désormais la conscience collective du cinéma. Il en incarne les oppositions diamétrales tout en demeurant l'épouse aimante et fidèle de Lévi-Strauss, et de celui-ci seulement.

Traduit de l'anglais (États-Unis) par Franck Le Gac

CAMILLE, FERDINAND, MES ENFANTS

Philippe Grandrieux

Camille, Ferdinand

mes enfants

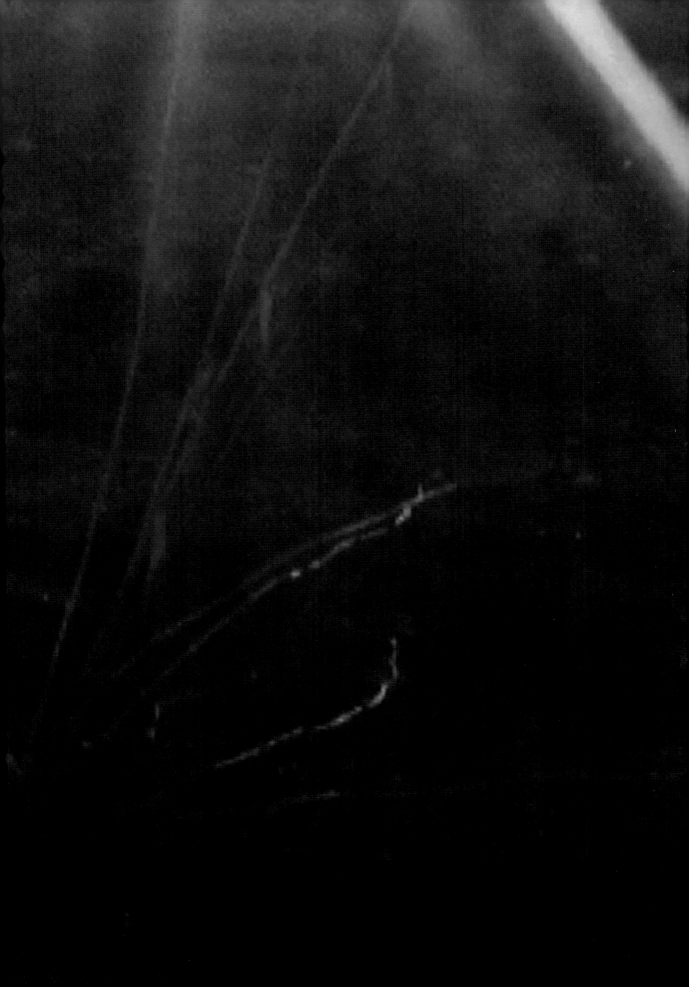

depuis toujours

art et pensée

ont pour salaire

la douleur.

PRÉSENTATION

Lô N'guyen

Le lundi 4 novembre 2002, à l'initiative de l'Association «Les Écrans citoyens» (et plus particulièrement de Magali Jacquemin et Mathilde de Romefort), René Vautier et Jean-Luc Godard se sont rencontrés pour la première fois. La rencontre eut lieu dans le grand amphithéâtre de l'Institut d'art et d'archéologie (Université Paris 1). Pour alimenter l'échange, les Écrans citoyens avaient prévu de montrer *Afrique 50*, de René Vautier (1950), et *Caméra-Œil*, de Jean-Luc Godard (1967), mais la projection ne put avoir lieu, la présence d'une trentaine de caméras digitales (tenues par nombre de cinéastes militants et expérimentaux, parmi lesquels Lionel Soukaz, Arnaud Soulier, Othello Vilgard, Mathilde de Romefort, David Faroult, Hélène Fleckinger, Waël Noureddine…) brouillant les signaux vidéo. La discussion s'engagea néanmoins sur ces deux films.

JEAN-LUC GODARD, RENÉ VAUTIER : «AU NOM DES LARMES DANS LE NOIR»
Échange sur l'histoire, l'engagement, la censure

Écrans citoyens : Posons cette première question aux deux réalisateurs : comment avez-vous sélectionné les images ? Pour commencer, René Vautier, comment avez-vous procédé pour choisir les images tournées dans les villages africains et quels contacts avez-vous eus avec les habitants ?

René Vautier : C'est difficile d'expliquer comment j'ai choisi les images. Après un clash complet avec les services officiels, j'ai dû quitter Bamako avec Raymond Vogel, qui traînait la patte parce qu'il avait pris une balle dans le mollet. Nous sommes partis avec une caméra et cinquante petites boîtes de trois minutes de pellicule 16 mm. Vogel est tombé malade assez rapidement et a dû être rapatrié. Moi, j'ai continué à tourner, en étant caché par les Africains. C'est l'histoire de la personne que l'on aime bien parce qu'on a à la protéger : j'étais le monsieur que les Africains se transmettaient de villages en villages en sachant qu'il avait des policiers à ses trousses.

Ensuite, on a pu faire rentrer les images par trente-sept voies différentes. Elles sont toutes arrivées en France à la Ligue de l'enseignement. Mais tout de suite après les images sont arrivées aux forces de police, qui ont bloqué la rue et exigé que le président de la Ligue de l'enseignement leur remette toutes les bobines que j'avais tournées illégalement. J'ai été arrêté et contraint de signer sur chaque bobine développée pour reconnaître que je les avais tournées en violant le décret Pierre Laval. Ce décret, signé du ministre des Colonies en 1934 – Pierre Laval – interdisait les prises de vue en Afrique Occidentale française hors de la présence d'un représentant de l'autorité et sans autorisation spéciale du gouverneur. Pendant toute une matinée, j'ai signé sur un certain nombre de boîtes, puis je me suis aperçu que les policiers ne rallumaient pas la lumière toutes les trois minutes lorsqu'on arrivait au bout d'une bobine. L'après-midi, je suis revenu avec des boîtes vides et je signais sur les boîtes vides en mettant les pleines dans mon sac. J'ai pu ainsi sauver environ le tiers de ce que j'avais filmé. Le choix des images n'était donc pas exactement le mien.

Les négatifs ont été détruits. J'ai fait le montage avec les positifs que j'avais récupérés, sans table de montage, uniquement avec des épingles et de quoi gratter et coller la pellicule. Ensuite, j'ai fait tirer les copies par contact. Tout cela sous la protection des gens de mon quartier, à Argenteuil, autour de l'école où ma mère était institutrice. La musique – le groupe africain Keïta Fodeba – a été enregistrée en direct lors d'une projection en plein air. Le commentaire devait être dit par un copain qui s'occupait des jeunes acteurs, à l'époque, et qui s'appelait Gérard Philipe.

Comme on n'avait pas d'argent pour le faire, ça a traîné, et finalement il est parti en tournée en m'indiquant quelqu'un d'autre pour enregistrer le commentaire. Malheureusement, le type est parti avec le texte écrit et, sans doute parce qu'il a eu peur, n'est pas revenu le jour où on avait loué la salle. Si bien que j'ai dû réinventer le commentaire. Cela explique mon ton très coléreux d'un bout à l'autre. Gérard Philipe était un gars adorable. Il n'en a jamais voulu longtemps à quelqu'un, sauf à ce gars, qui avait eu peur et n'était pas venu enregistrer le commentaire. Pour lui, un ami avait trahi un ami. Par la suite, chaque fois qu'il rencontrait cet acteur, devenu célèbre, il lui tournait le dos et disait : «Pour ce monsieur-là, je suis absent en permanence.» Je crois qu'il ne lui a jamais resserré la main de toute sa vie.

Une espèce de solidarité est née de la difficulté de terminer ce film. Peut-être est-il plus intéressant, justement, parce que tant de gens tenaient à ce qu'il ne se fasse pas, et parce qu'il est né de la difficulté et de l'entêtement. J'avais vingt et un ans, c'était un défi. Maintenant, je ne crois pas qu'on puisse dire qu'il n'a pas été diffusé, qu'il n'a peut-être pas servi la cause qu'il prétendait servir – la cause anticolonialiste – ou qu'il n'a pas été utile. On en a tiré des copies et des copies, il a été diffusé pratiquement dans tous les mouvements de jeunes en France. Il a été projeté sans visa et repris par beaucoup de gens, qui pensaient que l'enseignement sur la présence coloniale dans les lycées et collèges de France et de Navarre ne correspondait pas à une réalité, et qu'il représentait mieux la réalité. Il a été diffusé par des professeurs, sous leur responsabilité, par des responsables de maisons de jeunes. Il a été vu et je pense qu'il a été utile.

Quarante ans après avoir été fait, il a eu «l'honneur» d'être présenté dans plus de cinquante pays étrangers, sous l'égide du ministère des Affaires étrangères, pour montrer qu'il y avait eu en France un anticolonialisme populaire dès 1950. Je l'ai appris à Beaubourg lorsqu'on m'en a officiellement offert une copie, tirée de copies saisies. Avec ce détail qui montre aussi ce qu'est la censure : on m'a dit avec un petit sourire : «Faites quand même attention, parce qu'il n'a toujours pas de visa en France !» Je n'ai jamais demandé de visa. (Tout à l'heure, on disait que c'était une critique des films ethnographiques, Jean Rouch était là et a très amicalement assisté la personne qui m'a remis le film.) Donc, la France a le droit de le diffuser ailleurs officiellement mais, théoriquement, il reste interdit en France, puisqu'il n'a pas de visa. (*Applaudissements.*)

Écrans citoyens : Jean-Luc Godard, comment avez-vous sélectionné les images du Viêtnam et celles d'autres luttes que vous montrez dans le film ?

Jean-Luc Godard : Quand vous m'avez demandé de le passer, je ne me souvenais plus du tout de mon petit film, qui faisait partie de *Loin du Viêtnam*. Je croyais me souvenir que j'avais uniquement fait un plan de moi et d'une caméra sur la terrasse d'un ami à Paris. En le revoyant, je me suis aperçu que j'avais intercalé deux ou trois plans parlant du Viêtnam. À l'époque, je n'étais pas vraiment politisé. Je le suis devenu après. J'avais lu des choses sur l'engagement, chez Sartre par exemple, mais ça restait littéraire ou métaphysique. Je m'engageais avant tout – comme d'autres amis – dans le cinéma. On aimait citer un épisode de la vie de Fritz Lang : il tournait son premier film à Berlin au moment des luttes des groupes spartakistes, de Rosa Luxembourg, etc. Le premier jour du tournage, il était tellement furieux que les combats l'empêchent de tourner qu'il a dû faire un immense détour pour filmer. Rosa Luxembourg et compagnie, ça n'avait aucune importance pour lui. Donc, par rapport à vous, quelle différence ! Par contre, je me souviens qu'avec un ami, Jean Druot, on avait soutenu la pièce *Libérez Henri Martin*[1], qui se jouait au théâtre du Quartier latin, à l'époque où votre ami Gérard Philipe jouait aussi *Les Épiphanies*.

Je ne voyais pas ce qu'on pouvait faire : mettre des images du Viêtnam me paraissait douteux pour quelqu'un qui habite la France, qui en est loin. Le film s'appelait du reste *Loin du Viêtnam*. La moindre des choses était donc de montrer qu'on était loin du Viêtnam. J'avais essayé auparavant, en 1965 ou 1966, de faire un film au Nord-Viêtnam. J'étais allé voir la délégation du Nord-Viêtnam, rue Le Verrier, et j'avais expliqué ce que je voulais filmer : dans une classe, les élèves commencent une explication de texte, puis déménagent à cause des bombardements américains. Ils quittent Hanoi, marchent dans la jungle, dans la campagne, dans des tranchées, et finissent dans des souterrains, où ils reprennent le texte entendu au début. À l'époque, je crois que les accords de l'avenue Kléber et les discussions avec Kissinger commençaient. Vu les films que j'avais faits, les Vietnamiens se méfiaient beaucoup d'un garçon comme moi. Mon projet n'a pas été accepté. En souvenir de cette histoire, j'avais quand même mis quelques plans venant du Viêtnam, et quelques plans des luttes sociales qu'il y avait. Je connaissais un peu Chris Marker. Il avait fait *À bientôt j'espère* avec des amis ouvriers de l'entreprise Rhodiacéta de Besançon. J'y étais allé une ou deux fois. Voilà tout ce que je peux dire.

René Vautier : Ce n'est pas tout : les ouvriers de la Rhodiacéta ont essayé de s'initier à l'expression par l'image avec une petite caméra. *(Se tournant vers Jean-Luc Godard, malicieusement.)* Qui leur avait été offerte par qui ?

Jean-Luc Godard : Par moi... *(Modeste, il passe vite à autre chose)* Quand on fait un film moyen, disons un film de trois à cinq millions de francs – de nouveaux francs, pas d'euros – on dispose d'une bonne petite somme si on veut partir avec le budget du film. En tant qu'entreprise, c'est pas énorme, mais pour un individu c'est une très grosse somme. Je pensais qu'on pouvait toujours investir. Quand je suis allé en Palestine, on a donné trois ou quatre caméras ; aux Black Panthers aussi. Probablement par un sentiment de culpabilité de pseudo-révolutionnaire, mais enfin, je pense qu'ils étaient contents de les avoir malgré tout.

Écrans citoyens : Dans le film *Caméra-Œil*, vous évoquez un projet qui n'a pas abouti : celui de filmer le corps d'une femme sur lequel vous auriez décrit les effets d'une bombe. Vous dites y avoir renoncé parce que cela créait un effet de recherche esthétique qui semblait être à côté du contenu. Vous évoquez cette notion « d'avoir des idées faussement généreuses, presque honteuses ».

Jean-Luc Godard : Disons que j'ai toujours essayé, naïvement d'abord, puis inconsciemment, et maintenant plutôt consciemment, de parler de là où je suis. Surtout quand il y a un côté documentaire. Avec mes deux ou trois amis de la Nouvelle Vague, on n'a jamais séparé le documentaire de la fiction. Quand est sorti *Moi, un Noir* de Rouch, on a dit : « C'est le plus grand film de fiction française de l'année ! »

Ou inversement, d'un petit film de série B américain, on disait : « C'est un très grand film documentaire ! »

Donc je me suis aperçu qu'il fallait parler de ce que je connaissais, et pas de ce que je ne connaissais pas, sinon je risquais de faire – et j'ai dû en faire – du tort. J'ai souvent pensé à faire un film à propos d'un camp de concentration, d'après les écrits que j'ai lus, des connus et des moins connus. Mon idée était de traiter uniquement le côté fonctionnaire : les dactylos qui comptaient les cheveux, les dents en or, les lunettes, et qui tapaient à la machine. On ne voyait pas un déporté, on voyait juste ça. J'ai pensé que je ne saurais pas le faire, n'ayant même pas eu de parents là-bas. Comme dit Wittgenstein : « Ce qu'on ne peut pas dire, mieux vaut le taire... Ce qu'on peut dire, mieux vaut le dire. »

René Vautier : On fait des films sur ce que l'on connaît bien, mais on a aussi la possibilité de faire des films sur ce qu'on essaie de comprendre. Pendant la guerre d'Algérie, il y a eu un grand silence du cinéma français, comme il y a eu un grand silence sur le plan du colonialisme. Là, ne fallait-il pas essayer de faire quelque chose, même si on n'avait pas le droit de faire ?

D'ailleurs, la notion de lutte contre la censure, on l'a partagée pendant un temps. Lorsque Alain Resnais avait des problèmes, à la fois pour *Les statues meurent aussi* et pour *Nuit et brouillard*, je me souviens d'une séance à la Mutualité et, je crois, tu étais dans la salle. La censure exigeait la suppression du plan avec un képi de gendarme prouvant que des gendarmes français gardaient les Juifs. Il était parfaitement possible de faire des films sur les camps de déportation, mais pas sur l'attitude des gendarmes français par rapport aux consignes de chasse aux Juifs qui leur étaient données. Pourquoi ?

Dans le public quelqu'un a réagi au moment où Alain Resnais a expliqué qu'il avait finalement accepté de supprimer le képi de gendarme pour que le film sorte. Il disait : « Le film est sélectionné pour le festival d'Oberhausen et ne peut pas y aller s'il n'a pas le visa. Or, je tiens à ce que les Allemands voient le film. S'il faut passer par là, je vais rajouter un plan, faire dessiner un poteau qui vient cacher le képi du gendarme, et ce n'est pas très gênant. » Ce qui était gênant, c'était peut-être de plier devant cette demande de la censure, mais il l'a fait. À ce moment-là, quelqu'un – un très mauvais esprit – a dit : « Peut-être que les Allemands à Oberhausen vont demander pourquoi, si on accepte de couper le képi du gendarme français, ne pas enlever tous les soldats allemands qu'on voit dans le film qui emmènent les Juifs vers les fours crématoires ? Ce serait une demande aussi légitime que celle de la censure française concernant le képi du gendarme français ! » Quand j'ai formulé cette possibilité, je me suis fâché avec Alain Resnais pour pas mal d'années. Au bout de dix ans, il a remis le képi de gendarme et personne n'a rien trouvé à redire. Mais, le fait de plier devant la censure, je ne suis pas sûr que ce soit une tactique valable. *(Se tournant vers Jean-Luc Godard.)* Dans tes rapports avec la censure, j'imagine que tu as dû avoir aussi un certain nombre de difficultés.

Jean-Luc Godard : Oui et non. Ce n'était pas le même genre. Si je pliais, ou si je ne pliais pas, ou si j'essayais de ne pas plier, c'était d'abord en tant que combattant du cinéma, qui est une métaphore de combattant tout court. *Le Petit Soldat*, par exemple, était une entreprise tout à fait individuelle, puisque je racontais, à ma façon, l'histoire d'un déserteur français réfugié en Suisse. Ce qui est mon cas : j'ai déserté l'armée française et je suis allé en Suisse, puis j'ai déserté l'armée suisse et suis revenu en France. Ma réaction était anarchiste et individuelle. Je ne voyais pas pourquoi on voulait me mettre un fusil entre les mains alors que je n'en avais aucune envie. Ma patrie, ce sont les arbres, l'eau, telle rue de la ville, Beethoven, Montaigne... Je ne comprenais donc pas ce qu'on me voulait.

Donc, pour *Le Petit Soldat*, mon déserteur français, à Genève, était pris en main par un groupuscule appelé « La Main Rouge », et qui allait devenir le noyau de la future OAS. Il travaillait pour eux, je ne sais pas pourquoi – pour ne pas s'ennuyer, sans doute. Après, il tombait amoureux d'une fille qui faisait partie d'un groupe FLN. Puis, ce groupe FLN le capturait et le torturait. Bien sûr, tout le monde m'est tombé dessus,

---

1. Henri Martin : marin communiste et ancien résistant, condamné à cinq ans de prison en 1950 pour « tentative de démoralisation de l'armée », c'est-à-dire pour avoir distribué des tracts contre la guerre d'Indochine. Symbole de la lutte contre la guerre coloniale, il fut libéré en 1953 grâce à une intense mobilisation citoyenne [NdÉ].

du parti communiste au *Figaro*. Le film a été interdit par la censure de l'époque – il y avait un ministère de l'Information et une commission de censure – et les jeunes députés Michel Debré et Jean-Marie Le Pen ont demandé que je sois extradé de France. Le film est sorti trois ou quatre ans après et n'a eu aucun succès, ce qui m'a fait beaucoup de bien, parce que le premier en avait eu beaucoup.

Je me dis souvent qu'il faut quarante ou cinquante ans pour connaître à peu près ce qui s'est passé. Les premiers documents classifiés sont déclassifiés au bout de cinquante, au bout de quatre-vingts, au bout de cent, au bout de cent trente ans. Pourquoi ces quarante ou cinquante ans ? Votre film, au bout de quarante ans, finit par être projeté par ceux-là mêmes qui l'ont interdit. C'est simplement le temps qui sépare les grands-parents des petits-enfants. Il faut que ce soient les petits-enfants qui demandent aux grands-parents ce qui s'est passé. Eux peuvent, ou osent le dire, que ce soient des tortionnaires comme Aussaresse ou des gens du contingent qui ont accompli la corvée de bois comme les autres. Ce n'est pas par hasard que ces choses existent encore.

René Vautier : Je reviens sur le fait que le film n'ait pas eu de succès. Voulais-tu dire que ça t'a évité de rester dans la même voie ?

Jean-Luc Godard : Plutôt évité d'avoir la tête qui tourne à cause du succès. Heureusement… Ensuite, comme épisode de censure : *Pierrot le fou* avait été interdit aux moins de dix-huit ans pour imbécillité mentale. J'ai gardé l'avis de la censure… Et une fois, pour un film qui s'appelait *La Femme mariée*, pas très bon mais où il y a deux ou trois bonnes choses, surtout une tirade de Roger Lenhardt. On avait été plaider avec Beauregard, le producteur, dans le bureau d'Alain Peyrefitte : on s'était enlacé pour lui montrer que dans cette position – qui était celle des acteurs du film – on ne pouvait vraiment rien faire. Malraux avait donné un avis favorable et Peyrefitte avait donné son accord, à condition que le film ne s'appelle plus *La Femme mariée* mais *Une femme mariée*. Voilà, je crois que c'est tout.

René Vautier : Tu parlais tout à l'heure du délai de cinquante ans, j'ai toujours pensé, quant à moi, qu'il fallait faire quelque chose, quitte à toucher peu de gens.

Quand je préparais, en 1954 à la Bibliothèque nationale, un film sur les rapports entre la France et le Maghreb – la partie conquête de l'Algérie racontée par des gens qui y avaient participé – je disais, à partir des textes des colonels et des généraux, que l'armée française a inventé les chambres à gaz. Entre 1830 et 1840, un colonel a trouvé des tribus réfugiées dans des grottes et a allumé des feux à l'entrée. Le rapport de ce colonel, un certain Pélissier, disait : « Lorsque les feux se sont éteints au matin, on a sorti 732 cadavres, hommes, femmes et enfants. » Le général qui commandait à l'époque a envoyé le double de ce rapport à tous les colonels en leur disant : « C'est exactement ce qu'il faut faire ! » Par la suite, on a fait la même chose dans les grottes du Dhara : les tribus entraient dans la grotte et on allumait le feu à l'entrée… C'était devenu une méthode de guerre.

Donc je racontais cette histoire qui, à la limite, pouvait passer. Mais j'ai ajouté mon grain de sel en rappelant comment s'est faite la conquête d'un pays qui, comme tout pays indépendant, avait passé des accords commerciaux, avec les États-Unis d'Amérique en 1780, puis avec la France, pour lui fournir du blé. On justifiait la conquête de l'Algérie par une histoire trouble de traites impayées par Bonaparte. Je disais que le pays avait été indépendant et qu'il le redeviendrait certainement. Le film est sorti en 1955 et j'ai été poursuivi pour atteinte à la sûreté intérieure de l'État, pour avoir dit qu'un département français allait devenir indépendant. À l'époque, j'étais secrétaire du Syndicat des techniciens du cinéma et j'ai donné ma démission en disant que le plus important pour moi était de tourner en Algérie. Si les Algériens, reconnus comme Français, n'étaient plus d'accord avec le gouvernement français et ne voulaient plus être Français, il fallait leur demander pourquoi ! En tant que Français, ils devaient aussi jouir de la liberté d'expression ! C'était un peu filandreux, mais ça m'a mené aux maquis algériens, où j'ai filmé parce que je pensais que c'était normal de montrer des gens qui se battaient, et pourquoi ils se battaient. Cela pouvait entraîner la paix, des échanges…

Il est toujours difficile de filmer une crise, de filmer une guerre. Inutile de discuter avec l'armée française : ordre a été donné de tirer sur le monsieur qui avait une caméra en face. La forme de censure la plus expéditive ! Mais j'ai quand même fait un film, avec l'accord des Algériens qui se battaient. Lorsque je l'ai montré aux responsables algériens, au Caire, ils m'ont dit qu'il était formidable, très utile, mais l'un d'eux m'a demandé de couper une séquence montrant des combattants algériens qui pleurent. J'ai demandé pourquoi, on m'a dit : « Parce qu'un combattant algérien, ça ne pleure pas. Ça meurt mais ça ne pleure pas ! » J'étais très embêté : je refusais de céder à la censure de mon pays, je ne voyais pas pourquoi j'allais céder à la leur. Mais j'avais dit aussi que je donnerais une copie du film aux Algériens et que, moi, je gardais le droit de le diffuser où je voulais, et en particulier en France.

J'ai trouvé un subterfuge, en disant que j'étais contre toute censure, contre toute coupe, et j'ai proposé un pari en disant : « Si je gagne vous ne coupez rien, et si je perds, vous gardez le film et vous faites ce que vous voulez avec. De toute façon il n'y a pas de générique. » Je pariais que le gars qui voulait couper cette séquence était un fonctionnaire de la révolution qui n'avait jamais vu de combattants algériens et n'était jamais passé parmi les rangs des combattants. Rigolade : c'était vrai. Du coup, le film a été diffusé sans coupe, partout – sauf en France, où il est passé pour la première fois en 1968 dans la Sorbonne occupée.

Cette histoire a eu des répercussions. Les gens qui ont un pouvoir appliquent ce pouvoir. Le monsieur vexé a ensuite pu me mettre dans une prison, si bien que pendant que j'étais recherché en France pour avoir tourné un film aux côtés des maquisards algériens, j'étais mis en prison par le FLN en Tunisie. Dans cette prison, je me suis dit qu'il ne fallait pas que j'accepte d'être retiré du circuit, donc que je m'évade. J'étais déjà en prison depuis plus d'un an et, puisqu'on ne me disait pas pourquoi j'étais en prison, j'ai dit que j'allais m'évader. Ça a fait rigoler même les gardiens. Ils m'ont demandé la date, je l'ai donnée par écrit, et je me suis évadé le 25 janvier 1959. Puis je suis revenu. Parce que je voulais montrer que je pouvais sortir, et qu'ils avaient eu tort d'emprisonner quelqu'un dont la seule chose qu'on pouvait lui reprocher était d'avoir tourné une vérité. Si vous voulez un jour utiliser le cinéma, il faut que le cinéma soit au service d'une vérité, la vôtre, et qui peut être différente de la vérité officielle.

(À Jean-Luc Godard) Ton film ne m'a pas choqué, dans la mesure où j'ai été torturé par des Algériens. Lorsque je suis retourné en cellule, on parlait de torture… On a voulu me faire dire que des gens de l'extérieur m'avaient aidé à m'évader. C'était faux, je m'étais évadé tout seul, mais deux gars sont venus dans ma cellule et m'ont dit : « On va te faire parler. On a l'habitude, parce qu'on a fait la guerre du Viêtnam dans l'armée française. On sait faire parler les gens qui ne veulent pas. » Je m'en suis sorti avec quelques ecchymoses… Par la suite on m'a demandé si je n'en voulais pas trop aux Algériens, et si j'étais resté en contact avec eux. Je ne peux pas leur en vouloir : c'est au sein de l'armée coloniale qu'ils avaient appris à torturer.

J'ai aussi été condamné, il y a une bonne vingtaine d'années, parce que j'avais accusé le présidentiable Jean-Marie Le Pen d'avoir les mains sanglantes. J'apportais des preuves, mais on n'avait pas le droit d'apporter la preuve de quoi que ce soit : à la suite des accords d'Évian, une loi française avait interdit qu'on raconte certains faits de la guerre d'Algérie – il y a eu très peu de protestations contre cette loi. Pour moi, le fait qu'on essaye de mettre une chape sur ce qui s'est fait pendant cette guerre sous l'égide de notre drapeau a entraîné un certain nombre d'habitudes de répression du côté algérien. Les méthodes de l'OAS ont été reprises aujourd'hui par les gens du FIS et du GIA. Si on avait laissé les gens parler de la réalité, j'ai l'impression qu'il aurait été plus difficile de faire adopter ces mêmes méthodes aujourd'hui.

Ceci pour dire que le rôle du cinéma, pour moi, consiste à dénoncer les choses quand elles se passent. Ensuite, on décide comment utiliser les images, de façon citoyenne : elles ne sont plus du ressort du cinéaste mais des citoyens. Sachant que ces images existent, ils doivent eux-mêmes organiser leur diffusion, pour qu'on puisse discuter à partir de témoignages en images. Une question se pose de plus en plus largement : peut-on aujourd'hui écrire l'histoire à partir d'images ?

Je reviens sur ce que disait Jean-Luc à propos de cette caméra qu'il a donnée aux ouvriers de Montbéliard et de Besançon. C'était pour qu'ils s'en servent. Maintenant, avec les caméras vidéo, la possibilité d'expression s'élargit. On a peut-être moins besoin d'être qualifié. Si on a des choses à dire, il faut essayer d'utiliser l'image pour les dire ! On peut de plus en plus les diffuser. Il y a dans la salle des gens qui, après avoir fait des télévisions pirates, parviennent à se faire diffuser sur les chaînes de télévision. Ce monsieur, que je reconnais, fait partie de 93 TV et a l'autorisation du CSA de diffuser. J'ai vu tout à l'heure un membre de Zaléa TV, une chaîne provisoirement autorisée par le CSA. Mais cette utilisation non publicitaire du cinéma, dont le but est d'ouvrir un débat d'idées à partir d'images, ne dépend plus des gens qui tournent mais des citoyens qui désirent voir ce qui existe. Y compris ce qui est censuré.

Écrans citoyens : Jean-Luc Godard, vous avez fait les *Histoire(s) du cinéma*, et vous revenez beaucoup sur ce que le cinéma apporte à l'Histoire. Pourriez-vous développer cette idée ?

Jean-Luc Godard : Je l'ai appelé *Histoire(s)* avec un s entre parenthèses parce qu'il y a beaucoup d'histoires qui font partie de l'Histoire. Il me semble aussi que le cinéma était particulièrement qualifié pour faire de l'Histoire. L'histoire de la littérature ne peut pas se faire avec des mots, ça consisterait à prendre un peu de Proust, un peu de Joyce, un peu de Faulkner, un peu de Virgile, etc. – pour parler des meilleurs – et à ce qu'en mettant ces textes bout à bout, comme dans le jeu des papiers collés, le lecteur lise une histoire. Il lirait des bouts qui n'ont pas de rapport les uns avec les autres. Avec la peinture on ne peut pas non plus. Peut-on faire une histoire de la musique uniquement en musique ? En tout cas, il me paraissait évident que le cinéma pouvait le faire avec les éléments dont il était constitué : c'est-à-dire, des images et le son qui va avec – ou du son et les images qui vont avec.

J'ai cru naïvement que ça intéresserait les historiens. Les quelques historiens à qui je les ai montrées, François Furet par exemple, qui est mort aujourd'hui, ou un autre, très connu, qui a fait partie de toutes les luttes militantes mais dont j'ai oublié le nom[2], m'ont juste dit après : « Vous êtes un poète ! » J'aurais mieux aimé qu'ils me disent que j'avais fait des erreurs. Pas du tout. Ça m'a toujours frappé. Je crois que l'Histoire n'est pas aimée, la psychanalyse non plus. L'Histoire étant l'extérieur de l'homme, la psychanalyse étant l'intérieur, elles sont les histoires intérieure et extérieure de société.

Pour moi, aujourd'hui encore, le cinéma est une métaphore de la société. Si on étudie une cellule de cinéma : comment se fait un film, à trois ou quatre, à quarante comme à cinquante, avec de l'argent, des femmes, des hommes, des patrons, des dactylos, des chauffeurs, des employés, on a une espèce de métaphore, mais vivante. On voit comment fonctionne une petite société, c'est une cellule. Comme l'étude d'une cellule en biologie, on a tous les composants : psychologiques, biologiques, artistiques, sexuels, romanesques... Ces sociétés du cinéma sont très intéressantes car elles vivent *grosso modo* un an : au début, deux ou trois personnes se réunissent, ça augmente avec le tournage, puis ça diminue au montage, et à la fin les gens ne se voient plus. Ensuite une autre recommence à côté. C'est quelque chose de passionnant mais, curieusement, ça n'intéresse pas.

René Vautier : Je vais poser la question de manière un petit peu différente : n'as-tu pas l'impression qu'aujourd'hui on ne peut plus écrire l'Histoire sans images ? L'image a tellement tout envahi que les professeurs d'histoire ne se rendent pas compte qu'ils ont besoin d'utiliser l'image pour faire comprendre une vérité historique. Car l'image existe,

---

2. Il s'agit peut-être de Henri Alleg. On peut penser aussi à Pierre Vidal-Naquet, Jean-Pierre Vernant ou Eric Hobsbawm. Dans le film de Pierre Carles, *La sociologie est un sport de combat* (2001), on peut voir un sociologue, Pierre Bourdieu, dans son bureau du Collège de France, recevoir en direct une lettre de Jean-Luc Godard à ce propos et renvoyer en souriant l'entreprise de Godard au registre de la « poésie » [NdÉ].

et elle est beaucoup plus connue que le réel. L'histoire peut-elle aussi s'écrire, par exemple l'histoire du cinéma, à partir des interdits, des censures, des films qui n'ont pas pu se faire, à partir des images qui ont existé et qui ont disparu, qu'on a fait disparaître ? Une liberté d'expression qui ne pourrait pas s'appuyer sur l'image serait-elle encore une liberté d'expression, face aux possesseurs d'images ?

Jean-Luc Godard : Je ne suis pas du tout de cet avis : l'image n'existe quasiment pas aujourd'hui. Par contre existent beaucoup les mots sur une image et le commentaire. Quand on voit l'histoire du cinéma : il a commencé par être muet mais aurait pu être parlant. Les techniques étaient là, on pouvait le faire, il existait en 1900 un disque qui était synchrone avec le projecteur. À l'époque du cinéma muet, où les mots sonores n'existaient pas en même temps, le moindre spectateur – même moins cultivé que nous – comprenait tout à fait ce qui se passait. Essayez de regarder les journaux télévisés sans le son et essayez de savoir ce qu'ils disent ! Moi, je les regarde sans le son, j'essaie de savoir ce qu'ils disent : je n'en sais pas grand-chose.

Quelque chose a disparu – j'exagère un petit peu, comme ça, mais je me demande toujours ce qui est venu en premier : l'image, qui est un langage en lui-même, ou le langage écrit ? Pour illustrer ça, je pense à Moïse qui a vu une forêt qui flambe. Il n'est pas revenu en disant : « J'ai vu un bout de forêt qui flambe ». Il est revenu et il a fait dix commandements. Entre une forêt qui flambe et dix commandements, il y a quelque chose ! Il a fait la Loi. Aujourd'hui ce ne sont pas du tout les images qui font la loi, vous pouvez leur mettre n'importe quoi comme commentaire : elles sont bon enfant, elles sont gentilles, le cinéma n'est pas méchant en lui-même. La littérature l'est, et c'est toujours avec des discours que les tyrans abrutissent ou se servent des gens.

Les gens aiment beaucoup les images. Si on leur dit : « Allez vous faire massacrer pour la Patrie », ils y vont ! On dit qu'on voit que des images partout, mais on ne voit pas une image qui vous parle. Disons une chose simple : vous êtes une fille et vous êtes amoureuse d'un garçon. Si vous le voyez embrasser une autre, vous n'avez pas besoin de mots : c'est une image. Et on en voit très peu. Il y a toujours le commentaire de la speakerine qui redouble. Les seuls trucs qu'on peut voir sans son à la télévision, ce sont certains sports, si on les aime bien. J'aime bien le tennis, mais sans le commentaire de Jean-Paul ou de X, ou de tel joueur qui me dit, quand Agassi fait un coup droit : « Oh là là, quel coup droit... ! » Ça, non.

Alors les petites caméras, moi je n'y crois pas une seconde. Le crayon a été inventé depuis longtemps, il n'y a pas des centaines de milliers de Goya ou de Rembrandt pour autant ! Il faut quand même ce qu'on appelle le talent, qu'on a un petit peu, beaucoup, pas toujours, qui va avec son ardeur personnelle, avec l'environnement dans lequel on est. Ces petites caméras, celle qui filme, là *(JLG désigne une caméra)* ne filment absolument rien. C'est le commentaire qu'on en fait : « J'ai filmé René Vautier. » Mais qu'est-ce que ça veut dire ? Qu'est-ce qu'on en fait ?

Souvent des étudiants me demandent : « Qu'est-ce qu'il faut faire pour faire du cinéma ? » Je ne parle pas de routine mais : comment fait-on, comment apprend-on ? Ces petites caméras peuvent servir. Je leur dis toujours, quand je leur donne, aux Palestiniens, pareil : « Filmez votre journée, votre vraie journée, pas comme la police le raconterait : "Je me suis levé le matin, j'ai mis mon caleçon, je me suis brossé les dents, j'ai pris mon café, je suis allé à l'école, ou au boulot, j'ai pris le métro"... Au fond de vous, vous savez bien que ce n'est pas votre journée ; essayez de le montrer, ou de le dire, en montrant ce que vous pouvez, et puis ensuite, si vous êtes arrivé à faire quelque chose, essayez de le montrer à un ou deux de vos amis ou de vos parents, et demandez-leur s'ils sont d'accord de payer quarante francs pour le voir. S'ils ne sont pas d'accord et que vous avez du courage, comme René Vautier ou moi, vous continuez, et vous vous rendez compte que vous n'avez pas réussi à faire un film ; peut-être qu'à ce moment-là vous préférez aller à Hollywood, mais ça, c'est votre choix. »

René Vautier : Je pense qu'effectivement on peut revenir sur la notion des dix commandements. Quand on parle des dix commandements, les gens posent la question de savoir si l'on parle du film. Pourquoi l'Office catholique du cinéma a-t-il appuyé un film qui s'appelait *Les Dix Commandements* ? Pourquoi a-t-il investi pas mal d'argent pour le faire ? Parce qu'on garde le contrôle aussi sur les salles de patronage, et même quand elles ne s'appellent plus des salles de patronage, il y a quand même des intérêts financiers religieux derrière un certain nombre de films qui se font, car ils veulent utiliser l'image.

Puisqu'on parle de commentaire et d'image, je voudrais revenir sur la notion de citoyenneté, à propos d'un film que j'ai tourné et monté avec mes élèves algériens. J'ai tourné quand je suis rentré au maquis, et je me suis dit qu'il était nécessaire d'avoir des images des rapports entre les gens qui se battent et la population. On est tombés sur des gens qui quittaient les centres de regroupement organisés par l'armée française en 1956, ces centres sur lesquels Michel Rocard avait fait un rapport. Il avait écrit dans *Le Monde* – je ne sais s'il avait signé ou pas, mais il était déjà inspecteur des finances, je crois – que ces centres de regroupement avaient pour but de couper les contacts entre les maquisards et la population. On détruisait un certain nombre de villages, dans les montagnes, en particulier, dans les Aurès très couramment. Mais il fallait bien reloger les gens quelque part : on construisait des centres de regroupement. Sans leurs terres à côté, les gens n'avaient plus la possibilité de faire leurs récoltes… Donc ils mouraient de faim.

Michel Rocard disait : « Nous sommes responsables de la mort de plus de cinquante enfants par jour dans la zone que j'ai visitée », des enfants qui mouraient de malnutrition. Je rentrais en Algérie avec un groupe de l'ALN et filmais des gens qui fuyaient des camps de regroupement pour aller vers la Tunisie. Je montrais les rapports qui s'établissaient avec les soldats qui étaient là, et avec lesquels je venais de traverser ce qui allait devenir ensuite la ligne Maurice. On a assisté à la pose de champs de mines, et les soldats de l'ALN ont dit : « Il faut ramener les gars derrière ; ils n'ont rien à bouffer, on va leur ouvrir nos "caches" et on va leur donner à bouffer, parce qu'on est Algériens, parce qu'ils sont Algériens… » On montre les images et ça donne : « Le piège refermé, le camp de regroupement, camp de concentration, l'Algérie concentrationnaire, combien de morts crient dans cette tombe ? Pour fuir cette tombe, des villages entiers partaient vers la montagne pour essayer de joindre les frontières ; les maquisards distribuaient le blé pour assurer leur subsistance ; l'ALN s'identifiait au peuple, le peuple s'identifiait à son armée. Un seul combat, une seule souffrance, puis les chemins divergeaient, et les Djelloul repartaient dans de nouvelles batailles ; les réfugiés continuaient vers des frontières proches ou lointaines ; la mort les poursuivait, les bombes de l'OTAN les rejoignaient […]. » Ensuite les Algériens avaient choisi de mettre un poème d'Éluard dans le commentaire : « Au nom de l'espoir enterré, au nom des larmes dans le noir, au nom des plaintes qui font rire, au nom des rires qui font peur. » C'est dans le film *Peuple en marche* (1963), déposé à la Cinémathèque de Bretagne.

Puis des gens font un film, en gros honnête, qui donne beaucoup la parole à Aussaresses, qui se condamne lui-même. À côté, comme il faut faire un contrepoint, ils prennent mes images, et sur ces images de gens qui fuient les camps de regroupement, le commentaire dit : « Le FLN mène une guerre révolutionnaire dont la population est l'enjeu. Mais, excepté dans les Aurès, où les maquis sont très implantés, le FLN est au début très minoritaire : il ne compte en 1955 que quelques milliers de combattants qui s'impatientaient de l'attentisme de la population. Pour les faire basculer de son côté, le FLN a recours à la terreur : les Algériens qui entretiennent des relations avec l'armée française sont exécutés, ceux qui n'obéissent pas aux mots d'ordre sont affreusement mutilés. » Entre les images de ces gens qui quittent les camps de regroupement français pour aller se réfugier en Tunisie, on rajoute des gros plans de photos extraites des services d'actions psychologiques de l'armée, qui montrent des gens à qui on a coupé le nez, à qui on a coupé les lèvres. Ça vient sur mes images, de gens que j'ai filmés, qui se reconnaissent et qui savent, eux, d'où ils viennent et où ils vont. On fait ça la veille de l'année algérienne en France, où l'on doit théoriquement discuter sur le passé, l'avenir, la compréhension…

Je continue le commentaire du film : « Passer outre à l'interdiction de fumer se sanctionne par le nez ou les lèvres coupés ; dans les campagnes, le FLN contrôle la population par l'intermédiaire d'une organisation politico-administrative… Par la contrainte ou la persuasion, l'objectif est de faire arriver le pétrole algérien à l'époque de l'indépendance, et surtout de montrer que le FLN est le seul représentant du peuple. » On rajoute donc sur mes images des gros plans de torture, de visages martyrisés. Qu'est-ce que je peux dire ? Je fais des images parce que je pense qu'à un moment donné il est nécessaire de montrer une réalité. À l'époque, je suis pratiquement le seul à filmer côté algérien, je suis à peu près le seul à filmer contre la guerre d'Algérie. J'ai filmé aux côtés des Algériens et je montre que c'était difficile… L'opérateur, Pierre Clément, a été condamné à dix ans de prison, parce qu'il s'est retrouvé aux côtés des Algériens filmant une action de l'armée française. Il a tiré cinq ans dans une prison française, pendant que moi j'étais dans une prison algérienne. Et, là, maintenant, c'est l'utilisation des images, la transformation. Par le commentaire, on fait dire aux images exactement l'inverse de leur réalité. Parce qu'elles ont quand même une réalité. Alors, la question, c'est comment, aujourd'hui, défendre cette notion d'image reflétant quelque chose ?

Je vais être méchant, mais des gens dans leurs bureaux, des gens qui n'ont participé à rien mais à qui on a dit : « Vous allez faire un commentaire là-dessus », qui le leur a dit ? Le pouvoir. On leur demande de faire quelque chose, on leur donne des indications. Et tout ce qui se fait sur le plan des informations se fait comme ça, à la télévision. Pompidou disait : « C'est normal, la télévision c'est la voix de la France, et la voix de la France, c'est la voix des élus. » Maintenant quel est le pouvoir, quel est le droit pour le citoyen de contrôler et de répondre à des images ? Moi, je peux, j'aurais pu, effectivement, ne les déposer nulle part. Ces images, elles ont été censurées, elles ne sont jamais passées en intégralité. C'est vrai que *Peuple en marche* n'est jamais passé sur une chaîne de télévision française. Maintenant, ces images-là vont passer. Elles sont déposées, et les gens qui les achètent peuvent mettre dessus le commentaire qu'ils souhaitent.

C'est-à-dire qu'avec l'argent, on peut faire dire aux images exactement ce qu'on veut, y compris le contraire de ce que le réalisateur voulait faire. Mais le documentaire, il y a toujours quelqu'un derrière qui l'oriente ! Maintenant, de toute façon, il n'y a pratiquement plus de réalisateurs de documentaires. À la télévision, il y a des responsables d'émissions qui sont des responsables globaux, et qui donnent l'orientation pour le contenu, qu'il faut respecter. Et les réalisateurs transmettent ce qu'on leur dit de transmettre, ils le mettent en images. Mais je crois qu'il y a la nécessité aujourd'hui, effectivement, de créer un droit de réponse de créateurs d'image. Parce que, là, ce que je fais, ce que j'ai tourné, ce que tournent les documentaristes sur place, ce que tournent aussi les responsables, les reporters, ce n'est pas ce qu'on présente, ou alors avec un maquillage toujours politique.

Que faire, sinon créer des plages d'expression gérées par des gens qui peuvent avoir des opinions différentes de celles de l'opinion que l'on veut voir ? Il faut un débat à l'intérieur des chaînes de télévision. C'est aussi une nécessité, mais qui ne peut devenir une réalité que si des réalisateurs ont la possibilité de faire des films librement. J'ai eu un jour, et je l'ai gardé précieusement, cette signature, de Jean-Luc, au milieu de mille autres, qui me soutenait pour la lutte contre la censure politique dans le cinéma français en 1972 ou 1973. J'ai gagné mes trente et un jours de grève de la faim. J'ai eu une lettre du ministre disant : « Effectivement, la censure politique est une ineptie. On n'a pas le droit de censurer. Par contre on peut censurer pour pornographie, violence, mais je m'engage à ce qu'il n'y ait pas de censure politique sur le cinéma français. » La commission de censure a renoncé aux censures politiques. Mais l'année dernière, Jean-Luc, combien de films se sont faits ? Quel pourcentage de films français ont été réalisés sans qu'il y ait une garantie de diffusion préalable d'une chaîne de télévision française ? Autrement dit, les chaînes de télévision constituent une garantie sans laquelle les films ne se font pas, et elles ne sont pas du tout obligées de dire pourquoi elles ne veulent pas de tel ou tel film. Si on ne signe pas le papier avant que le film se fasse, s'il n'y a pas un responsable d'une chaîne qui donne son aval pour la diffusion avant que le film ne se fasse, le film ne se réalisera pas. C'est tout.

Alors, aujourd'hui, comment reprendre une notion de citoyenneté ? Il y a des films qui se sont faits, mais dont on ne parle pas car personne n'a essayé de les voir. C'est pourquoi aujourd'hui, je bénis les gens qui s'occupent de la Cinémathèque, je bénis aussi les gens qui, à un moment donné, ont défendu l'indépendance de cette institution au Festival de Cannes en 1968. Au départ, c'était pour défendre la notion de conservation libre des films. Jean-Luc, tu étais plus dans le combat que moi, à l'époque. Enfin, pour conclure, je voudrais dire qu'il y a maintenant des films qui valent la peine qu'on les recherche pour les montrer dans des lieux comme Écrans citoyens : des films de Carpita sur la guerre d'Algérie, la fin de la guerre d'Indochine et d'autres encore.

Spectateur : Malgré le fait que vous ayez signé peut-être tous les deux le manifeste des années soixante, j'ai l'impression qu'entre vous deux il y a un gouffre considérable. C'est intéressant de pointer vos différences plutôt que d'essayer de chercher vos similitudes. Monsieur Vautier, vous avez une position très honorable et un parcours assez exceptionnel. Mais je trouve que vous avez une position quand même relativement naïve par rapport au document et à l'image-document. Vous laissiez entendre tout à l'heure qu'il serait important, même politiquement, pour qu'il y ait une conscience citoyenne, d'avoir des robinets à images où passeraient des choses qui seraient prises à droite, à gauche, sans même savoir qui sont ceux qui vont les faire, qui sont les cinéastes qui sont derrière ces images… Moi, ça me fait un petit peu peur. Comme Jean-Luc Godard, pour moi dans la construction d'un scénario, la construction de séquences, dans le travail même de construction du montage, il y a du politique.

René Vautier : J'apprécie les recherches théoriques de Jean-Luc sur les images existantes, sur les images visibles. Je souhaiterais simplement qu'il y ait aussi une recherche des images, avec des images qui ne sont pas des images larges, qui ne sont pas des images vues. Qu'il y ait aussi des choses que l'on a oubliées ou qui ont été cachées, qui font partie d'un cinéma marginal mais qui a, je crois, son importance. Si je suis très content de voir que l'on ressort *Afrique 50*, ce n'est pas à cause de sa qualité en tant qu'œuvre mais parce que ce film n'a jamais cessé d'être utile dans une lutte.

Jusqu'à ces derniers temps, lorsqu'on voulait connaître la raison pour laquelle je ne figurais pas dans le dictionnaire des cinéastes de monsieur Jean-Loup Passek édité par Larousse, le responsable de l'édition répondait : «Regardez le titre […]. Vautier ne doit pas figurer là-dedans, parce que c'est le dictionnaire des cinéastes et pas le dictionnaire des militants.» Or, maintenant, il y a une page Vautier dans la dernière édition. Pourquoi ? Ai-je changé ? Non, mais les choses, maintenant, commencent à être un petit peu connues. Oui, je me suis servi du cinéma dans un sens militant.

Jean-Luc Godard : Nos différences peuvent être dites d'une manière très simple et très rapide. À l'époque, le Manifeste des 121, je pense que vous l'aviez signé, vous ?

René Vautier : Moi, j'étais au maquis.

Jean-Luc Godard : Moi, je ne l'ai pas signé. Je ne me sentais pas assez responsable. Par contre, après, au générique de *Masculin féminin*, j'ai simplement mis : «Un des 121 films qui ne se verront pas à la télévision». C'est une façon à moi de partir de là où j'ai les pieds pour porter le regard quelque part. En ce moment, je suis confronté à ce problème. Je prépare un film, je ne vais pas vous le raconter en long et en large, car je n'aurai plus envie de le faire après. À l'occasion de la guerre entre Israël et la Palestine, une jeune fille, un personnage un peu dostoïevskien comme le Kirilov des *Possédés*, pense au suicide. Étant plutôt «pro-palestinienne», comme on dit, elle fera probablement un attentat-suicide. Comment en parler ? C'est une question qui me paraît difficile.

Et puis, il y a un problème par rapport à ce qu'on appelle les «kamikazes», qu'on ne devrait pas appeler comme ça. On n'en parle pas, parce qu'on ne sait pas quoi en dire, alors on répond : «On ne doit pas s'attaquer aux civils.» Aujourd'hui, en particulier en Suisse et en Israël, où chaque citoyen a son fusil chez soi, qui sont les civils ? Qui sont les militaires ? Même dans un pays comme la France, est-ce que le contingent d'Algérie c'étaient des civils ou, brusquement, dès que l'on met l'uniforme et que l'on porte une casquette, on devient militaire ? Cesse-t-on d'être un civil ? A-t-on alors le droit de tuer les hommes en uniforme mais pas les autres ? C'est bien compliqué.

Tout le monde en parle comme quelque chose d'abominable et d'horrible. Même l'organisation américaine déclare que ce sont des crimes de guerre. Il faut relire ce qu'écrit Victor Hugo et ce qu'il disait sur la Serbie il y a plus de cent ans, qui est tout à fait valable aujourd'hui. Quand on détrousse quelqu'un au Rwanda et quand on massacre un peuple, ce sont aussi des crimes. Plus grands, seulement. Voilà pourquoi je m'y intéresse, personnellement. Il me reste quelque chose de mon passage dans cette rue, autrefois quand j'allais à Louis Le Grand, quand je suis tombé sur *Le Mythe de Sisyphe*, d'Albert Camus, qui commence par ces mots : «Le suicide est le seul problème philosophique vraiment sérieux.» Chaque fois, que je vois un on un kamikaze, je pense à cette phrase de Camus. *(Applaudissements de la salle.)*

Spectateur : Est-ce qu'aujourd'hui l'artiste – le cinéaste, en particulier – ne doit pas être plus proche des gens qui luttent ? On voit dans pas mal de pays des manifestations de plus en plus importantes. En Italie, on a un cinéaste comme Nanni Moretti qui prend part vraiment au plus profond des choses dans son engagement politique. Est-ce que vous pensez que des artistes plus proches des gens qui luttent seraient profitables pour la lutte ? Dans le cadre du cinéma, puisque les films sont importants, est-ce que ça ne pourrait pas poser aussi la question de la diffusion des films et du changement radical du système de diffusion ?

Jean-Luc Godard : Changer le moyen de la diffusion des films, vous pouvez toujours courir ! À moins que vous arriviez à faire votre petit film, que vous le montriez aux vôtres, que les vôtres trouvent ça superbe et qu'ils s'associent. On n'est pas sorti de l'auberge. On n'y est même pas entré… Plus près de la lutte, chacun est comme il est. René a été au plus près, il a connu les deux prisons, une plus dure que l'autre puisqu'elle venait des siens. Il a connu une prison même artistique – à la soviétique, si vous voulez – simplement parce qu'il montrait des combattants qui pleuraient… On fait du mieux qu'on peut là où on est. On parle la langue qu'on connaît. Moi, il me faut du temps. Je ne vais jamais à l'étranger, sauf si c'est pour avoir quelque chose à faire. Il y a des pays où je n'irai plus pour l'instant. C'est la Russie, c'est la Tchétchénie, d'autres pays sud-asiatiques… Israël, je n'y suis jamais allé, peut-être mes films, je n'en sais rien… Mais j'aurais peur, moi, d'aller en Israël et de m'exprimer, j'aurais simplement peur.

Il faut quand même savoir ce qu'on fait. Je ne crois pas que l'on puisse apprendre le cinéma… Aujourd'hui moins qu'avant. Pendant un moment, à l'époque de la Nouvelle Vague, on disait : «Ça serait bien si c'était enseigné dans les universités». Et puis aujourd'hui on a vu que tous les cinéastes américains sortent des universités. Je ne crois pas que ça s'enseigne. Ça ne s'enseigne pas, on peut apprendre deux ou trois petites choses. Les petites caméras que je peux utiliser quelquefois, qui sont pareilles aux grosses, donnent l'impression que tout est possible et facile. Mais je vous ai dit que vous pouvez prendre un crayon sans savoir pour autant dessiner comme Delacroix. Je n'aurais pas pu travailler comme René Vautier. Il était porté par le militantisme, à l'époque, mais il a aussi évolué. Moi, quand j'étais petit, mes grands-parents me faisaient le petit-déjeuner, on mangeait dans des assiettes où il y avait tous les généraux de la guerre d'Algérie… *(avec le sourire, s'adressant à René Vautier)* c'est une formation un peu différente de la vôtre… Sinon, je me méfie un peu de Nanni Moretti. Je trouve ses films absolument nuls. *(Rires, applaudissements de la salle.)*

C'est un opportuniste. L'Italie a été complètement détruite par la mafia et l'armée américaine, Malaparte, par exemple, l'a très bien raconté. Ma foi, qu'est-ce qu'on y peut ? Le cinéma en France est soutenu depuis la Libération par le mouvement des ciné-clubs, la Nouvelle Vague, la

Cinémathèque de Langlois, quelques revues ; il a été soutenu par l'État. C'est le seul truc où le socialisme d'État a un peu joué, et encore aujourd'hui. Mais la façon dont il le soutient est à la fois bonne et mauvaise, puisque le cinéma est malade, que les trois quarts des gens qui en font aiment bien être à l'hôpital et recevoir une perfusion. Donc ce n'est pas l'idéal non plus.

Pourquoi a-t-on commencé à penser que le film *Être et avoir* n'était pas un bon film à partir du moment où il a dépassé 500 000 entrées ? Ça compte aussi… Pourquoi *Les Naufragés de la D17*, de Luc Moullet, film totalement libre, marginal, anarchiste, qu'aurait pu signer Jules Vallès à l'époque, a fait 8 000 entrées seulement ? Pourquoi une telle différence dans un pays où les gens sont libres ? Il y a un truc très bizarre. Pourquoi aime-t-on tant les films américains qu'il y a partout ? Même moi, le samedi soir (pas tous les samedis, mais tous les trois mois), j'aime mieux aller voir un Bruce Willis ou un je ne sais pas quoi, qu'un mauvais film bulgare. Et vous aussi. Pourquoi est-ce qu'on aime mieux un mauvais film américain qu'un mauvais film norvégien, par exemple ? Nous sommes en Europe : combien de films hollandais passent en France et combien sont-ils allemands, grecs ? Qu'est-ce que cela signifie ? Il faut essayer de mieux faire les choses. *(Applaudissements.)*

René Vautier : Je voudrais revenir sur la phrase : « René, il a vécu telle ou telle chose. » Au départ, j'ai raconté des poèmes pour amener les gens à la Résistance. Mais quand on lit des poèmes pour amener les gens à la Résistance, on commence à en faire, de la résistance. Sur quoi s'appuie la résistance à l'époque ? Sur des explosifs, sur des grenades qu'on va piquer dans les dépôts allemands. Quand on sort les grenades, on a besoin aussi de s'en servir. Le jour où tu vois un soldat allemand prendre la grenade que tu lui balances péter dans sa poitrine, soit tu deviens fou, soit tu te dis qu'il faut peut-être continuer à se battre, mais pas en tuant des gens. En essayant de discuter, en essayant de dialoguer. Tout est venu de là. Maintenant, aussi ce que je veux montrer, ce sont des films tournés à un moment donné, où les actualités françaises les appelaient les « terroristes », et où c'étaient des gars qui avaient choisi le même cheminement que moi et que bien d'autres. Aujourd'hui, que signifie « terroriste » ? Des gens à condamner. Pourquoi ?

Il faut arriver à une période de dialogue où les gens essayent d'expliquer pourquoi ils deviennent terroristes et quelles sont les raisons qui divisent aujourd'hui le monde entre militaires bombardant et terroristes. Rechercher des raisons beaucoup plus fondamentales. C'est ma définition du militantisme. J'ai été au siège de Beyrouth, non pas pour tourner quelque chose que je ne comprenais pas parfaitement, mais parce que j'avais des copains à qui j'avais appris à se servir d'une caméra, et qui étaient bloqués sans pellicule mais qui voulaient filmer le siège. Il y avait un Russe et un Palestinien. J'ai été leur porter de la pellicule.

Je ne fais pas des films pour faire des films. Je fais des films pour servir un certain nombre d'idées qui sont les miennes. Je pense essayer de les servir par l'image, parce qu'aujourd'hui c'est une arme importante, une arme de dialogue. Je crois aussi qu'il y a une nécessité d'explication d'un certain nombre de choses par l'image, et je bous lorsque je vois qu'on refuse de me donner ces explications, qu'on refuse de donner la parole aux gens qui ont à dire. J'essaye de leur donner des images. Mais à eux, pour qu'ils les utilisent dans leurs combats… Je n'ai jamais pensé que j'étais un cinéaste. Ce n'est pas le problème. J'ai peut-être formé des gens, ou contribué à former des gens qui sont devenus de bons cinéastes. C'était une notion de transmission. Je ne veux pas qu'on trahisse les choses que j'ai faites. Je veux au contraire qu'elles servent à des gens qui peuvent s'en servir dans un bon sens. Mais ça aussi, c'est difficile. Pour répondre à Jean-Luc Godard quand il se demande si les films ont un grand impact sur l'évolution du monde : je pense que oui, dans la mesure où ils peuvent toucher, même très peu de personnes, et plus que par la parole immédiate. *(Applaudissements.)*

Ce sont deux conceptions différentes, effectivement, mais qui peuvent se rencontrer.

Spectatrice : J'aurais une remarque à faire à Jean-Luc Godard : j'ai l'impression en voyant vos films qu'on ne peut filmer l'Histoire qu'en filmant des contraires, et puis au montage trouver les correspondances, trouver des échos sonores et visuels. J'aimerais ajouter ce que disait Daney à propos de la posture au cinéma, et notamment du catholicisme, qui avait dicté des postures. Est-ce qu'une histoire au cinéma, ça se filme uniquement à partir de postures ou d'habitudes ? Par exemple, vous parlez du film que vous allez faire avec cette jeune Palestinienne : est-ce que filmer cette Palestinienne ne consisterait pas seulement, uniquement, à filmer la façon dont cette femme porte une bombe sur elle ?

Jean-Luc Godard : D'abord je ne vous ai jamais dit que c'était une jeune Palestinienne, là vous avez interprété toute seule. Car, justement, je ne peux pas me permettre de parler de quelqu'un que je ne connais pas, donc ça sera une Française un peu givrée, un peu catholique, qui cherche comment militer, qui a un peu le goût du suicide, etc. Surtout ne pas en faire un personnage, un *character*, comme disent les Anglo-Saxons. C'était bon pour les romans du XIXᵉ siècle … En faire une figure historique. Et pour cette figure historique, je pensais que je devais tourner dans un endroit historique qui a encore une valeur aujourd'hui, donc le faire à Sarajevo, qui a une histoire dans la culture de l'Europe et qui est un État divisé. Je pense à ça, simplement.

Par rapport à l'opposition des contraires, Walter Benjamin en a bien parlé : il faut essayer de réunir quelques étoiles pour que ça devienne une constellation. Un film, une peinture, une musique. On va sur le terrain, on se demande quoi faire, on pense. Je n'ai jamais pensé un slogan comme, autrefois, « La caméra est une arme » ou « La caméra est un fusil », on ne pourrait pas dire puéril puisque ceux qui ont lancé ces idées, comme Lénine ou Staline, n'étaient pas des gens puérils. Et si on dit que c'était des enfants terribles, je peux garder « terribles » et oublier les « enfants ».

Effectivement, on est libre de produire, et aujourd'hui les petites caméras sont là. C'est étrange, dans cette période, personne n'a remarqué qu'Hollywood s'est toujours appelé, encore aujourd'hui, la « Mecque » du cinéma. Les islamistes et les Américains devraient réfléchir à cela, au lieu de se quereller.

Moi j'ai bien essayé de faire des rapprochements. J'ai commencé naïvement par des films de fiction, en rapprochant un homme, une femme. Vu que j'avais du mal à rapprocher les femmes, j'ai rapproché en imaginant. Disons que je suis un petit garçon qui a besoin d'une caméra pour voir de près quelqu'un, une fleur, un fruit, un paysage, et qui a aussi besoin d'une caméra pour voir de loin, avec du recul, comme disent les peintres ou les philosophes. Cela me prend un peu de temps.

Dans ce près et loin, quand on avait fait *Ici et ailleurs* en Palestine, on n'avait que des slogans dans la tête. Un jour, on avait enregistré des Palestiniens, des Fédayins qui faisaient une réunion, mais deux ans après, on s'est demandé ce qu'ils se disaient. On se l'est fait traduire, et là où l'on disait « lutte révolutionnaire ! » ou « jusqu'à la victoire ! », les Palestiniens engueulaient leur officier en disant : « Mais tu nous fais toujours traverser au même endroit, et maintenant, l'ennemi israélien nous tire comme des lapins. Qu'est-ce que ça veut dire ? Est-ce que l'on ne pourrait pas traverser à un autre endroit ? » On a mis trois ans à trouver ça ! *(S'adressant à René Vautier en riant)* Toi tu l'aurais peut-être trouvé tout de suite ! Mais nous on a mis trois ans. Voilà des rapprochements.

À Auschwitz, un déporté dans un état de complète inanition, ne se nourrissant même plus, était appelé un « musulman ». C'est quand même étrange que ce soit la langue allemande qui ait appelé un Juif un Musulman au moment où il allait mourir. Pour moi, c'est une image. Pourtant ce sont deux sons, mais ces deux mots, c'est une image. Sommes-nous capables de faire, pour nous-mêmes, et avec d'autres, des images de ces types, mais pas par rapport à nous, par rapport à notre mère, notre fils, notre prof, notre patron ? C'est, aujourd'hui, je crois, tout aussi difficile qu'autrefois. Les rôles ont changé, la distribution a changé, le métier a changé, mais cette image-là, elle est toujours aussi difficile et, heureusement, elle le restera. Nous avons un peu de quoi manger intellectuellement, avec du pain sur la planche.

Retranscription par Mathilde de Romefort

Othello Vilgard, *Rencontre René Vautier/Jean-Luc Godard* (2002)

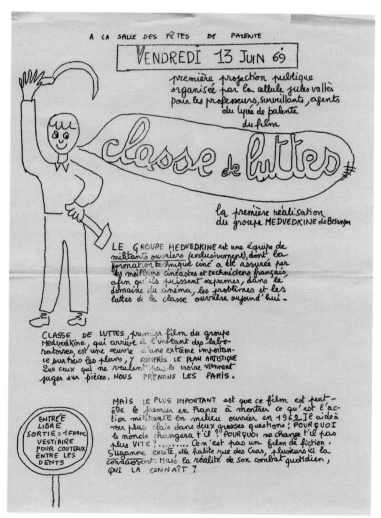

Tract pour la première de *Classe de lutte*, du Groupe Medvedkine de Besançon (1969)

PRÉSENTATION

James S. Williams

Le montage de textes, d'images et de documents qui suit éclaire l'évolution du travail sur *Notre musique* (2004) et révèle que, comme souvent dans l'œuvre de Godard, le film terminé n'est qu'une étape dans un projet qui se développe progressivement à travers différents médias. À l'origine, Godard a conçu le film comme un hommage personnel au producteur de musique Manfred Eicher, fondateur et directeur de la maison de disques munichoise ECM. L'échange créatif entre Godard et Eicher est l'un des plus considérables et des plus fertiles jamais entretenus par un musicien et un cinéaste. Eicher a produit une partie importante de la musique moderne et contemporaine présente dans l'œuvre de Godard depuis le milieu des années quatre-vingt, et ses versions CD des bandes-son de *Nouvelle vague* (1997) et d'*Histoire(s) du cinéma* (1999) ont fait date. Dans «La musique ECM chez Jean-Luc Godard», entretien téléphonique et électronique réalisé durant l'été 2005, Eicher évoque les nombreuses formes que prend sa collaboration avec Godard et souligne qu'ils ont en partage une relation intuitive à l'art[1].

En guise de préparation pour *Notre musique*, Godard a rédigé un court texte simplement intitulé «Projet de film» où il imagine réunir un «orchestre mondial» d'Eicher – sorte de famille élargie constituée des compositeurs et des musiciens d'ECM – dans une église finlandaise ou géorgienne[2]. Il avance aussi une série de propositions concernant la musique : celle-ci peut constituer un film entier à elle seule ; elle est transcendante, mais est aussi question d'amitié. Elle véhicule un espoir qui peut atteindre l'auditeur d'une façon désormais inaccessible pour la télévision et la presse – avec honnêteté et ferveur.

Le poème de douze vers inclus par Godard dans le dossier de presse de *Notre musique* procède d'une démarche très différente. Non seulement il traite du cinéma en général, mais il est aussi directement politique. La musique, désormais convoquée au pluriel («Voici les musiques»), doit donc être non seulement prise dans son acception littérale, mais aussi considérée comme une forme d'existence commune, de tolérance et d'amour. Cette idée se résume par le terme de «contre-champ». Dans le passage de la prose à la poésie en vers, nous sommes ainsi passés du lieu et de l'identité concrets de la musique à l'actualité du présent («Voici l'instant») et de son au-delà.

Les pièces que l'on entend dans le film, poème consacré à la guerre en Bosnie, sont dues à un grand nombre de compositeurs d'ECM dont on retrouve souvent la musique dans l'œuvre tardive de Godard : Arvo Pärt, David Darling, Ketil Bjørnstad, Meredith Monk, Keith Jarrett, Heinz Holliger, György Kurtág et Hans Otte. D'autres sont nouveaux pour l'auditeur familier du cinéaste : Tomasz Stanko, Anoaur Brahem, Alexander Knaifel et Trygve Seim. Pour autant, ni Eicher ni les musiciens n'apparaissent au générique. Par ailleurs, si le film est, incontestablement, polyphonique, structuré par des refrains et par le contrepoint, et comprend des séquences chorales, il prend aussi la forme d'un dantesque triptyque médiéval. La musique y renvoie au processus cinématographique et à la vie elle-même. Elle se conçoit non plus simplement en termes de connaissance musicale (comme dans «Projet de film») ou selon ses multiples manifestations (comme dans «Le film»), mais bien plutôt comme un modèle général de relation : notre relation dans, à, et par la musique, désormais comprise comme métaphore de l'existence humaine.

La juxtaposition et la liaison, par le montage, d'idées et de réalités différentes en vue de produire de nouvelles formes de compréhension et d'intelligence se cristallisent dans l'emblème central du film,

---

1. L'entretien s'est fait par voie électronique, suite à une conversation téléphonique qui avait permis de mettre au point une série de questions.
2. Je remercie Laurent Jullier de m'avoir donné accès à ce document.

Photogramme d'une petite fille récitant le poème « Je résisterai » de Darwich, filmé
pour *Jusqu'à la victoire*, monté dans *Ici et ailleurs*, et cité dans *Vrai faux passeport*

le pont de Mostar sur la rivière Neretva, un joyau de l'art ottoman du XVIᵉ siècle détruit par l'artillerie croate en 1993, qui se trouve au carrefour d'une Europe supposée nouvelle et pourtant toujours aussi sanglante. Au moment du tournage, le pont est en cours de reconstruction, pierre par pierre. Une série de forces et de mouvements contradictoires se tisse : texte/image, réel/imaginaire, certitude/incertitude, criminels/victimes, mort/vie… De tels mouvements se déploient en termes de conflits culturels et historiques contemporains (entre Islam et Chrétienté, Serbes et Musulmans…) et structure les personnages : particulièrement celui de la jeune journaliste israélienne Judith Lerner (Sarah Adler) et de son double, le personnage de fiction de l'étudiante en cinéma Olga Brodsky (Nade Dieu). Godard, qui a commencé sa leçon en affirmant que l'image est joie précisément parce qu'elle est entourée de vide, conclut en termes quasi évangéliques que le premier principe du cinéma est d'aller vers la lumière et de la renvoyer vers notre nuit, « notre musique ».

Le poète palestinien Mahmoud Darwich est l'interlocuteur et le collaborateur le plus important de Godard dans *Notre musique*. La présence de Darwich dans l'œuvre du cinéaste date de *Jusqu'à la victoire* : son poème le plus célèbre, « Je résisterai », y est lu à voix haute par une petite fille d'Al Fatah dans les ruines de Karamé. L'importance de cette séquence pour Godard est soulignée par sa réapparition dans *Vrai faux passeport*, film réalisé en 2005 pour l'exposition « Voyage(s) en utopie ».

Darwich peut être considéré comme l'un des principaux compagnons d'armes de Godard. Si leurs carrières artistiques sont, de par leurs expériences et leurs terrains d'élection, très personnelles et bien distinctes, leurs trajectoires depuis la fin des années soixante et le début des années soixante-dix (la période de « poésie de résistance » de Darwich, après son adhésion au parti communiste en 1961) se sont déroulées de façon similaire. Tous deux sont passés progressivement d'un engagement et d'un activisme politiques directs à une attitude plus introspective, contemplative et philosophique. L'un et l'autre abordent désormais la condition humaine en termes universels et osent parler au nom de « nous », explorer les réseaux complexes de l'histoire et de la mémoire collectives, et interroger les liens fondamentaux entre l'identité et l'altérité. Tous deux privilégient la non-existence, esthétiquement et existentiellement. Si Godard se sent en exil dans le cinéma contemporain (dans *Notre musique*, Sarajevo se fait métaphore de la Palestine, et de l'exil en général), pour Darwich la question est d'autant plus réelle et urgente qu'il est contraint de demeurer physiquement éloigné de son village natal de Birwa, en Palestine (il réside actuellement à Ramallah). Comme l'image en mouvement pour Godard, la poésie, pour Darwich, est le dessin continuel de l'absence et de la perte face à l'invisible et à l'inintelligible.

Tout y repose sur le sens de la souffrance, de la fracture, de la mort et de la guerre. Pourtant, comme les derniers moments d'*Histoire(s) du cinéma*, les recueils de poésie récents de Darwich, notamment *Murale* (2003), insistent sur les possibilités d'une transformation, d'une éternité reconquise et d'une résurrection[3]. Sur un plan formel, Godard et Darwich partagent aussi un certain nombre de techniques stylistiques et rhétoriques : les métaphores dynamiques et génératives, les rythmes produits par le renversement, le paradoxe, l'ironie et l'oxymore (le recours à l'anaphore chez Darwich s'apparente à la prédilection de Godard pour le chiasme[4]).

Notre musique renvoie explicitement à *La Palestine comme métaphore* (2002), un recueil d'entretiens de Darwich avec des journalistes et des écrivains arabes et israéliens pendant les années quatre-vingt-dix, dont Judith lit un passage pendant sa discussion avec Darwich. Nombre des thèmes clés qui y sont explorés entrent en résonance profonde avec les préoccupations majeures de Godard dans *Notre musique*, et plus généralement dans son œuvre récente : l'ironie de l'Histoire, le chevauchement et l'interdépendance des cultures, la fausse promesse de l'État, l'engagement absolu auprès des opprimés, l'impératif de la poésie et de l'imagination[5].

Le traducteur des entretiens donnés en arabe dans *La Palestine comme métaphore* est l'historien Elias Sanbar, traducteur attitré de Darwich en français. C'est lui qui, à la demande de Godard, a présenté le projet de *Notre musique* à Darwich et à Juan Goytisolo. Godard a rencontré Sanbar pour la première fois pendant le tournage de *Jusqu'à la victoire*, où il faisait office de traducteur et d'intermédiaire. Sanbar était présent à la conférence de Sarajevo, à laquelle assistait aussi Godard. Éditeur de la *Revue des études palestiniennes*, auteur de travaux originaux tels que *Palestine 1948. L'Expulsion* (1984), *Palestine. Le pays à venir* (1996) et *Les Palestiniens dans le siècle* (1994), Sanbar figure au générique de *Notre musique* en tant que «Memoir», référence à l'ouvrage qu'il vient alors de publier, *Les Palestiniens. La photographie d'une terre et de son peuple de 1839 à nos jours*[6] (2004). Ce compendium d'images visuelles et de documents a fourni un irremplaçable ensemble d'informations contextuelles à Godard, qui voulait initialement faire de *Notre musique* une déclaration directe sur la Palestine, mais se sentait incapable de retourner filmer au Moyen-Orient. Dans sa brillante introduction théorique au livre, intitulée «Hors du lieu, hors du temps» (qui contient plusieurs références explicites à Godard, sur les questions du montage et du champ/contrechamp, et que Godard lui-même considère comme cruciale pour l'étude du cinéma), Sanbar présente son travail d'anthropologie historique comme «une réflexion subjective sur l'*image* des Palestiniens[7]». Il reconnaît qu'elle s'est avérée d'autant plus difficile et

---

3. Mahmoud Darwich, *Murale*, Arles, Actes Sud, 2003, traduit de l'arabe par Elias Sanbar.

4. Pour une excellente introduction à la poétique de Darwich, voir *Memory for Forgetfulness : August, Beirut 1982*, introduction et traduction d'Ibrahim Muhawi, Berkeley/Londres, University of California Press, 1995, p. XVI-XVII ; et Tiffany M. Higgins, «In the Shadow of the Unseen», *Poetry Flash*, été/automne 2004, p. 1-25.

5. M. Darwich, *La Palestine comme métaphore*, entretiens traduits de l'arabe par Elias Sanbar et de l'hébreu par Simone Bitton, Arles, Actes Sud-Babel, 2002. Voir en particulier les pages 100-102, 120-123, et 148-151.

6. E. Sanbar, *Les Palestiniens. La photographie d'une terre et de son peuple de 1839 à nos jours*, Lucon, Hazan, 2004. Le degré de respect mutuel et de convergences théoriques entre Godard et Sanbar n'a fait que se renforcer avec leur apparition conjointe, le 5 novembre 2004, après la sortie de *Notre musique*, au Centre culturel Le Volcan du Havre, qui accueillait une exposition de photographies sur la Palestine organisée par Sanbar. Parmi les sujets abordés pendant la discussion figuraient le cinéma, Israël et la Palestine, le champ/contrechamp, la fiction et le documentaire. Sanbar y exprima son admiration pour le film de Godard, en particulier son statut fluide, liminal et nomadique, ainsi que le fait qu'il mit au premier plan tout un ensemble d'individus déplacés, en transit, exilés de leur terre natale. Pour une transcription de la conversation, voir Christophe Kantcheff, «"La troisième image" : un entretien entre Jean-Luc Godard et Elias Sanbar», *Politis*, n° 826, 18 novembre 2004.

7. C'est nous qui soulignons. Sanbar cite l'entretien de Godard avec Alain Bergala dans *Jean-Luc Godard par Jean-Luc Godard*, t. 2, 1998, dans lequel Godard conçoit l'image comme une carte postale composée invariablement de trois éléments temporels (présent, futur et passé) et la définit comme processus de montage. Sanbar écrit : «Émergeant donc du montage, des rapports d'images, elles [images *autres* en réalité, puisqu'elles naissent non point *dans* les images mais *entre* elles] permettent d'éviter de montrer ces dernières [les *suites* d'images] à la chaîne – c'est la tare de la quasi-totalité des ouvrages de photographie –, pour penser en chaînes d'images» (*Les Palestiniens. La photographie d'une terre et de son peuple de 1839 à nos jours*, p.10-11). Sanbar se réfère également au champ/contre-champ comme au «concept-couple de Jean-Luc Godard qui, dans son *Histoire(s) du cinéma*, notamment, a profondément bouleversé notre vision des images» (p. 12).

complexe que les Palestiniens sont, de fait, devenus «invisibles» à des moments clés de leur histoire. Sanbar interroge alors tous types et styles d'images, connues et disponibles, produites par les Palestiniens aussi bien que sur eux (images historiques, images mises en scène, images de propagande, images touristiques, images photographiques, images produites en studio, images cinématographiques, cartes postales, etc.). Sanbar partage avec Godard une croyance absolue en l'image comme travail de la preuve et du témoignage. Sous le titre «Rendre visible», il analyse notamment une photographie de Godard tournant *Jusqu'à la victoire* avec Jean-Pierre Gorin et Armand Marco en Jordanie. Il conclut simplement, mais avec force : «Regards qui s'enchaînent pour tenter de dire ce qu'est un camp de réfugiés palestiniens en 1969[8].»

Les préoccupations historiques et politiques de Sanbar, de Godard et de Darwich se cristallisent autour de l'un des aspects les plus fascinants de *Notre musique* : la présence de trois Amérindiens errant dans Sarajevo en tenue de combat. *Les Palestiniens. La photographie d'une terre et de son peuple de 1839 à nos jours* contient une référence accablante au génocide des Amérindiens. Dans *Trois portraits, deux regards*, Sanbar reproduit la photographie de Daisy, une «Peau-Rouge» des années 1880, qu'il juxtapose au portrait d'une femme palestinienne, *La Mariée de Bethléem*, réalisé par un célèbre studio de photographie de l'époque, la Maison Bonfils. Sanbar écrit que les deux images, de fait, montrent la même femme : mêmes décors, personnages interchangeables, même vocation à disparaître[9]. Dans un autre travail intitulé *Figures du Palestinien. Identités des origines, identités de devenir* (également publié en 2004), Sanbar avait comparé de manière détaillée l'expulsion des Palestiniens de leur terre natale et le destin tragique des tribus amérindiennes pendant la conquête de l'Ouest (voir le sous-chapitre «Peaux-Rouges», où il est aussi fait référence aux idées de Godard à propos de l'impérialisme américain[10]). Les Amérindiens n'ont pas seulement été victimes d'une extermination de masse : à celle-ci s'ajoute l'horreur de voir leurs noms et leurs langues disparaître. Tel est le sujet d'un long poème en prose de Darwich, écrit en 1992, «Le dernier discours de l'homme rouge», dont quelques extraits modifiés sont récités (en traduction anglaise) conjointement par un homme et une femme amérindiens dans *Notre musique*. Darwich se fonde sur un discours de Chief Seattle, l'un des derniers chefs à s'être rendus au gouvernement américain[11]. Préfacé par une citation de Chief Seattle sur la mort comme état transitoire, le poème de Darwich se réfère à Christophe Colomb et lie explicitement l'Amérique de 1492 et la Palestine de 1948. Godard s'attache à faire entendre l'expression terrible évoquant le sort des Amérindiens, «dans la cendre des légendes[12]», mais il laisse aussi entrevoir la possibilité qu'une relation humaine se constitue, même au bord de l'abîme. Dans le poème, une question ouverte traduit cet espoir : «N'est-il pas venu, le temps que nous nous retrouvions, l'Étranger ? Deux étrangers en un même temps, en un même pays, comme se retrouvent les Étrangers sur un abîme[13] ?».

Traduit de l'anglais (Royaume-Uni) par Franck Le Gac

8. E. Sanbar, *Les Palestiniens…*, *ibid.*, p. 346.

9. *Ibid.*, p. 132.

10. E. Sanbar, *Figures du Palestinien. Identités des origines, identités de devenir*, Paris, Gallimard, 2004, p. 145.

11. On peut affirmer avec une quasi-certitude qu'il s'agit là du discours solennel de Chief Seattle à l'occasion de la signature du traité de 1854. Ce discours émouvant, qui s'adressait au gouverneur du Territoire de Washington, nouvellement installé, fut écouté par près de mille membres de la tribu Suquamish sur les rives de la Whulge. Il contenait un message sur la trace durable qu'avaient laissée sur la Terre des générations de Suquamish, trace que l'histoire à venir n'effacerait jamais. Aucun autre discours d'Amérindien n'a été aussi largement cité. Certaines recherches actuelles remettent cependant en question l'authenticité de ce texte, dont il existe trois versions.

12. Voir M. Darwich, *La Terre nous est étroite, et autres poèmes. 1966-1999*, Paris, Gallimard, 2000, p. 289. Le poème a fait récemment l'objet d'une adaptation pour la scène sous le titre *Masques blancs, peaux rouges*, au théâtre de la Digue de Toulouse, en décembre 2004.

13. M. Darwich, *La Terre nous est étroite*, p. 287.

NOTRE MUSIQUE, PROJET DE FILM

Jean-Luc Godard

Dans un premier temps, il s'agit d'aller rendre visite aux divers musiciens et compositeurs formant, si l'on peut dire, l'orchestre mondial d'ECM Records, tous les enfants, les oncles et les cousines de Manfred Eicher.

Rendre visite est le mot juste, leur rendre ce qu'ils ont donné chacun à leur façon, guitare de Gismonti au Brésil, accordéon de Saluzzi en Argentine, piano de Jarrett aux States, et à Oslo de Bjørnstad, et Pärt et Kancheli, et Darling, et la trompette fêlée de Stanko, et la violence de Kurtág, et les classiques, il va sans dire, en passant et pensant à Schubert, Hindemith, au tovaritch Chosta, à Jean-Sébastien l'éternel, par la grâce de Thomas et de Kim.

La visite a lieu lors d'un enregistrement dans une église finlandaise ou de Géorgie, à gauche et à droite, au-delà de la politique, au rythme des sentiments et des voyages de Manfred Eicher. Les sentiments, écrivait Conrad : ces fidèles servantes de nos passions.

Ce premier temps – ce printemps de la musique, on peut le dire, car c'est d'espoir qu'il s'agit, et quels que soient les lieux où la musique prend forme et s'envole, village ou ville, en guerre ou en paix, notre musique, qui nous parle et parle de nous comme la presse et la télévision ne savent plus le faire avec honnêteté et ferveur – peut déjà être un film, à temps complet si l'on peut dire, d'environ un peu moins d'une heure. Peut-être que tout sera dit ou du moins entrevu (le mot n'existe pas pour l'écoute, seulement pour le regard, mais l'œil écoute, écrivait le vieux Claudel) et que cela suffira pour rendre compte de tous ces contes et contines organisés par l'infatigable et dévoué Manfred, voué à la beauté comme représentante de la terreur que nous sommes capables de supporter (Rilke).

—————————

LE FILM

Jean-Luc Godard

Voici le seul instant qui vaille de conter
En oubliant la trop dure loi des marchés
Voici le seul propos qui s'achève et qui dure
Le rien de dentelle et l'exacte collure

Voici le seul élan qui sache un peu monter
Une vérité dont le réel est altesse
Et la production qui s'en veut d'exploiter
Le salaire payé signant notre faiblesse

Voici les musiques le reste est imposture
Voici le contre-champ le reste est procédure
Et vers le paradis voici l'achèvement
Et voici notre amour et notre entendement

LA MUSIQUE ECM CHEZ JEAN-LUC GODARD

Manfred Eicher

James S. Williams : Vous dites avoir vraiment découvert Godard en voyant *Vivre sa vie*. Pourriez-vous décrire plus en détail cette expérience initiale, ainsi que votre première rencontre avec Godard ?

Manfred Eicher : Dès ma jeunesse, le cinéma a été presque aussi important pour moi que la musique. Cette double attirance a déterminé la trajectoire de mes études musicales à Berlin. Les lieux qui me permettaient de satisfaire mes deux passions se trouvaient face à face sur la même artère : la Musikhochschule, au nord de la Hardenbergstrasse, le cinéma du Steinplatz, au sud, avec quatre voies de circulation entre les deux. C'est dans ce cinéma que j'ai vu pour la première fois des films de Roberto Rossellini, Ingmar Bergman, Jean-Luc Godard et Robert Bresson.

L'un des films qui a plus particulièrement attiré mon attention est *Vivre sa vie*, de Godard, avec Anna Karina – un film serein, composé rythmiquement, avec une prédilection sensible pour la lumière, le son et la musique, et une inclination pour l'art du non-dit, dont Godard s'est très tôt rendu maître.

J'envoie des disques à Godard depuis presque vingt ans maintenant, et ces messages musicaux refont surface de temps en temps, avec l'irrégularité qui définit son œuvre tardive. *Histoire(s) du cinéma* est aussi une histoire de la musique.

À la fin des années quatre-vingt, j'ai envoyé une lettre à Rolle, à la suite de laquelle Godard m'a invité chez lui, rue du Nord. Plus tard, il m'a rendu visite à Munich, où nous avons écouté beaucoup de musique, et il est reparti en emportant de nombreux CD. Ces rencontres nous ont amenés à collaborer sur son film *Nouvelle vague*.

James S. Williams : Votre collaboration avec Godard est l'une des plus productives et des plus fertiles que l'on ait jamais vues entre un producteur de musique et un cinéaste. Comment a-t-elle évolué avec les années ? Qu'est-ce qui la rend si singulière, à vos yeux ?

Manfred Eicher : Les dialogues par la musique et les images se poursuivent, à un rythme fréquent, à Rolle ou ailleurs. Ce qui rend les choses particulières et précieuses est la façon dont Godard se montre capable de juxtaposer le son, la lumière, le texte et la musique. Son sens du rythme, de la respiration et du souffle est remarquable, tout comme celui du moment juste. Son travail artistique est pour moi un point de référence : je pense notamment à la qualité sculpturale de ses films et à la profondeur des éléments esthétiques et artistiques qu'ils portent en eux. La collaboration ne s'est pas tant modifiée au fil des années qu'approfondie.

James S. Williams : Des artistes ECM tels que Kancheli, Pärt, Darling, Bjørnstad, Monk, Jarrett, Holliger, Kurtág, Bryars, Hartmann, Saluzzi, Mompou et, bien sûr, Hindemith définissent quasiment la bande-son de l'œuvre de Godard depuis la fin des années quatre-vingt. Qu'est-ce qui, selon vous, a attiré Godard vers une telle variété de compositeurs modernes ? A-t-il jamais exprimé le vœu de rencontrer ces compositeurs ?

Manfred Eicher : N'oubliez pas l'*Opus 132* de Beethoven, le quatuor à cordes que Godard a fait enregistrer spécialement pour *Prénom Carmen*. Cette ampleur dans les choix musicaux ne cesse de s'étendre. Est-il donc étonnant de voir un homme qui a une telle curiosité intellectuelle et de si grandes connaissances dans de nombreux domaines s'intéresser de près à la musique ? En public, il déprécie sans cesse cette connaissance. De temps en temps, nous avons rencontré des musiciens, mais il n'a pas exprimé le désir d'être présenté à des compositeurs, malgré un vif intérêt pour l'expérience et la vie d'Arvo Pärt, de Giya Kancheli et de Hans Otte, par exemple. Lors de quelques recherches, il nous a rendu une fois visite dans le studio d'enregistrement à Zurich, où nous produisions la musique d'Alexander Knaifel avec le Keller Quartet. Il l'a plus tard utilisée dans *Notre musique*.

James S. Williams : Une des caractéristiques intéressantes du catalogue ECM est l'utilisation d'images de Godard, notamment d'images extraites de films, sur plusieurs couvertures de CD. Comment ce processus s'est-il engagé ?

Manfred Eicher : La première image que nous ayons utilisée est celle d'un ciel, issue de *Prénom Carmen*, pour la couverture d'un album de musique d'orgue d'Arvo Pärt. C'était en fait une autre façon d'échanger de la musique et des images. Depuis, nous avons par exemple utilisé ses images pour *Voci*, de Luciano Berio, avec Kim Kashkashian, *Words of the Angel*, du Trio Mediaeval, *Suspended Night* et *Soul of Things*, de Tomasz Stanko, entre autres. Beaucoup d'autres suivront.

James S. Williams : Sur le site web d'ECM, vous vous référez à votre travail cinématographique avec Godard (ainsi qu'avec Angelopoulos, et d'autres) comme à « de la production et/ou de la conception musicale pour films ». Que voulez-vous dire par conception ? Dans le cas de Godard, qu'implique vraiment un processus à la fois technique et créatif ?

Manfred Eicher : Pour certains films, je m'implique conceptuellement dans la mise en forme du contexte musical, pour d'autres, mon travail se limite à la production musicale. C'est le cas pour les films de Théo Angelopoulos. Avec Godard, cela change à chaque fois. Parfois, il me montre la progression de son travail et je lui envoie de la musique, à d'autres moments il me montre son travail une fois le montage terminé. Le processus créatif repose sur l'indépendance de notre travail artistique dans nos territoires respectifs, le cinéma et la musique. Godard est peut-être attiré par le son et l'aura particuliers de la musique que nous présentons, mais sa sélection musicale est toujours particulière, tout comme ses décisions concernant le moment et la manière de l'utiliser. Il a ses propres rythmes.

James S. Williams : Vous avez déclaré que votre dialogue avec Godard prenait souvent une forme où certaines choses n'étaient pas verbalisées, où elles demeuraient intuitives. Poursuivez-vous certaines discussions sur des compositeurs spécifiques, et si tel est le cas, sur quel plan ? Celui de l'appréciation personnelle directe ou, par exemple, ceux de l'esthétique musicale et de l'histoire de la musique ?

Manfred Eicher : Je dirais, pour paraphraser Paul Valéry : « Quoi de plus mystérieux que la clarté ? » L'intuition est peut-être le fil qui court à travers notre travail, en plus de l'affinité. Les décisions prises sont artistiques plutôt qu'analytiques.

Traduit de l'anglais (Royaume-Uni) par Franck Le Gac

Regardez voir, Godard

Le cinéaste intervient dans *Libération*, aujourd'hui en questionnant l'actualité et ses images, puis samedi dans une longue interview philosophique et autobiographique.

P our évoquer son nouveau film, *Notre musique*, élégie sur la guerre qui sera présentée hors compétition au Festival de Cannes le 18 mai, Jean-Luc Godard a eu l'idée d'un dialogue en images commentées, sur le modèle de la chronique «Regarder voir», publiée chaque samedi dans ce journal. *Libération* a donc sélectionné des images d'actualité auxquelles furent adjointes quelques réflexions. De vive voix, Godard y a ajouté les siennes pour que la «*correspondance*» soit complète. La rencontre fut chaleureuse et souvent drôle. Godard dit de son film qu'il est comme un livre. Il aurait pu ajouter qu'il est aussi comme un journal d'informations, sur la brèche des événements, voire sur la plaie d'une actualité mondiale qui n'est pas près de se refermer: la guerre. ◄

GÉRARD LEFORT

Jacques Delors et Helmut Kohl. Les deux principaux artisans de l'élargissement. BONN, 19 FÉVRIER 2002.

Photographie choisie par Jean-Luc Godard et annotée de sa main.

Hors circuit

C'est la mélancolie du pilote qui arrête. Ses «drôles de dames» n'ont pas l'air de s'amuser non plus. La photo a été prise le 11 avril 1986. Huit ans plus tard, Ayrton Senna se tuait sur le circuit de Monza.   **G. ?**

Il n'y a pas encore beaucoup de publicités. Quand, dans les années 60, Jacques Goddet écrivait sur le Tour de France dans *l'Equipe*, il évitait les répétitions, comme on nous l'a appris à l'école. Pour dire Anquetil, il écrivait «*l'enfant de Quincampoix*» ou «*le poulain de l'écurie Hutchinson-Leroux*». Aujourd'hui, il lui faudrait trois lignes pour énumérer tous les logos qui recouvrent le moindre coureur. Comment n'ont-ils pas honte? Les filles me font penser aussi à *Red Line*, le film de Howard Hawks sur les courses automobiles. A propos de ce film de 1965, Michel Cournot a écrit un ses plus beaux articles, *A la verticale de Hanoï*, une critique de film qui ne parlait pas du film en face, directement. C'est un peu ce que nous faisons avec cette image: savoir un secret, la mort à venir de Senna, mais ne pas le dire tout de suite, le retenir. C'est presque un film.   **J.-L.G**

RICARDO, AP PHOTO

Ayrton Senna.

Malédiction invisible

Ce sous-bois est inquiétant si l'on sait qu'il est dans la zone interdite de Gomel, à la frontière entre l'Ukraine et la Biélorussie, région irradiée après l'explosion de la centrale nucléaire de Tchernobyl. On se souvient de la date de cet accident (1986) et on médite qu'aux dires des experts la contamination pourrait durer plusieurs siècles. Ce qui inquiète, c'est que cette malédiction ne se voit pas, même si la lueur qui stylise le tronc des arbres, comme des Giacometti, ne paraît pas aussi naturelle qu'elle en a l'air.   **G. L.**

On se demande aussi qui a pris la photo. C'était peut-être un type du coin. Il s'est peut-être dit, si j'y vais juste un jour, je ne risque pas grand-chose, je passerai à travers les rayons, «*Vavavoum!*» comme on dit dans *En quatrième vitesse*, le film d'Aldrich. Il n'a pas réfléchi, il faudrait lui demander. Je pense aussi à une citation qui est dans *Liberté et patrie* (vidéo de 2002, coréalisée avec Anne-Marie Miéville, ndlr): «*A cause que les arbres sont seuls et ensemble.*»   **J.-L.G.**

La photo a été prise par une journaliste de *Libération* (ndlr).

LAURE VIOUJARD

Dans la zone interdite de Gomel, près de Tchernobyl.

arc touristique regroupant les anciennes statues soviétiques de Lituanie.

Statues types

A cause du manteau rouge, on a l'impression que le reste de l'image est en noir et blanc. Comme pour résister à ce centrage, on s'intéresse à la périphérie. Ces grandes statues qui ont plus de sens quand on est en âge d'avoir connu les pays de l'Est. Combien de ces géants édifiants a-t-il fallu endurer au nom de l'amitié entre les peuples, en baissant les yeux? Même quand il fallait les relever pour regarder un film soviétique, puisque les statues d'un prolétaire et d'une kolkhozienne étaient le logo des Studios Mosfilm.
G.L.

Dans cette image, un rapprochement est déjà fait entre le proche et le lointain. Mais c'est aussi le texte, ce qu'on dit de cette image, qui fait le rapprochement. Jusqu'au point parfois où c'est le texte qui est l'image, qui fait le point. Dans son livre *Seul dans Berlin*, qui vient d'être réédité en poche Folio, l'écrivain allemand Hans Fallada écrit que, dans les années 30, rien ne ressemble plus à la statue d'un travailleur nazi que la statue d'un travailleur soviétique.
J.-L.G.

imetière juif d'Herrlisheim, profané le 30 avril.

Résistance à l'outrage

Seul bénéfice auquel les anonymes ayant souillé les tombes n'avaient pas songé: on découvre à quoi ressemble un cimetière juif dans cette Alsace qui s'est distinguée récemment en votant majoritairement à droite. Ce qu'on voit, c'est l'amalgame des stèles et le mélange des tombes, comme si les morts faisaient foule en une armée des ombres. Le cimetière juif de Prague, où est enterré Kafka, est de cette sorte. Mais aussi celui du Lido de Venise, où De Sica a situé une scène de ses *Finzi Contini*. C'est un mélange de chaos et de quiétude, un état de nature qui, somme toute, résiste à l'outrage.
G.L.

On a envie de dire: souvenez-vous d'Oradour. Et puis rien d'autre. Il y a déjà tellement de mots dans cette image. Des mots qui la rendent violente alors qu'elle est pacifique. Ça fait de la peine. A propos de cette histoire d'holocauste, il faudrait réintroduire un peu de qualitatif. A partir de combien de morts y a-t-il génocide? 200 337? *«A force de quantités, on peut changer la qualité.»* C'est une citation de Staline. Si un seul homme est tué au nom d'une idéologie, ce n'est pas un génocide?
J.-L.G.

risonnier irakien.

Photos à l'appui

La cagoule est comme celles du Ku Klux Klan. La mise en scène évoque une performance de body art. La silhouette est celle d'un crucifié «moderne», puisque ce sont des câbles électriques qui font office de clous. Humilier et torturer ne suffit pas, il faut en garder la preuve et le souvenir, c'est-à-dire l'image. A quoi pensait le photographe quand il a appuyé sur le déclencheur de l'appareil. Qu'est-ce que «l'artiste» a dit à son «modèle»? Ne bougeons plus?
G.L.

Je pense que le photographe américain a plutôt dit «bouge!» puisque, si l'Irakien remue trop, il risque l'électrocution. Comme au temps des nazis, la question est celle de celui qui photographie quand même et qui veut aussi se faire photographier en ces circonstances abominables. Quant au floutage, néologisme affreux, qu'on voit à l'œuvre sur d'autres photos pour masquer la nudité des prisonniers irakiens... Pourquoi les journaux font ça? Pourquoi en rajouter? C'est une expérience dégueulasse. Le plus ignoble est celui qui a décidé de flouter. La vérité de la photo est flouée et le lecteur aussi.
J.-L.G.

AUTOPORTRAIT DE GODARD EN JARDINIER

ALAIN BERGALA

À la mémoire de Roland Amstutz, jardinier souverain de *Nouvelle vague*.

«Dans ce monde où je n'ai pas de jardin, j'ai du moins un jardinier qui me suit en tous lieux», écrivait Giraudoux dans *Visitations*. Godard a commencé depuis *Nouvelle vague* à se faire suivre de film en film par un jardinier qui a d'abord été son double, sa doublure.

Godard a toujours été un fervent lecteur de Giraudoux. En témoignent *Hélas pour moi*, inspiré d'*Amphytrion 38*, et son projet inabouti d'adapter *Pour Lucrèce*. *Prénom Carmen* finissait par les dernières tirades d'*Électre* et le fameux «Cela s'appelle l'aurore», qui clôt la pièce. Le jardinier de Giraudoux, dans le lamento d'*Électre*, parlait déjà d'«éloge de l'amour». Le jardinier de *Nouvelle vague* partage sa sagesse et son bienveillant recul par rapport à l'histoire des maîtres, aux rapports de pouvoir et de passion qui les agitent. Ce qu'il dit de son jardin en fait le porte-parole transparent de la poétique cinéma de Godard. «Un jardin n'est jamais fini ; comme la prose. Il a toujours besoin de retouches dans le dessin, les couleurs. On dirait qu'il suggère lui-même ses corrections. Mais si on le délaisse…»

Dans *Hélas pour moi*, le jardinier est devenu cantonnier dans un jardin public au bord du lac. Il est lui aussi visiblement détaché des passions humaines qui l'entourent – amour, jalousie –, et à la question : «Comment ça va, la vie ?», il répond avec sagesse, en bégayant : «Comme le savon, en diminuant».

Un ange donne mission au dernier jardinier de Giraudoux – celui de *Sodome et Gomorrhe* (pièce écrite en pleine guerre pour Edwige Feuillère) – de transformer son jardin en paysage de mort et de désolation. Le jardinier demande à sauver une seule fleur, une rose rouge, ce que l'ange lui accorde. Le jardinier : «Que tout ce que je puisse dire aujourd'hui, que tout ce que je puisse penser, et nourrir, et offrir, c'est une fleur, évidemment c'est une grâce». On se souvient de la dernière phrase, empruntée à Borges, et des dernières images des *Histoire(s) du cinéma*. La phrase : «Si un homme traversait le paradis en songe, qu'il reçût une fleur comme preuve de son passage et qu'à son réveil il trouvât cette fleur dans ses mains, que dire alors ? J'étais cet homme.» L'image : une rose jaune en incrustation palpitante sur le visage de Godard.

À la fin de *Notre musique*, Godard rejoint ce double qui hante ses films, renonce à sa doublure, et devient lui-même le jardinier. On le voit transporter des pots, se cogner la tête à sa cabane, pendant que Godard, concentré sur son travail de cinéaste jardinier, tourne minutieusement de tendres travellings sur les parterres de fleurs, compositions subtilement colorées. La conversation téléphonique, en off, nous apprend pendant ces caresses florales les circonstances de la mort d'Olga la Pure à Jérusalem. Mort que ces travellings accompagnent avec douceur, à la façon des travellings de compassion de Mizoguchi.

Ces plans de fleurs de *Notre musique* (parmi lesquelles des pensées), Godard en a eu le premier désir en juillet 1965, comme en attestent les rapports script de Suzanne Schiffman sur le tournage de *Pierrot le fou*. Le 13 juillet, dans le décor du café de province où Pierrot et Marianne font la manche pour continuer leur route vers le sud, Godard tourne des plans non prévus de fleurs qui, sans doute, se trouvaient là à l'attendre. Sur le rapport de script, on peut lire qu'il s'agit, selon les plans, de pensées pourpre et jaune, de pensées jaune et bleu, ou encore d'une pensée jaune toute seule. Le tournage du film se termine en studio, quelques jours plus tard, avec des inserts divers : publicités, couvertures de livres, extraits du *Grand Escroc*, tableaux, affiche de Rimbaud. Au milieu de ces inserts, Godard tourne à nouveau un gros plan de pensées – des pensées que le régisseur a dû aller chercher à sa demande pour les amener sur le plateau –, un *retake*, en quelque sorte, de ces plans de fleurs improvisés en cours de route. Aucun d'eux ne sera retenu dans le montage final du film. Mais Godard a de la suite dans les pensées. Quarante ans plus tard, il en est devenu le jardinier et peut enfin les filmer, avec fierté, comme *ses* fleurs.

DEUX VOIX, UN ADIEU

Peter Tscherkassky

1966

Franz était un de mes meilleurs amis à l'école élémentaire, dans ma province
autrichienne. Il venait d'une famille de pauvres paysans. Ses parents étaient si
pauvres qu'ils ne jetaient jamais rien. Ils avaient conservé toutes les revues et
tous les illustrés qu'ils s'étaient offerts au cours de leur existence. Au fil des
ans, le grenier de leur petite ferme s'était rempli de milliers de vieux magazines,
livrés à la décomposition. Je tombai sur ce trésor de papier peu de temps après avoir
rencontré le premier grand amour de ma vie : Brigitte Bardot. Bien sûr, on pourrait
aussi dire que mon premier grand amour avait été le cinéma, car j'avais rencontré le
cinéma avant Bardot, et avant Bardot il y avait eu ma mère, et je suis resté fidèle
au cinéma (ainsi qu'à ma mère) jusqu'aujourd'hui, ce qui n'a pas été le cas pour
Bardot, mais la bouche, les yeux, les cheveux — bref, le corps de Bardot faisait
soupçonner au gamin de huit ans quelque chose qu'il ne pouvait pas encore vraiment
comprendre. BB était la formidable promesse d'un avenir affranchi des entraves d'un
corps encore puéril, par-delà les limites de mon trou provincial de Mistelbach.
Toujours est-il que je me retirai avec Franz dans le grenier de la ferme de ses
parents, et que nous épluchâmes, page par page, la *totalité* du stock de magazines,
à la recherche de photos de BB. Je ne saurais dire si mon ami saisissait tout à fait
à quoi tendait cette quête obstinée, qui nous tenait des journées entières dans la
chaleur vibrante de poussière de son grenier, mais Franz me seconda fidèlement et
m'abandonna généreusement la totalité du butin de notre safari-photo.

1977

Je ne sais plus quand j'ai vu *Le Mépris* pour la première fois. Mais 1977 est l'année
où je m'installe à Vienne. Je me précipite aussitôt dans les cinémas d'art et d'essai
pour découvrir le cinéma d'auteur européen. La Nouvelle Vague, en particulier,
devient pour moi la marque de fabrique de ce que le cinéma peut et doit être, et
Jean-Luc Godard est le chef de file incontesté de cette déferlante. *Le Mépris*
se signale tout spécialement par deux qualités : il me ramène mon amour de jeunesse,
Bardot, plus belle que jamais ; et il démontre, comme aucun film avant lui, la
splendeur affolante de l'écran de Cinémascope.

1980

Entre-temps, j'ai rencontré un autre genre de cinéma, un genre qui semble se définir
par sa différence relativement à toutes les formes admises : en 1980, je découvre le
monde du cinéma dit d'avant-garde, et je me jette aussitôt dans la polémique sur le
film narratif. Nous critiquons passionnément la machinerie illusionniste du cinéma,
et nous la disséquons dans nos propres œuvres. Nous n'avons ni le temps ni l'envie de
faire des compromis.

1985

En travaillant à ma thèse de doctorat sur la relation entre l'avant-garde et le
film de fiction, je tombe sur un essai que Peter Wollen a écrit dix ans plus tôt :
«Les deux avant-gardes». L'auteur réclame une réconciliation entre les deux courants
cinématographiques désignés dans le titre de son texte : d'une part une avant-garde
qui thématise son propre médium, pour en évaluer aussi bien la fonction illusionniste
que le potentiel émancipatoire — Wollen désigne ce courant d'une manière assez
approximative par le terme «*Co-op movement*», en visant manifestement le film
structurel d'origine britannique dans son aspiration dogmatique au «purisme» et à
l'«essentialisme» ; d'autre part, un cinéma d'auteur européen, politiquement engagé
— représenté en premier lieu par les films de Jean-Luc Godard. Pour un regard actuel,

les positions de ces deux camps paraissent extraordinairement tranchées. Les uns attaquent, les autres ignorent. Il règne entre les deux camps un *mépris* mutuel. D'où justement le programme que se fixe Wollen : «Il est crucial que ces deux avant-gardes soient confrontées et juxtaposées [...]. Le cinéma, parce qu'il est un système multiple, pourrait développer et élaborer les déplacements sémiotiques qui ont marqué les origines de l'avant-garde d'une manière si complexe, réaliser un montage dialectique à l'intérieur d'un ensemble de codes et entre ceux-ci[1].»

1985 est aussi l'année où (après une phase essentialiste-structurelle) je me glisse à nouveau dans l'espace illusionniste du cinéma industriel, plus précisément — pour ne pas me faire prendre — dans la chambre noire : c'est là que naît mon premier film de pur *found footage*, *Manufraktur*, composé à partir des prises de vues de deux films publicitaires. Plus tard, travaillant sur des extraits de films de fiction, je raffinerai la technique testée pour la première fois dans *Manufraktur* : des copies par contact, des superpositions de fragments de films narratifs, travaillées au pointeur laser, me permettent d'isoler, puis de remonter certaines parties des photogrammes. Dans ces nouveaux arrangements, les codes du film original deviennent eux-mêmes un *matériau*. Ce procédé vise à provoquer un dialogue dans la pensée du spectateur : un dialogue où les schémas traditionnels d'organisation des photogrammes et de la narration qui s'y déploie font place à un jeu physique entre le matériau filmique et de nouvelles significations narratives. Peut-être est-ce là le dialogue que Peter Wollen voulait voir s'instaurer entre les formes alternatives de la subversion narrative et l'exploration matérielle du médium...

2002

Dix-sept ans après *Manufraktur*, Alexander Horwath, directeur du Filmmuseum de Vienne, écrit dans son essai «Singing in the Rain. Supercinématographie de Peter Tscherkassky» : «*Outer Space* témoigne de la richesse historique et intellectuelle, de la profondeur d'expérience de cette "première" avant-garde cinématographique, qui prend sa source dans l'art moderne ; de même que les *Histoire(s) du cinéma* de Godard témoignent à chaque instant de la profondeur d'expérience d'une "seconde" avant-garde, qui vient plutôt du long-métrage de fiction et de la culture populaire. Elles sont l'une et l'autre politiques, postmodernes et extrêmement personnelles dans leur archéologie. L'une et l'autre portent encore les traces ou les blessures de leur premier amour : un reste d'"œuvre d'art autonome" dans *Outer Space*, le deuil de la vaine utopie du grand cinéma dans les *Histoire(s)*. Mais, inconsciemment, elles tendent aussi l'une vers l'autre, vers un troisième terme — peut-être commun. "L'inaperçu qui commence au cœur du visible" (Diego Vildosola). L'au-delà, le refoulé, le monstre dans le film d'horreur. Une histoire qui se déploie entre les histoires et les documents, entre les artefacts historiques de l'image, du texte et du son.» Et Horwath diagnostique «ce moment de la crise où le héros illusionniste et la figure héroïque de l'artiste moderne cessent de se battre en aveugles — parce qu'ils se reconnaissent soudain mutuellement, et l'un dans l'autre. [...] La technique archaïque de Tscherkassky [est aussi] une célébration de l'appareil cinématographique comme voie d'accès au réel, cordon ombilical avec le monde. Une célébration qui commence dans le regard posé par certains films (français) des années soixante sur certains films (américains) des années cinquante. *Le Mépris* a dégagé et mis en avant, souvent à partir des comédies musicales et des mélodrames les plus débridés, la richesse propre au film sonore en 35 mm et en Cinémascope : sa beauté, sa profondeur spatiale, sa capacité à penser et à communiquer. C'est tout ce potentiel qui se trouve recueilli dans la mémoire et la pratique d'*Outer Space*. On peut le voir, l'entendre, le sentir : au froissement entre la fragile image humaine et la fragile mécanique qui la restitue, en même temps que la sienne propre. Les films de Gene Kelly,

---

1. Peter Wollen, *Readings and Writings*, Londres, Verso, 1982, p. 104.

Jean-Luc Godard, Peter Tscherkassky. Des films qui savent qu'il y a encore quelque chose à célébrer. Des films pris sous l'averse, et qui chantent pourtant[2]».

2005

Il y a vingt-cinq ans, je commençai à produire des films en super-8 ; c'était juste avant que la vidéo s'impose comme le format de prédilection des cinéastes amateurs. Le destin du 8 mm était scellé — d'une manière déjà prévisible à l'époque. Manifestement ces sombres perspectives d'avenir déterminèrent en moi une sensibilité accrue pour les qualités spécifiques et les possibilités créatrices du film analogique classique. Toute mon œuvre, au plus tard depuis que je suis passé au 35 mm, est une grande et somptueuse fête d'adieu à ce cinéma classique : rester sous la pluie, chanter malgré tout, et, surtout, savoir qu'on n'est pas seul à célébrer cette fête. Tout ce qu'il faudrait pour compléter ce fragile bonheur, le couronnement du festin, ce serait une copie du *Mépris* : une vieille copie usée, rayée, dont personne ne voudrait, qui finirait de se décomposer sur un coin d'étagère, comme jadis les illustrés entassés dans le grenier des parents de Franz. C'est sur une telle copie que, pour prendre congé du film analogique, je voudrais travailler dans la chambre noire... Je crois que je serais submergé de bonheur.

Traduit de l'allemand par Pierre Rusch

---

2. A. Horwath, «Singing in the Rain. Supercinématographie de Peter Tscherkassky», *Trafic*, n° 44, hiver 2002, p. 101 sq.

1. *Le Mépris* de Jean-Luc Godard (1963)
2. et 3. *Instructions for a Light and Sound Machine* de Peter Tscherkassky (2005)

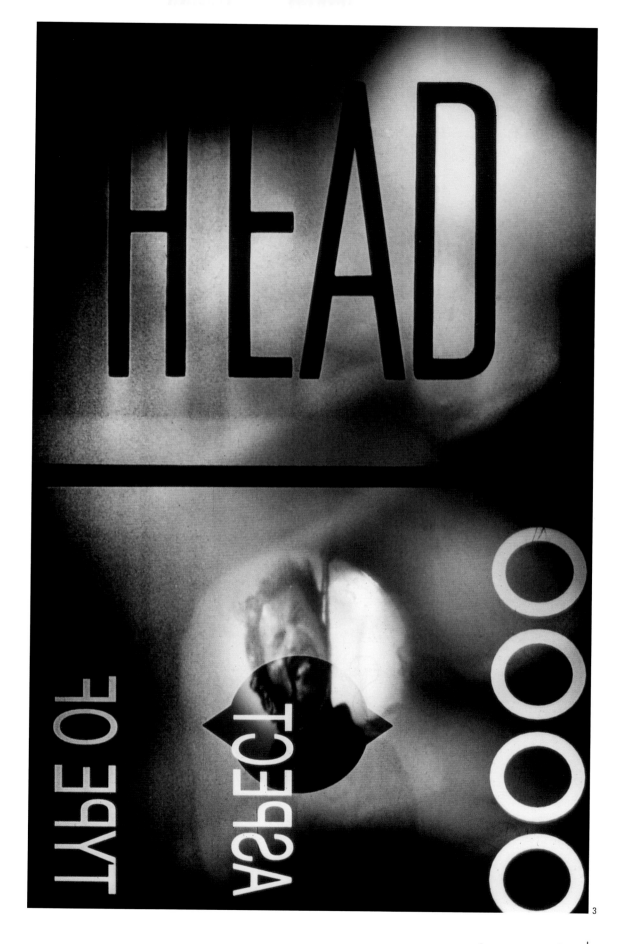

D'APRÈS JLG…

Dominique Païni

«Plus lâches sont les connections entre les séquences d'événements ou les développements de l'action, plus l'image fragmentée devient un sceau allégorique. Même d'un point de vue visuel, les images soudaines et évanescentes du cinéma se réassemblent en une sorte de script. Les images sont saisies mais pas contemplées.»

T. W. Adorno, «The Schema of Mass Culture», 1942

C'est en 2003 que les conversations entre Jean-Luc Godard et le Centre ont commencé. La proposition initiale reposait sur une présentation de films durant une assez longue période (neuf mois), empruntant aux images cinématographiques du passé et à l'actualité, selon un principe de rendez-vous mensuel. Le rythme esquissé supposait une semaine de «cueillette» d'images, quinze jours de montage, et la projection au Centre Pompidou la quatrième semaine. Cela devait entraîner une sorte de série : chacune des «émissions» s'enrichissait du rapprochement avec les «émissions» précédentes au fur et à mesure de leur réalisation. La manifestation était donc constituée de neuf rendez-vous mensuels auxquels les visiteurs étaient conviés pour découvrir un nouvel opus.

Une correspondance s'est instaurée avec le cinéaste, et l'évolution de cette réflexion épistolaire conduisit au principe d'une «exposition de cinéma». JLG proposa dès le début de l'année 2005 des croquis préfigurant l'occupation de l'espace de 1100 m² de la Galerie sud du Centre Pompidou. Au printemps/été 2005, enfin, se précisa pour lui le parti pris de construire une maquette susceptible de faire mieux percevoir l'occupation de l'espace. Au début de l'automne 2005 fut élaborée une maquette représentant, à l'échelle, neuf salles – exécutée manuellement par le cinéaste, qui «exposait» une pensée de cinéma (en cinéma…) selon une méthode relevant du parcours d'une mémoire (d'où la notion d'archéologie). Cette maquette constitua la préfiguration d'une scénographie concrète, et un point de vue critique sur le fait même d'*exposer le cinéma.*

Au terme d'un approfondissement avec l'architecte-scénographe, Nathalie Crinière, l'évaluation financière fit apparaître un dépassement par rapport à l'enveloppe fixée par le Centre Pompidou pour cette manifestation. Lors de cette fin de mois de janvier 2006, Jean-Luc Godard fut contraint de remettre sur le chantier son projet, et d'envisager de renoncer à la réalisation à échelle humaine de la maquette. Néanmoins, à l'heure où j'écris ces lignes, le cœur de l'exposition demeure cette maquette, même si elle est appelée à connaître une adaptation et une finalisation permettant sa meilleure contemplation possible et son arborescence figurative vers plusieurs salles. Celles-ci doivent être autant d'échos, autant d'écrans recevant les effets de l'irradiation d'une pensée vive, dont la moindre part n'est pas la place accordée à une interrogation sur l'acte reproductif des images.

Je ne connais pas aujourd'hui l'issue définitive de la réflexion et des décisions de Jean-Luc Godard. Les lignes qui suivent prétendent néanmoins suggérer la légitimité de son projet, et cela depuis la maquette réalisée par lui. Ces lignes n'engagent donc que ma seule interprétation du projet initial, au service duquel j'ai correspondu et travaillé avec le cinéaste pendant plusieurs mois.

1 - À l'origine, le projet, alors intitulé *Collage(s) de France, archéologie du cinéma d'après JLG*, était composé de neuf salles, dont l'ordre de la visite s'imposait. Chacune d'entre elles devait inviter le visiteur à une réflexion de nature poétique et philosophique, grâce à une entreprise générale de rapprochements – un montage d'images empruntées à l'histoire de l'art, à l'histoire du cinéma et à l'actualité – qui pouvait évoquer le principe du rébus.

Il y a quelques années, Jean-Luc Godard souhaita dispenser un cours au Collège de France associant l'histoire du cinéma et l'histoire du XX⁰ siècle, ce que furent pour une part essentielle les *Histoire(s)*

Vue d'ensemble

Salle 1 – Le mythe

Salle 1 – Le mythe

Salle 2 – L'humanité

Salle 3 – La caméra

Salle 3 – La caméra

Salle 4 – Le(s) film(s)

Salle 5 – L'inconscient

Salle 6 – Les salauds

Salle 6 – Les salauds

Salle 7 – Le réel

Salle 8 – Le meurtre

Salle 8 – Le meurtre

Salle 9 – Le tombeau

Vue d'ensemble

Vues de la maquette *Reportage amateur* (2006) pour l'exposition «Collages de France»

du cinéma. Ce ne fut pas possible. Peut-on expliquer aujourd'hui cette impossibilité par l'insuffisante considération dont souffrirait l'art cinématographique parmi les autres disciplines artistiques ? Il fut d'autant plus difficile d'introduire le cinéma au Collège de France que celui-ci était proposé comme contrechamp de disciplines scientifiques qui ont aussi pour vocation d'éclairer les processus historiques : sociologie, anthropologie, la discipline historique proprement dite…

Le titre initial de l'exposition reflétait cette occasion manquée – collage/collège –, mais renvoyait également au collage au sens propre, ciseaux et colle que le cinéaste utilisa pour ses maquettes préparatoires. C'était dire encore la dynamique de la confrontation des images, et plus particulièrement les images qui ne sont pas *a priori* destinées à être associées, opposées ou comparées. Je pensais à cet endroit au maître Robert Bresson : «Rapprocher les choses qui n'ont pas encore été rapprochées et ne semblaient pas prédisposées à l'être».

L'intervention de Jean-Luc Godard au sein d'un musée s'inscrivait en un moment de son œuvre qui ne rencontrait pas l'audience de ses premiers films, alors que le nom propre du cinéaste n'a jamais été autant convoqué et célébré. On peut expliquer cette contradiction apparente par le fait que l'articulation entre l'exigence critique d'un film et ses capacités de divertissement est devenue de moins en moins acceptée. *À bout de souffle*, *Le Mépris*, *Pierrot le fou* conjuguèrent idéalement une puissance théorique et un certain lyrisme du spectacle. Après que le cinéma classique, très fortement dominé par le découpage et les décors imposés par Hollywood, connut dans les années soixante une décisive remise en cause, ce qui spécifia le cinéma moderne, cette association de la critique et du spectacle subit à son tour une crise comparable au tournant des années quatre-vingt-dix.

2 - Dans ces mêmes années quatre-vingt-dix, le cinéaste fut à plusieurs reprises convié à concevoir une exposition ou, plus vaguement, à intervenir dans l'espace muséal. L'exposition dont il conçoit le projet en 2005 et 2006 n'est pas sans entretenir des relations lointaines, délibérées ou non, avec le musée créé par Henri Langlois dans les années soixante-dix au Palais de Chaillot. On retrouve ainsi le parti de confronter des témoignages matériels et des souvenirs immatériels de cinéma. Langlois n'hésita pas à associer des objets de cinéma réels (caméras, accessoires, costumes), des traces de la réalité économique et médiatique (photos, affiches, contrats), des témoignages de la fabrication des films (scénarii, story-boards, maquettes…), des évocations lyriques et nostalgiques (reproduction de photogrammes, décors reconstitués réduits, scénographies délirantes)… Sans doute ces choix expliquaient-ils le principe de *reproduction*, principe à l'œuvre au sein du parcours du Musée Langlois comme des *Collage(s) de France*.

Dans ces derniers, les duplications d'œuvres picturales, les photos d'agence, les extraits littéraires sont rapportés à un même principe de *reproduction*. Le cinéma se mesure ainsi aux autres productions d'images à l'aune d'un même statut, d'un dénominateur commun, en quelque sorte – celui qu'impose l'exposition de cinéma –, et cela conduit à interroger le fonctionnement même de cette dernière.

3 - Le caractère inédit de ce projet d'exposition résidait pour une part dans son allure environnementale, qui pouvait à première vue évoquer le décor de cinéma habituellement reconstitué en studio. Déjà dans *Passion*, le cinéaste s'y était risqué, mais il s'agit ici de tout autre chose encore. C'est par une utilisation de l'espace qu'était décrit un processus temporel qui était celui de *la pensée elle-même*. Le visiteur était invité par sa déambulation à réfléchir à la matière-temps du cinéma, qui incarne visuellement la pensée dans un film. C'est en marchant qu'il découvrait progressivement le processus de la conception cinématographique : un film est un certain agencement de durées, comme Maurice Denis parlait de la peinture comme d'un certain ordre agencé des couleurs. Le visiteur accomplissait ainsi un parcours inverse de celui du cinéaste qui expose : ce dernier conçoit pour tenter de faire percevoir, le visiteur devait percevoir pour tenter de reconstituer l'activité de conception. C'est le sens des titres

donnés à chaque salle : Le mythe (allégorie), L'humanité (l'image), La caméra (métaphore), Le(s) film(s) (devoir(s)), L'alliance (l'inconscient, totem, tabou), Les salauds (parabole), Le réel (rêverie), Le meurtre (sésame, théorème, montage), Le tombeau (fable). L'enchaînement des salles ne respectait pas un ordre didactique reconstituant la création d'un film. Le visiteur s'affrontait à une sorte de grand puzzle qu'il fallait ordonner mentalement.

Collage(s) de France était donc un *environnement théorique*, à l'échelle d'une salle d'exposition de 1100 m², qui utilisait autant les images que les mots affrontés et mêlés. Quelques œuvres d'art originales choisies par le cinéaste coexistaient néanmoins avec les nombreuses reproductions, duplications ou reconstitutions. Encore le vieux maître Bresson : « Le mélange du vrai et du faux donne du faux (théâtre photographié ou cinéma). Le faux, lorsqu'il est homogène, peut donner du vrai (théâtre) ». Il n'est pas sans saveur théorique que le cinéaste le plus attaché à la remise en cause des clichés théâtraux dans le cinéma de l'après-guerre propose au visiteur de musée une expérience non dénuée d'accents théâtraux. Mais l'effet était en fait tout autre. C'est d'un labyrinthe dont il s'agissait, au sein duquel s'accomplissait en termes scénographiques ce que l'auteur des *Histoire(s) du cinéma* opérait jusqu'alors par le montage. Ce n'étaient pas les images qui défilaient, c'étaient les visiteurs, désormais. On se souvient que le défilé de personnages fut déjà un mode de comparution des corps dans plusieurs films : *For Ever Mozart*, *Grandeur et décadence d'un petit commerce*, jusqu'au mystérieux *On s'est tous défilé…*

Le visiteur était invité, en fait, à percevoir autrement le temps de la conception d'un film : le temps de la « matérialisation » (pour reprendre les mots de JLG), le temps qui s'écoule entre la phase d'imagination et la phase de réalisation, pour aboutir au temps condensé de l'œuvre accomplie, au final douloureusement séparée de son auteur et engloutie dans le tombeau de la diffusion et de la communication.

4 - Dans les années soixante, à l'époque de la naissance de la Nouvelle Vague, la rue fut le premier décor et ouvrit un nouveau champ visuel, la liberté d'un filmage en caméra parfois portée, un scénario débarrassé d'étroites obligations narratives : beaucoup de paroles pour peu d'histoire.

Dans les années soixante-dix, au terme de la période communément rassemblée dans l'activité vidéo au sein de Sonimage, faisant suite à celle marquée par le vocable « Groupe Dziga Vertov », à dominante expérimentale, l'environnement n'était plus ni paysager ni urbain, comme si l'expérience de la rue lors des événements de mai 68 avait épuisé *le flâneur* JLG. Il s'accomplissait dans la « manipulation » de l'image vidéo, avec des films tels que les longues séries télévisées *France tour détour deux enfants…* ou *Numéro deux*, avec la déterminante collaboration de Anne-Marie Miéville. L'environnement découlait d'une pensée réalisée graphiquement. Lors de cette période, l'occupation de l'écran devint une sorte de « mise en page », les écrans se multipliaient dans l'écran. Le graphisme fut donc plus encore au cœur de l'image. Depuis le début de l'œuvre, l'écriture typographiée ou cursive, le plein écran occupé par les signes arbitraires d'un texte écrit, se substituèrent fréquemment au réel filmé. Le détournement des enseignes, des titres de la presse, des affiches urbaines, traduisirent tout au long de l'œuvre d'intenses partis pris graphiques. Les génériques furent tous très remarquablement composés. Il faut sans doute se souvenir de l'intérêt porté aux cinéastes soviétiques, dont la force plastique des images visait autant la finalité graphique que la reconstitution réaliste ou historique.

Les années quatre-vingt sont l'époque de ce qui apparaît comme un plus grand souci du « décor », dans son acception traditionnelle, et où se rencontrent également la peinture et la chorégraphie – ainsi les grands tableaux reconstitués et les gesticulations des acteurs (Michel Piccoli et Isabelle Huppert) dans *Passion*. L'agitation des corps est en effet essentielle dans les films de ces années (*Prénom Carmen*, *Détective*, *King Lear*), comme si les élans hystériques des personnages s'opposaient, et fusionnaient à la fois, avec la forte dominante picturale des plans. Les tableaux reconstitués comme des décors de cinéma, dérangés par le mouvement des acteurs et du montage, devenaient des étapes de la pensée.

Enfin, il faut remarquer, des années quatre-vingt à la période la plus récente, le parti pris des films qui utilisaient des « sites trouvés », fortement marqués par une dimension architecturale relativement grandiose, en accord avec l'emprunt de morceaux de musique symphonique – depuis les espaces des grands hôtels (*Détective*) jusqu'à ceux de la bibliothèque détruite de Sarajevo (*Notre musique*). Les lieux de tournage, y compris les plus monumentaux, paraissent avoir été fabriqués pour les besoins du film.

La musique, la profondeur de la bande-son (chevauchements des extraits musicaux, surimpression des bruits, feuilletage d'ambiances sonores) et le niveau d'amplitude sonore accrurent cette monumentalité. Le son unifiait parfois l'ensemble de l'espace : par exemple, à l'époque de *Nouvelle vague*, ainsi que dans les *Histoire(s) du cinéma*, un coassement de corneille ou de corbeau revient avec insistance. Ce cri donne le sentiment d'une marque apposée sur les décors, d'une griffe sonore qui signe l'image. Ce bruit aux frontières du désagréable, cette déchirure sonore d'un oiseau noir rappelait le graphisme d'un trait de feutre noir. On se souvient que le cinéaste a travaillé souvent avec des crayons-feutres pour les cartons de ses films. Il faut voir ici une manière de s'approprier et de signer un environnement déjà là.

Collage(s) de France absorbait plutôt le monde dans son espace. L'histoire passée et le présent s'engouffraient dans un parcours ; les traces et les témoignages s'accumulaient, s'assemblaient, s'attiraient et se collaient dans une furieuse confrontation d'images. Ce n'était plus ici un tournage qui capturait un environnement, c'est ce dernier qui entrait comme un torrent, qui se concentrait dans l'exposition, idéalement réalisée en plusieurs maquettes.

Des maquettes successives du parcours ont été réalisées pour condenser le sens, pour finaliser la pensée. Et le résultat fut au-delà de la gratuité esthétique : c'était plutôt l'introduction d'un incendie dans l'institution muséale, car ce qui, à l'échelle de la réalité extérieure, cohabitait lointainement s'enflammait dans le rapprochement et le *frottement* des documents collés. Aussi le cinéaste devenu architecte put-il redouter la réalisation agrandie de ses maquettes et être tenté de les revendiquer de moins en moins comme siennes lorsqu'elles auraient retrouvé l'échelle équivalente à celle du monde (*archéologie du cinéma « d'après JLG »* …). On comprend alors l'adhésion qu'il sembla apporter un jour à cette réflexion de Pierre Reverdy qu'on entend dans *JLG/JLG* : « L'image est une création pure de l'esprit, elle ne peut naître d'une comparaison, mais du rapprochement de deux réalités éloignées. Plus les rapports des deux réalités seront lointains et justes, plus l'image sera forte. Deux réalités qui n'ont aucun rapport ne peuvent se rapprocher utilement […]. Une image n'est pas forte parce qu'elle est brutale et fantastique, mais parce que l'association des idées est lointaine et juste. »

5 - Même si cela lui est indifférent, la proposition de Jean-Luc Godard ne pouvait pas être appréhendée sans évoquer un phénomène qui marqua le milieu des années soixante-dix jusqu'à aujourd'hui, celui de l'*installation*, alliée et rivale des disciplines plastiques traditionnelles. La cimaise et son alignement de cadres a été mise en crise, ou du moins perturbée, par des propositions où la lumière a cessé d'être mythiquement zénithale. Le spectateur a été invité à traverser la totalité de la salle, sans hiérarchie entre murs et plancher. Les installations se définissent fréquemment par leur utilisation de matériaux trouvés, non nobles, mais que le musée dote d'une valeur d'art. Leur autre caractéristique est la présence d'images animées. Les faisceaux lumineux ont dérouté le sens univoque de la visite muséale, et les projections d'images animées ont contribué à désorienter le spectateur.

Images trouvées reproduites, animées ou non, les principes de l'installation étaient effectivement réunis. Mais le cinéaste se méfiait des « effets de dispositif », qui renvoyaient trop, à son sens, à la curiosité pour les petites machines exposées. Pas d'attirance chez lui pour le « célibat » en art, ou les « machines désirantes ». C'était sans doute pour repousser l'effet-dispositif qu'il parut privilégier au contraire une caractéristique environnementale. L'invitation à l'attention flottante encourageait le visiteur à se perdre, détournait l'attention des machines nécessaires pour projeter les images : comme au cinéma, ainsi retrouvé, où «tout est fait» dans la salle pour oublier d'où proviennent les images, au profit du destin des personnages.

Par le passé, le cinéaste s'est montré attentif à commenter les conditions pour faire un film en rompant les investissements imaginaires du spectateur (rupture du récit, regards caméra, interruptions de la musique, non-linéarité des événements…). Il a fréquemment désigné la «machine» cinématographique et désillusionné le spectateur, tout en ne dédaignant pas un certain lyrisme. Les interruptions brutales qu'il fait subir aux emprunts musicaux contribuent également à différer, sinon empêcher la constitution fictionnelle de ses personnages.

Collage(s) de France offrait peut-être, plus que jamais, une fusion totale entre un spectacle et ce qui avait présidé à sa conception.

6 - Ce projet d'exposition relevait d'emblée de l'essai moral. Mais le parti environnemental émettait simultanément les effets d'une fiction dont le personnage principal était JLG lui-même. Sa pensée en mouvement, plus exactement, organisée en un parcours d'exposition. Cela pouvait d'une certaine manière faire songer au rêve d'Eisenstein de filmer *Le Capital* de Marx, autrement dit mettre en scène une sorte de théorème…

Collage(s) de France était une invitation à un voyage intime perméable aux séismes du monde. C'est de la tension entre ces deux pôles – fiction autobiographique/enquête – que jaillissait la poésie. Un poète comme Victor Hugo conjugua l'écriture intime, le discours politique et l'essai moral. *Les Châtiments* sont par exemple un geste poétique où se joue cette tension entre «auto-fiction» et jugement sur le monde. Et comment s'étonner alors de la présence de textes de Victor Hugo qui émaillent les commentaires off et les dialogues des films (*Passion*, *For Ever Mozart*, l'épisode 3A des *Histoire(s) du cinéma*, qui s'indigne de la guerre en Yougoslavie, et ailleurs encore…)

Collage(s) de France était une réponse à ce qu'on avait reproché souvent au cinéaste : ne pas raconter une histoire. À ce sujet, il rappela un jour avec humour cette remontrance qu'on lui faisait lorsqu'il était enfant : «Raconte pas d'histoires», et son présent de cinéaste où les producteurs lui demandent d'en raconter. Il a toujours voulu, en fait, trouver un équilibre entre la fiction et le geste éthique. Chez lui s'affrontent le Goethe de *Werther* et le Mallarmé de *Igitur*, le souffle politique de David et le nominalisme scrupuleux de Duchamp. En passant à l'épreuve de l'exposition, le cinéaste racontait une histoire où ce sont les spectateurs qui devenaient les personnages de la fiction, ou encore les photogrammes d'un film dont le ruban était le parcours. Ce projet d'exposition prolongeait la réflexion des *Histoire(s) du cinéma*, où l'histoire était emportée du côté de la poésie, de l'essai.

7 - Chacune des salles avait été conçue pour que le spectateur fasse lui-même ses collages au sein d'une forêt d'images. Le visiteur était donc mis au travail, il devait faire l'effort d'assemblage, il devait faire ses «devoirs» dans l'exposition (pour reprendre un des titres de salle).

Collage(s) de France était une utopie irréalisable par le film. Cette utopie organisait un équilibre orageux entre la fiction et le jugement esthétique et éthique, entre la croyance et la leçon proférée. Ce possible utopique du cinéma, c'était le cinéma qui se faisait pensée.

On se souvient que JLG n'a jamais cessé d'être intéressé par ce qui est divisé. Par exemple, dans la première salle était inscrit : «Hollywood, la Mecque du cinéma». Hollywood se posait du côté de la croyance, confronté sur le mur d'en face à l'image documentaire d'une famille algérienne.

La fiction marche à la croyance, le documentaire au constat. De cette division naît le thème du personnage du cinéaste partagé entre le projet et le résultat, la conception et la perception, l'exception et la règle… le film et le cinéma. *Soigne ta droite*, *Sauve qui peut (la vie)*, *Prénom Carmen*, *Éloge de l'amour* racontèrent tous à leur manière cette division, et l'exposition en devenait le refuge utopique de la résolution. Mais le cinéaste du *Mépris* et de *Passion* se mettait aussi en péril dans ce refuge : est-ce qu'en allant au musée il restait un cinéaste ? Au prix de quel renoncement ou de quel détour continuait-il à faire des films ? Le cinéma existait-il sans les films ?

8 - La division était ailleurs. D'un côté, le monde du cinéma, qui ne se sent pas concerné par le fait que le cinéaste conçoive une exposition, et de l'autre, le monde des musées, embarrassé avec la notion et l'utilisation de la *reproduction*, tant sur le plan économique, esthétique ou moral. Par cette exposition, la reproduction était en effet introduite dans un lieu qui a pour vocation d'exposer des originaux non reproductibles, un lieu fondé sur l'authenticité et l'inaliénabilité. En revanche, ce qu'il voulait exposer est dénué de toute valeur. C'est en se servant de la reproduction que Jean-Luc Godard s'introduisait, paradoxalement, dans le monde muséal.

En fait, il se situait depuis longtemps sur une île entre le monde muséal et le cinéma. Il incarna la tension des rapports du cinéma avec les autres arts. Le projet d'exposition inscrivait cette tension en accrochant aux cimaises du musée la donnée ontologique de l'art du film, la reproduction : un film est une copie enregistrée du réel ; c'est aussi la copie d'un négatif, et il est diffusé grâce à la duplication de copies. À toutes les échelles de l'art cinématographique gît donc le fait reproductif. *Collage(s) de France* était ainsi l'exposition de la reproduction, matériau même du cinéma. La photographie, le report, la vidéo, la photocopie étaient utilisés, car, en effet, la reproduction s'atteste en agrandissant ou en réduisant, le changement de format étant un autre signe patent du fait reproductif. Alors, le cinéaste agrandit, réduisit, morcela, autrement dit il accomplit un travail d'historien de l'art : il *détaillait*, mais il demeurait un monteur dans sa manière de découper et de réassembler autrement. C'est ce qu'*autorise* la reproduction.

Si tant est que l'on désigne l'art moderne, et plus particulièrement l'art contemporain des quarante dernières années, comme une procédure généralisée de recyclage (Pablo Picasso et ses collages, Marcel Duchamp et ses *readymade*…), Jean-Luc Godard en proposa également une nouvelle et exemplaire démonstration dans ses films, par son art généralisé de la citation. S'il avait rêvé un jour d'un film où tout serait emprunté ailleurs, l'exposition *Collage(s) de France* réalisait peut-être ce rêve.

Cette expérimentation de la reproduction exposée au musée pouvait choquer autant qu'au cinéma, où Jean-Luc Godard donna tant l'illusion de seulement imiter et critiquer. On a associé son art du *remploi* à ses origines critiques, mais il dévoile aujourd'hui dans sa maquette d'exposition ce qu'en étaient pour lui les enjeux.

En «exposant», il sera proche d'André Malraux et de son Musée imaginaire, dont les œuvres d'art, rapprochées grâce à la reproduction, peuvent être comparées, c'est-à-dire, tout simplement, être *vues*.

FILMOGRAPHIE-BIBLIOGRAPHIE-DISCOGRAPHIE CHRONOLOGIQUE

Cette liste chronologique des œuvres de Jean-Luc Godard répertorie films, livres, disques et trois scénarios non tournés. Elle n'est pour autant pas complète, puisqu'il faudrait y faire figurer aussi l'intégralité des press-books réalisés par Jean-Luc Godard (pour la Fox, puis pour ses propres films), qui constituent autant d'œuvres en soi.

Au cours d'un entretien avec Sylvie Pras (31 janvier 2006), et en réponse à un fax de Michael Witt (28 mars 2006), Jean-Luc Godard a authentifié les bandes-annonces ici mentionnées, ainsi que celle de *Mouchette*. Il a également déclaré avoir réalisé des bandes-annonces pour d'autres cinéastes, «mais ne se rappelait plus lesquels». La bande-annonce du *Lola* de Jacques Demy, par exemple, nous semble de ce point de vue intéressante.

Les films sans titre figurent ici entre crochets, sous des intitulés que nous leur avons attribués en nous fondant sur un descriptif de leur contenu ou en reprenant leur première phrase.

Pour plus de commodité, voici les entrées bibliographiques et discographiques.
- Livres, press-books, scénarios : 1, 30, 51, 52, 53, 64, 95, 96, 99, 101, 107, 116, 124, 147, 157, 158, 162, 175, 186, 187, 188, 191, 192-195, 196, 197, 198, 212.
- Disques : 13, 189, 199-204. [N. B.]

1. [Premier scénario]
circa 1950
Jean-Luc Godard «me donna à lire son premier scénario. Il était – mais oui ! – soigneusement et longuement rédigé, et même illustré (je me souviens de superbes dessins d'Alfa-Roméo). C'était une histoire assez compliquée, à plusieurs personnages, qui se déroulait dans une villa au bord du lac Léman» (Jacques Doniol-Valcroze, *L'Avant-Scène Cinéma*, n° 46, 1er mars 1965).

2. *Opération béton*
1955, Suisse, 20', 35 mm, n/b
Scénario : Jean-Luc Godard
Image : Adrien Porchet
Son : Jean-Luc Godard
Montage : Jean-Luc Godard
Producteur : Jean-Luc Godard
Production : Actua Film
Interprétation : Voix de Jean-Luc Godard

3. *Une femme coquette*
1956, France, 10', 16 mm, n/b
Scénario : Hans Lucas (Jean-Luc Godard), d'après *Le Signe*, de Guy de Maupassant
Image : Hans Lucas
Montage : Hans Lucas
Producteur : Jean-Luc Godard
Interprétation : Jean-Luc Godard, Maria Lysandre, Roland Tolmatchoff

4. *Tous les garçons s'appellent Patrick*, ou *Charlotte et Véronique*
1957, France, 21', 35 mm, n/b
Scénario : Éric Rohmer
Image : Michel Latouche
Son : Jacques Maumont
Montage : Jean-Luc Godard, Cécile Decugis
Producteur : Pierre Braunberger
Production : Les Films de la Pléiade
Interprétation : Nicole Berger, Jean-Claude Brialy, Anne Colette

5. *Une histoire d'eau*
1958, France, 18', 35 mm, n/b
Coréalisateur : François Truffaut
Scénario : Jean-Luc Godard, François Truffaut
Image : Michel Latouche
Son : Jacques Maumont
Montage : Jean-Luc Godard
Producteur : Pierre Braunberger
Production : Les Films de la Pléiade
Interprétation : Jean-Claude Brialy, Caroline Dim, voix de Jean-Luc Godard

6. *Charlotte et son Jules*
1958, France, 20', 35 mm, n/b
Scénario : Jean-Luc Godard (librement inspiré par *Le Bel Indifférent*, de Jean Cocteau)
Image : Michel Latouche
Son : Jacques Maumont
Montage : Jean-Luc Godard
Producteur : Pierre Braunberger
Production : Les Films de la Pléiade
Interprétation : Jean-Paul Belmondo (doublé par Jean-Luc Godard), Gérard Blain, Anne Colette

7. *À bout de souffle*
1960, France, 90', 35 mm, n/b
Scénario : Jean-Luc Godard, d'après une esquisse de François Truffaut
Image : Raoul Coutard
Son : Jacques Maumont
Montage : Cécile Decugis, Lila Herman
Producteur : Georges de Beauregard
Production : Société nouvelle de cinématographie, Productions Georges de Beauregard
Interprétation : Jean Seberg, Jean-Paul Belmondo, Liliane David, Jean-Pierre Melville

8. *Bande-annonce de À bout de souffle*
1960, France, 1'50, 35 mm, n/b
Avec la voix de Jean-Luc Godard.

9. *Le Petit Soldat*
1960, France, 88', 35 mm, n/b
Scénario : Jean-Luc Godard
Image : Raoul Coutard
Son : Jacques Maumont
Montage : Agnès Guillemot, Nadine Marquand, Lila Herman
Producteur : Georges de Beauregard, Carlo Ponti
Production : Productions Georges de Beauregard/Société nouvelle de cinématographie/Rome-Paris Films
Interprétation : Anna Karina, Michel Subor, Laszlo Szabo, Henri-Jacques Huet
Le film fut censuré en France jusqu'en 1963.

10. *Bande-annonce du Petit Soldat*
1960, France, 57", 35 mm, n/b

11. *Une femme est une femme*
1961, France, 84', 35 mm, couleur
Scénario : Jean-Luc Godard, sur une idée de Geneviève Cluny
Image : Raoul Coutard
Son : Guy Villette
Montage : Agnès Guillemot, Lila Herman
Producteur : Georges de Beauregard, Carlo Ponti
Production : Rome-Paris Films
Interprétation : Anna Karina, Jean-Paul Belmondo, Jean-Claude Brialy, Catherine Demongeot

12. *Bande-annonce de Une femme est une femme*
1961, France, 1'50, 35 mm, couleur
Jean-Luc Godard lit des extraits d'un texte de Jean Renoir sur la direction d'acteur, interrompu par Anna Karina faisant des exercices de diction sur la phrase «une femme est une femme».

13. *Disque de Une femme est une femme*
1961, France, 34'10
Textes écrits et lus par Godard, entrecoupés d'extraits de la bande-son.

14. *La Paresse* (épisode du film *Les Sept Péchés capitaux*)
1961, France, 15', 35 mm, n/b
Scénario : Jean-Luc Godard
Image : Henri Decaë
Son : Jean-Claude Marchetti, Jean Labussière
Montage : Jacques Gaillard
Producteur : Joseph Bergholz
Production : Films Gibé/Franco-London Films/Titanus
Détenteur actuel des droits : Gaumont
Interprétation : Eddie Constantine, Nicole Mirel

15. *Vivre sa vie. Film en douze tableaux*
1962, France, 85', 35 mm, n/b
Scénario : Jean-Luc Godard
Image : Raoul Coutard
Son : Guy Villette
Montage : Agnès Guillemot
Producteur : Pierre Braunberger
Production : Les Films de la Pléiade
Interprétation : Anna Karina, André S. Labarthe, Brice Parain, Peter Kassovitz, Sady Rebbot, voix de Jean-Luc Godard

16. Bande-annonce de *Vivre sa vie*
1962, France, circa 2', 35 mm, n/b

17. *Le Nouveau Monde* (épisode du film *RoGoPaG*)
1962, Italie, 20', 35 mm, n/b
Scénario : Jean-Luc Godard
Image : Jean Rabier
Son : André Hervé
Montage : Agnès Guillemot
Producteur : Alfredo Bini
Production : Société Lyre cinématographique/Arco Film/Cineriz
Interprétation : Alexandra Stewart, Jean-Marc Bory, Michel Delahaye, Jean-André Fieschi

18. *Les Carabiniers*
1963, France, 80', 35 mm, n/b
Scénario : Jean-Luc Godard, Jean Gruault, Roberto Rossellini, d'après *I Carabinieri* de Beniamino Joppolo
Image : Raoul Coutard
Son : Jacques Maumont, Bernard Orthion
Montage : Agnès Guillemot, Lila Lakshmanan
Producteur : Georges de Beauregard, Carlo Ponti
Production : Rome-Paris Films/Laetitia/Les Films Marceau
Interprétation : Geneviève Galéa, Albert Juross, Marino Masé, Catherine Ribeiro

19. Bande-annonce des *Carabiniers*
1963, France, 2'10, 35 mm, n/b

20. *Le Grand Escroc* (épisode du film *Les Plus Belles Escroqueries du monde*)
1963, France, 25', 35 mm, n/b
Scénario : Jean-Luc Godard
Image : Raoul Coutard
Son : André Hervé
Montage : Agnès Guillemot
Producteur : Pierre Roustang
Production : Ulysse Productions/LUX-CCF/Primex Films/Vides Cinematografica/Toho-Towo/Caesar Film Productie
Détenteur actuel des droits : Gaumont
Interprétation : Charles Denner, Jean Seberg, Laszlo Szabo, voix de Jean-Luc Godard

21. *Le Mépris*
1963, France/Italie, 105', 35 mm, couleur
Scénario : Jean-Luc Godard, d'après *Il Disprezzo* de Alberto Moravia
Image : Raoul Coutard
Son : William Sivel
Montage : Agnès Guillemot, Lila Lakshmanan
Producteur : Joseph Levine, Carlo Ponti, Georges de Beauregard
Production : Rome-Paris Films/Les Films Concordia/Compagnia Cinematografica Champion
Interprétation : Brigitte Bardot, Michel Piccoli, Fritz Lang, Jack Palance, Giorgia Moll

22. Bande-annonce du *Mépris*
1963, France/Italie, 2'15, 35 mm, couleur

23. *Bande à part*
1964, France, 95', 35 mm, n/b
Scénario : Jean-Luc Godard, d'après *Fool's Gold* de Dolores et Bert Hitchens

Image : Raoul Coutard
Son : René Levert, Antoine Bonfanti
Montage : Agnès Guillemot, Françoise Collin
Producteur : Jean-Luc Godard
Production : Anouchka Films/Orsay Films
Détenteur actuel des droits : Gaumont
Interprétation : Anna Karina, Claude Brasseur, Louise Colpeyn, Sami Frey, Danièle Girard, Chantal Darget, Ernest Menzer, Michel Delahaye, Georges Staquet

24. Bande-annonce de *Bande à part*
1964, France, 1'50, 35 mm, n/b

25. *Une femme mariée. Fragments d'un film tourné en 1964*
(ex-*La Femme mariée*)
1964, France, 98', 35 mm, n/b
Scénario : Jean-Luc Godard
Image : Raoul Coutard
Son : Antoine Bonfanti, René Levert, Jacques Maumont
Montage : Agnès Guillemot, Françoise Collin
Producteur : Jean-Luc Godard
Production : Anouchka Films/Orsay Films
Détenteur actuel des droits : Gaumont
Interprétation : Macha Méril, Bernard Noël, Roger Leenhardt, Philippe Leroy

26. Bande-annonce de *Une femme mariée*
1964, France, 1'50, 35 mm, n/b

27. *Montparnasse-Levallois. Un action film* (épisode du film *Paris vu par...*)
1965, France, 18', 16 mm, couleur
Scénario : Jean-Luc Godard
Image : Albert Maysles
Son : René Levert
Montage : Jacqueline Raynal
Producteur : Barbet Schroeder
Production : Les Films du Losange/Les Films du Cyprès
Interprétation : Johanna Shimkus, Serge Davri, Philippe Hiquilly

28. *Alphaville. Une étrange aventure de Lemmy Caution*
1965, France, 98', 35 mm, n/b
Scénario : Jean-Luc Godard
Image : Raoul Coutard
Son : René Levert
Montage : Agnès Guillemot
Producteur : André Michelin
Production : Chaumiane/Filmstudio
Interprétation : Eddie Constantine, Anna Karina, Laszlo Szabo, Akim Tamiroff

29. Bande-annonce de *Alphaville. Une étrange aventure de Lemmy Caution*
1965, France, 1', 35 mm, n/b

30. *Figaropravda*, press-book pour *Alphaville*, 1965

31. *Pierrot le fou*
1965, France, 110', 35 mm, couleur
Scénario : Jean-Luc Godard, d'après *Obsession*, de Lionel White
Image : Raoul Coutard
Son : René Levert, Antoine Bonfanti
Montage : Françoise Collin, Andrée Choty
Producteur : Georges de Beauregard, Dino de Laurentiis
Production : Productions Georges de Beauregard, Rome-Paris Films/Dino de Laurentiis Cinematografica
Interprétation : Jean-Paul Belmondo, Anna Karina, Raymond Devos, Dirk Sanders

32. Bande-annonce de *Pierrot le fou*
1965, France, 1'40, 35 mm, couleur

33. *Masculin féminin. Quinze faits précis*
1966, France, 110', 35 mm, n/b
Scénario : Jean-Luc Godard, d'après *Le Signe* et *La Femme de Paul*, de Guy de Maupassant

Image : Willy Kurant
Son : René Levert, Antoine Bonfanti
Montage : Agnès Guillemot, Geneviève Bastid
Producteur : Anatole Dauman
Production : Anouchka Films/Argos Films/Svensk Filmindustri/Sandrews
Interprétation : Jean-Pierre Léaud, Michel Debord, Chantal Goya, Marlène Jobert

34. Bande-annonce de *Masculin féminin*
1966, France, 1'58, 35 mm, n/b
Montage à partir de la chanson «Tu m'as trop menti», de Chantal Goya. Se termine par le texte suivant, en majuscules à l'écran : MASCULIN FÉMININ / BIENTÔT SUR CET ÉCRAN / BIEN SÛR INTERDIT AU MOINS DE 18 ANS PARCE QU'IL PARLE D'EUX.

35. *Made in USA*
1966, France, 90', 35 mm, couleur
Scénario : Jean-Luc Godard, d'après *The Jugger* de Richard Stark (Donald Westlake)
Image : Raoul Coutard, Jacques Maumont
Son : René Levert
Montage : Agnès Guillemot, Geneviève Letellier
Producteur : Georges de Beauregard
Production : Anouchka Films/Rome-Paris Films/SEPIC
Interprétation : Anna Karina, Jean-Pierre Léaud, Laszlo Szabo, Philippe Labro

36. Bande-annonce de *Made in USA*
1966, France, 1'30, 35 mm, couleur
Bande-annonce muette encadrée par deux mentions manuscrites (écriture de Godard). Au début : «Silence». À la fin : «Maintenant que ce film-annonce est fini, vous pouvez de nouveau faire du bruit dans la salle».

37. *Deux ou trois choses que je sais d'elle*
1966, France, 90', 35 mm, couleur
Scénario : Jean-Luc Godard
Image : Raoul Coutard
Son : René Levert, Antoine Bonfanti
Montage : Françoise Collin, Chantal Delattre
Producteur : Anatole Dauman
Production : Anouchka Films/Argos Films/Les Films du Carosse/Parc Film
Interprétation : Marina Vlady, Christophe Bourseiller, Blandine Jeanson, Raoul Lévy

38. Bande-annonce de *Deux ou trois choses que je sais d'elle*
1966, France, 1'30, 35 mm, couleur

39. *Anticipation (L'Amour en l'an 2000)* (épisode du film *Le Plus Vieux Métier du monde*)
1967, France, 20', 35 mm, couleur
Scénario : Jean-Luc Godard
Image : Pierre Lhomme
Son : René Levert
Montage : Agnès Guillemot, Geneviève Letellier
Producteur : Joseph Bergholz
Production : Francoriz Films/Les Films Gibé/Rialto Films/Rizzoli Editore
Détenteur actuel des droits : Gaumont
Interprétation : Anna Karina, Jean-Pierre Léaud, Jacques Charrier, Marilù Tolo

40. *Caméra-Œil* (épisode du film *Loin du Vietnam*)
1967, France, 15', 16 mm, couleur
Scénario : Jean-Luc Godard
Image : Armand Marco, Alain Levent
Son : Antoine Bonfanti
Montage : Jacqueline Meppiel, Chris Marker, Ragnar
Producteur : Jean-Luc Godard, Chris Marker
Production : SLON/Sofracima
Interprétation : Jean-Luc Godard

41. Bande-annonce de *Mouchette*, de Robert Bresson
1967, France, circa 2', 35 mm, n/b
Retranscription *supra*.

42. *La Chinoise*
1967, France, 95', 35 mm, couleur
Scénario : Jean-Luc Godard
Image : Raoul Coutard
Son : René Levert, Antoine Bonfanti
Montage : Agnès Guillemot, Delphine Desfons
Producteur : Philippe Dussart
Production : Anouchka Films/Les Productions de la Guéville/Athos Films/Parc Films/Simar Films
Interprétation : Jean-Pierre Léaud, Anne Wiazemsky, Juliet Berto, Omar Diop

43. Bande-annonce de *La Chinoise*
1967, France, 2'40, 35 mm, couleur
Montage à partir de la chanson «Mao Mao», de Claude Channes.

44. *L'Amour* (épisode du film *Vangelo 70*, ou *Amore et Rabbia*, ou *La Contestation*)
1967, Italie/France, 26', 35 mm, couleur
Scénario : Jean-Luc Godard
Image : Alain Levent, Armand Marco
Son : Guy Villette
Montage : Agnès Guillemot, Delphine Desfons
Producteur : Carlo Lizzani
Production : Castoro Films/Anouchka Films
Interprétation : Nino Castelnuovo, Christine Guého, Catherine Jourdan, Paolo Pozzesi

45. *Week-End*
1967, France, 95', 35 mm, couleur
Scénario : Jean-Luc Godard
Image : Raoul Coutard
Son : René Levert, Antoine Bonfanti
Montage : Agnès Guillemot, Odile Fayot
Producteur : Ralph Baum
Production : Films Copernic/Ascot Cineraïd/Comacico/Lira Films
Détenteur actuel des droits : Gaumont
Interprétation : Jean Yanne, Mireille Darc, Jean-Pierre Kalfon, Jean-Pierre Léaud

46. Bande-annonce de *Week-End*
1967, France, 48", 35 mm, couleur

47. *Le Gai Savoir*
1968, France, 95', 35 mm, couleur
Scénario : Jean-Luc Godard, librement inspiré par *Émile ou De l'éducation* de Jean-Jacques Rousseau
Image : Georges Leclerc
Montage : Germaine Cohen
Production : ORTF, puis Anouchka Films/Gambit/Bavaria Atelier
Détenteur actuel des droits : Gaumont
Interprétation : Juliet Berto, Jean-Pierre Léaud
Diffusion interdite à la télévision française aussi bien que dans le cinéma commercial.

48. *Ciné-Tracts*
1968, France, 2-4' chacun, 16 mm, n/b, muets (sauf un)
Image : Collectives
Production : SLON
On considère que les tracts 7, 8, 9, 10, 12, 13, 14, 15, 16, 23 et 40 furent totalement ou partiellement réalisés par Godard. Celui-ci réalisa également l'image du Ciné-Tract hors-série de Gérard Fromanger, intitulé *Film-Tract n° 1968*.

49. *Un film comme les autres*
1968, France, 100', 16 mm, couleur et n/b
Réalisation : Jean-Luc Godard
Images originales en couleur (Ektachrome) : Jean-Luc Godard, William Lubtschansky
Images d'archives (n/b) : tournées en mai 1968 par le groupe ARC
«Interprétation» : 3 militants étudiants de Nanterre, 2 militants ouvriers de Renault-Flins.
Montage : Jean-Luc Godard
Production : Anouchka Films

Détenteur actuel des droits : Gaumont
Tournage : juillet 1968.
Revendiqué *a posteriori* par le Groupe Dziga Vertov dans certains entretiens.

50. *One American Movie* (Titre anglais : *One A. M.*) : film tourné notamment par Jean-Luc Godard et abandonné par le Groupe Dziga Vertov après visionnage des rushes.
Tourné aux USA en 1968 avec D. A. Pennebaker et Richard Leacock, qui finissent le film seuls en 1971 sous le titre *One P. M.* (78', 16 mm, couleur).
Images : D. A. Pennebaker, Richard Leacock
Son : Mary Lampson, Robert Leacock, Kate Taylor
Interprétation : Rip Torn, Jefferson Airplane, Eldrige Cleaver, Tom Hayden, Leroi Jones, Tom Luddy, Paula Madder, Mary Lampson, Anne Wiazemsky
Production : Leacock-Pennebaker Inc

51. *One Plus One*
1968, Grande-Bretagne, 99', 35 mm, couleur
Scénario : Jean-Luc Godard
Image : Tony Richmond
Son : Arthur Bradburn, Derek Ball
Montage : Ken Rowles, Agnès Guillemot
Producteur : Iain Quarrier, Michael Pearson
Production : Cupid Productions
Interprétation : The Rolling Stones, Anne Wiazemsky, Frankie Dymon Jr., Iain Quarrier
Sorti aux États-Unis sous le titre *Sympathy for the Devil*, avec une séquence finale ajoutée par le distributeur.

52. *Jean-Luc Godard par Jean-Luc Godard. Articles, essais, entretiens*, Paris, Éditions Pierre Belfond, 1968.
Textes réunis et introduits par Jean Narboni.

53. *Le Gai Savoir (mot-à-mot d'un film encore trop réviso)*, Paris, Union des écrivains, 1969

54. *British Sounds*
1969, Grande-Bretagne, 52', 16 mm, couleur
Réalisation : Jean-Luc Godard (en dialogue avec Jean-Henri Roger)
Scénario : Jean-Luc Godard (en dialogue avec Jean-Henri Roger)
Images : Charles Stewart
Son : Fred Sharp
Montage : Elisabeth Koziman
Interprétation : étudiants d'Oxford, d'Essex et de Kent, travailleurs à la chaîne de British Motor Co. (Cowley, Oxford), militants ouvriers de Dagenham
Producteur : Irving Teitelbaum, Kenith Trodd
Production : Kestrel Productions pour London Weekend Television (LWT)
Détenteur actuel des droits : Gaumont
Signé *a posteriori* par le Groupe Dziga Vertov. Titre américain : *See You at Mao*. LWT refusa de le diffuser.

55. *Pravda*
1969, France, 58', 16 mm, couleur
Réalisation : Jean Luc Godard, Jean-Henri Roger
Images : Paul Bourron
Montage : Jean Luc Godard
Interprétation : Voix de Jean-Henri Roger (Jean-Pierre Gorin dans la version anglaise), apparition de Vera Chytilova
Producteur : Claude Nedjar
Production : Centre européen Cinéma-Radio-télévision/Grove Press
Détenteur actuel des droits : Gaumont
Signé *a posteriori* par le Groupe Dziga Vertov.

56. *Vent d'est*
1969, Italie/France/RFA, 100', 16 mm, couleur
Réalisation : Groupe Dziga Vertov (Jean-Luc Godard, Jean-Pierre Gorin)
Scénario : Jean-Luc Godard, Daniel Cohn-Bendit, Jean-Pierre Gorin, Gianni Barcelloni, Sergio Bazzini, Marco Ferreri, Glauber Rocha, Jean-Henri Roger, Raffaella Cuccinelo…
Images : Mario Vulpiani
Son : Antonio Ventura, Carlo Diotalevi
Montage : Jean-Luc Godard, Jean-Pierre Gorin
Interprétation : Gian Maria Volonte, Anne Wiazemsky, Paolo Pozzesi, Christina Tullio Altan, Daniel Cohn-Bendit, Glauber Rocha, José Varela, George Gotz, Vanessa Redgrave, Allan Midgett, Fabio Garrba, Jean-Henri Roger
Producteur : Georges de Beauregard, Gianni Barcelloni, Ettore Rohoch
Production : CCC-Poli Film/Kunst-Film/Anouchka Films
Détenteur actuel des droits : Gaumont

57. *Luttes en Italie (Lotte in Italia)*
1970, France/Italie, 60', 16 mm, couleur
Réalisation : Groupe Dziga Vertov (Jean-Luc Godard, Jean-Pierre Gorin)
Scénario : Groupe Dziga Vertov
Images : Armand Marco
Son : Antoine Bonfanti
Montage : Jean-Luc Godard, Jean-Pierre Gorin
Interprétation : Christiana Tullio, Altan, Anne Wiazemsky, Jérome Hinstin, Paolo Pozzesi, Françoise Fiocchi
Production : Anouchka Films/Cosmoseion pour Radiotelevisionne Italiana (RAI)
Détenteur actuel des droits : Gaumont
Il existe une version italienne et une version avec traduction simultanée française.

58. *Jusqu'à la victoire (Méthodes de pensée et de travail de la révolution palestinienne)*
1970, 16 mm, couleur, inachevé
Réalisation : Groupe Dziga Vertov (Jean-Luc Godard, Jean-Pierre Gorin)
Scénario : Groupe Dziga Vertov (Jean-Luc Godard, Jean-Pierre Gorin)
Images : Armand Marco
Production : Groupe Dziga Vertov
Rushes utilisés dans *Ici et ailleurs*, de Jean-Luc Godard et Anne-Marie Miéville, 1974.

59. *Vladimir et Rosa*
1970, France/RFA/États-Unis, 96', 16 mm, couleur
Réalisation : Groupe Dziga Vertov (Jean-Luc Godard, Jean-Pierre Gorin)
Scénario : Groupe Dziga Vertov
Images : Armand Marco
Son : Antoine Bonfanti
Montage : Jean-Luc Godard, Jean-Pierre Gorin
Interprétation : Juliet Berto, Anne Wiazemsky, Jean Luc Godard, Jean Pierre Gorin, Yves Alfonso, Claude Nedjar, Ernest Menzer
Production : Munich Tele-Pool/Grove Press Evergreen Films
Détenteur actuel des droits : Gaumont
Il existe une version française, et une version française sous-titrée en anglais.

60. [Schick]
1971, France, 45", 16 mm, couleur
Réalisation : Jean-Luc Godard, Jean-Pierre Gorin
Scénario : Jean-Luc Godard, Jean-Pierre Gorin
Images : Armand Marco
Interprétation : Juliette Berto
Production : Dupuy Compton
Film publicitaire pour une lotion après-rasage.

61. *Tout va bien*
1972, France, 95', 35 mm, couleur
Réalisation : Jean-Luc Godard, Jean-Pierre Gorin
Scénario : Jean-Luc Godard, Jean-Pierre Gorin
Images : Armand Marco
Opérateurs : Yves Agostini, Edouard Burgess
Son : Bernard Ortion, Gilles Ortion, Antoine Bonfanti
Photographes : Alain Miéville, Anne-Marie Michel [Anne-Marie Miéville]
Script-girl : Marie-Noëlle Bon
Montage : Kenout Peltier, Claudine Merlin
Interprétation : Jane Fonda, Yves Montand, Jean Pignol, Vittorio Caprioli
Détenteur actuel des droits : Gaumont

62. Bande-annonce de *Tout va bien*
1972, France, 5', 35 mm, couleur (co-réalisateur Jean-Pierre Gorin)
Texte reproduit *supra*.

63. *Letter to Jane: An Investigation About a Still*
1972, France, 52', 16 mm, couleur
Réalisation : Jean-Luc Godard, Jean-Pierre Gorin
Scénario : Jean-Luc Godard, Jean-Pierre Gorin

Images : Armand Marco
Interprétation : Voix de Jean-Luc Godard et Jean-Pierre Gorin
Producteurs : Jean-Luc Godard, Jean-Pierre Gorin
Détenteur actuel des droits : Gaumont

64. *Moi Je*
1973, scénario de film
Reproduit *supra*.

65. *Ici et ailleurs*
1974, France, 53', 16 mm, couleur
Coréalisation : Anne-Marie Miéville (Jean-Pierre Gorin pour le tournage
par le Groupe Dziga Vertov du projet intitulé *Jusqu'à la victoire*)
Scénario : Jean-Luc Godard, Anne-Marie Miéville
Image : William Lubtchansky (Armand Marco pour les images tournées
en Palestine de *Jusqu'à la victoire*)
Montage : Jean-Luc Godard, Anne-Marie Miéville
Producteur : Jean-Luc Godard, Anne-Marie Miéville, Jean-Pierre Rassam
Production : Sonimage/INA/Gaumont
Détenteur actuel des droits : Gaumont
Interprétation : Jean-Pierre Bamberger (combattants du Fatah pour
Jusqu'à la victoire)
Sortie en 1976.

66. *Numéro deux*
1975, France, 88', 35 mm et vidéo, couleur
Scénario : Jean-Luc Godard, Anne-Marie Miéville
Image : William Lubtchansky (film), Gérard Martin (vidéo)
Son : Jean-Pierre Ruh
Techniciens : Milka Assaf, Gérard Martin, Gérard Teissèdre
Montage : Jean-Luc Godard, Anne-Marie Miéville
Producteur : Georges de Beauregard, Jean-Pierre Rassam
Production : Sonimage/Bela/SNC
Détenteur actuel des droits : Gaumont
Interprétation : Sandrine Battistella, Pierre Oudry, Alexandre Rignault,
Rachel Stefanopoli

67. *Comment ça va*
1976, France, 78', 16 mm et vidéo, couleur
Coréalisation : Anne-Marie Miéville
Scénario : Jean-Luc Godard, Anne-Marie Miéville
Image : William Lubtchansky
Montage : Jean-Luc Godard, Anne-Marie Miéville
Producteur : Jean-Luc Godard, Anne-Marie Miéville, Jean-Pierre Rassam
Production : Sonimage/Bela/SNC
Détenteur actuel des droits : Gaumont
Interprétation : Michel Marot, Anne-Marie Miéville
Sortie en 1978.

68-80. *Six fois deux (Sur et sous la communication)*
1976, France, 610', vidéo, couleur
Coréalisation : Anne-Marie Miéville
Scénario : Jean-Luc Godard, Anne-Marie Miéville
Image : William Lubtchansky, Dominique Chapuis
Techniciens : Henri False, Joël Mellier, Philippe Rony, Gérard Teissèdre
Montage : Jean-Luc Godard, Anne-Marie Miéville
Producteur : Michel Raux, Jean-Luc Godard
Production : Sonimage/INA pour FR3
Série télévisuelle en douze épisodes d'environ 50 minutes :
  - **1a** : *Y'a personne* (57'45)
  - **1b** : *Louison* (41'45)
  - **2a** : *Leçons de choses* (52')
  - **2b** : *Jean-Luc* (48')
  - **3a** : *Photos et Cⁱᵉ* (45')
  - **3b** : *Marcel* (55')
  - **4a** : *Pas d'histoire* (56'38)
  - **4b** : *Nanas* (42'42)
  - **5a** : *Nous trois* (52'13)
  - **5b** : *René(e)s* (52'55)
  - **6a** : *Avant et après* (54'32)
  - **6b** : *Jacqueline et Ludovic* (49'55)
  - [Claude-Jean Philippe, épisode coupé] (17')

81. [*Quand la gauche sera au pouvoir*] (Sur la chanson «Faut
pas rêver», de Patrick Juvet)
1977, France, 3'34, vidéo, couleur
Image : Jean-Luc Godard
Montage : Jean-Luc Godard
Interprétation : Camille, Anne-Marie Miéville (off)
Exercice à partir de la chanson «Faut pas rêver», de Patrick Juvet (musique : Jean-
Michel Jarre), diffusé en 1978 dans l'émission «On ne manque pas d'airs».

82-93. *France tour détour deux enfants*
1979, France, 12 x 25', vidéo, couleur
Coréalisation : Anne-Marie Miéville
Scénario : Jean-Luc Godard, Anne-Marie Miéville, librement inspiré de
G. Bruno, *Le Tour de la France par deux enfants. Devoir et patrie* (1884)
Image : William Lubtchansky, Dominique Chapuis, Philippe Rony
Son : Pierre Binggeli
Montage : Jean-Luc Godard, Anne-Marie Miéville
Production : Sonimage/INA pour Antenne 2
Détenteur actuel des droits : Gaumont
Interprétation : Arnaud Martin, Camille Virolleaud, Betty Berr, Albert Dray
  - **1** : *Obscur/Chimie*
  - **2** : *Lumière/Physique*
  - **3** : *Connu/Géométrie/Géographie*
  - **4** : *Inconnu/Technique*
  - **5** : *Impression/Dictée*
  - **6** : *Expression/Français*
  - **7** : *Violence/Grammaire*
  - **8** : *Désordre/Calcul*
  - **9** : *Pouvoir/Musique*
  - **10** : *Roman/Économie*
  - **11** : *Réalité/Logique*
  - **12** : *Rêve/Morale*

94. *Scénario de Sauve qui peut (la vie). Quelques remarques sur la réalisation et la production du film*
1979, France, 21', vidéo, couleur
Scénario : Jean-Luc Godard
Montage : Jean-Luc Godard
Production : Sonimage/Télévision suisse romande
Détenteur actuel des droits : Gaumont
Interprétation : photographies de Isabelle Huppert, Miou-Miou, Werner Herzog
Envoyé en avril 1979 à la Commission d'avance sur recettes.

95. *Bugsy/The Picture/The Story*
1979, scénario de film
Luc Béraud (parlant d'une des trois versions du scénario image/texte) :
«Les photos, les petits bouts de texte, le montage, c'était déjà un objet.»
– Jean-Luc Godard : «C'est ce que m'a dit Anne-Marie ; finalement j'ai déjà
tourné trois fois ce film : chaque fois que j'ai fait les photos à la photocopieuse, mon plaisir de fabriquer les images a été satisfait.» (entretien
avec Luc Béraud et Claude Miller, *Ça Cinéma*, n° 19, 1980).

96. *Cahiers du cinéma*, **n° 300**, mai 1979

97. *Sauve qui peut (la vie)*
1979, France, 87', 35 mm, couleur
Scénario : Jean-Claude Carrière, Anne-Marie Miéville
Image : Renato Berta, William Lubtchansky, Jean-Bernard Menoud
Son : Jacques Maumont, Luc Yersin, Oscar Stellavox
Montage : Jean-Luc Godard, Anne-Marie Miéville
Producteur : Jean-Luc Godard, Alain Sarde
Production : Sara Films/MK2/Saga
Productions/Sonimage/CNC/ZDF/SSR/ORF
Détenteur actuel des droits : Gaumont
Interprétation : Nathalie Baye, Jacques Dutronc, Isabelle Huppert, Cécile
Tanner

98. *Bande-annonce de Sauve qui peut (la vie)*
1979, France, circa 2', 35 mm, couleur

99. Press-book de *Sauve qui peut (la vie)*, 1979
Partiellement reproduit *supra*.

100. *Une bonne à tout faire*
circa 1980, États-Unis, 5', vidéo, couleur
Court-métrage de 5 à 6 minutes, tourné dans les studios de Francis Ford Coppola aux États-Unis entre 1979 et 1982.

101. *Introduction à une véritable histoire du cinéma*,
Paris, Albatros, 1980
Réédité en 1985 avec la présentation des illustrations modifiée et l'ajout de courts textes critiques manuscrits.

102. *Lettre à Freddy Buache. À propos d'un court-métrage sur la ville de Lausanne*
1982, France/Suisse, 11', vidéo transférée sur 35 mm, couleur
Scénario : Jean-Luc Godard
Image : Jean-Bernard Menoud
Son : François Musy
Montage : Jean-Luc Godard
Production : Sonimage/Film et Vidéo Production Lausanne
Détenteur actuel des droits : Gaumont
Interprétation : Jean-Luc Godard

103. *Passion, le travail et l'amour : introduction à un scénario*, ou *Troisième état du scénario du film Passion*
1982, 30', vidéo, couleur
Scénario : Jean-Luc Godard
Montage : Jean-Luc Godard
Production : Sonimage
Interprétation : Isabelle Huppert, Jerzy Radziwilowicz, Hanna Schygulla, Jean-Claude Carrière

104. *Passion*
1982, France, 87', 35 mm, couleur
Scénario : Jean-Luc Godard
Image : Raoul Coutard
Son : François Musy
Montage : Jean-Luc Godard
Producteur : Alain Sarde
Production : Sara Films/Sonimage/Films A2/Film et Vidéo Production Lausanne/SSR Télévision suisse romande
Interprétation : Isabelle Huppert, Michel Piccoli, Jerzy Radziwilowicz, Hanna Schygulla

105. *Scénario du film Passion*
1982, France, 53', vidéo, couleur
Scénario : Jean-Luc Godard
Collaboration : Anne-Marie Miéville, Pierre Binggeli, Jean-Bernard Menoud
Production : Télévision Romande/JLG Films
Détenteur actuel des droits : Gaumont
Interprétation : Jean-Luc Godard, Isabelle Huppert, Jerzy Radziwilowicz, Hanna Schygulla

106. Bande-annonce de *Passion*
1982, France, circa 2', 35 mm, couleur

107. Press-book de *Passion*, 1982

108. *Changer d'image. Lettre à la bien-aimée* (épisode de la série *Le Changement à plus d'un titre*)
1982, France, 9' 50, vidéo, couleur
Scénario : Jean-Luc Godard
Production : INA/Sonimage
Interprétation : Jean-Luc Godard, voix d'Anne-Marie Miéville

109. *Prénom Carmen*
1983, France, 83', 35 mm, couleur
Scénario : Anne-Marie Miéville
Image : Raoul Coutard
Son : François Musy, Oscar Stellavox
Montage : Jean-Luc Godard, Suzanne Lang-Villar
Producteur : Alain Sarde
Production : Sara Films/JLG Films/Films A2
Interprétation : Maruschka Detmers, Jacques Bonnaffé, Hyppolite Girardot, Myriem Roussel

110. Bande-annonce de *Prénom Carmen*
1983, France, circa 2', 35 mm, couleur

111. *Petites notes à propos du film Je vous salue, Marie*
1983, France, 20', vidéo, couleur
Scénario : Jean-Luc Godard
Image : Jean-Luc Godard
Montage : Jean-Luc Godard
Production : JLG Films
Détenteur actuel des droits : Gaumont
Interprétation : Jean-Luc Godard, Myriem Roussel, Thierry Rode, Anne-Marie Miéville

112. *Je vous salue, Marie*
1985, France, 78', 35 mm, couleur
Scénario : Jean-Luc Godard
Image : Jean-Bernard Menoud, Jacques Firmann
Son : François Musy
Montage : Jean-Luc Godard
Production : Pégase Films/SSR/JLG Films/Sara Films/Gaumont
Détenteur actuel des droits : Gaumont
Interprétation : Myriem Roussel, Philippe Lacoste, Thierry Rode, Juliette Binoche
Distribué avec *Le Livre de Marie* (1985), un court-métrage d'Anne-Marie Miéville.

113. Bande-annonce de *Je vous salue, Marie* et *Le Livre de Marie*
1985, France, 1'55, 35 mm, couleur (coréalisation Anne-Marie Miéville)

114. *Détective*
1985, France, 95', 35 mm, couleur
Scénario : Anne-Marie Miéville, Alain Sarde, Philippe Setbon
Image : Bruno Nuytten
Son : Pierre Gamet, François Musy
Montage : Marilyne Dubreuil
Producteur : Alain Sarde, Jean-Luc Godard
Production : Sara Films/JLG Films
Interprétation : Nathalie Baye, Claude Brasseur, Alain Cuny, Johnny Hallyday, Jean-Pierre Léaud
La bande-annonce fut réalisée par Alain Sarde.

115. *Soft and Hard. Soft Talk On a Hard Subject Between Two Friends*
1985, Grande-Bretagne/France, 52', vidéo, couleur
Coréalisation : Anne-Marie Miéville
Scénario : Jean-Luc Godard, Anne-Marie Miéville
Vidéo : Pierre Binggeli
Montage : Jean-Luc Godard, Anne-Marie Miéville
Producteur : Tony Kirkhope
Production : JLG Films/Deptford Beach Productions pour Channel 4
Détenteur actuel des droits : Gaumont
Interprétation : Jean-Luc Godard, Anne-Marie Miéville

116. *Jean-Luc Godard par Jean-Luc Godard*, Paris, Cahiers du cinéma/Éditions de l'Étoile, 1985
Textes réunis par Alain Bergala.

117. *Grandeur et décadence d'un petit commerce de cinéma révélées par la recherche des acteurs dans un film de télévision publique d'après un vieux roman de J. H. Chase*
1985, France, 91', vidéo et 35 mm, couleur
Scénario : Jean-Luc Godard, d'après *The Soft Centre* (*Chantons en chœur*) de James Hadley Chase
Image : Caroline Champetier
Son : François Musy, Pierre-Alain Besse
Montage : Jean-Luc Godard
Producteur : Pierre Grimblat
Production : Hamster Productions/TF1/Télévision Romande/RTL/JLG Films
Détenteur actuel des droits : Gaumont
Interprétation : Jean-Pierre Mocky, Jean-Pierre Léaud, Marie Valéra, Jean-Luc Godard, chômeurs de l'ANPE
Téléfilm diffusé sur TF1 en mai 1986, dans le cadre d'une collection intitulée « Série

noire ». Commercialisé en vidéo sous le titre *Chantons en chœur*, avec un générique sans doute apocryphe, orthographié « Chantons en cœur ».

118. *Meetin' WA*, ou *Meeting Woody Allen*
1986, France, 26', vidéo, couleur
Scénario : Jean-Luc Godard
Son : François Musy
Montage : Jean-Luc Godard
Production : JLG Films
Détenteur actuel des droits : Gaumont
Interprétation : Jean-Luc Godard, Woody Allen, voix d'Annette Insdorf

119. *Armide* (épisode du film *Aria*)
1987, Grande-Bretagne, 12', 35 mm, couleur
Scénario : Jean-Luc Godard
Image : Caroline Champetier
Son : Philippe Lioret, François Musy
Montage : Jean-Luc Godard
Producteur : Don Boyd
Production : Boyd's Company/Lightyear Entertainment/RVP Productions/ Virgin Vision
Interprétation : Valérie Alain, Luke Corre, Jacques Neuville, Marion Peterson

120. *Soigne ta droite. Une place sur la Terre*
1987, France, 81', 35 mm, couleur
Scénario : Jean-Luc Godard
Image : Caroline Champetier
Son : François Musy, Joël Beldent
Montage : Jean-Luc Godard
Producteur : Jean-Luc Godard, Ruth Waldburger
Production : Gaumont/JLG Films/Xanadu Films/RTSR
Détenteur actuel des droits : Gaumont
Interprétation : Jacques Villeret, Les Rita Mitsouko, Michel Galabru, Jane Birkin, Jean-Luc Godard, François Périer

121. Bande-annonce de *Soigne ta droite*
1987, France, circa 2', 35 mm, couleur

122-123. *King Lear*
1987, États-Unis/Bahamas, 90', 35 mm, couleur
Scénario : Jean-Luc Godard
Image : Sophie Maintigneux, Isabelle Czajka
Son : François Musy
Montage : Jean-Luc Godard
Producteur : Yoram Globus, Menahem Golan
Production : Cannon
Interprétation : Woody Allen, Burgess Meredith, Molly Ringwald, Peter Sellars
Tourné en anglais. Godard a ajouté une traduction-commentaire simultanée en français pour la version diffusée à la Télévision suisse romande, dans le cadre de l'émission « Nocturne », en décembre 1989, qui constitue donc une autre version du film.

124. Préface à Pierre Braunberger, *Cinémamémoire*, Paris, Éditions du Centre Georges Pompidou, 1987.

125. *On s'est tous défilé*
1987, France, 13', vidéo, couleur
Scénario : Jean-Luc Godard
Image : Caroline Champetier
Son : François Musy
Montage : Jean-Luc Godard
Production : Marithé et François Girbaud Design
Interprétation : Marithé et François Girbaud, mannequins du défilé MFG

126-142. [Closed]
1987-1988, France, deux séries, de dix et sept clips, de 20 à 30 secondes chacun (durée totale : 7'), vidéo, couleur
Image : Caroline Champetier
Son : François Musy
Montage : Jean-Luc Godard
Production : JLG Films/Marithé et François Girbaud Design
Interprétation : Keshi, Suzanne Lanza, Luca, Marc Parent
Première série (dix clips) et deuxième série (sept clips) des publicités télévisuelles pour « Closed », marque de jeans de Marithé et François Girbaud.

143. *Puissance de la parole*
1988, France, 25', vidéo, couleur
Scénario : Jean-Luc Godard, d'après Edgar Allan Poe, *The Power of Words*, et James M. Cain, *The Postman Always Rings Twice*
Image : Caroline Champetier
Son : François Musy
Montage : Jean-Luc Godard
Production : France Télécom/JLG Films/Gaumont
Interprétation : Jean Bouise, Laurence Côte, Jean-Michel Irribarren, Lydia Andrei

144. *Le Dernier Mot* (épisode du film *Les Français vus par...*)
1988, France, 12', vidéo, couleur
Scénario : Jean-Luc Godard
Image : Jean-Luc Godard
Son : Pierre Camus, François Musy
Montage : Jean-Luc Godard
Producteur : Anne-Marie Miéville
Production : Erato Films/Socpresse/JLG Films/Le Figaro magazine/ Antenne 2
Interprétation : André Marcon, Hanns Zischler, Catherine Aymerie, Pierre Amoyal

145-146. *Histoire(s) du cinéma*
1988, France, vidéo, couleur
   1A : *Toutes les histoires* (51')
   1B : *Une histoire seule* (42')
Scénario : Jean-Luc Godard
Vidéo : Pierre Binggeli
Son : Jean-Luc Godard, Pierre-Alain Besse, François Musy
Montage : Jean-Luc Godard
Producteur : Jean-Luc Godard, Ruth Waldburger
Production : Gaumont/JLG Films
Détenteur actuel des droits : Gaumont
Interprétation : voix de Jean-Luc Godard
Versions initiales des chapitres 1A, *Toutes les histoires*, et 1B, *Une histoire seule*. Première diffusion sur Canal Plus en mai 1989. Ces chapitres, en particulier le 1B, ont fait l'objet de plusieurs remontages au cours de la décennie 1990.

147. Avant-Propos à François Truffaut, *Correspondance*, lettres recueillies par Gilles Jacob et Claude de Givray, Paris, Hatier, collection « Cinq continents », 1988.

148. *Le Rapport Darty*
1989, France, 50', vidéo, couleur
Coréalisation : Anne-Marie Miéville
Scénario : Jean-Luc Godard, Anne-Marie Miéville
Image : Hervé Duhamel
Son : Pierre-Alain Besse, François Musy
Montage : Jean-Luc Godard, Anne-Marie Miéville
Production : Gaumont/JLG Films
Interprétation : voix de Jean-Luc Godard et Anne-Marie Miéville
Commande du PDG de Darty, interdite de diffusion par l'entreprise. Godard raconte brièvement les circonstances de cette commande dans l'émission « 20 h » de Paris Première (voir la filmographie complémentaire).

149. *Nouvelle vague*
1990, France, 89', 35 mm, couleur
Scénario : Jean-Luc Godard
Image : William Lubtchansky, Christophe Pollack, Franck Messmer
Son : Pierre-Alain Besse, Henri Morelle, François Musy
Montage : Jean-Luc Godard
Producteur : Alain Sarde
Production : Sara Films/Périphéria/Canal Plus/Vega Film/Télévision suisse romande/Antenne 2/CNC/DFI/Sofica Investimage/Sofica Creations
Interprétation : Alain Delon, Domiziana Giordano, Roland Amstutz, Laurence Côte

150. Bande-annonce de *Nouvelle vague*
1990, France, 58", 35 mm, couleur

151-155. [Métamorphojean]
1990, France, cinq clips de 20 à 30 secondes chacun (2'20 au total), video, couleur
Troisième série de publicités pour Marithé et François Girbaud.

156. *Pue Lulla*
1990, de Jean-Luc Godard, 45", 35 mm, couleur
Publicité pour la marque de sport Nike, commandée par l'agence Wieden&Kennedy. Le titre dissocie les deux syllabes de «Puellula», qui signifie «fillette» en latin. John Zorn et David Cronenberg réalisèrent des spots pour Nike la même année.

157. Préface à Freddy Buache, *Le Cinéma français des années 70*, Paris, Hatier, collection «Cinq continents», 1990

158. *C'est la nuit qui parle* (1990), Préface à *Une caméra à la place du cœur*, de Philippe Garrel et Thomas Lescure, Aix-en-Provence, Admiranda/Institut de l'image, 1992
Autres préfaces de Jean Douchet et Léos Carax.

159. *L'Enfance de l'art* (épisode de la série *Comment vont les enfants?*)
1991, France, 8', 35 mm, couleur
Coréalisation : Anne-Marie Miéville
Scénario : Jean-Luc Godard, Anne-Marie Miéville
Image : Sophie Maintigneux
Son : Pierre-Alain Besse
Montage : Jean-Luc Godard
Producteur : Jean-Luc Godard
Production : JLG Films/UNICEF/C9 Communication
Interprétation : Nathalie Kadem, Antoine Reyes, Michel Boupoil, Denis Vallas

160. *Allemagne neuf zéro. Solitudes, un état et des variations*
1991, France, 62', 35 mm, couleur
Scénario : Jean-Luc Godard
Image : Christophe Pollock, Stepan Benda, Andreas Erben
Son : Pierre-Alain Besse, François Musy
Montage : Jean-Luc Godard
Producteur : Nicole Ruelle
Production : Antenne 2/Brainstorm/Gaumont/Périphéria
Interprétation : Eddie Constantine, Hanns Zischler, Claudia Michelsen, Nathalie Kadem

161. *Pour Thomas Wainggai* (épisode du film *Écrire contre l'oubli*)
1991, France, 3', 35 mm, couleur
Coréalisation : Anne-Marie Miéville
Scénario : Jean-Luc Godard, Anne-Marie Miéville
Image : Jean-Marc Fabre
Son : Pierre-Alain Besse, François Musy
Montage : Jean-Luc Godard
Production : Amnesty International PRI/Vega Film
Interprétation : André Rousselet, Véronique Tillmann
Diffusé en décembre 1991 sur toutes les chaînes françaises sauf TF1.

162. «Préface-entretien entre Jean-Luc Godard et Freddy Buache», *Musée du cinéma Henri Langlois* (sous la direction de Huguette Marquand Ferreux), t. 1 : Des origines aux années vingt (salles I à XIV), Paris, Maeght Éditeur/Cinémathèque française, collection «Photo – Cinéma», trois volumes, 1991
Le tome 3 est préfacé par Jean Rouch.

163. [Parisienne People]s
1992, Suisse, 45", 35 mm, couleur
Coréalisation : Anne-Marie Miéville
Interprétation : voix de Jean-Luc Godard
Production : LDM pour British American Tobacco Plc
Dans la série «Parisienne People by Famous Directors» (Parisienne People est une marque de cigarettes).

164. *Hélas pour moi*
1993, France, 84', 35 mm, couleur
Scénario : Jean-Luc Godard
Image : Caroline Champetier
Son : François Musy, Pierre-Alain Besse
Montage : Jean-Luc Godard
Producteur : Alain Sarde
Production : Vega Films/Les Films Alain Sarde/Canal Plus/Télévision suisse romande/Périphéria
Interprétation : Gérard Depardieu, Laurence Masliah, Marc Betton, Roland Blanche, Bernard Verley

165. Bande-annonce de *Hélas pour moi*
1993, France, 46", 35 mm, couleur

166. *Les enfants jouent à la Russie*
1993, Italie/Russie/France, 58', vidéo, couleur
Scénario : Jean-Luc Godard
Image : Caroline Champetier
Son : Stéphane Thiébaud
Montage : Jean-Luc Godard
Producteur : Alessandro Cecconi, Ira Barmak, Ruth Waldburger
Production : Worldvision Enterprises (N.Y.)/Cecco Films/RTR
Interprétation : Bernard Eisenschitz, Jean-Luc Godard, André S. Labarthe, Laszlo Szabo, Anna Karina

167. *Je vous salue Sarajevo*
1993, France, 2', vidéo, couleur
Scénario : Jean-Luc Godard
Montage : Jean-Luc Godard
Interprétation : voix de Jean-Luc Godard

168. *JLG/JLG. Autoportrait de décembre*
1995, France, 56', 35 mm, couleur
Scénario : Jean-Luc Godard
Image : Yves Pouliguen, Christian Jacquenard
Son : Pierre-Alain Besse, Benoît Hilbrant
Montage : Jean-Luc Godard, Catherine Cormon
Production : Périphéria/Gaumont
Détenteur actuel des droits : Gaumont
Interprétation : Jean-Luc Godard, Denis Jardot, André S.Labarthe, Geneviève Pasquier, Louis Seguin

169. Bande-annonce de *JLG/JLG. Autoportrait de décembre*
1995, France, 58", 35 mm, couleur

170. *Deux fois cinquante ans de cinéma français*
1995, Grande-Bretagne, 49', vidéo, couleur
Coréalisation : Anne-Marie Miéville
Scénario : Jean-Luc Godard, Anne-Marie Miéville
Image : Isabelle Czajka
Son : Stéphane Thiebaud
Montage : Jean-Luc Godard
Producteur : Bob Last, Colin MacCabe
Production : British Film Institute/Périphéria
Interprétation : Jean-Luc Godard, Estelle Grynspan, Michel Piccoli, Cécile Reigher

171-172. [Espoir/Microcosmos]
[Le monde comme il ne va pas]
1996, France, 3' et 1', vidéo, couleur
Scénario : Jean-Luc Godard
Montage : Jean-Luc Godard
Deux exercices de montage diffusés sur France 2 dans le cadre de l'émission «Le Cercle de minuit» en janvier 1996. Les titres adoptent les sources travaillées par Godard : *L'Espoir*, d'André Malraux (1945), *Microcosmos*, de Claude Nuridsanny et Marie Pérennou (1996), *What's Wrong With The World*, de G. K. Chesterton (1910).

173. *For Ever Mozart*
1996, France, 80', 35 mm, couleur
Scénario : Jean-Luc Godard
Image : Christophe Pollock, Katell Dijan
Son : François Musy, Olivier Burgaud
Montage : Jean-Luc Godard
Producteur : Alain Sarde
Production : Avventura Films/Périphéria/Vega Film/CEC Rhône-Alpes/France 2 Cinéma/Canal Plus/CNC/TSR/Eurimages/DFI/ECM Records
Détenteur actuel des droits : Gaumont
Interprétation : Bérangère Allaux, Madeleine Assas, Ghalya Lacroix, Vicky Messica, Frédéric Pierrot

174. Bande-annonce de *For Ever Mozart*
1996, France, 50", 35 mm, couleur

175. Press-book de *For Ever Mozart*, 1996

176. *Adieu au TNS*
1996, France, 7'20, vidéo, couleur
Scénario : Jean-Luc Godard
Montage : Jean-Luc Godard
Producteur : Jean-Luc Godard
Interprétation : Jean-Luc Godard

177. *Plus Oh!*
1996, France, 4', vidéo, couleur
Image : Jean-Luc Godard
Montage : Jean-Luc Godard
Interprétation : France Gall
Clip pour la chanson «Plus haut», de France Gall.

178-185. *Histoire(s) du cinéma*
1998, France, 264', vidéo, couleur
Scénario : Jean-Luc Godard
Montage : Jean-Luc Godard
Production : Gaumont/Périphéria
Détenteur actuel des droits : Gaumont
Interprétation : Juliette Binoche, Alain Cuny, Serge Daney, Julie Delpy, voix de Jean-Luc Godard

Huit chapitres :
   1A : *Toutes les histoires* (51')
   1B : *Une histoire seule* (42')
   2A : *Seul le cinéma* (26')
   2B : *Fatale beauté* (28')
   3A : *La Monnaie de l'absolu* (26')
   3B : *Une vague nouvelle* (27')
   4A : *Le Contrôle de l'Univers* (27')
   4B : *Les Signes parmi nous* (37')

   186. *Allemagne neuf zéro. Phrases*, Paris, POL, 1996

   187. *JLG/JLG. Phrases*, Paris, POL, 1996

   188. *For Ever Mozart. Phrases*, Paris, POL, 1996

   189. *Nouvelle vague*, Munich, ECM Records, 1997
   Coffret de deux CD.

190. *The Old Place. Small Notes Regarding the Arts at Fall of 20th Century*
1998, États-Unis, 47', vidéo, couleur
Coréalisation : Anne-Marie Miéville
Scénario : Jean-Luc Godard, Anne-Marie Miéville
Montage : Jean-Luc Godard, Anne-Marie Miéville
Producteur : Mary Lea Bandy, Colin MacCabe
Production : Museum of Modern Art, New York

   191. *Jean-Luc Godard par Jean-Luc Godard*, t. 2, Paris, Cahiers du cinéma/Éditions de l'Étoile, 1998
   Textes réunis et édités par Alain Bergala.

   192-195. *Histoire(s) du cinéma*, Paris, Gallimard, quatre volumes, 1998
   Vol 1 : Toutes les histoires. Une histoire seule
   Vol 2 : Seul le cinéma. Fatale beauté
   Vol 3 : La Monnaie de l'absolu. Une vague nouvelle
   Vol 4 : Le Contrôle de l'Univers. Les Signes parmi nous

   196. *Deux fois cinquante ans de cinéma français. Phrases (sorties d'un film)*, Paris, POL, 1998
   Avec Anne-Marie Miéville.

   197. *Les enfants jouent à la Russie. Phrases (sorties d'un film)*, Paris, POL, 1998

   198. *Éloge de l'amour. Phrases (sorties d'un film)*, Paris, POL, 1998

   199-204. *Histoire(s) du cinéma*, Munich, ECM Records, 1999
   Coffret de cinq CD avec quatre livrets en français, allemand et anglais.

205. *De l'origine du XXIᵉ siècle*
2000, France/Suisse, 15', vidéo, couleur
Scénario : Jean-Luc Godard
Image : Julien Hirsch
Son : François Musy
Montage : Jean-Luc Godard
Production : Canal Plus/Vega Films

206. *Éloge de l'amour*
2001, France, 94', 35 mm et vidéo numérique, n/b et couleur
Scénario : Jean-Luc Godard
Image : Julien Hirsch, Christophe Pollock
Son : François Musy, Christian Monheim
Montage : Jean-Luc Godard
Producteur : Alain Sarde, Ruth Waldburger
Production : Avventura Films/Périphéria/Canal Plus/Arte/Vega Film/TSR
Interprétation : Bruno Putzulu, Cécile Camp, Jean Davy, Françoise Verny, Jean Lacouture

207. Bande-annonce de *Éloge de l'amour*
2001, France, 1'20, 35 mm, couleur

208. *Dans le noir du temps* (épisode du film *Ten Minutes Older : The Cello*)
2002, Grande-Bretagne/France, 10', vidéo, couleur
Scénario : Anne-Marie Miéville
Image : Julien Hirsch
Son : François Musy
Montage : Jean-Luc Godard, Anne-Marie Miéville
Chanson : Anne-Marie Miéville
Producteur : Ulrich Felsberg, Nicolas McClintock, Nigel Thomas
Production : Matador Pictures/Odyssey Films/Périphéria/Road Movies
Interprétation : voix de Jean-Luc Godard

209. *Liberté et patrie*
2002, France/Suisse, 22', vidéo, couleur
Coréalisation : Anne-Marie Miéville
Scénario : Jean-Luc Godard, Anne-Marie Miéville
Producteur : Ruth Waldburger
Production : Périphéria/Vega Films
Interprétation : voix de Jean-Luc Godard

210. *Notre musique*
2004, France, 80', 35 mm, couleur
Scénario : Jean-Luc Godard
Directrice artistique : Anne-Marie Miéville
Image : Julien Hirsch
Son : François Musy
Montage : Jean-Luc Godard
Producteur : Jean-Paul Battaggia, Alain Sarde, Ruth Waldburger
Production : Avventura Films/Périphéria/Canal Plus/Arte/Vega Film/TSR/France 3
Interprétation : Nade Dieu, Rony Kramer, Sarah Adler, Jean-Christophe Bouvet

211. Bande-annonce de *Notre musique*
2004, France, 1'06, 35 mm, couleur

212. Press-book de *Notre musique*, 2004

213. *Moments choisis des Histoire(s) du cinéma*
2004, France, 84', vidéo transférée sur 35 mm, couleur
Scénario : Jean-Luc Godard
Montage : Jean-Luc Godard
Production : Gaumont
Détenteur actuel des droits : Gaumont
Interprétation : Alain Cuny, Juliette Binoche, Julie Delpy, voix de Jean-Luc Godard

214. Prière pour refusniks
2004, France, 7', vidéo, couleur

215. Prière (2) pour refusniks
2004, France, 3'30, vidéo, couleur
Deux essais en faveur de jeunes militaires israéliens condamnés à l'emprisonnement pour avoir refusé de faire leur service dans les territoires occupés.

216. Reportage amateur (maquette expo)
2006, France, 47', vidéo, couleur
Image : Anne-Marie Miéville
Montage : Jean-Luc Godard
Production : Centre Georges Pompidou/Périphéria
Interprétation : Jean-Luc Godard, Anne-Marie Miéville
Réalisé dans le cadre de la préparation à l'exposition «Voyage(s) en utopie, Jean-Luc Godard, 1946-2006».

Films réalisés et présentés dans le cadre de «Voyage(s) en utopie, Jean-Luc Godard, 1946-2006» :

217. Vrai faux passeport. Fiction documentaire sur des occasions de porter un jugement à propos de la façon de faire des films
2006, France, 55', vidéo, n/b et couleur
Montage : Jean-Luc Godard
Interprétation : voix de Jean-Luc Godard
Production : Centre Georges Pompidou/Périphéria
Le titre n'apparaît pas dans le film, où l'on peut lire : «Passeport pour le réel».

218. Ecce homo
de Jean-Luc Godard, 2006, France, 2'

219. Une bonne à tout faire (nouvelle version)
de Jean-Luc Godard, 2006, France, 8'20

Dans le temps
d'Anne-Marie Miéville, 2006, France, 4'

Souvenir d'utopie
d'Anne-Marie Miéville, 2006, France, 6'15

Ce que je n'ai pas su dire
d'Anne-Marie Miéville, 2006, France, 2'35

Je vous salue Sarajevo
de Jean-Luc Godard, 1993, France, 2'

LIVRES ET DISQUES COMPLÉMENTAIRES

Charlotte et son Jules. Sketch de Jean-Luc Godard
1959, 11', Éditions Jacques Canetti Polydor
Dans le film, la voix de Jean-Paul Belmondo est doublée par celle de Godard. Sur le disque, le texte du film est interprété par Belmondo et Marie-José Casanova.

Journal d'une femme mariée. Fragments d'un film tourné en 1964
1964, Macha Méril. Jean-Luc Godard, Paris, Denoël

France tour détour deux enfants. Frankreich Weg Umweg Zwei Kinder. Videoserie von Anne-Marie Miéville und Jean-Luc Godard
1982, Shonagh McAulay et Margerete Kemény (tr.), Francfort, Zweitausendeins

Lettre à Freddy Buache
2001, Lausanne, Éditions Demoures

Corpus établi par Nicole Brenez, David Faroult, Marina Lewisch, Sylvie Pras, Judith Revault d'Allonnes et Michael Witt, avec l'aide de Baptiste Coutureau.
Merci à Alain Bergala, Bernard Benoliel, Charles-Antoine Bosson, Jean-Luc Godard, Waël Noureddine et Olivier Pierre.

FILMOGRAPHIE COMPLÉMENTAIRE

Nous avons répertorié ici, par ordre chronologique :
1. les films interprétés par Jean-Luc Godard, à l'exclusion des siens propres ;
2. les films officiellement produits par lui ;
3. quelques-uns des films de cinéma et de télévision qui documentent de façon substantielle son œuvre : portraits, descriptions de tournages, débats, dialogues ou monologues importants, interventions notables de Godard dans l'espace public.
　　Les titres d'origine figurent en italiques ; les titres attribués, simples descriptifs, en romains.
　　Cette liste n'a pas vocation à l'exhaustivité. Un corpus tant amateur que professionnel, tant filmé que photographique (Anne Wiazemsky et Anne-Marie Miéville ayant par exemple photographié certains des tournages), qui s'annonce considérable, reste à constituer.
　　Sauf indication contraire, le lieu de réalisation est la France. [N. B.]

JEAN-LUC GODARD ACTEUR
Le Quadrille de Jacques Rivette, 1950 (rôle principal)

Le Coup du berger de Jacques Rivette, 1956, 28' (figurant)

Le Signe du lion de Éric Rohmer, 1959, 103' (figurant)

Petit jour de Jackie Pierre, 1960, 16' (rôle secondaire)

Charlotte et son steak de Éric Rohmer, 1960, 12' (rôle principal)

Paris nous appartient de Jacques Rivette, 1960, 120' (figurant)

Cléo de 5 à 7 de Agnès Varda, 1961, 90' (petit rôle)
Version plus longue du sketch – 4'52 – interprété par Godard et Karina en bonus du DVD d'Agnès Varda *Cléo de 5 à 7*, Ciné-Tamaris, 2005.

Le Soleil dans l'œil de Jacques Bourdon, 1962, 87' (figurant)

Shéhérazade de Pierre Gaspard-Huit, 1963, 124' (figurant)

L'Espion/The Defector de Raoul Lévy, 1966, 106' (figurant)

Nous sommes tous encore ici de Anne-Marie Miéville, 1997, 80' (rôle principal)

Après la réconciliation de Anne-Marie Miéville, 2000, 74' (rôle principal)

JEAN-LUC GODARD PRODUCTEUR
[Nous ne répertorions pas ici les films auxquels Jean-Luc Godard a apporté son aide : *L'Authentique Procès de Carl-Emanuel Jung* de Marcel Hanoun, *Chronique d'Anna-Magdalena Bach* de Jean-Marie Straub et Danièle Huillet, *Le Père Noël a les yeux bleus* de Jean Eustache, *Comment Yukong déplaça les montagnes* de Joris Ivens et Marceline Loridan...]

La Sonate à Kreutzer de Éric Rohmer, 1956, 50'

Inside/Out de Rob Tregenza, USA, 1997, 115'

PORTRAITS, REPORTAGES, INTERVENTIONS
Le Parti des choses : Bardot et Godard ou Mai 1963 : Godard tourne Le Mépris de Jacques Rozier, 1964, 9'
Avec Brigitte Bardot, Jean-Luc Godard, Fritz Lang, Jack Palance, Michel Piccoli
Sur le tournage du *Mépris*. On y voit une scène non retenue au montage.

Paparazzi de Jacques Rozier, 1964, 22'
Scénario de Jean Lescot et Michel Piccoli

Avec Michel Piccoli, Jean Lescot, Brigitte Bardot, Jean-Luc Godard, Fritz Lang, Jack Palance
Texte dit par Michel Piccoli. Voix de Jean Lescot et David Tonelli.
Essai sur la traque des vedettes du *Mépris* par les chasseurs d'images italiens.

Jean-Luc Godard de Francis Leroi, 1964, 10'

La Nouvelle Vague par elle-même : 1re partie de André S. Labarthe et Robert Valey, 1964, 95', collection «Cinéma de notre temps» (TV, ORTF)

La Nouvelle Vague par elle-même : 2e partie de André S. Labarthe et Robert Valey, 1964, 38', collection «Cinéma de notre temps» (TV, ORTF)
Avec Jean-Luc Godard, Henri Langlois, Claude Chabrol, Jacques Demy, Jean Rouch, Agnès Varda, Georges Franju, Jacques Rozier, François Truffaut, Jacques Rivette, Jean-Daniel Pollet, Raoul Coutard Anna Karina
Narrateur : François Maistre

Jean-Luc Godard, réalisation Jacques Doniol-Valcroze, émission «Pour le plaisir», 6 janvier 1965, 37' (TV, ORTF)
Questionné par Doniol-Valcroze, Godard réfléchit notamment aux rapports entre le cinéma et la peinture.

Jean-Luc Godard ou Le cinéma au défi de Hubert Knapp, 1965, 67', collection «Cinéma de notre temps» (TV, ORTF)
Avec Jean-Luc Godard, Louis Aragon, Jacques Siclier, Claude-Jean Philippe, Robert Benayoun, Éric Losfeld, Macha Méril, Anna Karina, Paul Godard, Véronique Godard

Tentazioni proibite (Tentations interdites) de Osvaldo Civirani, Italie, 1965, 88'
Avec Brigitte Bardot, Jean-Luc Godard, Michel Piccoli, Yvonne De Carlo, Roberta Dominici, Violeta Montenegro

Jean-Luc Godard, série «Chroniques de France», Pathé, 1er décembre 1966, 6'30
Panorama de l'œuvre de Godard. «Dans le passé, j'aurais été assistant de Diderot ; dans le futur, caméraman sur la lune.»

Marina face à Godard, réalisation Luc Favory, dans «Dim Dam Dom», 1967, 8' (TV, ORTF)

Jean-Luc Godard reçoit le prix Marilyn Monroe, 16 février 1967, ORTF, 2'20 (TV, ORTF)
Outre les prix Jean Vigo en 1960, le Lion d'or en 1983, un César d'honneur et le prix Louis Delluc en 1987, le prix Adorno en 1995, Godard a reçu pour *Deux ou trois choses que je sais d'elle* le prix Marilyn Monroe décerné par un jury composé de femmes, parmi lesquelles Christiane Rochefort, Marguerite Duras et Florence Malraux.

Godard et le petit livre rouge, dans «Caméra III», 2 mai 1967, 15' (TV, ORTF)
Produit par Philippe Labro et Henri de Turenne. On y voit Godard monter *La Chinoise.*

Jean-Luc Godard à «Pour le plaisir», 4 mai 1967, 7' (TV, ORTF)
«Le cinéma par définition est laïc et républicain.» Godard à Cannes, interviewé par Henry Chapier, sujet réalisé par le cinéaste Guy Gilles.

Le Dinosaure et le Bébé. Dialogue en huit parties entre Fritz Lang et Jean-Luc Godard de André S. Labarthe, 1967, 61', collection «Cinéma de notre temps» (TV, ORTF)
Avec Fritz Lang, Jean-Luc Godard, Howard Vernon

Civilisation : L'homme et les images de Éric Rohmer, produit par Georges Gaudu, 1967, 34' (TV, ORTF)
Avec René Clair, Jean Rouch, Jean-Luc Godard

Jean-Luc Godard de Jean-Paul Savignac, 1967
Jean-Paul Savignac est assistant-réalisateur sur *Les Carabiniers, Vivre sa vie, Bande à part* et *Alphaville.* En 1965, il réalise *Nick Carter et le trèfle rouge,* avec Eddie Constantine.

Le Jeune Cinéma. Godard et ses émules de Philippe Garrel, 1967, 46' (TV, ORTF)
Avec Francis Leroi, Jean Eustache, Jean-Michel Barjol, Romain Goupil, Luc Moullet, Jean-Luc Godard
Retranscrit *supra.*

Conférence de presse au Festival de Venise, émission «Cinéma», 28 septembre 1967, 2' (TV, ORTF)
Sur *La Chinoise.* «L'esthétique du cinéma est devenue capitaliste… Nous voudrions faire des films révolutionnaires mais… en plus, je suis obligé de travailler toute la journée en tant que cinéaste avec des gens qui me haïssent et que moi je méprise…»

Manifestations pour Henri Langlois, anonyme, 1968, 10' (images sans son)
Dans le Palais de Chaillot puis dans les jardins du Trocadéro, protestations contre le renvoi d'Henri Langlois, avec Godard, Jacques Rivette, Jean Rouch, François Truffaut, Nicholas Ray et beaucoup d'autres.

Two American Audiences de Mark Woodcock, USA, 1968, 41'
Produit par Pennebaker. Le 4 avril 1968, Godard répond aux questions d'étudiants de la New York University.

Jean-Luc Godard au Festival d'Avignon, émission «Théâtre d'aujourd'hui», 11 juillet 1968, 25' (TV, ORTF)

Qu'est-ce que la mise en scène : Jean-Luc Godard de Jean-Paul Török, 19 mars 1969, rushes non montés, 24' (TV, ORTF)
Retranscrit *supra.*

GODARD in america [sic] de Ralph Thanhauser, USA, 1970, 45'
Filmé en avril 1970, lors de la tournée du Groupe Dziga Vertov dans les universités américaines, où Godard et Gorin présentent *British Sounds* pour financer *Jusqu'à la victoire.*

Jean-Luc Godard dans «La politique et le bonheur : Georges Kiejman», 24 septembre 1972, 18' (TV, ORTF)
Dans le cadre de la série «Vive le cinéma», produite par Jeanine Bazin et André S. Labarthe, Godard commente le tournage de *Tout va bien.*

Les Enfants de Marx et Coca-Cola de Claude de Givray, 1973, 60' x 2 (TV, ORTF)
Évocation à l'aide de documents d'actualité des événements de 1968 à Berlin, Prague et Paris. Mentionné pour son titre en hommage à Godard et pour son auteur, pilier de la Nouvelle Vague.

Jean-Luc Godard dans «Hiéroglyphes», 23 novembre 1975, 50' (TV, FR3)
Godard y présente notamment un extrait de *Numéro deux.*

Henri Langlois parle de : Le cinéma en liberté, Warhol/Godard de Henri Fischbach, Canada, 1976, 7' (TV Ontario)
Retranscrit *supra.*

Der kleine Godard an das Kuratorium junger deutscher Film de Hellmuth Costard, RFA, 1978, 84'
Interventions de Jean-Luc Godard et générique retranscrits *supra.*

Jean-Luc Godard dans «Champ contre champ», réalisation Guy Seligmann, 1980, 67' (TV, FR3)
Autres contributeurs : Freddy Buache, Krystof Zanussi, Jamil Dehlavi, Carlos Diegues.

Jean-Luc Godard à «The Dick Cavett Show», 28 octobre 1980, USA, 25' (TV)
Conversation à l'américaine autour de *Slow Motion,* titre américain de *Sauve qui peut (la vie).*

Godard 1980 de Jon Jost et Don Ranvaud, Royaume-Uni, 1980, 17'
Dialogue Godard, Peter Wollen et Don Ranvaud à l'occasion de la sortie anglaise de *Slow Motion.*

Jean-Luc Godard. Cinématon n° 106 de Gérard Courant, 1981, 4', S8
L'autoportrait de Jean-Luc Godard selon le dispositif inventé par Gérard Courant

Reporters de Raymond Depardon, 1981, 90'
Brève apparition de Jean-Luc Godard parmi divers hommes politiques, vedettes et journalistes français de l'époque.

Jean-Luc Godard au « Journal télévisé », 22 janvier 1981, 10' (TV, TF1)
À l'occasion de la sortie de *Je vous salue, Marie*, Godard donne une leçon de cadrage aux professionnels de la télévision.

Jean-Luc Godard à « L'invité du jeudi : Antoine Vitez », 15 septembre 1981, 17' (TV, A2)
À l'invitation de Vitez, Godard critique la télévision, lieu du « mal absolu ».

Point de rencontre (Meeting Point) de Manu Bonmariage, Belgique, 1981, 56' (TV)
Détournement par le réalisateur d'une commande sur la ville de Genève. Jean-Luc Godard monte *Passion*, y décrit son travail de producteur et sa solitude.

Godard plus Godard de Jean Douchet, 24 avril 1982, 60' (TV, TF1)
Deux sujets pour « Étoiles et toiles », émission de Frédéric Mitterrand : un entretien avec Godard ; un panoramique sur son œuvre par Jean Douchet.

Passion. Le travail et l'amour (introduction à un scénario), dans « Cinéma Cinémas » du 5 mai 1982, 11'20 (TV, A2)
Extraits du film conçu pour l'Avance sur recettes.

Jean-Luc Godard à « Ouvert le dimanche », 6 juin 1982, 35' (TV, FR3)
Godard interviewé sur *Passion* par Serge July, Anne Tronche et Maurice Achard.

Chambre 666 de Wim Wenders, France/RFA, 1982, 55' (TV, A2)
Au cours du Festival de Cannes, seuls dans une chambre d'hôtel face à une caméra vidéo, dix-sept cinéastes indépendants, parmi lesquels Monte Hellman, Godard, Antonioni, Fassbinder, Romain Goupil, Mike de Leon, Yilmaz Güney (enregistré sur magnétophone car il est alors en prison)..., s'expriment sur l'avenir du cinéma.

Godard : History/Passion, série « Visions », 1983, 35' (TV, Channel 4)
Avec Jean-Luc Godard, Tom Milne, Peter Sainsbury
Émission suivie par la diffusion de *Scénario du film Passion*.

Jean-Luc Godard à « 7/7 », 11 décembre 1983, 60' (TV, TF1)
Partiellement retranscrit *supra*.

L'Entretien de Jean-Paul Fargier, 1984, 74'
Image : Jean-Paul Gurliat, Richard Ugolini - *Son* : Georges Chrétien
Montage : Vincent Ferey
Production : Dominique Païni pour Fédération nationale Léo Lagrange/Art Press/Vidéo Montages/Maison de la culture de Reims
Avec Godard et Philippe Sollers.

Jean-Luc Godard à « Droit de réponse », 2 février 1985, 60' (TV, TF1)
Émission de Michel Polac, avec Godard et Philippe Sollers.

Godard (Blues) de André S. Labarthe, in « Cinéma Cinémas », produite par Anne Andreu, Michel Boujut et Claude Ventura, 6 février 1985, 63' (TV, A2)
Entretien par Claude Ventura, en voiture, tandis que Godard se rend à une projection de *Je vous salue Marie*.

Jean-Luc Godard au « Journal télévisé », 10 mai 1985, 18' (TV, TF1)
Plateau à Cannes pour la présentation de *Détective*.

Jean-Luc Godard au « Journal télévisé », 22 mai 1985, 10' (TV, A2)
Apparition magistrale de Godard en duplex du Festival de Cannes, qui retrouve son acteur de *Made in USA*, Philippe Labro, alors présentateur des Actualités, et lui fait avouer avec gentillesse le caractère plus qu'approximatif de ses informations sur la guerre des Malouines.

Jean-Luc Godard à « Apostrophes », 27 décembre 1985, 75' (TV, A2)
Godard présente le *Jean-Luc Godard par Jean-Luc Godard* des Éditions de l'Étoile, écrits réunis par Alain Bergala, et se livre à une démonstration de la façon dont des coupures publicitaires pourraient être insérées dans *À la recherche du temps perdu*.

Godard l'acteur de Jean Douchet, sujet pour l'émission « Étoiles et toiles », 7', 1985 (TV, TF1)
La même émission diffuse des extraits de la conférence de presse pour *Détective* au Festival de Cannes.

Picketting the Bleecker Street Cinema de Shirley Clarke, USA, 1986
Sur les manifestants catholiques venus protester contre *Je vous salue, Marie*. Avec Viva, venue défendre le film.

Jean-Luc Godard à « La nuit des Césars », 7 mars 1987, 10'45 (TV, Canal Plus)
Godard reçoit un césar d'honneur et donne une leçon d'éthique aux « professionnels de la profession ».

Jean-Luc Godard à « Direct », 10 mai 1987, 90' (TV, Canal Plus)
En direct de Cannes.

Jean-Luc Godard. Numéro monographique de l'émission « Cinéma Cinémas », produite par Anne Andreu, Michel Boujut et Claude Ventura, 20 décembre 1987, 71' (TV, A2)
On y voit Godard à Rolle préparer les *Histoire(s) du cinéma* et effectuer une comparaison entre Santiago Álvarez et Stanley Kubrick. Témoignages de Anna Karina, Anne Wiazemski…

Duras-Godard. Émission spéciale dans la série « Océaniques. Des idées », préparée par Colette Fellous et Pierre-André Boutang, réalisée par Jean-Daniel Veraeghe, 28 décembre 1987, 62' (TV, FR3)
L'Envers de Patrice Kirchhofer (1998-2001) se sert d'extraits sonores de cette émission et les monte avec les voix de Lacan, Barthes, Jack Valenti…

Spécial cinéma, de Christian Defaye, Suisse, 28 mai 1990 (TV, TSR)
Entretien à propos de *Sauve qui peut (la vie)*.

Pierre Braunberger producteur de films (3ᵉ partie) de Pierre-André Boutang, 1993, 63' (TV, FR3)
Contrairement à ce qu'affirme Pierre Braunberger dans *Cinémamémoire*, selon d'autres sources, ce n'est pas Godard qui a rédigé des commentaires de films animaliers à ses débuts, mais Maurice Pialat.

Jean-Luc Godard à « Bouillon de culture », de Elisabeth Preschey, 1993, 60' (TV, A2)
Entretien monographique avec Bernard Pivot, à l'occasion de la sortie de *Hélas pour moi*.

Jean-Luc Godard à « Tout va bien », de Bertrand Theubet, Suisse, 1993, 60' (TV Suisse Romande)
Débat sur la Russie post-soviétique avec le professeur Georges Nivat. Godard montre et commente *Les enfants jouent à la Russie*.

Chambre 12, hôtel de Suède de Claude Ventura et Xavier Villetard, 1993, 78' (TV)
Sur les traces du tournage d'*À bout de souffle*.

Vie et mort de l'image de Régis Debray, réalisé par Pierre Desfonds, 1995, 90' (TV, Arte)
Entretien entre Régis Debray et Jean-Luc Godard.

Jean-Luc Godard répond aux questions de Roman Lewandowski, Pologne, 1995, 30' (TV)
Sur l'œuvre en général, le communisme et Solidarnosc.

Compression de Alphaville de Gérard Courant, 1995, 4', S8
« Dans ce film, il ne manque pas un seul plan de celui de Godard. » (Gérard Courant).

Compression de À bout de souffle de Gérard Courant, 1995, 4', S8

Parajanov. Verjin kolazh (Parajanov. Le Collage) de Ruben Gevorkyants, Arménie/France, 1995, 70'
Scénario de Garegin Zakoian et Ruben Gevorkyants
Avec Jean-Luc Godard, Tonino Guerra

Jean-Luc Godard à «L'Hebdo de Michel Field», 1995, 80' (TV, Canal Plus)

Jean Cocteau, mensonges et vérités de Noël Simsolo, 1996, 60' (INA)
Inclut plusieurs témoignages de Jean-Luc Godard.

Jean-Luc Godard au «Cercle de minuit», 26 novembre 1996, 80' (TV, A2)
Sur *For Ever Mozart*. Godard présente deux exercices de montage comparatif. Autres participants : Jean-Claude Biette, Jean-François Lyotard…

Jean-Luc Godard au «20 h», 10 mai 1997, 102' (TV, Paris-Première)
Très long entretien accordé par Godard à Paul Amar, à l'occasion de la présentation des *Histoire(s) du Cinéma* au 50e Festival de Cannes.

Jean-Luc Godard au «Grand Forum», 9 mai 1998, 55' (TV, Canal Plus)
Godard, l'invité du jour, défend les droits des sans-papiers dans un débat animé par Philippe Gildas.

Jean-Luc Godard présente Allemagne neuf zéro, «La vingt-cinquième heure», 8 novembre 1999, 12' (TV, A2)
Extraits de la conférence de presse au Festival de Venise.

Godard à la télé. 1960-2000 de Michel Royer, 1999, 50' (INA)
Montage d'archives sur les interventions de Jean-Luc Godard à la télévision française.

Jean-Luc Godard à «Histoire parallèle», 6 mai 2000, 45' (TV, Arte)
Dans le cadre de l'émission comparative de Marc Ferro, consacrée à «Autour et à propos du 1er mai», commentaires sur les conceptions de l'histoire et analyses d'archives audiovisuelles par Godard, Ferro et Éric Hobsbawm. Ferro et Hobsbawm, historiens professionnels, dressent un portrait de Godard en prophète.

Mai en décembre (Godard en Abitibi) de Julie Perron, Canada, 2000, 26'
Sur l'expérience télévisuelle de Godard à Ruy-Noranda en décembre 1968, documentée par des enregistrements sonores, des photographies de Guy Borremans et des témoignages de participants.

Jean-Luc Godard à «Arrêt sur images», 27 mai 2001, 52' (TV, La Cinq)
Dans le cadre de l'émission de Daniel Schneidermann, Godard s'exprime sur les hommes politiques en tant qu'acteurs, ses propres apparitions à la télévision, *Éloge de l'amour*…

Godard est là de Cori Shim et Franck Gourdien, Corée-France, 2002, 68'
Entretien avec Godard chez lui, à Rolle, en janvier 2002, à propos de sa pratique cinématographique depuis les années soixante et, plus généralement, sur l'histoire et l'évolution du 7e art.

Kuxa kanema. Journal d'une indépendance de Margarita Cardoso, Portugal, 2003, 52mn (TV)
Sur l'histoire du Mozambique. On y voit Jean-Luc Godard et Jean Rouch en 1978 travailler à leur projet de télévision révolutionnaire.

Biljana de Esther Frey, 2004, 50'
Portrait de Biljana Vhrovac. Voir *supra* le texte de Jean-Christophe Ferrari.

Conversations par webcam avec l'Atelier du Fresnoy, octobre-décembre 2004. Durées variables
Dans le cadre de la préparation aux «Collages de France» (futurs «Voyage(s) en utopie»), série d'entretiens par webcam entre l'atelier de Godard à Rolle et l'auditorium du Studio des arts contemporains au Fresnoy, à l'initiative de Dominique Paini et Alain Fleischer. 6/10 : Dominique Paini, 8/10 : Jean Douchet, 20/10 : Jean-Claude Conesa, 17/11 : Nicole Brenez, 26/11 : Jean Narboni, 8/12 : Jean-Michel Frodon.

Brève rencontre avec Jean-Luc Godard ou le Cinéma comme métaphore, de Ghassan Salhab, Liban, 2005, 40'
Entretien sur *Notre musique*.

Corpus établi par Nicole Brenez, Sylvie Pras, Judith Revault d'Allonnes et Michael Witt.
Merci à Jean-Luc Godard, Waël Noureddine et Jackie Raynal.

LES AUTEURS

Núria Aidelman collabore aux activités cinéma du Centre de culture contemporaine de Barcelone et à diverses publications. Elle enseigne à l'université Pompeu Fabra. Son mémoire de DEA était consacré à l'étude de *Pierrot le fou* à partir des archives de Suzanne Schiffman et va faire l'objet d'une publication.

Raymond Bellour, chercheur, écrivain (littérature, cinéma, vidéo, etc.). Membre de la rédaction de la revue *Trafic*. Éditeur de Michaux dans la Pléiade (1998-2004) et de *Jean-Luc Godard : Son + Image* (avec Mary Lea Bandy, 1992). Derniers livres : *L'Entre-Images 2* (1999), *Partages de l'ombre* (2002). Deux expositions récentes : «States of the images» (avec Sergio Mah, Lisbonne, 2005), «Lumières du temps» (sur Thierry Kuntzel, Le Fresnoy, 2006).

Alain Bergala a été rédacteur en chef et directeur de collection aux *Cahiers du cinéma*. Il a beaucoup écrit sur Godard, Rossellini, Kiarostami, Bergman, Pasolini. Il a réalisé plusieurs films pour le cinéma et la télévision. Il enseigne le cinéma à l'université de Paris III et à la Femis.

Christa Blümlinger, maître de conférences à l'université de Paris III, après avoir enseigné à l'Université libre de Berlin et à l'Université de Vienne. Diverses activités comme critique, programmations pour des festivals et cinémas. Publications dans différentes langues, sur le cinéma et l'art des nouveaux médias.

Livio Boni. Né à Rome en 1973, diplômé en Philosophie à Bologne, vient de soutenir une thèse de doctorat en psychanalyse à Paris, où il vit et travaille.

Charles-Antoine Bosson. Né dans les Alpes au début des années quatre-vingt. Cinéaste, analyste de cinéma, musicien.

Michelle Brenez, née Sperry, d'origine alsacienne, diplômée de l'Institut d'études politiques de Strasbourg, agrégée de l'université, professeur d'allemand aujourd'hui en retraite, fidèle admiratrice de Wim Wenders, mais aussi du délicieux Eddie Constantine des années cinquante.

Nicole Brenez, maître de conférences à l'université de Paris I, responsable des programmes d'avant-garde à la Cinémathèque française. Dernier livre paru : *Cinéma/Politique* (Labor, 2005), où l'on peut trouver la table ronde qui réunit Jean-Luc Godard, King Vidor, Samuel Fuller, Roger Corman et Peter Bogdanovitch à Los Angeles en 1968.

Émile Breton, journaliste. Responsable de la mise à jour du *Dictionnaire des cinéastes* et du *Dictionnaire des films* de Georges Sadoul. Divers livres-enquêtes sur la banlieue, dont *Rencontres à La Courneuve* (1983) et *Femmes d'image* (1985). Participation à des ouvrages collectifs : *Une encyclopédie du court-métrage* (1992), *Storia del cinema mondial* (2003) et *Dizionario dei registi* (2005).

Freddy Buache. Né le 29 décembre 1924. Membre fondateur de la Cinémathèque suisse en 1948, il la dirige à partir de 1951. Il dirige deux collections aux éditions L'Âge d'Homme : «Cinéma vivant» et «Histoire du cinéma». Il est l'auteur de plusieurs livres de poèmes, de critiques d'art et d'une vingtaine d'ouvrages consacrés au cinéma, dont : *Georges Franju* (1959), *Le Cinéma italien* (Prix Armand Tallier 1970), *Stroheim* (1972), *Le Cinéma américain* (1974 et 1985), *Le Cinéma anglais* (1978), *Luis Buñuel* (1980), *Le Cinéma allemand de Weimar* (1984), *Le Cinéma français des années 70* (1990, préface de Jean-Luc Godard).

Fergus Daly a publié *Leos Carax* (2002) et codirigé le documentaire *Abbas Kiarostami : the Art of Living*. Son dernier film à ce jour : *A Weaker Greatness (Monument to Stephen MacKenna)*.

Mathilde de Romefort, étudiante à la Femis, membre fondatrice des Écrans citoyens et présidente du laboratoire de cinéma expérimental L'Etna de 2003 à 2005.

Philippe Dubois est professeur et directeur de l'UFR Cinéma et audiovisuel à l'université de Paris III. Directeur de collection chez De Boek Université, il a notamment publié *L'Acte photographique* et un numéro triple de la *Revue belge du cinéma* sur Jean-Luc Godard. Il est aussi commissaire d'exposition et son prochain livre s'intitule *La Question vidéo. Entre cinéma et art contemporain*.

Manfred Eicher. Né en 1943, a fait ses études à l'Académie de musique de Berlin. En 1969, il a fondé The Edition of Contemporary Music (ECM), pour laquelle il est producteur, responsable éditorial et éditeur.

David Faroult. Né à Paris en 1974. Cinéaste et enseignant-chercheur en cinéma, actuellement à l'université de Paris III (en fonction d'ATER). Il a soutenu en 2002 une thèse consacrée au Groupe Dziga Vertov et au collectif Cinéthique, après avoir publié avec Gérard Leblanc *Mai 68 ou le cinéma en suspens* (1998). A réalisé notamment à la Femis *Loin de Bisesero* et *Lettre aux enfermés de l'extérieur*.

Jean-Christophe Ferrari, professeur de philosophie, poète, critique de cinéma et pessimiste.

Simon Field a passé de nombreuses années à enseigner, programmer et publier (de façon intermittente) *Afterimage*. Il est devenu directeur de ICA Cinema en 1988, directeur du festival de Rotterdam en 1996. En 2004, il devient, notamment, producteur dans le cadre de Illuminations Films.

Augustin Gimel. Né en 1974. Cinéaste, plasticien et graphiste.

Philippe Grandrieux, cinéaste. *Retour à Sarajevo, Sombre, La Vie nouvelle*. Vit et travaille à Paris.

Gérard Guégan. Éditeur, romancier, essayiste. On trouvera dans son *ABCdaire du cinéma français* (1999) ou dans *Inflammables* (2004) d'autres pages sur Godard. Prépare un ouvrage sur l'aventure «Champ libre».

Monte Hellman, Américain, cinéaste professionnel, être humain amateur.

Internationale échantillonniste. Depuis décembre 1995, l'Internationale échantillonniste développe des procédés libres de droits, dont le logiciel *natabase*, utilisé pour la retranscription de Godard et ses émules. Lire *L'Échantillonnisme, vous ne voulez déjà plus en entendre parler* (à paraître).

Giovanni Joppolo. Né en 1948 à Milan, habilité à diriger des recherches en histoire de l'art contemporain, professeur à l'École nationale supérieure d'art-Villa Arson de Nice. Spécialiste de Lucio Fontana, de Wilfredo Lam et de l'art contemporain de la Caraïbe, il publie des ouvrages et des articles et assure des conférences dans de nombreuses universités d'art françaises et internationales.

Sylvia Lawson, Australienne, est écrivain. Parmi ses écrits les plus récents : le roman *The Outside Story*, à propos de l'Opéra de Sydney, et *Comment Simone de Beauvoir est morte en Australie*, recueil d'essais et de récits.

Ange Leccia. Né le 19 avril 1952 à Minerviù, Corse. Cinéaste, vidéaste, photographe, plasticien. Dirige le Pavillon, unité de recherche du «Palais de Tokyo, site de création contemporaine», Paris.

Franck Le Gac est étudiant de Ph. D. en études cinématographiques à l'Université d'Iowa (États-Unis) et traducteur-interprète à Paris.

Laurent Mannoni, directeur de collection à la Cinémathèque française, auteur de plusieurs ouvrages sur les débuts du cinéma et d'un livre sur l'histoire de la Cinémathèque française.

Adrian Martin a publié *Phantasms. The Dreams and Desires at the Heart of Our Popular Culture* (1994), *Once Upon a Time in America* (1998), *The Mad Max Movies* (2003), et coédité avec Jonathan Rosenbaum l'ensemble *Movie Mutations* (2003). Il a fondé et codirige le site Rouge Film Journal (www.rouge.com.au). Il prépare un livre sur Brian De Palma et un sur Terrence Malick.

Macha Méril est une actrice qui a débuté avec la Nouvelle Vague (*Une femme mariée*, de Jean-Luc Godard) et qui a tourné dans plusieurs pays, en Europe et aux États-Unis avec de grands réalisateurs : Daniel Mann, Michel Deville, Vadim, Lelouch, Baldi, Varda, Fassbinder, Szabo, Miller, Blier, Ivory, Konchalovski, Argento, Guy Gilles, Baratier etc… Elle s'est produite au théâtre tardivement (*L'Éloignement*, de Loleh Bellon, *La Mouette*, de Tchekhov, *Fièvre romaine*, d'Edith Wharton) et poursuit une intense carrière de télévision et d'écriture. Elle a publié douze livres : romans, chroniques, livres de cuisine…

Lô N'guyen. Née au Vietnam en 1967. N'a pas cessé de brûler depuis.

Dominique Païni, directeur de la Cinémathèque française (1991-2000), directeur du Département du développement culturel au Centre Pompidou (2001-2005), directeur de la Fondation Maeght-Saint Paul (2006). Auteur de nombreux articles et ouvrages, dont *Le Cinéma, un art moderne* (1997).

Wilfried Reichart. Né en 1939. Scénariste et réalisateur de films pour la télévision (entre autres sur Godard, Rivette, Buñuel), producteur, journaliste, écrivain (auteur d'une monographie sur Nicholas Ray), directeur du Département cinéma de la WDR.

Jonathan Rosenbaum est critique pour le *Chicago Reader* et contribue régulièrement à *Trafic*. Parmi ses ouvrages traduits en français : *Mouvements* (2003) et *Dead Man* (2005).

Carole Roussopoulos-de Kalbermatten. Née en 1945 à Lausanne. Réalisatrice et monteuse de plus de 80 films vidéo. Depuis plus de trente ans, elle privilégie l'approche des «sans voix», des anonymes qui ont marqué l'histoire, et a soutenu par son travail la lutte des femmes. Exemples de réalisations : *Chronique des LIP* (1973-1976), *Profession agricultrice* (1982), *Les Travailleuses de la mer* (1985), *Y a vraiment des gens qui vivent avec très peu* (1985), *La Prison de Mauzac* (1987)… 1969 : crée Video Out, un des premiers groupes vidéo en France. 1982 : avec Delphine Seyrig et Ioana Wieder, fonde le Centre audiovisuel Simone de Beauvoir. 1987-1994 : Directrice à Paris de L'Entrepôt (salles de cinéma Art et Essai). Vit désormais à Sion (Suisse).

Pierre Rusch, philosophe et traducteur (notamment de Nietzsche et de Benjamin). Collabore régulièrement à la revue *Trafic*.

Peter Sainsbury a cofondé *Afterimage* et *The Other Cinema* et travaillé à la BBC, avant de devenir directeur du département production au British Film Institute en 1976. Il a produit pour le cinéma et la télévision en Nouvelle-Zélande et aux États-Unis, puis a été nommé directeur du Développement cinématographique pour l'Australian Film Commission en 1989. Il est à présent producteur indépendant à Sydney.

Louis-George Schwartz enseigne le cinéma à l'Université d'Iowa. Il a consacré son doctorat à l'usage du cinéma comme preuve dans les pratiques judiciaires aux États-Unis et publié de nombreux textes sur le cinéma et la philosophie, le dernier en date s'intitule «Typewriter : Free-Indirect Discourse in Gilles Deleuze's *Cinema*».

Rod Stoneman dirige la Huston School of Film & Digital Media à l'Université nationale d'Irlande, Galway. Il a été directeur exécutif à l'Irish Film Board jusqu'en septembre 2003, après une carrière au Département «cinéma indépendant et vidéo» de Channel 4. Il a réalisé de nombreux documentaires pour la télévision, et contribué à divers magazines de cinéma, parmi lesquels *Screen*, *Sight and Sound*, *Kinema* et *Film Ireland*.

Olivier Tcherniak, directeur de la Communication de France Télécom entre 1987 et 1994, actuellement responsable du Mécénat et des Partenariats de solidarités.

Michael Temple, professeur au Birkbeck College, Université de Londres. Dernier ouvrage paru : *Jean Vigo*, Manchester University Press, 2005.

Rob Tregenza est l'auteur et le camérahomme de trois films indépendants souvent primés. Il a un Ph. D. de l'Université de Californie, Los Angeles, et dirige Cinema Parallel, société de distribution.

Gabriela Trujillo. Née en 1981 à San Salvador, se passionne pour le cinéma et la poésie des années 1920. Doctorante en cinéma à Paris, elle mène des recherches sur le cinéma expérimental et les utopies en Amérique latine. Elle a publié divers textes critiques en France, en Italie et au Portugal (principalement autour de la constellation Antonin Artaud), ainsi que des essais poétiques et des traductions dans différentes revues culturelles (France, Espagne, Mexique, Brésil, Chili, République tchèque et Islande).

Peter Tscherkassky. Né en 1958 à Vienne. Cinéaste depuis 1979. Créateur de la *CinemaScope Trilogy* (*L'Arrivée*, *Outer Space*, *Dream Work*). Son film le plus récent, *Instructions for a Light and Sound Machine*, traite de la disparition du cinéma classique.

Michael Uwemedimo est «Research Fellow» au Royal Holloway, Université de Londres et Université de Roehampton. Il appartient au collectif de réalisation Vision Machine. Il a été le co-commissaire de la rétrospective Jean-Luc Godard organisée conjointement au National Film Theatre et à la Tate Modern à Londres.

René Vautier. Né à Camaret-sur-Mer en 1928. Cinéaste d'intervention sociale, breton et internationaliste. FFI, décoré de la Croix de Guerre à 16 ans, il décide une fois pour toutes de se battre non avec des armes mais avec une caméra. Auteur et producteur d'environ 180 films, dont beaucoup ont été détruits.

Peter Whitehead est cinéaste, romancier, éleveur de faucons et traducteur des scénarios de Jean-Luc Godard. Parmi ses films, *Wholly Communion* (1965), *Charlie is my Darling. The Rolling Stones on Tour* (1966), *Benefit of the Doubt* (1967), *Tonite Let's All Make Love in London* (1967), *London 66-67. The Pink Floyd* (1967), *The Fall* (1969), *Daddy* (1973) manifestent toute l'énergie et la poésie de la contre-culture, du Swinging London aux campus américains. Entre deux plans sur Mick Jagger, Allen Ginsberg, Syd Barett, Nico, Jimi Hendrix ou Peter Brook, il a trouvé le temps de traduire *Le Petit Soldat*, *Alphaville*, *Pierrot le fou*, *Made in USA*, *Week-End* et de les publier aux éditions Lorrimer, qu'il a lui-même fondées. Parmi ses romans : *BronteGate*, *Nora and …*, *Pulp Election*, *The Risen*. Il se décrit lui-même : «J'ai eu trois vies. Films : 5 ans en enfer. Faucons : 20 ans dans le désert, paradis. Fiction : 10 ans au purgatoire. Romantique incurable, comme Jean-Lucifer Godard.»

James S. Williams est professeur de français à Royal Holloway, Université de Londres. Il est l'auteur de plusieurs ouvrages sur Marguerite Duras et Albert Camus, et coéditeur de *The Cinema Alone : essays on the work of Jean-Luc Godard 1985-2000* (2000), *Gender and French Cinema* (2001) et *For Ever Godard* (2004). Son étude sur le cinéma de Jean Cocteau paraîtra en 2006.

Michael Witt enseigne le cinéma à l'Université de Roehampton, Londres. Il a codirigé *For Ever Godard* (2004) et *The French Cinema Book* (2004).

Hanns Zischler. Né à Nuremberg en 1947, vit à Berlin depuis 1968. Il travaille comme acteur, chercheur et écrivain.

INDEX

Achevé d'imprimer en mai 2006
sur les presses de l'Imprimerie Pollina, Luçon
Imprimé en France - n° L99272